# 中国区域
# 金融稳定报告
# （2007）

中国人民银行上海总部金融稳定分析小组

# China Regional Financial Stability Report
## (2007)

中国金融出版社

责任编辑：张智慧
责任校对：潘　洁
责任印制：毛春明

**图书在版编目（CIP）数据**

中国区域金融稳定报告．2007（Zhongguo Quyu Jinrong Wending Baogao. 2007）／中国人民银行上海总部金融稳定分析小组．—北京：中国金融出版社，2007.7
ISBN 978-7-5049-4442-9

Ⅰ．中…　Ⅱ．中…　Ⅲ．地区经济—金融事业—研究报告—中国—2007　Ⅳ．F832.7

中国版本图书馆CIP数据核字（2007）第097115号

出版发行　中国金融出版社
社址　北京市广安门外小红庙南里3号
市场开发部　（010）63272190，66070804（传真）
网上书店　http://www.chinafph.com
（010）63286832，63365686（传真）
读者服务部　（010）66070833，82672183
邮编　100055
经销　新华书店
印刷　北京松源印刷有限公司
尺寸　210毫米×285毫米
印张　28.75
字数　575千
版次　2007年7月第1版
印次　2007年7月第1次印刷
定价　98.00元
ISBN 978-7-5049-4442-9/F.4002

## 本书编写组

**负　责　人：** 马德伦

**总　　　纂：** 凌　涛

**主报告执笔：** 边维刚　陈　静　郭　芳　王新东

# 编写说明

由于我国地区间经济发展水平、财政和金融资源分布等存在较大差异，国内各地区面临的金融风险因素以及维护区域金融稳定所需要关注的方面也各不相同。中国区域金融稳定报告，主要是从地方实体经济运行、金融发展水平、金融生态环境、外部冲击和突发事件等方面着手，评估各地区的金融稳定状况，提示地区经济金融发展过程中面临的风险点和脆弱性，并研究提出相应的对策措施和政策建议。

《中国区域金融稳定报告（2007）》由中国区域金融稳定报告主报告和分报告两部分组成。主报告的结构安排如下：第一部分综述中国区域金融稳定情况；第二部分分析区域经济运行对区域金融稳定的影响；第三部分分行业讨论区域银行、证券、保险业改革与发展情况及其对区域金融稳定的影响；第四部分分地区研究我国东部、中部、西部和东北地区区域金融发展特点及其各自应主要关注的风险因素；第五部分主要是在总结评估区域金融稳定情况的基础上提出相关政策措施和建议。分报告主要为全国各省（区、市）金融稳定报告摘要。

**中国人民银行上海总部**
**金融稳定分析小组**
**2007 年 6 月**

# 目　　录

## 《中国区域金融稳定报告》（2007）主报告


**第一部分　概述** …… 3

一、区域金融稳定性总体增强 …… 3

二、进一步促进区域经济金融协调发展需关注的方面 …… 5

**第二部分　区域经济运行状况** …… 8

一、区域经济运行基本情况 …… 8

二、经济运行中的结构性矛盾和值得关注的方面 …… 15

**第三部分　分行业的区域金融稳定状况** …… 19

一、各地区银行业 …… 19

二、各地区证券业 …… 26

三、各地区保险业 …… 32

**第四部分　分地区的区域金融稳定状况** …… 38

一、东部地区 …… 38

二、中部地区 …… 42

三、西部地区 …… 46

四、东北地区 …… 49

**第五部分　总体评估与政策建议** …… 52

专题1　区域金融稳定的评估分析框架 …… 55

专题2　区域金融稳定评估的技术和方法 …… 58

专题3　区域金融生态环境建设与金融稳定 …… 62

## 《中国区域金融稳定报告》（2007）分报告

2007 年北京市金融稳定报告摘要 …… 69
2007 年天津市金融稳定报告摘要 …… 80
2007 年河北省金融稳定报告摘要 …… 88
2007 年山西省金融稳定报告摘要 …… 96
2007 年内蒙古自治区金融稳定报告摘要 …… 106
2007 年辽宁省金融稳定报告摘要 …… 117
2007 年吉林省金融稳定报告摘要 …… 130
2007 年黑龙江省金融稳定报告摘要 …… 140
2007 年上海市金融稳定报告摘要 …… 150
2007 年江苏省金融稳定报告摘要 …… 160
2007 年浙江省金融稳定报告摘要 …… 169
2007 年安徽省金融稳定报告摘要 …… 178
2007 年福建省金融稳定报告摘要 …… 193
2007 年江西省金融稳定报告摘要 …… 205
2007 年山东省金融稳定报告摘要 …… 216
2007 年河南省金融稳定报告摘要 …… 231
2007 年湖北省金融稳定报告摘要 …… 241
2007 年湖南省金融稳定报告摘要 …… 253
2007 年广东省金融稳定报告摘要 …… 264
2007 年广西壮族自治区金融稳定报告摘要 …… 273
2007 年海南省金融稳定报告摘要 …… 281
2007 年重庆市金融稳定报告摘要 …… 291
2007 年四川省金融稳定报告摘要 …… 300
2007 年贵州省金融稳定报告摘要 …… 315
2007 年云南省金融稳定报告摘要 …… 325
2007 年西藏自治区金融稳定报告摘要 …… 334

**2007 年陕西省金融稳定报告摘要** …… 343
**2007 年青海省金融稳定报告摘要** …… 352
**2007 年甘肃省金融稳定报告摘要** …… 366
**2007 年宁夏回族自治区金融稳定报告摘要** …… 374
**2007 年新疆维吾尔自治区金融稳定报告摘要** …… 384
**2007 年大连市金融稳定报告摘要** …… 393
**2007 年青岛市金融稳定报告摘要** …… 403
**2007 年厦门市金融稳定报告摘要** …… 414
**2007 年深圳市金融稳定报告摘要** …… 426
**2007 年宁波市金融稳定报告摘要** …… 437

《中国区域金融稳定报告》（2007）

# 主　报　告

# 第一部分　概述

2006年，全国各地区[①]认真落实国家区域发展总体战略，积极贯彻党中央、国务院关于加强和改善宏观调控的总体要求，全面推进地区经济金融健康有序发展，东部、中部、西部和东北地区经济金融均呈现出健康较快发展的良好势头，区域经济金融发展的协调性有所增强，金融稳定性进一步提高。

## 一、区域金融稳定性总体增强

2006年，各地区经济继续保持较快发展，为区域金融稳定奠定了坚实基础。金融体系的各项改革取得明显成效，银行、证券、保险机构业务均实现快速增长，金融机构实力进一步增强，局部金融风险得到有效处置和化解，金融生态环境继续改善，区域金融稳定性进一步增强。

### （一）区域经济快速协调发展，为区域金融稳定奠定基础

全国各地区经济发展实现了“十一五”良好开局，经济金融发展更趋和谐，区域经济发展的协调性有所改善。2006年，东部、中部、西部、东北地区分别实现地区生产总值12.75万亿元、4.30万亿元、3.93万亿元和1.97万亿元，同比分别增长16.99%、15.97%、17.81%和15.14%。在“十一五”开局之年，东部地区继续保持经济领先的地位，京津冀地区继珠三角、长三角之后跃升为中国经济最活跃的地区之一；中部地区基础设施建设明显改善，吸引了更多境外企业和东部沿海企业投资，经济呈现良好发展势头；西部地区发展面临更多机遇，成为我国经济发展增速最快地区。据统计，2006年西部地区规模以上工业完成增加值超过1万亿元，高于其他地区的增速；东北地区经济发展的体制问题已基本解决，经济发展的速度和质量有了明显提高。

---

① 东部地区10个省（市），包括北京、天津、河北、上海、江苏、浙江、福建、山东、广东和海南；中部地区6个省，包括山西、安徽、江西、河南、湖南和湖北；西部地区12个省（区、市），包括广西、重庆、四川、贵州、云南、西藏、陕西、甘肃、青海、宁夏、新疆和内蒙古；东北地区3个省，包括黑龙江、吉林、辽宁。本报告不含港、澳、台地区。

### （二）各地区金融业呈现质量提高、发展提速的良好态势

国有商业银行股份制改革取得突破性进展，各地区国有商业银行分支机构改革逐步深化。在国家相关部门与地方政府的共同努力下，各地区中小金融机构改革取得阶段性成果，历史包袱进一步化解，资产质量明显改善。资本市场基础性制度建设得到加强，各地区资本市场筹融资步伐明显加快，上市公司股权分置改革基本完成，证券公司综合治理初显成效。各地区保险业快速发展，保险市场开发力度加大，保险服务领域逐步拓宽，保险机构进一步增加，保险公司盈利能力明显提升，机构规范化经营程度提高。从总体上看，各地区银行、证券、保险业金融机构实力均明显增强。2006 年，全国各地区银行业金融机构的资产总额增速均超过 13%，盈利能力普遍提高；各地区 116 家证券公司总资产 6 099. 18 亿元，同比增加 4 262. 19亿元，实现净利润255 亿元，扭转了连续 4 年整体亏损的局面；各地区保险公司总资产达 1. 97 万亿元，同比增长 29%，保费收入同比增长 15. 45%，大部分地区的保险密度继续提高。

### （三）各地区参与金融要素市场活跃程度显著提高

全国金融要素市场体系不断健全，功能逐步完善，各地区参与全国各金融要素市场的主体和机构投资者均有所增加，交易日益活跃。2006 年，货币市场地区间资金融出入总规模平稳增长，除北京、上海以外的东部地区仍是最主要的融入地区，中部、西部和东北地区净融入规模出现不同程度下降。债券市场产品更加丰富，各地区市场参与主体较上年末增加 931 家；股票市场筹融资功能增强，东部、中部地区上市公司 A 股市场融资额分别为上年的 4. 5 倍、4. 2 倍；2005 年未实现 A 股市场融资的西部和东北地区，2006 年分别实现融资额 101. 7 亿元和 12. 5 亿元，H 股融资继续集中在东部和中部地区。机构投资者发展壮大，各地区证券投资基金同比增加 83 只，基金总规模同比增长 27. 7%。

### （四）各地区局部金融风险得到有效处置和化解

中国人民银行各分支机构与地方政府、各监管部门分支机构密切协作，加快了对银行类金融机构及证券公司的风险处置和重组改革，有效化解了金融风险。一是高效应对和成功处置地方金融风险突发事件。如湖南某市商业银行挤兑事件发生后，相关部门迅速反应，立即启动风险处置预案，在极短的时间内平息了挤兑风波。二是中小银行类机构的风险得到初步处置，8 家高风险银行业金融机构的风险处置工作顺利进行，由人民银行牵头负责的 16 家高风险金融机构的行政清算工作

已基本完成。三是证券公司积累的风险得到进一步化解。2006 年，各地区对 8 家高风险证券公司实施了关闭或破产等风险处置措施。

### （五）外资金融机构加快向东部以外的其他地区扩展

按照加入世界贸易组织的承诺，我国放宽了金融业对外开放的地域和业务范围，来华设立机构、开展业务和投资参股的外资金融机构不断增加。截至 2006 年年末，在中国注册的外资独资和合资法人银行业机构共 14 家，设立营业性机构 312 家，29 家境外战略投资者投资入股 21 家中资银行；13 个国家和地区的 30 家金融机构在华设立 30 家合资证券公司和基金公司；15 个国家和地区的 44 家外资保险公司在华设立 115 个营业性机构。上海、北京、天津、深圳等地外资金融机构业务呈现快速增长态势。外资金融机构在东部实现快速发展的同时，逐步加快向其他地区扩展。截至 2006 年年末，外资银行在中西部和东北地区共设立营业性机构 30 家。外资金融机构的进入，对增强各地区金融市场有效竞争，提高各地区金融业经营管理水平起到了促进作用。

### （六）各地区更加重视改善金融生态环境建设

地方政府在建设区域金融生态环境方面的主导作用得到强化，大部分地区已经形成了“政府主导、部门联动、社会参与”的工作机制。各地区普遍加强了金融基础设施建设，大额支付系统、小额支付系统相继在 2005 年 6 月和 2006 年 6 月完成了在全国各地区的推广应用，支付清算系统的灾难备份、全国统一的基于影像技术的票据交换系统建设进展顺利。企业信用信息基础数据库顺利实现升级联网，个人征信数据库的覆盖面继续扩大，部分地区的非银行信息采集工作取得实质进展。地区金融司法环境进一步改善，司法部门开展集中清理执行积案专项活动，审理和执行了大批金融纠纷案件。金融维权诉讼案件的胜诉率、执行率明显提高。

## 二、进一步促进区域经济金融协调发展需关注的方面

金融作为现代经济的核心，与经济发展的关系极为密切。目前，各地区金融资源配置的不均衡既是地区经济发展差异的反映，同时又在一定程度上影响了区域经济的协调发展。地区间经济、金融发展的不平衡，以及区域金融体系发展中存在的结构性矛盾，不利于我国金融业长期稳定健康发展，使得维护区域金融稳定工作面临诸多挑战。在全国金融业快速发展、金融改革和对外开放不断深化的背景下，需要特别注意针对我国不同区域的特点和差异，全面落实国家区域发展总体战略，采取切实有效措施，促进区域经济金融健康、协调发展。

### （一）区域经济协调发展取得新进展，但缩小区域经济发展差距的力度需进一步加大

在“十一五”规划开局之年，区域经济的协调发展有了新的进展，但是长期以来形成的区域经济发展不平衡现象仍较突出，需要各有关方面进一步加大力度落实国家区域发展战略，促进各地区经济的协调发展。各地区经济发展过程中既有共同性的问题，也有各自存在的突出问题，甚至还可能出现差距加大的局面。各地区经济增长对固定资产投资的依赖性依然较强，投资消费失衡和国际收支不平衡的经济结构性矛盾有待进一步解决。各地区都面临农产品、资源性产品、服务类产品等价格上涨的潜在压力；部分地区房地产价格持续上涨，资产价格波动风险有所显现；重复投资、重复建设造成资源浪费问题依然突出。中部、西部、东北地区城乡居民收入与东部地区的差距有所扩大。

### （二）金融机构改革全面推进，但其公司治理结构与盈利模式需进一步改善

改革重组后银行、证券、保险业金融机构的各项财务指标明显改善，竞争力和盈利能力有所增强，但其治理结构、经营模式和增长方式尚未实现根本性转变。目前，银行、证券和保险业金融机构普遍面临业务品种单一，产品同质化现象严重，市场竞争激烈等问题，由于缺乏有特色的金融产品和金融服务，尚未形成协调发展和较为完善的业务盈利结构，金融机构可持续盈利能力不强，抗风险能力有待提高。今后要继续推进金融机构完善公司治理和经营机制，提高风险管理能力和内部管控能力，夯实区域金融稳定的微观基础。

### （三）社会融资结构有所改善，但间接融资占绝对比重的格局需加快改变

2006 年，随着股票市场融资功能的恢复以及债券市场特别是企业短期融资券市场的继续发展，除东部地区贷款比重小幅上升外，中部地区、西部地区和东北地区的非金融机构部门直接融资比重分别比上年提高了 11.83 个、2.59 个和 2.26 个百分点；直接融资占融资总量 10% 以上的省份数量上升到了 12 个，较 2005 年增加了一倍，融资结构有所改善。但东部、中部、西部和东北地区非金融机构部门融资总量中银行贷款占比分别为 86.71%、82.38%、93.28% 和 95.62%，间接融资依然占据绝对比重，经济波动和调整的风险过度集中于银行体系。

### （四）金融创新逐步活跃，但有利于金融监管的制度措施需继续完善

近年来，国内金融创新发展快速，金融创新产品不断涌现，包括银行间市场的混合资本债券、重整资产支持债券，交易所市场的上市公司债券、附认股权证，证

券公司的资产证券化产品，外汇市场规避利率和汇率风险的人民币衍生产品等。与此同时，随着金融市场与金融机构、金融交易载体之间的关联性日益增强，银行、证券、保险、信托等金融行业间业务互相渗透，各地区尤其是东部沿海地区的交叉性金融业务出现了较快发展。金融产品创新、金融机构综合经营以及交叉性金融业务的不断发展，使得宏观管理部门和监管机构面临新的监管领域、监管对象。同时金融工具创新使得金融机构资产负债的表外业务大量增加，单纯的资产负债表难以反映金融机构的真实经营情况，加大了监管当局对金融机构进行有效监管的难度。此外，金融交易技术的创新也加大了监管难度。

**（五）金融业步入全面开放格局，但在开放中维护区域金融稳定的工作需进一步加强**

随着我国加入世界贸易组织过渡期的结束，银行业、证券业和保险业对外开放范围逐步扩大，外资金融机构在东部快速发展的同时，已逐步加快向中西部和东北地区扩展的步伐。同时，在华外资金融机构业务增长迅速，市场份额快速上升，在给国内金融业带来新机制、新产品的同时，也使中资金融机构面临较大的竞争和发展压力。目前，国内金融机构已面临与外资金融机构平等竞争的新格局，中资金融机构的运营效率和竞争力有待进一步提升。此外，在金融业步入全面开放的新格局下，需特别注意跨境资金流动规模不断扩大的影响。

**（六）风险处置取得较大进展，但地方中小法人金融机构的风险抵御能力需进一步提高**

2006 年，地方中小法人金融机构改革和风险化解工作取得明显成果，城市信用社风险处置取得新进展，高风险信托公司风险得到有效控制，多数地区中小金融机构资本实力增强，拨备覆盖率提高，资产质量有所改善。但从整体而言，地方中小法人金融机构抵御风险能力仍然较弱，部分机构的风险隐患不容忽视。一是资本实力增长缓慢，仅依靠利润增长弥补历史损失，短期内风险敞口难以覆盖。按照新的资本监管政策，如果资本不能得到有效补充，业务扩张、盈利增加将面临困难。二是风险识别能力不足，对非信贷及表外资产的风险缺乏有效的识别手段，尤其是对资本市场风险认识不足，部分地区的农村信用社、农村商业银行逐渐暴露出债券投资风险。三是网点分散，内部管理层次多、链条长，内部控制存在缺陷，有章不循、违规操作时有发生。

# 第二部分　区域经济运行状况

2006年，在国家区域发展战略和宏观调控政策的作用下，各地区经济运行保持增长较快、结构改善、质量提高的态势，实现了“十一五”的良好开局。各地区经济在高增长平台上平稳运行，经济发展的稳定性有所增强，地区生产总值增速年度之间、季度之间波幅较小。固定资产投资增长高位回落，居民消费稳定增长，对外贸易增长较快，价格水平总体平稳；工业生产增速继续提高，工业企业利润大幅增长；各地区节能环保工作取得成效，万元国内生产总值能源消耗首次下降。区域经济健康较快增长为区域金融稳定奠定了良好基础。

## 一、区域经济运行基本情况

### （一）各地区经济继续保持快速增长势头，区域经济协调性进一步增强

2006年，东部、中部、西部和东北地区生产总值[①]分别达到12.75万亿元、4.30万亿元、3.93万亿元和1.97万亿元，分别增长16.99%、15.97%、17.81%和15.14%。西部地区占全国GDP总量的比重较去年有所上升，增长速度跃居首位。东部地区继续在较高增长平台上运行。与上年同期相比，各地区的地区生产总值增幅均有不同程度上升。

**表1　全国各地区GDP及其增长情况**

| 项目 | 东北地区 | | 东部地区 | | 中部地区 | | 西部地区 | |
|---|---|---|---|---|---|---|---|---|
| | 2006年 | 2005年 | 2006年 | 2005年 | 2006年 | 2005年 | 2006年 | 2005年 |
| 地区生产总值（GDP）（亿元） | 19 723 | 17 130 | 127 535 | 109 009 | 42 962 | 37 047 | 39 301 | 33 360 |
| 占比（%） | 8.59 | 8.72 | 55.57 | 55.46 | 18.72 | 18.85 | 17.12 | 16.97 |
| 增长速度（%） | 15.14 | 13.19 | 16.99 | 12.50 | 15.97 | 12.80 | 17.81 | 12.00 |

数据来源：全国各省、自治区、直辖市统计局。

① 数据来源为全国各省、自治区、直辖市统计局。各省（区、市）生产总值汇总数不等于国家统计局公布的国内生产总值，各地区生产总值增长速度未剔除物价因素的影响，不等于各省（区、市）生产总值增长速度的平均数。

2006 年，全国 31 个省（自治区、直辖市）地区生产总值均保持两位数增长。内蒙古继续以 18.0% 的增速居榜首。全国共有 27 个省（自治区、直辖市）的地区生产总值增速在 12% 以上，在增幅前 15 名的省（自治区、直辖市）中，东部地区占有 7 席，西部地区占 4 席，中部和东北地区各占 2 席。

各地区协调发展迈出新步伐。西部大开发扎实推进，全年用于西部地区的中央预算内投资和国债投资比重达 41%。东北地区老工业基地振兴战略稳步实施，重点企业自主创新和生产制造能力不断增强，资源型城市经济转型试点继续推进。国家支持中部崛起的政策效应初步显现。东部地区继续保持较快发展，天津滨海新区、上海浦东新区综合配套改革试点顺利推进。

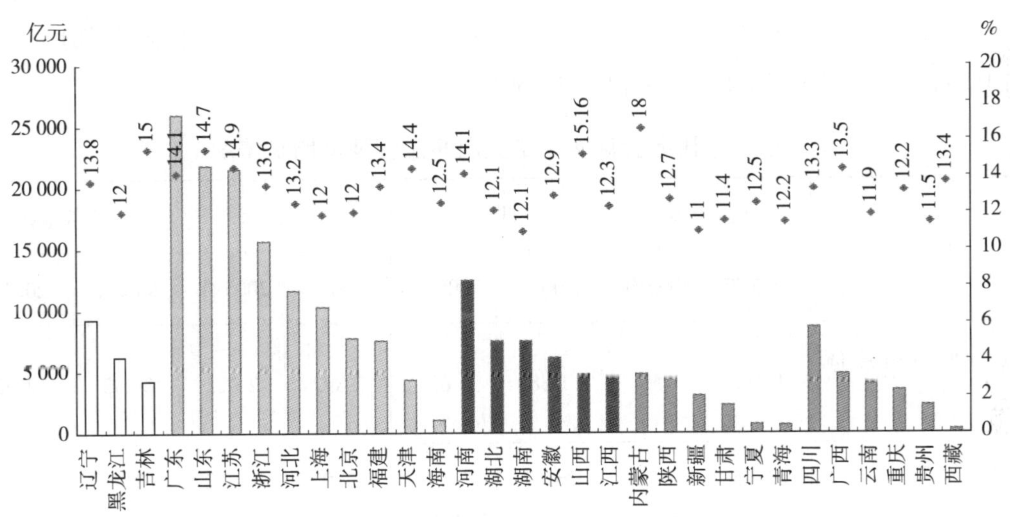


数据来源：全国各省、自治区、直辖市统计局。

**图 1　2006 年全国各地区 GDP 及其增长率**

### （二）各地区三次产业全面发展，工业企业盈利大幅增长

2006 年，各地区三次产业全面发展，第一、二、三产业增加值分别增长 5%、12.5% 和 10.3%，占 GDP 的比重分别为 11.7%、49.3% 和 39%，各地区第二产业增速依然明显快于第一和第三产业，工业企业盈利大幅增长，呈现以工业增长推动经济发展的特点。

在国家支农政策扶持下，粮食继续增产，综合生产能力进一步提高，农民增收较快。全国共有 10 个省份农业增加值超千亿元，增速领先的海南、河南、陕西和黑龙江等省农业增加值增速均超过 7%。

2006 年，东部、中部、西部和东北地区工业增加值呈较快增长态势，同比分别增长 22.76%、23.84%、21.43% 和 22.58%。与上年相比，西部和东北地区增速分别上升 1.22 个和 1.37 个百分点，中部和东部地区增速小幅回落 0.44 个和 0.89 个百分点。各地区工业企业实现利润大幅增长，东部、中部、西部和东北地区工业利润总额分别增长 26.27%、43.02%、62.73% 和 23.05%。西部和中部地区工业企业利润增长势头依然强劲。2006 年全国 31 个省（自治区、直辖市）的工业企业盈亏相抵后全部实现利润增长，其中共有 18 个省（自治区、直辖市）的工业企业利润增长超过全国 30.97% 的增长水平；与上年同期相比，共有 22 个省（自治区、直辖市）的利润增幅有所提高，其中 18 个省（自治区、直辖市）的增幅在 10 个百分点以上。

服务业稳步发展，旅游、仓储物流和金融服务业成为各地区服务业中发展活力最强的部分。服务业相对发达的省（自治区、直辖市）主要集中在东部地区，北京和上海两地第三产业的比重都已超过 50%。

**表 2　全国各大区实现工业利润总额及其增长情况**

| 项目 | 东北地区 | | 东部地区 | | 中部地区 | | 西部地区 | |
|---|---|---|---|---|---|---|---|---|
| | 2006 年 | 2005 年 | 2006 年 | 2005 年 | 2006 年 | 2005 年 | 2006 年 | 2005 年 |
| 实现工业利润总额（亿元） | 1 911 | 1 553 | 11 380 | 9 013 | 2 892 | 2 022 | 3 293 | 2 023 |
| 增长率（%） | 23.05 | 16.93 | 26.27 | 22.91 | 43.02 | 38.32 | 62.73 | 44.49 |

数据来源：全国各省、自治区、直辖市统计局。

### （三）固定资产投资增速高位回落，房地产投资仍较强劲

2006 年，东部、中部、西部和东北地区完成全社会固定资产投资分别比上年增长 15.07%、30.23%、26.35% 和 37.54%。除中部地区外，全国其他地区固定资产投资增速均有所回落。东部地区在国家加强宏观调控后，整体投资规模增速减缓；东北和中部地区投资绝对量较小，增速较高，体现了国家振兴东北老工业基地和中部崛起的政策取向。与上年同期相比，东部、西部和东北地区固定资产投资增幅分别下降 7.58 个、1.74 个和 0.10 个百分点。西部、东北和中部地区占全国的固定资产投资比重分别提高了 0.70 个、1.11 个和 1.22 个百分点。

**表3　全国各大区全社会固定资产、房地产投资及占比情况**

| 项目 | 东北地区 | | 东部地区 | | 中部地区 | | 西部地区 | |
|---|---|---|---|---|---|---|---|---|
| | 2006 年 | 2005 年 | 2006 年 | 2005 年 | 2006 年 | 2005 年 | 2006 年 | 2005 年 |
| 全社会固定资产投资（亿元） | 10 729 | 7 801 | 54 464 | 47 333 | 21 184 | 16 267 | 22 412 | 17 737 |
| 占比（%） | 9.86 | 8.75 | 50.07 | 53.10 | 19.47 | 18.25 | 20.60 | 19.90 |
| 固定资产投资增长速度（%） | 37.54 | 37.64 | 15.07 | 22.65 | 30.23 | 28.80 | 26.35 | 28.09 |
| 房地产开发投资（亿元） | 1 774 | 1 337 | 11 238 | 9 555 | 2 892 | 2 219 | 3 476 | 2 648 |
| 占比（%） | 9.15 | 8.48 | 57.99 | 60.63 | 14.92 | 14.08 | 17.94 | 16.81 |
| 房地产投资增长速度（%） | 32.68 | 23.98 | 17.61 | 12.60 | 30.35 | 32.62 | 31.26 | 32.49 |

数据来源：全国各省、自治区、直辖市统计局。

2006 年，全国共有 30 个省（自治区、直辖市）固定资产投资增长速度在 11% 以上，有 16 个省（自治区、直辖市）的固定资产投资增长速度高于全国 24.5% 的平均增速，其中前 8 个省（自治区、直辖市）的投资增长速度在 30% 以上。与上年同期相比，共有 21 个省（自治区、直辖市）的固定资产投资增幅下降，其中 10 个省（自治区、直辖市）的投资增幅降低在 5 个百分点以上。

各地区房地产投资增长仍较强劲。2006 年，东部、中部、西部和东北地区房地产投资分别增长 17.61%、30.35%、31.26% 和 32.68%。分地区看，受福建、广东等省房地产投资大幅回升的拉动，东部地区房地产投资增幅较上年同期上升了 5.01 个百分点，但仍低于全国平均增速。这与东部地区房地产市场相对发达、市场化程度较高、对房地产宏观调控敏感性相对较强有关。中部、西部地区房地产投资增速出现小幅回落，分别下降了 2.27 个和 1.23 个百分点，但仍在高位运行。东北地区增幅较大，增速提高了 8.7 个百分点。中部、西部和东北地区房地产投资的发展态势显示，沿海地区房地产开发企业开始向部分市场起步较晚、规模较小、发展空间较大的中西部省市转移，从而带动安徽、河南、内蒙古、吉林、陕西等省房地产投资快速增长，其中内蒙古自治区、吉林省、河南省 2006 年房地产投资增速分别达 100.00%、58.60%、49.80%。

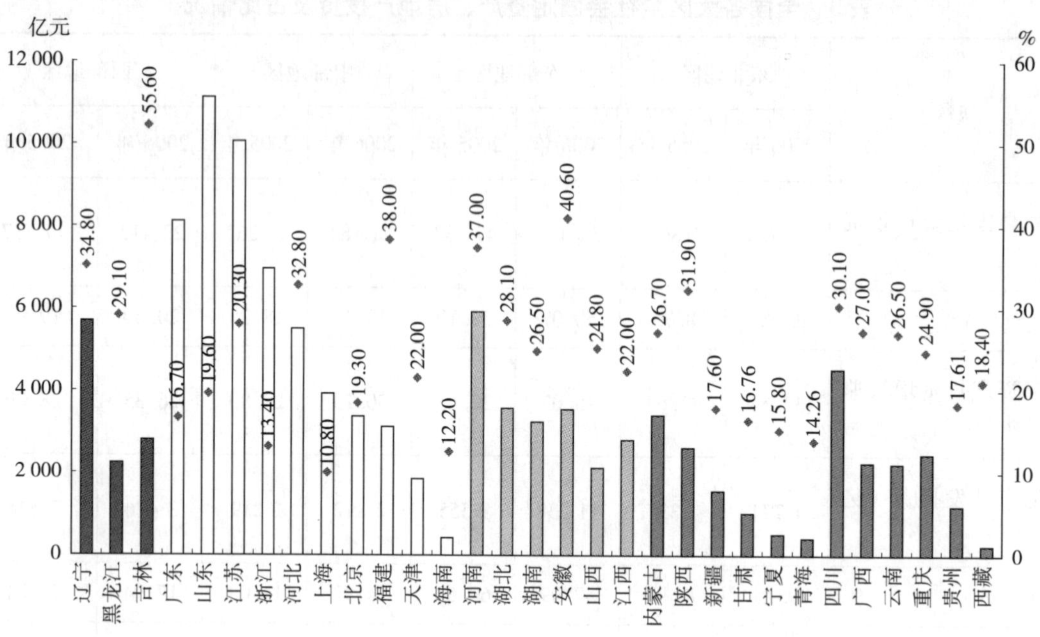


数据来源：全国各省、自治区、直辖市统计局。

**图2 2006年全国各地区全社会固定投资及其增长率**

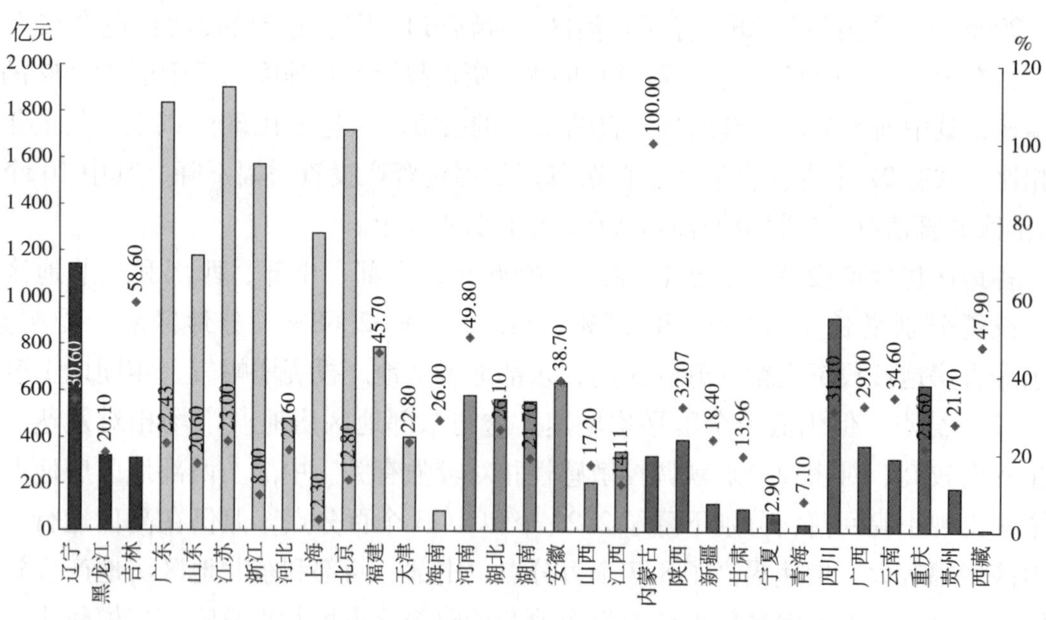


数据来源：全国各省、自治区、直辖市统计局。

**图3 2006年全国各地区房地产开发投资及其增长率**

**(四) 对外贸易和外商直接投资继续较快增长，东北和中西部地区成为外资流入新热点**

2006 年，东部、中部、西部和东北地区进出口贸易总额分别增长 15.52%、31.48%、26.95%和 21.11%，中部地区增速跃居榜首。与上年同期相比，除东部地区以外，中部、西部和东北地区的进出口增幅均有不同程度提升，分别提高 12.57 个、4.48 个和 2.18 个百分点，西部、中部和东北地区的进出口贸易总额占全国比重分别提高 0.28 个、0.37 个和 0.16 个百分点。全国 31 个省（自治区、直辖市）均实现进出口贸易增长，其中有 17 个省（自治区、直辖市）高于全国 23.8% 的平均增速，前 9 个省（自治区、直辖市）的进出口贸易增速超过 30%。

西部和东北地区成为外资流入的新热点。2006 年，东部、中部、西部和东北地区实际利用外商直接投资 768 亿美元、124.38 亿美元、62.08 亿美元和 84.57 亿美元，同比分别增长 18.57%、38.20%、41.77% 和 48.42%。西部和东北地区作为国家政策扶持的重点，对外资的吸引力日益增强，其中，西藏、新疆、辽宁三省区实际利用外资的增速分别达到了 560%、120% 和 66.7%。

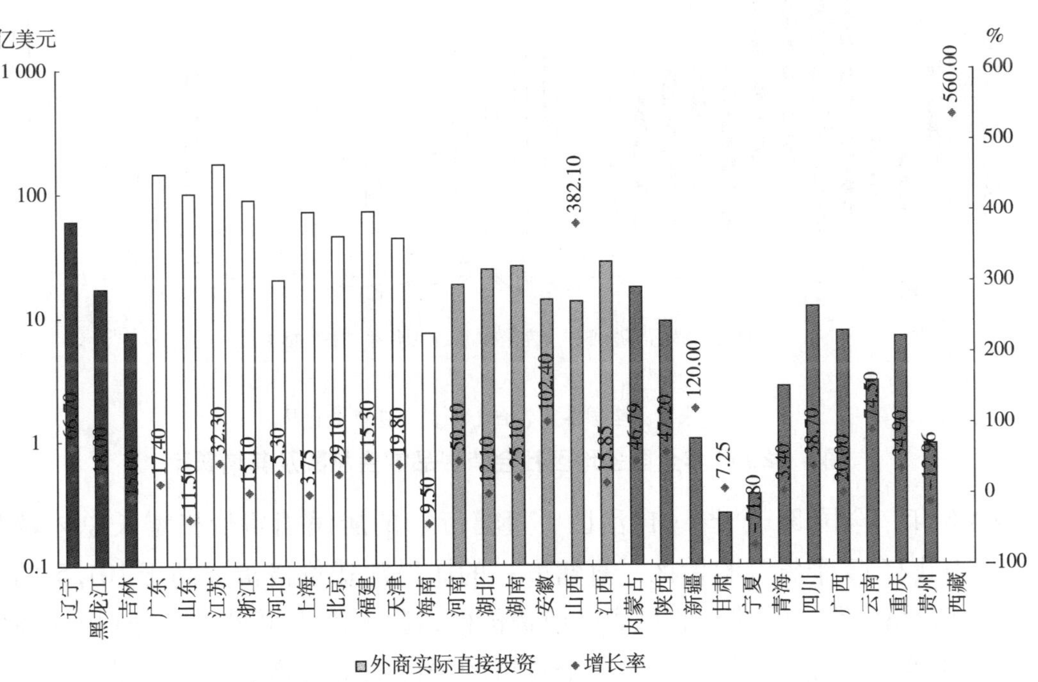


数据来源：全国各省、自治区、直辖市统计局。

**图 4　2006 年全国各地区外商实际直接投资及其增长率**

## （五）各地区消费保持稳定增长，居民消费价格增长平缓

2006 年，扣除价格因素，东部、中部、西部和东北地区社会消费品零售总额分别增长 14.22%、14.05%、13.32% 和 12.7%。与上年同期相比，东部和中部地区消费增幅分别提高 0.54 个和 1.71 个百分点，西部和东北地区小幅下降 0.18 个和 0.19 个百分点。全国 31 个省（自治区、直辖市）的实际消费增速在 12% 以上，共有 30 个省（自治区、直辖市）的实际消费增长超过（或等于）全国 12.57% 的平均增长水平。

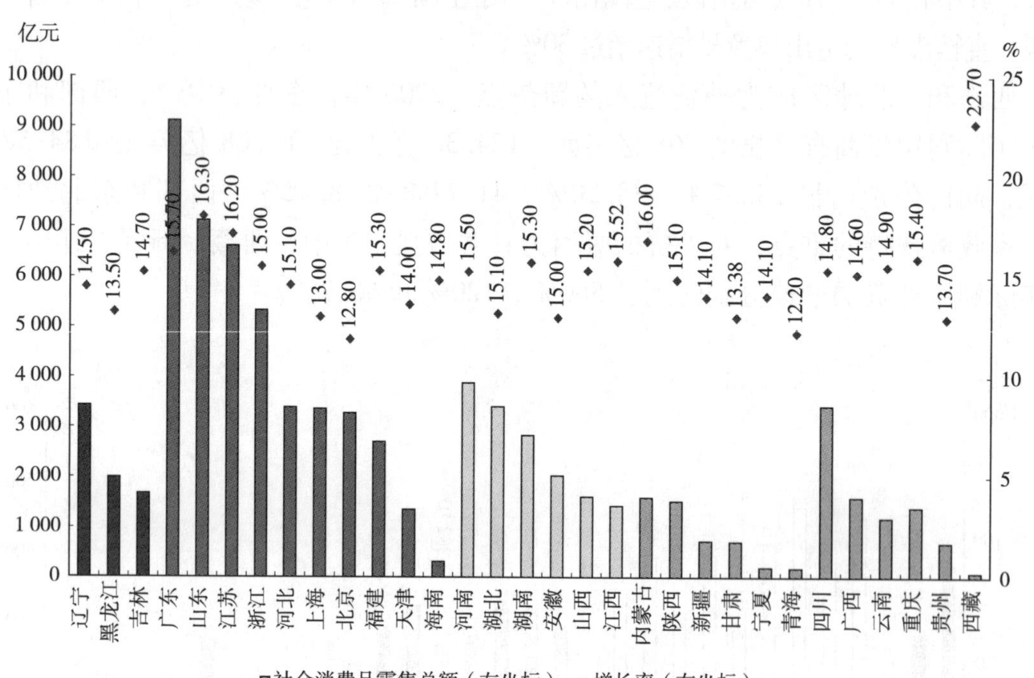


数据来源：全国各省、自治区、直辖市统计局。

**图 5　2006 年全国各地区社会消费品零售总额及其增长率**

2006 年，全国 31 个省（自治区、直辖市）的居民消费价格增长总体较为平缓，其中共有 13 个省（自治区、直辖市）的居民消费价格指数高于 101.5 的全国居民消费价格指数。福建和北京居民消费价格指数上涨水平最低，分别为 0.8% 和 0.9%；山西、西藏、四川和重庆 4 个省市的居民消费价格指数上涨最多，分别为 2.0%、2.0%、2.3% 和 2.4%。与上年同期相比，共有 19 个省（自治区、直辖市）的居民消费价格指数涨幅均有不同程度的下降或持平，3 个省（自治区、直辖市）的回落幅度在 1 个百分点以上。

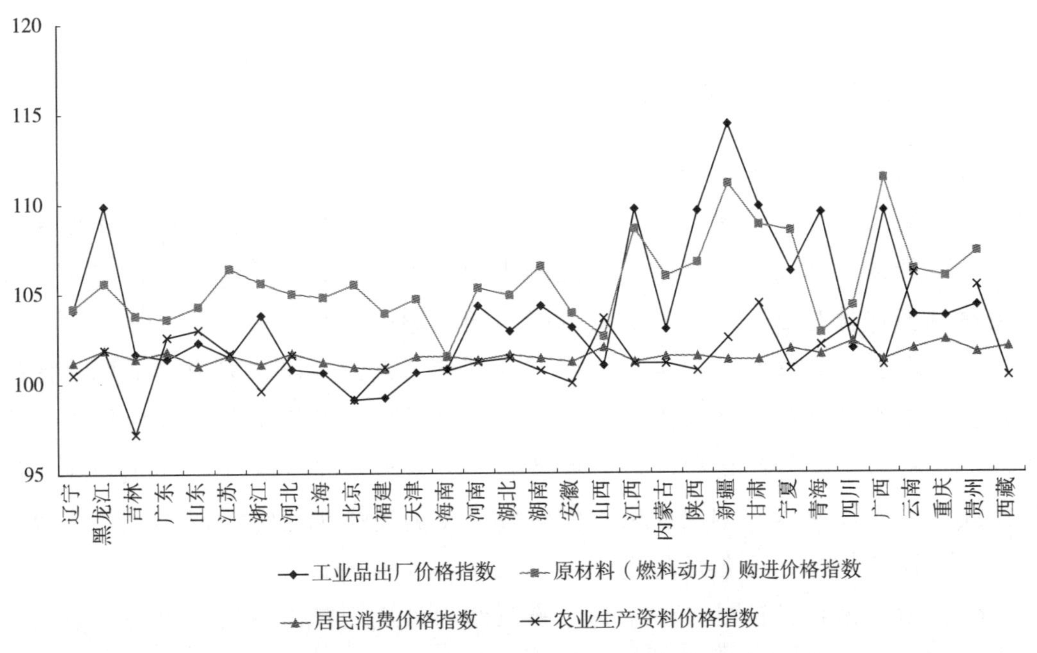


注：西藏未统计工业品出厂及原材料购进价格指数。

数据来源：全国各省、自治区、直辖市统计局。

**图6 2006年全国各地区主要物价指数**

## 二、经济运行中的结构性矛盾和值得关注的方面

### （一）经济增长方式转型面临压力

2006年，全国各地区居民收入增长较快，消费者信心不断增强，国内消费需求趋旺，对国内经济增长的拉动作用有所增强。但各地区经济增长过于依赖投资和出口的格局尚未得到根本改善，经济结构不合理、增长方式粗放等问题仍较突出。东部地区许多省市面临着土地短缺、能源紧张、环境承载力下降、商务成本上升等问题；中部地区经济发展的不利因素主要是产业结构调整压力较大，产品初级化状况没有得到根本改变；西部地区经济二元结构较为突出，经济增长过于依赖固定资产投资，重复建设情况较为普遍；东北地区国有企业改革遗留问题仍然存在，原材料工业附加值低、重化工业能耗较高、资源枯竭型城市经济转型等仍然是东北老工业基地振兴面临的主要障碍。

## 专栏1　经济增长方式与金融稳定

经济增长方式主要是指对资源的使用方式，即生产要素的组合和使用方式。我国国民经济和社会发展第十一个五年规划纲要的实施标志着经济增长方式将实现转变，在这一过程中，制度安排的转变、宏观经济的变动，以及产业结构的调整都将对金融系统的稳定性带来一定影响。

经济增长方式决定了一国经济发展的可持续性，从而深刻影响金融稳定的基础。我国经济近年来持续平稳较快发展主要得益于经济增长方式的转变，为金融稳定提供了良好的运行环境。经济增长方式涉及了经济发展模式和经济体制模式两方面的内容，都可以纳入宏观经济与制度安排范畴，因此对经济增长方式的关注应作为一国金融稳定评估框架的基本构成要素。

经济增长方式通过对经济结构、产业结构以及资产价格的作用而对金融稳定产生影响。从我国目前现状看，经济增长中的粗放型特征还较突出，从而对金融稳定产生不利影响。金融稳定也将对经济增长方式能否实现切实转换产生双重作用。一方面，在金融稳定的大前提下，金融业的发展将与经济发展保持协调，加速经济增长方式的转变；另一方面，若金融不稳定，则难以有效发挥资金媒介的功能，影响资源配置效率，使经济增长方式的转变难以作用于微观层面。

粗放型经济增长方式导致行业发展不均衡。粗放型的经济增长方式使经济增长长期过度依赖投资和出口，储蓄率和投资率偏高，消费率偏低，行业之间也存在不均衡发展的问题。过度依赖投资拉动经济增长容易导致部分行业过热和经济周期波动；过分依赖出口则进一步加剧了经济结构的不平衡，使国内原材料、能源更加紧缺，经济抵御外部冲击的能力受到影响；房地产、钢铁等行业的大起大落可能导致企业经营发展缺乏可持续性。

粗放型经济增长方式导致社会融资结构失衡，风险集中于银行业。由于经济增长过分依赖贷款的投放，如果经济环境发生变化、产业结构进行调整、出口环境恶化、房地产业等行业出现过热，可能会影响实体经济的盈利和可持续发展能力，最终会导致银行业金融机构的不良资产上升，影响金融机构和金融市场的稳健运行。

### （二）经济发展与资源环境之间的矛盾较为突出

2006 年，全国单位 GDP 能耗指标、主要污染物排放指标都未达到“十一五”规划要求降低的幅度。经济发展与资源环境之间的矛盾比较突出。经济进一步发展面临资源环境方面越来越大的约束。我国目前和未来较长时期内，都处于重化工业主导的工业化时期，资源特别是能源消耗和污染排放，与工业化的推进存在一定的正向联系。我国万元 GDP 能耗水平从 1978 年的 17.9 吨标准煤下降到 2004 年的 5.7 吨标准煤，年均下降速度为 4.5%。但 1998 年以后，下降速度大幅放缓，年均只有 0.3%，进入 2002 年以后，连续三年出现提高的情况。在资源消耗、污染排放与经济增长之间的关联系数没有改变以前，适度控制经济增长速度，将是缓解发展与资源环境矛盾的重要选择。

### （三）部分城市房价上涨仍然较快

2006 年，房地产市场调控成效初步显现，经济适用房和廉租房等社会保障型住房建设力度加大，各地区房地产价格涨幅有所回落，但部分城市房价上涨仍然加快。2006 年第四季度，70 个大中城市房屋销售价格指数同比上涨 5.3%，其中同比上涨较快的城市主要有深圳、北京、广州、福州、大连、厦门等。此外，在长三角地区房地产投资增速大幅减缓的同时，中西部地区部分省市的房地产开发投资速度明显提高。目前，我国房地产开发投资偏重依赖银行贷款，部分地区房地产开发贷款需求上升，房地产贷款规模继续扩大，使得房地产市场波动的风险集中于银行体系。同时，在人民币升值预期下，外汇资金开始流向天津、山西、广西、海南、重庆等地的房地产业，需要引起关注。

### （四）部分地区外向型经济发展面临的不确定因素增多

汇率形成机制改革、国际贸易摩擦的加剧使得我国部分地区外向型经济发展面临的不确定因素日益增多，部分地区涉外经济存在较强脆弱性。一是贸易顺差存在不稳定因素。加工贸易顺差占地方贸易顺差的比重较高，但其技术含量低，比较优势替代性强。贸易规模和效益存在较大的不稳定性。二是受人民币持续升值、国家规范外资并购等因素的影响，外商投资额增幅下降。同时，高新技术、现代服务业、现代农业、节能降耗环保等行业利用外资比例偏低，加大了产业结构调整和资源环境的压力。三是贸易壁垒增多，出口增长的不确定性增加。案源国和涉案产品扩散，纺织、服装、鞋帽等劳动密集型和低附加值的出口产品应对国际贸易摩擦和抗风险的能力较弱。

### （五）各区域经济发展仍然存在不协调因素

改革开放以来，随着东部地区经济的快速发展，在市场机制的作用下，生产要素大量地向东部地区流动，经济发展绝对差距不断扩大。尽管目前一些抑制地区差距进一步扩大趋势的有利因素正在形成，但是当前和今后较长的一个时期，导致地区差距扩大的主要因素，如要素条件、产业基础、区位和人文环境等将继续存在。同时，发达地区为保持自己的领先地位，落后地区为避免“马太效应”的继续扩大，部分地方政府在一些价高利大、投资周期短的工业领域进行激烈竞争，低水平重复建设，易导致在经济发展的同时出现区域产业结构趋同、各地区间同质竞争较为普遍的现象。

# 第三部分 分行业的区域金融稳定状况

2006年，全国各地区金融业运行稳健。各地区银行业、证券业、保险业均呈现改革突破、效益提高、实力增强的良好发展态势。银行业改革取得阶段性成果，各地区银行业金融机构资产规模增长较快、资产质量稳步提高、经营效益明显改善。资本市场基础性制度建设得到加强，上市公司股权分置改革基本完成，证券公司综合治理初显成效，证券市场投融资体系和功能出现转折性变化。保险业继续保持良好发展势头，各地区保费收入持续较快增长，保险机构资产规模稳步扩大，资金运用水平提高，服务领域不断拓宽，政府、社会、企业共谋保险业发展的良好局面初步形成。

## 一、各地区银行业

2006年，全国各地区国有商业银行分支机构改革取得明显成效，中小金融机构改革取得阶段性成果。银行业金融机构资产规模增长较快，资产质量稳步提高，金融创新日益活跃，经营效益明显改善。各地区积极贯彻落实金融宏观调控政策，信贷投放经历了由上半年过快增长到下半年增幅明显趋缓的过程。信贷投放有力支持了国家区域发展战略的需要。东部地区继续扶持中小、民营和对外贸易企业；中西部地区较多新增的基本建设贷款服务于中部崛起和西部开发；东北地区贷款重点投向老工业基地改造振兴和新农村建设。

### （一）区域银行业发展概况

1. 存贷款业务稳步发展

2006年，各地区存款普遍保持较快增长。东部、中部、西部和东北地区各项存款余额分别为20.21万亿元、4.83万亿元、5.25万亿元和2.62万亿元，同比分别增长13.69%、12.91%、15.36%和13.47%。各地区贷款继续稳定增长，全国大部分地区贷款增速处于10%～20%之间。2006年年末，东部、中部、西部和东北地区金融机构人民币各项贷款余额分别为13.69万亿元、3.42万亿元、3.79万亿元和1.74万亿元，同比分别增长13.84%、14.70%、15.95%和12.79%。西部地区成为我国存贷款增长速度最快的地区。

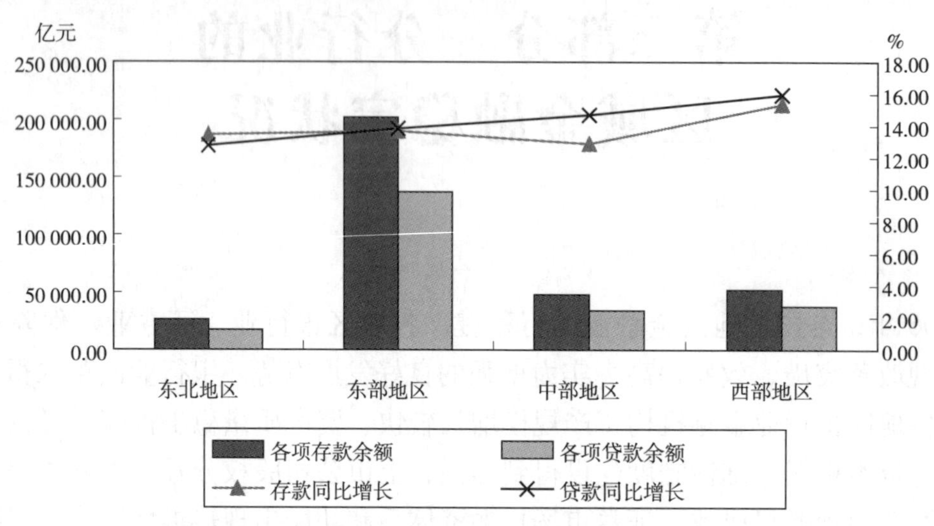


数据来源：中国人民银行各地分支机构。

**图7 2006年全国各地区存贷款水平及增长情况**

2. 资产规模不断扩大

通过优化网点布局，引进新机构，改革农村合作金融，全国各地区银行服务体系进一步完善，初步形成政策性金融、商业性金融和合作金融并存，全国性银行、地方性银行共同发展的银行机构体系。截至2006年年末，全国各地区各类银行业金融机构共计20 670家，资产总额达38.46万亿元，较上年末增长14.49%。分地区看，东部地区聚集了61%以上的银行业金融资产，集中了四大国有商业银行和12家股份制商业银行的总部，以及90%左右的外资银行营业性机构。2006年，各地区银行业金融机构的资产增速均超过12%，其中内蒙古、福建和北京的资产增速分别达到23.66%、19.67%和19.48%。

**表4 全国各大地区银行机构本外币资产总额**

| 项目 | 东北地区 | | 东部地区 | | 中部地区 | | 西部地区 | |
|---|---|---|---|---|---|---|---|---|
| | 2006年 | 2005年 | 2006年 | 2005年 | 2006年 | 2005年 | 2006年 | 2005年 |
| 银行机构本外币资产总额（亿元） | 31 488 | 26 842 | 236 648 | 202 756 | 56 773 | 50 082 | 59 709 | 56 255 |
| 增长率（%） | 17.31 | 13.69 | 16.72 | 17.36 | 13.36 | 16.69 | 16.27 | 19.23 |

数据来源：中国人民银行各地分支机构。

3. 盈利能力明显提高

各地区银行业金融机构盈利能力普遍提高。东部、中部和西部银行业金融机构分别实现账面利润2 659. 10 亿元、436. 09 亿元和501. 15 亿元，同比增长31. 51%、146. 80%和69. 21%。东北地区银行业金融机构扭亏为盈，当年实现账面利润40. 83 亿元。湖北省银行业金融机构账面利润增速最高，达337. 97%。银行业金融机构经营效益明显提高，利润大幅增加的原因主要是银行信贷总量扩张、存贷款利差扩大、中间业务收入上升、计提拨备较上年显著减少以及国有商业银行改制效应显现等。

4. 资产质量继续改善

2006 年，各地区银行业金融机构资产质量继续改善，不良贷款余额和不良贷款率实现“双降”。截至2006 年年末，东部、中部、西部和东北地区银行业金融机构不良贷款余额比上年末分别减少 861. 56 亿元、163. 04 亿元、178. 38 亿元和99. 27 亿元；不良贷款率比上年末分别下降1. 49 个、2. 67 个、2. 01 个和2. 88 个百分点。从银行类别看，国有商业银行、政策性银行、股份制银行和外资银行的不良贷款余额和比例皆有不同程度的下降，尤其是国有商业银行不良贷款下降较快。商业银行资产拨备较上年有所增加，化解不良贷款风险的能力有所提高。

**表5　全国各大地区银行机构不良贷款余额及增长**

| 项目 | 东北地区 | | 东部地区 | | 中部地区 | | 西部地区 | |
|---|---|---|---|---|---|---|---|---|
| | 2006 年 | 2005 年 | 2006 年 | 2005 年 | 2006 年 | 2005 年 | 2006 年 | 2005 年 |
| 不良贷款余额（亿元） | 3 047. 86 | 3 147. 13 | 7 467. 63 | 8 350. 06 | 4 942. 60 | 5 105. 64 | 3 661. 75 | 3 815. 02 |
| 不良贷款率（%） | 17. 51 | 20. 39 | 5. 45 | 6. 94 | 14. 46 | 17. 13 | 9. 65 | 11. 66 |

数据来源：中国人民银行各地分支机构。

5. 金融创新日益活跃

随着银行业竞争的日趋激烈，2006 年，各地区银行业金融机构不断加大业务创新力度，推出新产品满足客户需求，除传统的存贷款业务、银行卡业务外，金融衍生品交易、个人理财业务、电子银行等中间业务发展迅速。湖南、江西省银行机构中间业务收入分别比上年增长了 59. 5% 和 51. 8%。天津市银行业金融机构开办了抵质押项下的个人可循环信用产品，开发了满足客户规避风险的汇率、利率衍生产品，以及满足客户理财需求的外汇宝、汇聚宝、步步高等产品。广东省银行业金融机构创新信贷方式，加强授信融资类业务开发，推出了仓单质押贷款、二手楼交易赎楼贷款、出口直接保理、应收账款融资、厂商银一票通等多项服务。深圳市银行业金融机构在支付结算、银行卡、代理业务、担保承诺、综合理财、金融衍生品交易等方面取得显著成效，出现了人民币结构性理财产品、外汇衍生交易产品、网上基金直销等新型金融产品和服务。随着现代信息技术的进一步发展，金融创新产品将呈总量大、增长快、跨市场发展等特征，对满足金融市场需求、扩展资金流动渠道、提高资金使用效率具有重要意义。

6. 银行业改革取得显著进展

**国有商业银行分支行改革不断深化**。以中国银行、建设银行、工商银行相继上市为标志，国有商业银行改革取得了突破性进展。国有商业银行各地区分支机构在其总行统一领导下，积极推进各项改革措施，按照上市公司要求，在内部管理、经营策略、授信机制、风险管理等方面继续深化股份制改革。一是通过改革积极引入经济资本约束理念，实行新的绩效考评办法，强化信贷管理，实施统一的授信、评级、考核办法。二是各分行均加强了机构重组工作，继续推进机构和业务扁平化改革，支行—营业网点的两级框架管理模式基本形成。部门设置由按产品设置转向按客户设置，设置了突出客户需求的业务部门。三是初步建立相对独立的内控体系和风险防范体系。各行从完善内控组织体系、内控制度实行纵向垂直风险管理模式等方面全面推动风险管理和内控体系建设，初步形成相对独立的内控体系和较为完善的风险防范体制。四是努力提升金融服务水平和创新能力。3 家行突出“以客户为中心”的经营理念，不断改进产品、业务、流程和管理制度，加大业务拓展和产品创新力度，大力发展网上银行、个人理财、银行卡等中间业务，金融服务水平和产品创新能力不断提高。中国农业银行各分行积极推进内部改革，强化风险意识，夯实资产质量，加大了股份制改革的宣传教育和相关制度建设，为下一步的股份制改革做好准备。

**中小金融机构改革加快推进**。2006 年，一批新的地方性金融机构获准成立。江苏银行在江苏 10 家城市商业银行的基础上联合改制重组成立，开业时江苏银行贷款损失准备充足率为 100%，资本充足率达 12% 以上。牡丹江市商业银行、昆明市商业银行、克拉玛依市商业银行挂牌成立；浙江省 3 家城市信用社、四川省 2 家城市信用社改制为城市商业银行。中国平安保险（集团）公司通过定向增发等形式控股深圳市商业银行；国家开发银行通过兰州市国有资产经营公司向兰州市商业银行注资 8 亿元；哈尔滨、齐齐哈尔和大庆市 3 家城市商业银行通过加强资本联合、相互参股方式优化资源配置；长沙市商业银行发行次级债扩充资本 5 亿元，湖南衡阳、株洲和岳阳 3 家城市商业银行在地方政府的政策扶持下成功实施了资产置换。广东发展银行、渤海银行、天津市商业银行（经银监会批准更名为天津银行）、杭州市商业银行、杭州联合农村合作银行成功引进战略投资者；福州市商业银行引进境外战略投资者和业务合作开始启动。

**农村信用社改革取得阶段性成果。**农村信用社改革深入推进，各地区全面完成了专项中央银行票据发行认购工作，工作重点转移到明确产权关系、完善法人治理结构、强化内部管理、增强服务功能上。河北、湖南、江西、云南、贵州、浙江、陕西、安徽等省成功组建了农村合作银行，江苏省现有9家农村商业银行开业。随着各项扶持政策落实，农村信用社历史包袱逐步得到化解，资本金得到补充；法人治理结构进一步完善，内控制度建设不断加强。农村信用社针对农户、小企业的不同类型和实际需求推出重点开发农村合作组织贷款、生源地助学贷款、农户联保贷款、信用村贷款、劳务输出贷款、农民工创业贷款、农民职业技能培训贷款及多种质押、抵押品贷款等，支持新农村建设的能力不断增强，服务"三农"的功能得到强化。

**小额贷款试点工作稳步推进。**2006年，四川省广元全力小额贷款公司、内蒙古融丰小额贷款公司正式成立运营，按照"只贷不存、小额、信用、面向'三农'"的原则，实行市场化运作。山西平遥县晋源泰、日升隆两家小额贷款公司经营稳健，发展势头良好，有力地支持了"三农"，取得了较为显著的经济和社会效益。

### 专栏2 小额贷款组织试点情况

根据2004年、2005年与2006年中央"1号文件"精神，中国人民银行自2005年开始，在山西、四川、贵州、陕西、内蒙古五省（区）各选择一个县（区）推动开展小额贷款组织试点。在各试点地人民政府的组织下，五省（区）由社会资金自愿发起设立的7家商业性小额贷款公司陆续挂牌成立。截至2006年12月末，7家小额贷款公司实收资本13 100万元，累计发放贷款12 005.1万元，贷款余额为8 778.82万元。其中，农户贷款余额占贷款余额的62.8%。7家小额贷款公司贷款加权平均利率为18.78%。

小额贷款组织试点在一定程度上填补了农村金融服务的空白，试点成立的小额贷款公司通过灵活多样的方式开展业务经营，缓解了农户、微小企业贷款难问题，有助于改进试点地区的农村金融服务。试点小额信贷公司通过不断完善内部管理，加强风险控制，业务经营呈现出良好的发展势头。

陕西省平遥县2家小额贷款公司试点运行一年来，实现了经济效益和社会效益双赢，成效明显。一是支持"三农"效果显著。2006年年末，2家小额贷款公司贷款余额4487.32万元，新增贷款占到平遥县金融机构当年新增贷款的25.18%；农业贷款余额3 360.45万元，占全部贷款余额的79.44%，支持农户736户，占总贷款户数的81.69%，成为当地支农资金的有力补充。二是经营机制运转灵活。小额贷款公司贷款对象以“三农”为主，注重培养市场前景好、具有一定规模的特色种植业户和养殖业户；贷款方式灵活，创新推出公司加农户担保、公务员工资担保、村委会担保、信用户评定贷款、小组联保等贷款形式，符合农户实际；贷款审批环节便捷、高效。三是利率定价示范效应显现。小额贷款公司实行市场化利率，平均贷款利率水平高于商业银行贷款利率，低于民间借贷利率。小额贷款公司的市场化利率对周边地区民间借贷利率产生了一定影响。四是经营效益初步体现。两公司实现了正常贷款占比100%，贷款回收率100%，利息回收率100%，实现利润279.12万元。

### （二）各地区银行业发展中需关注的方面

1. 银行业金融机构盈利模式转型效果不明显，不良贷款反弹压力较大

2006年各地区银行业金融机构经营效益的明显提高，主导因素是信贷规模的快速扩张。从各地区商业银行收入及盈利结构来看，目前仍以利差收入占绝对比重。2006年各地区银行业金融机构利差收入占总收入的比重仍在90%以上；大部分地区的中间业务收入占比在3%～6%之间。各银行业金融机构中间业务开展大多仍集中在低风险、低附加值的代理业务上，高附加值的托管、担保、交易及融资顾问等新型业务发展较慢，不同类型机构中间业务拓展能力也存在较大差异。国有商业银行凭借系统技术优势，占有中间业务2/3以上的市场份额，地方中小法人金融机构主要局限于传统性业务，部分机构中间业务收益贡献度不足1%。

虽然2006年各地银行业金融机构账面不良贷款继续实现“双降”，但部分机构不良贷款率出现反弹，不良贷款余额比重有所上升，农村合作金融机构不良贷款压降任务依然艰巨。银行业金融机构遏制不良贷款生成的良性机制仍不健全，不良贷款仍面临一定的反弹压力。突出表现为：一是部分银行可疑类和损失类贷款仍有增加；二是商业银行部分正常贷款属于长期还旧借新、循环使用类型，信贷风险尚未完全显现；三是在当前经济快速增长时期，部分商业银行对企业信贷风险往往估计不足，贷款规模扩张过快存在隐忧。

2. 贷款集中化、长期化现象有所加剧，贷款结构尚需进一步改善

2006年，各地区中长期贷款继续快速增长，部分地区信贷结构失衡较为突出。除个别省（自治区、直辖市）外，各地区银行业金融机构本外币中长期贷款增速普遍在17%以上，信贷资金运用长期化趋势明显。2006年年末，东部、中部、西部和东北地区中长期贷款余额占其各项贷款的比重分别达到47.91%、44.54%、

54.55%和43.78%，当年中长期贷款新增额占其各项贷款新增额的比重分别达77.38%、61.49%、74.87%和67.17%。中长期贷款较快增长、占比攀升，将导致金融机构资产负债期限结构不匹配问题日益突出，流动性风险和利率风险上升。

信贷集中仍然是全国各地区银行业经营中面临的主要风险之一，贷款继续向中心城市、优势地区、大客户、某些行业集中，同时对新农村建设、县域经济和小企业信贷投入相对不足。从投放区域看，新增贷款仍然集中在各省市的发达地区，欠发达地区和县域经济融资相对困难。从行业结构看，贷款主要集中在制造、电力、建筑、交通和房地产业；从客户结构看，授信亿元以上的大型企业集团的贷款余额以及新增贷款所占全部贷款的比重继续上升，大客户信贷集中度进一步提高。在银行信贷集中趋势增强的情况下，小企业贷款难的问题未能得到有效缓解。

银行贷款不断向大客户、重点行业集中，有关风险隐患值得关注。银行信贷集中投放使某些企业集团能够轻易地将信贷资金间接或直接投入资本市场和房地产市场等高风险领域进行运作。从宏观经济角度看，贷款过度集中将使信贷资金供给与需求结构发生偏差，导致货币政策传导机制不顺畅，影响金融系统资金的运作效率。

### 专栏3　集团性企业授信的贷款集中风险应引起关注

集团性企业授信的贷款集中风险是当前银行业运行中一个比较突出的现象。集团性企业因其经营规模较大，对地方经济增长、产业发展、税收等产生直接影响，同时也成为吸引众多银行争相展业的对象。但是集团性企业资本结构复杂、经营地域较广，资金转移较容易，其资金链一旦出现问题就极可能使银行遭受惨重损失。因集团企业授信过度集中而可能引发的金融风险需引起关注，以下就是两个典型案例。

■某集团建设有限公司成立于1995年，注册资本1.05亿元，据初步调查，该集团关联企业主要是21家子公司。截至2006年9月28日，该建设集团及其关联企业在注册地共有银行贷款2.21亿元。另外，该集团公司对外担保约7亿元，担保对象基本上都是该集团的关联企业。由于该集团公司多以BT、仿BT模式承接工程，业务发展过快，短期债务剧增导致2006年爆发信贷风险事件，引起了社会广泛关注。2006年10月11日，注册地中级人民法院、区人民法院同时对该公司执行了威慑机制。有关债权银行已采取了相应债权保全措施。

■2006年10月初，证监会限定上市公司清欠工作必须在年底前完成，否则将被立案稽查。在此背景下，A上市公司暴露出大股东占用上市公司资金

5.35亿元的问题。随后“某省担保圈”浮出水面，该省数家上市公司皆涉其中。调查显示，处于互保核心的三家公司，违规担保共约39亿元。A集团因对11家中小国企的承债式重组导致其背上沉重的债务包袱，加上集团公司占有上市公司巨额资金等原因，最终出现债务危机，引起资金链断裂。A上市公司财务危机爆发后，共计12家银行及4家企业起诉A公司，涉诉19起，标的合计达9.55亿元。同时，A公司债权人和对外互保企业在各家金融机构的直接融资量约在80亿元左右。如果连锁性债务追偿，将严重影响担保企业正常经营，引发区域性债务危机和金融风险。

从上述信贷风险事件中可以看出当前银行信贷管理存在的缺陷：一是在银行信贷体制和机制上没有或少有对行业风险及其对企业影响的分析和评估，对关联公司相互担保造成的风险缺乏足够的警惕。二是贷前内部评级体系缺乏科学的动态分析，在客户选择上盲目轻信大公司，存在“垒大户、争客源、盲目从众”的经营现象；贷中和贷后跟踪监测和管理不力，错失自救的良机。三是相关债权银行之间缺乏信息互通和联防机制。

3. 业内同质竞争较为普遍，金融服务水平有待进一步提高

经过近年来的一系列改革，各地区银行业金融机构的财务状况、治理结构、经营业绩等方面都取得明显成效，但金融服务水平离现代金融企业尚存在一定差距：一是同质低水平竞争现象较为突出。由于各地区经济增速较快、经济主体的贷款需求旺盛，外部环境尚未对银行机构产生足够的创新压力。目前尚未形成有效的创新机制和体系，传统业务创新多而中间业务和表外业务创新少，吸纳性创新多而原创性创新少。多数地区银行机构创新动力不足，业务同质化、低水平竞争现象较为普遍。二是稳健经营理念尚未从根本上确立。商业银行受业绩承诺和绩效考核机制驱使，极力做大信贷资产业务，贷款增长速度与经济增长状况相比仍然偏快。三是县域和农村地区金融服务不足。在“十五”期间县域经济发展过程中，银行业金融服务处于相对滞后和被动的状况。各类金融机构县级营业网点逐年减少，县域银行贷款审批权被上收，存贷比不断下降，资金外流现象尚未明显改善。

## 二、各地区证券业

2006年，随着资本市场改革的不断深化，证券市场出现了转折性变化，各地区对发展资本市场重要性的认识、认同明显提高，上市公司股权分置改革进展顺利，投资者信心明显恢复，证券投融资规模快速扩大，证券机构经营状况明显改善。截至2006年年底，各地区在沪深两市的上市公司共1 434家，总市值约9.06

万亿元，股票市值与GDP的比率由股权分置改革前的17.7%提高到44%。上市公司全年分红约850亿元，投资回报能力提升。年内沪深两市日均成交382亿元，A股筹资2 432亿元，两指标均创历史最好水平。同时，期货市场交易活跃，全年累计成交21万亿元，同比增长56.7%。

### (一)区域证券业发展概况

1. 资本市场出现转折性变化

2006年，沪深两市股票指数大幅上涨，上证综合指数年末收盘于2 679.71点，同比上涨130.8%，深证成指年末收盘于6 655.52点，同比上涨132.42%。受资本市场回暖、股票价格大幅上扬、股票市场筹融资功能逐步恢复的推动，各地区股票市场交易活跃。2006年，东部、中部、西部和东北地区投资者账户数分别达到5 828.09万户、838.28万户、922.13万户和603.66万户，同比增长9.36%、3.93%、4.20%和6.87%；境内证券市场交易额达到178 247.50亿元、22 287.56亿元、17 557.57亿元和10 603.76亿元，同比增长198.96%、124.45%、105.97%和73.73%。

2. 证券机构经营状况明显改善

受益于证券市场行情的恢复性上涨，证券公司经营的市场环境得到优化，经营状况和业绩有了根本改观。2006年，证券业扭转了连续4年全行业亏损的局面，九成以上证券公司实现盈利。在已披露未经审计的2006年年报的50家证券公司中，有48家实现了盈利，净利润总额约180亿元。预计2006年证券业全行业107家公司的整体收益达到600亿元，实现净利润255亿元。东部、中部、西部及东北地区的法人证券公司资产总额分别为5 043.64亿元、497.02亿元、369.93亿元和188.59亿元，营业收入分别为487.99亿元、42.40亿元、44.19亿元和8.97亿元。

3. 证券公司综合治理初显成效

始于2005年7月的证券公司综合治理，以加强防范、完善制度、打击违法违规活动为目的，风险处置、日常监管和推进行业发展三管齐下，力争化解证券行业风险，逐步建立新的机制。2006年，通过增资扩股、贷款和发行次级债等方式，一批证券公司净资本等指标达到监管要求，健桥证券等9家证券公司风险得到及时处置，东北证券、国金证券等证券公司获得规范类券商资格，天同证券、西南证券、新疆证券等证券公司重组取得重大进展，北京、安徽、河南等省市共有8家证券公司获得流动性贷款和中央汇金公司注资。经过综合治理，各地区证券公司历史遗留问题和违规问题的整改工作基本完成，客户交易结算资金第三方独立存管有序推进。同时，集合理财、专项理财、权证创设等新业务稳步推进，融资融券试点、股指期货、金融期货IB业务即将推出，为下一步转入常规监管状态以及推进证券业创新发展奠定了基础。

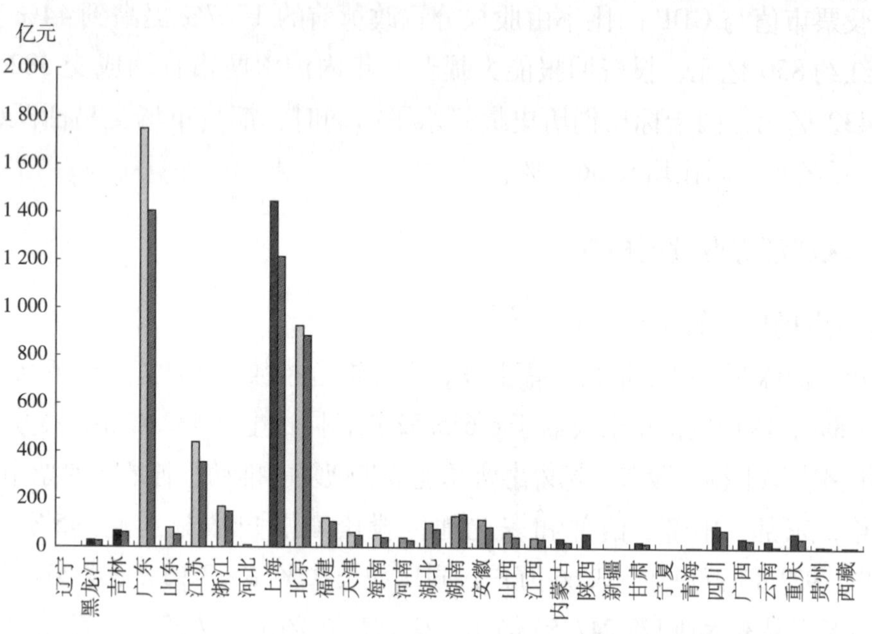


数据来源：全国各省、自治区、直辖市证监会派出机构。

**图8　2006年全国各省（区、市）证券法人机构资产负债情况**

## 专栏4　西南证券重组

西南证券有限责任公司成立于1999年12月，是由重庆市原4家证券经营机构合并重组并增资扩股组建而成。2002年9月，公司实施增资扩股，注册资本增加至16.3亿元，股东单位增加至25家。截至2005年7月底，公司资产总额34.77亿元，负债总额31.95亿元，所有者权益2.82亿元。公司重组前存在的主要问题有：挪用客户交易结算资金，占用国债资金，公司股东及关联公司占用、抽逃公司资金，公司为股东及关联企业提供大额担保，理财业务、三方监管业务形成大量负债及或有负债。

2005年3月7日，西南证券重组工作正式启动。2005年12月28日，重庆市人民政府、中国人民银行、中国证监会向国务院联合上报了《关于西南证券有限责任公司深化改革重组建立现代金融企业制度有关事项的请示》。2006年3月14日，国务院批准了西南证券重组方案。西南证券的重组方案如下：

（一）处理遗留问题

1. 归还挪用的客户国债资金。公司股东及其关联公司和公司自身挪用的共计9亿元客户国债资金已全部归还。

2. 追收股东出资不实。通过多种方式妥善解决8 000万元出资不实问题，积极追收股东珠海国利占用的1.28亿元资金。重庆市政府安排重庆渝富资产经营管理有限公司（以下简称重庆渝富）在珠海国利以其有效资产提供担保的前提下，向珠海国利借款1.28亿元用于归还公司。

3. 解除担保。解除公司为股东及关联企业提供的2.3亿元担保。

4. 归填挪用的客户保证金4.6亿元。

5. 归还委托理财等债务。公司还通过以房抵债等多种形式归还各债权人2.21亿元。

6. 处置不良资产。通过市政府的协调安排，重庆渝富以现金购买公司2.87亿元不良资产的方式，代现有股东向公司填充了缩股后净资产与注册资本的差异2.87亿元；现有股东以未来红利、税收返还及所得税抵扣等方式归还重庆渝富2.87亿元及资金成本。

7. 剥离3.25亿元债权债务。

（二）原股东减资缩股、股权托管

2005年8月20日召开的2004年度股东会做出了《关于股权调整的决议》，公司全体老股东按1:0.5比例缩股。2006年8月10日，证监会下发了《关于同意西南证券有限责任公司减资及修改公司章程的批复》，同意公司的注册资本由16.3亿元减至8.15亿元。

重组完成后，公司原有股东在用红利、税收返还及所得税抵扣等方式弥补完剥离资产清收损失并归还重庆渝富代为填充的2.87亿元净资产前，将所持股权按约定委托给重庆渝富管理。

（三）增资扩股

在股东缩股为8.15亿元基础上，新股东对公司增资14.9亿元，其中：中国建银投资有限责任公司出资11.9亿元，重庆渝富出资3亿元，云南冶金的3 140万元债转股。

（四）流动性支持

重组完成后，由重庆市政府担保，由中国建银投资有限责任公司向西南证券提供8.1亿元低息贷款，支持公司发展。

此次西南证券重组保留了西南证券的牌子，没有像有些券商一样彻底换牌，保证了企业的平稳过渡。通过老股东5折缩股、弥补净资产缺口、追收股东占用资金、彻底解决担保等问题，既切实维护了老股东和债权人的权益，又充分保证了新股东在进入时是一个已经清理干净、风险得到释放的公司。重组还对内部经营管理实施了改革。西南证券作为重庆唯一的法人证券公司，其成功重组是重庆金融机构改革的有益尝试，对于推动重庆资本市场的发展和重庆市金融业的发展具有重大战略意义，维护了重庆证券业的稳定，维护了重庆金融系统的稳定。

4. 上市公司股权分置改革和清欠工作进展顺利

从市值来看，截至2006年年底，沪深应股改公司总市值10.50万亿元，已股改公司的总市值达10.24万亿元，已股改占比约为98%。除黑龙江省以外，其他省（自治区、直辖市）已股改市值占比均已超过90%。应股改市值较大的北京、上海、广东，已股改市值占比均已超过95%。黑龙江省的已股改市值占比为80%，为各省（自治区、直辖市）中最低。超过1/3的省（自治区、直辖市）实现辖区内公司全部股改，北京、甘肃、广西、河北等省（自治区、直辖市）未股改公司均只剩1家。

同时，上市公司清欠工作取得显著成效。截至2006年年底，两市共有380家上市公司完成了清欠工作，22家上市公司部分完成清欠工作，合计清欠金额335.68亿元，占所需清偿资金总额的70%；36家公司仍存在资金占用问题，占用余额146亿元，未清欠公司所属地域比较分散。随着股权分置改革和清欠工作的不断推进，阻碍资本市场发展的制度性问题得到有效解决，上市公司资产质量提高，对投资者的吸引力有所增强。

5. 直接融资规模大幅增长

2006年，由于债券市场发展以及股票市场融资功能恢复，各地区非金融企业直接融资规模有所提高，社会融资结构得到一定改善。2006年，全国直接融资与间接融资的比例为20:80，全年累计实现A股筹资2 432亿元。但从直接融资结构看，股权融资发展速度要远远快于债权融资。特别是随着中国银行、工商银行、中国国航等的A股上市，单只股票的融资规模不断创造新记录，大量居民储蓄资金流向了大型股份制企业。而债权融资规模相对较小，在2006年的发债总量中，企业债占比仅为6.77%。

6. 各地区打击非法证券活动取得积极进展

随着资本市场日趋活跃，以到境内外上市为名推销所谓“原始股”等的非法证券活动又呈活跃态势，严重影响金融安全和社会稳定，侵害广大投资者合法权益。对此，各地区、各部门采取切实有效措施，坚决遏制非法证券活动蔓延。相关法律法规也做了制度安排，新修订的《证券法》加大了对非法证券活动的处罚力度。2006年12月，国务院办公厅下发《关于严厉打击非法发行股票和非法经营证券业务有关问题的通知》，对打击非法证券活动的组织领导和工作制度做了相应部署，明确各部门、各地区在打击非法证券活动工作中的职责。经过2006年以来各部门和地方政府的共同努力，打击非法证券活动的工作取得了一定成果。

### （二）各地区证券业发展中需关注的方面

2006年，资本市场快速发展，同时也出现了一些值得关注的新情况、新动态。在看到资本市场发生转折性变化的同时，更要清醒地认识到现阶段国内资本市场“新兴加转轨”的特征没有能够改变，市场还存在一些深层次问题需加以解决。

1. 区域发展不平衡现象较为突出

近年来，各地区证券公司和期货经营机构在竞争中实现重组整合、优胜劣汰，但证券期货经营机构的区域分布差异仍较明显，多数证券期货经营机构集中在东部地区，上海、北京、深圳等地的金融机构集聚效应较为明显。截至2006年年末，东部、西部和东北地区的证券公司分别为77家、19家和9家，均比上年减少了2家，中部地区为11家，比上年减少了1家；东部、中部和西部地区的基金管理公司分别为59家、2家和3家，东北地区至今仍未设立；期货经纪公司数量变化不大，仅西部地区较上年减少了1家。

与经济发展水平相适应，上市公司和A股市场融资也主要集中于东部和中部地区。2006年年末，东部、中部、西部和东北地区国内上市公司数量分别为810家、235家、276家和113家。与上年相比，东部、中部和西部分别比上年增加了52家、7家和3家，东北地区减少了1家。东部和中部地区上市公司当年实现A股市场筹资1 525.8亿元、259亿元，分别达到2005年的4.5倍、4.2倍，西部和东北地区分别实现融资101.7亿元和12.5亿元。

**表6　全国各大地区证券公司、基金公司和期货公司机构家数**

| 项目 | 东北地区 | | 东部地区 | | 中部地区 | | 西部地区 | |
|---|---|---|---|---|---|---|---|---|
| | 2006年 | 2005年 | 2006年 | 2005年 | 2006年 | 2005年 | 2006年 | 2005年 |
| 法人证券机构数（家） | 9 | 11 | 77 | 81 | 11 | 12 | 19 | 21 |
| 基金管理公司（家） | 0 | 0 | 59 | 55 | 2 | 0 | 3 | 3 |
| 期货经纪公司（家） | 21 | 21 | 116 | 92 | 22 | 21 | 22 | 20 |

数据来源：全国各省、自治区、直辖市证监会派出机构。

2. 证券公司治理结构与盈利模式尚未得到根本改善

部分证券公司治理结构尚未完善，风险管理能力和内部控制机制有待提高。从各地区证券公司业务结构看，经纪业务仍然是最重要的收入来源，尚未形成协调发展和较为完善的业务盈利结构，抗风险能力较弱。证券公司主要经营业务受市场行情影响大。一方面证券公司创新业务不足、未形成多元化的经营业务格局，另一方面缺乏有效分散经营风险的途径和渠道。一旦遭遇行情突变，证券公司经营业绩将发生较大逆转。

股权分置改革基本完成后，要适应股份全流通的市场特点，不断完善市场功能、提高市场运行效率、改进监管质量和切实保护投资者合法权益，不断改进和完善现有的上市公司监管、证券期货经营服务机构监管、发行上市监管以及交易结算等基础制度的建设，积极推进市场化改革，强化市场主体的自我约束和相互制衡机制，构建起促进资本市场持续健康发展、有效防范化解风险的长效机制。

3. 投资者教育工作需要进一步加强

加强投资者教育工作，是资本市场持续稳定健康发展的一个重要基础。随着证券市场的发展，各地区投资者群体迅速扩大。在我国"新兴加转轨"的市场中，不少中小投资者缺少投资经验，风险意识淡薄且抗风险能力弱。做好投资者教育工作，既是保护投资者合法权益、促进资本市场和谐发展的客观需要，也是加强我国资本市场建设、促进市场稳定运行的关键环节。

## 三、各地区保险业

2006 年，各地区保险业呈现出发展速度较快、增长质量较好、结构不断优化的良好局面。各地区保险业整体实力普遍提高，业务持续较快增长，经营效益稳步提升，经济补偿能力不断增强。结构调整取得明显成效，农业保险出现较快发展势头，财产险薄弱环节得到加强，新的业务增长点逐步形成，寿险公司注重提升内涵价值，可持续发展能力有所增强。

### （一）区域保险业发展概况

1. 各地区保险业功能性作用日益体现

2006 年，全国保险公司总资产共计 1.97 万亿元，较上年末增长 29%；实现保费收入 5 641.4 亿元，同比增长 14.4%，其中：东部、中部、西部和东北地区分别实现保费收入 3 239.13 亿元、964.75 亿元、918.74 亿元和 502.24 亿元，同比增长 14.04%、16.16%、20.66% 和 14.15%。西部成为增长最快的地区，其中四川、重庆、宁夏、贵州等省市保费收入增速均超过 20%。而北京、上海和天津等保险业相对发达地区的外资保险公司业务发展明显加快，保费收入增速超过了中资保险公司。

截至 2006 年年末，全国保险业共支付赔款和给付 1 438.5 亿元，保险业经济补偿、社会保障的功能日益体现。其中东部、中部、西部和东北地区的各项赔款和给付支出分别增长 26.90%、25.44%、25.39% 和 42.59%，增速分别比上年提高了 13.59 个、16.34 个、14.84 个和 34.37 个百分点。从区域增速来看，各地区相对于上年均有较大幅度的提高，其中东北地区赔款和给付支出增长最为迅速。

表 7　全国各大地区保险业保费收入和给付支出情况

| 项目 | 东北地区 | | 东部地区 | | 中部地区 | | 西部地区 | |
|---|---|---|---|---|---|---|---|---|
| | 2006 年 | 2005 年 | 2006 年 | 2005 年 | 2006 年 | 2005 年 | 2006 年 | 2005 年 |
| 保费总收入（亿元） | 502.24 | 439.98 | 3 239.13 | 2 840.27 | 964.75 | 830.53 | 918.74 | 761.44 |
| 同比增长（%） | 14.15 | 7.98 | 14.04 | 14.38 | 16.16 | 11.08 | 20.66 | 13.08 |
| 赔款和给付支出（亿元） | 129.49 | 90.81 | 842.68 | 664.06 | 218.00 | 173.79 | 238.29 | 190.04 |
| 同比增长（%） | 42.59 | 4.40 | 26.90 | 15.50 | 25.44 | 9.10 | 25.39 | 8.00 |

数据来源：全国各省、自治区、直辖市保监会派出机构。

2. 各地区保险密度显著上升

2006 年，全国保险深度为 2.8%，保险密度为 431.3 元/人。各地区保险密度（按常住人口计算的人均保费收入）显著上升，其中新疆和内蒙古自治区保险密度增速达到 57% 和 46%。区域间保险密度差异仍明显，总体上呈东部、中部、西部梯次递减之势，与经济发展水平正相关。上海、北京、天津分别以 2 975 元/人、2 639元/人和 978 元/人的保险密度位列全国前三位。从保险深度方面来看，全国有 14 个省（自治区、直辖市）由于保费收入增速低于经济增长速度，保险深度下滑。2006 年，全国大部分地区的保险深度集中在 2% ~3% 之间，超过 3% 的仅有北京和上海两个地区。

3. 各地区农业保险出现较快发展势头

随着党和国家对“三农”问题的日益重视，全国各区域农业保险试点范围不断扩大，农业保险出现快速发展势头。2006 年，全国农业保险保费收入 8.5 亿元，同比增长 16.2%，成为保险业新的业务增长点。很多县（市、区）针对不同地域的特点，因地制宜参加了新农合试点并积极探索被征地农民养老保险业务等满足农村地区需求的险种。与此同时，保监会研究制定了《政策性农业保险试点方案》，积极争取各地政府对农业保险的支持，各地区农业保险试点区域和险种范围不断扩大。作为我国首批办理农业保险业务的保险公司之一的安华农业保险股份有限公司，目前已在吉林、内蒙古、山东、北京设立了 4 家省级分公司，重点开办了玉米、水稻、烟叶等 10 多个品种的政策性农业保险，同时还积极探索保险参与新型农村合作医疗。江苏、河南、广东等省市的 63 个县（市、区）参与了新农合试点；海南、广西等 25 个省市开展了农机具保险；福建、浙江等 24 个省市开展了农房保险；重庆、河北等 18 个省开展了被征地农民养老保险业务；陕西、湖南等 12 个省市为农村计划生育家庭提供了母婴健康、独生子女健康等保险。

## 专栏5　浙江省率先实施政策性农业保险

2006年3月3日浙江省政府与试点县（市、区）政府、共保体三方正式签订了试点项目协议书，标志着浙江政策性农业保险试点正式拉开了序幕。现阶段适时开展政策性农业保险试点的意义在于，有利于保险业开拓农村保险市场，促进保险业的可持续发展。更为重要的是，通过发挥农业保险的经济补偿、资金融通、社会管理等方面功能作用，对提高农业市场地位，改善农业经营主体资信地位和有效解决农业资金瓶颈制约，促进农村社会和谐稳定，将起到“四两拨千斤”作用，既符合中央1号文件精神要求，也是提高农业综合生产能力，加快实施农业“走出去”战略的必然选择。

试点阶段主要采用两种方式：

一是共保经营，即“政府推动+共保经营”方式。由两家及以上商业保险公司组建“浙江省政策性农业保险共保体”（以下简称共保体）。受共保体委托，首席承保的商业保险公司承担具体业务经营。共保体经营范围为农险、以险养险、涉农险三类，实行“单独建账、独立核算、盈利共享、风险共担”。按省统一公布的政策性农业保险产品目录，对进入目录的农产品参保实行保费财政补贴，原则上多保多补、不保不补。操作上农险保费向农民收取除财政补贴以外部分。共保体与当地政府保持稳定的合作关系，保持经营的连续性。共保体章程和农险条款、费率的制定和修改须按程序批准，由省政策性农业保险试点协调小组确定。共保方式是目前国内外保险界对损失概率不确定的重大项目和罕见巨灾的理想运作模式。通过实施共保方案，可以降低独家承保的风险，并利于相互牵制约束，还可以通过单独建账，逐步滚动积累资金，提高应对巨灾能力。

二是互保合作，即“政府推动+农户互保”方式。各试点市、县（市、区）依托各类农业行业协会、专业合作社和农业龙头企业，按照自愿原则，建立农业生产者互助合作保险组织，实行“会员缴费、财政补助，自我管理、合作共享，专户监管、滚动发展”。省财政对列入试点的农业生产者互助合作保险组织给予一次性补助。试点县（市、区）财政相应配套给予支持。互保方式利于发挥合作共保机制优势（合作社成员集投保人、保险人于一身，共同的利益关系有助于规避农业保险经营中的道德风险问题），防保结合，有效解决面对千家万户所带来的理赔繁、监督难的问题，降低运作成本，比较适合特定的行业和区域。

共保经营和互保合作试点时间为 3 年。根据试点方案和政策进行测算，试点阶段 11 个共保经营试点全省农业保费在 3 000 万元左右，政府对保费的直接补贴在 1 000 万元。农保覆盖面基本达到试点县（市）种养大户的 50% 以上，受益农产品产值占到种养两业产值的 40% 左右，年度最大可能赔付额达到 1.5 亿元。农户参保后的赔付扩大效应（保额/保费）平均为 20 ~ 30 倍，其中首次赔付扩大效应为 10 ~ 15 倍。4 个互保合作试点每年保费大致在 1 400 万元，受益农户涉及 6 000 多户。

4. 各地区保险服务领域不断拓宽

随着保险业改革开放的力度加大，各区域保险市场主体逐渐成熟，经营管理日趋理性，增长方式进一步转变，业务结构进一步优化。保险公司创新意识进一步增强，积极推动产品创新、服务创新和渠道创新。尤其是东部地区在农业保险、商业养老和健康保险、责任保险发展等方面都取得了很大进展。北京市产险公司非车险业务进一步发展，信用险、货运险等业务增幅较大，责任保险逐步成为新的业务增长点。河北省全年推出保险新产品 1 319 个，7 家企业选择保险公司作为受托人和投资管理人建立企业年金制度。天津市企业年金业务也取得突破性进展。保险覆盖面不断扩大，服务领域不断拓宽，促进了保险业与经济社会的协调发展。

### （二）各地区保险业发展中需关注的方面

近年来，各地区保险业的结构调整取得一定成效，保险机构盈利能力增强，管理和运作日趋规范。但从总体上看，我国保险业仍然处于发展初期，行业发展结构、利率风险、资产与负债匹配情况、资金运用风险等方面值得关注。

1. 行业内发展不平衡现象较为突出

一是地区间发展不平衡。保险集团和控股公司、保险资产管理公司全部集中在东部地区，东部地区的保费收入占全国保费收入的 57.42%，其中广东、江苏、北京保费收入规模分别为 607.87 亿元、502.83 亿元、411.53 亿元，位居全国前三位。快速发展的农业险也同样存在地区间发展不平衡现象。东北地区和东部沿海地区农村和中西部地区农村存在较大差距，沿海地区的农业保险相对发展较好。即使在东部沿海地区，保险市场也主要集中于小城镇地区，较为偏僻的农村地区仍然是商业保险的盲区。二是财产险和人身险发展不平衡。2006 年，各地区固定资产投资和汽车消费的高增长拉动了财产险业务的快速发展，部分地区的财产险保费收入出现了多年来的最快增长。东部、中部、西部和东北地区财产险保费收入增速分别为 24.19%、22.49%、22.45%、25.66%。其中，广东、江苏、浙江、上海等省市财产险保费突破百亿元大关，黑龙江、吉林、河南增速分别达到32.7%、32.35%和29.6%。同期，由于受基金、理财产品推出和升息影响，除西部地区外，东部、中部和东北地区人身险业务增长较去年同期有所放缓，保费收入增速分别为10.60%、7.09%和11.14%。其中，北京地区的人身险保费收入下降明显，下降速度达24.03%，从而导致2006年保费总收入的下降。

**表8 全国各大地区分项保费收入情况**

| 项目 | 东北地区 | | 东部地区 | | 中部地区 | | 西部地区 | |
|---|---|---|---|---|---|---|---|---|
| | 2006年 | 2005年 | 2006年 | 2005年 | 2006年 | 2005年 | 2006年 | 2005年 |
| 人身险保费收入（亿元） | 387.71 | 348.84 | 2 344.55 | 2 119.92 | 743.19 | 693.97 | 640.83 | 542.51 |
| 同比增长（%） | 11.14 | 6.18 | 10.60 | 15.60 | 7.09 | 13.43 | 18.12 | 14.23 |
| 财产险保费收入（亿元） | 114.53 | 91.14 | 894.59 | 720.34 | 221.56 | 180.88 | 267.04 | 218.07 |
| 同比增长（%） | 25.66 | 15.48 | 24.19 | 10.94 | 22.49 | 14.95 | 22.46 | 10.41 |

数据来源：全国各省、自治区、直辖市保监会派出机构。

2. 保险业创新产品服务不断推出，但创新机制仍不完善

尽管各区域保险公司出于市场竞争的考虑，推出了较多的保险产品，但差异化程度却很低，保险产品同质化问题较为突出，业务发展受外部因素影响较大。各地区保险机构推出的保险业务和保险产品类似，缺乏特色和针对性，对地方经济的渗透度不高，不利于业务长期健康发展，不少地区保险市场中的部分险种面临无序竞争、恶性竞争，"地下保单"等非法金融活动趁虚而入，影响地方保险业的发展和社会稳定。同时，保费收入依靠一两个险种的程度比较明显，车险业务是各地区财产险公司最主要的保费收入来源，而分红型产品在寿险产品中保费收入同比增幅最高。目前，各地区内除保险总公司外，保险分公司大都不具有产品开发权限，只负责保险市场信息的收集与反馈，保险分公司由于缺少数据支撑和精算支持，大都把精力集中在完成总公司的考核任务上。由于大多数地区相关保险需求不充分、缺乏有关的政策支持，销售渠道不畅通，使总公司已开发成功的新产品往往选择上海、北京、深圳等城市作为试点，一定程度上影响了其他地区产品创新的积极性。

3. 诚信建设有待加强，行业形象和公信力尚需提升

当前，各地区保险公司开展保险业务的主要模式仍为营销员营销与银行代理保险业务，这种经营模式在促进了保险市场快速发展的同时，也暴露出部分从业人员专业素质不高，保险产品信息披露不充分等问题。保险产品营销过程中出现的乱承诺、误导、欺诈等短期行为，使得社会公众对保险行业的诚信服务尚未形成普遍的

认同感，进而影响保险业的后续发展。总体来看，各区域诚信建设与行业发展要求还有距离，保单条款的通俗化、标准化不够；保险理赔难、寿险新产品销售误导等损害被保险人利益的行为依然存在；部分从业人员利用管理上的漏洞，非正常地在公司间频繁流动，扰乱市场秩序，损害行业形象；保险诚信体系和保险信用评价体系尚不健全，信用信息基础数据没有建立，无法实现保险机构、监管机关和社会公众间信息资料的共享。

4. 保险资金运用风险增大，保险公司产品定价能力有待提高

随着保险公司保费收入的快速增加，保险资金运用能力正成为考核保险公司经营稳健性的重要方面。从法人保险公司的保险资金运用情况看，随着保险资金投资渠道的不断拓宽，各地区保险公司在投资经验、专业技术人才和风险控制技术等方面仍存有不足。同时，保险资产负债匹配的难度不断加大，保险资产期限错配风险、债券投资的信用风险和投资收益的稳定性都值得关注。尤其是保险资产短期化和负债长期化问题较为突出，大量长期负债被用于短期投资，资产负债期限结构存在错配风险。保险公司产品定价能力亟待提高。在产险市场存在过度竞争的情况下，部分大型商业险定价过低，如果管理控制和外部监管不到位，可能出现新的定价风险；寿险公司在利率逐步实现市场化定价的条件下，保障型产品和投资型产品面临一定的新“利差损”风险。

# 第四部分　分地区的区域金融稳定状况

我国幅员辽阔，各地区自然禀赋差异明显，区域经济金融发展水平客观上存在较为显著的差异。针对东部、中部、西部和东北地区不同的区域特点和经济金融发展阶段，加强对不同地区经济金融运行特点及其潜在风险因素差异性的考察、评估和分析，并采取相应的针对性措施，对维护区域经济金融健康发展具有重要意义。

## 一、东部地区

东部地区是全国经济最发达的地区，汇集了全国经济最活跃的京津冀、长三角、珠三角三大都市圈。2006 年，东部地区在经济继续保持快速增长的同时，产业结构优化升级步伐加快，房地产开发投资、固定资产投资增速放缓，宏观调控取得积极成效。与经济发展水平相适应，东部地区的金融机构数量、金融资产规模以及金融从业人数在国内均居领先地位。2006 年，东部地区金融业继续保持较快增长，中外资金融机构进一步集聚，金融市场规模不断扩大，金融工具种类增加，金融创新活跃，但东部地区也需要关注外向型经济快速发展，金融业迈向全面对外开放过程中，外资金融机构快速发展、资金跨境跨地区流动规模扩大等方面对地区金融稳定的影响。

### （一）外向型经济增长动力强劲，但较高的外贸依存度也使经济发展面临更大的转型压力

坚持对外开放是我国的一项基本国策，充分利用国内、国外两个市场，有利于拉动经济增长，增加就业。但外贸依存度过高，也可能增大宏观经济运行风险，使宏观调控和金融稳定面临更加复杂的内外部环境。2006 年，东部地区外贸进出口总额达到 1.48 万亿美元，同比增长 15.52%，占全国外贸进出口总额的 89.06%。广东、江苏、上海分别以 5 272.10 亿美元、2 839.95 亿美元和 2 274.89 亿美元居

全国前3位。出口是拉动东部地区经济增长的主要动力，但目前东部地区出口仍以劳动密集型和低附加值产品为主，主要依靠低价竞争和国家出口退税实现盈利，近年来已受到越来越多的反倾销诉讼和非关税贸易壁垒限制。人民币汇率升值、国家出口退税政策调整已使东部地区一些传统出口优势产业受到一定冲击。由于原油、有色金属、石化产品等原材料价格上涨，增加了企业的生产成本和资金成本。同时，随着科学发展观的贯彻落实，建设和谐社会理念的深入，企业在环保、用工上的成本支出也将逐步提高。东部地区能否尽快适应这些变化，对东部地区经济金融的可持续发展具有重要影响。

### （二）房地产调控成效显现，但部分地区房价涨幅仍未得到有效控制

2006年，东部地区房地产开发结构调整取得成果，社会保障性住房建设力度加大，房地产价格基本稳定，房地产市场调控成效显现。北京、上海等地继续加强贯彻落实中央关于房地产调控政策，积极执行土地、信贷、税收、住房结构调整方面的规定，房地产行业保持稳定较快发展，房地产开发力度加大，房价涨幅有所放缓。以上海为例，2006年上海市房屋销售价格水平比上年下降1.3%，商品房销售价格水平比上年下降3%，其中商品住宅销售价格水平下降3.2%。但由于城市化进程加快、拆迁带来被动需求增加、超前消费与非理性消费、土地交易价格和建筑成本上升等多种因素，也使得部分地区商品房均价呈大幅上升趋势。以广东省为例，商品房价格呈持续上扬趋势。2006年广东商品房平均销售价格5 837元/平方米，2004~2006年平均销售价格涨幅分别为9.1%、7.7%、30.2%。与此同时，广东省房地产开发贷款投放力度明显加大，2006年新增房地产开发贷款556.59亿元，同比多增326.29亿元。房地产开发资金来源中，信贷资金占比有所上升。大量信贷资金投入房地产行业，如果房价出现较大幅度波动，将对银行的信贷资产价值与抵押品资产价值产生双重影响，使房地产市场波动风险高度集中于银行体系。

#### 专栏6　宏观调控下的上海房地产金融

2006年，上海市房地产信贷平稳运行，信贷总量适度增长，贷款质量处于可控区间，信贷结构逐步调整，但仍需关注商业用房贷款风险等问题。

房地产信贷运行较为平稳，未出现大幅波动。房地产贷款适度增长，2006年上海市中资银行人民币房地产贷款同比增长9.2%，占各项贷款的31.3%。贷款质量处于可控区间，年末房地产类贷款不良率为1.00%，与中资银行全部贷款不良率（3%）相比，当前的个人住房贷款质量仍处于可控区间。

房地产信贷结构逐步调整。一是个人住房贷款同比减少，占比下降。年末，中资银行人民币个人住房贷款余额为2 483.7亿元，比上年末减少58.9亿元，占房地产贷款的53.6%，比上年末下降11.1个百分点。二是房地产开发贷款结构有所调整。年末，政府土地储备机构贷款余额为399.2亿元，占房地产开发贷款的21.3%，同比提高2.4个百分点；商业用房开发贷款余额为389.9亿元，占房地产开发贷款的20.8%，同比提高8.5个百分点。三是房地产开发资金结构发生调整。2006年，上海房地产开发投资资金来源中，国内贷款为575.10亿元，占资金来源的26.4%，同比上升2.7个百分点。

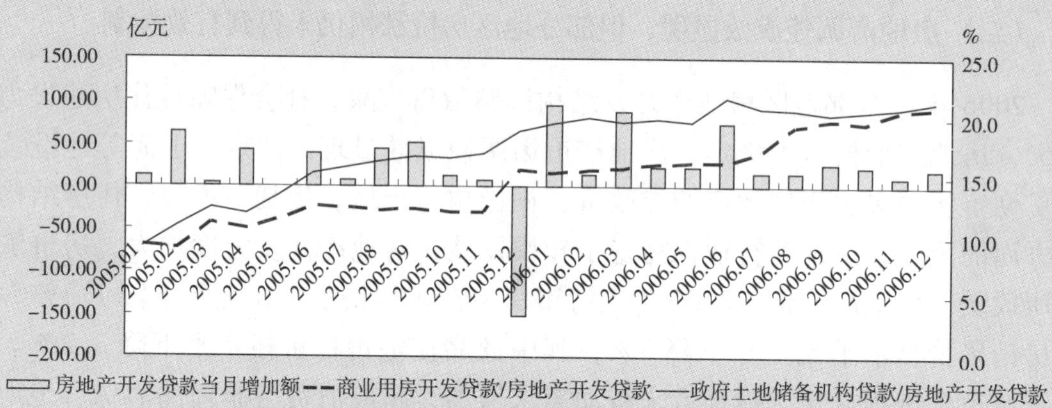


数据来源：中国人民银行上海总部。

**图9 上海市房地产开发贷款的增长情况和结构变化**

但是需要密切关注商业用房贷款的发展态势。受住宅市场调控影响，房地产开发商尝试多元化经营，投资重点转向商铺等商业用房领域。然而，当前商铺投资的风险已逐渐显现。统计数据显示，2006年上海商铺供应量已达人均近2平方米，较香港高出0.8平方米，过剩迹象较明显，加上后续供应量庞大等因素，未来上海商铺发展可能进入较长的调整期。因此，当前需密切关注商业用房贷款的发展态势，有效防控信贷风险。

**（三）集团企业的发展增强地区经济活力，也增加了银行控制关联企业信贷风险的压力**

近年来，随着经济体制改革的逐步深入，东部地区集团企业的数量和规模日趋壮大。集团企业的发展有力地提高了东部地区的经济活力，促进了经济结构调整。但由于单个集团企业经营规模较大，关联企业较多，担保链较长，一旦发生经营危机，势必对地方经济、利益相关者尤其是金融机构造成较大损失，导致银行不良资产上升，一定程度上影响地方经济金融稳定。据统计，东部某省2006年共发生10起集团企业突发风险事件，涉及金融债权数十亿元，每起事件都涉及几家甚至几十家金融机构。当前企业集团信贷风险事件时有发生的原因是，在流动性过剩的背景下，部分企业对市场前景过于乐观，受“做大做强”理念的驱使，往往超越企业自身的经营管理能力，通过各种渠道获得银行贷款，盲目进行多元化投资。由于集团企业子公司等关联企业众多，集团公司与子公司，子公司与子公司之间存在复杂的股权债权、业务交易、相互担保、利润转移等多种关联关系，其中成员能够通过关联交易暂时转移或隐藏风险，由于信息不对称，外界难以及时掌握集团企业整体的经营状况和潜在风险。一旦风险积累到一定程度，或发生重大投资失败，或市场环境出现重大变化，企业资金链断裂，经营危机便开始显现。同时，在银行方面，一是由于流动性充裕，为追求利益最大化，对集团企业类“优质客户”进行过度竞争，集团企业较易在多家银行获得授信和贷款；二是由于银行间缺乏有效的信息沟通渠道，对集团企业整体授信往往超过企业的合理需求，进一步诱发企业投资冲动；三是由于银行缺乏科学有效的集团企业风险监测和预警机制，制约了风险的及时发现与处置。目前，集团企业信贷风险突发事件已经成为影响地区金融稳定的因素之一。

**（四）外资金融机构快速发展促进金融业不断成熟，但也使中资金融机构发展面临挑战**

东部地区是我国经济与金融对外开放最早、最广泛的地区，也是引入外资金融机构最多、外资金融机构业务最大的地区。目前，绝大多数进入中国的外资金融机构均选择东部地区作为其代表处或主要经营所在地，上海、北京、天津、深圳等地外资金融机构业务呈现快速增长态势。2006年年末，北京市外资银行人民币贷款余额145.79亿元，是上年末的3.45倍；上海市外资银行实现税前利润3.5亿美元，年均增长31.6%，超过了资产和贷款的增长速度；天津市的两家外资寿险总公司光大永明人寿公司、恒安标准人寿公司保费收入分别达到3.95亿元和3.43亿元，分别比上年增长100%和66%。虽然外资银行无论在人民币业务还是外汇业务上暂时都不能对中资银行的经营造成较大的冲击，但随着外资银行全面参与人民币业务，外资银行的发展给中资金融机构带来新机制、新产品的同时，也加大了中外资金融机构之间的竞争，中资金融机构面临的竞争压力日渐增大，市场变化的不确定因素增加。特别是随着部分外资商业银行改成法人银行，获得“全牌照”后，外资银行的竞争优势将进一步显现。首先，“前台分业，后台混业”的经营模式有助于外资银行拓展发展空间。其次，外资银行可复制母行丰富的金融经验和先进的产品技术。三是创新能力较强，更容易针对目标客户推出贴近其业务需求的产品与服务。四是外资银行人事激励制度较为灵活，易造成中资银行人才外流。

### （五）民间借贷逐渐回归理性，但少数地区仍存在非法融资行为

总体而言，东部地区民间借贷正在回归理性，逐步形成以农村信用社贷款利率为轴心的定价模式，借贷行为逐渐成熟，对解决农村地区资金不足、繁荣农村经济发展起到了一定的促进作用。但在少数地区仍然存在着民间非法融资行为。调查表明在东部少数地区存在非法吸收公众存款，发放高利贷；非法从事票据贴现等融资业务；非法从事公司股权销售业务等现象。民间非法融资活动对地方经济金融及社会带来的隐患不容忽视：一是影响了地方经济金融稳定。一方面由于高利率的诱惑，金融机构资金来源减少，一定程度上影响商业银行的流动性和信贷投放。另一方面，由于非法融资的部分资金来源于金融机构，这部分贷款存在较大的安全隐患。二是给社会稳定带来较大的安全隐患。非法融资链条非常脆弱，一旦某一个环节出现问题，将波及众多人群，危害地方的社会稳定。三是部分抵消了金融宏观调控政策实施效果。由于非法融资活动不在政府金融监管范围内，数量不少的民间资金受利益驱动，很容易流入国家限制或禁止的一些行业，从而给宏观调控带来负面影响。

## 二、中部地区

2006 年，中部地区积极把握“中部崛起”战略机遇，进一步发挥区位优势，投资规模继续扩大，经济主体收入平稳增长，消费市场日益繁荣，经济增长的效益和动力基础得到进一步加强，中部地区在全国的经济地位得以提升。同时，在金融改革的推动下，中部地区银行业总量规模进一步扩大，资本实力提升较快，整体运行质量明显提高，服务经济和支持“三农”的作用进一步发挥；证券机构在规范中发展，风险得到有效控制；保险机构管理和运作日趋规范，产品结构调整已初见成效。中部地区经济金融总体协调健康发展，区域金融整体保持稳定向好态势，但经济金融运行中仍存在一些需要关注的方面。

### （一）经济增长动力得到加强，但产业结构调整压力仍然较大

国家支持中部崛起的政策效应初步显现，经济增长动力得到进一步加强，中部各省三大产业全面发展。农业平稳发展，粮、棉、油产量继续扩大，农民增收趋势不变。特别是河南省粮食总产量首次突破千亿斤大关，增长 10.3%，增量占全国

近1/2。完成工业增加值同比增长23.8%，超出全国平均水平7.2个百分点。服务业对经济增长的推动作用有所加强。服务业相对发达的安徽、湖北、湖南3省第三产业的比重都达到了40%，增长速度均超过10%。但就总体而言，中部地区工业化水平整体偏低，湖南、安徽、湖北等省第二产业占GDP比重比全国平均水平低3~7个百分点；传统的资源优势产业占据主导地位，高新产业发展不足，地方经济发展主要依赖于少数支柱产业与骨干企业；沿海梯次转移产业以资源占用为主，对当地经济发展的引领与带动作用有限。如河南省规模以上工业增加值超过200亿元的行业均为以资源开发为主的传统产业，高技术产业增加值占比仅3.5%；安徽省五大传统优势行业增加值约占全省工业的50%；江西省有色金属、非金属、电力、热力四大行业对工业利润增长的贡献率达到80.9%。经济发展过多依赖传统资源优势产业，一方面在国内工业结构进一步深化调整的大背景下，中部地区的传统资源优势产业将面临更大的压力，部分行业产能过剩有可能面临更大的挑战；另一方面大量贷款集中在这类产业上，使得金融机构的经营状况直接与骨干企业、支柱产业的景气度紧密相联，行业发展的波动性风险难以得到有效分解，潜在的信贷风险隐患不容忽视。

### （二）房地产投资和信贷投放规模增幅较大，部分省份房价波幅较大

2006年，随着国家一系列宏观调控政策的相继出台，中部地区房地产开发投资增速过快的势头得到初步控制，房地产开发投资增幅高位回落，但部分省份房地产开发投资速度依然偏高。如安徽省、河南省的房地产开发投资增速分别达到38.7%和49.8%。2006年年末，中部地区银行业房地产开发贷款余额1 089.2亿元，同比增长50.9%，超过全国平均水平16.6个百分点。宏观调控开始对商业银行房地产信贷业务发展产生一定影响。在中部地区多数省份房屋销售价格普涨的同时，山西省房价有所下降。2006年，山西省商品房销售均价下降9.6%，个人住房贷款出现了近年来少有的负增长，贷款余额比上年下降26.9%。房地产市场的波动效应通过价格机制数倍放大传导到相关贷款的规模变化上，从而对银行信贷体系的稳定性构成一定影响。

### （三）农村金融改革发展取得成效，农村金融投放不足问题仍较突出

作为重要的商品粮生产基地，中部崛起的一大重点和难点就在于“三农”。围绕改进金融服务，增强信贷支持，中部地区农村金融服务组织体系进一步完善，机构服务功能有效拓展，农村金融对促进地方经济发展起了重要的推助作用。但农村金融服务存在的功能单一、创新缺乏等问题，使得部分地区农村金融投放不足，农业贷款同比少增，农村信贷投入持续偏弱。目前，农村地区金融服

务存在的主要问题包括：一是真正支持农村基础设施建设和农业综合开发的政策性信用服务近乎空白，商业性金融因经营策略转变而大幅收缩。如湖南平江等10县（市）近5年来机构网点减少34%、新增存贷比由41%逐年下降到仅30%，山西省农业贷款占全部新增贷款比重由2005年的20.8%急剧下降到8.1%。二是面对与农民增收相关的农业产业化和小城镇建设所需，农村信贷支持力度明显不足。二元结构效应导致农村资金流向工业化和城市，农村金融机构网点吸收的存款中有相当比例的资金通过邮政、国有商业银行上存转移到城市或经济发达地区，加剧了农村信贷服务供需矛盾。三是合作金融在一定程度上偏离“支农”方向。在盈利的压力下，基层金融机构大幅提高信贷利率，客观上减弱了农户对贷款的需求，贷款需求受到抑制的同时，信贷风险也随之进一步有所提高。农村合作金融机构风险资产上升不仅会带来不良贷款压降问题，也会带来资本补充压力，影响央行专项票据兑付达标。

## 专栏7　安徽省农民资金互助组织

2006年，安徽农村金融市场一个十分值得关注的现象是在不同区域同时出现多种形式的农户资金互助组织。

一、主要模式

（一）农户自发组织模式。典型的有滁州市下辖明光市的兴旺农民互助合作社。2006年3月，由明光市潘村镇兴旺村高庙村民组9户村民发起成立，在当地政府支持及人民银行的指导下，取得民政注册。

（二）外部资金援助加农民入股模式。典型的有合肥市肥西县的小井庄社区发展合作社。2006年1月，由安徽大学“中国三农问题研究中心”帮助发起成立。其中“三农中心”出资为公益股，农户以对公益股1:2的比例入股。截至2006年10月16日，累计贷款53户次，金额达39万元，所有贷款户均按期还本付息。

（三）财政扶贫基金补贴模式。由省政府扶贫办、省财政厅以财政扶贫资金发起成立，农民自愿加入，主要在金寨、太湖、霍山等国家级或省级贫困县试点。

二、运行特点

（一）互助式合作。三种模式的农户资金互助组织均不以盈利为目的，仅面向本社区社员提供资金，借款利率均不高于同期农村信用社利率，尤其是扶贫基金模式利率低于同期农村信用社利率或仅收取服务费。社员工作主要为义务性质。

(二) 民主化管理。由社员推举公道正派、有一定管理能力的社员主事，大多实行集体审议制度，超过一定数额的借款决策、处置财产、修订章程等重大事件，均须由全体社员同意。

(三) 便捷式服务。合作社多以亲缘、地缘为纽带，借贷双方信息对称，有利于简化环节、提高效率。运作中呈现透明、灵活、实用、方便等特点。

(四) 安全化运作。大多数社实行借款担保或联保制度，且在资金用途等方面易于监督，加上传统习俗和村规民约约束，有效规避了风险。

三、成效及风险评估

(一) 上述农户资金互助组织所在农村地区，由于农户的乡土意识和小农家庭经营方式决定其在相当长时期内仍难以很快融入现代信贷制度，这种自发出现的农村金融组织形式在一定程度上满足了农民生产、生活资金需求。

(二) 农户资金互助组织的出现和有效运作，有助于提高农民的组织化程度，培育农民的信用意识，为现代金融进入农村市场营造环境。

(三) 由于农业自身的弱质性，农户资金互助组织自身封闭性，使其发展的规模、能力受到限制，其商业可持续性不强。

(四) 在没有正规制度安排的情况下，容易引发风险。上个世纪 90 年代遍地开花的农村基金会就是前车之鉴。

### (四) 股票市场融资功能显著增强，但参与资本市场能力有待提高

随着资本市场改革不断深化，A 股市场恢复首次公开发行，中部地区的股票市场融资功能得到显著增强。2006 年年末，中部地区国内上市公司数量达到 235 家，较上年增加了 7 家；当年共实现 A 股市场筹资 259 亿元，为 2005 年的 4.2 倍；融资结构明显改善，非金融机构部门直接融资比重较上年提高了 11.83 个百分点，股票市场融资和债券融资占比分别达到了 7.23% 和 10.40%，高于国内其他地区。

但从整体而言，中部地区证券业发展后劲仍不足，地方证券法人机构发展缓慢，数量较少，资本金规模较小，盈利模式单一，在行业内影响力不强。2006 年年末，中部地区共有地方法人证券公司 11 家，比上年减少 1 家；期货公司 22 家，比上年增加 1 家，基本与西部和东北地区持平。此外，地区内上市公司发展不均衡。2006 年，山西省共计从 A 股市场筹资 250.46 亿元，全省非金融机构部门股票融资比重高达 25.8%，但江西省和湖北省仅分别实现 A 股市场筹资 6.35 亿元和 7.63 亿元，股票融资比重仅为 1% 和 0.8%。截至 2006 年年末，中部地区上市公司

总市值占 GDP 的比重为 18.19%，低于全国平均水平 26 个百分点。同时，上市公司业绩两级分化现象明显，少数几家绩优公司对中部地区上市公司整体业绩的贡献度越来越大，亏损公司对业绩的蚕食也较严重。目前，中部地区传统行业的上市公司承担着较大的产业调整压力，而部分面临退市风险的亏损上市公司在发展过程中都得到了地方政府、银行，特别是当地的中小法人金融机构的大力支持，一旦退市甚至破产，有可能在当地形成系统性的信用风险，危及金融和社会稳定。

**（五）保险业平稳发展，县域保险市场尤其是农村保险市场有效供给不足**

2006 年，中部地区保险业发展平稳，全年共实现保费收入 964.75 亿元，同比增长 16.2%；各项赔款和给付支出 218 亿元，同比增长 25.5%。但是与经济发展水平相比，中部地区除山西省外保险密度仍普遍低于 300 元/人，保险深度在 1.97%~2.97%之间，均低于全国平均水平，对地方经济发展的保险保障服务相对滞后，保险业发展尚不能满足地方经济发展的需要。特别是在农业保险方面普遍滞后于全国水平。以中部地区农业保险发展较快的江西为例，2006 年，江西省农业保险虽然取得了一定成绩，保费收入达 300.09 万元，同比增长 75.5%，但农业险保费仅占产险公司保费总收入的 0.13%，低于全国平均水平 0.41 个百分点。山西省农业保险保费收入仅占产险公司保费收入的 0.35‰。农业保险发展缓慢在一定程度上制约了金融机构对“三农”的信贷投入和金融支持力度，并最终影响农业增产和农民增收。

## 三、西部地区

作为全国经济发展格局战略性调整、实现区域协调发展的重大决策，西部大开发已进入第六个年头。国家对西部地区基础设施建设、生态环境保护和各项社会事业发展继续给予财力倾斜，西部地区经济社会加速发展。2006 年，西部 12 个省区经济均保持平稳、快速增长的势头，地区生产总值增长较快，经济结构不断调整，第二产业占比上升，能源、化工、电力等优势产业作用明显。金融体系运行平稳，金融业呈现总量扩大、效益提高的良好发展态势，金融基础设施逐步完善，历史风险得到有效化解，金融系统的稳定性不断增强。

**（一）西部经济呈现出快速增长的势头，但经济结构深层次矛盾依然存在**

西部大开发实施以来，国家投入约 1 万亿元的基础设施投资、1 220 多亿元的生态建设和环境保护投资、310 多亿元的改善农村生产生活条件投资，西部地区城乡面貌发生很大变化，局部地区生态环境有所改善，为西部地区经济社会加速发展奠定了坚实的基础。数据显示，2006 年西部地区完成地区生产总值 3.93 万亿元，同比增长 17.81%，在四个地区中增速最快，占全国经济总量的比重达 17.12%，较上年增加了 0.15 个百分点。西部地区企业效益快速增长。2006 年，西部地区规模以上企业共实现利润 2 855.85 亿元，同比增长 41.45%，各省区工业综合经济效益指数较上年均有不同程度的提高。西部地区工业企业效益大幅增长主要得益于原材料、燃料、动力等资源性上游产品价格的持续上涨，西部地区青海、甘肃、新疆、内蒙古、贵州等以资源开采、加工为主的省份，其工业经济效益继续明显好于以普通加工业为主的省份。以青海为例，青海依托资源优势，形成了以上游产品重化工业为主的工业结构，规模以上工业企业实现利润 120.3 亿元，增长 74%。

但经济结构的深层次矛盾依然存在，以资源开发为支撑的工业结构易受宏观调控和经济政策的影响而产生波动，2006 年内蒙古自治区单位 GDP 能耗、单位 GDP 电耗、单位工业增加值能耗分别是全国平均水平的 2 倍、1.3 倍和 2.2 倍，甘肃省单位 GDP 能耗、单位 GDP 电耗、单位工业增加值能耗分别比全国平均水平高出 85.2%、86.3% 和 92.7%。增长方式粗放带来的资源和环境压力，随着国家节能降耗措施的加强，有可能直接对经济持续增长，进而对金融运行产生一定影响。同时，原材料价格上涨也较大程度抵消了其他非能源、原材料产业的工业利润，削弱了这些产业的自身发展能力。例如，2006 年贵州能源、燃料、动力购进价格指数 107.3，而一般产品市场受市场供需的限制，原材料价格上涨成本不能完全向下传递，全省工业产品出厂价格指数为 104.3，这导致部分行业利润空间受到削减。这种状况较不利于区内各产业的均衡发展。

### （二）银行业资产快速增长，但资产负债期限结构不匹配较为突出

伴随着经济的快速增长，西部地区金融业呈现良好的发展势头，2006 年年末，银行业金融机构的资产总额达 5.97 万亿元，同比增长 16.27%；各项存、贷款余额分别达到 5.25 万亿元、3.79 万亿元，同比增长 15.36% 和 15.95%，成为我国存贷款增长最快的地区。随着外资银行加紧在西部布局以及各类商业性金融机构在西部农村地区增设机构网点，西部地区金融竞争不充分、网点覆盖率低和服务满足程度不高等问题有望得到缓解。2006 年贷款存量、流量的增长轨迹与结构变迁表明，银行体系贷款总量在增速总体放缓中显现出中长期贷款占比过高，资产负债期限不匹配的结构性问题，潜伏着一定的风险隐患。受股票市场走强、基金热销等因素影响，西部地区定期储蓄存款分流较快，企业活期存款大幅多增，定期存款余额占比下降；新增中长期贷款占比较高，中长期贷款余额占比持续上升，银行业金融机构尤其是地方法人机构短存长贷导致的期限错配问题有所加剧，加大了银行系统的流动性风险。在目前升息预期下，资产负债期限缺口的增大还增加了银行系统面临的

利率风险。2006年年末，西部地区银行业金融机构中长期贷款同比增长23.28%，增幅比2005年同期高6.15个百分点，占各项贷款余额的54.55%；重庆、陕西、广西、甘肃、青海中长期新增贷款占各项贷款新增额的比重分别达85.8%、84.3%、82.39%、77.08%、74.8%，远高于全国平均水平。存款短期化、贷款中长期化的趋势，使得银行业金融机构存贷款期限错配问题进一步加剧。

**（三）地方性中小法人银行机构经营状况有所改善，但其法人治理结构仍有待优化**

近年来，随着改革的推进，西部地区中小法人银行机构发展较快，资本实力得到加强，经营状况逐步改善，盈利增长较快。但多数地方法人银行机构公司治理机制尚未完善，所有者缺位和金融机构内部人控制的问题仍较突出，缺少市场化的激励约束机制。由于机构网点分散，内部管理层次多、链条长，内部控制存在缺陷，有章不循、违规操作仍时有发生。此外，资本金不足成为困扰地方法人银行机构业务发展的主要因素。由于资本补充不足，陕西、内蒙古、新疆等省区的部分机构资本充足率仍未达到8%，制约着金融机构贷款规模的扩大。按照监管要求，单笔贷款余额不得超过资本金的10%，资本规模较低使金融机构丧失了一些优质客户，对经营发展造成一定程度的影响。从长期来看，建立资本金补充的长效机制是促进地方法人金融机构健康发展的保障。

**（四）证券业务实现恢复性增长，金融体系需进一步完善**

上市公司陆续完成股改、股票指数持续上扬促使居民投资意愿持续增强，西部地区证券业务较上年出现大幅增长。截至2006年年末，西部地区法人证券机构资产总额369.93亿元，同比增长30.14%。股票市场交易活跃使证券公司经纪业务收入大幅增长，法人证券机构营业收入达到44.19亿元，是上年的4.3倍。部分证券公司持续亏损的状况得以扭转，盈利能力大幅提高，资本金得到充实。但就总体而言，西部地区上市公司数量较少，规模较小，绩优公司不多，少数公司股权分置改革进展缓慢，上市公司整体质量亟待提高。法人证券机构和法人保险机构数量较少，规模实力不强，法人证券机构家数占全国的16.38%，较上年下降了0.42个百分点，省级分公司以上保险公司家数占全国的20.17%，较上年下降了0.22个百分点；银行间市场参与主体有限，资金规模较小，逐利动机较强但风险管理水平和风险承受能力较低，随着货币市场利率上升与波动幅度的加大，受损风险有所上升。金融产品有限，加之部分市场主体无法达到金融衍生产品交易准入门槛，交易范围受到较大限制。

### (五) 保险业快速增长，但发展不平衡现象普遍存在

2006年，西部地区保险市场开发力度加大，全年共实现保费收入918.74亿元，同比增长20.66%，成为增长最快的地区。西部地区保费收入占全国的比重达16.33%，较上年提高0.70个百分点。但从整体上看，西部地区保险业还处于发展的初级阶段，保险密度和保险深度均低于全国平均水平，发展不平衡现象较为突出。一是保险市场份额集中于主要保险机构；二是业务结构集中于少数险种；三是业务发展主要集中于少数经济较发达地区，州、县等地保险市场发展相对缓慢。

## 四、东北地区

2006年，东北地区老工业基地改造顺利推进，新农村建设取得新进展，地区发展活力明显增强。2006年，东北三省经济增长较快，经济结构调整和经济增长方式转变步伐加快，地方国有企业改革得到实质性推进，国有中小型工业企业改革基本完成。对外开放迈出新步伐，经济外向度低的局面有所改观。2006年，东北三省实现进出口贸易总值691.68亿美元，同比增长21.11%，出口商品中技术含量高、附加值高的机电产品和高新技术产品增长迅速。利用外商直接投资84.57亿美元，同比增长了48.42%；外资银行在沈阳市设立了4家分行，在大连设立了7家分行和7个代表处。资本市场转暖，93%的上市公司已经完成股权分置改革或进入股改程序，上市公司清欠工作取得进展，证券公司规范治理基本完成既定目标，证券经营机构经营状况好转，证券业长期存在的深层次矛盾和结构性问题得到解决。农业保险逐渐打开局面。安华农业保险股份有限公司的营业网点已覆盖吉林省内主要县（市），黑龙江省阳光农业相互保险公司将农业保险业务由全垦区扩大至全省行政区。

与国内其他地区相比较，东北地区固定资产投资与中长期贷款增长较快、质量不高，直接融资发展较慢，银行业不良资产总量较大、比例较高等问题相对突出，需要引起关注。

### (一) 固定资产投资增速小幅回落，中长期贷款与固定资产投资交织增长

2006年，东北地区固定资产投资增速高位回落，全年共完成固定资产投资10 729.1亿元，同比增长37.54%，小幅回落0.1个百分点。分地区看，东北地区城镇固定资产投资增速最快，辽宁、吉林、黑龙江三省固定资产投资占GDP的比重分别达到61.45%、66.00%和35.97%，三省固定资产投资增幅分别达到34.80%、55.6%和29.1%，地区经济增长对投资的依赖性较高。同时，金融机构

中长期贷款增长速度也在较高水平上运行，中长期贷款的增幅明显超过短期贷款和票据融资，2006年年末，辽宁、吉林、黑龙江中长期贷款余额同比分别增长20%、26.3%和12.2%，占全部新增贷款的62.42%、67.2%和56.74%。虽然有老工业基地振兴作用拉动的因素，但货币信贷过多增长与当前经济运行中存在的固定资产投资增长过快等问题交织在一起，其引发的不良后果不容忽视。第一，将进一步推动固定资产投资增长。银行资金充裕，贷款投放过多，为投资过快增长提供了支撑，削弱宏观调控抑制固定资产投资的实际效果。反过来，投资规模过大，又将增加对银行贷款的需求。第二，将加剧经济结构失衡。投资和信贷过快增长，可能刺激包括产能过剩行业在内的生产能力再度扩张，加剧资源和能源的紧张，加大粗放式经济增长方式转变的难度。第三，将加大金融信贷自身风险。投资与信贷的过快增长会导致经济过热运行，不仅影响经济结构的调整优化，增大经济运行的潜在风险，最终可能会影响银行信贷资产质量。由于流动性过剩，大量资金流向资本市场，同时，推动能源、原材料以及房地产等资产价格快速上涨，不利于金融体系的安全、稳健运行，增大经济波动的风险。第四，中长期贷款的高速增长不仅进一步加大了信贷调控的难度，延长了控制信贷快速增长政策效应发挥的时间，同时也使贷款行的经营在宏观经济形势和政策发生变化时处于不利境地。

### （二）直接融资发展有所恢复，直接融资与间接融资比例失调现象较为突出

随着A股市场恢复首次公开发行，东北地区A股市场直接融资有所恢复，当年实现A股融资12.49亿元。截至2006年年末，东北地区共有境内上市公司81家，仅占全国上市公司总数的5.65%。由于东北地区上市公司整体资产质量和经营业绩不佳，该地区通过证券市场融资能力尚未得到根本改善。吉林和黑龙江两省年度内均没有新公司上市，也无股票增发和债券募集；辽宁省当年新发A股融资6.73亿元，增发股票融资5.76亿元。东北地区非金融企业主要通过发行短期融资券的方式进行直接融资，年内三省共发行短期融资券筹集资金72.8亿元。东北地区企业融资高度依赖银行体系，使得银行系统承担了一些本应由金融市场承担的风险，金融风险向银行业集中。

### （三）银行业金融机构资产质量整体上有所改善，但存量金融不良资产总量较大、比例较高

随着国内银行业金融机构改革的稳步推进，东北地区主要银行机构资产增长较快、经营业绩逐步提升、资产质量整体上有所改善。2006年，辽宁省和吉林省主要银行机构不良贷款实现双下降，黑龙江省不良贷款余额较年初仅有略微增加，但由于受到历史因素的影响，东北地区银行系统所面临的控制信贷风险任务仍然十分

艰巨。一是不良贷款余额大、比例高。截至2006年年末，东北地区银行业金融机构不良贷款余额占全国的15.94%，不良贷款率仍高出全国平均水平10个百分点左右。据统计，东北地区银行业的不良资产主要集中于农业银行、城市信用社、农村合作金融机构和农村信用社等机构。二是受隐性不良贷款与产能过剩行业调整影响，不良贷款反弹压力会进一步增大。随着农业银行改制和农村信用社五级分类的实施，隐性风险释放压力加大；不良贷款结构呈恶化趋势，主要银行机构损失类不良贷款明显上升；产能过剩行业调整对存量信贷资产质量有一定影响。三是个别国有商业银行和农村合作金融机构亏损挂账问题较为严重，非信贷资产风险仍较突出。

**（四）城市信用社整顿处置工作初见成效，但风险化解工作任务仍较艰巨**

2006年，根据国务院关于城市信用社整顿处置工作的政策和要求，东北三省积极采取有效措施，化解高风险城市信用社的历史包袱。按照“少关闭，多重组”的原则，对东北三省需整顿的242家城市信用社开展整顿处置工作。目前，已有120家更名改制为农村信用社；已有30家获得监管部门批准组建单一法人社；22家被商业银行收购，正在履行相关程序和手续；其他70家待处置。虽然城市信用社的改革取得了阶段性成果，但城市信用社更名改制为农村信用社后仍然存在一些问题：一是更名改制为农村信用社的城市信用社难以达到央行票据的“出口”标准。原城市信用社中有相当部分经营效益较差且资产负债率较高，更名改制后又将损失带入农村信用社，加重农村信用社的负担。二是城市信用社虽然完成更名改制工作，但其经营管理体制和经营方式并未发生根本变化，潜在风险仍不容忽视。

# 第五部分　总体评估与政策建议

2006年，全国各地区经济继续保持平稳较快发展，各地区生产总值增长率均高于上年，经济运行质量稳步提高，价格水平总体平稳，投资、出口增速高位回落，消费需求趋旺，区域经济发展的协调性进一步改善。在地区经济平稳较快发展的基础上，各地区金融运行平稳，银行、证券、保险业稳步发展，资产规模不断壮大；金融市场结构优化，参与主体不断增加，基础性制度建设得到加强，市场活跃度显著提高；金融业对外开放程度日益加深，金融组织体系、金融产品、金融服务、金融工具和技术等方面创新不断推出。随着金融改革的稳步推进和金融生态环境的不断改善，各地区主要金融机构实力增强，金融风险得到有效化解，公司治理和内控机制逐步健全，风险防范能力进一步提高，区域金融稳定性有所增强。同时，支付体系、征信体系等金融基础设施建设深入推进，金融法治环境改善，金融审慎监管加强，有力地支持了区域金融体系的稳健运行。

从2006年全国各地区经济金融发展的总体状况来看，目前各区域经济仍然处于上升阶段，推动经济增长的动力依然强劲，金融机构改革和重组取得突破性进展，金融稳定的微观基础得到强化。但各地区经济金融发展中也仍然面临着一些共同的问题，区域经济增长对固定资产投资的依赖性依然较强，价格稳定面临潜在压力，资产价格上涨较快，部分行业产能过剩；银行业信贷集中度偏高、中长期贷款占比较高的结构矛盾未能缓减，不良贷款反弹压力增加；直接融资比例仍然较低，上市公司结构和质量有待进一步优化，证券公司业务模式单一，市场操纵行为仍然存在，投资者风险意识亟待提高；保险业创新机制仍不完善，诚信水平有待提升；农村保险市场发展滞后，对“三农”保障功能较弱；保险资金运用风险增大，保险公司产品定价能力尚待提高等。

此外，各地区间经济金融发展水平、财政和金融资源、金融生态环境等方面的差异，使得影响地区金融稳定的风险因素也各有不同。与地方经济金融发展水平相适应，东部地区需要较多地关注金融业对外开放、外资金融机构快速发展、竞争加剧，房地产金融、集团企业信贷风险等问题；中部地区在新型工业化、城镇化加速发展的过程中，产业结构调整压力进一步加大，农村金融体系结构缺陷显现，信贷支农力度不足；西部地区中小法人银行机构风险相对突出，金融市场总体规模较小，市场参与主体有限，金融产品和业务创新不足；东北地区在投资快速增长的情况下，资金运用长期化、直接融资发展较慢，存量金融不良资产较高等问题较为突出。

2007年是巩固“十一五”规划良好开局成果的一年，各地区要在充分利用国内外有利的经济形势、抓住产业升级、产业转移契机的同时，进一步提高经济增长质量、优化经济结构，改善经济金融体系中的薄弱环节，抑制经济金融运行中不健康、不稳定的因素，建立健全维护金融稳定的长效机制。

一是切实贯彻国家区域发展总体战略，进一步促进区域经济协调发展。

“十一五”规划明确了我国在今后5年的区域发展总体战略，把统筹区域发展作为一个必须坚持的原则，明确地提出了西部、东北、中部、东部等区域的发展方向和重点。西部地区在继续加强基础设施和生态环境建设基础上，支持重点地带、重点城市和重点产业加快发展；东北地区要继续加强体制和机制创新，推进重点行业改革重组和技术改造，培育新兴产业和发展中小企业；中部地区要大力调整产业结构，提升产业层次，推进工业化和城镇化；东部地区要着力增强自主创新能力，推进产业机构优化升级，增强国际竞争力和可持续发展能力。

二是密切关注各地区经济金融运行中出现的新情况、新问题，完善金融监管协作机制，加强金融风险监测、预警。

充分发挥各地区金融稳定工作协调机制的作用，完善金融监管信息共享机制。密切关注宏观调控政策实施效果及对地方经济金融运行的影响；汇率变动对进出口依存度高的企业、行业或地区经济的影响；流动性过剩对地方经济金融运行的影响；金融创新业务及潜在的风险；大型企业集团、上市公司、房地产开发企业的资金链风险。加强对房地产市场变化，银行信贷资金流向股市、民间借贷和房地产市场，金融控股公司和交叉性金融工具发展的风险监测和评估。

三是继续实行稳健的货币政策，充分发挥金融支持区域经济协调发展的作用。

继续实行稳健的货币政策，进一步发挥窗口指导作用，为经济发展提供稳定的货币环境。注重发挥市场调节作用，保持货币信贷合理增长，合理引导信贷资金流向，支持中小企业、“三农”等薄弱环节的资金需求，降低投资增长波动对金融稳定的影响。加快金融产品创新，积极引导企业利用直接融资工具，鼓励直接融资发展，建立协调发展的金融资源配置体系。增加金融资源配置渠道，建立多元化的金融产业主体，制定大、中、小并举的金融产业发展战略，大力扶持中小金融企业发展。加强金融服务，积极发展区域金融合作。

四是积极鼓励发展直接融资，尽快改善各地区融资结构。

鼓励、支持优质企业进入资本市场，上市融资或发行公司债券，充分发挥证券市场资源配置功能。推进上市公司并购重组，提升市场整体质量。推进上市公司开展实质性、战略性的并购重组工作，全面提升地区内上市公司质量，鼓励上市公司通过换股合并、资产置换、定向增发、引入战略投资者等方式，将优质资产注入上市公司，改善上市公司盈利水平，完善公司治理结构，提高上市公司的独立性和持续经营能力。积极推动企业资产证券化工作，推进多层次资本市场建设。

五是稳步推进金融体制改革，全面提升各地区金融业竞争力。

继续推进国有商业银行分支机构深化改革，加快转变经营机制，确保新机制的有效运行；巩固农村信用社改革成果，推进城市信用社向社区银行转型。大力扶持地方法人金融机构加快发展。促进城市商业银行通过交叉持股、战略合作等方式进行资源整合，提高地方法人证券期货公司的盈利能力和综合竞争力，探索开发符合区域经济文化特征的差异化保险产品和服务，适时组建地方法人保险机构。

六是加快完善农村金融体系，增强金融服务“三农”的功能。

农村金融体系仍是各地区金融体系中的薄弱环节。中西部地区农村金融机构网点少、服务功能单一、资金外流严重、农村非法金融市场等问题较为突出。应充分认识加快农村金融改革发展的紧迫性，贯彻落实中国农业银行和中国农业发展银行改革的各项措施，稳定和发展在农村地区的网点业务，强化服务“三农”和县域经济的市场定位和责任。要继续深化农村信用社改革，明确农村信用社服务定位，构筑邮政资金反哺农村机制，实现农村资金回流；要建立多层次、多渠道支持、多主体经营的农业保险体系，为农村基础农业提供服务保险，增强农业抵抗自然灾害和市场波动的能力。

七是健全区域金融体系结构，进一步营造良好的区域金融生态环境。

稳步推进信托、租赁、财务公司改革重组，积极发展基金管理公司、黄金经纪公司、风险投资基金，规范金融控股公司的发展，探索金融综合经营，提高金融服务水平。营造良好的金融创新环境和基础，引导地方金融机构从区域经济实际出发，创新金融产品和金融服务方式，建立完善的金融创新研发、营销配套体系。加快区域金融生态环境建设，努力提升金融支持和服务水平，更好地发挥金融在区域资源流动和产业合作分工中的配置导向作用。

# 专题1　区域金融稳定的评估分析框架

## 一、区域金融稳定概念的提出

区域金融是现代市场经济条件下大国经济运行的客观现象。大国经济体系中，经济资源分布、经济发展水平、产业分工布局等在不同地域间呈现出明显的非均衡性，使大国经济在空间结构上具有明显的区域性。在区域经济发展中，金融运行和发展不仅直接反映出经济运行的区域性特点，从而其自身也呈现明显的区域特性，而且，区域经济运行在很大程度上也要依赖于金融的推动和调节作用。

我国是一个国土辽阔的大国，各地自然禀赋的差异再加上其他诸多因素形成了我国各地区间经济、金融发展水平的差异。区域经济、金融发展不平衡现象突出。在金融领域，东部地区金融资源相对丰富，结构相对优化，建立了相对发达的金融组织体系和较为成熟的金融市场体系，储蓄向投资转化的渠道较为通畅，金融效率较高。与之相比，中西部地区和东北地区金融资源总量相对缺乏，增量规模较小，金融组织体系较为单一，金融市场发展相对滞后，金融效率相对较低。由于我国客观存在地区间经济发展水平、财政和金融资源分布不平衡等问题，多项指标数据都表明国内不同地区金融业的健康程度存在较大差别，不同地区面临的金融风险存在着显著差异。如果简单地用信贷资产质量来衡量，可以发现最差地区和最好地区的不良资产率相差了10倍以上。因此，我们需要在维护中国金融稳定的框架下纳入区域金融稳定的概念，并加强对区域金融运行与金融稳定状况的考察、分析和评估，以作为中国金融稳定整体评估分析的有机组成部分和重要补充。

2003年修改后的《中华人民共和国中国人民银行法》强化了中国人民银行防范和化解金融风险、维护金融稳定的职能。中国人民银行系统高度重视金融稳定工作，总行、上海总部、各分行、营业管理部、省会（首府）城市中心支行、计划单列市中心支行分别成立了跨部门的金融稳定分析小组，将金融稳定评估工作作为维护金融稳定的重要基础工作之一，以及时发现、提示经济金融发展中的潜在风险和脆弱因素，并提出针对性的解决方案和措施，以维护金融体系的稳定发展。

## 二、区域金融稳定的影响因素

金融稳定是指金融体系处于能够有效发挥其关键功能的状态，区域金融稳定意味着地方金融市场与金融业的长期动态均衡发展。区域金融稳定的实质是在这种长期动态均衡发展的状态下，地方经济健康运行，金融业稳健发展，金融市场和金融基础设施功能进一步完善，金融生态环境不断改善，金融风险的防范和化解能力持续增强。维护区域金融稳定是一项系统性、全局性的工作，不仅关系到区域金融的稳定，也直接关系到区域经济的持续协调发展。中国人民银行各级分支行高度重视辖区内的金融稳定工作，对地方金融体系的稳定性进行全面评估，关注地方经济金融发展中的系统性弱点，及时采取有力措施处置可能酿成全局性、系统性风险的问题金融机构，维护金融系统的整体稳定。

目前，国际上对金融稳定的评估，都是建立在金融稳定指标体系的基础上，采用多指标的评价方法。区域金融稳定的分析和评估，应综合考察影响区域金融体系运行的所有要素，即包括实体经济运行、地方金融发展、区域金融生态环境、外部冲击和突发事件四个方面，应该能够及早识别金融脆弱性和预测其对区域金融稳定的威胁程度，并制定应对措施和政策。

影响区域金融稳定的因素可以分为四类：第一类影响因素源于地区实体经济。实体经济是金融主体赖以生存和发展的基础。在经济发展过程中，不断增强和完善的实体经济部门不仅可以促进金融部门发展，还可以抑制不良资产产生，提高金融系统对风险的化解能力。目前，我们主要从经济发展水平、产业结构、经济开放程度、消费和投资情况、地方政府财政收支、居民收入等方面来评估地方经济的运行质量。

第二类影响因素源于金融体系自身，主要是金融机构、金融市场的运营发展情况，它直接影响金融体系运行，决定区域金融稳定状况。从广义上说，金融发展代表着金融中介规模扩大、金融市场扩展、金融机构服务体系完善、金融工具创新、金融制度法制化与规范化等一系列综合因素的完善和现代化。根据数据资料的可得性，我们进行稳健性评估主要侧重于金融业规模、金融资产结构和质量、金融机构盈利能力、金融市场广度、深度、地方企业直接融资比重等方面。

第三类是区域金融生态环境。由于我国各地区经济金融发展水平的不平衡，法治、社会诚信状态和制度建设等存在明显的区域差异，区域金融生态环境成为影响区域金融稳定的重要因素之一。区域金融生态环境涵盖的内容相当广泛，除了支付清算体系、征信体系、反洗钱体系等金融基础设施的建设和改善以外，还包括法治环境、诚信文化、社会保障程度、社会中介服务、地方政府公共服务、金融部门独立性等。

此外，在当前开放经济和区域经济一体化特征日益增强的情况下，影响区域金融稳定的因素还可能源于外生的实体经济（外部冲击）和突发性事件。从宏观层面看，如石油、铜、铝、铁矿石等资源品价格过度波动、重大技术进步和经济决策失误等，都可能改变地方经济格局，引起经济不稳定；从微观层面看，大型企业集团、大公司等破产失败，也会引起连锁反应，挫伤市场信心并影响金融稳定。

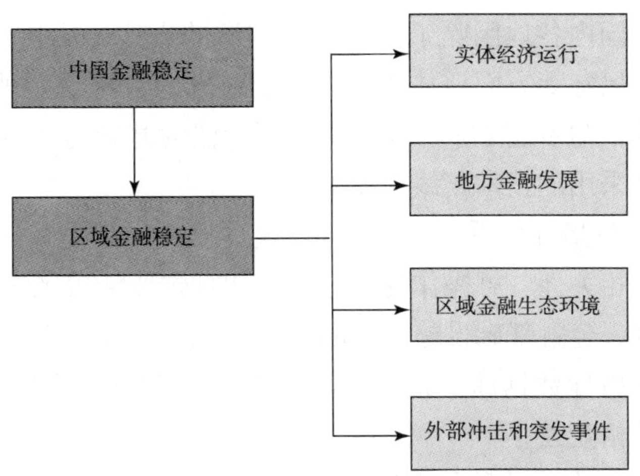


**图 10　中国区域金融稳定的分析框架**

# 专题2 区域金融稳定评估的技术和方法

由于影响金融稳定因素的多样性，国际上尚未形成一套权威的金融稳定评估技术和方法。目前，国内各地区除了应用压力测试的方法，从利率风险、汇率风险、信用风险、流动性风险等方面评估地方法人金融机构（主要是地方法人银行机构）面临的金融风险外，初步建立了一套以综合评价法为基础的区域金融稳定定量评估分析系统。该系统采用的技术路线主要是：

1. 构建综合评价指标体系

按照充分性、相关性、可操作性的原则，测算选取涵盖区域经济、金融业、金融市场、金融机构、金融基础设施和金融生态环境等方面的多项指标，构建区域金融稳定评估的基础指标数据库。指标选取标准要求能够真实反映区域金融稳定状态，指标之间尽量相互独立。

2. 指标数据的标准化处理和确权

根据指标的不同类别，利用分段标准化函数、线性函数转换等方法对不同计量单位的指标数据进行无量纲处理。同时建立层次分析模型，通过专家法、等权重法、判断矩阵和一致性检验对指标体系中的各项指标进行赋权。

3. 对处理后的指标进行线性加权汇总，得出综合评价指数

可以对照参照系，将不同的指数范围确定为金融稳定、基本稳定、较不稳定（存在风险）、不稳定（高风险）等不同的状态区间，并根据当年的综合评价指数表现，判断本地区当前的金融风险状态，并发出信号显示。

从近年来的开发运行情况看，以综合评价法为基础的区域金融稳定评估系统是一套较为全面的评估体系，指标覆盖面广，层次分析法的运用较有效地解决了复杂的指标权重确定问题，最终得出的综合评价指数不仅便于更加直观清楚地了解当前的金融稳定状况，而且能够较好地显示该地区金融稳定状况的动态变化路径。但是，若要据此进行区域间的金融稳定状况比较，考虑到地区间的差异，在指标体系的设计、指标权重的设定等方面仍面临着许多难题，有待进一步深入探讨研究。

**附表：中国人民银行部分分支行区域金融稳定定量评估分析的探索**

| 单位 | 技术方法 | 研究结论 |
|---|---|---|
| 天津分行 | 选取了七大类、三个级别指标，分别确定权重和临界值，计算各指标得分及总分值，对应相应的稳定状态。将金融稳定分为：金融稳定、比较稳定、基本稳定、较不稳定、不稳定等五种状态，分别赋予1、2、3、4、5来代表，根据汇总，金融稳定值越低，表示金融稳定状态越好 | 天津市金融稳定性较上年明显增强。银行业2006年与2005年相比有了一定的改观，继续保持较稳定状态。证券业、企业、保险业、房地产、居民的一级指标2006年较2005年的得分均有较大变化，呈现明显好转势头。各部门中，证券业的得分最低，变化最大，利润显著增加，有了质的改变 |
| 南京分行 | 利用宏观经济景气及监测理论中的“扩散指数”原理来编制全省金融生态指数 | 江苏省金融生态环境不断优化，金融生态环境指数上升，优化产生了“资金洼地”效应，吸引了大量信贷资金，从而促进了江苏省经济的快速持续增长 |
| 济南分行 | 选取区域经济、银、证、保各业、金融生态环境五个方面31个指标，采用Saaty YL提出的1~9的比例标度法建立权重判断矩阵，使用特征根法，运用数理统计软件“DPS数据处理系统”求解出权重向量，经过一致性检验后确定各指标权重，构建金融稳定的模糊综合评价模型，由各指标实际值的隶属函数建立隶属度矩阵，根据权重向量得出金融稳定综合评价值 | 2006年山东省金融稳定综合评价值同比提高18.3%，金融稳定程度总体明显提高，全省经济增长结构和质量改善，增强了区域金融稳定的基础。银行业经营稳健度有所提高。证券期货业走出高风险区，发展态势向好。保险业退保率和赔付率相对较高，全省保险密度不仅低于全国水平，而且低于上年，说明展业水平和风险覆盖能力偏低 |
| 广州分行 | 选取指标覆盖金融机构经营的各方面并运用专家法、层次分析法、等权重法等对各项指标进行赋权，确立绝对的参照标准，通过计算金融稳定综合指数和方面指数，可以很好地识别主要的不利因素 | 从综合指数来看，珠三角地区相对高于其他三个区域，而且这种差距在短期内将继续存在。分项目看，珠三角各地市在经济环境、法律环境、信用环境和银行业资质等方面普遍优于其他地市，优势比较明显。股份制银行的稳定状况总体优于其他银行 |
| 人民银行营管部 | 选取了地区经济增长、货币市场、银行、证券、保险、企业、房地产、住户、金融生态等九大类共90个指标，构成首都金融稳定监测评估指标体系，再从上述90个指标中选取29个核心指标进入首都金融稳定评价模型，综合运用专家法、层次分析法、模糊综合评判等模型对首都金融稳定状况进行总体评价 | 北京地区2004年、2005年和2006年金融稳定评分逐年提高，表明北京市金融稳定状况逐年改善，金融体系的稳定性不断增强，抵御风险的能力稳步提升 |

续表

| 单位 | 技术方法 | 研究结论 |
| --- | --- | --- |
| 长春中支 | 将定性分析和定量分析综合运用的评估方法，以银行业系统稳健性作为评估指标体系的总评估目标，将影响总评估目标的因素概括为银行业综合指标、法人银行机构指标、非法人银行机构指标、财务公司指标和宏观经济指标五类 | 银行机构稳健性总体评估值处于良好状态。法人银行机构中，经过城市商业银行的综合治理、农村信用社票据置换和城市信用社的分类处置工作之后，整体评估较高 |
| 杭州中支 | 考察2005年、2006年浙江省经济环境以及银行、证券、保险三大行业的19项主要指标 | 浙江省金融运行总体较为稳定，趋势不断向好 |
| 福州中支 | 遴选了区域宏观经济、银行业、证券业、保险业四个方面24个量化指标，构建福建省金融稳定评价指标体系，并应用z－score等方法对指标进行标准化和同向化处理，通过层次分析法和主成分分析法相结合的方法来确定指标的权重 | 从2000年以来，经济环境、证券业和保险业三个子系统的FSIs综合评价值都出现一定的波动，但整体上还是呈现不断上升的趋势。而银行业的FSIs综合评价值一直在提升。从整个FSIs值来看，福建省整体金融稳健程度在不断提升 |
| 深圳市中支 | 采用“预警信号监测模型”评估流程和方法，结合使用信号分析法和数理统计方法，以信号分析法为主体分析评价框架、辅以数理统计对数据进行处理 | 宏观经济运行指标继续向好；金融业改革取得重大进展，盈利能力显著提高，银行业、证券业、保险业发展的协调性增强；金融市场快速发展；金融基础设施建设和金融生态环境改善取得积极进展 |
| 海口中支 | 以分布式金融稳定信息资源为基础，以金融稳定监测评估指标体系为核心，以实现金融稳定评估业务处理和数据共享为主要目标的信息化应用系统 | 金融业稳定性不断提升，金融业稳定状况升至历史最好的水平，金融业继续在正常区间运行。证券业稳定评估值跃至各指标评估值的首位，其运行唯一被评估为良好状态。银行业稳定评估状态为正常，但其稳定状况仍受多种不确定因素干扰。保险业稳定评价值有所下降，需要引起足够的重视 |

续表

| 单位 | 技术方法 | 研究结论 |
| --- | --- | --- |
| 太原中支 | 选取了区域经济环境、金融业总体运行状况、银行业稳定状况、服务系统和突发事件四个方面 39 个指标 | 山西省金融运行总体稳定，金融体系较好地发挥了配置资源、分散风险、支付清算等关键功能，抗风险能力进一步提高 |
| 南昌中支 | 筛选 11 个宏观经济指标、7 个银行业指标、5 个证券业指标、7 个保险业指标和 5 个金融生态环境指标，选用具有定性与定量分析相结合为特征的层次分析法，对评估结果大致分为五大类，即绿灯（很安全）[80，100]（含 80 分）、蓝灯（较安全）[60，80]（含 60 分）、黄灯（一般）[40，60]（含 40 分）、橙灯（较差）[20，40]（含 20 分）和红灯（很差）[0，20]。当评估结果落在黄灯、橙灯和红灯区域时，就发出相应等级的警示信号 | 2006 年江西省金融稳定状况属于较安全的蓝灯区域 |
| 兰州中支 | 运用多变量综合指数法进行计量评估，选取了区域经济、金融市场、金融业和区域金融生态环境四个方面 32 个指标 | 2006 年甘肃金融稳定状况要优于 2005 年，区域经济、金融市场、金融业和区域金融生态环境对区域金融稳定的贡献都是积极的、正向的 |
| 南宁中支 | 选取了外部经济环境指标、银行业指标、保险业指标和证券业指标四类一级指标、37 个二级指标 | 2006 年广西金融稳定处于较好的等级状况，并分别测算出经济环境、银行业、证券业和保险业对金融体系的风险传递系数，发现银行业稳定对于金融业的稳定起着至关重要的作用 |
| 贵阳中支 | 选取了金融机构结构性总量、银行业、证券业、保险业和区域金融生态环境 5 个方面的指标，通过专家评分法、层次分析法、模糊数学法等方法来进行建模和测算 | 贵州省经济金融基本维持在安全区域，处于总体基本稳定状态；宏观经济环境不断向好、信用、法律环境不断完善，金融业自身以及政府对风险的防范和控制不断加强；银行业改革步伐加快、证券业正在加快改革步伐，保险业在不断发展和壮大中 |
| 宁波市中支 | 选取评价宁波银行业稳定状况 15 项指标，并运用 AHP 层次分析法确定每项指标的权重 | 2005 年宁波辖区银行业的整体稳定状况随着宏观调控效应的显现回归到了 2000 年水平，但处于稳定区间以内。2006 年，由于资产质量、存款贷款比、GDP 增长率、财政收入增长率、财政收入支出比、居民人均可支配收入增长率等指标比 2005 年有明显改善，因此从模型反映，2006 年宁波辖区银行业整体稳定状况比 2005 年也有所改善 |

# 专题3 区域金融生态环境建设与金融稳定

金融生态是一个仿生概念，主要是将生态学概念引申到金融领域，尝试用生态学的方法来考察金融发展和金融环境的问题。金融生态环境，从广义上讲，泛指金融体系运行的外部环境，是金融产品和金融服务的消费群体、金融主体在其中生成、运行和发展的经济、政治、文化、地理、法治、习俗等各种因素的总和。从狭义上讲，金融生态环境主要是指金融基础设施及其运行情况。金融生态环境是决定金融业发展状况的重要因素，健康的金融生态环境是金融业健康持续发展的必要条件。

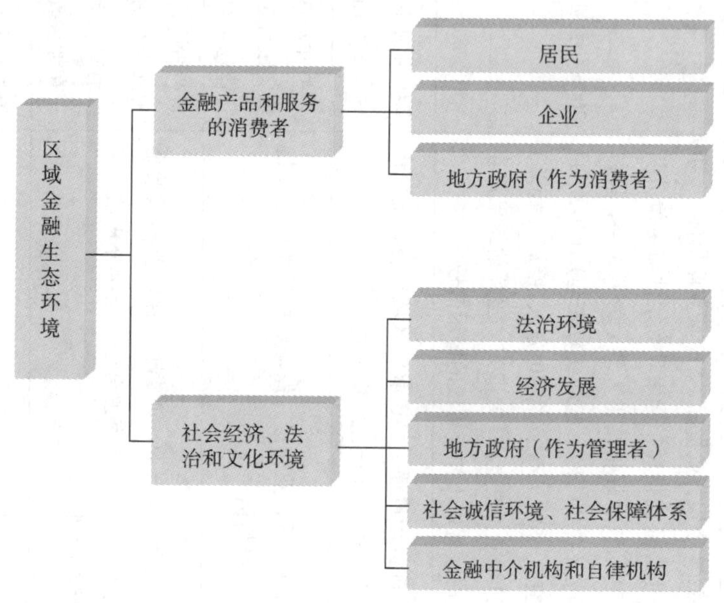


图11 区域金融生态系统

近年来，各地区对金融生态建设重要性的认识逐步提高，通过完善相关制度框架和政策体系，建立长效工作机制，有力地促进了各地区金融生态的持续改善和优化。2006年，各地区金融基础设施建设进一步完善，支付清算系统升级发展，以诚信文化为核心的社会信用环境建设持续推进，地方政府及司法部门维护金融债权的意识增强，区域金融生态得到明显改善。

## 一、各地区金融生态环境建设工作机制普遍建立

各地政府逐渐在区域金融生态环境建设中发挥主导作用，牵头组织建立金融稳定协调机制，研究制定金融风险预警处置预案，推进信用环境建设，改善地方金融法治环境，加大金融债权保护力度。各地区先后建立了地方政府主导、人民银行牵头，各监管部门参与的金融稳定工作协调机制，相继制定出台了不同形式的“金融稳定工作协调合作制度”，初步实现了各金融管理机构间有关金融稳定工作的合作。

各地政府将改善地方生态环境作为转变政府职能的一项重要工作，北京市政府出台了《关于促进首都金融产业发展的意见》；山东省委、省政府拟定了加强金融生态环境建设的意见；深圳市政府出台了《关于加快深圳金融业改革创新发展的意见》、《关于加快保险业改革发展建设全国保险创新发展试验区的若干意见》；福建省依托金融稳定协调机制，由省政府办公厅牵头，联合人民银行和三家监管局开展了“保护百姓合法金融权益，维护社会金融稳定”专项宣传活动；江西省以创建金融安全区为载体，开通了诚信网站，成功举办了“中国南昌诚信创业——信用评级与征信体系建设”论坛；湖南省政府办公厅出台了《2006 年湖南省社会信用体系建设工作要点》，湖南、湖北、黑龙江和河南等省将金融生态环境建设列入了政府工作考核目标。

## 二、各地区现代化支付体系基本建成

继 2005 年大额实时支付系统全面取代电子联行系统后，2006 年 6 月小额批量支付系统在全国各地区成功上线运行。至此，一个以 CNAPS 为核心、各商业银行行内系统为基础、其他支付系统为补充的支付清算体系基本建成，为社会资金流动提供了安全高效的骨干网络和公共支付平台。由于系统上线时间不长，客户对新业务相对缺乏了解，小额支付系统的业务拓展还有待加强。

支票作为我国使用最广泛的非现金支付工具，长期以来由于受到实物传递清算方式的限制，仅限于同城使用。2006 年 12 月 18 日，广州、深圳、石家庄、北京、天津、上海作为试点地区成功上线了全国支票影像交换系统（CIS），实现了试点地区间支票的通用，扩大了支票的使用范围。按照人民银行的统一部署，全国支票影像交换系统预计将于 2007 年 6 月实现在全国的推广运行。支票影像交换系统的成功推广和平稳运行，对于提高不同地区支票交换效率、扩大支付手段具有积极促进作用。

支付体系数据高度集中和业务覆盖范围迅速扩大，操作风险可能导致系统性危机的潜在风险上升，对参与者的流动性管理水平提出了更高要求。大额支付系统的高效运行对商业银行流动性的影响，以及对中央银行实施货币政策的影响，值得关注。单一机构运行风险一旦蔓延，易引发业务处理系统不能正常运转，影响社会债权债务及时清算，造成金融和社会问题。对此，应积极完善管理制度和应急预案，努力防范风险发生和扩散。

## 三、征信体系建设不断深入

各地区以银行信贷登记咨询系统为核心的征信体系建设持续深化，企业信用信息基础数据库系统升级联网和切换顺利实现。升级后的企业信用信息基础数据库基本覆盖所有与银行有信贷业务关系的企事业单位，数据由原来的300多项扩大到800多项，增加了与借款人相关的非银行信息等内容。个人征信系统作用凸显，数据库涵盖的个人结算账户数以及个人贷款余额继续增加，各金融机构接待的个人信用报告查询业务大幅上升。企业和个人征信系统已成为商业银行防范信贷风险和发展信贷业务需求的重要手段。

吉林、山东、辽宁、江西等省的非银行信息采集工作取得实质进展，部分地区的住房公积金缴存信息、电信用户缴费资料已纳入征信系统，劳动保障、环保、技术监督、海关等部门信息共享已进入协商程序。黑龙江、河南、山东等省加大力度建设中小企业信用信息数据系统，探索实施对中小企业的信息采集和信用评分工作，适时对商业银行、企业、地方政府职能部门提供中小企业信息查询服务，推动解决中小企业融资难问题。

目前，社会信用基础仍然比较薄弱。一是信用信息共享渠道需要进一步扩展。由于缺乏制度基础，部门职能协调难度较大，大规模采集非信贷信息，特别是工商、税务等公共信息还存在一定困难，信贷登记系统信息的权威性和全面性不足。二是现有的失信惩戒机制主要体现在对借款申请的否决上，由于相关信息不完整不对称，借款人可以通过关联企业等渠道间接取得融资。加强信用文化对金融风险防控的支持作用，尚需有关部门间深度合作，共同搭建信息充分、相互联动的资信平台。

## 四、地方金融司法环境持续改善

随着各地区金融生态环境建设的不断推进，金融司法环境继续改善，金融司法、执法效率提高，社会信用环境趋向好转。金融机构依法维权意识增强，积极运用诉讼手段维护信贷资产安全，金融维权诉讼案件的胜诉率、执行率都有了明显提高，涉诉案件费用率有所下降。

但金融债权维护工作仍任重道远：一是金融债权维护和资产处置相关费用持续偏高。二是金融机构胜诉案件执行难的问题普遍存在。三是破产案件实际清偿率偏低，金融机构损失严重。从调查情况看，实际清偿率低的原因主要是被执行贷款人抵债资产普遍变现难、处置难，银行在处置抵债资产时损失较大。

《中国区域金融稳定报告》（2007）

# 分　报　告

# 2007年北京市金融稳定报告摘要

2006年是“十一五”规划开局之年，北京市经济继续保持高速增长，产业结构高端化趋势更加明显。经济效益稳步提高，居民收入持续增加，消费增长较快，价格走势平稳。总体而言，良好的宏观经济运行环境为首都金融的安全稳健运行提供了有力保障。首都金融继续平稳运行，金融体系稳定性日益增强。从量化评估的结果看，近年来首都金融稳定状况逐年改善，抵御风险的能力不断提高。具体来讲，银行业运行平稳，保持了良好的发展态势。证券业综合治理成效显著，行业风险得到有效化解。保险业增长方式转变迈出新步伐，行业综合实力进一步增强。金融市场运行平稳，资金供给充裕，市场功能得到有效发挥。金融基础设施建设扎实推进，金融业发展环境不断优化。

## 一、区域经济运行与金融稳定

2006年，北京市经济保持又好又快发展势头。初步核算，地区生产总值达到7 720.3亿元，比上年增长12%，增速比上年提高0.9个百分点，连续8年实现两位数增长，为首都金融稳定提供了良好的经济环境。

### （一）投资消费稳步增长，进出口大幅增加

全年累计完成全社会固定资产投资3 371.5亿元，同比增长19.3%，增速比上年提高7.5个百分点。其中，房地产开发投资1 719.9亿元，同比增长12.8%。人民银行营业管理部工业经济景气问卷调查显示，全年企业投资意愿呈下降走势。全市实现社会消费品零售额3 275.2亿元，同比增长12.8%，高出地区生产总值增幅0.8个百分点。进出口总值大幅增长，进口增速高于出口增速。地方企业出口总值232.1亿美元，增长35.7%，进口总值320.7亿美元，增长38.1%；进口大于出口88.6亿美元，同比增长44.77%。

### （二）产业结构继续向高端化发展，经济效益稳步提高

三次产业占比由上年的1.4:29.5:69.1调整为1.3:28.7:70，第三产业比重继续增加。其中，现代服务业实现增加值3 637.4亿元，比上年增长12.8%，占地区生产总值的47.1%。高技术产业完成增加值603.6亿元，比上年增长26.3%，高技术制造业对工业增长的贡献率达到49.2%。

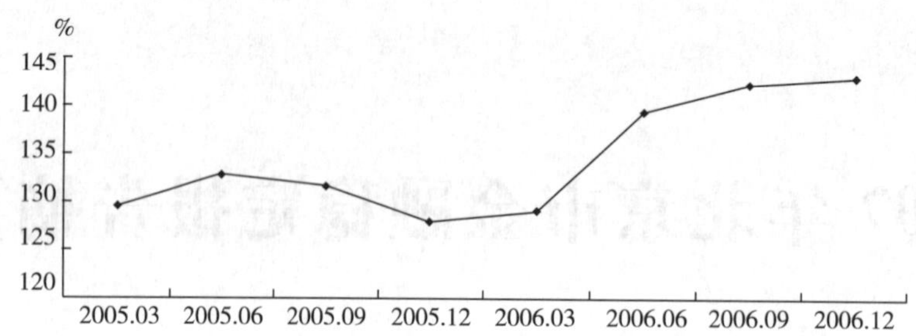


**图1　北京市2005～2006年企业景气指数趋势图**

全市规模以上工业企业实现增加值1 767.4亿元，同比增长14.1%；实现利润407.9亿元，同比增长15.2%；工业经济效益综合指数191.16，比上年末提高了8.66个百分点。产销衔接良好，产品销售率为99%，比上年提高0.89个百分点。企业景气指数逐季攀升，由第一季度末的129.3%上升到第四季度末的142.98%。企业家信心指数137.51%，比上年同期上升12.43个百分点。

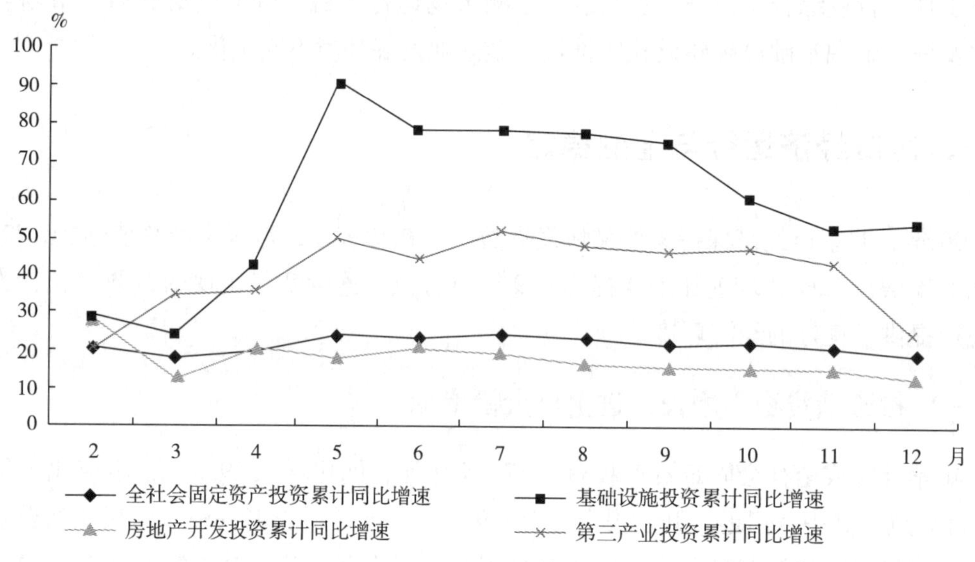


**图2　2006年北京市主要投资指标累计同比增速图**

## （三）价格走势总体平稳，生产类价格“剪刀差”缩小

全市居民消费价格指数为100.9%，比上年下降0.6个百分点。2006年年末房屋销售价格指数为108.8%，比上年末上升1.9个百分点，其中，商品住宅销售价格指数为109.6%，比上年上升2.5个百分点。

生产类价格涨幅进一步回落，原材料、燃料、动力购进价格指数为105.5%，比上年下降5.9个百分点，工业品出厂价格指数为99.1%，比上年下降2.2个百分点，二者“剪刀差”为6.4个百分点，比上年下降3.7个百分点，但仍然偏高。

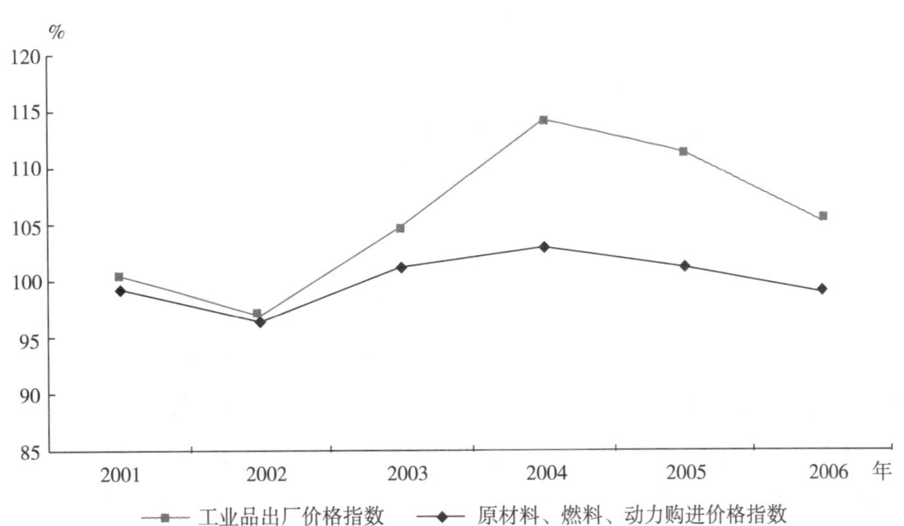


**图3　近年来北京市工业品出厂价格指数与原材料、燃料、动力购进价格指数走势图**

北京市经济在保持又好又快发展的同时，还存在着一些深层次的矛盾和问题：人口与资源、环境的矛盾尚未得到缓解，尤其是人口规模增长过快；经济增长方式还比较粗放，城乡、区域差距较大；保障性住房供应不足，商品房供应结构不合理，住房价格上涨过快；就业、社会保障和收入分配等问题仍然有待解决。

## 二、金融业与金融稳定

2006 年，北京辖区银行、证券、保险等各类金融机构稳步、持续发展，全年金融业共实现增加值 963.1 亿元，比上年增长 13.5%，增速比上年提高了 3.6 个百分点。

### （一）银行业：总体运行平稳，业务转型步伐加快

2006 年，北京辖区银行业总体上保持平稳健康发展态势，但某些阶段性和局部性问题值得关注。

1. 银行业总体平稳健康，保持良好发展势头

（1）资产保持较快增长，盈利性基本稳定

2006 年年末，辖内中资银行机构本外币资产总额 41 351.7 亿元，比上年末增加 6 720 亿元，同比增长 19.48%。其中，本外币各项存款余额 33 793.3 亿元，比上年末增加 4 804.7亿元；同比增长 16.65%，比上年下降 5.17 个百分点。本外币各项贷款余额 18 131.6亿元，比上年末增加 2 818 亿元；按可比口径计算，同比增长 18.6%，比上年提高 5.29 个百分点。

辖内中资银行机构全年实现利润400.2亿元，同比小幅下降，主要是由于部分商业银行按照审慎原则计提贷款损失准备和使用利润核销不良贷款。辖内法人机构中，北京银行实现利润比上年增长72.86%，北京农村商业银行实现利润比上年增长11.56%。

（2）法人机构资本进一步充实，抵御风险的能力进一步增强

2006年年末，北京银行资产比上年末增长14.25%，资本充足率同比提高1个百分点，流动性比率同比有所下降，但仍然保持较高水平，不良贷款拨备覆盖率同比提高38.79个百分点。北京农村商业银行资产比上年末增长15.02%，资本充足率同比提高2.24个百分点，流动性比率同比提高13.52个百分点，不良贷款拨备覆盖率同比上升16.27个百分点。两家银行资本进一步充实，资本构成稳定性强，流动性充足，抵御风险的能力进一步增强。

（3）不良贷款余额和比例保持“双降”，非信贷资产质量有所提升

按五级分类口径统计，辖内中资银行机构2006年年末本外币不良贷款余额比上年末有所减少，不良贷款比例比上年末下降0.84个百分点。辖内法人机构中，北京银行不良贷款比例比上年末下降0.72个百分点。北京农村商业银行不良贷款比例比上年末下降6.36个百分点。从不良贷款结构看，次级类贷款余额比上年末有所减少，可疑类和损失类贷款余额有所增加。中资商业银行（不含农村商业银行）非信贷不良资产比例比上年末下降0.08个百分点，非信贷资产质量有所提升。

2. 银行业发展过程中的某些阶段性和局部性问题值得关注

（1）存贷比继续下降，商业银行资金运用压力加大

2006年年末，辖内中资商业银行人民币存贷款差达到17 375.5亿元，比上年末增加2 896.9亿元，存贷比为40.32%，比上年末下降1.78个百分点。存贷比表现出继续下降的态势，商业银行资金运用压力进一步加大，资金运用渠道有待拓宽。2006年年末，辖内商业银行分行级机构上存总行资金余额达到12 732.65亿元。如何开拓新的贷款增长点，有效运用资金，提高资金的配置效率，仍将是辖内商业银行面临的一个重要课题。

（2）贷款集中度仍然偏高，信贷结构有待优化

2006年，辖内金融机构贷款投放主要集中在制造业、采矿业、房地产业、交通运输仓储业、批发零售业、电力燃气水的生产供应业等六大行业，以上六大行业贷款余额合计占贷款总额的60.6%。授信额度在1亿元以上的大客户贷款余额占到中资银行机构全部贷款余额的61%。相对于上年，贷款集中度有所下降，但仍然偏高，一旦部分行业和大客户的发展受到经济发展周期、国家产业政策调整或自身经营策略的影响，将可能直接影响到商业银行信贷资金安全。

（3）贷款中长期化趋势值得关注

2006年年末，北京市中资商业银行人民币中长期贷款余额同比增长21.17%，比上年提高13.18个百分点。中长期贷款余额占贷款总额的比重为54.25%，比上年提高4.32个百分点。中长期贷款增加额占全部贷款增加额的91.73%，贷款中长期化趋势显著。贷款中长期化使得信贷风险暴露滞后，容易受到经济周期波动、企业经营状况、利率甚至汇率调整等因素的影响，风险防控难度增加。

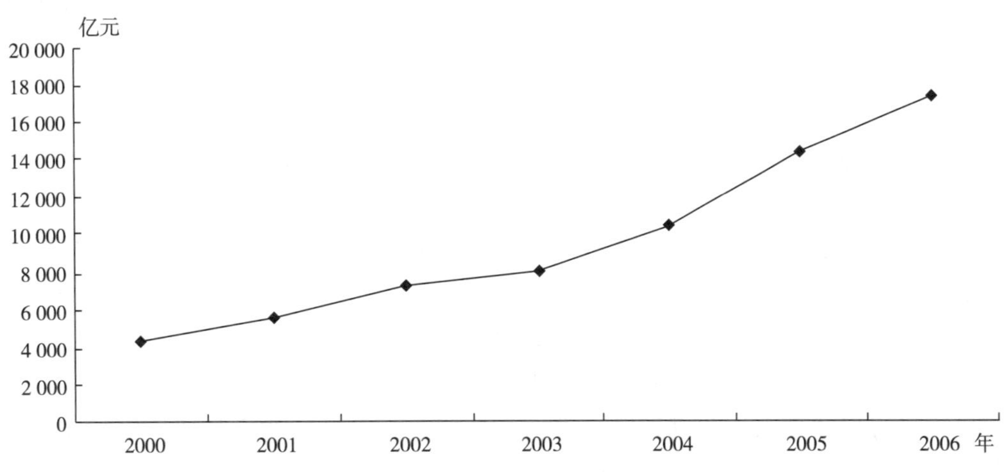


**图4 2000～2006年北京市中资商业银行存贷差**

（4）房地产贷款风险仍不容忽视

2006年年末，辖内中资商业银行人民币自营性房地产贷款余额（可比口径）为4 853.4亿元，同比增长10.0%，占辖内中资商业银行人民币贷款余额的41.34%。虽然自营性房地产贷款余额增速及占比相对于上年均略有下降，但银行贷款仍然是房地产业资金一个非常重要的来源。2006年房地产开发投资资金中，直接来源于国内贷款的资金为841.4亿元，同比增长24.3%，所占比重达到48.92%，比上年提高4.52个百分点。应继续关注北京市房地产市场的发展状况，尽量避免房地产市场运行不稳，出现大起大落，影响银行信贷安全。

（5）随着银行业全面开放，中资银行竞争压力加大

2006年年末，北京辖内外资银行人民币贷款余额145.79亿元，是上年末的3.45倍。外资银行外汇贷款余额45.35亿元，占北京市金融机构（含外资）外汇贷款总额的比例为14.17%。虽然外资银行暂时不能对中资银行造成较大的冲击，但随着外资银行全面参与人民币业务，中资银行竞争压力将不断加大。特别是随着部分外资商业银行改造成法人银行获得“全牌照”后，外资银行的竞争优势将进一步显现。目前，北京地区外资银行正积极开展中小企业融资服务，并将其作为业务拓展的重要领域，这会对客户目标群为中小企业的国内中小商业银行产生直接冲击。

（6）社会资金融通表现出脱媒趋势，商业银行业务转型压力渐增

2006年，北京地区共有48家企业（注册地为北京[①]）发行短期融资券62期，累计发行额1 448.9亿元，与全部新增贷款额的比为79.6%。短期融资券全年加权平均利率为3.49%，筹资成本相对较低，对商业银行短期贷款增量产生明显替代作用，引起北京地区短期贷款增速下滑。短期融资券发行规模较大的2006年1月、4月、5月、11月，短期贷款同比月增加额明显偏小。除此之外，随着国内股票市场和债券市场的不断发展壮大，众

① 包括北京市地方企业和中央企业。

多的优质企业通过发行股票和债券等直接融资手段融通资金，资金融通已经初步表现出脱媒现象，这对商业银行的传统业务模式产生了一定的冲击，中资商业银行业务转型和盈利模式转变的压力渐增。

### （二）证券业：综合治理成效显著，风险得到有效化解

2006 年，国内证券市场行情高涨，北京市证券行业发展向好，证券公司整体经营良好，盈利性稳步增强，综合治理工作成效显著，证券行业风险得到有效化解。

1. 证券行业发展向好，行业风险有效化解

（1）证券交易额成倍上升，融资规模大幅增长

随着市场行情的高涨，北京地区证券交易额成倍上升，各类证券成交额19 557. 1亿元，比上年增长 1. 1 倍。市场融资功能恢复，全年通过境内股票市场筹集资金 850. 15 亿元，是上年筹资额的 290 多倍，其中，首次公开发行筹资 790. 21 亿元，上市公司再融资 59. 94 亿元。

（2）证券公司整体经营良好，盈利性增强

2006 年年末，辖内正常经营的证券公司 12 家，资产总额达到 924. 19 亿元，净资产 40. 67 亿元，客户交易结算资金余额达到 655. 94 亿元，呈现出上升趋势。全年实现收入大幅上升，达到 80. 74 亿元，是上年的 2 倍多。累计实现净利润 35. 88 亿元，除一家公司因结转历史遗留损失而亏损外，其余公司均实现盈利。除传统的经纪业务收入和证券承销业务收入较快增长外，证券公司其他业务收入大幅增加，增长 1. 67 倍。

（3）证券公司重组稳步推进，风险得到有效化解

中国银河金融控股有限公司成立，新注册成立了银河证券股份有限公司。北京证券客户交易结算资金缺口弥补到位，大部分债务和解协议已经履行，完成了与招商证券的证券类资产转让，瑞银证券开业获得批复。民族证券增资工作已完成，解决了客户交易结算资金占用问题。华夏证券清算有序推进，中国科技证券和中关村证券行政清理工作进展顺利。证券公司综合治理工作成效显著，风险得到有效处置。

（4）上市公司股改有序推进，清欠工作圆满完成

截至 2006 年年末，辖内应股改上市公司 84 家，其中，74 家已全部完成股改，10 家进入股改程序。上市公司清欠任务全部完成，11 家上市公司存在的资金违规占用问题得到清理，上市公司整体质量得到改善。

2. 证券行业存在的某些问题需要在发展中解决

（1）业务种类单一，多元化的盈利模式仍有待建立

2006 年，辖内证券公司全部营业收入中，经纪业务收入占 58. 8%，证券承销业务收入占 24. 94%，两项合计占到总收入的 83. 74%。权证、资产证券化以及财务顾问等创新业务虽然有所发展，但对利润的贡献仍然很小。一旦行情由高涨转入持续低迷，证券公司仍然难以摆脱大规模亏损的局面。

（2）证券公司集中交易可能带来新的风险隐患

目前大部分证券公司已经实现了集中交易。相对于分散交易，集中交易的优势明显，

但集中交易带来的风险却不容忽视。在集中交易模式中，证券公司的所有交易都集中在一套系统上完成，所有的交易指令等核心业务均通过营业网点到总部的通讯线路实现，证券公司通讯网络的承载量和通讯质量是交易能顺利、及时完成的根本保障。一旦通讯线路出现故障或拥堵，交易就可能无法及时、高效地完成，从而发生交易系统风险。

（3）客户交易结算资金第三方独立存管对银行和证券公司系统平稳运行的压力加大

实施客户交易结算资金第三方独立存管后，商业银行将在证券清算分工中扮演着日益重要的角色。就目前的情况看，客户交易结算资金的存管银行主要集中在建行、工行和中行等少数几家银行，几家主要的存管行承担了国内证券市场大部分资金的存管与交收业务，这几家主要存管银行系统运行状况将直接影响证券交易能否顺畅、平稳运行。由于银行和证券公司双方的法律责任界定尚不明确，在客户交易出现故障或纠纷时，就可能存在取证环节较多、时间较长、处理不及时的问题。同时，客户交易结算资金存取与结息、客户资金交收等工作，需要证券公司与存管银行在技术系统、业务运作等方面进行协作，在证券市场产品创新与清算交收制度变革导致客户交收与资金存取规则发生变化的情况下，二者之间顺畅协作的不确定性就会增加。

## （三）保险业：行业综合实力进一步增强，发展中的问题有待进一步解决

1. 增长方式进一步转变，行业综合实力进一步增强

2006 年，《国务院关于保险业改革发展的若干意见》、《北京市政府关于贯彻落实国务院保险业改革发展有关文件的实施意见》，以及北京市保险业“十一五”规划等文件相继出台，北京保险业继续保持较快发展，行业综合实力和抵御风险的能力进一步增强。全年新增保险公司 13 家，经营性保险公司达到 57 家。年末保险业总资产达到 1 259.4 亿元，比上年末增长 18.4%。

全年实现保费收入 411.5 亿元，同比增长 17.4%，扣除不可比因素，同比增长 27.8%。保险深度和保险密度分别为 5.3% 和 2 638.9 元/人。支付各类赔款和给付 84 亿元，同比增长 11.4%。保险的经济“助推器”和社会“稳定器”作用得到进一步发挥。

2006 年，在京中外资保险公司市场份额分别为 83.2% 和 16.8%。扣除不可比因素，产、寿险市场前 3 家公司市场份额分别为 71.6% 和 53%，同比分别下降 2.6 个和 8.5 个百分点。市场集中度有所下降，多元化竞争格局初步形成。随着保险业改革开放的力度加大，保险市场主体逐渐成熟，经营管理日趋理性，增长方式进一步转变，业务结构进一步优化。保险公司创新意识进一步增强。

2. 保险行业发展中的问题有待进一步解决

（1）费用支出增长较快，盈利能力有待增强

2006 年，北京保险业共发生费用 62.8 亿元，同比增长 29.4%。其中，产险公司发生费用 20.8 亿元，同比增长 38.8%；寿险公司发生费用 39.8 亿元，同比增长 26.3%。由于产险公司未到期责任准备金大幅增长和寿险公司营业费用与年金给付大幅增加导致预计利润同比下降明显。

（2）增长方式需进一步转变，自主创新能力仍有待增强

行业发展的内涵不够，“高投入、高消耗、低效率”的粗放式发展模式未得到根本转变。产品精算、核保核赔、风险管理等核心技术的应用有限。保险公司创新能力不足，竞争主要集中在传统领域，市场有效供给不足，潜在市场难以转化为现实购买力。

（3）保险公司经营管理有待进一步规范，服务水平需进一步改善

市场恶性竞争和不正当竞争时有发生，违法违规经营现象仍然存在。部分保险公司内部控制不严，留下了销售误导的隐患，行业形象受到影响。“投保容易，理赔难”的问题没有得到根本扭转。市场上存在的恶性竞争、不规范经营，直接导致行业形象受损，保险公司服务水平需进一步改善。

## 三、金融市场运行与金融稳定

2006 年，北京地区金融市场总体运行平稳，市场功能进一步深化，资金配置功能进一步增强。市场资金供给充裕，交易活跃，保持了较好的流动性，为辖内金融机构的稳健运行提供了良好的市场环境。

### （一）市场间资金流动频繁，社会融资结构趋向合理

1. 地区资金为净融出，四家国有商业银行仍是主要融出机构

与上年净融入不同，2006 年北京地区金融机构通过同业拆借和债券回购净融出资金 98 101.6亿元。四家国有商业银行仍是主要的资金融出机构，全年共融出资金 14.69 万亿元，占全部金融机构融出资金的 78.62%，净融出资金 12.62 万亿元。股份制商业银行、保险公司、北京农村商业银行等金融机构是主要的资金融入机构，分别融入资金 1.82 万亿元、1.51 万亿元、1.47 万亿元。

2. 新股发行对货币市场利率影响明显

2006 年，回购利率走势与新股发行表现出较为明显的关联性。新股发行则回购利率上升，新股发行结束则回购利率回落。11 月初到 11 月下旬新股发行持续期，7 天回购利率猛涨至 3.99% 以上，创下了 1999 年 6 月 9 日以来的高点，新股发行结束后利率开始回落，12 月底降到了 1.51% 的低点水平。

3. 直接融资大幅增长，融资结构更趋合理

2006 年，由于债券市场发展以及股票市场融资功能恢复，北京地区非金融企业直接融资规模大幅提高，全年直接融资 2 282.1 亿元，比上年增加 994.1 亿元，增长 77.18%。直接融资额与辖区全部金融机构新增贷款的比为 0.44:0.56，社会融资结构明显改善。

### （二）金融市场运行中的交叉风险值得关注

1. 大量社会资金脱离实体经济运行，可能导致金融市场泡沫的产生

2006 年，北京地区金融机构通过同业拆借和债券回购共融出的资金总额达到了

98 101.6亿元，反映出北京地区货币市场资金供给充裕。随着证券市场行情高涨，大量社会资金通过购买股票、基金等方式进入证券市场，可能导致金融资产价格持续走高，并可能导致股市、债市等金融市场泡沫的产生。2006 年年末，辖内法人证券机构客户交易结算资金余额为 655.94 亿元，比上年末增长 132.21%。辖内中资商业银行人民币同业存放 2 835.42亿元，比上年末增长 1.04 倍。

2. 资金在不同市场之间的流动更趋频繁，加大了各市场的交叉性风险

2006 年，股票和基金大规模发行，吸引了一部分居民将储蓄存款投入到股票市场。同时，一些证券公司、财务公司等非银行金融机构，纷纷从货币市场拆借短期资金购买新股以获取高额回报。在新股发行节奏加快的情况下，货币市场资金供给可能趋于紧张，加剧货币市场利率的波动。拆借资金的短借长用可能隐含着一定的风险，一旦股票市场走势出现逆转，拆借资金将可能面临难以偿还的风险。因此，社会资金在市场间的流动，加大了市场之间关联性，从而增加各个市场的交叉性风险。

## 四、金融基础设施与金融稳定

2006 年，北京市金融基础设施建设稳步推进，支付环境有效改善，反洗钱制度建设加强，社会信用体系建设取得新成效，金融业发展环境得到优化。

1. 支付清算系统进一步完善，支付结算环境得到改善

小额支付系统试点顺利上线并得到推广，全年共处理业务 355 万笔，金额3 565亿元；全国支票影像交换系统试点工作圆满完成，实现了支票在全国六省（市）的相互通用。制定了《北京市空头支票行政处罚实施细则》，严格执行空头支票行政处罚，存款人票据信用意识得到提升。奥运银行卡环境建设扎实有序推进，银行卡受理环境进一步改善，截至 2006 年年末，累计发展银行卡特约商户 4.8 万户，同比增长 16.63%。

2. 反洗钱制度建设不断完善，反洗钱工作取得成效

建立了北京市反洗钱联席机制，全面构建了金融监管部门间、人行营业管理部与公安部门间、司法部门和北京市政府相关主管部门间的不同层次的反洗钱监管执法网络。加强了反洗钱制度建设，拟定了《北京市金融机构反洗钱工作指引》和《北京市金融机构现金管理指引》。开展了金融机构反洗钱专项检查，反洗钱监管能力不断提高，洗钱案件查处取得突破性进展。辖内银行业金融机构加强了反洗钱内部控制，认真履行客户尽职调查和可疑交易报告等反洗钱义务，预防洗钱活动的能力进一步增强。

3. 社会信用体系建设稳步推进，征信市场管理进一步加强

企业征信系统建设稳步推进，实现了银行信贷登记咨询系统向全国统一的企业征信系统的顺利升级。全面开展了中小企业信用档案系统建设试点，市、区两级企业信用信息系统平台建设步伐加快，2006 年年末市级企业信用信息系统成员单位达到 51 家。个人信用信息基础数据库于 2006 年 1 月正式运行，截至 2006 年年底，个人信贷账户信息达到 578 万条，个人信用报告累计查询量约 450 万次，查得率达到 94%，位居全国前列。

4. 金融生态环境建设取得新进展，金融业发展环境继续优化

2006年，北京市政府发布《北京市"十一五"时期金融业发展规划》，为北京市金融业发展提出了思路，为首都金融业发展创造了良好的环境。加强了金融知识宣传，开展了银行卡、反洗钱、信用知识、反假货币等系列宣传活动，促进了社会金融意识的提高。先后出台了《关于统筹城乡经济社会发展推进社会主义新农村建设的指导意见》和《关于金融支持首都社会主义新农村建设的意见》，农村金融发展环境得到优化。

## 五、总体评估与政策建议

### （一）总体评估

2006年，北京市宏观经济运行良好，经济效益稳步提升，经济增长质量持续提高。金融业总体健康发展，金融机构抵御风险的能力继续增强。金融市场运行平稳，资金供给充裕，社会融资结构日趋合理。金融基础设施建设稳步推进，金融生态环境得到优化。总体而言，北京市金融体系继续保持稳健的发展态势。

人民银行营业管理部利用层次分析法、模糊综合评判模型对北京地区近年来的金融稳定状况进行了综合评价。从量化评估的结果看，北京地区2004年、2005年和2006年金融稳定得分逐年提高，表明北京市金融稳定状况逐年改善，金融体系的稳定性不断增强，抵御风险的能力持续提升。

在首都金融业总体稳健运行的同时，还存在着某些局部性和阶段性的问题，有必要采取有效措施切实加以解决，防止给首都金融体系的稳健运行带来潜在风险。

### （二）政策建议

1. 综合运用货币政策工具，切实加强流动性管理

进一步加大公开市场操作力度，及时调整社会货币流通量；适时定向发行央行票据或上调存款准备金率，冻结多余的流动性；适当增加汇率弹性，放宽人民币汇率波动幅度，减轻外汇占款对流动性过快增长的压力，防止过多的流动性给金融稳健运行带来的不良影响。

2. 密切关注房地产价格，防止金融资产价格过度波动

适当增加住房供给，优化住房供给结构，引导市场理性投资和合理消费；建立和健全廉租房等住房保障制度；激活住房二级市场，进一步提高存量住房交易的比重；密切关注房地产价格，防止股票、债券等金融资产价格的过度波动，防范金融市场过度波动给金融机构和金融体系稳健运行带来的风险。

3. 持续监测社会资金流动，防范风险在市场之间的传递

随着跨行业、跨市场金融产品的不断涌现，金融市场不断融合，金融市场之间的资金流动日益频繁，市场关联性也在日渐加大。应当对社会资金在各个市场之间的流动进行有

效监测，引导资金的合理流动，防止资金在市场间无序流动，从而降低各个市场的波动性，减小跨市场、跨行业的交叉性风险。

4. 推进银证保业务合作与综合经营，增强金融机构核心竞争力

促进银行、证券、保险经营机构的业务合作，改善银证保金融机构的业务结构，积极开展金融产品创新，开拓多元化的盈利模式。深化综合经营试点，适时通过设立金融控股公司的方法加强金融机构之间的股权联合，增强金融机构的竞争力。

总　纂：单　强
统　稿：修长新
执　笔：熊正良　何志专　吴　桐
其他参与写作人员：赵　强　张国庆　刘　江　尹　潇
项银涛　贾淑梅　李　佳　刘　宁
许　英　费袁伍　孙丽博

# 2007年天津市金融稳定报告摘要

2006年，天津市紧紧抓住滨海新区被纳入国家总体经济发展的重大战略机遇，以科学发展观为统领，认真贯彻落实党中央、国务院关于加快推进滨海新区开发开放的决定和各项部署，大力推动经济金融改革开放和发展，积极开展招商引资、发展高新技术产业。天津市经济平稳快速增长，金融改革和创新取得新突破，金融组织体系进一步健全，业务总量和经营效益稳步攀升。国有商业银行改革逐步深入，农村信用社改革进展顺利，证券公司综合治理成效显著，经营状况明显改善，上市公司股份制改革取得重大进展，融资状况有所好转，保险业发展迈上新台阶，结构效益逐步改善，影响区域金融稳定的非系统性因素得到进一步抑制。金融基础设施建设力度加大，金融生态环境进一步改善，防范和化解金融风险的整体合力明显增强，天津市金融总体稳定。

## 一、天津市经济金融的总体情况

### （一）经济运行平稳，持续快速增长

2006年，天津市经济继续保持了平稳快速增长的良好态势。地区生产总值达到4 337.73亿元，同比增长14.4%，连续4年增长14%以上，人均地区生产总值达到5 177美元，三次产业全面发展。2003年以来，经济增长的波动性明显减小，经济运行的稳定性显著增强。滨海新区总体实力不断提升，完成地区生产总值1 960.49亿元，增长20.2%，占全市GDP的45.2%，对全市经济增长贡献率达51.4%。全市财政收入达到925.62亿元，比上年增长27.6%，占全市生产总值的比重为21.3%，比上年提高1.7个百分点。电子通信、石油开采、汽车制造、现代冶金为支柱构成的高层次产业结构优势明显，现代医药、航空航天、新材料等高新技术产业群迅速发展。

投资结构有所优化，消费升级步伐加快，进出口增速放缓，价格指数走势平稳。全社会固定资产投资完成1 849.80亿元，增长22.0%，其中，以石油和天然气开采、城市电网改造、铁路建设等大项目为主的中央投资大幅增长。全年社会消费品零售总额完成1 356.79亿元，增长14.0%，汽车类、金银珠宝类、石油及制品类零售额均实现了20%以上的快速增长。全市外贸进出口增长21.0%，增速较上年回落6.1个百分点。居民消费价格变动较为平稳，涨幅与上年持平；原材料、燃料、动力购进价格指数在短暂回落

后开始上升，并在较高水平波动运行；工业品出厂价格小幅振荡，呈现“涨跌并存的现象”。

工业经济效益连续4年快速增长，优势产业支撑作用继续增强。全市规模以上工业企业完成工业总产值8 527.70亿元，增长25.3%，增幅比上年上升4.5个百分点；完成工业增加值2 223.82亿元，增长18.8%；实现利税总额1 004.80亿元，增长31.0%。其中，电子信息、汽车、石油化工、冶金、生物制药、新能源及环保六大优势产业共完成工业总产值6 391.60亿元，比上年增长27.5%，占全市规模以上工业的比重为74.9%，同比提高1.2个百分点，对规模以上工业增长的贡献率为80.0%。全市工业经济效益综合指数达到240.52，比上年提高32.82点。

房地产市场供求两旺，宏观调控效应逐步显现。全市房地产业完成增加值139.27亿元，增长6.6%。完成房地产开发投资402.32亿元，增长22.8%。全年房屋施工面积为3 462万平方米，同比增长12.6%；竣工面积超过销售面积61万平方米，有效缓解了2004年以来的“供销倒挂”局面。全市房地产贷款余额同比增长32.2%，占贷款总额的23.0%。

## （二）金融机构稳健性进一步增强，金融机构改革和创新取得新突破，组织体系进一步健全

资产规模稳步扩大，资产质量持续改善，效益稳步攀升，金融机构组织体系进一步健全。截至2006年年末，全市共有中资银行金融机构36家，外资银行金融机构14家，证券和基金管理公司3家，期货公司5家，分公司以上的保险公司26家，其中总部设在天津的金融机构8家。银行业总资产8 093亿元，同比增长5.0%；银行机构本外币存款余额达6 839.20亿元，同比增长12.2%，其中储蓄存款余额2 922.70亿元，同比增长13.6%；各项贷款余额5 415.72亿元，同比增长14.2%，其中中长期贷款余额2 800.89亿元，同比增长23.4%，中长期贷款增加额占全市贷款增加额的68.0%，对天津市基础设施投资和大型重点工程建设发挥了重要作用。全市不良贷款率降至5.5%，比上年末下降了0.7个百分点；中外资银行机构共实现账面利润总额87.6亿元，同比增长13.0%，同比多盈利10.09亿元。地方法人机构资本进一步充实，抵御风险的能力增强。天津市商业银行资本充足率为11.7%，比上年末提高3.0个百分点，贷款损失准备充足率达159.3%，其中计提专项损失准备10.88亿元；按照原农村合作金融机构监管口径测算，天津农村合作金融机构资本充足率为11.8%，比上年末提高0.8个百分点。证券业总资产87.3亿元，同比增长46.6%。保险业总资产304.85亿元，同比增长21.2%。全市金融业完成增加值179.4亿元，比上年增长11.4%。金融业整体实力和抗风险能力大为增强。

国有商业银行改革逐步深入，农村信用社改革进展顺利。工商银行、中国银行、建设银行天津市分行和交通银行天津分行股份制改革继续深化，在机构改革、人力资源和风险防范与内控机制建设等方面取得了明显成效。工商银行天津市分行公司治理结构进一步完善，机构扁平化改革取得新进展，初步完成了一级支行内设机构和人员调整；中国银行天津市分行组织完成

了薪酬管理改革、绩效管理改革、企业年金落地实施的阶段性工作，建立了分层级、网状化的内控体系；建设银行天津市分行拓展了基层网点的营销职能，增加了网点型支行的数量；交通银行天津分行加快了中心、直属支行的建设步伐，数量由2005年年末的19家发展到2006年年末的近60家。天津市商业银行通过引进战略投资者，实现了股权结构多元化，银行的治理结构和资本实力得到进一步提升，抗风险能力有所加强；天津市商业银行已被银监会批准更名为天津银行。天津所辖的12个区县信用联社中，6个联社已改制组建为统一法人联社，其余6个联社改制组建成合作银行（3家已被批准开业，2家正在筹备开业，1家正在审批中）。通过增资扩股等一系列措施，天津市农村合作金融机构资本充足率大幅提高，内控制度和法人治理结构不断改进，经营管理水平稳步提高，支农力度进一步加大。

金融创新取得新突破。各家银行把滨海新区作为金融创新先行先试的试验地，大力开展产品创新。农业银行天津市分行经总行批准开办了抵质押项下的个人可循环信用产品。中国银行天津市分行开发了满足客户规避风险的汇率衍生产品、利率衍生产品，如远期结汇、组合式售汇、本外币利率期权互换等新的金融产品，开发了满足客户理财需求的外汇宝、汇聚宝、黄金宝、步步高等产品。建设银行天津市分行推出了网上缴存公积金业务、住房公积金龙卡，实现公积金转账提取和多渠道的公积金账户查询；针对富裕客户和大众富裕客户推出了“通知存款一户通”业务，为客户资金寻求较高收益提供了方便；联合海外分行重点推出了“海外融资保”产品，为境内企业到境外融资提供担保服务。交通银行天津分行推出了产业投资基金托管业务，正式签约成为中国第一只产业投资基金——渤海产业投资基金的托管银行，通过竞标成为天津“城市一卡通”项目的唯一结算银行。招商银行天津分行已获准开办离岸金融业务。中信银行天津分行争取到了渤海产业基金资本金账户的开户行资格。深圳发展银行在国内率先提出“1+N供应链金融”理论，在能源、钢材、汽车、粮食等一系列行业中，帮助与供应链核心企业有稳定贸易关系的中小型企业快速成长。

中国首只契约型产业投资基金——渤海产业投资基金于2006年年末在天津市正式设立，基金总规模将达200亿元，重点投资于具有科技含量和自主知识产权的产业化企业。渤海产业投资基金的成立，对于大力发展直接融资具有重要意义。

上市公司股改、清欠工作取得了重大进展。截至2006年年末，天津辖区25家上市公司中已完成或已进入股改程序的有22家，家数占比88.0%，市值占比95.0%，接近全国水平。上市公司大股东非经营性资金占用的清理工作全部完成。上市公司整体经营情况好于去年同期，利润增长幅度高于全国平均水平，A股融资11亿元，可转换债融资3.7亿元，资本实力有所增强。

证券机构风险处置工作已接近尾声，个人债权甄别确认工作基本完成，证券营业部经营业绩大幅度提高，辖区证券市场进入稳步发展的新阶段。渤海证券公司通过整改、重组，各项风险控制指标已达到监管要求。通过大股东在2005年、2006年两次注资，公司的净资本状况得到大幅改善，公司治理结构、内控制度等各项制度基本完善，风险控制体系有效运转。

保险业务较快发展，结构效益逐步改善，初步形成了多元化的保险市场竞争格局和覆盖城乡的服务网络。全年保费收入105.35亿元，增长16.05%，是2003年以来增速最快的一年，其中，寿险新产品保费收入增长19.7%，车险保费收入增长29.8%，信用保险、责任保险和工程保险保费收入均有显著增长，险种结构多样化趋势明显。各项赔款和给付21.86亿元，增长4.4%。全市保险密度978.42元，同比增长12.59%；保险深度2.42%，同比下降0.05个百分点。外资保险公司经营业绩大幅提高，两家外资寿险总公司合计规模保费市场占比接近10%，发展势头引人注目。

保险业责任险试点取得实质性进展，火灾公众责任险等11个责任险产品的推广工作正在积极开展。服务“三农”、保障社会取得新成效，中国人寿先后与武清区、宝坻区、北辰区和蓟县等地方政府签订了“新型农村合作医疗”全面合作协议，平安人寿承保了塘沽区大额医疗保险项目。企业年金业务取得突破性进展，太平人寿天津分公司与天津航道局签订了天津企业年金第一单，又中标受托管理天津津滨发展有限公司的企业年金计划。另外，新华人寿和平安人寿也分别与中国天辰化学工程公司和中国工商银行天津分行成功签署了企业年金合作协议。

### （三）金融市场交易活跃，整体运行平稳

2006年，天津市货币市场交易活跃，利率震荡上行；银行间债券市场成交大幅上升，外汇市场交投踊跃；股票市场融资重新启动。

货币市场持续快速发展。2006年，市场流动性充足，同业拆借增长明显，全年交易量累计比上年同期增长94.8%，市场利率震荡上行。现券买卖十分活跃，全年成交额增长292.3%。债券回购平稳增长。

证券交易量明显放大。年末全市共有境内上市股票25只。全年各类证券成交额2 511.46亿元，其中股票成交额2 393.71亿元，增长135.0%；债券成交额69.38亿元，增长55.3%；基金成交额48.37亿元，增长14.1%。期货市场全年成交量598.73万手，增长83.4%，成交金额3 000.37亿元，增长1倍。在沪、深两市走好的刺激下，证交所开户数大幅增长，新开户96.67万户。

外汇市场运行平稳，黄金交易增长迅速。2006年，外汇市场成交比上年略有下降，但仍呈供不应求格局。全年调剂外汇总额21.11亿美元，比上年下降4.6%，其中调入外汇10.76亿美元，下降17.7%；调出外汇10.35亿美元，增长14.3%。市场主体对汇率变化的反应更加敏感。全年纸黄金与代理买卖合计共成交约11亿元人民币，增长18.6倍。

### （四）金融基础设施建设得到加强，金融生态环境不断改善

现代化支付清算体系进一步完善，服务金融的力度不断提升。支票影像交换系统的建成，实现了支票在京、津、冀、沪、粤、深六省市的相互流通，促进了支票业务的发展，为支票全国通用奠定了基础；同城票据清算准入退出管理系统和网络退票系统的建成，实现了票据清算号申请、审批、发布网络化、系统化、自动化处理及天津市同城范围内退票

网络化处理。成功组织开展了现代化支付系统、同城票据清算系统、国库核算系统、外币清算系统等支付清算系统的应急预案演练工作，各银行的业务、技术人员应对和处理支付系统各种突发事件的能力得到提高。

反洗钱体系建设取得重大进展，银行业金融机构反洗钱工作体制初步形成，从业人员反洗钱意识明显增强。人民银行天津分行于2006年成立反洗钱处，实现了反洗钱本外币的统一监管，有效整合了反洗钱资源，提高了反洗钱工作效率。通过加强对金融机构的监督检查，反洗钱工作取得了较好的阶段性成果。开展了客户尽职调查，加强了对客户开户资料真实性和完整性的审核；基本落实大额和可疑交易报告制度，开发运用计算机系统，形成了逐级上报的机制；普遍开展了反洗钱法规宣传和知识技能培训。组织召开了天津市金融业反洗钱协调小组联络员座谈会，增强了履行反洗钱义务的自觉性，提高了反洗钱工作人员的业务素质和工作水平。

其他金融基础设施建设取得明显成效。个人信用数据库基本建成，企业征信系统建设稳步推进，在帮助商业银行防范信贷风险、改善天津金融生态、提高公众信用意识等方面取得明显成效。根据《国家金融突发事件应急预案》，制定了《天津市突发金融风险应急预案》，并积极配合总行，会同天津市商业银行、天津银监局、天津市公安局联合举行了《金融机构突发事件应急预案（试行）》演练，提高了及时化解、有效应对金融风险突发事件的能力。金融稳定协调机制运转良好，各成员单位在协调监管、风险防范、排查及处置等方面密切配合，保障了天津市金融安全。

## 二、维护金融稳定需要重点关注的问题

经济持续快速增长、金融业快速发展，为金融稳定创造了良好条件。随着滨海新区开发开放的深入，资本流动的规模将不断扩大，金融创新动力将进一步增强，金融领域的竞争将日趋激烈，金融运行环境将日益复杂，经济金融运行中存在的宏观经济层面的系统性风险隐患和微观金融企业自身健康程度不一等非系统性风险隐患，以及改革发展中暴露出的问题将日益显现，应予以密切关注。

一是投资拉动型增长格局在短期内难以改变，对信贷结构带来一定的负面影响。天津市经济运行的突出特点仍是投资强、消费弱。由于固定资产投资的快速增长，加之天津市以重工业为主的经济格局，资本和技术的密集程度较高，导致资金投入量大、期限较长，而这种资金投入目前仍以银行贷款为主要融资渠道，由此金融机构的资产运用必然会呈现出长期化的趋势，长短期资金来源与运用不匹配。从长期看，将会给金融机构带来流动性风险，进而影响金融稳定。

二是融资结构不合理给银行带来潜在的风险。2006年天津市仍以银行信贷为主要的融资渠道，天津市直接融资额占全社会融资额的比例仅为9.5%，比全国18.0%的比例低8.5个百分点。间接融资比例过高，表明直接融资功能未能得到充分发挥，金融风险过多聚集在银行体系，既不利于发挥市场对资金配置的自动调节，导致企业融资成本偏高，也不利

于金融改革的进一步深入。

三是金融机构竞争加剧，银行机构不同程度地存在贷款投向集中和资金来源与运用的期限结构不合理，存贷款期限结构失衡的现象。一方面，天津市中资金融机构各项贷款余额主要集中在制造业，水利、环境和公共设施管理业，房地产业，批发和零售业，交通运输、仓储和邮政业等基础产业、垄断行业和非生产性领域。这五大行业贷款余额占总余额的67.18%；另一方面，金融机构的资金来源平均期限在逐渐缩短，长期资金来源存在明显的不足，而资金运用的平均期限却在逐渐拉长，短期贷款逐年递减，中长期贷款却逐年增加。信贷结构出现新的失衡，银行体系风险加大。

四是银行业盈利模式转型效果不明显，收入依然严重依赖净利差收入。证券公司盈利模式单一，受证券市场行情影响较大。保险业产品和渠道创新相对滞后，保险产品大众化和个性化明显不足，适应不同生产方式、不同生产力水平、不同收入水平和不同社会群体的产品品种明显不足，产品同质化严重，市场开发力度不够。这种传统盈利模式抵抗系统性风险的能力较弱，对金融机构可持续发展带来挑战。

五是银行内部控制和管理执行不严，操作风险值得关注。有些行存在重要岗位没有定期轮换和强制休假制度、内控制度执行不力、业务操作不规范等问题，内控制度流于表面形式，缺少有效的防范操作风险的管理手段，没有真正地树立起防范操作风险的意识和观念。

六是非法证券活动有所抬头。随着新《证券法》颁布实施和证券市场重趋活跃，非法股票发行和非法证券经营活动开始抬头，严重扰乱证券市场秩序，损害投资者利益，给金融安全和社会稳定带来较大风险隐患。2006 年天津市共对 8 起非法证券活动采取行动，其中 6 起已被公安部门立案侦察，已有 2 起案件经法院公开审理，其中一起已宣判，相关责任人被依法追究刑事责任。

七是向社会不特定对象集资活动严重干扰了正常的经济金融秩序，在社会上造成了恶劣影响，具体表现为以产权商铺、托管造林、股权投资和以保健品等传销为媒介的集资形式。此类集资形式隐含社会和金融风险，如果资金链断裂，将可能引发群体性事件，影响天津的社会稳定和金融稳定。

## 三、维护金融稳定应采取的措施

2007 年是全面推进“十一五”规划的关键之年，也是我国金融业全面对外开放的第一年，切实做好维护金融稳定的各项工作，对于保障社会经济平稳、较快、持续发展，对于维护社会安定团结的良好局面，具有十分重要的意义。

一是积极推进现代企业制度建设，进一步完善法人治理结构。要维护金融稳定，就必须继续推进企业的制度建设，加强国有企业、国有商业银行的产权制度改革，通过引进不同的产权主体，实现产权主体多元化，增强对国有企业、国有银行的约束机制，增强其在市场中的竞争力。银行只有建立明确的产权、完善的治理结构，才会关心经营成本和投资效益，逐步形成权力与责任、风险与收益之间的均衡，才能建立科学的内控机制和提高风险管理能力。

二是着力推动金融机构的内控机制建设，建立健全防范金融风险的长效机制。第一，建立、健全内控机制。各金融机构要逐步形成完善有效的内控机制，控制金融机构面临的各类风险。其中一项重点是选配高素质人才充实稽核审计队伍，并要从根本上增强稽核部门的独立性。第二，建立内部稽核监控指标体系。通过对资本、业务经营、制度执行、资金运用、经营成果、经营风险等指标的建立和考核，预防预测金融风险。第三，加强对权力的制衡与约束。第四，严格对贷款、投资等资金运用行为操作，实行第一责任人制度，负责按期收回资金本息，同时健全大额贷款、风险资产、非盈利资产、非贷款资产、表外资产等重要事项的备案制度。第五，建立和完善贷款质量电子计算机跟踪监测网络制度，对信贷授权、客户授信、贷款调查、贷款审批、贷款发放、贷后检查、风险预警、风险控制实行实时监控，及时预警信贷资产的风险，限制越权和违规操作。

三是强化金融监管手段，完善监管协调机制，为金融发展打造良好的监管环境。金融监管的主要目标之一就是维护金融稳定。金融监管部门需要改进金融监管方法，实现以事后检查为主向以事前预警监督为主的转变，由事后的合规性监管向事前的以风险防范为核心的审慎性监管转变；进一步完善包括金融市场准入制度、资格审查、资本充足条件、清偿能力管制、业务活动限制、贷款集中程度限制、管理评价在内的预防性风险管理体系；在对金融机构的业务运营监管中，继续把信贷风险作为风险监管的核心内容，同时加强对市场风险、操作风险、衍生金融工具风险的风险监控。随着天津滨海新区综合经营的试点开展，要加强金融监管部门的协调，密切关注跨市场风险的监测和风险防范，进一步增强大局意识、宏观意识和发展意识，不断适应新形势、新任务的需要，做到思想上与时俱进，行动上敢为人先，能力上适应要求。要善于不断学习与经济金融有关的方方面面的理论和知识，努力提高科学判断形势的能力、准确分析问题的能力和创造性开展工作的能力，扎扎实实做好各项维护金融稳定的工作。充分发挥金融稳定协调机制的作用，进一步加强与金融监管部门和地方政府相关部门的沟通、协调与合作，协调风险处置，避免出现监管真空和监管重复。从组织体系及工作职能上进一步完善金融风险防范长效机制。

四是进一步加强金融基础设施建设，构建和谐的金融生态环境。第一，加强对支付清算系统的日常管理和风险防范，探索运用先进的科技手段和管理方式提高服务质量，丰富现代化支付系统的接入方式，不断改进系统运行、维护和监督机制，提高支付系统的安全和效率。筹建支付清算系统异地备份中心，妥善处置灾难性事件；整顿支付清算秩序，确保支付清算体系安全稳定运行；做好账户管理工作，落实账户实名制；提高业务人员素质，防范操作风险。第二，进一步完善征信体系建设，全面征集企业和个人信用信息，建立区域基础信用信息共享平台；大力培育和发展信用中介机构；加强征信业规范化管理，建立健全征信市场的监督管理体系。第三，进一步推动反洗钱工作深入开展。全面落实《反洗钱法》的规定；完善反洗钱工作协调机制；建立并逐步完善反洗钱非现场监管制度，加强对金融机构反洗钱工作的非现场监管。第四，加强金融安全知识教育。应参照国际上比较成熟的经验做法，建立金融安全知识教育长效机制，充分利用各种方式向公众及社会各层面进行金融安全知识宣传教育，普及金融知识，树立防范金融风险的意识。

总　纂：陈志强
统　稿：邓　蓓　夏江山
执　笔：邓　蓓　夏江山　刘　丹　陈　斐　程卫红
其他参与写作人员：尹恕好　王春江　王　强　叶庆国　冯　怿
宁　悦　任　萱　李西江　李卓东　杨士璞
杨冬梅　张　磊　张　健　周凤兰　陶大成
崔建红　谢　坤　甄洪祥　冀志芳

# 2007年河北省金融稳定报告摘要

2006年，河北省实现“十一五”的良好开局，保持了国民经济持续较快增长和金融业平稳运行并总体向好的发展态势。河北省金融业总体稳定，国有商业银行改革进展顺利，地方金融机构改革取得阶段性成果。银行业资产质量和盈利能力明显提高；证券业全面扭亏，经营状况明显改善，效益提高；保险业发展迅速，实力增强。金融生态环境建设力度加大，金融风险得到妥善处置和化解，金融体系的稳健性增强。

## 一、经济金融总体状况

### （一）经济平稳较快增长

2006年，河北省经济继续保持了平稳较快的增长，生产总值达11 613.7亿元，比上年增长13.2%，连续4年保持两位数增长，经济稳定性大大提高。经济运行质量的提升促进了金融业的快速发展。

1. 经济结构不断优化

工业生产较快增长，主导产业支撑作用强劲，对工业生产增长的贡献率达87.1%，工业产销衔接良好，企业利润增长加快。规模以上工业企业实现利润888.1亿元，增长30.4%。第三产业发展速度明显加快，其中金融业占GDP比例比上年提高0.25个百分点。

2. 经济增长动力强劲

全社会固定资产投资继续增长，投资结构进一步优化，三次产业投资分别增长33.5%、38.9%和28.9%，曹妃甸循环经济示范区等重大项目建设带动了河北省投资较快增长，国家重点调控的钢铁行业投资得到有效控制，增速比上年回落11.3个百分点。消费市场稳中见旺，外贸出口平稳增长，出口商品结构进一步优化。

3. 物价低位平稳运行

居民消费价格指数稳定在较低水平，原材料、燃料、动力购进价格和工业品出厂价格以及农产品生产价格涨幅比上年都有回落，而且分别低于全国的平均增长幅度。房地产价格快速上涨势头得到遏制。

4. 财政收入增势良好

财政收入增幅高于生产总值的增长，人民生活水平进一步提高，城镇人均可支配收入突破万元，农民人均纯收入快速增长，城乡居民收入增长幅度差距进一步缩小。在居民收入较快增长的同时，消费保持了同步增长，农村消费水平大大提高。

## （二）金融业平稳健康运行

经过改革开放以来近30年的发展，河北省金融业已经形成了种类比较齐全、功能比较完善的现代金融体系。2006年，河北省金融业资产规模进一步壮大，总资产达到1.48万亿元，比上年增长15.4%；盈利能力显著提高，全年实现盈利83.8亿元，是上年的2.76倍。

1. 银行业

2006年，河北省银行业体系不断健全，金融服务领域不断拓宽，金融服务功能普遍增强；存贷款继续保持较猛的增长势头，分别增长16.4%、15.4%，在新增存款中，四家国有商业银行仍占据主导地位，贷款期限结构发生变化，短期贷款占比下降，中长期贷款占比增加；银行业金融机构不断强化风险管理，加大不良资产清收处置力度，政府对地方法人机构各项扶持政策也陆续到位，使不良贷款余额和比率实现“双下降”，农村信用社不良贷款率降幅较大；银行业资产质量大幅提升，资产总额达到14 144亿元，较上年增长15.2%；经营效益继续提高，全年实现利润82.9亿元，同比多增54.8亿元。

2. 证券业

股权分置改革顺利推进，上市公司股改工作基本完成。2006年，河北省共19家上市公司完成股改，2家上市公司进入股改程序，累计已经完成股改或进入股改程序的共32家，占应股改公司的91.4%，全年实施再融资22.11亿元，通过再融资壮大了公司实力，提高了核心竞争力。随着股市回暖，证券经营机构经营状况显著改善，经营效益大幅提高，连续亏损局面得到扭转。

3. 保险业

保险业保持了持续快速健康的发展，市场主体不断增加。截至2006年年末，省级保险公司（分支机构）达到24家，保险业务持续快速增长，2006年累计实现保费收入253.37亿元，同比增长16.59%，超过全国平均增幅2.19个百分点，大大高于同期河北省国内生产总值的增速。全年保费收入继续位居全国第七位，财产险保费收入和人身险保费收入基本实现同速增长，分别较上年增长17.73%和16.22%。保险企业业务规模和效益实现了同步增长，市场竞争力进一步增强，2006年年末，河北省内保险公司总资产达610.53亿元，增长26.68%，全行业效益水平继续在全国保险大省中位居前列。经济补偿能力增强，保险功能得到有效发挥。2006年，赔款与给付支出达52.31亿元，同比增长29.42%，增幅大于保费收入增幅13个百分点。改革和创新取得新成效，服务领域不断拓宽。2006年，河北省保险业改革和创新取得了积极成效，在农业保险、商业养老和健康保险、责任保险发展等方面都取得了很大进展，交强险制度顺利实施并平稳运行，保险覆盖面不断扩大，服务领域不断拓宽。

### （三）金融市场整体运行平稳

金融市场整体运行平稳，但各市场间发展不平衡。货币市场流动性充足，交易量稳步增加。票据市场融资额大幅增长，票据价格在波动中上扬，2006 年，河北省累计签发商业汇票 1 896.41 亿元，其中银行承兑汇票达 1 896.39 亿元，同比增长 59.2%，占绝对主导地位，较 2000 年增长了将近 8 倍；全年累计办理贴现业务 3 341.00 亿元，同比增长 46.1%，较 2000 年增长了 14.6 倍。银行间债券市场发展较快，交易量迅猛增长，网上交易量远远大于网下，交易趋向规范。2006 年，河北省银行间债券市场交易总量为 5 458.5 亿元，同比增长 61.98%。其中质押式回购是交易的主要方式，交易量占市场交易总量的 87.13%；网下债券交易总量为 26.67 亿元，比上年减少 66.42%。银行间同业拆借市场交投继续萎缩，2006 年河北省网上拆借业务全年累计金额为 4 亿元，较上年减少 49.9%，且全部为拆出业务。网下同业拆借业务以农村信用联社为主，拆出资金大于拆入资金。在一定程度上表明河北省资金相对富余。股票市场回暖，交易活跃；受人民币升值预期的影响，外汇市场业务量较小，交易平淡；黄金市场兴起，成为居民投资新亮点。

### （四）金融改革和风险处置卓有成效

一是各国有商业银行分支行股份制改革全面深化，公司治理结构及约束激励机制得到完善。

二是农村信用社改革取得重大进展，法人治理结构、内控机制建设取得了明显成效。股权结构进一步优化，截至 2006 年年末，河北省农村信用社股本金余额达到 202.1 亿元，当年新增股本金 5.91 亿元。股本金比改革前的 2004 年 9 月末增加了 140.7 亿元，资本充足率达到 12.2%，其中资格股 143.5 亿元，投资股 58.6 亿元，投资股占比显著提升，达到 29%。农村信用社以县为单位统一法人工作基本完成。截至 2006 年年末，河北省 146 家县级联社完成统一法人工作。

三是农村合作银行、商业银行及城市商业银行合作组织尝试设立，地方金融战略合作加强。有 2 家信用联社获准组建农村合作银行、1 家信用联社获准组建农村商业银行，申请筹建工作已全面启动。

四是城市商业银行增资扩股工作进展顺利，资本充足率均达到 8% 以上，单一法人城市信用社组建商业银行步伐加快。2006 年，经过增资扩股，实施不良资产置换，单一法人城市信用社各项指标发生了积极的变化，资本充足率达标，不良贷款余额和比例“双下降”，风险状况实现根本好转，整体抗风险能力进一步增强，为组建城市商业银行奠定了良好的基础。

五是部分高风险金融机构风险得到了化解。河北省停业整顿金融机构退市工作基本完成；部分待处置城市信用社通过改制、收购等方式得到妥善处置，解决了多年来悬而未决的历史遗留问题，有效地化解了河北省高风险金融机构的风险。证券公司综合治理和资本市场整顿规范取得实质性进展，长期积聚的风险和遗留问题得到化解。

### （五）金融生态环境取得新的改观

2006 年，河北省金融基础设施建设取得阶段性进展，支付清算和征信体系建设步伐加快，反洗钱资源得到有效整合。金融生态环境继续改善，行政环境、信用环境得到不同程度的改观，为维护区域金融稳定创造了良好的条件。

一是依靠政府的主导和人民银行、监管部门的推动，河北省金融生态环境建设步伐加快，金融生态环境继续改善，为维护金融稳定创造了良好的条件。河北省委、省政府高度重视金融生态环境建设工作，颁布了《河北省人民政府关于加强金融生态环境建设的指导意见》。制定了《河北省金融突发事件应急预案》，为防范和化解金融突发事件提供了制度保障。河北省金融稳定协调机制作用进一步发挥，人民银行建立健全了《河北省地区金融生态环境评价方法》，为指导和评价金融生态环境建设提供了标准和依据，行政及政策环境逐步优化。

二是征信和支付清算体系等基础设施建设加强，支付清算体系日趋完善。自 2003 年至今，河北省中央银行会计集中核算系统、大额和小额支付系统、京津冀（廊）跨区域票据交换系统和石家庄、沧州票据自动清分系统、全国支票影像交换系统（河北省试点）相继建成并投入运行。目前，各系统运行平稳，以中国现代化支付系统为核心，各商业银行行内系统为基础，票据交换系统、全国支票影像交换系统、卡基支付系统等并存的较成熟的支付清算体系已经建立，为维护辖区金融稳定奠定了坚实的清算服务基础。征信系统建设全面推进，2006 年，河北省征信体系建设稳步推进，企业和个人两大征信系统功能日趋完善，成为金融机构防范信贷风险的重要工具，为改善河北省社会信用环境和维护金融稳定发挥着越来越重要的作用。

三是反洗钱体系得到整合，2006 年河北省反洗钱工作稳步开展，人民币和外币反洗钱业务得到整合，监管职能得以有效发挥，金融机构履行反洗钱义务的能力有所增强，制度建设和知识宣传效果显著，对有效打击洗钱犯罪活动和维护河北省金融稳定发挥了积极的作用。

四是诚信及投资安全教育全面铺开，社会信用环境有所好转。金融稳定协调机制逐步发挥作用，金融稳定信息交流和合作日益密切，金融监管总体效能和水平提高。

## 二、维护金融稳定需要重点关注的问题

在金融整体稳定的同时，由于经济金融领域的深层次问题及金融机构和金融市场的不尽完善，个别领域和机构的风险隐患依然存在，对金融稳定构成一定影响，应给予高度关注。

### （一）经济运行方面

1. 第三产业发展滞后，产业结构尚需优化

河北省第三产业发展速度逐步加快，但增速仍慢于第二产业，发展相对滞后。经济的

快速增长在很大程度上仍依靠资源、能源的高投入、高消耗，高技术产业规模较小，经济发展代价较高。第二产业在经济发展中的主导地位仍未改变，与工业化成熟阶段呈现的“三、二、一”模式仍存在一定的差距。

2. 投资消费比例失衡，粗放型增长模式仍需改进

河北经济是典型的投资驱动型增长模式，投资比重偏大，而消费需求不足，投资和消费比例失衡，且呈逐步扩大的态势。过高的投资率，不仅导致河北省能源、资源消耗量大，资源紧缺的问题日益凸显，环境污染加重，影响经济的持续发展，而且更容易导致经济的波动，并可能使银行不良贷款增加，增大银行体系的脆弱性，对金融稳定产生不利影响。

3. 多种因素影响农村消费需求持续增长，制约河北省整体消费水平的提高

河北省农民人均消费支出增长速度已大大超过城镇居民支出增长速度。但由于当前农民收入受到农产品价格偏低、农用生产资料价格不断上扬等因素影响，加之对农业投入不足等，农民持续增收的难度会逐步加大，农村消费需求水平会受到影响，从而削弱其对河北省整体消费水平增长的拉动作用。

4. 直接融资与间接融资发展不协调，企业资金来源渠道单一

河北省直接融资数额虽然呈逐年上升趋势，但比例和规模相对间接融资依然偏低，企业资金需求过度依赖银行贷款的状况未有根本性转变。企业资金来源渠道单一，过度依赖银行信贷，不仅增加了企业尤其是中小企业融资的难度和不确定性，而且会增大银行体系风险积聚和爆发的概率。

### （二）金融市场方面

1. 票据市场交易品种单一，商业承兑汇票业务发展缓慢，贴现市场银行间无序竞争现象时有发生，造成贴现利率混乱，加大风险。

2. 短期融资券宣传和推介力度不够，企业认知度不足，无论是企业发行户数还是发行量与全国水平相比都相对落后。

3. 股票市场改革与发展虽然取得一定成效，但市场规模依然较小，后续上市资源储备不足，个别上市公司恶意违规，信息披露不公开、不透明，公司法人治理结构有形无实，大股东与上市公司关联交易，上市公司面临退市等一些问题仍值得关注。

### （三）金融机构方面

1. 银行业

银行业金融机构不同程度存在资产负债期限不匹配、贷款投向集中和不良贷款反弹以及地方法人金融机构抵御风险能力较差等问题，潜藏一定信用风险和流动性风险。

一是中长期贷款的较快增长以及城镇居民储蓄存款占比下降，客观上造成资产负债期限不匹配，加大了银行业控制贷款总量和调整信贷结构的难度。一旦经济增长放缓，外部经济环境变化过快，特别是利率或汇率急升，潜在的信用风险和流动性风险将逐渐暴露。

二是国家对产能过剩行业的调整和调控，加剧了河北省钢铁等产能过剩行业经营效益增幅下降，亏损增加，涉及这些行业的不良贷款增长速度远远大于贷款增长速度，不良贷款反弹压力增加，加大了银行信用风险。

三是受宏观调控的影响，各银行业金融机构纷纷通过压缩流动性较强、风险系数较小的票据融资业务来调整信贷规模，形成了贷款刚性增加与票据融资大幅波动的局面，一定程度上弱化了国家宏观调控的效果，掩盖了信贷风险。

四是在当前直接融资不发达、经济增长对信贷资金依赖性大的条件下，银行业金融机构存贷比偏低，银行业流动性充足，存差中可使用的资金过快增长，有可能影响金融机构对宏观调控措施的敏感性，给宏观调控带来一定压力。

五是银行业贷款损失准备缺口依然偏大，风险抵补率较低，风险控制能力较弱。

六是信贷资金向大型企业和垄断性行业集中的态势日趋强化。河北省部分重点企业间互相担保、违规担保问题十分严重，一旦企业效益滑坡、财务状况恶化，易引发连锁反应，其经营风险将向信贷风险转移，增加银行的不良资产，给区域金融带来较大冲击，易引发区域银行业风险。

七是地方法人金融机构历史包袱沉重，资本金偏低或不实，资本金结构不合理，风险拨备严重不足，缺口大，覆盖率低，抵御风险能力相对较弱；部分机构法人治理结构、内控机制不健全，授权授信管理体系不尽合理，权利缺乏有效制约。

2. 证券业

证券公司资产质量不高、业务风险集中及历史遗留违规操作等问题并未得到根本解决，证券业风险尚未完全化解。

一是证券经营机构多年形成的资产质量较差，抵御风险能力较弱的状况并未根本改变，风险隐患依然存在。

二是证券经营机构业务品种单一，主要集中在经纪、自营和委托理财等传统业务上，营业收入大部分依靠委托买卖手续费，业务创新不够，竞争力不足。

三是部分证券经营机构内控制度不健全，违规经营问题仍然存在；非法证券活动在一些地区不同程度地存在。

3. 保险业

河北省保险业的发展仍处于初级阶段，保险业发展与经济社会发展、人民生活水平的提高仍然不相适应，保险覆盖面较小，行业创新意识和能力有待提高，公众保险意识淡薄，保险业在经营中还潜在一定的风险。

一是保险业务规模仍相对偏小，保费占全省 GDP 的比重较低。保险密度和保险深度均明显低于全国平均水平，与发达省份相比差距较大。

二是保险业务结构集中度仍偏高，财产险业务仍集中在车险，加之交强险实施对车险起到很大助推作用，使车险占比又有所提高；寿险业务仍主要集中在分红产品上，且由于收益低于市场预期，寿险公司退保情况仍较突出。这种结构上的不均衡发展容易加大保险业的经营风险，制约业务规模的扩大。

三是非理性价格竞争、过度同类业务竞争可能导致保险公司经营效益下滑，引发经营风险；销售误导、理赔难和个别不规范经营行为处理不当可能引发群体性信访事件，诱发社会问题。

### （四）金融生态环境及其他方面

1. 涉嫌非法集资活动频繁发生。一些企业打着“高收益、零风险”等名目繁多的宣传广告，以高息为诱饵、以敛财为目的，吸引广大投资者进行项目筹资的涉嫌非法集资活动频繁发生。从查处情况看，这些非法集资活动往往具有很强的欺骗性、隐藏性，其涉及面广、情况复杂，集资性质的认定和监管难度比较大，发案率呈逐年上升趋势。这不仅给政府和监管部门的管理增加难度，影响金融生态环境建设，也对社会公众的资金财产安全、辖区金融稳定和社会安定构成威胁，隐藏着极大的投资风险和社会不稳定因素，应引起监管部门和社会公众的注意。

2. 河北省金融机构大要案发案率呈上升趋势，发案数量、涉案金额和风险金额均不同程度地增加，映射出内部控制体系还不够完善，由此引发的操作风险和道德风险以及可能造成的经济损失和社会影响不容忽视。

3. 一些不顾及风险和承受能力的非理性投资行为，如以养老金买股票、基金、理财产品等行为有所抬头，潜在的社会不稳定因素值得关注，投资者风险意识、判断能力和金融风险宣传有待进一步加强。

## 三、维护金融稳定应采取的措施

### （一）促进经济结构的优化和经济增长方式的转变，实现经济的可持续增长和经济金融的良性互动

发展壮大主导产业，兼顾资源节约和环境保护；优化产业结构，加快发展金融业，提高金融企业综合竞争力，支持经济又好又快发展，确保经济发展和金融稳健运行。

### （二）研究直接融资的新方式，努力改善融资结构

积极培育企业上市和发行债券融资，扩大直接融资的规模和比重；加快金融市场产品创新和工具创新，拓展融资渠道，逐步改变企业资金高度依赖银行贷款支撑的现状，分散银行体系风险。

### （三）继续深化金融改革，化解市场主体内生性风险

进一步深化银行体制改革，完善农村金融服务体系，增强金融机构的资本实力、核心竞争力和抗风险能力。充分利用货币信贷政策工具，合理引导信贷流向，优化信贷结构，增加对“三农”、自主创新、节能环保以及就业等经济薄弱环节的资金支持。大力发展证

券品种，壮大资本实力，开展联合重组，增强发展后劲。扩大保险覆盖范围，拓展服务功能，规范市场秩序，逐步提高保险深度、保险密度和社会公信度。

### （四）构筑安全防线，降低金融案件发案率

金融机构要进一步健全和落实内控制度，完善内部监督和审计体系，认真执行《河北省金融机构重大事项报告制度》和《金融突发事件应急预案》，解决内部控制问题。要改进监管方式，加大对金融机构内控制度落实情况的监管力度，最大限度地防范道德风险、操作风险。

### （五）开展金融安全教育，防范非理性投资风险

广泛开展投资安全教育和风险提示，努力提高社会公众的风险意识，自觉抵制非法集资等违法活动，既要合理引导合法的民间融资，又要严厉打击非法集资等非法金融活动。

### （六）建立防火墙，防控上市公司风险

建立健全上市公司信息披露制度，完善企业担保查询机制，解决信息不对称问题。银行要严格贷前调查和贷后跟踪检查制度，强化全面风险管理，提高对借款人及担保人偿债能力的判断和贷款风险的防范。

### （七）继续加强金融生态环境建设

发挥政府在金融生态环境建设中的主导作用，完善维护金融稳定的长效机制。继续加强金融基础设施建设，进一步加快征信体系建设。进一步健全社会信用担保和风险补偿机制，加强投资者风险教育，改善法制环境和社会信用环境，提高全社会诚信意识。

总　纂：王彦青
审　核：文洪武
统　稿：张军辉
执　笔：陈　芳　杨辉平　张海燕　张国坤
　　　　李　鹏　杨　冀　白　倩　冯　蕴
其他参与写作人员：刘莉亚　任占群　许秋保　杜彦尊
　　　　宋庆三　杨学军　杨文生　范宪忠
　　　　谢臻须　董悦芳　靳占恒

# 2007 年山西省金融稳定报告摘要

2006 年，山西省国民经济持续快速发展，产业结构调整初见成效，固定资产投资增速趋缓，外贸出口止跌回升，消费增速加快，市场物价平稳，为金融发展和金融稳定营造了良好的宏观环境。在金融改革的推动下，金融业整体运行和银行业运行质量和效益明显提高，服务经济和支持“三农”作用进一步发挥。金融基础设施不断完善和加强，银行业内部发案率明显降低，区域金融生态环境得到改善。总体上，2006 年山西省金融运行总体稳定，金融体系较好地发挥了配置资源、分散风险、支付清算等关键功能，抗风险能力进一步提高。但是，山西省经济金融运行中存在一些需要引起关注的问题，主要包括：对外依存度偏低，产能过剩形势比较严峻，经济增长方式粗放；银行业信贷结构不合理、不良贷款存在反弹压力，地方法人金融机构脆弱；金融市场结构失衡，直接融资规模有待提高；社会信用体系建设仍需进一步加强。

## 一、区域经济运行与金融稳定

2006 年，山西省国民经济持续快速发展，工农业生产保持平稳较快增长，第三产业得到长足进步，需求拉动经济增长的协调性增强，对外经济稳步发展，全省经济呈现出速度较快、效益较好、物价较低、结构趋优的发展态势，为辖区金融稳定奠定了良好基础。

### （一）经济平稳协调增长

产业结构调整初见成效，经济增长质量有所提高。2006 年，山西省生产总值完成 4 746.5亿元（人均达 1.41 万元），同比增长 11.8%，高出全国 1.1 个百分点。第二和第三产业对经济的贡献率分别为 72.9% 和 24.4%，成为拉动经济增长的主要动力。2006 年，山西省财政总收入完成 887.3 亿元（不含资源探矿权和采矿权收入），同比增长 20.3%。

投资、消费、出口增长趋于合理。2006 年，全社会固定资产投资完成 2 321.5 亿元，增长 24.9%，投资增长趋于缓和；山西省社会消费品零售总额 1 613.4 亿元，增长 15.2%，快于上年同期 0.3 个百分点。投资与消费的增速差距进一步缩小。外贸出口增幅先降后升，2006 年山西省外贸出口总额 41.4 亿美元，同比增长 17.34%。

市场物价平稳，整体水平表现温和。2006 年，山西省居民消费价格总水平上涨 2.0%，同比回落 0.3 个百分点。第四季度，受国家调高小麦收购价格及全球小麦减产等因素影响，

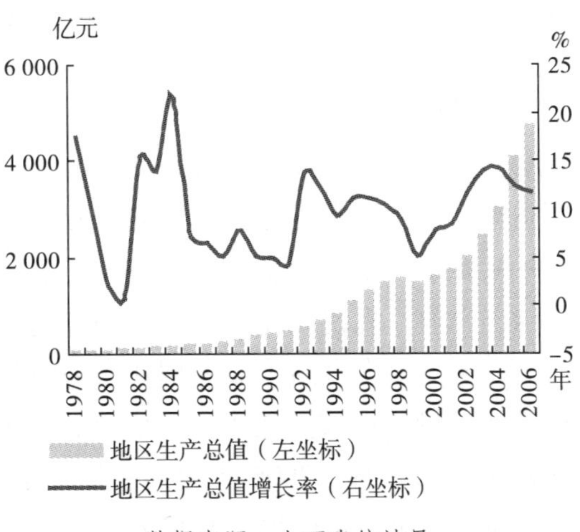


数据来源：山西省统计局。

图1　山西省生产总值及其增长率

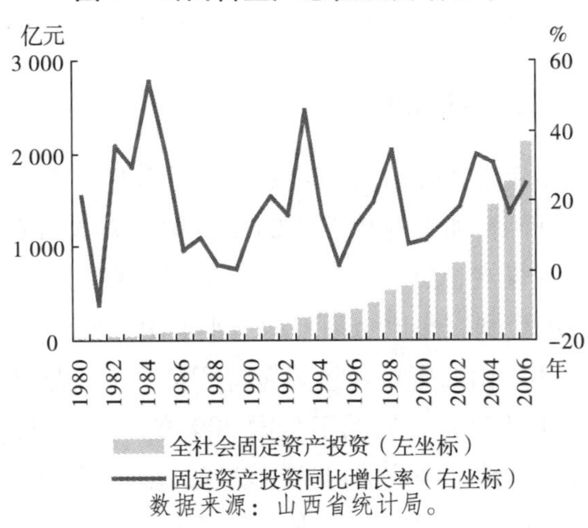


数据来源：山西省统计局。

图2　山西省固定资产投资及其增长率

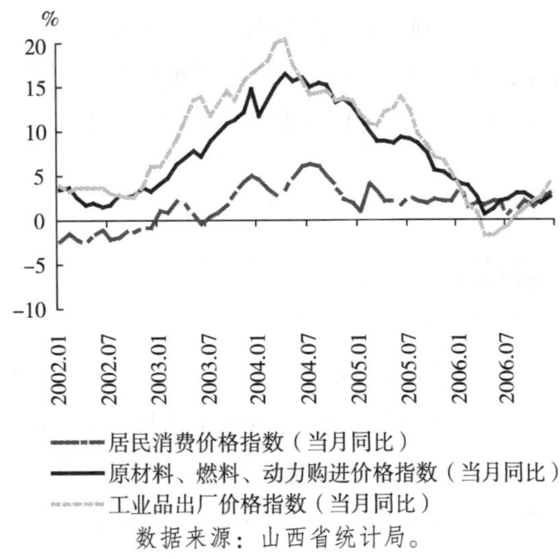


数据来源：山西省统计局。

图3　山西省居民消费价格和生产者价格变动趋势

全省粮、油、肉、蛋价格普遍上涨，部分品种涨幅较大，物价呈进一步小幅上升趋势。

### （二）经济结构调整稳步推进

2006 年，山西省着力调整产业结构，加快推进经济增长方式的转变，在能源基地和老工业基地创新发展上迈出了坚实步伐。煤炭行业资源整合、提高产业集中度和整体素质的"三大战役"全面展开；坚决淘汰煤、焦、冶金、电力等传统工业的落后产能，积极用高新技术和先进适用技术改造传统产业；现代煤化工业、装备制造、材料工业和旅游产业四大新支柱产业得到大力培育，高新技术、食品工业和现代服务业加速发展；大力推进产业链的延伸，一批重大项目相继建成投产；重点在煤炭、焦化、化工、建材、冶金、电力六大行业推行节能降耗，实施蓝天碧水工程。2006 年山西省煤矿数量压减到 3 200 个左右，长期困扰山西省的煤炭污染、地质灾害、资源能源利用不合理等，开始从机制和体制上得到逐步扭转；工业污染防治取得成效，重点城市和流域环境综合整治取得阶段性成果，全省 11 个重点城市空气质量二级以上天数累计达到 2 707 天，同比增长 8.7%。

### （三）经济运行中需关注的问题

一是经济增长方式。多年来特殊的资源环境造就了山西省资源型、高耗能的产业结构。近年来，山西省主要依靠资源初加工的粗放式的经济增长方式虽然得到一定改善，但经济增长方式仍然粗放。山西省煤炭、焦炭、冶金、电力等产业初级化，产业关联度低，技术装备落后，能耗高，资源综合利用率比全国平均水平低 10 个百分点。

二是对外开放。2006 年，山西省对外经济保持了良好的发展态势，但总量规模和增长水平仍然偏低，对外依存度仅 11%，远低于全国 70% 的平均水平，与全省 GDP 在全国的份额并不相称，一定程度上制约了经济的可持续发展，影响了辖区国际收支平衡。

三是部分行业产能过剩潜在金融风险。山西省是典型的资源型经济区域，产业发展中容易产生低水平重复建设、产业集中度低、资源综合利用效率低等问题，在造成产能无序扩张的同时，大部分企业往往成为政策调控的对象。在全国 11 个产能过剩和潜在过剩行业中，山西省的煤、焦、钢铁、电解铝、电力等都位列其中。随着宏观调控取得初步成效，部分行业盲目扩张的局面得到了一定程度的遏制，但产能过剩现状及其在调整中可能诱发的金融风险应该引起关注。

## 二、金融业与金融稳定

2006 年，山西省金融业认真贯彻落实国家宏观调控政策，发展速度、经营效益、资产质量均有大幅提升，金融运行总体平稳。银行业资产规模持续增长，国有商业银行和农村信用社改革稳步推进并取得阶段性成果，小额贷款公司支持"三农"效果明显。证券公司综合治理成效显著，整体实现扭亏为盈，抗风险能力得到提高。保险业呈现平稳较快增长势头。

## （一）银行业

2006 年，山西省银行业继续平稳健康运行，在规模扩大的同时，资产质量和效益得到较大提高，资本约束进一步增强，风险状况进一步改善。

资产和存贷款平稳持续增长，经营效益大幅提升。截至 2006 年年底，山西省银行业金融机构资产总额为 9 178.45 亿元，同比增长 18.63%；负债总额为9 042.14亿元，同比增长 18.35%；本外币贷款余额为 4 878.66 亿元，增长 12.96%；本外币存款余额为 8 655.98 亿元，增长 21.46%。全省银行业金融机构实现当年结益 76.82 亿元，同比增长 45.68%。

不良贷款实现双降。2006 年年末，全省银行业（包括政策性银行、国有商业银行、股份制商业银行、城市商业银行、城市信用社、农村信用社）不良贷款余额为 484.78 亿元，较年初减少 1.37 亿元；不良贷款率 11.78%，较年初下降 1.57 个百分点。

金融改革取得重要进展。一是中行、建行、工行股份制改革稳步发展。东方资产管理公司太原办事处委托工行山西省分行有偿处置 40 亿元不良资产。二是农村信用社改革进展顺利。2006 年年末，全省农村信用社资产总额达到 2 442.7 亿元，比改革初期的 2002 年年末增加 15 223.4 亿元，增长 165.7%；资本充足率达到 10.2%，比 2002 年年末提高 20.3 个百分点。三是山西省于 2005 年 12 月 27 日在全国率先组建的平遥县晋源泰、日升隆两家小额贷款公司经营稳健，发展势头良好，在支持“三农”和解决中小企业融资困难方面进行了有效探索，取得了较为显著的经济和社会效益。2006 年年末，累计发放贷款 6 956.6 万元，贷款余额4 487.3万元，实现利润 279.1 万元，投向“三农”的贷款占到了 86%，不良贷款为 0。但小额贷款公司面临的归属、后续资金来源、有效监管和国家优惠政策扶持等制度性问题，直接制约着它的健康可持续发展。

银行业运行中需关注的主要问题：

1. 信贷结构需进一步调整

（1）存贷款期限结构不合理。2006 年，山西省中长期贷款增速偏快，短期贷款增幅下降，企业存款出现活期化现象，进一步加剧了银行业存贷款期限结构的不合理，导致金融机构资产负债期限错配，面临一定的金融风险。一是存贷款期限错配容易导致银行周转不灵，出现流动性风险。二是中长期贷款快速增长容易诱发固定资产投资反弹，增加了宏观调控的难度，可能导致银行产生新的不良贷款。

（2）贷款集中度偏高。主要表现为客户集中、行业集中和地区集中。2006 年 12 月末，全省金融机构亿元以上大客户中前 500 户贷款份额高达 40% 以上，太原市贷款余额占全省贷款余额的近一半。按照国家标准分类，2006 年山西省制造业、采矿业以及电力三行业新增贷款占全部贷款新增额的 66.3%。贷款集中问题影响信贷资产质量和区域经济金融的协调发展。一是使银行的经营状况与大企业、行业的景气度紧密相联，一旦市场发生变化，很容易形成较大的信用风险。二是导致信贷资金供给与需求发生严重偏差，中小企业、县域经济难以得到资金支持，降低了信贷资金的配置效率。三是银行信贷在传统支柱产业的集中，减弱了新兴产业和一些有潜力的优质项目的资金支持，影响地区产业结构、经济结构调整。

2. 流动性过剩问题需引起关注

主要表现为流动性偏高，存贷比偏低，存差和储蓄存款规模过大，存款增速快于贷款增速。2006 年年末，山西省银行业存贷比仅 56.36%，地方法人银行机构流动性比和备付金率分别为 104.76% 和 22.95%；全省银行业存差高达 3 777.31 亿元，同比增长 33.84%；人民币存款余额增长 17.64%，居中部六省第 1 位；人民币贷款余额增长 11.99%，位列中部六省最后一位。

山西省金融机构流动性过剩有其一定的合理性和必然性，但其带来的影响需引起关注。一是说明山西省金融产品单一，投资渠道狭窄，导致储蓄存款过快增长。而银行业资源配置能力有限，储蓄转化为投资的渠道不畅，形成一方面是银行存差过大，另一方面则是中小企业、“三农”等信贷投入相对不足。二是银行体系资源配置能力有限，客观上为民间融资活跃创造了条件，在现行条件下容易引发社会问题。三是由于大量资金以存款形式集中在银行业，商业银行往往将资金过剩压力转化为放贷动力，并倾向于选择煤焦、冶金、电力、交通等大型投资项目和热门产业、支柱产业，容易导致社会投资失控、支柱产业进一步过热，加剧产能过剩现象，助长经济增长的波动性。

3. 地方法人银行业金融机构脆弱性问题

一是资本充足率低。除新成立的两家城市商业银行资本充足率达到监管标准外，太原市、大同市商业银行资本充足率虽有大幅提高，但仍然较低。二是资产质量不高。2006 年年末，山西省地方金融机构不良贷款达 143.65 亿元，不良率为 12.31%，其中农村信用社不良贷款比年初增加 7.73 亿元。三是业务创新不足，盈利能力弱。目前，山西省地方金融机构中间业务基本处于停滞状态，近 4 年来中间业务收入占总收入的比重始终在 0.45% 左右徘徊。四是公司治理结构不完善，操作风险隐患大。地方法人机构存在“三会”制度、内控机制不健全和执行不严、员工法律意识淡薄、高管人员仍有一定道德风险等问题，操作风险隐患较大，案件发生较多。尤其是农村信用社案件数量一直居高不下。

4. 短期融资券业务快速发展对银行短期贷款形成的替代效应问题

截至 2006 年年末，山西省共有 12 家企业发行短期融资券，募集资金 134 亿元，占全国发行总量的 3.27%，占 2006 年全省新增短期贷款的 67.43%，居中部六省第一位。短期融资券的快速发展，有效满足了发债企业的短期流动资金需求，改善了企业融资结构，为发债企业节约了财务成本，对银行贷款形成了有力的补充。但，如果中长期债券不能同步发展，大量短期贷款被短期融资券置换之后，银行信贷资产结构将偏向中长期化，资产负债期限不匹配的问题将更加突出。

5. 农村信贷投放严重不足应高度重视

2006 年，山西省农业贷款同比少增 39.85 亿元，农业贷款新增额占全部新增贷款额的比重由 2005 年的 20.8% 急剧下降到 8.1%。主要原因包括：一是商业金融严重萎缩。近几年国有商业银行一直在进行基层机构撤并和信贷权限上收，同时，国有及股份制银行业务也在收缩。2006 年年末，工商银行、中国银行山西省分行农业贷款余额为 0；建设银行山西省分行全年没有新增农业贷款；农业银行山西省分行农业贷款比年初减少 7. 6 亿元，呈急剧下降态势。股份制商业银行农业贷款余额仅为 1. 2 亿元。二是政策金融力度不足。农发行贷款高度集中于政策性粮棉油收购，用于支持农业产业化龙头企业和粮棉油加工的贷款投放不足。三是合作金融一定程度偏离“支农”方向。2006 年山西省农村信用社农业贷款同比少增 33. 61 亿元，农业贷款占农村信用社全部新增贷款额的比重同比下降 11. 34 个百分点。另外，部分农村信用社没有落实国家优惠政策，利率一浮到顶，接近于民间融资的水平，使农户对贷款望而却步，客观上减弱了对贷款的需求。

### （二）证券业

随着股权分置改革和证券公司综合治理工作等取得积极成效，以及投资者信心的恢复和股市行情的转暖等，2006 年山西省证券业改革和发展成效显著。

证券交易活跃，证券经营机构扭亏为盈。截至 2006 年年末，山西省投资者开户数 64. 22 万户，同比增长 3. 18%；证券交易额 1 738 亿元，同比增长 140. 74%。辖内营业部整体实现盈利，扭转了连续多年的亏损局面。

综合治理成效显著，证券公司财务风险较小。山西省按期完成了 2 家证券公司的整改工作，主要问题得到有效清理，证券公司抗风险能力得到提升，综合治理取得了重要成果，得到了证监会的充分肯定，在全系统内进行了经验交流和表扬。山西证券、大同证券经纪有限责任公司正式晋升为规范类证券公司，两家公司进入常规化监管行列。

股权分置改革成效显著，上市公司质量稳步提高。截至 2006 年年末，山西辖区已股改或进入股改程序的公司家数占比已达 90. 91%，市值占比达 99. 23%，股改工作位居全国前列。通过股权分置改革，上市公司的体制性缺陷得到纠正，公司质量稳步提升。2006 年，山西省上市公司总市值占 GDP 的比重已由 2005 年的 10. 86% 上升至 48. 00%，主营业务收入和净利润比上年度分别增长了 63. 24% 和 154. 91%。

德恒证券在山西地区的个人债权甄别收购工作基本完成，妥善化解了矛盾和风险，维护了辖区金融和社会稳定。人民银行北京营业管理部于 2007 年 1 月 29 日批准发放再贷款 10 925 238. 38 元，专项用于垫付德恒证券太原营业部第二批个人债权的收购资金。

期货公司规模和收入显著增加，市场交易量大幅上升。2006 年年末，山西省 5 家期货经纪公司资产总额达 3. 96 亿元，同比增长 28. 99%；手续费收入达 3 240. 82 万元，同比增长 65. 77%；代理交易量总计 1 497. 62 万手，同比增长 224. 19%。

证券业运行中需注意的问题：

一是证券机构规模需要进一步扩大。2006 年年末，山西省 2 家法人证券机构资产总额 63. 26 亿元，同比增长 53. 92%。虽然资产规模大幅增加，但规模仍然偏小，总体实力较弱。

二是公司治理和内控制度有待完善。由于公司治理不完善、内部控制不严或内控制度得不到落实，导致前台与后台没有实现完全隔离，防火墙未能起到应有的作用，形成明显风险。如近几年投资者交易结算资金建立了隔离平台，加强了投资者资金账户管理，建立了一套有效的保证金结算制度，但一些证券公司仍然存在修改结算数据、恶意挪用投资者保证金等违规现象。

三是投资水平尚待提高。证券公司在从事自营业务时应不断提高投资水平，合理安排投资组合，有效分散投资风险。

### （三）保险业

2006年，山西省保险业深入贯彻落实《国务院关于保险业改革发展的若干意见》，在结构调整中继续保持平稳较快增长势头，经营效益良好，经济补偿功能进一步增强。

1. 保险业务持续发展，保费收入稳步增长

2006年，山西省实现保费收入140.98亿元，同比增长15.74%。其中，产险公司实现保费收入39.11亿元，同比增长19.16%；寿险公司实现保费收入101.87亿元，同比增长14.48%。保险深度为2.97%，保险密度为417.71元/人。

2. 保险市场格局发生改变，集中度有所下降

截至2006年年底，山西省共设有省级分公司15家，地市级机构90家。产险市场，人保、太保产、平安产三家公司市场份额之和为81.54%，同比下降3.87个百分点；寿险市场，国寿、太保寿、平安寿共占90.54%的市场份额，比上年下降2.44个百分点。

3. 管理水平不断提高，市场竞争秩序良好

山西省保险公司端正经营理念，加强经营管理，较好控制应收保费和核保核赔，降低展业成本，保持了良好的竞争态势。2006年山西保险公司综合赔付率同比下降2.57个百分点，明显低于全国平均水平；应收保费费率比全国平均水平低4.88个百分点。

4. 保险业快速发展，保险保障作用有效发挥

2006年，山西省保险业赔款和给付支出25.27亿元，同比增长25.84%；共为全省6 000多户企业、60多万个家庭、近2 000万人提供了风险保障，共计承保保险金额和责任限额12 772亿元。通过与政府部门合作，山西保险业2006年拓展承运人责任险覆盖面，开展安全生产责任保险、火灾公众责任保险，推动“替政府分忧，为人民解难”的社会管理功能，发挥经济补偿作用，有效地保障了社会经济的稳定运行。

保险业发展中值得关注的问题：

1. 车险占比过高

以煤炭为支柱产业的特点导致山西产险业务形成了倚重车险的结构特征，加之2006年交强险的实施，进一步拉动了山西车险业务的增长。2006年山西交强险累计实现保费收入6.62亿元，约占全部车险业务的21%；车险累计实现保费收入31.58亿元，同比增长21.34%，结构占比为80.76%，同比上升了近1.45个百分点。车险占比过高，导致产险公司业务容易受煤炭行业经营状况的影响。

2. 保险品种及覆盖面有待进一步拓展

山西省县域保险市场发展缓慢，尤其是农村保险市场有效供给明显不足，适农保险产品较少。同时，由于大多中小煤矿受利益驱动以及承保者存在短期经营行为和侥幸心理，

2006 年 9 月山西人保财险结合山西实际推出的全国第一款煤矿安全生产责任险，只有在大同市实施。山西是煤炭大省，很多中小煤矿采煤工艺落后，雇佣工人多，风险集中，一旦事故发生，将会给政府财政造成巨大压力。

3. 规范经营需进一步加强

2006 年，山西保险业在打击虚假批单退费、控制应收保费等方面取得了有效进展。但欺诈误导、车险、团险、短意险不规范的市场经营行为、大型商业项目的非理性价格竞争行为、中介机构的违法违规行为等现象仍不同程度地存在，需要进一步规范，创造良好的市场竞争环境。

## 三、金融市场运行与金融稳定

2006 年，山西省金融市场发展较快，银行间同业拆借和债券市场交易活跃，在资本市场和短期融资券的推动下，直接融资规模显著扩大。外汇收支和结售汇持续顺差，在人民币升值预期下，进口付汇显著增加，银行结售汇顺差增幅同比下降。

货币市场交易活跃。2006 年，山西省金融机构在全国银行间同业拆借和债券市场全年累计成交 1 447 亿元，同比上升 75. 8%，其中：同业拆借市场内信用拆借成交金额 76. 6 亿元，同比增长 127. 3%。截至 2006 年 12 月末，山西省各金融机构签发银行承兑汇票 1 083. 4亿元，同比增长 15. 2%；累计办理票据贴现 1 821. 8 亿元，同比增长 34. 3%。全省票据市场的发展一定程度上缓解了中小企业融资困境。

直接融资显著增加，融资结构得到改善。受益于股改工作排名持续靠前，“新老划断”后主板市场的首发融资首先从山西开始，全年共有 3 家公司首次公开发行上市，筹集资金 188. 7 亿元，IPO 筹资额居全国第一。全年共从资本市场筹集资金 250. 46 亿元，占当年 A 股市场筹资总额的 9. 11%。同时，短期融资券业务的快速发展进一步扩大了山西省直接融资规模。

银行结售汇总额创历史新高，顺差缩小。在进出口的推动下，2006 年，山西省外汇收支总额 74. 83 亿美元，同比增长 18. 44%；实现顺差 16. 61 亿美元，同比增长 6. 99%；银行结售汇总额 68. 68 亿美元，同比增长 8. 02%，创历史新高。由于人民币升值对进口的推动，进口付汇大幅增长，2006 年，银行结售汇顺差同比降低 10. 79%。

金融市场运行中需关注的问题：

一是资本市场结构不合理，严重倚重股票市场。2006 年，山西省共有两家企业发行债券，共筹集资金 22 亿元，仅占股票市场筹资额的 8. 8%。

二是直接融资规模有限。目前山西省在国内资本市场已形成具有较强竞争优势和产业优势突出的“山西能源板块”，2006 年累计从证券市场筹集 403. 6 亿元，为山西经济发展和经济结构战略性调整发挥了重要作用。但作为煤炭储量占全国1/3，产量占全国 1/4，外运量占全国 84% 的资源大省，山西上市公司发展与全国平均水平相比，尚存在一定的差距。

三是在人民币升值预期下，大多数外资企业结汇意愿强烈，导致国家外汇储备的被动增长和央行基础货币的被动投放，部分抵消了货币政策效果，进一步加大了人民币升值压力。

四是企业对汇率避险工具了解不够，规避汇率风险意识有限，利用外汇金融衍生产品保值、增值业务有限，加之避险产品创新动力不足，限制了避险产品的广泛运用。

## 四、金融基础设施与金融稳定

2006 年，山西省支付清算系统基本建成，系统覆盖面进一步扩大；法律法规和制度建设逐步完善，案件专项治理活动收效明显，公众法律意识得到强化；反洗钱机制建立和工作进展较快，“两市三县”模式的全面推广，改善了辖区金融生态环境。

### （一）支付清算体系

山西省支付清算系统主要由大额支付系统、小额支付系统、商业银行行内汇兑系统、同城票据清分系统、银行卡跨行信息交换系统和农村信用社特约汇兑系统构成。2006 年，各系统运行安全稳定，资金清算及时、准确。太原同城票据清分中心启用了票据图像采集处理系统，为票据数据的综合利用提供了更加广阔的空间；支持临汾市尧都区联社以直联方式加入大、小额支付系统，并拓展到了全市，进一步改善了农村支付结算环境。但，大、小额支付系统还存在制度建设不完善、操作人员岗位职责不够明确等问题，导致实际操作中缺乏有效依据，存在操作风险。

### （二）信用环境

2006 年，山西省进一步推进“信用山西”建设，全面推广“两市三县”模式，信用环境得到初步改善。2006 年，全省评定出信用户 269 万户，信用村 6 200 个，信用镇 192 个；累计发放小额农贷 84. 5 亿元，300 万户农户得到贷款支持；启动中小企业信用体系建设试点工作，收集中小企业信用档案 18 432 户；企业资信评级试点工作走在全国前列，全省对 1 018 户参评企业评定了信用级别，其中，BBB 级以上企业达 64. 1%，评级市场较上年放大 7 倍；为支持晋西北和太行山革命老区的开发建设，全省 13 家金融机构贷款 185. 4 亿元，推动地区之间、城乡之间的协调均衡发展。人民银行太原中心支行科学制定地方金融生态环境建设规划，确定了金融生态环境指标评价体系，针对省内不同地域金融生态环境实际状况差异较大的问题，构建临汾市、大同市、闻喜县、平陆县、壶关县“两市三县”区域金融生态环境建设模式，并全面推广，取得较好成效。

### （三）法律环境

2006 年，山西省法律法规和制度建设进一步完善，金融法制环境不断得到改善，公众法律意识逐步增强。全年制定和修订地方性法规 14 件。加大维护金融债权力度，联手打击各种金融犯罪；改进执行方法，建立了全省执行案件信息管理系统，实现执行信息的社会公开，破解执行难问题；开展了专项整改活动和集中清理执行积案专项活动，在金融涉诉案件集中执法专项活动中，全省清收“难缠户、钉子户”拖欠贷款3.1亿元。人民银行太原中心支行组织全省金融机构，开展了大规模的征信、反洗钱和外汇知识宣传活动，培养公众法制观念和信用意识，收到了良好的效果。但是，金融债权案件执行率仍然偏低，经济、金融发展中的法律环境仍需进一步完善。

### （四）反洗钱

2006年，山西省反洗钱工作得到快速发展。反洗钱协调机制逐步建立健全，人民银行太原中心支行积极组织协调，在完善反洗钱工作联席会议制度的同时，分别与金融监管部门和省公安厅建立了工作制度。实现了本外币统一监管，组织开发了《反洗钱监督检查信息管理辅助系统》并进行试点，达到了规范检查行为、减轻手工操作、提高数据准确性和工作效率等预期目标。银行业金融机构在大额和可疑交易报告的报送和分析方面取得较大成绩。全年共接收并报送可疑资金交易报告163 762份、涉及资金账户数51 458个。但是，反洗钱法制宣传仍需进一步加强，全社会反洗钱意识有待进一步增强，《反洗钱法》的相关实施细则需要尽快颁布，以进一步提高人民银行依法行政能力。

总　纂：毛金明　郭保民
统　稿：高旭升
执　笔：任桂花
其他参与写作人员：马　丽　王　东　王大贤　任丽丽
李坚强　张晓红　张　旸　吴云峰
苏文生　赵俊源　席　鹏　曹丽东

# 2007 年内蒙古自治区金融稳定报告摘要

2006 年，内蒙古自治区经济金融继续保持快速协调发展的良好态势，地区生产总值增长速度继续保持全国领先地位，经济总量和人均水平位次不断提升。固定资产投资增幅回落，投资结构有所改善。城乡居民收入稳步提升，消费需求平稳增长。国家西部大开发和振兴东北老工业基地发展战略深入落实，宏观调控政策取得良好成效，经济结构进一步优化，经济运行质量不断提高，发展后劲显著增强。特色优势产业加快发展，新农村新牧区建设工作全面启动，为金融业的良性发展提供了较好的外部环境。金融改革稳步推进，金融基础设施建设逐步加强。金融总量不断扩大，结构逐步优化，资产质量和经营效益都较上年有所提高，形成金融与经济协调发展、良性互动的局面。在经济金融保持平稳协调发展的同时，由于内蒙古自治区资源型、投资拉动型经济发展的特点，导致金融资源配置在地区、行业间的不平衡。银行信贷集中度较高，中长期贷款比重较大，异地融资占比扩大。这些问题对金融体系的稳定产生潜在影响，需引起关注。

## 一、区域经济运行与金融稳定

2006 年，内蒙古自治区认真贯彻国家各项宏观调控政策和措施，紧紧抓住经济持续快速发展的历史机遇，加快特色优势产业发展，地区生产总值稳步增长，经济结构进一步优化，经济效益明显提高，经济运行的稳定性明显增强，为区域金融稳定奠定了良好的基础。与此同时，一些影响经济发展的体制性、结构性矛盾依然存在并呈现新的变化，对金融业稳健运行产生影响。

### （一）经济运行总体情况

2006 年，内蒙古自治区生产总值 4 790 亿元，按可比价格计算，比上年增长 18.0%。按常住人口计算，全年人均生产总值 20 047 元，比上年增长 17.8%。第一产业增加值 641.72 亿元，比上年增长 6%；第二产业增加值 2 329.51 亿元，比上年增长 25.1%；第三产业增加值 1 818.77 亿元，比上年增长 14.5%。地区生产总值中，第一、第二、第三产业比重由上年的 15.1∶45.5∶39.4 调整为 13.4∶48.6∶38.0，第二产业比例继续扩大，第一、第

三产业比例缩小。

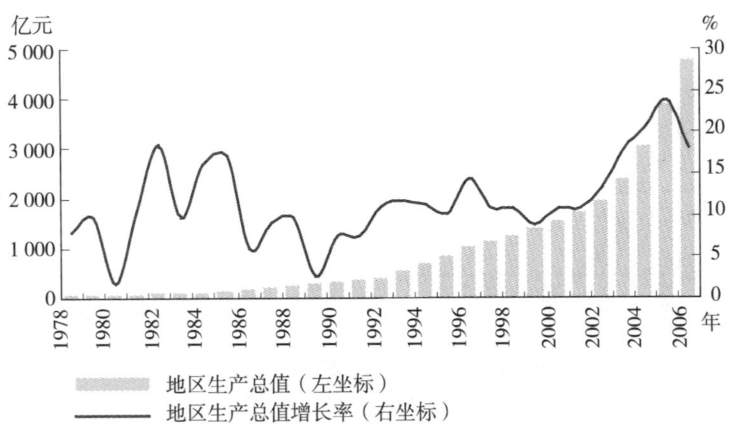


**图 1　内蒙古地区生产总值及其增长率**

经济发展主要有以下特点：

1. 固定资产投资增速持续回落，投资结构有所改善

2006 年，内蒙古自治区固定资产投资 3 406.28 亿元，比上年增长 26.7%，增速比上年回落 21.9 个百分点，为 2002 年以来的最低点。

从行业分布看，工业和交通运输业投资大幅回落。电力、燃气和水的生产和供应业投资增幅快速回落，由上年的持续高速增长变为自 4 月份以来持续负增长，年末下降 7.3%；交通运输、仓储及邮政业投资大幅回落，增幅由上年的 39.2% 回落至 8.4%。农林牧渔业和教育投资分别比上年增长 18.5% 和 38.4%，增速分别提高 7.8 个和 22.7 个百分点，成为固定资产投资亮点，主要改善农牧业基础设施和农村牧区教学条件，推动了新农村新牧区建设。卫生、社会保障和社会福利业投资快速增长，比上年增长 44.1%，增速提高 44.0 个百分点；房地产开发投资保持快速增长，比上年增长 100.5%，完成投资额占全社会固定资产投资完成额的 9.7%，比上年提高 3.6 个百分点，低于全国平均水平 12.3 个百分点。

2. 消费需求平稳，对经济发展的拉动作用不够明显

2006 年，城镇居民人均可支配收入为 10 358 元，首次突破万元关。农牧民人均纯收入 3 342 元，扣除物价上涨因素分别比上年增长 12% 和 10%。城乡居民收入增长速度低于经济增长速度。全区社会消费品零售总额 1 595.27 亿元，比上年增长 16.0%。但社会商品零售总额占 GDP 的比重下降，由上年的 35.2% 下降为 33.3%，消费对经济增长的拉动作用减弱。主要原因是收入增长缓慢、收入差距扩大所致。

3. 外贸进出口快速增长，利用外资不断增加

2006 年，内蒙古自治区外贸进出口总额 59.47 亿美元，比上年增长 22.4%。其中，出口总额 21.41 亿美元，比上年增长 20.7%。进口总额 38.06 亿美元，比上年增长 23.2%。从主要贸易方式看，一般贸易进出口额 30.94 亿美元，占比 52%，比上年增长 45.6%；边境小额贸易进出口额 23 亿美元，占比 38.7%，比上年增长 22.1%。私营企业进出口额增长迅猛，2006 年，进出

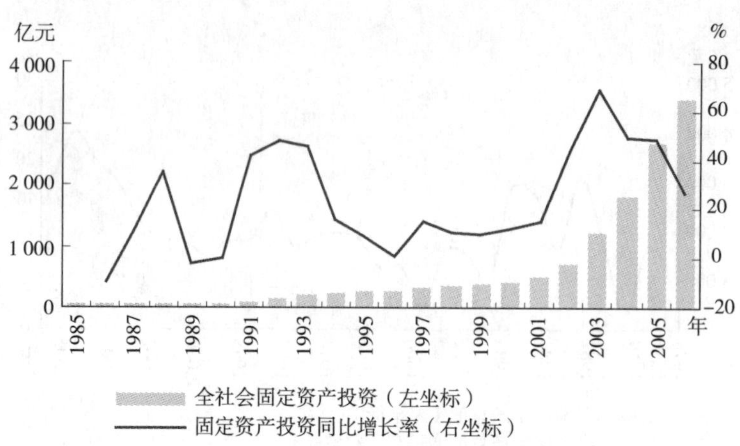


数据来源：内蒙古统计年鉴、内蒙古统计局。

**图2　内蒙古固定资产投资及其增长率**

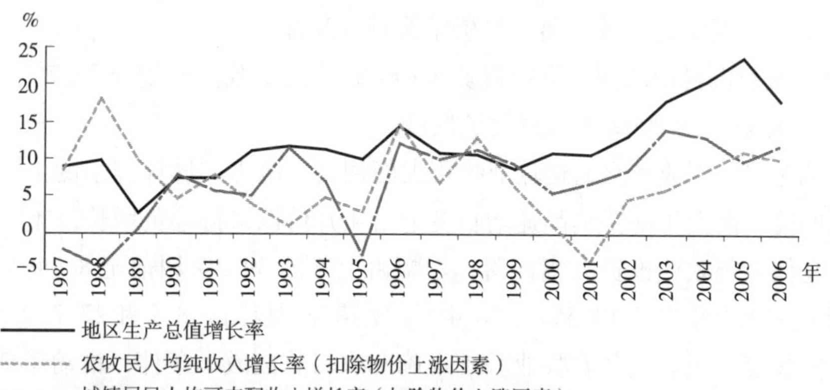


**图3　内蒙古地区生产总值与城乡居民收入增长率**

口额30.19亿元，比上年增长38.3%，占全区进出口总额的比重为50.8%。随着内蒙古自治区投资环境的不断改善，吸引外资规模继续扩大。2006年实际利用外商直接投资17.41亿美元，比上年增长47%。

4. 财政收入较快增长，财政支出结构进一步优化

2006年，完成财政总收入712.88亿元，比上年增加176.51亿元，增长32.9%。其中，地方财政收入461.71亿元，地方财政收入中一般预算收入343.34亿元，分别比上年增长37.8%和23.8%；全年地方财政总支出913.73亿元，比上年增长24.4%。基本建设支出124.39亿元，增速下降，增速和占比分别比上年下降32.7个和1.4个百分点；社会保障补助支出增速比上年提高45.6个百分点，财政的社会保障功能进一步增强。

## （二）特色优势产业发展较快

根据国家西部大开发的总体规划，内蒙古自治区大力发展以能源、冶金、化工、农畜产品加

工、装备制造、高新技术为主的六大特色优势产业，带动了自治区经济整体发展。

1. 工业优势产业支撑作用明显，特色优势行业持续快速增长

2006 年，内蒙古自治区围绕发展特色优势产业，促进产业升级、产业多元化和产业延伸，提升了整体工业化水平。全部工业增加值 1 978.16 亿元，比上年增长 27.2%，占 GDP 的比重为 41.3%。工业对经济增长的贡献率为 57.2%。规模以上工业企业完成增加值 1 667.16亿元，比上年增长 29.8%，工业经济效益综合指数 240.68，比上年提高 40.1 个百分点；实现利润 332.52 亿元，比上年增长 52.1%。能源、冶金、化工、农畜产品加工、装备制造和高新技术六大特色优势产业增加值占规模以上工业增加值的 87%，增长速度高于规模以上工业增加值 8.2 个百分点。

2. 农牧业产业化程度不断提高，综合生产能力进一步增强

2006 年，内蒙古自治区农畜产品加工率达到 55.0%，比上年提高 5.0 个百分点。农牧业结构调整取得新突破。畜牧业产值占第一产业比重达到 50.0%。近几年来，随着农牧业产业化经营不断推进，一批龙头企业相继涌现并迅速壮大，带动了农牧产业及相关产业的发展，目前共有国家级农牧业产业化重点龙头企业 18 户，自治区级重点龙头企业 137 户。农牧业产业化经营模式不断优化。通过建立行业协会和各种农牧民专业合作经济组织，以及“公司 + 农户”的产业化运作模式，经济效益明显提高。2006 年，内蒙古农牧业产业化经营销售收入首次突破 1 000 亿元，位居全国前列。42% 的农牧户加入到产业化经营的链条中。农牧民人均从产业化经营中得到的纯收入达 1 170 元，比上年增长 16.5%，占农牧民人均纯收入的 35%。

### （三）经济发展中需要关注的主要问题

1. 地区发展差距较大，区域经济发展不平衡现象比较突出

生产力布局结构中地区发展不平衡，县域经济发展相对滞后，区域、城乡发展差距较大是内蒙古自治区经济社会发展中存在的现实情况。内蒙古西部地区自然资源富集，投资活跃，经济发展较快，形成资源集聚的发展格局。在自治区 12 个盟市中，2006 年呼和浩特市、包头市、鄂尔多斯市 3 市常住人口 650.35 万人，占全区比重为 27.3%，地区生产总值 2 700.1 亿元，占全区的比重为 56.4%；规模以上工业增加值 945.2 亿元，占全区的 56.7%；财政总收入 387.8 亿元，占全区的比重为 54.4%。3 市金融机构各项存贷款余额分别为 2 195.9 亿元和 1 464.7 亿元，分别占全区金融机构存贷款余额的 54.5% 和 45.7%。而同期，东部 5 盟市常住人口 1 297.07 万人，占全区的 54.22%，地区生产总值仅为 1 578.04 亿元，占全区的 32.94%；财政总收入 167.69 亿元，占全区的 23.52%；金融机构存贷款余额分别为 1 192.9 亿元和 876.2 亿元，占全区金融机构存贷款余额的 29.3% 和 27.0%。

2. 产业结构不合理、发展不平衡，产业亟待升级

2006 年，全区六大优势特色产业已占全部工业增加值的 80% 以上，成为自治区产业发展的重要支撑，但发展不够平衡。能源工业、冶金工业、农畜产品加工业占比较大，竞争力较强。但在国家控制能源工业总量，鼓励冶金企业兼并联合，高度重视农畜产品及食品药品安全的政策下，压力较大。加快能源工业、冶金工业、农畜产品加工业产业升级和产业延伸已

成为当务之急。在六大优势特色产业中，化工、装备制造业占比均低于10%，高新技术产业比重更低，目前还没有真正成为自治区工业经济的支柱产业。工业生产中缺少新的经济增长点。农牧业生产基础薄弱，抗御自然灾害的能力较弱，技术落后，经营方式粗放，向现代农业转变任务仍很艰巨，农牧业的基础地位还需进一步巩固。第三产业存在总量不大、增速不快、结构不优的问题，推动“三化”进程和促进消费结构升级的作用还没有充分发挥。

3. 经济增长方式仍较粗放，影响和制约经济可持续发展

在区域、产业和企业等不同层面，资源加工转换程度和资源综合利用水平较低。农牧业粗放经营状况尚未根本改变，工业初级产品多、产业链条短，资源综合开发利用水平低，自主创新不够，节能降耗、污染减排任务艰巨。经济增长方式粗放带来资源和环境的压力，可持续发展能力受到制约。能源、冶金、电力等行业不同程度地存在产能过剩，能源消耗水平相对偏高，受国家宏观调控影响较大。粗放的增长方式阻碍产业升级和产业延伸。

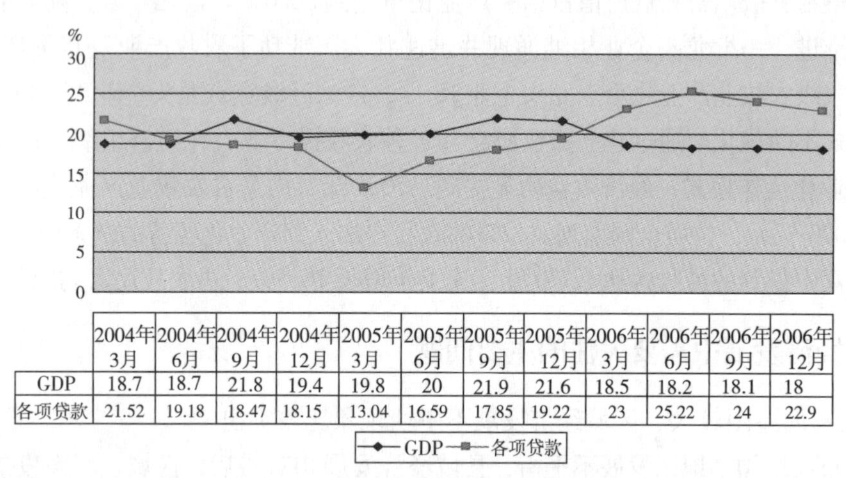


| | 2004年3月 | 2004年6月 | 2004年9月 | 2004年12月 | 2005年3月 | 2005年6月 | 2005年9月 | 2005年12月 | 2006年3月 | 2006年6月 | 2006年9月 | 2006年12月 |
|---|---|---|---|---|---|---|---|---|---|---|---|---|
| GDP | 18.7 | 18.7 | 21.8 | 19.4 | 19.8 | 20 | 21.9 | 21.6 | 18.5 | 18.2 | 18.1 | 18 |
| 各项贷款 | 21.52 | 19.18 | 18.47 | 18.15 | 13.04 | 16.59 | 17.85 | 19.22 | 23 | 25.22 | 24 | 22.9 |

数据来源：人行呼和浩特中心支行调查统计处。

**图4 内蒙古自治区GDP、人民币贷款同比增长**

## 二、金融业与金融稳定

2006年，内蒙古自治区金融业改革稳步推进，金融业运行平稳。银行业金融机构信贷总量进一步扩大，证券、保险业务增长较快。

### （一）内蒙古自治区银行业稳定性分析

2006年，内蒙古自治区银行业金融机构经营状况良好，资产和利润增长明显。国有商业银行、地方性商业银行、农村信用社资本充足率提高，财务状况有较大改善，不良贷款余额和不良贷款率实现“双降”，但潜在风险须予关注。

1. 银行业发展情况

2006年，国有银行股份制改革和农村信用社改革深入推进。工行、中行、建行内蒙古

分行积极推进机构、人员改革和资金管理体制改革，实施全面成本管理。农业发展银行推进了组织体系和内控制度改革。股份制商业银行、地方性商业银行等机构的改革不断加快。农村信用社改革深入推进，工作重点向明晰产权关系、完善法人治理结构、强化内部管理、增强服务功能转移。农村信用社存贷款继续保持较快增长，经营状况不断改善。

银行业金融机构资产规模扩大，经营状况良好，改革效果显现。2006 年年末，银行业金融机构资产总额为 5 052. 3 亿元，增长 26. 7%；本外币各项贷款余额为3 240. 0亿元，较上年增加 624. 8 亿元，比上年增长 22. 8%，同比提高 4. 2 个百分点。银行业金融机构实现本外币利润 54. 46 亿元，比上年增长 2. 8 倍。不良贷款余额和占比分别下降 17. 0 亿元和 3. 4 个百分点。

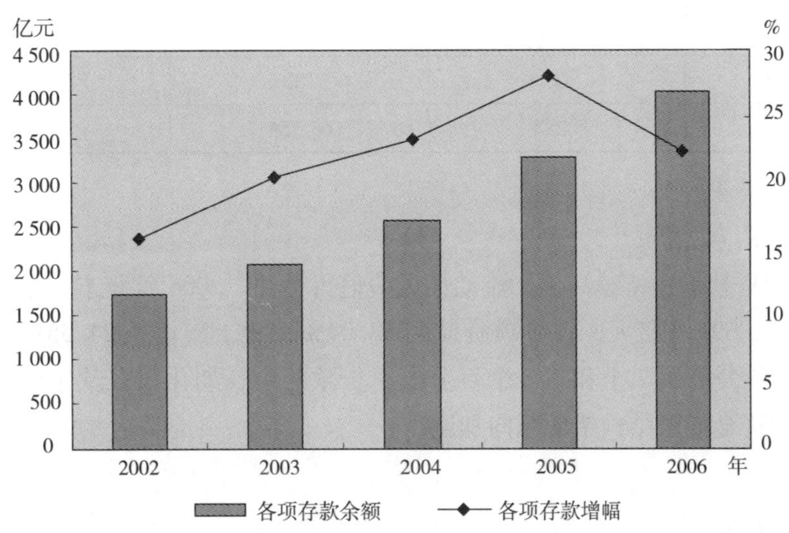


数据来源：人行呼和浩特中心支行调查统计处。

**图 5　各项存款余额及同比增长图**

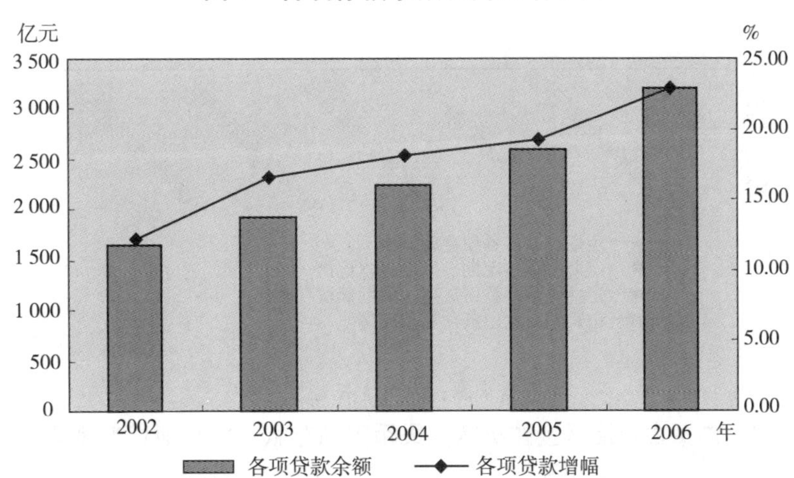


数据来源：人行呼和浩特中心支行调查统计处。

**图 6　各项贷款余额及同比增长图**

**表1 2006年内蒙古自治区银行类金融机构情况表**

| 机构类别 | 机构个数（个） | 从业人数（人） | 资产总额（亿元） |
|---|---|---|---|
| 一、国有商业银行 | 1 706 | 33 820 | 2 728.9 |
| 二、政策性银行 | 85 | 2 013 | 689.6 |
| 三、股份制商业银行 | 14 | 430 | 90.1 |
| 四、城市商业银行 | 138 | 2 212 | 511.9 |
| 五、城市信用社 | 43 | 362 | 35.0 |
| 六、农村信用社 | 2 584 | 18 225 | 601.6 |
| 七、信托投资公司 | 2 | 140 | 12.3 |
| 八、邮政储蓄 | 713 | 5 970 | 244.2 |
| 九、资产管理公司 | 3 | 182 | 138.7 |
| 合计 | 5 288 | 63 354 | 5 052.3 |

数据来源：内蒙古银监局。

2. 主要风险因素分析

（1）中长期贷款增速持续高位，流动性风险值得关注。2006年年末，金融机构人民币中长期贷款余额1 699.9亿元，占各项贷款的53.04%，比上年增长24.55%，增速分别高于各项贷款和短期贷款1.7个和5.7个百分点。贷款的中长期化与存款短期化趋势，使银行业金融机构的资金期限结构错配倾向加剧。

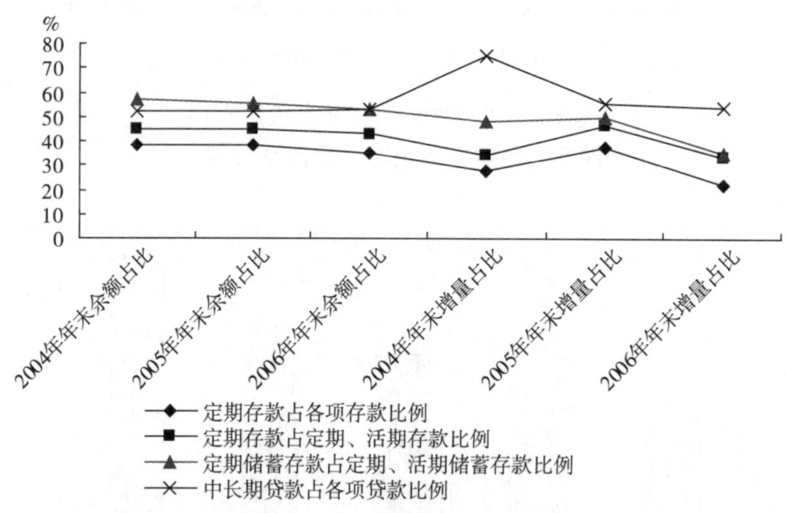


数据来源：内蒙古银监局。

**图7 内蒙古自治区金融机构人民币定期存款、中长期贷款趋势图**

（2）银行业金融机构自行消化不良贷款的内生机制未有效形成，不良贷款反弹压力较大。2000年以来，国有银行不良贷款逐年下降。2006年，工、农、中、建4家国有银行不良贷款余额较2001年下降了111.58亿元，下降38.36%，但主要是政策因素（核销、剥离和重组等）和新增贷款的稀释作用所致。

（3）部分城市商业银行单户贷款超比例问题突出，潜在风险较大。

## （二）内蒙古自治区证券业稳定性分析

1. 证券业发展情况

2006 年，内蒙古自治区证券机构和上市公司数量维持上年水平，受股指连创新高的影响，证券市场投资活跃。证券公司开户 27.6 万户，比上年增加 1.1 万户，增长 4.2%；证券交易额和客户保证金分别为 730.0 亿元和 18.5 亿元，比上年增长了 1.8 倍和 1.2 倍；证券机构盈利 1.1 亿元，比上年增长 13.7 倍。股权分置改革在全国率先完成，增值效应明显。

**表 2　2006 年内蒙古自治区证券业基本情况表**

| 项　　目 | 数量 |
| --- | --- |
| 总部设在辖内的证券公司数（家） | 2 |
| 总部设在辖内的基金公司数（家） | 0 |
| 总部设在辖内的期货公司数（家） | 1 |
| 年末辖内注册上市公司数（家） | 20 |
| 当年国内股票（A 股）筹资（亿元） | 0 |
| 当年发行 H 股筹资（亿元） | 0 |
| 当年国内债券筹资（亿元） | 40 |
| 其中：短期融资券筹资额（亿元） | 40 |

数据来源：内蒙古证监局。

2. 主要风险因素分析

（1）上市公司数量减少，部分上市公司核心竞争力不强，经营业绩不佳。2003～2006 年，上市公司由 23 家下降为 20 家，仅占全国的 1.3%。上市公司总市值占 GDP 的比例低于同期全国 50% 的平均水平。

（2）监管信息不能充分共享，风险识别机制有待加强。目前，人民银行与银、证、保监管部门间建立的沟通、协调、信息共享机制处于起步阶段，尚未实现风险信息共享，风险识别能力不强，风险防范能力有待进一步加强。

## （三）内蒙古自治区保险业稳定性分析

1. 保险业发展情况

（1）保险业快速发展，行业整体实力明显增强。2006 年，全区累计实现保费收入 72.0 亿元，同比增长 18.2%，高于全国平均增速 3.8 个百分点。其中财产险累计实现收入 21.8

亿元，同比增长25.6%。人身险累计实现收入50.1亿元，同比增长69.7%。全区保险业总资产160亿元，较年初增长25%，占全区金融总资产的3.14%。保险深度为1.5%，与上年同期基本持平，保险密度为301.15元，同比增加46元，保险业综合实力进一步增强，可持续发展能力进一步提高。

（2）保险市场建设成效明显，多元化市场格局逐步形成。2006年，全区新增省级保险分公司5家，达到13家。保险专业中介公司发展到60家，从业人员达3万人，保险市场多元化格局逐步形成。

（3）保险业务不断创新，功能作用得到进一步发挥。2006年，全区保险业共承担各类风险1.3万亿元，同比增长24%，全区支付赔款和给付支出17.2亿元，同比增长21.2%，较好地发挥了保险的经济补偿功能。

2. 保险业主要风险因素分析

（1）费率水平大幅下降，行业风险隐患较大。大型商业风险项目保险不正当价格竞争问题突出，存在擅自修改或调整保险条款费率、变更保险条款内容以降低免赔额等现象，致使公司报表数据失真。

（2）内部控制管理薄弱，经营中隐藏道德风险。一些保险公司内控不严，保险从业人员素质低，销售误导、弄虚作假、同业诋毁现象程度不同地存在。

## 三、金融市场运行与金融稳定

2006年，内蒙古自治区金融市场业务总体发展较快，金融机构参与市场意识增强，间接融资仍占主体。银行间债券市场交易规模继续扩大，中小金融机构同业拆借网下融资交易活跃。

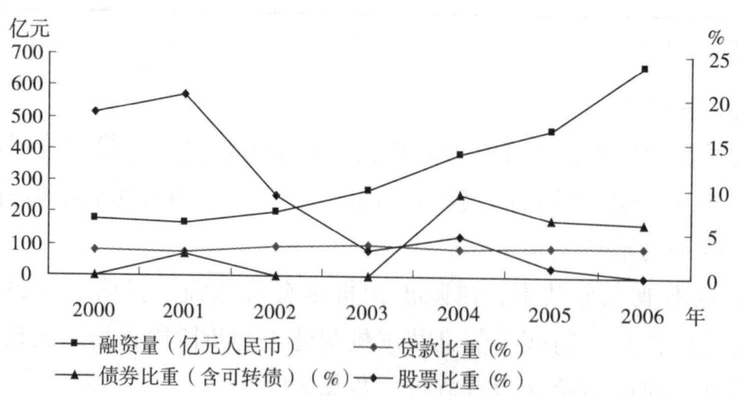


数据来源：内蒙古自治区统计年鉴、内蒙古统计局。

**图8　2006年内蒙古自治区非金融机构融资结构图**

货币市场交易量大幅增加。2006年，银行间债券市场成员积极拓展债券业务，增加债券投资。债券回购、现券买卖交易总量持续扩大。金融机构通过银行间债券市场累计实现交易额3 974.9亿元，比上年增长2.6倍。中小金融机构同业拆借累计网下融资7.8亿元，比上年增长2.6倍。

票据市场发展迅速，融资规模不断扩大。2006年，银行承兑汇票累计签发额、累计办理票据贴现额为539.7亿元和618.7亿元，比上年分别增长56.8%和92.3%。票据业务快速发展的主要原因是：金融机构调整资产结构、提高资金营运收益，一些中小金融机构、中小企业参与到票据市场中，票据市场主体增多。

## 四、金融基础设施与金融稳定

2006年，内蒙古自治区在不断改善社会信用环境的同时，加强金融基础设施建设，全区金融生态环境进一步优化。通过各项改革，国有银行、地方性商业银行资产状况不断改善，抗风险能力逐步加强。及时处置地方性金融机构风险，平稳完成11家高风险城市信用社市场退出工作。积极开展信用社区、信用村镇建设，农村牧区信用环境不断改善。通过推进金融生态环境建设，银行、企业、个人信用意识和金融风险防范意识不断增强，在打造“诚信内蒙古”和信用体系建设方面取得了新进展。企业和个人信用信息系统建设成效显著。信用担保体系建设积极推进，大力支持了中小企业发展。支付体系建设取得重大进展，支付结算水平和效率进一步提高。反洗钱组织建设和制度体系进一步加强。初步形成了以国库风险评价为核心，以法规制度为保障的识别、监测、预警和防范风险系统，为维护国库收支结算系统平稳运行、依法经理国库和防范国库资金风险提供了保障。加强外汇管理，切实推进贸易与投资便利化。

## 五、总体评估与政策建议

### （一）总体评估

2006年，内蒙古自治区经济、金融整体状况延续了“十五”以来良好的发展势头，国民经济继续保持快速发展，经济运行中的不稳定、不健康因素逐步减少。与此同时，金融业稳健运行，呈现出总量扩大、结构优化、效益提高的良好发展态势。金融业整体实力逐步增强，为经济快速发展提供了有力的资金支持和金融服务；金融机构法人治理结构、内控机制建设逐步完善；银行业金融机构资产规模逐步扩大，资产质量逐步提高，经营效益不断改善，风险控制能力进一步增强；保险、证券市场稳步发展，多元化的金融服务体系逐步形成；金融基础设施得到加强，金融生态环境总体趋好。

在金融业保持稳健运行的同时，一些潜在和现实的风险因素，对区域金融稳定产生影响，需要引起重视：一是随着国家宏观调控政策的实施，一些产业出现产能过剩的问题，加之前期银行信贷的集中投入，在局部或部分行业可能产生信贷风险。二是地方性金融机构、农村信用社历史遗留的不良贷款率较高，新增贷款仍在产生不良贷款。

### （二）政策建议

1. 协调地区与产业间发展的不平衡，优化资金配置，提高信贷资金的使用效率

自治区各级政府和金融部门要继续贯彻国家宏观调控政策和措施，全面落实西部大开发、振兴东北老工业基地和社会主义新农村新牧区建设的发展战略，正确处理地区、产业发展中政策、资源、资金的协调与互补关系。金融部门要积极在东北地区寻找新的经济增长点，优化贷款营销，增强金融服务。特别要改善县域和农村地区的金融环境，创新适应农村需要的金融产品和服务，加大金融投入，提高金融服务水平，将资金和服务向广大县域和农村地区倾斜，实现政策措施与市场调节的有机结合，达到金融资源的合理、有效配置。

2. 调整信贷结构，加大对产业结构调整、资源节约和环境保护的金融支持力度

金融部门要坚持金融与经济可持续发展的理念，加强信贷政策与产业政策的协调配合，优化信贷结构，严格限制对高耗能、高污染企业和产能过剩行业中劣质企业和项目的贷款，促进产业结构调整和优化升级。有效发挥利率杠杆效用，在环境保护与资源利用以及支持中小企业与非公有制经济发展方面发挥作用。

3. 加强金融基础设施建设，改善金融生态环境，发挥保障作用

政府及有关部门和金融部门要共同担负起维护区域金融稳定的重任，以加强信用体系建设为核心，构建和谐的金融生态环境。各级政府要加大支持金融工作的力度，切实维护金融债权和金融资产安全。人民银行要利用各种协调机制的互动平台，建立与政府、金融监管部门的有效合作关系。加强征信管理、支付结算、反洗钱系统的建设，发挥金融管理和服务功能，引导和督促金融机构、企业、个人自觉参与和维护金融生态建设。加强金融知识宣传和普及，提高社会公众和企业诚信意识，营造良好的投融资环境。推进信用体系建设，进一步推广信用社区、信用村镇建设，为建设“诚信内蒙古”和维护良好的经济金融秩序创造条件。

4. 加强金融稳定系统建设，提高金融风险监测、评估水平

一是发挥金融稳定日常工作机制的作用。要不断完善协调机制运作和信息交流制度，建立有效的协作关系；充分发挥金融稳定分析小组的作用，统一思想，沟通情况，形成工作合力。二是把握政策，了解情况，提高分析水平。三是建议人民银行尽快制定出台金融稳定监测分析系统和风险指标体系，在此基础上，科学、规范开展对金融机构的风险监测，提高风险评估和预警水平。

总　纂：冯国平
统　稿：赵建国
执　笔：康晓梅　贾冬梅　陶　岚　乔海滨

# 2007 年辽宁省金融稳定报告摘要

2006 年，辽宁省国民经济持续稳定快速发展，经济结构调整和经济增长方式转变步伐加快，金融运行平稳，金融改革步伐加快，银行业经营状况持续改善，证券业长期存在的深层次矛盾和结构性问题基本得到解决，保险业逐步实现了与地方经济的协调、均衡增长，金融基础设施建设扎实推进，金融风险在改革创新中逐渐释放，金融业总体稳定性进一步增强。

## 一、经济运行与金融稳定

### （一）宏观经济运行基本情况

1. 国民经济继续稳定快速发展

2006 年，辽宁省国内生产总值（GDP）突破 9 000 亿元，增长 13.8%，人均 GDP 21 940元，单位 GDP 能耗同比下降 4.4%。投资、消费、出口稳步增长。三次产业结构由上年的 10.7:48.8:40.5 调整为 10.5:51: 38.5，第二产业主体作用增强。地方财政一般预算收入增长 21%；经济效益综合指数达到 170。城镇居民人均可支配收入、农民人均纯收入实际比上年增长 12.6%、9%，城镇登记失业率下降 0.7 个百分点。

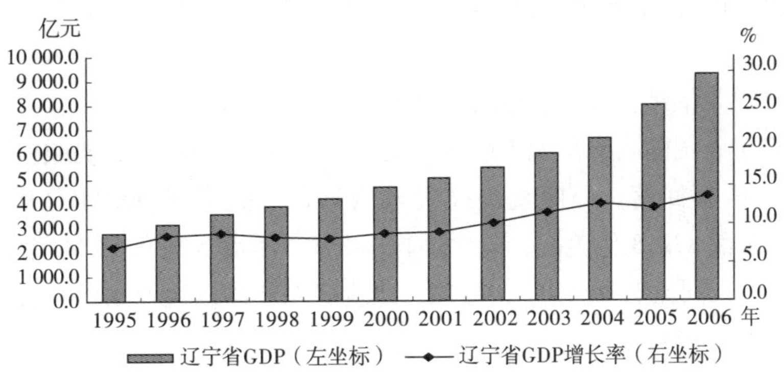


数据来源：辽宁统计年鉴、辽宁省统计局。

图1　1995 ~2006 年辽宁省 GDP 及 GDP 增长率

2. 物价水平总体稳定且涨势回落

居民消费物价、工业品出厂价格、原材料燃料动力购进价格分别上涨1.2%、4.1%、4.2%。上下游价格差由上年的3个百分点缩小到0.1个百分点。结构性矛盾依然突出，生产资料出厂价格上涨4.7%，生活资料价格下降0.4%。实证分析表明，在滞后7个月和9个月的情况下，存在从工业品出厂价格和原材料燃料动力购进价格到贷款增速的格兰杰因果关系。可以推测，2007年贷款增速的走势应该比较平稳，不会有太大波动。

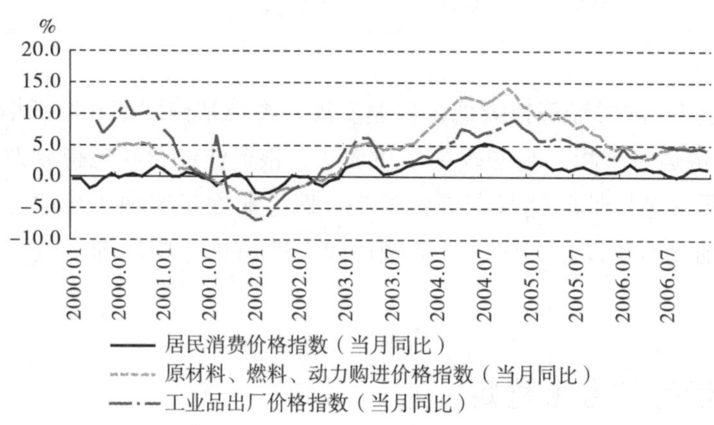


数据来源：辽宁省统计局。

**图2 居民消费价格、原材料燃料动力购进价格和工业品出厂价格变动趋势图**

3. 房地产市场供求两旺，房地产信贷投入加快

全年完成房地产开发投资1 142.2亿元，增长30.6%，房屋新开工面积、施工面积和房屋竣工面积分别增长22.1%、23.7%和16.4%，商品房销售面积、销售额分别增长24.5%和37.4%，需求增速明显快于供给，部分存量房得以消化，商品房空置面积比上年同期下降3.8%，其中住宅空置面积下降9.3%。金融机构新增建筑业和房地产业贷款244亿元。其中，建筑业增加120亿元，比年初增长101.32%；房地产业增加124亿元，比年初增长22.24%。按可比口径计算，个人住房贷款新增70亿元，与上年相当。银行贷款占房地产投资资金比重13.3%，与上年持平。

4. 国际收支总量继续扩大，顺差增幅有所下降

2006年，辽宁省国际收支总额550亿美元，同比增长20%，实现顺差158.9亿美元，同比增长36%，增幅回落。外商直接投资外资外汇登记总额50.34亿美元，同比增长55%。外汇债务余额87.18亿美元，同比增长1.3%，净流入额0.48亿美元；其中外债余额为33.57亿美元，同比上升6.4%，金融、建筑房地产和制造业是外债资金的主要投向，合计占外债余额的75.6%。

## （二）经济运行中需要关注的问题

1. 经济增长质量与金融稳定

（1）企业效益增长基础不牢固，财务状况分化严重。截至2006年10月，规模以上工

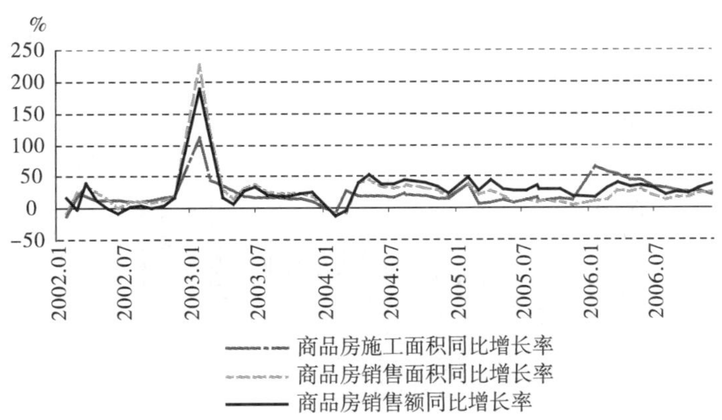


数据来源：辽宁省统计局。

**图3　商品房施工和销售变动趋势图**

业企业利润连续17个月同比下降。全年规模以上工业企业实现利润总额434亿元，主要集中在汽车、能源、烟草、电力和装备制造业上；亏损企业亏损额249.98亿元，增长15.0%，亏损面达37%，较上年扩大9个百分点；全省石油加工、炼焦及核燃料加工业净亏损136亿元，同比增长49.6%。

（2）城镇居民收入与全国平均水平差距扩大，居民储蓄增幅有所下降。2004～2006年，城镇居民人均可支配收入虽分别增长10.6%、13.7%、13.9%，低于同期全国平均水平1 366元、1 385元、1 389元，差距逐年扩大。“十五”期间，辽宁省人均收入平均增速高于人均消费支出平均增速2.56个百分点，2006年扩大到5.52个百分点。居民储蓄增幅下降3.2个百分点，在各项存款存量中占比仍高达57%。高储蓄抑制了消费需求的增长，加剧了投资和消费比例失衡，同时易导致金融体系支付风险。

2. 经济结构与金融稳定

（1）经济增长对投资的依赖性过高。2006年，辽宁省全年全社会固定资产投资5 689亿元，占GDP比重超过50%，且呈逐年上升趋势。投资过快增长将刺激包括产能过剩行业在内的生产能力再度盲目扩张，加大粗放型经济增长方式转变的难度，从而给金融稳定带来潜在的风险隐患。

（2）产业结构吸收和消化金融不稳定的能力有限。一是大型国有企业现代企业制度建设有待加强，增长方式仍然比较粗放，高投入、高消耗、低效益的局面尚未根本改变；农村经济发展相对滞后，农民增收渠道不宽；就业再就业和社会保障压力较大，影响社会和谐稳定的因素依然较多。二是出口增幅下降。辽宁省出口结构单一、技术含量低、初级原料占比大，外贸出口面临较多困难，全年出口总额增长20.8%，增幅下降3.1个百分点。

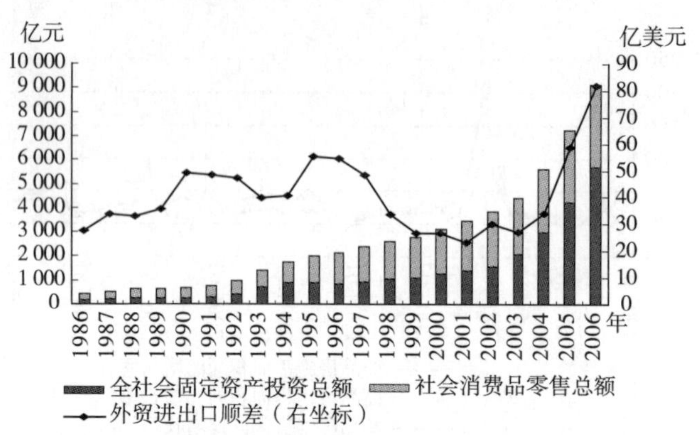


数据来源：辽宁统计年鉴、辽宁省统计局。

**图4 固定资产投资、消费、净出口结构分析图**

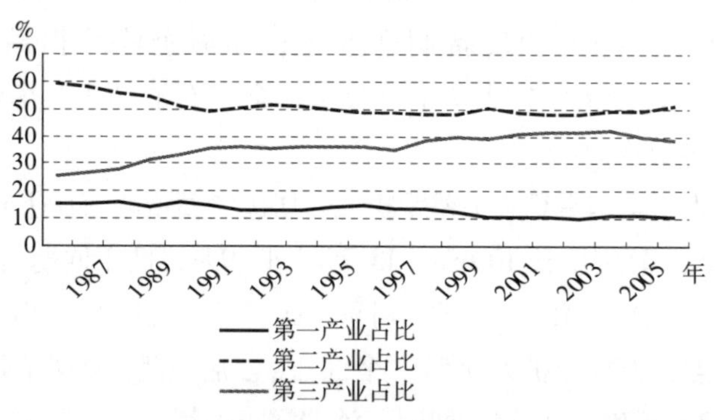


数据来源：辽宁省统计局。

**图5 三次产业结构变动走势图**

## 二、金融业与金融稳定

2006年，辽宁省金融业平稳运行，金融市场保持活跃，金融改革步伐加快，金融业总体稳定性进一步增强。

### （一）银行业

1. 银行机构资产和负债规模同步增长，银行流动性充足

2006年年末，金融机构本外币各项存款余额14 102.8亿元，增长13.14%；金融机构本外币各项贷款余额9 456.2亿元，增长12.5%。银行业金融机构存贷比58.89%，同比上升0.73个百分点。

表1　2006年银行类金融机构情况表

| 机构类别 | 机构个数（个） | 从业人数（人） | 资产总额（亿元） |
|---|---|---|---|
| 一、国有商业银行 | 2 878 | 63 302 | 7 242.5 |
| 二、政策性银行 | 80 | 2 152 | 1 512.8 |
| 三、股份制商业银行 | 403 | 10 805 | 3 017.1 |
| 四、城市商业银行 | 587 | 10 467 | 2 467.2 |
| 五、城市信用社 | 271 | 4 121 | 314.2 |
| 六、农村信用社 | 2 571 | 29 341 | 1 218.8 |
| 七、财务公司 | 1 | 13 | 178.4 |
| 八、邮政储蓄 | — | — | 666.0 |
| 九、外资银行 | — | — | 211.8 |
| 合 计 | 6 791 | 120 201 | 16 828.8 |

注：银行类金融机构包括总部及其所属分支机构。

数据来源：中国人民银行沈阳分行调查统计处、辽宁银监局、大连银监局。

2. 资产质量继续提高，盈利能力增强

2006年年末，辽宁省主要银行机构不良贷款率比年初下降2.22个百分点；城市商业银行不良贷款率比年初下降23.24个百分点；城市信用社和农村信用社按四级分类不良贷款率比年初下降4.93个百分点。全省中资银行机构继2004年整体扭亏后连续第三年盈利，全年实现利润60.3亿元，比上年增长140.8%。

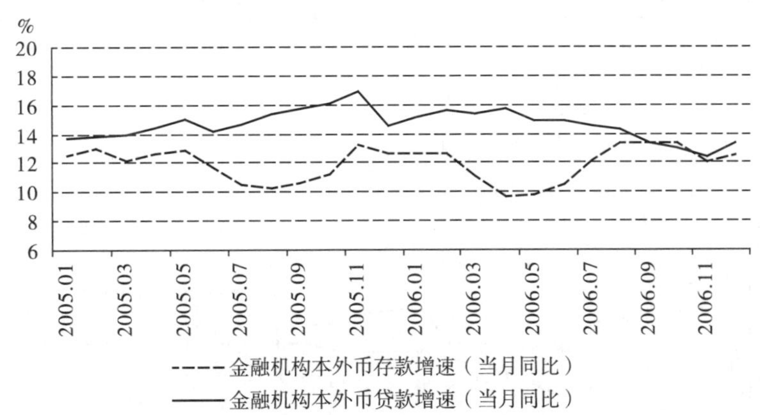


数据来源：中国人民银行沈阳分行调查统计处。

图6　金融机构存贷款增速走势图

3. 利率水平稳中有升，金融机构贷款定价策略初显市场化特征

2006年第四季度全省金融机构人民币各项贷款实际加权平均利率达到6.875%，比去年同期提高0.35个百分点。票据市场利率总体呈上升态势。民间借贷利率基本保持稳定。其中，农户民间借贷加权平均年利率为11.20%，其他样本民间借贷加权平均年利

率达到12.61%。资金价格水平平稳上升，有利于抑制因投资过快增长导致的产能过剩及其相关经济、金融风险。

**表2 金融机构各利率浮动区间贷款占比** 单位：年利率%

| | | 合计 | 国有独资商业银行 | 股份制商业银行 | 区域性商业银行 | 城乡信用社 |
|---|---|---|---|---|---|---|
| | 合计 | 100 | 100 | 100 | 100 | 100 |
| | [0.9-1) | 25.1 | 48.9 | 40.4 | 13.8 | 1.8 |
| | 1.0 | 26.8 | 17.4 | 32.1 | 33.4 | 1.4 |
| 上浮水平 | 小计 | 48.1 | 33.7 | 27.6 | 52.8 | 96.8 |
| | (1.0-1.3] | 20.5 | 31.6 | 24.6 | 32.5 | 4.6 |
| | (1.3-1.5] | 7.6 | 1.7 | 2.8 | 17.1 | 13.7 |
| | (1.5-2.0] | 18.3 | 0.3 | 0.2 | 3.0 | 71.7 |
| | 2.0以上 | 1.8 | 0.1 | 0.0 | 0.3 | 6.9 |

数据来源：中国人民银行沈阳分行货币信贷处。

**表3 金融机构票据贴现、转贴现利率** 单位：年利率%

| 季度 | 贴现 | | 转贴现 | |
|---|---|---|---|---|
| | 银行承兑汇票 | 商业承兑汇票 | 票据买断 | 票据回购 |
| 1 | 2.6580 | 3.9544 | 1.8582 | 2.2101 |
| 2 | 2.5574 | 4.2599 | 1.9819 | 2.0899 |
| 3 | 3.6661 | 4.1667 | 2.6991 | 2.9545 |
| 4 | 2.9546 | 4.5863 | 2.4815 | 2.8693 |

数据来源：中国人民银行沈阳分行货币信贷处。

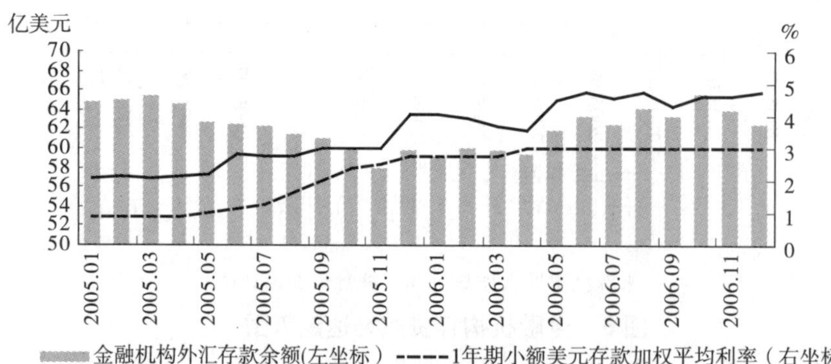


数据来源：中国人民银行沈阳分行调查统计处。

**图7 金融机构外币存款余额及外币存款利率**

4. 银行业改革步伐加快

建行、交行、工行和中行分支机构业务转型起步，全面风险管理深入实施，内部控制机制和财务管理制度逐步完善。全省43家待处置城市信用社中有33家完成分类处置工作。8家城市商业银行对不良贷款、应收未收欠款和历年亏损实施了资产置换。2006年年末，全省农村信用社股本金余额159亿元，较改革前增加11倍，发行专项中央银行票据的73家农村信用社资本充足率平均达到11.8%，不良贷款率比2003年年末下降32.8个百分点。

5. 银行业发展需要关注的问题

（1）不良贷款结构呈恶化趋势。国有商业银行可疑类和损失类贷款同比增加。政策性银行不良贷款同比增长9.27%；股份制银行不良贷款呈“双上升”态势，不良贷款余额增长27.93%，不良率同比上升0.49个百分点。城市信用社和农村合作机构“两呆”贷款占不良贷款的57.09%和95.04%。

（2）信贷集中问题仍然突出。贷款客户集中度高，全省亿元大客户贷款余额占全部贷款余额的33.7%；集团客户多头贷款现象仍很严重。贷款过度集中将使信贷资金供给与需求结构发生严重偏差，导致货币政策传导机制不畅，影响金融系统资金运作效率。

（3）中小金融机构抗风险能力不足。城市商业银行和城市信用社贷款余额同比增长31.7%，是全省金融机构贷款增速的近3倍，新增贷款占全省增量的27.8%。11家城市商业银行资本充足率平均为6.69%，农村信用社拨备覆盖率仅为11.68%，拨备充足率为37.88%，亏损挂账和“两呆”贷款余额较大。

（4）银行案件时有发生，涉案金额明显上升。2006年，国有商业银行、政策性银行、城市商业银行、城市信用社和农村信用社发生案件32起，同比减少4起；涉案金额91 162万元，同比增加66 712万元，风险金额61 319万元，同比增加39 685万元。

## （二）证券业

1. 证券业运行情况

2006年年末，辽宁省共有境内上市公司51家，总市值为2 007.43亿元；全年实现证券交易额7 327.81亿元；实现期货代理交易额20 610.38亿元。

**表4　2006年证券业基本情况表（全省）**

| 项目 | 数量 |
|---|---|
| 总部设在辖内的证券公司（家） | 5 |
| 总部设在辖内的基金公司（家） | 0 |
| 总部设在辖内的期货公司（家） | 10 |
| 年末国内上市公司（家） | 51 |
| 当年国内股票（A股）筹资额（亿元） | 12.5 |
| 当年国内债券筹资额（亿元） | 53 |
| 其中：短期融资券筹资额（亿元） | 53 |

数据来源：中国人民银行沈阳分行、辽宁证监局、大连证监局。

2. 证券业改革与发展

上市公司股权分置改革取得突出成果。2006 年年末，51 家上市公司全部完成股改或进入股改程序。存在资金占用问题的 9 家公司完成了清欠任务，清偿金额 19.7 亿元，压缩幅度为 81.74%。上市公司总市值为 2 007.43 亿元，是上年末的 2.2 倍，业绩大幅上涨。

证券公司综合治理取得阶段性成果。辽宁省证券公司重组方案已经基本明确；13 家被处置的异地证券公司设在辖区的 24 家营业部中，15 家营业部已经完成风险处置。5 家证券公司全部盈利，全年实现利润 5.06 亿元，新增资金账户 14.73 万户，新增资产 38 亿元。

期货经纪机构全面进入安全存管体系，10 家期货公司保证金余额 11.45 亿元，手续费收入 5 615 万元，有 3 家公司亏损，净亏损 194 万元。

3. 证券业需要关注的问题

目前，资本市场的变化还只是初步的、阶段性的，长期影响资本市场健康发展的内外部制约因素并没有根本改变，资本市场持续稳定运行的基础仍不牢固，资本市场“新兴加转轨”的特征仍将长期存在，防范和化解风险的机制仍不健全，推进资本市场改革和发展的任务依然十分艰巨。

## （三）保险业

1. 保险业运行情况

2006 年，辽宁省保险市场业务总体发展态势平稳，保险业资产总额 630 亿元，同比增长 15.2%。全年累计实现保费收入 254.5 亿元，同比增长 13.3%。其中财产险业务实现保费收入 67.6 亿元，同比增长 21.3%，占总保费的 26.6%；人身险业务实现保费收入 186.86 亿元，同比增长 10.7%，占总保费的 73.44%。累计支付各项赔款和给付 73.8 亿元，同比增长 42.7%。其中财产险业务支付赔款 36.59 亿元，同比增长 21.2%；人身险业务各项赔款与给付支出 37.25 亿元，同比增长 73.0%。保险密度 607.4 元/人，比去年同期提高 75.3 元/人。

**表 5　2006 年保险业基本情况表（全省）**

| 项目 | 数量 |
|---|---|
| 总部设在辖内的保险公司（家） | 2 |
| 其中：财产险经营主体（家） | 1 |
| 寿险经营主体（家） | 1 |
| 保险公司分支机构（家） | 1 615 |
| 其中：财产险公司分支机构（家） | 623 |
| 寿险公司分支机构（家） | 992 |
| 保费收入（中外资，亿元） | 254.5 |
| 财产险保费收入（中外资，亿元） | 67.6 |
| 人身险保费收入（中外资，亿元） | 186.86 |
| 各类赔款给付（中外资，亿元） | 73.8 |
| 保险密度（元/人） | 607.4 |
| 保险深度（%） | 2.8 |

数据来源：辽宁保监局、大连保监局。

2. 保险业需要关注的问题

财险业务经营成本不断攀升。2006 年，全省财产险公司综合费率为 39.6%，同比上升 5 个百分点。寿险业务增长点过于集中。分红型寿险产品一直是拉动人身险业务快速增长的主力险种，其规模的涨跌起伏直接影响整体业务规模的波动。人身险业务高度集中于该类产品，将严重影响人身险业务的持续健康发展，极易导致业务大起大落。

## 三、金融市场与金融稳定

### （一）金融市场运行

1. 货币市场融资总量高速增长，票据市场平稳发展

2006 年，辽宁省在全国银行间市场融资总量 6 601 亿元，同比增长 86%。其中，债券回购和现券交易分别比上年增长 89% 和 91%。全年累计承兑商业汇票2 542亿元，比上年增长 10.0%；累计办理贴现及转贴现 8 304 亿元，比上年增长 31.4%；累计办理再贴现 1.966 亿元，比上年增长 180.9%。

2. 债券市场需求旺盛，企业短期融资券发行实现新突破

国债市场持续健康发展。全年累计发行凭证式国债 85.74 亿元，比上年减少 11.19 亿元，下降 13.05%；累计发行储蓄国债（电子式）24.79 亿元；兑付国债本息共 58.85 亿元。全省 5 家企业发行短期融资券 53 亿元，发行企业数量和额度分别比上年增加 4 倍和 5.6 倍。主要受此拉动，全省非金融机构直接融资比重比上年提高了 3.5 个百分点。

**表 6　2006 年非金融机构融资结构表**

| 年份 | 融资量（亿元人民币） | 比重（%） | | |
|---|---|---|---|---|
| | | 贷款 | 债券（含可转债） | 股票 |
| 2000 | 713 | 89.6 | 2.1 | 8.3 |
| 2001 | 389.3 | 94.3 | 0.0 | 5.8 |
| 2002 | 650.3 | 98.7 | 0.0 | 1.3 |
| 2003 | 1 051.1 | 97.6 | 2.0 | 0.4 |
| 2004 | 742.5 | 99.1 | 0.9 | 0.0 |
| 2005 | 1 079.2 | 99.3 | 0.7 | 0.0 |
| 2006 | 1 251 | 94.8 | 4.2 | 1.0 |

数据来源：中国人民银行沈阳分行、辽宁省发改委、辽宁证监局、大连证监局。

3. 黄金市场增长迅速

2006 年，辽宁省黄金市场业务以现货即期交易为主，有 4 家会员机构在上海黄金交易所进行交易，共发生黄金交易 1 050 笔，同比增长 84.2%；累计交易量 3 816 千克，同比增长 25.1%。

4. 外汇市场交易规模锐减

2006 年，辽宁省外汇交易市场交易量折合 17.1 亿美元，同比下降 1%。交易方式以即期交易为主，远期交易占比较小。15 家银行间即期外汇市场成员，在全国银行间外汇市场累计交易 3 815 笔，同比下降 36.3%；交易品种包括美元、港币、欧元、日元。

**表 7　辽宁省外汇交易市场交易情况表**　　单位：笔，万

| | 笔数 | | | | 折合成美元 | | | |
|---|---|---|---|---|---|---|---|---|
| | 本季 | 增、减（%） | 年累计 | 增、减（%） | 本季 | 增、减（%） | 年累计 | 增、减（%） |
| 美元 | 584 | -41.5 | 3 025 | -40.1 | 38 000 | 9.2 | 141 251 | -3.2 |
| 欧元 | 33 | 312.5 | 64 | 300.0 | 1 386 | 1 026.8 | 1 857 | 987 |
| 港元 | 54 | 35.0 | 156 | 25.8 | 1 372 | 107.6 | 13 630 | 1 049.8 |
| 日元 | 100 | -22.5 | 570 | -28.1 | 3 125 | -33.1 | 14 751 | -16.0 |
| 合计 | 771 | -34.4 | 3 815 | -36.3 | 43 883 | 9.0 | 171 489 | -1.0 |

数据来源：中国人民银行沈阳分行。

5. 民间融资继续活跃

据抽样测算，全省民间融资总规模达到 434.2 亿元。其中，企业民间融资 225.4 亿元，个人民间融资 208.8 亿元。信用融资仍是民间融资的主要方式。

### （二）金融市场运行中的问题

1. 票据市场仍需完善

市场交易仍以银行承兑汇票、商业承兑汇票两个交易品种为主，两种承兑汇票发展极不平衡。2006 年，银行承兑汇票余额占商业汇票余额的 91.78%，银行承兑汇票年累计发生额占商业汇票年累计发生额的 93.56%。票据市场的贴现利率一直低于再贴现利率，票据市场竞争行为需要规范。

2. 黄金市场监管缺失

现行《金银管理条例》不适应新形势下黄金市场管理的需要。人民银行依法监管黄金市场缺少具体配套措施，特别是场外黄金市场缺少具体的、可操作的监管法规。

3. 民间融资缺乏规范

缺乏对民间融资统一规范的监测、统计和分析制度，且民间融资尚未纳入国家信贷总规模，其资金流向具有不确定性和盲目性，这既增加了民间融资的投资风险，又会助长经济局部过热，弱化国家宏观调控力度。

## 四、金融基础设施与金融稳定

### （一）支付结算体系

1. 辽宁省支付结算体系现状

2006 年，辽宁省支付系统建设全面完成，共有大额支付系统直接参与者 82 家，日均处理跨行业务近 4 万笔，近 500 亿元。6 月，小额支付系统开始运行，日均处理业务 5 000 余笔，金额 1.84 亿元。个人支票业务全面推广，银行卡受理环境改善，发卡量同比增长 40.21%，高出全国平均增幅 15 个百分点；布放 POS 终端 2.17 万多台，特约商户 11 766 户，清算交易笔数、金额同比分别增长 60.78% 和 86.77%。制定加强支付系统清算账户资金管理规定，启动自动质押融资功能，开展人民币银行结算账户管理系统和中央银行会计集中核算系统服务器切换的应急演练，提高应对突发事件能力。

2. 支付结算体系建设中需要关注的问题

一是支付系统间接参与者日间资金流动性不足，影响其他参与者同城清算资金不能及时入账，影响资金的周转。二是农村信用社系统行内电子化进程缓慢，直接影响了小额支付业务的推广，降低了资金使用效率。

### （二）法律环境分析

1. 辽宁省法律环境现状

2006 年，辽宁省法律环境状况继续逐步向好的方面发展，积极开展“依法行政基层年”活动，着力解决“立案难”和“执行难”问题，全年共清结执行积案 12 997 件，占应清案件总数的 92.47%，执结标的额 34 亿元，占应清案件标的额的 64%，为经济社会发展提供了良好的“软环境”。

2. 法律环境需要关注的问题

（1）与金融机构市场退出相配套的法律法规缺失，对金融机构发生重大违规事件形成的金融机构风险处置不当极易引发社会群体事件，影响金融稳定。

（2）对“非法集资”行为定性与处理较难。目前，立法层面对非法集资法律定性模糊，操作层面对其处理必然存在障碍。应尽快确定“非法集资”行为的界定标准，尽早预防、妥善处理，不留隐患。

### （三）反洗钱

1. 辽宁省反洗钱工作现状

建立反洗钱信息网，开展“2006 反洗钱——辽宁在行动”系列反洗钱宣传活动。2006 年共向中国反洗钱监测分析中心上报人民币可疑支付交易报告 50 099 份，涉及可疑资金 93 586亿元，可疑交易 180 488 笔，账户 60 006 个。全年主动发现可疑线索 12 起，移交公安机关 7 起，公安机关立案侦查 5 起，破获洗钱案件 3 起。

2. 反洗钱需要关注的问题

反洗钱工作机制需要进一步完善。监管工作面临新旧规章制度衔接问题；对事业单位、社会团体等非营利组织的反洗钱监管缺失。金融机构反洗钱意识需进一步提高。个别银行账户管理松散，开户审查不严；证券业、保险业反洗钱工作基础薄弱。

### （四）征信体系

企业和个人征信系统覆盖辽宁省所有金融机构，实现全国联网查询，并与住房公积金、劳动和社会保障、外汇管理、电信等部门实现信息共享。目前，企业信用信息基础数据库已征集辽宁省52万户企业的信用信息，其中：贷款企业25万户，各项贷款余额8 570亿元，当年查询量24万次；开户企业27万户；个人征信系统已征集辽宁省330万人、360万个信贷账户个人信用信息，各项贷款余额1 000亿元，当年查询量110万次，加载了2 200万人、6 000多万个结算账户。据不完全统计，金融机构通过查询企业征信系统和个人征信系统，拒绝有不良信用记录企业和个人的贷款申请约占贷款申请总数的10%，金融机构信用风险得到有效防范。

### （五）金融生态环境

以信用体系建设为核心，改善金融生态工作逐步走向系统化和科学化，初步建立起辽宁省内金融生态环境动态监测体系。一是探索建立了金融维权统计通报制度和地区企业、产业信用状况分布通报制度，初步形成对地区金融生态考核的量化指标和科学评价体系。二是继续以下岗失业人员小额担保贷款为切入点，稳步推进建设信用社区试点工作。截至2006年年末，全省已评出的信用社区增加到45个。三是积极推动农村信用体系建设，农村信用乡镇、信用村和信用户评定工作进一步完善，农户信用评价体系试点工作扩大到3个县，已采集6大类126项农户信用信息近30万户。四是外汇市场信用体系建设效果显著。开展“加大失信惩戒力度，促进涉汇主体合规经营”诚信兴商宣传活动。建立失信惩戒机制，定期披露企业、个人、银行的违法信息，震慑违规行为，充分发挥外汇执法检查监督和失信惩戒的作用。进行银行外汇业务合规经营诚信等级评价试点，促进银行强化内部管理，净化了外汇市场环境。

## 五、总体评估与政策建议

总体看，2006年辽宁省保持了经济社会的良好发展势头，金融业在各项改革措施的推动下继续稳步发展，影响区域金融稳定的因素得到一定控制，金融业风险在改革创新中逐渐释放，辽宁省金融运行总体基本稳定。2007年，辽宁省经济金融发展的机遇和挑战并存，同时面临着总量增长和结构调整的双重任务，需要从以下几个方面继续促进辽宁金融发展，维护区域金融稳定。

### （一）加强金融调控，促进经济协调增长

运用经济与法律手段，建立经济金融安全体系，重点解决当前辽宁省经济结构不够科学合理和增长方式粗放的问题，灵活运用货币政策工具实施金融宏观调控，发挥信贷政策在优化信贷结构中的作用，促进优化资源配置和经济结构调整升级，实现经济协调均衡增

长，为金融稳健运行创造条件。

### （二）加快金融改革与金融创新，增强稳健发展能力

继续加快国有商业银行分支机构改革步伐，加强和改进内部控制与风险管理；健全和完善农村金融服务体系，提升发展层次和服务水平；积极推动城市商业银行发展，壮大资本实力，完善服务功能；扩充政策性银行功能，拓展服务领域，增强支持经济发展的能力。证券业要进一步巩固证券公司综合治理成果，推动证券期货行业改革，加强监管，有效处置营业机构现存风险。全面加强保险业的企业经营管理，积极转变经营机制和增长方式；加强和严格保险监管，进一步发挥行业服务和行业自律等职能，推动保险业健康快速发展。

### （三）加强信贷资产风险管理，促进金融市场协调发展

认真贯彻执行国家宏观经济和产业政策，努力落实信贷产业政策及操作指引，把握好信贷投放与宏观经济导向的结合点，防止信贷风险由于经济政策和产业结构调整而增加。高度重视信贷集中的问题，认真研究信贷资金向部分行业、部分客户集中的风险。加快信贷管理体制的改革，积极探索有效的资金管理模式，防范化解信贷资产风险。统筹考虑金融市场发展与当前分业经营、分业监管的关系，评估金融市场改革对跨市场资金流动、跨市场风险及金融结构变化的影响，提高金融市场协调与稳健发展水平。

### （四）推进金融生态环境建设，建立维护金融稳定的长效机制

一是加强金融法治环境建设，加大对非法金融活动、企业逃废金融债务行为的打击力度，提高金融案件的执行率。二是加快完善企业、个人征信系统，扩大企业和个人非信贷信用信息的入库率，逐步建立企业和个人信用评价制度。三是加强支付清算系统日常管理和风险防范，丰富小额支付系统的业务品种，不断完善系统运行、维护和监督机制，提高支付系统的运行效率。积极鼓励非现金支付工具的使用，同时密切关注使用过程中的不规范行为。四是进一步加大反洗钱协调机制建设，加强商业银行反洗钱内控。五是加强金融安全知识教育，引导居民树立防范金融风险的意识，金融资产投向多元化。

总　纂：关守科
统　稿：王希军　薛　静
执　笔：王庆国　姚　勇　乔　宇　刘　涛
其他参与写作人员：王大川　王占军　王　可　王玉平
由　华　刘　萍　许　胜　邢　宏
张冰莹　张晓靓　李璐媚　孟　弢
金庆鹏　侯世宇　郭宝华　程可心

# 2007 年吉林省金融稳定报告摘要

2006 年吉林省认真贯彻落实国家各项经济政策，经济保持平稳较快增长，金融改革稳步推进。地区生产总值以较快速度增长，外贸结构有所调整，物价涨势受到抑制；各项贷款增加较多，金融机构经营效益整体提高，银行机构不良贷款实现“双降”；金融市场交易活跃，资本市场转暖，企业债券融资实现突破，上市公司股改顺利，证券机构效益显著提高；农业保险探索逐渐打开局面；小额批量支付系统上线，同时个人和企业征信数据库实现扩容，金融基础设施建设逐步完善。吉林省金融系统风险进一步降低，区域金融稳定程度提高。

## 一、区域经济运行与金融稳定

2006 年吉林省实现地区生产总值 4 249.2 亿元，增长 15%，增幅居全国第二。实现人均 GDP15 625 元，比上年增加 2 277 元。第一、第二、第三产业分别完成增加值 686 亿元、1 886.59 亿元、1 676.64 亿元，分别比上年增长 6.6%、17.1%、16.3%，三次产业的结构比例调整到 16.1:44.4:39.5。社会消费品零售额 1 675.8 亿元，增长 14.7%，增幅为“十五”以来最高水平。城镇居民人均可支配收入9 775.1元，增长 12.5%；农民人均现金收入 4 712.9 元，增长 5.9%。城镇居民人均消费支出 7 352.6 元，增长 8.2%；农民人均生活消费支出 2 398.5 亿元，增长 20.5%。全省实现外贸进出口总值 79.1 亿美元，增长 21.2%，其中，进口总值 49.2 亿美元，增长 21.1%，出口总值 30 亿美元，增长 21.5%，进出口贸易逆差 19.2 亿美元，同比上升 20.4%。全年实现地方级财政收入 245 亿元，增长 18.3%；全省财政支出 718.4 亿元，增长 13.8%。

全省粮食生产连续 4 年丰收，连续 3 年突破历史最好水平，总产量达到 275 亿公斤，增产 17 亿公斤，占全国粮食总产量的 5.6%。吉林省启动了 20 个农业产业化集中区建设，全年农产品加工业销售收入突破 1 250 亿元，增长 25%，占全省 GDP 的 26% 左右。

全省工业经济迅速发展，全年实现工业增加值 1 395 亿元，增长 18.5%；实现产品销售收入 3 873 亿元，增长 19.2%。规模以上工业企业综合效益指数达到 182，同比提高 22 个百分点；产品销售收入利润率达到 4.78%，同比提高 0.91 个百分点。

2006 年，全省居民消费价格指数增幅为 1.4%，同比回落了 0.1 个百分点。居民消费价格指数表现出明显的结构性变动特点，支撑物价上行的因素主要是食品类、居住类

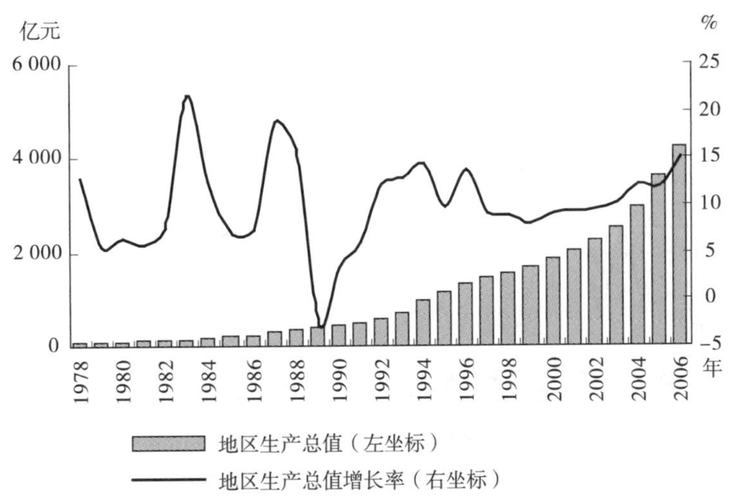


数据来源：吉林省统计局，《吉林统计年鉴》。

**图1 1978 年以来吉林省地区生产总值及其增长率**

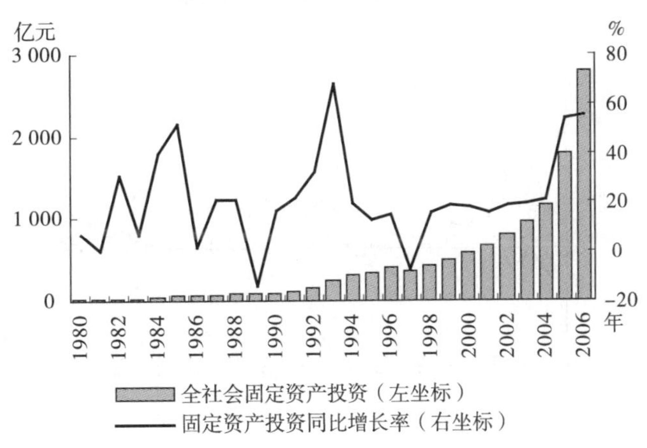


数据来源：吉林省统计局，《吉林统计年鉴》。

**图2 1980 年以来吉林省固定资产投资及其增长率**

和服务项目类，涨幅分别为 2.1%、5.4% 和 1.3%。原材料燃料动力购进价格同比增长 3.8%，比上年同期回落了 3.2 个百分点，整体上呈回落趋势。其中燃料动力类、有色金属材料和电线类价格涨幅较高，分别增长 8.9% 和 18.5%。

随着吉林省经济走强，政府财力增强，居民和企业收入增加，投资和偿债能力均有较大幅度提高。吉林省金融业在提供金融服务，充分支持区域经济发展上发挥重要作用的同时，自身也从经济的发展中受益良多。吉林省各金融机构业务大幅增长，资产质量逐渐提高，盈利能力有所增强，体制改革进展顺利。但在经济发展中，一些对金融稳定造成不利影响的因素也不容忽视：一是经济增长过于依赖固定资产投资，说明经济结构还有待调整，同时固定资产投资增长过快也容易造成经济过热；二是生产、生活原材料价格水平涨幅较高致使通货膨胀压力仍然存在；三是亟须建立能够有效与当前快速发展的农村经济和农业

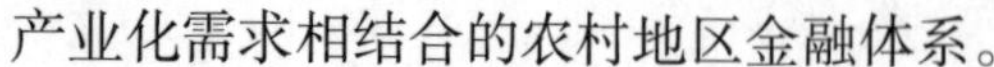
产业化需求相结合的农村地区金融体系。

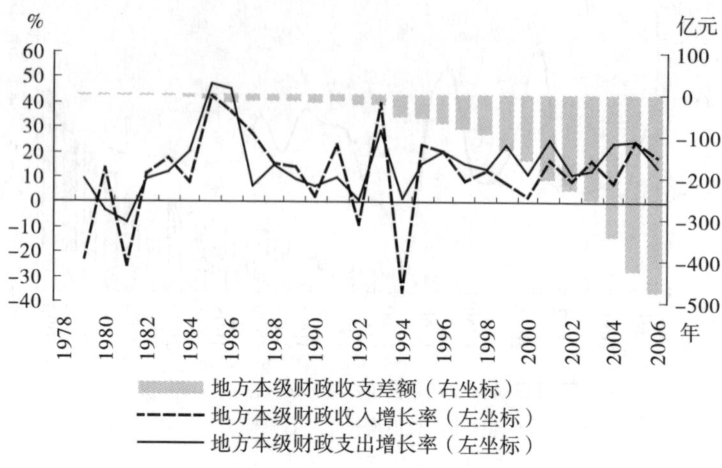


数据来源：吉林省统计局，《吉林统计年鉴》。

**图3　1978 年以来吉林省财政收支状况**

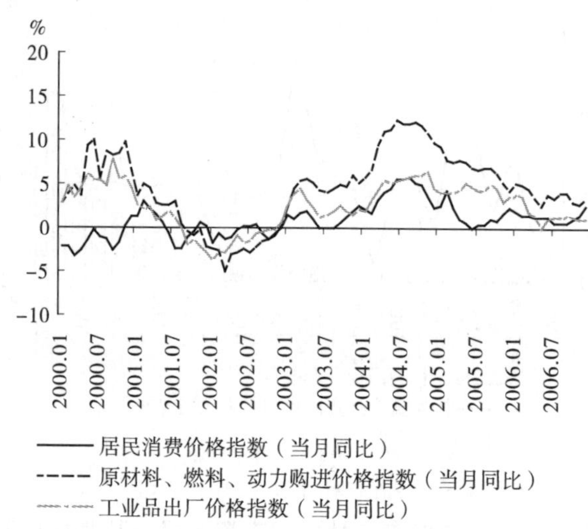


数据来源：吉林省统计局，《吉林统计年鉴》。

**图4　2000 年以来吉林省物价变动走势**

## 二、金融业与金融稳定

### （一）银行业

2006 年吉林省银行机构业务发展迅猛，城市信用社分类处置工作的顺利开展有力地推动了区域金融改革，浦发银行进驻长春壮大了吉林省银行业的队伍，银行业发展呈现出生机和活力。同时，果断处置吉林泛亚信托投资有限责任公司的高风险问题，控制了风险的蔓延。

截至2006年年末，吉林省银行业金融机构本外币各项存款余额5 071.8亿元，同比增长15.9%，增幅加快0.95个百分点；本外币各项贷款余额3 921.6亿元，同比增长15.3%，增幅加快5.5个百分点，当年新增额为去年同期的2.27倍。存贷比例在2006年年末达77.3%，高于同期全国平均水平8.8个百分点，处于较高水平。

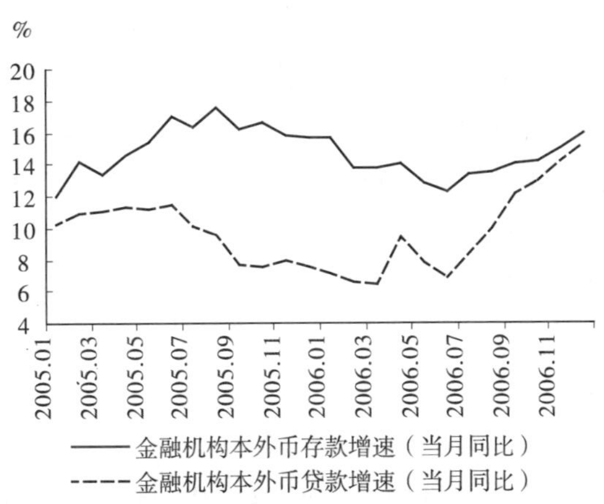


数据来源：中国人民银行长春中心支行。

**图5 2005年以来吉林省金融机构本外币存、贷款增速变化**

1. 资本充足性显著提高，法人治理结构建设进一步加强

2006年吉林省法人银行业金融机构资本充足率进一步提高。截至年末，两家城市商业银行资本充足率均超过9%，城市信用社大部分达到了监管标准的要求。吉林省金融机构资本充足情况得到改善的主要原因包括：一是城市信用社进行增资扩股使资本充足率明显提高；二是地方政府大量置换城市信用社的不良资产，减少了风险加权资产总量；三是两家城市商业银行在寻找战略投资者入股的筹集工作方面取得显著进展，完成了增资扩股工作。

资本充足率的提升进一步增强了金融机构抵抗风险的实力，但由于改革仍处于起始阶段，基础尚且薄弱，一些问题仍需要解决：一是资本约束机制亟待建立。地方法人金融机构资本约束意识观念还很淡薄，仍存在规模冲动和速度情结，亟待增强资本约束观念，建立资本管理机制。二是部分机构资本充足率尚未达标。城乡信用社虽然资本金得到补充，但资本充足率尚未达到规定的标准。三是公司治理不完善。城乡信用社法人治理结构离改革目标还有很大差距，发展基础还很薄弱，人员素质和经营管理水平不高。

2. 盈利能力增强，中长期资产迅速增长

2006年，全省金融机构累计实现盈利2.14亿元，同比增盈20.1亿元，实现了多年来首次整体盈利，一举摘掉了亏损的帽子。其中，国有商业银行中，中行和建行实现了盈利；除国有商业银行外，政策性银行、股份制商业银行、城市商业银行、城市信用社、农村信用合作机构均实现增盈。

3. 贷款投向重点突出，但结构性矛盾仍然存在

2006年吉林省银行机构积极落实国家宏观政策，不断合理调整贷款资源配置。全年累计投放农业贷款260.7亿元，年末农业贷款余额248.1亿元，同比增长19.4%，同比多增30.7亿元；人民银行累计发放支农再贷款71.3亿元，积极支持了农村信用社做好信贷支农工作。同时，金融机构加大了对支柱产业和成长性领域的信贷支持。新增贷款中投放到制造业、建筑业、交通运输业、批发零售业、房地产等行业的贷款占全部贷款新增额的56.6%。

受社会经济和信用环境影响，吉林省的优质客户较少，导致贷款投向过度集中的趋势依然需要关注。年末大客户贷款余额占全部新增贷款的28.7%，各家行新增中长期贷款大部分集中在汽车制造、公路建设、电力行业，且贷款投放垒大户现象没有根本改变。大客户多头授信情况也不容忽视，在吉林省主要商业银行中，被超过2家银行授信或贷款亿元以上的大客户贷款余额合计698亿元，占亿元以上大客户授信总额的55.8%。虽然这部分资产目前质量状况良好，不过一旦市场和企业经营状况发生劣变，将会严重影响贷款本息的偿还，引发系统性风险。

4. 资产质量进一步改善

2006年年末，全省银行业金融机构总资产为6 385.3亿元，同比增长14.3%。各家银行在资产增长较快的同时加强了对不良贷款的管理。年末，吉林省主要银行业金融机构不良贷款率比年初下降2.58个百分点，实现了余额和比例的“双下降”。建设银行和交通银行年末不良贷款率分别比年初下降了3.57%和1.14%，较好地控制了风险。中小法人银行机构中，长春和吉林两家城市商业银行在不良贷款率较低的情况下，分别比年初继续下降了0.72个和1.47个百分点。中小法人银行机构不良资产率大幅降低的原因主要是：在改革过程中，地方政府以无偿划拨土地和货币资金等方式弥补、置换其不良资产，使其资产质量显著提升。

虽然吉林省主要银行机构的资产质量整体上有所改善，但是银行系统所面临的控制信贷风险的任务仍然十分艰巨：一是不良贷款余额大、比例高。二是农村合作金融机构五级分类统计的不良贷款占比高，信用风险十分突出。三是亏损挂账问题严重。四是非信贷资产风险仍较突出。由于不良资产损失占用，大量信贷资金沉淀不能参与周转，加之信用环境欠佳，吉林省的国有商业银行授权、授信权限被上收的情况比较普遍，信贷资源配置减少，严重制约了银行业对地方经济发展的支持能力。

## （二）证券业

1. 证券经营机构经营状况好转

截至2006年年末，吉林省辖区内共有证券营业部59家，证券服务部25家和1户证券投资咨询机构；法人证券公司2家，分别是东北证券有限责任公司和长财证券经纪有限责任公司，5家期货经纪公司。年末，2家证券公司共计20余项整改工作全部提前完成，2家公司净资本指标均已符合监管要求。其中，东北证券已获得规范类券商资格，长财证券正在抓紧准备申报工作。

2. 上市公司股改稳步推进

截至2006年年末，吉林省有32家公司在公开市场累计筹集资金268亿元。除兰宝信息股份有限责任公司因暂停上市尚未启动股改外，其他公司均已经完成股改或进入股改程序。

3. 证券市场交易活跃

2006年我国A股市场进入了3年来最为强劲的牛市行情，吉林省证券市场交易也随之活跃起来，年度各类证券成交金额2 095.91亿元，比上年上升178.5%。其中：股票成交额2 004.29亿元，同比增长149.6%；国债成交额11.96亿元，比上年下降54.6%；基金成交额19.97亿元，比上年上升203%；B股成交额9.66亿元；其他债券成交额10.07亿元；其他证券成交额39.96亿元。辖区5家期货经纪公司代理期货交易金额2 897.98亿元，同比上升130.16%。年内辖区没有新发行的股票和基金。吉林省的区域资本市场规模较小，发展水平尚处于低级阶段，多年没有公司上市，限制了企业直接融资能力。

### （三）保险业

截至2006年年末，吉林省共有法人保险机构2家，省级分公司14家，比去年新增3家，地市级中支及以下各类分支机构共1 548家。保险中介法人机构35家，分支机构42家，兼业代理机构1 774家。市场经营主体进一步增加，市场约束增强。保险业总资产为245.53亿元，比去年同期增长19.68%。其中：保险公司资产总额245.24亿元，比去年同期增加了19.37%；专业中介机构资产总额0.29亿元，比去年同期减少了0.04亿元。

2006年吉林省保险业累计实现保费收入90.61亿元，同比增长19.66%。其中，财产险业务保费收入19.3亿元，同比增加32.35%；人身险保费收入71.31亿元，同比增长16.64%。按公司业务情况来看，财产险公司实现保费收入20.46亿元，同比增长33.13%。寿险公司保费收入70.15亿元，同比增加16.23%。全省保险赔款及给付总额为21.26亿元，同比增长53.13%。其中，财产险公司赔款支出9.61亿元，同比增长22.88%；寿险公司赔款及给付支出11.65亿元，同比增长92.10%。保险深度为2.13%，比去年同期的2.09%上升了0.04个百分点。保险密度为334元/人，同比增长19.71%。

## 三、金融市场与金融稳定

2006年吉林省拥有全国银行间同业拆借市场和全国银行间债券市场会员各比上年新增3家，分别达到10家和12家。30多万个人投资者通过商业银行网点和电子银行业务参与国债、黄金、外汇等产品的二级柜台市场交易，覆盖全辖的多类型、多层次的金融市场格局初步显现。

## （一）同业拆借市场快速发展

2006年吉林省金融机构通过全国银行间市场和场外融资电子系统累计实现融资375.82亿元，同比增加34.07%。10家银行间市场会员通过银行间同业拆借市场累计融资190.67亿元，全年54家金融机构通过人民银行长春中心支行创建的场外电子融资系统融资185.15亿元，同比增加74.5%。其中，吉林省农村信用社通过场外电子融资系统调剂77.21亿元弥补支农资金缺口，为支农信贷投入和社会主义新农村建设提供了有力的资金保障。

## （二）银行间债券市场成交量创历史新高

2006年吉林省债券现券市场累计交易1 397.62亿元，同比增长4.69倍；回购市场累计交易金额1 097.39亿元，同比增长1.38倍；累计净融入资金715.86亿元，同比增长85.72%。现券市场和回购市场成交量双双突破千亿元，创历年新高。

按债券平均收益率3.03%估算，2006年吉林省金融机构获得债券投资和溢价收益超过2亿元。同时，在多方推动下，吉林森林工业股份有限公司和吉林亚泰（集团）股份有限公司于6月份通过全国银行间债券市场分别成功发行5亿元和6亿元的短期融资券。目前两只短期融资券的流动性和信用评级状况良好，为解决吉林省企业融资难的问题提供了新的思路和启示。

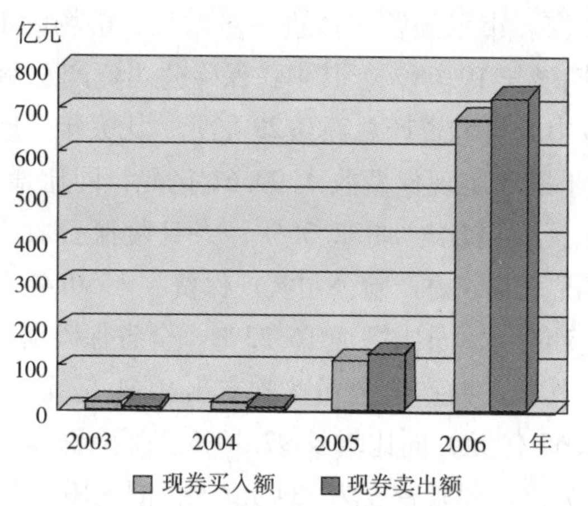


数据来源：中国人民银行长春中心支行。

**图6 2003年以来吉林省现券成交量变化图**

通过积极参与货币市场交易，吉林省金融机构利用低成本资金弥补自身头寸不足创造了良好的条件，部分缓解了吉林省短期资金紧张的局面。金融机构流动性管理能力显著增强，资产—负债结构得到了合理调整，中间业务收入增加，竞争力和市场知名度进一步提高，金融市场发展的连续性和稳定性对优化区域资金配置、改善融资结构、推动全省经济协调较快发展起到了积极作用。

## 四、金融生态环境与金融稳定

良好的金融生态环境是维护金融稳定的基本条件和重要保障。2006 年，吉林省金融基础设施建设稳步推进，支付结算和征信体系不断完善，反洗钱系统不断加强，金融法制环境不断改善，为促进区域金融稳定发挥了积极作用。

### （一）征信体系建设

2006 年吉林省企业和个人信用数据库建设进展顺利，非银行信息采集取得突破。

随着吉林省企业信用信息基础数据库顺利进行升级，各地方性金融机构存量数据信息全部接入企业征信系统，增量数据适时上报。全年共接待个人信用报告查询业务 300 余人次，受理个人信用报告异议申请63 人次，涉及信用金额 2 440 余万元，核查准确率达到了100%。尤其是吉林省农村信用社县级以上联社非农户信息也实施了接入，有效地推进了吉林省县域经济中的信用环境建设。

为提高企业及个人信用数据库的信息容量，增强信用数据库功能，2006 年吉林省还成功将多项非银行信息纳入信息基础数据库。在全国率先将省内 325 万个个人电信用户和 5 369 个企业电信用户的缴费信息分别报送个人和企业信用信息基础数据库；全省 10 家住房公积金中心中的 9 家的公积金缴存信息顺利报送征信数据库，入库公积金账户数接近 60 万个；部分地区还尝试开展了地税个人缴税信息、质量监督部门处罚奖励信息等方面的采集工作。

在各有关部门的积极合作下，吉林省征信体系不断完善，对提高公众诚信意识，金融机构核实借款人真实身份和了解借款人信用状况，防范信用风险具有重要意义。

### （二）反洗钱体系建设

2006 年 10 月《反洗钱法》的颁布实施以法律的形式明确了我国反洗钱行政管理体制，规定了金融机构以及特定非金融机构的反洗钱义务。反洗钱监管和义务主体范围由银行业金融机构扩大到证券、期货、保险业金融机构，统一了本外币反洗钱管理，调整了大额和可疑交易报送的标准、路径、时间等内容。

吉林省一直把反洗钱作为维护金融稳定的重要措施来抓，2006 年人民银行认真做好反洗钱信息收集和分析工作，提高监测分析水平，在协查洗钱案件、开展反洗钱检查和宣传培训等方面都取得了显著进展。截至 2006 年 12 月底，吉林省共收集、上报外汇大额交易 56 078 笔，金额为 1 376 640 万美元；外汇可疑支付交易 2 829 笔，金额为 8 228 万美元。各金融机构上报人民币可疑支付交易 156 430 笔，涉及金额 1 575 亿元。共向公安机关移送涉嫌洗钱犯罪的可疑交易线索 9 份，并协助公安机关对相关账户进行了行政调查，同时，协助广州分行及公安部门对可疑线索及相关账户进行了调查。

吉林省反洗钱体系的不断完善，为防范和打击洗钱犯罪，遏制其他严重犯罪的发生，维护金融系统的稳健运行，保障社会的稳定和安全有重要意义。目前来看，虽然吉林省在反洗钱体系建设方面取得了令人瞩目的成绩，但仍有一些薄弱环节需要加强。一是涉嫌洗钱案件侦破效率还有待提高。二是现行的行政调查程序较为繁琐，缺乏较强的操作性，急需制订一套科学、合法、简便的行政调查程序，能及时发现和打击洗钱犯罪。三是监管手段较为单一，检查力量尚显薄弱，检查质量有待提高。四是个别金融机构不重视反洗钱工作，未认真履行尽职调查和及时上报职责，人们的反洗钱意识还有待提高。

## 五、总体评估与政策建议

### （一）总体评估

2006 年吉林省金融系统认真贯彻国家宏观金融政策，在宏观经济加速发展的同时把握时机，积极进取，做好本职服务，努力推动金融改革和创新，努力维护金融稳定，强化风险约束机制，整体保持了良好的发展势头。与此同时，吉林金融业及时发现和处理风险隐患，在各个有关部门和金融机构的共同努力下，个别高风险金融机构及时得到处置，风险没有波及其他金融机构，金融系统整体维持稳定。

吉林省属于农业大省，又是老工业基地，经济总量在全国属于落后水平，金融总量小，历史包袱沉重的问题仍然比较严重，一些影响金融稳定的深层次问题还需要认真解决。经济运行中农业比例过大，资源综合利用水平低，产业结构需要进一步优化，增长方式粗放，城乡居民收入总水平偏低；资金短缺情况严重，科技支撑能力不足，经济发展瓶颈制约因素多；金融运行中间接融资比例过大，风险向银行集中，不良资产压降难度大，金融机构整体抗风险能力不强，金融生态环境有待改善。

### （二）政策建议

1. 抓住经济发展机遇，提高经济增长质量

改变粗放式增长方式，防范经济泡沫。紧紧抓住吉林老工业基地发展的机遇，全面贯彻科学发展观，促进地区经济协调发展，形成一批有自主创新能力和核心竞争力的优质企业。金融业应把握好信贷节奏，按照有保有压的要求，进一步优化贷款结构，发挥信贷杠杆作用，在有效控制风险的情况下，增加对内涵式增长的金融支持。

2. 巩固金融改革成果，鼓励创新发展

在已经取得的成果基础上，继续稳步推进各类金融机构改革，有效提高金融机构的市场竞争能力和风险防范能力。加强上市公司风险控制，做活资本市场；规范保险竞争行为，促进保险市场良性发展；推动金融控股公司的规范化运作。

3. 提高对金融机构的风险监测水平，加强金融突发事件应急管理，同时完善金融突发性事件的应急机制

4. 加快金融基础设施建设，改善金融生态环境

提高全社会的风险意识、信用意识和法律意识。规范市场主体行为，完善企业和个人

信用体系，加强金融支付体系建设，全面开展反洗钱工作，维护金融机构的合法权益，促进区域金融生态环境不断得到改善。

总　纂：周振海
统　稿：王春生
执　笔：刘洪飞　刘　健
其他参与撰写人员：于立志　于鲁宁　白云峰　仲少文　刘　燕
任建春　陈丙春　李柏秋　邵志高　吴　越
赵　峰　赵建国　赵新欣　唐　欣

# 2007 年黑龙江省金融稳定报告摘要

2006 年是“十一五”计划开局之年，黑龙江省深入实施老工业基地振兴战略，国民经济继续保持快速增长，为金融业发展营造了良好的发展环境。银行业、证券业、保险业稳步发展，金融体系逐步健全，金融产品创新力度增强，金融市场规模逐步扩大，金融基础设施建设稳步推进，影响区域金融稳定的风险因素得到了一定的控制，黑龙江省金融运行总体稳定。

## 一、经济运行与金融稳定

### （一）宽松的经济环境为金融业的发展与稳定提供了良好的基础

2006 年，黑龙江省实现地区生产总值 6 216.8 亿元，同比增长 12%，增幅比上年同期提高了 0.4 个百分点，其中：第一、二、三产业分别实现增加值 734 亿元、3 397.4 亿元和 2 085.4 亿元，分别比上年同期增长 8%、13.9% 和 10.5%。经济的持续快速增长为金融业的发展与稳定提供了良好的运行环境。

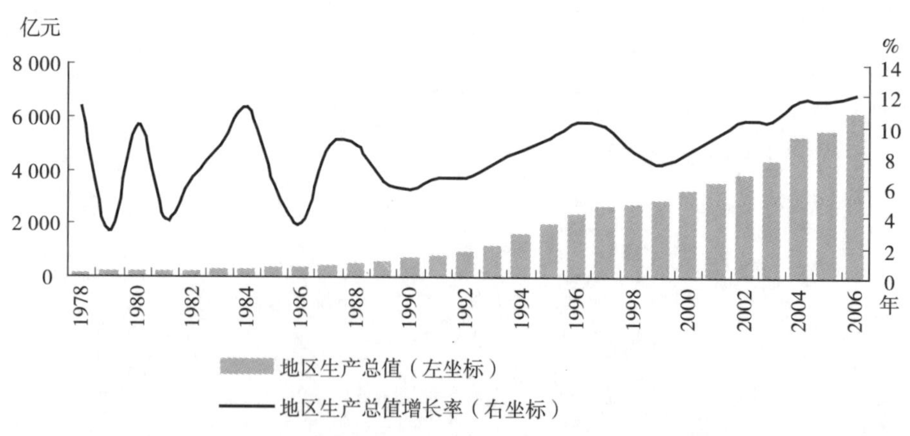


数据来源：黑龙江省统计局。

图 1　地区生产总值及其增长率

1. 市场供给增加促进金融业稳定发展

（1）农业生产发展良好为保持金融业稳定发展起到积极作用。2006 年，黑龙江省增强“工业反哺农业、城市支持农村”工作力度，不断加大农田水利等基础设施建设的投入，社会主义新农村建设开局良好。粮食产量再创新高，达到756 亿斤，商品粮超过 500 亿斤，居全国第一位；粮食作物播种面积达到 1.52 亿亩，增长 2.9%，其中绿色食品种植面积 4 150 万亩，继续保持全国第一位；畜牧业发展不断加快，占农业总产值的比重由上年的 40% 提高到 42%。农业的快速发展刺激了对农业资金的需求，农业贷款余额达到 259.6 亿元，增长 11.4%，当年累计发放 301.5 亿元，同比多发放 21.2 亿元。

（2）工业生产稳步增长为维护金融稳定奠定了基础。2006 年，继续实施振兴东北老工业基地战略，不断加大工业调整改造力度，工业生产保持快速增长，经济效益稳步提高。全省规模以上工业企业完成增加值 2 554.5 亿元，比上年同期增长 15.2%，连续 7 年实现两位数增长；实现利税 1 733.2 亿元，增长 17.9%，其中实现利润 1 275.9 亿元，增长 19.5%。工业的快速发展，使得工业资金的有效需求大量增加。2006 年，工业企业通过票据融资等方式共筹措短期流动资金 1 869 亿元，同比多筹措 701.5 亿元。效益的增长使企业的偿还能力有所提高，共偿还工业贷款及票据融资 1 779.2 亿元，同比多偿还 569.7 亿元。

2. 需求稳定增加是金融业发展的原动力

（1）固定资产投资稳定增长。2006 年，全年完成固定资产投资 2 235.9 亿元，同比增长 29.1%，拉动中长期贷款同比增长 12%，增幅比上年提高 9.2 个百分点。投资结构进一步优化，第一产业投资增长迅猛，全年增长 40.8%，同比提高 58 个百分点；第三产业在交通、城市基础设施等方面投资的带动下，投资增速达到了 30.8%。

（2）居民收入大幅增长，消费需求趋旺。2006 年，城镇居民人均可支配收入 9 182 元，同比增长 11%；农村居民人均纯收入 3 552 元，同比增长 10.3%。居民收入增加促进消费市场活跃，实现社会消费品零售总额 1 997.7 亿元，增长 13.5%，增速再创新高，增幅提高 0.5 个百分点。消费市场的繁荣兴旺，促进了相关产业的发展，从而为金融稳健运行奠定了良好的经济基础。

（3）进出口顺差持续扩大。2006 年，完成进出口额 128.6 亿美元，增长 34.3%，高于全国增幅 10.5 个百分点；进出口贸易顺差 40.2 亿美元，同比增长 56.1%。对俄进出口贸易额占全省对外贸易总额的一半，机电产品贸易 15 年来首次实现顺差。新批外商直接投资企业 240 家，增长 9.8%；合同利用外资额 22.1 亿美元，同比增长 12%；实际利用外资额 17.1 亿美元，增长 18.1%；外商投资企业的投资向高附加值、高技能行业转化。

（4）财政收支规模扩大。2006 年，受原油价格上涨、工业企业景气状况提升和固定资产投资规模扩大等因素的影响，增值税、营业税和企业所得税等主体税种快速增长，地方财政收入 479.5 亿元，同比增长 22.2%；财政支出 1 064.8 亿元，同比增长 23.6%，重点支持了社会主义新农村建设和教育、医疗、社会保障等公益事业的发展。

### （二）经济运行中需要关注的问题

1. 工业经济效益增长的基础不牢固

由于黑龙江省经济结构的特殊性，工业经济受外界因素影响较大。2006 年，全省工业实现利润保持了较高水平，主要来源于原油价格上涨。据统计，除大庆油田及部分装备制造业企业外，其他企业大多处于微利状态，这对黑龙江省整体经济运行和金融业的稳定与发展带来一定隐患。

2. 资金供求结构性矛盾突出，贷款有效需求减弱

黑龙江省国有工业特别是重工业比重较大，资金供求的结构性矛盾比其他省份突出。目前占黑龙江省经济比重较大的石油、化工、机械、装备制造等大型企业流动资金较为充裕，融资渠道增多，对信贷需求不旺；而黑龙江省又缺少大项目生成机制，拉动经济增长的大项目少，难以对大额资金形成有效需求，使贷款投放量很难大幅上升；同时大多数非公有制企业（尤其是民营中小企业）资金需求虽然旺盛，但诚信度低，获得银行贷款难度较大。

## 二、金融业与金融稳定

### （一）银行业

1. 银行业整体运行状况

（1）机构网点服务功能不断增强。通过优化网点布局，引进新的机构，改革农村合作金融，黑龙江省银行服务体系进一步完善，初步形成政策性金融、商业性金融和合作金融并存，全国性银行、地方性银行共同发展的银行业机构体系。2006 年年末，共有各类银行业机构网点 5 709 个，从业人员 9 万人。其中，3 家政策性银行的分支机构 89 个，9 家全国性商业银行的分支机构 2 335 个，城市商业银行和城市信用社网点 396 个，农村信用社和联社网点 1 396 个，资产管理公司 4 家，邮政储蓄机构 1 493 家，财务公司 2 家，信托投资公司 1 家。

（2）经营规模逐步扩大。2006 年年末，银行业金融机构本外币资产总额8 273.6亿元，增长 11.4%；负债总额 8 326.98 亿元，增长 11.4%；本外币贷款余额 4 028.1 亿元，增长 8.4%，同比多增 84.3 亿元；本外币存款余额 7 032.7 亿元，增长 12.6%，同比多增 223.9 亿元。

（3）经营效益明显好转。2006 年，银行业金融机构累计亏损 21.3 亿元，同比减亏 0.6 亿元。银行盈利状况改善的主要因素是：一是随着中间业务发展和收费政策调整，手续费收入快速增长，手续费收入 12.4 亿元，增长 46%；二是投资收益增加，投资收益 7.6 亿元，增加 1 亿元，增长 15.2%；三是资产快速扩张和盈利资产比重提高导致利差收入大幅增长，实现利差收入 87 亿元，增长 7.4%。

（4）中小银行优势进一步发挥。地方中小金融机构整体实力逐步增强，进一步发挥支持地方经济发展的作用。2006年年末，地方中小金融机构贷款余额711.3亿元，占全省金融机构贷款余额的17.6%，增长2.9%；存款余额1 072.5亿元，占全省金融机构存款余额的15.4%，增长1.1%；整体盈利7.8亿元，比上年同期增加3.7亿元，盈利能力大幅度提高。

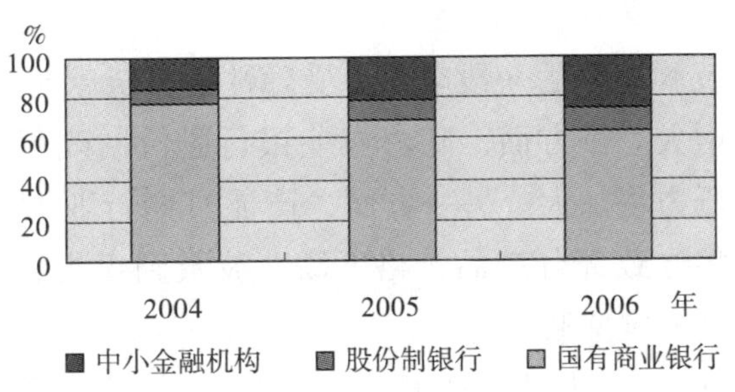


数据来源：中国人民银行哈尔滨中心支行。

**图2 2004~2006年黑龙江省贷款市场份额情况**

（5）金融业务多元化取得新进展。2006年，黑龙江省银行业加大创新力度，主要商业银行均制定了创新产品的管理制度，业务规模稳步增长。普遍开通了电话银行和网上银行业务，电子银行业务发展迅速；工行“金融e通道”、招行“一卡通”、交行“满金宝”等品牌及产品逐渐被社会公众认可；2006年年末，个人理财产品余额30.4亿元，比年初增加17.3亿元。金融衍生类业务起步较晚，但发展较快，12月末余额达17.7亿元，比年初增加3.3亿元。邮政储蓄机构也积极拓宽资金运用渠道，开办银证通、代收个人还款等业务。

2. 银行业改革全面推进

（1）国有商业银行分支机构改革工作稳步推进。2006年，中国银行完成部门整合、人员重新聘任工作；建设银行组织实施经营机制、风险管理机制、业务流程、内控体系、激励约束机制、企业文化、网点布局等方面的改革，进一步推进机构扁平化和业务垂直化；工商银行股改工作有序进行，财务审计、土地确权、资产评估、不良资产剥离工作已全面完成，分阶段开展法律尽职调查、自办实体特殊不良资产处置等工作；农业银行积极推进内部改革，强化风险意识，夯实资产质量，为股份制改革做好准备。

（2）地方性商业银行改革逐步深化。哈尔滨、齐齐哈尔、大庆等3家城市商业银行加强股权管理，控制关联交易，加强资本联合，通过相互参股优化资源配置；哈尔滨、齐齐哈尔市商业银行认真落实改革重组方案，加强公司治理和内部控制，按照国际管理模式构建了内部管理体系，并通过国际质量管理体系认证；牡丹江市商业银行于2006年11月16日正式挂牌成立。目前，全省城市商业银行总数已增加到4家，地方性商业银行金融服务地域和网络体系进一步健全。

（3）农村信用社改革取得成效。2006年年末，农村信用社资本充足率达到9.5%，比改革前提高57.9个百分点；不良贷款率11.7%，比2002年年末下降26.1个百分点；全年实现利润6.2亿元，同比增盈4.1亿元；产权制度改革工作稳步推进，服务功能显著增强。

（4）城市信用社整顿处置工作进展顺利。2006年，根据国务院关于城市信用社整顿处置工作的政策和要求，积极采取有效措施，化解高风险城市信用社的历史包袱。按照“少关闭，多重组”的原则，对全省87家城市信用社开展整顿处置工作。截至2006年年末，72家更名改制为农村信用社；4家已经获得监管部门批准组建单一法人社；7家被商业银行收购，正在履行相关程序和手续；4家待处置。

3. 银行业改革与发展需要关注的问题

（1）警惕不良贷款反弹。今后一段时期，受隐性不良贷款与产能过剩行业调整影响，不良贷款反弹压力可能增大。一方面，随着农业银行股份制改革和农村信用社五级分类的实施，隐性风险释放压力将加大。另一方面，产能过剩行业调整对存量信贷资产质量有一定影响。产能过剩将导致部分产品价格下跌，波及到煤炭、化工、电力、热力等行业，使信贷资金安全受到一定威胁。

（2）银行业总体竞争能力与扩大对外开放要求差距大。随着银行业对外开放进一步扩大，外资银行机构和业务将逐步进入黑龙江市场。从省内银行业的实际情况看，中资银行在治理结构、经营机制、创新和发展能力等方面与外资银行存在差距。国有商业银行股份制改革虽然基本完成，但内部治理结构完善、业务流程再造、经营机制的转换还需要一个较长的过程，风险管理水平和业务创新能力都有待提高；地方性银行机构经过多年的改革和发展，已经度过最困难时期，但仍然存在经营机制不活、人员素质不高等问题，很难与外资银行竞争。外资银行机构和业务的进入，对省内中资银行业务经营和发展形成的竞争压力将日趋显现。

## （二）证券业

2006年年末，黑龙江省共有境内上市公司30家，累计直接融资192.7亿元，总股本123.3亿股，非流通股46.9亿股，流通股76.5亿股（其中限售流通股21.7亿股），*ST公司6家，4家已暂停交易；证券公司1家，证券营业部71家，服务部46家；期货公司6家（其中歇业2家），营业部5家；投资咨询公司3家；其他证券中介机构（会计师事务所和资产评估事务所）11家。

1. 证券业发展情况

（1）证券市场交易活跃。随着证券市场行情好转，交易额放大，投资者入市踊跃，资产大幅增加。2006年年末，证券交易额（股票、基金、债券、权证等）3 276亿元，比上年同期增加1 505亿元，增长85%；投资者开户110.9万户，比上年同期增加6.4万户，增长6.1%；股民总资产（证券市值、客户交易结算资金）429.5亿元，比上年同期增加209.5亿元，增长95.2%。

（2）证券公司规范治理取得成效。2006年10月，江海证券公司吸收合并天元证券公司并增资扩股方案获得证监会正式批复，新公司定名为“江海证券有限责任公司”。2006年年末，江海证券公司吸收合并天元证券并增资扩股后，资产总额28.1亿元，负债总额24.7亿元，净资产3.3亿元，净资本2亿元，营业收入1.2亿元，净利润1 275万元，全部风险控制指标符合中国证监会的规定。

（3）上市公司股权分置改革工作进展顺利。截至2006年12月31日，黑龙江省30家境内公司中已有19家完成股权分置改革、3家进入股改程序。已完成改革的公司市值占辖区上市公司总市值的80%。

2. 证券业发展需要关注的问题

部分上市公司股权分置改革工作仍存在障碍。一是流通股股东与法人股股东沟通难；二是股权分布不合理可能导致股票被机构集中持有；三是控股股东持有股权被冻结或尚处于过户阶段，股权分置改革工作暂时难以启动；四是部分上市公司资产质量和经营业绩较差，股权分置改革工作难以推进。

## （三）保险业

1. 保险业发展整体情况

（1）保险业务持续发展。2006年，实现保费收入157.2亿元，同比增长12.6%。其中，财产险保费收入27.6亿元，同比增长32.7%；人身保险实现保费收入129.5亿元，同比增长9.0%。从保费规模来看，在全国各省（自治区、直辖市）排名中列第13位。保险密度为411元/人，比上年同期增长12.6%；保险深度为2.5%，比上年同期增长0.13%。

（2）保险市场体系进一步健全。2006年12月，共有省级保险分公司17家，比上年增加2家，其中：寿险公司9家，产险公司8家。相互制保险公司1家，保险中介机构及其分支机构81家。保险市场主体数量的增多以及组织形式的多样化进一步推动了有效竞争，提高了保险资源配置的有效性。

（3）保险功能进一步发挥。2006年，保险业共支付各类赔款和给付34.4亿元，同比增长36.7%。为各类财产提供了8 196亿元的风险保障，累计为3 000多万人次提供了1万亿元的人身风险保障。“11·25”鸡西远华矿难、双城周家镇送子车事故等重大突发事件发生后，保险公司认真履行保险责任，对迅速恢复生产生活秩序、维护社会稳定做出了积极贡献。

（4）农业保险试点范围逐步扩大。2006年，阳光农业相互保险公司将农业保险业务由全垦区扩大至全省行政区。在稳健经营种植业保险的同时，不断拓展业务领域，开展特色养殖业保险业务。目前，已组建1家分公司，9家中心支公司，94家保险社和2 000家保险分社，共有会员14.5万人，为辖内2 464万亩粮食作物提供风险保障，形成覆盖全省行政区的农业保险服务体系。2006年，实现农险保费收入2.3亿元，赔款支出1.9亿元。

2. 保险业发展需要关注的问题

区域保险业务发展不均衡。城乡之间、经济发达地区与欠发达地区之间、中心城市与中小城市之间，保险市场发展程度差距较大，特别是在一些偏远地区机构偏少。保险业务品种发展不平衡。财产险中车险发展较快，占主导地位，企财险、家财险等险种有待发展；人身险业务中，分红险发展较快，保障类品种发展较慢。保险公司服务质量不高。部分保险公司重销售轻服务，存在消费者购买产品后出现理赔难、保险从业人员误导消费者等问题。

## 三、金融市场与金融稳定

### （一）金融市场运行的整体情况

2006年，黑龙江省货币市场稳步发展，交易规模不断扩大，外汇和黄金市场处于培育期，产权市场长足发展。

1. 间接融资仍为主要融资方式

2006年，非金融机构融资仍以间接融资为主，通过贷款融资315亿元，占融资总额的97.3%；直接融资只有2家企业，发行短期融资券8.8亿元，占融资总额的2.7%。

2. 货币市场运行平稳

2006年，信用拆借的交易量持续增长，累计完成信用拆借136笔，金额113.4亿元；同业拆借网下融资受省联社同业存放资金增加影响，融资额下降55.3%，累计成交61.6亿元。

3. 债券市场交易活跃

2006年，黑龙江省债券交易总量6 339.8亿元，较上年同期增加2 618.3亿元，增长70.4%；现券买卖金额3 004.7亿元，增长了近两倍；债券回购交易量3 343.4亿元，增长24.4%。债券交易业务的开展提高了金融机构资金流动性管理水平，促进了各项业务发展。

4. 票据融资快速增长

2006年，黑龙江省票据融资余额281.4亿元，比年初增加85亿元，增长43.3%，同比多增110.9亿元，增幅同比提高54.9个百分点。2006年，票据融资无论是在增幅还是在月度新增额上，变动幅度均高于上年同期。

5. 外汇和黄金交易市场处于培育期

2006年，黑龙江省有2家金融机构为中国外汇交易中心银行间同业外汇市场会员，受外汇资金规模小、定价能力弱等因素影响，外汇交易量较小，其中，美元交易146笔，金额7 245万美元。有2家金融机构开办了“纸黄金”业务，成交645.6万克。

6. 产权交易规模逐步扩大

2006年，共完成各类产权交易382宗，交易资产额144.2亿元，交易金额45.2亿元。通过产权转让盘活了国有资产，产权市场得到了发展。

### （二）金融市场运行需要关注的问题

1. 债券市场交易主体少，发展缓慢

目前，全国银行间债券市场的交易主体已增加到上千家，而黑龙江省只有4家银行间债券市场成员，其中1家目前还没开办业务，市场份额极小。

2. 商业银行资金在同业拆借市场中相对封闭

大部分商业银行总行对省内分支机构未授权拆借资金权限。各商业银行在头寸紧张时，除向上级行借入资金或者向人民银行申请再贷款外别无其他途径筹集资金；头寸闲置时又无法合理有效运用闲置资金，只能存放上级行，这在一定程度导致商业银行资金融通渠道不畅。

## 四、金融基础设施与金融稳定

### (一) 支付清算系统与金融稳定

2006 年，黑龙江省基本形成以大额支付系统和小额支付系统为核心、各商业银行行内系统为基础、票据交换系统并存的支付清算体系，系统整体效率和安全程度大大提高，业务量稳步增长，为辖区经济金融稳健运行创造了良好的条件。

1. 支付清算系统运行情况

大、小额支付系统运行平稳。2006 年 4 月，小额支付系统上线运行。全年共发生借记业务 6 866 包，7 612 笔，金额 1.9 亿元，贷记业务 95 555 包，56.4 万笔，金额 4.1 亿元；大额支付系统运行正常，共清算资金 44 335.4 亿元，发出往账 234.8 万笔，金额 21 761.4 亿元，来账 177.9 万笔，金额 22 574 亿元。目前，省内现代化支付系统直接参与者 46 家，间接参与者 1 491 家。同城清算系统正常运行。2006 年，交换票据 661.4 万笔，清算资金 17 048.9 亿元。电子银行业务稳步上升。黑龙江省内各银行机构电子商务客户、其他单位客户和个人客户分别发展到 10 万家、18 万家和 657.8 万人，电子银行交易笔数达 2 220 万笔，交易总金额 8 739.7 亿元。

2. 清算系统需要关注的问题

由于小额支付系统收费对商业银行中间业务影响小等原因，其利用率不高，很大一部分应该由小额支付系统处理的贷记业务仍进入大额支付系统处理。

### (二) 征信体系与金融稳定

1. 人民银行征信体系建设成效显著

以企业和个人信用信息基础数据库为主的人民银行征信体系已成为记录和查询黑龙江省企业和个人信用信息的主要载体，为金融机构提高审贷效率和决策水平、强化贷后风险管理提供了重要依据，在防范信贷风险和促进地方信用体系建设方面发挥了重要作用。

企业征信系统运行情况良好。2006 年，黑龙江省企业征信系统已收录全省借款企业 10.3 万户，基本覆盖所有与银行有信贷业务关系的企事业单位，金融机构查询用户 1 200 户，月平均查询次数达到 5 000 余次。2006 年 7 月，该系统升级为企业信用信息基础数据库，数据项由原来的 300 多项扩大到 800 多项，除包括商业银行目前所办理的与借款人相关的各项信贷业务信息外，还增加了与借款人相关的非银行信息等内容。

2. 中小企业信用等级评价试点工作顺利开展

2006 年，人民银行与政府有关部门联合开展了信用等级评价试点工作，为培育和发展信用评级市场进行了大胆尝试。信用评级机构作为社会征信体系的重要组成部分，为全省 152 户中小企业进行了信用评级，提高了中小企业信息透明度，为金融机构进行内部评级提供了外部参考依据，为银企合作搭建了桥梁。

3. 社会征信体系建设需要关注的问题

工商、税务、电信、质检、房产管理等部门在各自领域内已完成省内以及市（地）区域内的信息集中，但由于目前征信立法尚未出台，各部门、各行业的信息壁垒难以打破，信息共享既缺乏必要的法律依据，又受到行业规定的限制，与人民银行征信体系进行信用信息集中的内在需求相矛盾，是目前征信体系建设亟待解决的问题。

### （三）反洗钱与金融稳定

反洗钱工作机制进一步完善，工作成效初步显现。建立了黑龙江省反洗钱工作联席会议制度，完善了反洗钱工作协调机制。不断拓宽数据监测范围，优化分析手段，监测分析质量提升较快。与公安机关联合开展反洗钱“流金行动”，成功破获一起涉嫌非法外汇资金交易案件，涉案金额约合人民币 738 万元。

## 五、总体评估与政策建议

### （一）总体评估

2006 年，黑龙江省经济继续保持快速增长，为金融发展与稳定营造了良好的宏观环境。金融业整体运行平稳，国有商业银行改革稳步推进，城乡两社改革进展顺利，成效显著，中小金融机构实力增强；证券交易活跃，证券机构步入良性发展时期，上市公司、证券和期货经纪公司风险得到有效化解；保险市场建设进一步完善，业务快速增长。辖内金融系统防范和化解金融风险的能力有所提高，金融业运行平稳。但银行业竞争力与外资金融机构存在一定差距，不良贷款反弹压力不容忽视；股权分置改革存在流通股股东与法人股股东沟通难，部分股权分布不合理，可能导致股票被机构集中持有等问题应引起重视。

### （二）政策建议

1. 提高经济增长质量，优化信贷结构

认真落实科学发展观，增强经济发展的可持续性。进一步优化、调整产业结构，积极扶持高成长性行业和高技术产业；优化信贷结构以适应产业结构的调整与升级，引导金融机构在贯彻国家宏观调控政策下，坚持“区别对待、有保有压”的原则，在保住存量、稳定优质客户的同时，积极去寻找、挖掘和扶持产品有市场、科技含量高、经济效益好的企业。通过资金在产业间的配置来支持产业结构调整与升级，提高经济增长质量。促进产业发展与银行信贷相互支持、良性互动，以确保辖区经济金融稳步发展。

2. 继续深化金融机构改革，增强发展能力

提高银行业金融机构整体经营能力。一是继续推进国有商业银行改革，不断健全和完善公司治理，加强和改进内部控制和风险管理；二是鼓励城市商业银行加快发展，积极引进合格战略投资者，增强资本实力，加强风险管理，改善资产质量，完善公司治理；三是稳步推进农村信用社产权制度改革，加快统一法人社、农村合作银行的组建步伐，逐步完善农村金融服务体系；四是加强金融机构创新能力，加快体制、机制、业务创新，切实转换经营机制、改变增长方式，稳步提升持续发展能力和核心竞争力。

巩固证券公司和上市公司综合治理成果。推动辖区股权分置改革进程，逐步化解潜在的风险隐患。提高证券公司内控和风险管理水平，逐步完善信息披露机制，进一步强化内部风险机制。

推动保险业健康快速发展。进一步发挥行业服务和行业自律等职能，提高服务质量，做好市场定位和产品创新工作，密切关注保险业潜在的风险隐患。

3. 进一步改善金融生态环境，提高金融运行水平

积极推进“诚信龙江”建设，全面提升金融安全水平。完善法制法规，加大对非法金融活动、企业逃废债行为的打击力度，提高金融案件的执行率，维护金融机构合法权益；做好中央银行信贷登记咨询系统和个人征信系统建设工作，为营造良好的金融生态环境打好基础；加强金融信息化建设，充分运用现代信息技术手段，提高金融交易、金融服务的效率并确保信息安全。

4. 加强金融稳定监测系统建设，防范和化解金融风险

协调有关部门充分发挥区域金融稳定协调机制作用，以信息共享平台为依托，对辖区内经济金融发展出现的问题定期沟通；加快建立区域金融稳定监测评估预警系统，对金融风险的出现做到早发现、早预防；建立重大风险处置预案，防止突发性的金融风波发生和蔓延。

总　纂：张　莹
统　稿：关立群
执　笔：李　丹
其他参与写作人员：卢　刚　孙丽颖　成秋如　刘　恕　刘祥贵
孙　磊　张志军　杨　捷　姜天怡　高　扬
贾　丽　谢淑清　薄　岩

# 2007年上海市金融稳定报告摘要

2006年，上海按照党中央、国务院加快“四个中心”建设的战略部署，坚持以科学发展观统领经济社会发展全局，正确处理改革、发展和稳定的关系，国民经济继续保持健康发展势头，实现了“十一五”良好开局。同时，上海金融改革取得新的突破，金融业在改革中稳健运行，银行、证券、保险机构不断发展壮大；金融创新取得新的进展，上海银行、证券、保险业务领域合作、金融产品合作、跨市场债券品种、金融衍生工具、资产证券化等多种形式的交叉性金融工具发展迅速；金融组织的综合化经营也得到积极探索。金融对外开放继续加快，金融体系日益完善，金融市场不断健全，金融交易规模明显扩大，金融中心的集聚和辐射功能进一步显现。上海金融业整体竞争实力和抗风险能力明显增强，金融体系稳健性进一步增强。

## 一、经济环境

2006年，上海市认真贯彻落实国家宏观调控政策，国民经济继续保持健康发展势头，呈现出增长较快、结构改善、质量提高的特点，实现了“十一五”良好开局，为上海金融稳定创造良好外部环境。

### （一）上海经济持续较快发展为金融稳定创造良好环境

在国内外良好的经济形势下，上海经济总量首次突破万亿元，同比增长12%，连续15年保持两位数增长，上海经济增长质量进一步提高。

1. 经济增长方式逐步转型

从三大需求看，固定资产投资得到较好控制，已连续两年实现增幅回落，消费增长强劲，出口稳定增长，需求结构日趋优化，投资拉动型增长方式正在逐步转变。投资结构有所变化，房地产开发投资增幅继续回落，城市基础设施投资和工业投资增幅有所回升，已成为投资增长的主要推动力量。上海居民消费持续活跃，消费对经济的拉动作用逐步增强，需求结构日趋优化。出口继续保持平稳较快增长。2006年，上海实现进出口双超1 000亿美元，外贸进出口增幅差距进一步缩小，贸易进出口基本平衡。

2. 产业结构进一步改善

上海不断强化“两个优先”发展战略的执行力度，第二、三产业共同推动经济增长的格局进一步巩固。随着产业结构不断优化升级，上海节能降耗工作稳步推进，节能降耗领先全国，持续发展基础更加牢固。

3. 利用外资质量继续提高

上海注重引进外资的效率和效益。放大外资在经济影响中的“正效应”，优化结构，拓展产业集聚和市场配置功能，吸引众多国际大资本集团，在上海建立具有辐射和管理调控功能的跨国公司地区总部、投资性公司和研发中心。

4. 房地产市场调控成效显现

2006 年，上海房地产开发投资 1 275.6 亿元，增幅继续回落，房地产开发投资占全社会固定资产总额的比重下降 2.7 个百分点，房地产价格基本稳定，房地产市场调控成效显现。

5. 财政、居民收入均保持较快增长

2006 年，上海城市和农村居民家庭人均可支配收入双双实现两位数增长，居民消费价格保持平稳，就业形势总体稳定。

### （二）经济运行环境中需要关注的方面

经济的持续稳健增长，为金融稳定奠定了良好基础。但仍需对影响金融稳定的潜在因素保持高度关注，及时采取应对措施，维护金融体系的稳健发展。

1. 全球经济金融风险的传递

随着国际金融中心建设的推进，上海经济金融对外开放日渐提高，国际经济金融发展中的能源价格高位波动、全球经济失衡矛盾突出、贸易保护主义加剧，地缘政治和安全局势错综复杂、全球经济形势变化存在着的不确定性都可能对上海金融稳定产生一定的影响。

2. 投融资体系的结构性矛盾

2006 年，资本市场发生转折性变化，上海投融资结构失衡的现象有所改善，直接融资比例上升，整体风险度降低。但上海经济金融发展中投融资结构不够合理；经济增长对银行信贷依赖度过高等矛盾仍较为突出，经济增长的金融风险仍过度集中于银行体系，对经济可持续发展和金融稳定构成影响。直接融资分散风险的作用有待于进一步发挥。

3. 资产价格可能出现的波动

2006 年，沪市股票资产价格大幅上扬，年底沪市的平均市盈率较前一年增长 103.9%，约为同期恒生指数（主板）平均市盈率的 1.92 倍，标准普尔 500 指数平均市盈率的 1.96 倍。2006 年上海房地产市场热度及信贷投放虽有所回落，但价格仍处于高位，房地产信贷投放比重依然偏高。

4. 人民币汇率变动的准确应对

2006 年，人民币汇率一直呈现单边小幅升值的趋势，升值幅度为 3.24%。人民币升值形成外汇存款与外汇贷款此消彼长的变化趋势，银行外汇流动性风险加大，由此引发的期限错配和币种错配问题值得关注。

5. 外商直接投资增长持续放缓

2006 年，上海吸引外商直接投资增幅继续回落，一方面反映我国“宽进严出”外资政策的变化，另一方面也反映国际产业转移的某种变化。

## 二、金融业运行

2006年是“十一五”的开局之年，我国金融改革迈出重大步伐。商业银行股份制改革迅速推进，农村信用社改革进展顺利，资本市场改革实现突破，保险业改革取得进展。上海金融业在改革中稳健运行，银行、证券、保险机构不断发展壮大，金融业整体竞争实力和抗风险能力明显增强。

### （一）银行业稳健运行

1. 上海银行业发展概况

2006年，上海银行业总体运行平稳，资产规模增长较快，盈利能力持续增强，整体实力和抗风险能力不断提升。一是资产规模增长较快，盈利能力持续增强，盈利结构有所改善；二是存款增速有所放缓，贷款增长适度，受资本市场持续走强影响，各项存款结构出现新变化，储蓄存款分流，存款活期化情况较为明显；三是不良贷款余额和比例连续实现“双降”，信贷资产质量继续改善；四是机制改革不断深化，创新业务增长加快。

2. 银行业发展中需要关注的方面

（1）银行信贷集中化倾向值得重视。2006年，上海中资金融机构贷款继续向大型企业和集团性企业集中的趋势更加明显。贷款过度集中持续出现，将影响整个金融系统资金的运作效率。同时，由于大客户特别是集团客户内部组织结构错综复杂，风险具有一定的隐蔽性，银行信贷资金存在的风险隐患值得重视。

（2）资产负债期限错配现象值得关注。在商业银行存款出现分流、负债出现短期化趋势的同时，信贷投向却继续表现出“喜大（大项目）好长（中长期）”倾向。

（3）融资格局逐步变化对商业银行资产负债的双重挤压。随着直接融资市场各项发展措施的落实，不同程度上将使商业银行依靠存贷利差生存的传统模式受到挑战并对商业银行定价能力产生压力。

（4）流动性过剩压力有待缓释。近几年，上海中资商业银行贷存比持续下降。尽管商业银行加大有价证券投资力度，但超额备付水平仍处于较高水平，资金面充裕。商业银行应不断开发创新产品，调整优化资产结构，缓解银行流动性过剩的压力。

（5）房地产信贷潜在风险需要警惕。2006年，随着房地产宏观调控措施的逐步到位，房地产行业的潜在风险可能进一步释放。表现在：一是受市场成交持续低迷的影响，房地产开发贷款的展期、重组现象增多，影响开发贷款的正常归还；二是按揭贷款违约现象明显增加。

（6）合规风险管理水平仍需提高。近年来上海银行业内控管理制度建设不断加强，机构合规组织框架和功能不断完善，但在银行体系流动性过剩、上市银行股价的维持和开放竞争等压力日益增大的背景下，银行业合规风险管理水平仍需继续提高，案件预防和控制工作仍需加强。

### （二）证券业发展壮大

2006年，中国资本市场取得巨大发展，股权分置改革、上市公司清欠工作取得了显著成效；投资者信心极大恢复，价值投资理念开始回归。

1. 上海证券业发展概况

一是企业证券融资增长迅速；二是证券机构经营情况大幅改善，2006年，伴随着中国证券市场的持续上涨和证券公司治理结构的不断完善，上海证券机构经营效率得到较大程度提高；三是企业股改和清欠工作基本完成；四是上海证券公司综合治理取得较大成效，部分存在问题的上海证券公司流动性和财务稳健性进一步好转，资产质量明显提高，防范风险能力逐步增强，证券公司客户结算资金第三方存管业务开展顺利。

2. 证券业发展中需要关注的方面

（1）关注证券市场持续上涨过程中的资产价格风险。目前，沪市整体市盈率水平不仅高于成熟资本市场国家的市盈率，也高于新兴市场国家资本市场的平均水平，但沪市整体净资产收益率、分红收益率等重要指标却落后于其他市场，资产价格风险值得关注。

（2）关注证券经营机构公司治理和内控机制的建设。随着国内证券市场的全面回暖，上海证券行业在2006年整体取得了较好的盈利业绩。但从总体来看，各主要证券经营机构的收入还不够均衡，原有的盈利模式还未得到实质性的改变。因此，上海证券业应及时进行公司治理和内控机制等基础性制度建设，构建风险管理框架，加快证券行业发展。

（3）需要关注证券产品创新与投资者教育的脱节问题。金融期货是一个专业性强、风险程度高的市场。因此，要大力开展投资者教育和宣传普及工作，对市场投资者，特别是金融机构和证券市场投资者进行基础知识培训和风险教育。增强投资者风险意识、提高投资决策的水平。

（4）关注全流通时代可能出现的新情况新问题。2006年，资本市场扭转了连续多年的低迷状态，快速上涨的行情容易使投资者忽视我国资本市场“新兴加转轨”的特征以及潜在的深层次问题。同时，在全流通背景下，股权分散化可能产生新的利益驱动机制，将使市场更为复杂。

### （三）保险业快速发展

1. 上海保险业发展概况

2006年，上海保险业发展速度加快，保险业规模增加较快，保险市场发展空间不断拓宽。主要体现在以下方面：

一是保险市场主体日益丰富，多元化竞争格局逐步形成。二是保险业务规模持续快速增长。2006年，上海保费收入合计407.04亿元，同比增加73.43亿元，增幅为22.01%，为近3年增长最快的一年。行业集中程度维持在较高水平。三是保险业的功能性作用日益体现。四是保险市场发展空间不断拓宽。2006年，上海保险业发展面临重大机遇。《国务院关于保险业改革发展的若干意见》（简称国十条）和《上海保险业发展“十一五”规划

（草案）》相继出台，为上海保险业发展树立了长期战略远景规划，促进上海保险市场基础性制度不断完善，进一步拓宽上海保险业的发展空间。

2. 保险业发展中需要关注的方面

（1）保险覆盖面亟须提高与行业发展基础仍较薄弱的矛盾。随着经济和社会的发展，社会对保险的需求和要求越来越高。近年来，上海保险业虽然发展较快，总体看来，保险企业经营机制尚未发生根本转变，业务单一，产品同质化现象比较严重，公司财务稳健能力和盈利能力不强，行业总体发展基础仍较薄弱。

（2）保险行业诚信形象建设与市场秩序难以有效规范的矛盾。上海保险市场秩序较为突出的问题包括保险理赔难、销售误导、非理性价格竞争和数据不真实等，导致整个行业信任度下降。

（3）利率市场化趋势与保险产品定价能力较低的矛盾。目前，保险业对日益加快的利率市场化趋势还普遍缺乏足够的准备和应对能力。同时，目前保险公司管理水平比较低，经营成本特别是营销成本和管理成本不断攀升，部分保险公司盲目追求短期利益，损害了行业整体的稳健经营能力，使企业后续创新能力的发展受到阻碍。

（4）资金运用放宽与保险机构风险管控能力有待提高的矛盾。2006 年《国务院关于保险业改革发展的若干意见》的出台，在政策和理论层面上全面拓宽保险资金运用渠道，至此，保险资金的可投资渠道在政策层面已经全部打通。保险资金的投资运作，正日益成为保险企业总利润的主要来源。投资渠道拓宽在提高保险公司投资收益率的同时，也对保险公司的风险管控能力提出新的挑战。目前，一些保险机构已成立专门的资产管理公司，但由于其资金运用管理体制不够完善，风险管理能力还有待提高。对依赖于各大类资产上涨带来的高收益率是否能延续，应当保持足够的谨慎。因此，保险业应当加快资金运用管理体制改革，切实提高资产风险运用和投资风险管理能力。

（5）再保险“稳定器”作用的发挥与再保险业发展相对滞后的矛盾。再保险业是“保险的保险”，是保险业的“稳定器”。目前上海再保险业发展相对滞后，在一定程度上制约了上海保险业的持续健康发展。而保险市场不规范经营又阻碍了再保险业的发展。2006 年我国全面取消法定分保比例，中资再保险公司的经营压力进一步加大。中资再保险公司应加快改革，建立健全内部控制机制和风险控制体系，为我国保险市场的发展提供再保险保障。

## 三、金融业综合经营

金融业综合经营是我国金融业在深化改革、对外开放形势下提高国际竞争力的必然选择。随着 2005 年 10 月国家“十一五”规划提出稳步推进金融业综合试点，上海金融产品综合化和金融组织综合化趋势也不断加快。上海银行、证券、保险业务领域合作、金融产品合作、跨市场债券品种、金融衍生工具、资产证券化等多种形式的交叉性金融工具发展迅速；同时，金融组织的综合化经营也得到积极探索。

## （一）上海金融业综合化经营稳步探索

1. 金融产品综合化经营发展迅速

上海金融机构的产品综合化经营表现为以跨市场交叉性金融工具为主的特点。上海跨市场交叉性金融工具发展较早，品类较为齐全，涉及银行、证券、保险业以及货币市场、资本市场和保险市场，且多以货币市场与资本市场业务上的交叉为主导。

2. 金融组织综合化经营稳步推进

随着金融业综合经营试点政策的逐步明确，上海积极推动金融业综合经营试点，金融组织综合化经营加速孕育，形成了一批对金融机构绝对和相对控股的企业集团以及金融控股公司雏形，呈现覆盖面广，品类齐全的特征。以直接或间接持有金融机构50%以上股份作为绝对控股标准，以持有股份低于50%但拥有人事、财务、经营决策等实际控制权为相对控股标准，目前，上海已发展形成9家绝对或者相对控股金融机构的企业集团或金融控股公司雏形。既有由非金融企业向两种以上金融行业投资和控股，又有地方政府成立或主导的管理地方国有资产的投资经营公司，还有由金融机构跨行业设立的其他类型金融机构。此外，还有一些证券、保险公司为了做大、做强，扩大市场份额，形成了“保险控保险”、“证券控基金”的同行控股现象。

## （二）金融业在综合经营探索中需要关注的方面

金融创新在促进金融发展的同时，也可能带来新的风险。金融业综合经营为金融创新提供了广阔的空间，但对在此进程中可能产生的一些潜在风险也应予以重视。

1. 跨市场金融风险的传递路径

从某种意义上讲，跨市场金融风险源自金融综合化经营趋势下跨市场的金融创新。通过金融创新产生的跨市场、跨行业交易载体、交易方式以及组织形式打通了资金流动的通道，使风险在金融市场的各个子市场传递，进而向银行、证券、保险类机构扩散传递，从而产生各种关联风险：一是以货币市场为基点单向传递；二是以资本市场为中心扩散传递；三是金融风险跨境传递的速度、影响力不断增加。

2. 综合化经营对金融监管协调性的要求

协同效应和收益多元化是综合经营的主要优势。但同时综合经营的不同行业业务之间的联动，也容易造成风险的传递，客观上要求相关监管部门也发挥协同效应，加强监管协调，完善监管机制。

3. 金融业综合经营相关法律法规的规范和引导

目前，我国现行法律法规尚未对金融控股公司做出规定，相关的运作机制和监管约束还不明确。随着国际竞争加剧和我国入世过渡期的结束，迫切需要立法来界定金融控股公司的权利和义务，明确监管主体，确立金融控股公司母公司的机构性质，为我国金融机构与国际金融机构平等竞争建立良好的外部环境。

4. 金融控股公司的金融资源整合能力和风险控制能力

金融控股必然涉及较为复杂的股权结构、业务关系和法人关系，并产生控股公司和子公司之间的控制权和委托代理等问题，增加内部治理、风险控制和风险管理的难度。风险管控相关机构要加快建立和完善防火墙制度，严格将不同金融子公司或者经营实体的风险限制在各自的业务领域，防止风险的扩散和蔓延，加强风险集中度和关联交易的风险控制，将金融控股公司母子公司、各子公司之间金融风险传染和放大的可能性减少到最低程度。

## 四、金融开放与国际金融中心建设

建设上海国际金融中心是国家的一项重要战略。2006 年，上海金融对外开放继续加快，金融体系日益完善，金融市场不断健全，金融交易规模明显扩大，金融中心的集聚和辐射功能进一步显现。上海市政府《上海国际金融中心建设“十一五”规划》的发布，进一步推动了上海国际金融中心的建设。

### （一）上海金融迈向全面开放的新阶段

1. 外资金融机构加快进驻上海

加入世贸组织后，上海金融业对外开放进程明显加速，外资银行在沪机构的扩张势头较为迅猛。截至 2006 年年末，上海外资银行营业性机构已达 100 家；外资银行在上海设立的代表处已达 106 家，已有 31 家外资银行选择上海作为在华业务的主报告行，约占外资银行在华主报告行的七成以上，在上海外资银行资产总额占全国外资银行资产总额的 56%。中外保险业的融合日益加深，保险业对外开放不断扩大，已有 10 余个国家和地区的 24 家保险公司进入上海保险市场，保费收入的市场占有率已达 19.17%。此外，还组建了 19 家合资证券公司和基金公司。

2. 外资银行市场份额不断扩大

截至 2006 年年末，上海外资银行资产总额达 5 094 亿元，占上海金融机构资产总额的 14%，比 2005 年年末上升 1.2 个百分点；本外币贷款余额 2 635 亿元，占上海贷款市场份额的 14.2%，比 2005 年年末上升了 2.3 个百分点，占全国外资金融机构的 57%。

3. 货币市场对外开放程度日渐提高

自 1998 年起，上海外资金融机构获准参与货币市场交易，交易量逐年增加。2006 年国际金融公司再次在银行间债券市场发行人民币债券，进一步推动了银行间市场的对外开放。国际货币产品交易合作取得新的进展。2006 年 4 月，中国外汇交易中心和芝加哥商品交易所（CME）在上海举行了国际货币产品交易合作协议文本互换仪式。

4. 资本市场与国际金融市场的联系进一步加深

一是 QFII 资金集中在上海结汇；二是 QDII 业务率先在上海试点；三是上海企业境外上市筹资增加较快；四是境内外资金联动效应逐渐显现，2006 年随着更多 H 股公司“回归”以及同时投资 A 股和 H 股的投资者增多（尤其是 QFII、QDII 规模扩大后），两地相关板块的股价将进一步融合并呈现更为紧密的联动关系，国内资本市场与国际资本市场将进一步接轨。

## （二）国际金融中心建设实质性推进

2006年，上海金融机构继续集聚，金融市场继续完善，金融交易明显扩大，金融中心的功能效应进一步显现。

1. 金融机构集聚明显

截至2006年年底，上海分行级银行类金融机构82家，注册地在上海的法人证券公司18家，基金公司28家，分公司级以上（包括保险资产管理公司）保险类金融机构76家。还有中国银联公司、27家全国性金融机构的业务运营总部（信用卡中心、票据中心、资金运作中心、数据中心等）、货币经纪公司、农业保险公司、汽车金融公司、资产管理公司等新型金融机构相继落户上海，形成比较完善的金融机构体系。

2. 金融市场日益完善

上海设有全国统一的银行间同业拆借市场、债券市场和外汇市场，汇聚了证券、商品期货和黄金三大交易所，形成了较为完备的金融市场体系，确立了国内金融市场的中心地位。2006年，随着金融市场制度建设和产品创新稳步推进，上海金融市场快速健康发展。2006年9月，上海金融期货交易所的成立，进一步完善了金融市场体系，健全了市场对资源的配置功能。金融市场创新动力强劲，陆续推出上海银行间同业拆借利率（Shibor）、商业银行混合资本债券等一批有重大影响的基础金融产品和金融衍生产品，有力地提升了上海金融市场的集聚和辐射力。企业融资渠道日益丰富，银行间债券市场的发债主体趋于多元化，非银行金融机构的融资渠道进一步拓宽。

3. 金融交易十分活跃

2006年金融市场交易总量达60.95万亿元。截至2006年年末，上海证券交易所全年累计股票成交额5.78万亿元，占沪深两市成交总额的63.87%。上海期货交易所全年累计成交12.61万亿元，占全国市场交易总额的60.03%；累计成交量为1.16万手，占全国市场总额的25.86%。拆借市场资金充裕，市场利率波动上行；债券交易量快速增长，回购利率整体回升；股票一级市场融资功能增强，二级市场成交量显著放大；外汇市场交易活跃，远期成交波动较大，掉期市场快速成长；黄金交易价格创新高，交易规模继续扩大；票据市场平稳规范，发展速度放缓；利率震荡上行，票据流量出现新动向。

4. 资金聚集效应继续显现

从上海金融机构参与货币市场的情况看，基本延续了2005年的态势，证券业和保险业通过同业拆借、债券回购等货币市场工具从银行业获取短期资金。股票市场、债券市场的活跃也在不同方面反映资金的大规模聚集。

5. 国际收支规模稳步扩大

与持续发展的外向型经济相适应，上海国际收支规模稳步扩大。经常、资本项目呈现净流入、净结汇态势。

6. 金融政策支持较为积极

建设上海国际金融中心是一项国家战略。2006 年，上海制定颁布了《上海国际金融中心建设“十一五”规划》，成为加快推进国际金融中心建设的重要举措。上海在国际金融中心建设中，不断改善金融生态环境，完善支持金融业发展的政策措施，增强上海金融的集聚和辐射力，为上海国际金融中心建设奠定了一定基础。

### （三）金融开放和国际金融中心建设中需要关注的方面

1. 外资金融机构（集团）进驻上海的进程和路径

随着全球金融一体化进程的加快，上海作为改革开放的窗口，既面临重大的发展机遇，也面临新的挑战。因此，对国外同一家公司分别介入国内不同金融机构，比如银行、保险、基金以及相关实业的资本总量应有整体的把握。

2. 中外资金融机构相互促进和谐发展的环境

目前上海部分外资银行与中资商业银行在主营业务和经营行为上存在一定程度上的同质化现象，进一步加剧中外资金融机构间的竞争。宏观管理部门和监管当局应尽快为中外资金融机构创造更为公平的竞争环境，并引导与促进中外资金融机构优势互补、共同发展。

3. 跨境资金流动及其风险的扩散传递

一是控制外资银行短期外债规模，拓宽外资银行境内筹资渠道；二是继续关注外资进入上海房地产的情况；三是关注 H 股与 A 股的估值与价格差异引发的短期资本投机问题。

4. 金融中心建设中扶持政策的孵化作用

历史经验证明，各国金融中心的形成，离不开政策的扶持，有力的政策扶持是国际金融中心的孵化机。上海不但要坚定建设国际金融中心的战略目标，更要注意发挥“政府推动和市场驱动”两个轮子的作用，适当加大并落实对在沪金融机构和金融人才的财政税收、土地住房等实质性政策配套措施。同时，加大对金融中心建设的宣传力度，提高对上海建设国际金融中心的社会认知度和国际影响力。

## 五、金融基础设施建设

完善高效的金融基础设施是金融稳定运行的重要保障。2006 年，上海在支付清算体系、征信体系、反洗钱以及金融监管方面取得了长足的进步，支付清算高效可靠，征信系统日趋完善，反洗钱机制成效明显，金融监管有效性提高，在促进金融业的稳健运行、维护金融体系安全方面发挥了积极作用。

### （一）现代化支付系统建设取得积极进展

以支付清算系统为重要组成部分的支付体系是金融稳定运行的重要基础。2006 年，中国人民银行上海总部继续稳步推进上海地区性支付体系建设工作，在支付清算系统建设、支付清算风险防范、支付结算业务管理等方面开展了大量工作，继续保持地区支付、清算系统的良好运行态势，为地区金融稳定提供了切实、有效的基础服务。

### （二）征信体系建设发挥积极作用

良好的社会信用秩序是现代市场经济正常运行的重要基础。营造良好的信用文化，建立健全符合市场规范的社会信用体系和制度，对金融资源的优化配置、金融功能的正常发挥、金融体系的稳定运行具有特别重要的意义。企业征信系统功能日趋完善；个人征信系统正式运行；借款企业资信等级评估工作取得进展。

### （三）反洗钱机制得到明显加强

反洗钱是金融机构合规经营的基本要求，也是维护金融机构自身形象和声誉的需要。2006 年 10 月 31 日我国《反洗钱法》颁布，标志着我国反洗钱制度建设取得突破性进展，反洗钱工作进入一个新的阶段。反洗钱执法力度进一步加强；可疑资金监测分析水平日益提高；反洗钱案件查处成效突出。

### （四）金融监管有效性提高

有效的金融监管是金融机构稳健经营、金融体系稳健运行的重要保障。2006 年，上海银行业改革继续走向深入，金融创新不断涌现，以公司治理、合规管理和公司社会责任为着力点，促进银行业金融机构全面提升经营管理水平和风险管理能力。证券业监管实现较大转变，积极适应监管工作由集中攻坚为主转为常规监管的形势变化，创新监管方式，完善监管流程，落实监管职责，从而提高了证券期货监管工作的有效性；保险业监管取得较大成效，2006 年以来，上海保险业监管部门紧扣全面风险管理理念，坚持深化改革、加快发展、强化监管“三管齐下”的防范风险整体思路，不断加强市场行为监管，稳步推进行政处罚信息披露，使偿付能力监管迈出实质性步伐，为上海成为全国保险业“管理创新的先行区，风险防范的示范区，产品开发的试验区”创造了积极条件。

### （五）投资者保障体系正在建设

目前，我国已初步建立了证券投资者保护基金和保险保障基金，有利于保护证券业投资者和保险业投资者的合法权益，同时，存款保险制度也正在研究推进之中。投资者保障体系的逐步建立健全对维护上海金融体系的稳定具有重要意义。

总　纂：凌　涛
统　稿：边维刚　谢　斌
执　笔：边维刚　陈　静　杜要忠　顾　颖　郭　芳
李冀申　廖一榕　林春山　刘长青　司　巍
王同江　王维强　王新东　吴文旭　谢　斌
颜永嘉　杨德森　杨明奇　张国文　张红梅
张丽红　张雅楠　周伟忠　朱海明　庄　伟

# 2007 年江苏省金融稳定报告摘要

2006 年，在良好的国内外经济环境下，江苏省经济保持了持续快速的发展势头，经济增长的稳定性、协调性明显增强。全年实现地区生产总值21 548.36亿元，增长14.9%，金融稳定的经济基础进一步夯实。微观主体各项改革不断深化，对宏观政策、市场信号的敏感性增强。辖内工商银行、中国银行、建设银行和部分股份制商业银行严格按照上市银行和内部管理要求，稳步推进系统内扁平化、垂直化的管理体系建设，整合业务流程，风险管控能力和盈利能力进一步增强。银行业不良贷款持续保持“双降”，高风险中小银行机构通过兼并重组风险得到化解，地方法人金融机构资本充足水平进一步提高；证券业综合治理整顿基本结束，证券市场基础性制度障碍基本消除，投资者信心和证券市场功能明显恢复；保险业继续保持高位稳定增长的态势。金融生态环境进一步优化，政策环境、信用环境、司法环境、银企关系和中介组织体系得到明显改善，居民金融知识和风险意识有所提高。

总体看来，江苏经济金融正处于前所未有的又好又快的发展阶段，局部风险处在可控范围内，金融稳定状态良好，发生系统性金融风险的可能性较小。展望2007年，全球经济仍将在景气上升通道运行，中国经济有望保持8%左右的高速增长，江苏经济预计保持在11%的速度增长。随着金融业进入全方位开放的历史新阶段，一些新的不稳定因素可能出现，金融稳定工作将面临更为复杂的局面，需要我们不断提高风险识别能力和防范水平，进一步深化金融改革和加快金融创新，维护江苏金融稳定。

## 一、区域经济运行与金融稳定

2006 年，江苏省经济继续保持快速增长，经济增长的稳定性和协调性明显增强，经济运行的特征呈现“增长速度较快、经济效益较好、物价水平较低”的良好态势，为金融业的改革、发展和稳定提供了有利的经济环境。当前，江苏正处在人均 GDP 从 3 000 美元向 5 000 美元迈进的关键时期，工业化、城市化、国际化进入了新的发展阶段，经济社会面临的一些深层次问题和矛盾日渐复杂。比如投资和消费失衡、房地产价格较高、外贸依存度较高、流动性过剩、区域经济发展不平衡、部分行业产能过剩、劳动力结构性短缺等问题，如果处理不好，将影响辖区金融稳定和经济持续健康发展。

### （一）房地产投资和价格

目前，房地产业已逐渐成为江苏省经济社会发展的支柱性产业，对其他产业的发展具有较强的关联和波及效应。同时，房地产作为一种特殊的商品，其价格波动与金融稳定密切相关。一方面房地产市场的发展高度依赖金融机构，银行信贷资金贯穿于土地储备、房地产开发、销售和装修等各个环节。另一方面，银行各项贷款中以土地及房地产抵押形式发放的贷款占有很大比例。一旦房地产价格大幅回落，与银行信贷资金相关的抵押房地产的市场价值将急剧缩水，银行信贷资金的安全将受到严重威胁。2006 年，在国家对房地产市场宏观调控的大背景下，江苏省房地产发展进入调整期，但房地产投资增速和价格依然较高。在今后一段时期内，房地产业仍将是金融机构的重点客户，尽管目前房地产贷款不良率较低，但从长期看，这个领域的潜在风险应当引起关注。

### （二）外贸依存度

当前江苏省外贸依存度高，与部分地区投资增长过快、产能过剩等问题交织在一起，相互影响，增加了经济结构调整的难度。江苏省 2005 ~ 2006 年外贸依存度连续两年超过100%，比全国平均水平高近 40 个百分点。苏州市外贸依存度连续两年超过 250%。外贸依存度高意味着经济增长对外依赖度大，增加了遭受内外部冲击的风险。

### （三）集团企业关联交易

近年来，随着经济体制改革的逐步深入，经济的持续繁荣，江苏省集团企业的数量和规模日趋壮大。集团企业的发展提高了江苏经济活力，促进了经济结构调整。但由于单个集团企业经营规模较大，关联企业较多，担保链较长，一旦发生经营危机，势必对地方经济、利益相关者尤其是金融机构造成较大损失，导致银行不良资产大幅上升，一定程度上影响地方经济金融稳定和投资环境。据统计，2006 年江苏省发生多起集团企业突发风险事件，每起事件都涉及多家金融机构。

## 二、金融业与金融稳定

### （一）银行业

2006 年，江苏省银行业继续保持稳定发展的态势。截至 2006 年 12 月末，江苏省银行业金融机构本外币各项存、贷款余额分别为 2.67 万亿元和 1.94 万亿元，分别比年初增加 4 034.26 亿元和 3 216.52 亿元。金融改革稳步推进，金融风险进一步化解，金融稳定性进一步提高。地方法人银行业金融机构资本充足率水平提高，抗风险能力增强。地方法人银行业金融机构初步建立了以资本金管理为核心的约束机制和资本金补充机制，不断提高自我补充资本能力。2006 年年末，辖内城市商业银行资本充足率和核心资本充足率分别比年初提高2.11个和2个百分点。江苏省农村信用社资本充足率比年初提高0.85个百分点。银行业金融机构总体不良贷款继续保持“双降”，资产质量全面提高。盈利水平大幅提高，地方法人银行业金融机构风险抵御能力进一步增强。全年江苏省辖内银行业金融机构本外币业务实现利润397.25亿元，同比增加89.51亿元。其中，城市商业银行和农村信用社分别实现本外币利润15.40亿元和40.58亿元，同比分别增加4亿元和6.02亿元。

但江苏省银行业仍然存在一些影响区域金融稳定的风险点，主要表现为：一是不良贷款反弹的压力较大；二是信贷集中风险仍然较高；三是贷款结构有待进一步优化。

### （二）证券业

股票市场的融资功能进一步恢复和发展，但企业债券发行处于停顿。2006年，江苏省共有10家公司境内发行上市，4家上市公司再融资，共筹资51.9亿元，其中首发筹资26.2亿元，再融资25.7亿元；有11家企业境外上市，合计融资额约60亿元（以上市日汇率折算）。截至2006年年末，江苏省共有境内上市公司99家，证券市场累计筹集资金591.18亿元。江苏省2003～2005年企业债券发行分别为34.5亿元、10亿元、12亿元，2006年没有企业债券发行。从世界经济发达国家更加注重发展企业债券市场情况看，江苏省资本市场的融资结构有待进一步改善。

经过近两年的综合治理，2006年，江苏省法人证券公司的历史遗留问题基本得到解决，风险得到妥善化解。东吴证券获得证监会规范类证券公司资格（至此江苏省6家法人证券公司全部为创新类或规范类证券公司，其中2家为创新类、4家为规范类）。各证券营业部经营效益大幅提高，法人证券公司全面盈利，市场运行平稳，总体上不存在大的风险隐患。江苏省期货公司风险总体可控，整体抗风险能力、运行质量和规范化水平较好。江苏省上市公司股权分置改革和清理大股东占用资金工作基本完成。上市公司资产规模和盈利能力普遍增强，截至2006年6月末，江苏省上市公司资产总额达2 372亿元，同比增长10.2%；实现主营业务收入990.15亿元，同比增长10%。

总体来说，2006年江苏省证券业在全国率先完成资本市场制度性改革目标，历史遗留风险问题得到很好化解，风险总体可控。但证券期货业的改革与发展面临的挑战和相关风险问题不容忽视：一是个别上市公司面临退市风险；二是证券公司综合治理与风险处置工作虽取得了显著成效，但证券行业的风险仍应引起高度关注；三是期货公司整体规模偏小，盈利状况有待进一步提高；四是期货投资者存在穿仓风险。

### （三）保险业

2006年，江苏保险市场总体运行平稳，实现了稳定持续健康快速发展，保险的经济“稳定器”功能进一步发挥。全年实现保费收入502.83亿元，同比增长14.98%，继续保持高位稳定增长的态势。财产险业务快速增长，2006年财产险保费收入120.42亿元，同比增长28.60%，比全国平均增速高出6个百分点。其中，车险保费增长率达到36.21%，比

2005 年提高了 22.01 个百分点。人身险业务平稳增长，2006 年保费收入 382.41 亿元，同比增长 11.26%，增速较 2005 年上升了 8.49 个百分点。寿险公司更加注重内含价值的长期稳健发展。2006 年，江苏省寿险业务续期保费收入 147.98 亿元，同比增长 18.65%，续期业务成为行业发展的主要动力。中介业务快速发展，2006 年，保险公司更加重视发挥保险中介的专业优势，江苏省通过专业、兼业、营销员三类中介渠道收取保费 285.72 亿元，占总保费收入的 62.53%。其中，通过专业中介实现的保费 14.61 亿元，同比增长 64.16%，营业收入 1.45 亿元。

2006 年，江苏保险业总体稳定，但存在的风险隐患表现为：一是保险市场违规问题仍然存在；二是财险公司经营效益有待进一步提高；三是寿险公司整体业务内含价值需要进一步提升。

### （四）金融业综合经营

近年来，金融业综合经营受到社会广泛关注。据统计，江苏辖内共有金融集团 6 家，主要呈以下两种模式：一是金融机构因控股与自身类型不同的金融机构而形成的金融集团；二是非金融企业因控股金融机构形成的金融集团。

从江苏金融集团的发展状况看，各集团公司大都能够利用自身综合经营的优势，通过各类控股机构开展多方位、跨行业的综合经营服务，加强财务管理，强化资本运作，取得了较好的经营业绩，保持了较高的盈利水平。集团及其控股金融机构注重并加强内控体系建设和风险管理，初步形成系统的内控制度、风险管理制度和信息披露制度，在公司治理和内控有效性方面取得了一定的实效。从现有金融集团内部看，大都探索建立了较为完善的公司治理组织架构，即：集团旗下各子公司实行独立法人、拥有自营执照，彼此间实行完全的单一经营、分业管理。控股集团内的这种分业经营，与目前我国金融业分业监管相适应，有利于外部的分业监管。调查发现苏州国际发展集团有限公司根据实践经验探索建立了“股权管理（暂行）办法”，据此向各控股金融机构通过委派股权代表形式管理国有资产，并在委派股权代表管理的基础上，进一步延伸出“首席股权代表制”、“股权代表负责制”、“首席股权代表报告制”、“内部审计制”为核心的内部控制及风险管理体系，有效地防范了金融风险。

当前，江苏金融集团主要存在以下突出问题：一是金融集团的法律地位不明确；二是金融集团的监管主体缺位；三是金融集团内部关联交易与多元化经营容易导致风险扩散。

## 三、金融改革与金融稳定

金融改革是化解金融风险，完善公司治理，建立现代金融企业制度，维护金融稳定的重要措施。2006 年江苏省金融业改革进展平稳，改革内容不断深化，并取得显著成效。

### （一）银行业改革

1. 农村信用社改革情况

2006年，江苏省农村信用社改革取得重要进展。一是坚持市场化改革取向，稳步推进产权制度改革。全年共有13家县联社按计划开展了农村合作银行组建工作，其中5家顺利开业，8家已获银监会批准筹建并召开创立大会。截至2006年年末，江苏省银行类合作金融机构达25家，其中已开业农村商业银行9家、农村合作银行8家；获准筹建农村合作银行8家。二是探索建立健全组织制度，致力完善法人治理结构。以建立权力机构、决策机构、监督机构和经营管理者相互监督制衡机制为重点，法人治理组织架构基本搭建，“三会一层”各自职责和运行规则得以规范，激励和约束机制初步建立，江苏省农村信用社理（董）事长、主任（行长）、监事长分设面达到100%。三是逐步落实各项扶持政策，精心组织专项票据兑付。江苏省农村信用社将政策扶持与转换机制相结合，着力消化历史包袱，解决自身经营问题，积极采取措施提高资本充足率，清降不良贷款，改善内部管理，加强外部约束。截至2006年年末，江苏省有20家县联社完成了票据兑付，兑付总金额13.9亿元。四是多策并举转换经营机制，不断深化体制机制改革。根据现行政策法规和自身经营情况，江苏省农村信用社建立了涵盖信贷管理、财务控制、人事管理、内部考核等方面的较为完善的内控机制，内控管理和风险防范能力明显加强。

2. 江苏银行联合重组情况

经中国银监会批准，江苏省内无锡、苏州、南通、常州、淮安、徐州、扬州、镇江、盐城和连云港等10家城市商业银行于2006年年初正式启动合并重组方案。一年来，江苏省内10家城市商业银行合并重组工作经历了宣传发动、履行法律手续、清产核资弥补预期资产损失、增资扩股补充资本、召开“三会”筹建新银行四个阶段。2007年1月24日，江苏省内城市商业银行由原先的11家变为目前的2家，即江苏银行和南京银行。开业时，江苏银行注册资本78.5亿元；下辖1家营业部、10家市级分行，414家支行；不良贷款率3%，贷款损失准备充足率100%，资本充足率12%以上。江苏银行董事会下设薪酬、提名、战略发展、风险管理和审计与关联交易控制等5个专门委员会，选聘了3名各具专业背景的知名人事担任独立董事。江苏银行开业后将引进境外战略投资者，进一步优化股权结构，完善公司治理，严控关联交易，改革管理体系，充实机构人员，强化内部控制，改进风险管理，加强信息科技建设，努力建成一家定位合理、资本充足、内控严密、运营安全、服务优质、效益良好、具有较强市场竞争能力和可持续发展能力的现代商业银行。

3. 国有商业银行改革

2006年，以建设银行、中国银行、工商银行相继上市为标志，国有商业银行改革取得了突破性进展。股份制改造后的各家国有商业银行江苏省分行探索实施了各具特色的改革措施，在信贷管理体制、风险管理状况、薪酬制度改革、盈利模式、不良资产管理、业务流程再造等方面均发生了明显变化，对地方经济的发展产生了积极影响。

## （二）证券业改革

2006 年，江苏辖内证券业继续加大改革力度，机构网点大幅增加，综合治理稳步推进，历史遗留问题继续得到有效化解，规范运作水平不断提高，创新发展卓有成效。改革进展及成效主要体现在：

一是法人证券公司规模不断扩大，营业网点数量大幅增加。2006 年度，华泰证券、南京证券、东海证券先后托管了 6 家证券公司的证券经纪业务和所属的 87 家证券营业部，收购了 82 家证券营业部，江苏省法人证券公司所属证券营业部数量由 2006 年年初的 117 家增加到 199 家。华泰证券控股了联合证券，规模进一步扩大。截至 2006 年年末，江苏省拥有证券营业部达到 208 家。

二是历史遗留问题继续得到有效解决，风险化解卓有成效。江苏省证券公司不规范资产管理业务、集中持股、股东占款等问题基本清理完毕，风险得到化解。各证券营业部的风险业务 2006 年基本清理完毕。

三是证券公司和证券营业部的内控机制进一步健全，经营规范化水平不断提高。江苏省证券公司在独立董事制度、合规负责人、独立存管制度等方面都进行了完善，管理水平不断提高；各证券营业部的规范经营意识和水平也得到大幅提高。

四是创新发展取得实质性进展，证券公司盈利模式得到优化。江苏 2 家创新类公司的创新工作已初见成效，先后推出了 3 期集合资产管理计划和 2 个资产证券化项目，合计融资 15.2 亿元，东海证券还推出了全国首例对市政公共基础设施收益权进行资产证券化的产品。证券公司的创新发展使得盈利模式得到优化，形成了新的增长点。2006 年江苏省 6 家法人证券公司净利润合计 14.92 亿元，同比增加 16.13 亿元。

五是江苏省上市公司股权分置改革和清理大股东占用资金、解决违规担保工作基本完成。2006 年清欠上市公司完成率 100%，上市公司资产规模和盈利能力普遍增强。11 家中央控股企业中，已股改或进入股改程序的有 10 家。

六是 2006 年期货业陆续推出新的交易品种，建立了交易保证金安全存管系统，提高了期货公司最低结算准备金，活跃了期货市场，期货公司风险更具可控性。截至 2006 年年末，江苏共有法人期货经纪公司 12 家，期货营业部 25 家，营业部利润总额 1.3 亿元。

## （三）保险业改革

2006 年，江苏省辖内保险业改革稳步推进，保险的经济“稳定器”功能进一步发挥。

一是机构、人员不断发展，服务网络不断健全。截至 2006 年年末，江苏省共有省级保险公司 39 家，其中：产险公司 18 家，寿险公司 21 家；中资保险公司 29 家，外资保险公司 10 家。另有 5 家省级保险公司正在筹建。保险分支机构 4 567 家。江苏省保险中介法人机构数达到 137 家，其中，代理公司 122 家，经纪公司 5 家，公估公司 10 家。兼业保险代理机构 2 824 家。保险从业人员超过 15 万人，其中，保险营销员 12.08 万人。

二是保险业务平稳较快增长，盈利能力进一步增强。江苏省保险业按照“规模险种出效益，效益险种上规模”的既定方针，努力改善规模险种的经营状况，大力发展效益险种。江苏省已开展业务的37家保险公司中有35家实现不同幅度的增长，增长面达到95%。中介业务快速发展，保险公司更加重视发挥保险中介的专业优势，江苏省通过专业、兼业、营销员三类中介渠道收取保费285.72亿元，占总保费收入的62.53%。

三是业务结构更加优化，业务发展与服务经济社会的要求更加统一。产险公司积极发展非车险业务，意外险同比增长39.83%，责任险同比增长17.26%；寿险公司积极发展个险期缴业务，推动团体年金业务逐步转型。区域市场协调发展，苏中地区普遍较快发展，增速达到14.3%，高出江苏省平均2.4个百分点；苏北地区出现较快发展的势头，宿迁、淮安等市的增长速度分别达到15.72%和12.12%；苏南地区继续保持高位稳定发展，对江苏省业务增长贡献度超过了60%。

四是加强对弱势群体的保险保障，较好地发挥了经济“助推器”和社会“稳定器”的作用。农业保险试点取得突破性进展，在农业防灾、减灾中发挥了积极作用；保险业参与新型农民合作医疗工作日渐成熟，为解决农民医疗问题提供了良方，作为全国示范典型的新型农民合作医疗“江阴模式”正在江苏省的推广；积极推进责任保险发展，发挥保险补偿功能；推行中小企业贷款保证保险，通过引入保险风险分担机制缓解中小企业贷款难问题；针对江苏500万农民大转移工程，适时推出外来务工人员意外险、重大疾病险、雇主责任险等险种。

五是规范有序的竞争格局日渐形成，市场秩序明显好转。通过开展专项现场检查、加强市场行为监管和治理商业贿赂，有效解决了保险市场存在的突出问题，经营主体的规范和自律意识显著提高，恶性价格竞争得到有效遏制，市场秩序明显好转。商业车险手续费率从20%以上降到15%以下，持续下滑的企财险费率出现止降拐点。虚假批单退费现象基本消除，手续费列支基本规范，欺诈误导现象得到明显改善。

## 四、金融生态环境、金融基础设施与金融稳定

金融生态环境主要是指金融机构赖以生存的外部环境，是影响金融业生存发展的各种因素的总和。金融基础设施主要包括支付结算体系、征信体系、反洗钱体系、金融司法环境等。完善的金融生态环境和金融基础设施是维护金融稳定的基础条件和重要保障。

### （一）金融生态环境

2006年，江苏省为深入推进金融生态环境建设工作，组织了江苏省上下联动的金融生态环境及金融知识大型宣传月活动，召开了金融生态环境建设经验交流会。制定了江苏省金融生态环境建设指导意见和有关的考核办法，明确了工作目标，确定了未来五年工作重点，建立健全了工作机制。

江苏省金融生态环境建设成效显著，金融稳定的宏观基础进一步改善。江苏省政府高度重视金融生态环境建设工作，不断加大指导力度，江苏省政策环境不断优化，信用环境

明显提升，司法环境明显改善，金融秩序进一步好转，银企关系进一步和谐。

### （二）支付体系

支付体系是金融体系的核心基础设施，支付体系的安全、高效运行与货币政策、金融稳定和整个经济发展密切相关。

2006年，人民银行继续以构建安全高效的支付体系为目标，全面加强对银行结算账户的管理，规范银行结算账户的开立和使用，落实账户实名制。顺利完成小额支付系统在江苏省的推广运用，大大提高了江苏省社会公共支付水平。大力推广非现金支付工具，成功开通了江苏省农民工银行卡特色服务功能，为农民工提供了方便、快捷的汇款渠道。

目前江苏省各项支付清算业务及清算系统运转正常，支付结算体系逐步完善。同城清算系统风险防范措施到位，系统运行稳定。

### （三）征信体系

征信体系是社会信用体系建设的重要基础，征信体系建设有利于改善社会信用环境，有利于金融机构防范信贷风险，维护金融稳定。

江苏省个人征信系统已涵盖辖内各国有商业银行、股份制商业银行、城市商业银行、农村商业银行和农村信用联社有关个人的基本信息、开立结算账户信息、在金融机构的借款、信用卡、担保等信贷信息，共收录个人贷款账户483万余户，个人信用卡账户433万余户。个人征信系统有效降低了商业银行信息调查成本，提高了信贷决策水平，同时在防范个人信贷风险，规范个人信贷行为等方面发挥了积极作用。

企业征信系统录入江苏省38.82万户企事业单位的基本信息及信贷信息，通过对江苏省金融机构信贷业务和借款人信息的登记入库，较为全面地反映了借款人的资信情况，为金融机构提供了有效的信息咨询服务。

### （四）反洗钱体系

洗钱活动扭曲了社会资源的有效配置，破坏了金融业的良性竞争环境，诱发对非法金融活动的需求，扰乱了金融秩序。大量的跨境洗钱以及相关的资本流动，将加剧金融市场震荡和宏观经济波动。

2006年，人民银行南京分行专门成立反洗钱处，着力构建反洗钱长效机制，积极推动辖区工作向纵深发展；进一步健全和完善反洗钱协调机制；强化监管，推动金融机构反洗钱工作进一步深化；加强对可疑交易信息的收集、分析和监测工作，努力提高反洗钱监测分析水平；加大反洗钱宣传和培训力度，认真开展反洗钱调查，不断推动反洗钱工作向纵深层次发展，取得了显著成效。

## 五、前景展望及政策建议

2007 年，全球经济仍将在景气上升通道运行，2007 年世界经济预计增长 4.9%，略低于 2006 年的 5.1%。中国经济将保持 8% 的增长。中央经济工作会议和全国金融工作会议明确 2007 年将继续执行双稳健的财政货币政策，控制固定资产投产过快增长、信贷投放过快增长和促进国际收支平衡仍是保持宏观经济稳定的重要任务。在国内外经济快中趋稳的环境下，预计 2007 年江苏经济继续保持 11% 以上的速度增长，投资、消费、净出口关系将进一步协调，经济增长质量将稳步提高，物价水平将控制在 3% 以下，国际收支顺差的格局难以转变，但增势会明显放缓。总体判断，江苏金融稳定的基础仍然牢固，但诱发系统性风险的因素仍然存在，如国际收支不平衡、结售汇顺差持续扩大将继续加剧流动性过剩，对通货膨胀构成较大压力；银行信贷资金、境外热钱通过各种不合规渠道流入房地产、股票市场，助长股市、房地产市场泡沫；银行上市后贷款投放动力进一步增强不利于信贷风险管理；金融改革中很多后续影响值得关注，如金融全方位开放对中资机构的竞争压力必然会带来“挤出”效应，邮政储蓄改革可能对农村金融市场带来影响；民间融资中的非法吸收公众存款、高利贷问题对农村金融秩序产生不利影响。

为进一步维护江苏省金融稳定，提出如下建议：

一是密切关注宏观经济运行中出现的新情况、新问题，保持宏观经济稳定增长；

二是加强金融风险监测、预警，防范和化解金融风险；

三是抓住金融改革这个中心环节，切实完善公司治理和转换经营机制；

四是加强对证券市场调控力度，密切监测资金动向；

五是进一步深化金融生态环境建设，为金融稳定创造良好的外部环境。

总　纂：李文森

统　稿：张　勇　刘　念　王庆松　罗加强

执　笔：王庆松　罗加强　汪秋湘　刘　颖　马军伟　何　敏

其他参与写作人员：钱先兵　蔡继东　陈　实　谢　宁　朱　翔
施春玲　王　允　宋卫琳　刘　钢　许朝霞

# 2007 年浙江省金融稳定报告摘要

2006 年，浙江省金融改革进展顺利，金融机构发展状况良好，金融生态继续优化，金融系统大局稳定。

## 一、经济运行与金融稳定

2006 年，浙江省实现地区生产总值 15 648.9 亿元，比上年增长 13.6%，增幅比上年提高 0.8 个百分点。经济增长方式发生转变，经济结构调整取得进展，经济运行质量提高，经济发展协调性和均衡性增强。但制约经济发展的深层次问题依然存在，一定程度上成为影响金融稳定的因素。

### （一）浙江经济增长的主要“亮点”

一是经济增长基础较前巩固。2006 年全省 GDP 的增长速度是在前 3 年年均增长 14% 和物价保持基本稳定的基础上实现的。全年全社会固定资产投资 7 593 亿元，比上年增长 13.8%；全社会消费品零售总额 5 325 亿元，比上年实际增长 14.1%，出现了自 2000 年以来消费增速首次高于投资增速的情况；进出口总额1 391.5亿美元，比上年增长 29.6%，出口增幅比上年回落，进口增幅较上年提高 12.1 个百分点。拉动经济增长的三大需求增长趋向合理，既保持了对经济增长的必要拉力，又避免了过度扩张。

二是经济增长结构继续改善。产业结构调整加快，全省第三产业增加值的增长率分别超过第一产业和第二产业 11.5 个和 1.2 个百分点，而且高技术产业、效益比较好的行业增长速度比较快；投资结构有所改善，制造业、生产型服务业和公共服务业投资增长比较快，而污染严重和产能过剩的行业投资下降；消费结构有所改善，多年来城市消费品市场增长比较快、农村消费品市场增长比较慢的状况发生变化，县及县以下消费品零售额增幅与城市消费品零售额增幅仅相差 0.1 个百分点，比上年缩小 2.7 个百分点；GDP 支出结构有所改善，近两年投资年均增长率不到 13%，比消费品零售总额平均增长率略低，投资对于经济增长的贡献率有所减弱，消费需求的作用有所增强。

三是经济运行质量有所提高。全年财政一般预算总收入和地方一般预算收入分别增长 15.1% 和 15.3%，规模以上工业企业利税和利润分别比上年增长 20.4% 和 23.4%，城镇居民人均可支配收入实际增长 10.9%，农村居民人均纯收入实际增长 9.3%。企业效益指标提高、能耗下降，7项经济效益综合考核指数156.4，比上年提高5.2，企业亏损状况明显好转，亏损企业亏损额比上年下降19.2%；万元GDP能耗下降，投资利用效率（即投资效果系数）呈上升态势，土地集约利用有所提高。

### （二）制约经济发展的深层次问题

一是企业增支减利因素较多。工业用地、用工成本大幅提高，工业建设项目用地实行招拍挂牌出让（租赁）方式供应，工业用地的成本上升2倍多，价格呈2位数上涨；清洁生产、安全生产、规范经营等方面工作力度的加大使企业成本进一步上升，全年从业人员劳动报酬增长19.8%，高出从业人员人数增幅13.4个百分点。企业财务成本继续攀升，应收账款和产成品存货“两项资金”居高不下，管理费用和财务费用“两项费用”增长较快。原材料价格上涨产生的压力较大，浙江省企业大多处于产业链下游，国际石油和有色金属价格的高位运行，资源性产品价格改革推动价格的不断上涨，直接增大企业成本压力，削弱企业盈利能力。

二是消费需求略显不足。2006年全省城镇居民和农村居民人均消费性支出实际增幅同比分别回落5.8个和0.9个百分点。而且，城镇居民收入与农村居民收入的实际增幅相差1.6个百分点，两者收入之比为2.49倍，比上年扩大。还贷压力较大，2006年城镇居民人均还贷及利息达1 114元，增长69.4%，影响了居民的正常消费行为。住房、教育、医疗等未来支出预期增加，直接影响居民的即期消费，城镇居民的平均消费倾向为73.1%，比上年下降2.1个百分点。

三是外贸出口面临严峻挑战。人民币升值削弱了出口产品的价格优势，压缩了出口企业的利润空间，整体出口竞争力削弱。贸易摩擦加大和贸易壁垒增多，涉及国际贸易摩擦的商品涵盖多种传统优势出口产品和块状经济，全年全省直接涉案金额达4.6亿美元。出口退税政策调整导致总体退税率调低，纺织品、塑料制品等商品全年减少退税近20亿元，钢材等商品减少退税2.5亿元。

## 二、金融业与金融稳定

### （一）银行业

2006年，浙江省银行业金融机构改革开放取得明显成效，经营状况进一步趋好。信贷资产质量全国第一，资本充足状况良好，盈利水平大幅提升，流动性保持适度。

1. 浙江银行业改革发展状况

（1）改革开放取得明显成效。进出口银行、恒丰银行、汇丰银行杭州分行开业，花旗银行、恒生银行杭州分行获准筹建，邮储网点直管工作开始试点，3家城市信用社率先改制为城市商业银行，浙能财务公司成为新办法出台后成立的第一家引入合格境外机构投资者的财务公司。杭州市商业银行引入外资比例达24.9%，是外资股份比例最高的商业银行之一；杭州联合农村合作银行成为全国第一家引进外资的农村合作银行。

（2）信贷资产质量全国第一。2006年年末，全省银行业金融机构本外币不良贷款余额比年初减少56.1亿元，不良贷款比例比年初下降0.70个百分点。分类别看，国有商业银行、股份制商业银行、农村合作金融机构、城市商业银行和城市信用社的不良贷款余额和比例全部实现“双降”，信贷资产质量提高成效明显。

（3）资本充足状况良好。全省法人银行机构资本充足状况良好，抗风险能力不断增强。浙商银行年末资本充足率达到11.77%，农村合作金融机构综合资本充足率为14.03%，全省11家城市商业银行平均资本充足率首次突破8%，达到8.05%。浙商银行、城市商业银行、农村合作金融机构贷款拨备覆盖率分别达100%、110.61%和101.76%。

（4）盈利水平大幅提升。全省银行机构盈利状况较好，全年实现税前利润498.9亿元，比上年增加97.28亿元。中间业务的收入有所增加，全年全省（此处不含宁波）国有银行和股份制银行实现中间业务收入68亿元，同比增长37.1%，占税前利润的13.7%，同比提高1.3个百分点。12家法人银行机构总体盈利能力增强，其中9家法人机构的资产利润率和8家法人机构的资本利润率较上年有所提高。

（5）流动性状况总体趋紧。全省银行机构流动性状况与上年相比有所趋紧，国有商业银行和股份制商业银行表现尤为突出，两类机构的超额准备金率、存贷比、短期资产流动性比例和中长期贷款比例均比上年同期趋紧；相对而言，法人银行机构保持相对较为适度的流动性。

2. 影响银行业稳健经营的因素

（1）经营服务水平有待提高。商业银行受业绩承诺和绩效考核机制的驱使，极力做大信贷资产业务，贷款增长速度与经济增长状况相比仍然偏快，而且贷款发放大起大落，经营行为偏离稳健经营的轨道。与沿海其他发达省市相比，银行业的创新动力和创新能力相对不足，业务同质化、竞争低水平。而且，县域和农村地区银行金融服务处于相对滞后和被动的状况，“十五”期间银行业县域贷款仅占全省的31%，贷款占比比同期生产总值占比低22个百分点。

（2）信贷增长偏快的潜在风险。近年来，银行业的大客户数和大客户授信总量迅速增加，而风险管控存在薄弱环节，大客户贷款质量下降，并出现多起集团性企业授信风险。另一方面，个人经营性贷款存在管控风险，商业银行较多关注个人贷款的盈利性而忽视了内控管理，内控制度执行打折扣、业务流程简单化、盲目迁就客户需求等情况屡屡出现。此外，房地产、产能过剩和潜在过剩等行业，以及政府性贷款均存在不同程度的信贷风险。

（3）企业资金频繁流动的风险隐患不可小觑。近年来，企业资金跨行业、跨区域流动增多，企业资金进入股市的现象也有所增多，导致信贷资金风险的可控性较低，增加了放贷银行的经营风险。

## （二）证券业

2006年浙江省证券机构完成综合治理，上市公司完成股权分置改革和清理违规占用资金，在全国较早启动IPO和再融资工作。但随着证券市场行情的再度火爆，投资者风险意识有所淡化，证券市场可能又一次面临考验，不仅影响直接融资功能的发挥，而且可能撼动金融稳定的基石，对经济运行、社会稳定产生重大影响。

1. 浙江证券期货机构改革发展状况

截至2006年年末，全省共有证券公司4家，证券营业部160家，证券服务部77家，专营类证券投资咨询机构4家；全年全省证券开户数242万户，比上年增加14万户；证券交易活跃，当年证券经营机构证券交易量16 375亿元，比上年增长3.4倍；托管市值1 203亿元，比上年增长1.3倍。证券公司的经营状况较前些年度大为好转，各项财务指标均有较大幅度的改善，经营规模扩大，抗风险能力增强。全省证券公司实现净资本比上年增长近1.2倍，营业收入增幅高达3.5倍，净利润也由上年的亏损10.7亿元提高到盈利8.1亿元，平均每家公司盈利2亿元。

证券公司综合治理工作取得突破性进展。省内证券公司完成整改工作，基本解决历史遗留问题，风险监控指标全部达标，妥善处置21家被行政接管或托管的异地证券公司营业部风险。一些证券公司完成了重组工作，金信证券重组后更名为浙商证券；天和证券由财通证券吸收合并；光大证券整体受让了天一证券投行业务的全部资产、人员和项目；金通证券正式更名为中信金通证券。

截至2006年年底，全省有期货经营机构52家，是全国各省市中除交易所所在地以外的地区中机构最多的省份之一。期货公司总资产31.7亿元，比上年增长50.9%；净资产7.2亿元，比上年增长4.6%。期货公司客户数量32 739户，比上年增长33.2%；客户保证金23.8亿元，比上年增长73.5%。全年完成代理交易额33 590.7亿元，比上年增长63.9%，占全国的15.0%；实现利润4 911.96万元，比上年增长1.4倍。

2. 证券期货机构运行中存在的主要问题

近年来，证券市场全行业出现风险，一些证券公司由于违规经营先后出现严重风险，个别期货公司也出现了风险隐患。目前，浙江省证券期货机构存在的主要问题：一是法人治理有待进一步完善。部分公司法人治理结构流于形式，并未真正发挥外部监督和内部约束的有机互动；部分公司与股东的风险未彻底隔离，一些大股东直接干预经营，实际经营决策权主要由控股股东或少数内部人员掌握等问题普遍存在。二是高管选聘机制尚不合理。高管人员一般由上级组织或大股东指派，加上部分高管人员专业水平不高，缺乏证券、期货公司管理的系统知识，只是简单地执行大股东的意图；高管人员的约束激励机制扭曲，缺乏有效的责任追究机制，部分证券期货公司高管人员风险责任和利益不对等，比较关心短期利益。三是风险控制较为薄弱。重业务发展，轻风险管理，重经济效益，轻规范运作的现象普遍存在，各种违规行为时有发生；内部稽核作用远未发挥，稽核部门独立性不强、权威性不高，缺乏系统的监督功能；未能及时对原有的控制制度进行升级，内控制度的有效性随着经营环境、业务性质的改变而削弱。四是信息披露的真实性有待提高。经营中的暗箱操作、账外经营、财务报表失真等问题依然存在。

3. 浙江上市公司改革发展状况

2006年，浙江省上市公司全力推进股权分置改革和“清欠”工作，为资本市场的可持续发展奠定了基础。截至2006年年底，全省84家公司已完成股改或进入股改程序，占86

家应股改公司总数的97.7%，市值占比为99.5%，股改进度全国居前。全省（不含宁波）共完成13家上市公司的清欠任务，清欠比例达92.9%，清欠金额达3.01亿元。从2006年6月重新启动IPO到年底，全省新增上市公司18家，募集资金102亿元，首次突破百亿元；其中境内中小企业板上市公司9家，占全国新增境内上市公司总数的15%、占深圳中小板新增总数的27%，募集资金43.22亿元；境外上市公司9家，募集资金58.78亿元。

4. 上市公司发展中存在的问题

制约上市公司发展的内外因素并没有根本改变，资本市场长期稳定发展的基础仍不牢固，具体表现在：上市公司在完善公司治理、执行内控制度、履行信息披露义务、维护上市公司的独立性以及大股东和公司实际控制人的诚信意识、重视投资者权益保护的股权文化建设等方面都不同程度地存在问题，整体竞争力和自主创新能力还比较弱。从整体情况看，上市公司总市值仅占全省GDP的11%，远低于全国45%的水平，直接融资比重不到5%，只有全国平均水平的一半左右，盈利能力连续3年低于全国平均水平。

### （三）保险业

2006年，浙江省保险业继续保持健康的发展势头，市场体系逐步完善，业务规模再上台阶，产品服务日益丰富，功能作用不断发挥。随着外资保险机构市场份额的扩大，保险机构投资渠道的拓宽、投资比例的上升，保险机构固有的矛盾可能激化，会对整个金融系统以及经济运行产生影响。

1. 浙江保险业发展状况

2006年，共有10家保险公司进入浙江，至年底已有37家保险公司在浙江设立了36家省级分公司、158家中心支公司、356家支公司、281家营业部和2 304家营销服务部，资产总额858.23亿元，比年初增加137.37亿元。全年全省实现保费收入363.0亿元，比上年增长15.9%。其中财产险保费收入135.8亿元，比上年增长22.4%；人身险保费收入227.3亿元，比上年增长12.3%。全省保险深度2.3%，低于全国1.2个百分点；保险密度750元，高出全国319元。结构效益明显提高，企财险扭亏为盈，人身险业务实现新发展，银保业务出现恢复性增长，人身险的内含价值提升。保险公司的补偿功能进一步发挥，全年全省保险公司支付保险赔款与给付105.1亿元，比上年增长11.2%，其中财产险赔款与给付72.7亿元，人身险赔款与给付32.4亿元，比上年增长22.6%。

2. 保险业运行中存在的问题

业务发展不够平衡，农业保险、健康保险和养老保险发展滞后，不能充分满足广大客户的保障需求；市场集中度较高，尚未完全形成充分竞争的市场格局，少数几家大公司占据绝大部分市场份额。粗放式经营状况依然存在，产品同构、业务同质现象严重，财产险业务过度依赖机动车辆保险，寿险业务趸缴业务占比过高；个险业务依靠人海战术，银行保险依靠网点扩张。另外，保险理赔难、寿险新产品销售误导等损害被保险人利益的行为依然存在，部分从业人员在公司间频繁流动，保险诚信体系和保险信用评价体系尚不健全。

## 三、外汇管理与金融稳定

外汇管理新政对缓解流动性过剩，推进对外贸易投资便利化，拓宽资本流出渠道，加强短期资本管理起到了积极作用。但另一方面，人民币汇率持续攀升，部分管理新政操作性欠缺，境外套利套汇资金仍然通过各种渠道流入，对区域经济金融稳定发展的影响越来越大。

### （一）外汇管理新政的积极作用

1. 对外金融投资政策对推进资本项目可兑换、促进资本跨境流动具有深远意义。

对外金融投资政策有效规范了企业境外股权融资秩序，一定程度上解决了民营企业发展过程中的资金瓶颈问题，畅通了民营企业境外资本市场运作的渠道，促进国际金融资本积极参与到中国的经济建设，实现了境外货币资本与境内优质项目的成功对接，对推进资本项目可兑换、促进资本跨境流动具有深远意义。截至2006年年底，浙江省共办理境内居民个人境外投资外汇（补）登记138笔，涉及特殊目的公司境外融资项目33个，其中14个项目已成功在境外上市。

2. 个人外汇管理新政有利于“藏汇于民”

境内居民个人购汇管理新政正式实施后的5月至12月，全省因私购汇迅猛增长，共办理境内居民个人购汇业务10.42万笔、金额3.93亿美元，分别是去年同期的5.4倍和4.0倍，居民个人外汇需求得到满足。

3. 房地产外汇管理新政有效抑制外汇资本“炒作”境内房产，促进外商投资企业结构性调整

房地产外汇管理新政实施后，全省境外个人购房结汇每月平均金额仅为前8个月平均水平的8.5%。房地产外汇管理新政提高了外资房地产市场准入和融资门槛，浙江省房地产行业外商投资出现了结构性调整，新设外商投资房地产企业的规模扩大，且呈现资金到位快、结汇快的特点。

4. 贸易外汇收汇和结汇管理新政限制了贸易项下异常跨境资金流入，促进了合规企业贸易的便利化

新政对企业贸易外汇实行分类管理，逐步实现由逐笔核销向总量核查、由现场核销向非现场核查、由行为监管向主体监管的转变；强化企业如实申报国际收支的意识，促进企业规范转口贸易外汇收支行为。

### （二）跨境资金异常流入影响金融稳定

当前国际收支大额顺差的格局无法改变，国际资本仍可能大量流入，对区域经济金融稳定发展的影响越来越大。

1. 跨境资金异常流入方式

一是通过私人渠道流入。2006年，全省侨汇项下外汇收入55.42亿美元，同比增长

29.25%；个人货物贸易、收益和经常转移项目外汇结汇规模分别达62.19亿美元和74.84亿美元。个人外贸收入和个人资本性质外汇资金流入境内结汇后通过组建公司投资热点行业，或向热点行业企业提供融资获取高额回报。

二是通过关联公司交易流入。随着国际贸易与跨境资本流动规模的不断扩张，关联公司交易在数量上呈螺旋式上升趋势，在形式上呈现多样化发展，造成了跨境资金异常流动。2006年，来自“避税天堂”的合同和实际利用外资为34.93亿美元和17.91亿美元，分别占全省合同和实际利用外资总额的18.29%和20.15%。

2. 跨境资金异常流入对经济金融稳定的影响

外汇资金持续大量异常流入，对浙江经济金融稳定发展的影响越来越大。一是导致经济增长不可持续。目前浙江的外贸出口以加工型为主，技术含量较少，外汇的大量流入鼓励了低层次外贸出口的进一步发展，加剧了产业结构不合理、投资消费结构不协调和城乡发展结构不平衡的矛盾，导致资源向出口加工部门过度集中。二是增加宏观调控难度。大量外汇流入后进入收益率较高的房地产等热点行业，在房地产新政出台后，通过分拆结汇等方式将外汇资金结汇投资房地产市场，增加了房地产调控的难度。三是增加外汇管理难度。人民币升值预期，外商投资企业利用关联公司实现利润和资本转移，涉外企业通过预收、延付货款方式从境外融资形成隐性外债等现象有增无减，外汇大量流入也为黑市“黄牛”留下生存空间。

## 四、信用担保与金融稳定

截至2006年6月底，浙江省各级工商机关共登记信用担保机构725家，注册资本总额111.4亿元，户均注册资本1 536.6万元。信用担保机构在缓解部分中小企业融资难问题、分担银行金融风险、改善金融生态环境等方面取得了一定成效。但目前，浙江省部分担保机构注册资本与银行要求的合作门槛有一定差距，单个担保机构抵御风险的能力不强，一旦出现代偿现象，很可能导致担保机构严重亏损，甚至破产。个别地区的部分担保机构私自办理“还贷周转”、“注册垫资”、“票据贴现”和“投标保证金融资”等短期融资业务。担保机构变相从事融资活动影响区域金融环境建设。目前担保机构借出资金的实际成本约为银行1年期贷款基准利率的20倍至30倍，提高了部分企业的融资成本。而频繁的“还贷周转”，使部分可能向不良资产迁徙的信贷资产真实情况被表象所掩盖。大量资金在银行业体系外运行，影响货币政策的正常传导，破坏正常的金融秩序。

## 五、总体评估与政策建议

2006年浙江省经济环境以及银行、证券、保险三大行业的19项主要指标显示全省金融运行总体较为稳定，趋势不断向好。但在缓解已有瓶颈制约的同时也出现了一些新的问题和矛盾，需要从金融主体和金融环境内外两方面提高金融体系的稳定程度。为此建议：

### （一）推进改革创新发展，提升金融主体综合实力

一是加快建立现代银行制度。继续深化改革，推进已完成股份制改造国有银行在浙江省分支机构的深化改革和农业银行股份制改革，深化农村信用社改革，鼓励城市商业银行引进民间资本和境外战略投资者，稳步推进信托、租赁、财务公司改革重组。提高创新能力，积极争取参与创新产品试点，改进自身盈利模式，加快创新外汇衍生产品，为企业提供多样化的风险管理工具。符合条件的法人金融机构可尝试发行一般性金融债券和次级债券。二是提高证券类金融机构规范运作水平。建立以净资本为核心的风险预警体系和强制性资本补充机制，完善与净资本水平挂钩的业务种类和业务规模约束机制，增强抗风险能力和风险管理能力。健全法人治理结构，建立内部约束机制，建立财务经营信息和重大事项的定期公开披露制度和临时披露制度。有条件的证券期货公司根据自身专业优势进行特色定位和差异化竞争，符合条件的证券期货公司要争取通过 IPO 或借壳上市，重组后的证券期货公司要加快处理遗留问题。三是完善保险类金融机构增长方式和管理模式。增长方式要向速度与质量并重、结构与效益统一的模式转变，提高业务发展质量和盈利空间。进一步深化核心技术技能创新，围绕浙江省产业结构升级、城乡居民生活需要创新产品，向客户提供更多个性化、差异化的保险服务。建立内部风险管控制度和机制，建立风险管控事后评价和责任追究机制，避免造成重大经营风险。

### （二）加快体制机制改革，改善金融生态环境

一是促进经济增长方式转型。推动产业结构调整、外贸增长方式转变和能源资料节约，从而使集约型经济具有利用国内国外两个市场、两种资源的能力，在国际、国内产业分工中有持续发展的能力和竞争力。推动经济体制从初级的市场经济向现代市场经济转变，形成有利于市场公平竞争、降低消耗、增加效益的企业经营机制，形成有利于自主创新的技术进步机制，形成有利于市场公平竞争和资源优化配置的经济运行机制。二是优化融资结构。鼓励、支持优质企业进入资本市场，扩大直接融资比例，改善融资结构。推进上市公司开展实质性、战略性的并购重组工作，提升上市公司质量和盈利能力。积极争取资本市场创新业务试点，推动企业资产证券化工作，推进多层次资本市场建设。三是建立金融稳定保障制度。建立健全监管协调机制，加强人民银行、各金融监管部门以及政府部门间的沟通协调，建立科学、灵敏的金融风险监督控制和预测、预警体系，建立健全金融风险处置机制。推动建立存款保险制度和保险客户保障机制，增强金融企业、存款人的风险意识，保护存款人和投资者合法权益。完善金融应急机制并进行预案演练，提高应急预案的可操作性；注重投资者风险教育，逐步培养投资者对风险的自我判断和自我承受能力。四是优化金融发展的社会环境。完善金融市场准入、市场竞争、市场风险防范和市场退出，以及金融债权保护、金融知识产权等方面的法律规定，优化执法环境，消除行政对司法的干预。正确界定政府和市场、企业之间的关系，运用法律、市场的手段规范引导市场主体发展。加快诚信立法，建立有法可依、依法规范的诚信市场，形成既能充分利用各项资源、发挥

规模效益，又适应不同诚信需求的多层次诚信机构体系。

总　纂：赵　军
统　稿：胡卫华　施向华
执　笔：牛秀起　方明镜　洪　昊　施向华
　　　　胡卫华　胡小军　郭建中　盛文军
其他参与写作人员：严春兰

# 2007年安徽省金融稳定报告摘要

2006年，在经济平稳快速增长背景下，安徽金融业保持稳健运行，系统性风险水平进一步降低。银行业金融机构资产质量不断提高，经营利润成倍增长，不良贷款实现“双降”，各项资产减值准备增加，应对意外冲击的能力有所提高。资本市场基础性制度建设取得重要进展，投资者信心增强，市场融资功能恢复，证券经营机构潜在风险得到有效化解，上市公司质量提高。保险业保费收入大幅增长，业务发展领域拓宽，产、寿险业务以及区域发展趋于平衡。金融市场总体发展良好，市场广度和深度不断增加，股权、债券和票据融资比例不断上升，市场结构得到优化。金融基础设施建设加强，金融生态环境持续改善。

## 一、经济运行与金融稳定

全省经济运行处于自2002年开始的新一轮经济增长的高位，呈现扩张期持续时间长、经济增长稳定性高、物价水平较低的良好态势。经济运行质量的改善，为金融运行创造了良好环境，尤其是对信贷形成强劲需求，促进了金融业的快速发展。

### （一）经济持续增长夯实了金融稳健运行的基础

2006年，安徽省地区生产总值达6 141.9亿元，比上年增长12.9%；按常住人口计算，人均生产总值超过万元，达到10 044元，同比增加1 374元；第二、三产业对经济增长的贡献度加大。消费、投资和出口需求增势强劲，全年社会消费品零售总额2 029.4亿元，比上年增长15%；全社会固定资产投资3 544.7亿元，比上年增长40.6%；进出口总额122.5亿美元，比上年增长34.3%。

### （二）企业效益明显改善，财政收入快速增长，居民收入大幅增加，经济运行质量稳步提高，使银行借款者的偿付能力显著增强

**企业部门**：2006年，安徽省工业经济效益总体大幅提升，企业流动资产周转次数和产品销售率稳步增长，亏损企业亏损面和亏损额增幅双回落，企业盈利能力增强，财务压力减小，银行对企业部门的风险暴露程度有所降低。银行对公存款的增加也表明企业比以往创造了更多的收入，偿债能力增强。2006年第四季度，全省企业景气指数同比提

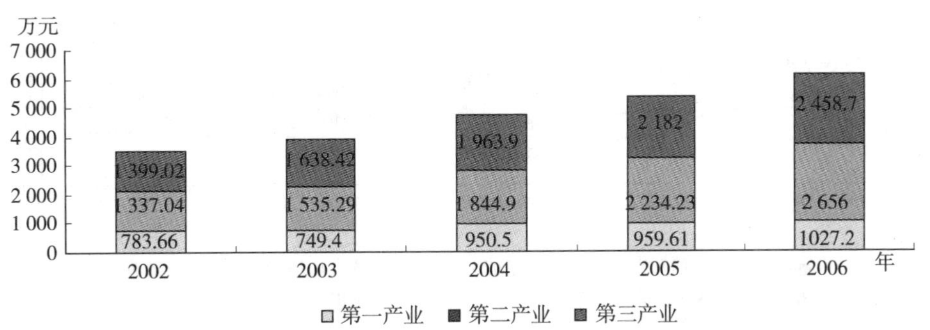


数据来源：安徽省统计局。

**图1　安徽省产业结构趋势图**

高12.9个百分点，企业家对宏观经济未来走势较为乐观，投资欲望及贷款需求增强。但研究表明：企业家的顺经济周期行为将可能导致过度负债和投资，给未来经济带来潜在风险。

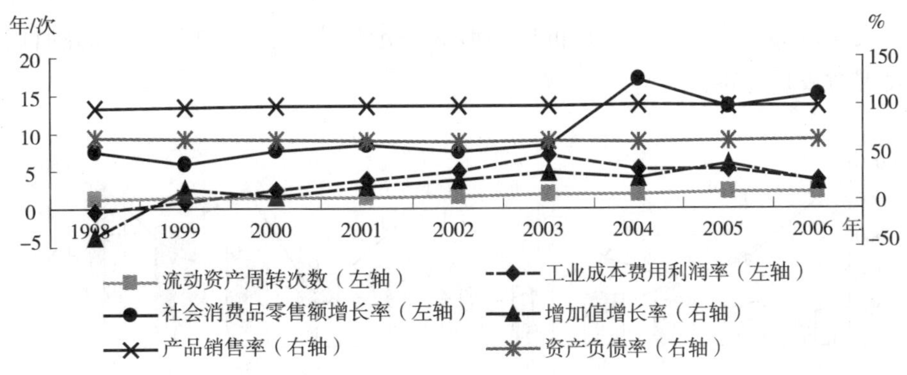


数据来源：安徽省统计局。

**图2　安徽省工业企业经营效益趋势分析线**

**住户部门：**城乡居民收入稳步增长的同时，居民消费结构发生明显变化。2006年，城镇和农村居民家庭恩格尔系数保持下降趋势，但在医疗、社会保障制度尚待完善和教育费用显著增加的情况下，对恩格尔系数的下降需理性分析。城镇居民的平均消费倾向在逐年下降，农村居民的平均消费倾向经过凹形曲线轨迹变化后于2005年超过城镇居民平均消费倾向水平。劳动力市场农民工需求的增加和粮油价格指数的攀升有助于增加农民收入水平，增加当前消费支出和降低债务负担率；消费信贷市场的强劲反弹可能预示着城镇居民的债务水平将持续增长，在城镇就业压力增大、房地产市场价格高企等因素下，住户部门在面对未来逆向收入冲击时将显得相对脆弱。同时，为寻求更高投资收益，城镇居民进一步推动房地产市场和股票市场价格上升，市场参与者可能过度承担风险，虽不对银行运行产生直接影响，但预期的改变可能引起市场波动性增加，从而导致资产价格的调整和经济减速，间接影响银行体系稳健运行。

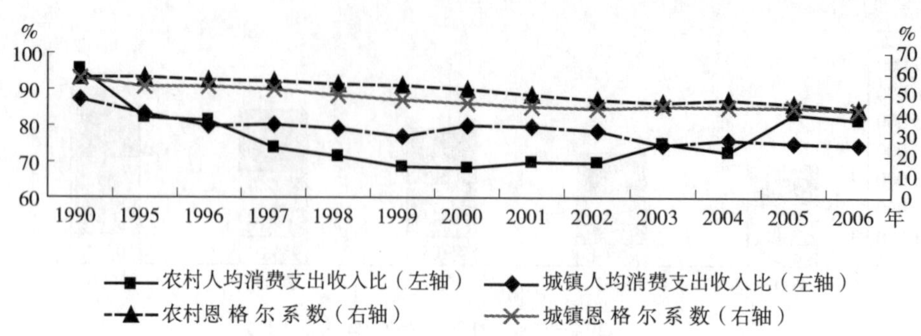


数据来源：安徽省统计局。

**图3 安徽省居民收入与支出变动趋势**

**政府部门：**安徽省财政收入增幅连续3年保持20%以上增长，2006年达到816.2亿元，同比增长24.3%。财政收支的快速增长在增加投资与消费支出、拉动经济增长的同时，对信贷资金的配置起到了较强的引导作用。国库资金高位聚集，一方面对控制货币市场流动性起到积极作用，另一方面在特定时段集中支付情况下，可能加剧货币供应量的波动。财政收支缺口的逐步扩大，对物价控制形成一定压力，由于财政支出的刚性，可能在逆向经济发展时表现尤甚。

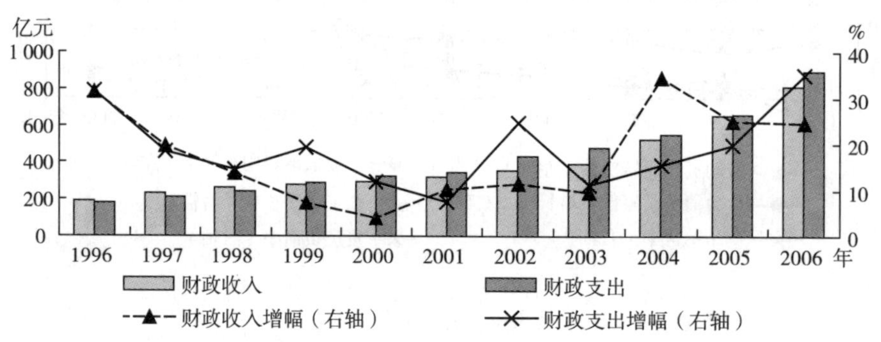


数据来源：安徽省统计局。

**图4 1996~2006年安徽省财政收支走势**

## （三）投资对经济增长的贡献率超过55%，经济增长与信贷投放具有较强的相关性，表明经济增长的基础有待于进一步加强

对1990年至2006年的数据分析表明，安徽信贷增长与GDP之间存在稳定均衡关系，即GDP每增加一个单位，贷款增加0.82个单位。这一关系也表明经济运行、宏观经济政策调整都将对企业融资和银行业稳健运行产生重大影响。

## （四）经济增长方式和经济结构等方面存在的问题给金融运行带来潜在风险

首先，粗放的资源依赖型增长方式导致经济增长对能源、环境等经济发展制约因素以

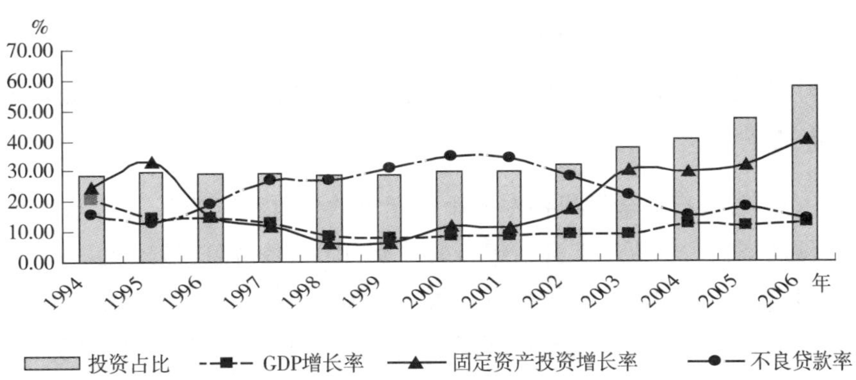


数据来源：人行合肥中支调查统计处。

**图5 安徽省投资对经济增长和信贷投放的关系**

及市场供求及价格、国家宏观调控政策反应敏感，在逆向经济情况下，会对金融运行形成冲击。其次经济发展在产业、区域的不均衡分布，中小企业、民营经济发育不足，造成信贷资源在区域、产业和企业上的集中，导致金融风险的集中。“十五”以来，对全省工业总量增长贡献较大的行业主要是钢铁、煤炭、电力、电气机械、交通运输设备五大传统优势产业（增加值约占全省工业的50%），投资和银行信贷占比分别由2003年的15.67%和19.53%上升为2006年的18.46%和20.63%。

## 二、银行业与金融稳定

2006年年底，全省共有政策性银行、国有商业银行、股份制商业银行、城市商业银行、农村合作金融机构、信托投资公司、金融资产管理公司、邮政储蓄机构等8大类19家银行业金融机构。在宏观经济持续向好及自身经营管理水平提高等因素推动下，2006年全省银行业信贷快速增长，资产质量较大改善，盈利水平大幅提高，抗风险能力增强，系统性风险水平降低。

2006年年末，安徽省银行业金融机构资产总量达8 454.56亿元，比上年增加1 317.39亿元，增长18.46%；本外币贷款余额5 205.24亿元，比年初增长18.87%，增幅在中部六省居第1位，在全国居第6位，比上年前进了6位，贷款增幅首次超过存款增幅0.59个百分点；全省银行业金融机构当年实现经营利润76.30亿元，是上年的2.16倍。总体看，2006年贷款多增加，反映了实体经济增长的要求，新增贷款投向总体符合信贷政策导向，贷款多增与经济发展的内在需求是适应的。

但受区域经济结构、增长方式和银行自身问题影响，银行业存在的一些风险因素值得关注。

## （一）银行业金融机构资产负债管理水平有待于进一步提高，资产负债期限结构存在一定程度的错配现象，短期低风险与长期高脆弱性的对比明显，潜在的流动性风险应予以关注

自1999年安徽省银行业金融机构本外币短期贷款比重和定期存款占比稳步下降，活期存款占比和中长期贷款占比逐步上升，银行资产运用中的短存长贷现象日趋明显，如考虑到定期存款中相当部分的期限在1年以下，银行业资产负债表的期限结构匹配失衡问题较为突出。另外，尽管当前股票市场价格不断走高，推动更多定期存款转换为活期存款投入到资本市场追求高收益，但尚待完善的医疗和社会保障体系及传统的风险厌恶偏好习俗对存款仍有较强的“锁定效应”，银行资金来源不至于出现较大波动性。

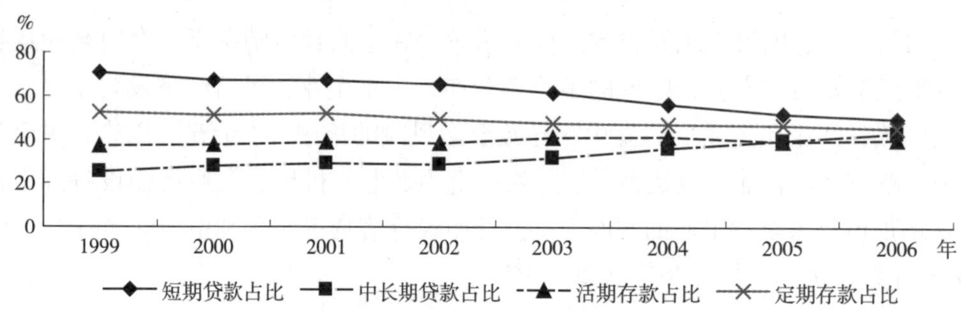


数据来源：人行合肥中支调查统计处。

图6　安徽存贷款期限结构变化趋势

## （二）信用风险仍是当前全省银行业面临的主要风险因素

虽然不良贷款近年来持续“双降”，但主要是各国有商业银行、农村信用社在改革中通过核销剥离和认购中央银行票据等外部政策支持和贷款规模的稀释实现的。剔除政策因素，全省银行业金融机构化解不良贷款难度增大，不良贷款双降幅度趋缓，损失类贷款余额和比率不降反升，少数机构不良贷款反弹压力较大。

**表1　2006年安徽主要商业银行不良贷款情况与全国比较**

单位：亿元，%

| 项目<br>银行类型 | 安徽省不良贷款比例 | | 全国不良贷款比例 | |
|---|---|---|---|---|
| | 本期 | 比年初 | 本期 | 比年初 |
| 国有商业银行 | 13.1 | -1.7 | 9.2 | -1.3 |
| 股份制商业银行 | 0.6 | -0.4 | 2.8 | -1.4 |
| 主要商业银行 | 11 | -1.8 | 7.5 | -1.4 |

数据来源：人行合肥中支调查统计处。

1. 银行信用风险管理工作有待加强

2006年年末，安徽省主要商业银行贷款不良率比全国高3.54个百分点；不良贷款占全国比例为2.96%，比上年提升0.96个百分点。部分银行机构贷款五级分类工作不能做到及时、连续，对关注类贷款跟踪监控力度不够，关注类贷款迁徙幅度较大；次级类贷款下降幅度较大，可疑类贷款下降比例较小，并存在逐步向损失类不良贷款转化的趋势，银行机构信用风险管理工作有待加强。

2. 不良贷款的集中度高，反弹压力较大

分机构看，不良贷款主要集中在农业发展银行、农业银行和农村合作金融机构等涉农金融机构，其不良贷款合计余额占全省不良贷款的比重达92.42%。2006年全省新增贷款达842亿元，由贷款扩张导致的不良贷款率下降达2.88个百分点，绝对额下降导致不良贷款率仅下降0.21个百分点。在2005年有不良贷款余额的14家银行业金融机构中，有5家银行不良贷款余额比年初增加，不良贷款的压降任务依然艰巨。少数金融机构不良贷款的清收处置手段比较薄弱，方式比较单一，存在不良贷款清收后反弹情况。

3. 拨备覆盖率偏低

2006年，全省银行业（不含农村信用社及信托投资公司）共计提贷款损失准备金22.31亿元，贷款损失准备年末余额41.22亿元，准备金余额与应提准备金比率仅为10.42%。拨备覆盖水平过低，导致银行业消化和控制不良贷款损失的能力不足。

## （三）信贷资源配置集中度较高，贷款集中和集团客户授信风险应予关注

对市场绝对集中度[①] $CR_m$ 和市场相对集中度赫斯曼指数[②] HHI 两类指标的分析表明：

1. 存款、贷款与利润在少数金融机构之间集中程度较高但有减缓趋势

绝对指标和相对指标表明省内存贷款量向少数金融机构集中趋势明显，而利润由高度集中程度市场向适度集中转变。中行、建行、工行和交行实现利润占全省银行业金融机构利润总额的51.61%，同比下降20.94个百分点。农业银行和农业发展银行利润同期相比分别增加了13.25亿元和6.96亿元。农信社全年盈利7.6亿元，同比增长了2.37亿元，资产质量和盈利水平同比显著提高。

2. 贷款的行业集中度进一步增加，产能过剩行业新增贷款较多

2006年，安徽制造业，批发和零售业，交通运输，仓储邮政业和农、林、牧、渔业行业 $CR_4$ 和 HHI 指标分别为55.76%、1 007.95，同比分别提高6.91个百分点和225.39。产能过剩行业新增贷款较多，应密切关注与控制该类风险，引导资金投向技术升级和产品结构调整项目。

---

① 绝对集中度 $CR_m$ 指银行业某项考察指标上，最大m家银行的该项指标的和占市场所有银行该项指标的数值的和的比率。根据贝恩《产业组织》，当 $CR_4$ 在30以下为竞争型结构；$35 \leqslant CR_4 < 50$ 时，为寡占Ⅳ型；$50 \leqslant CR_4 < 65$ 时，为寡占Ⅲ型；$65 \leqslant CR_4 < 75$ 时，为寡占Ⅱ型；$CR_4 \geqslant 75$ 为寡占Ⅰ型。

② HHI是以行业中每个竞争者市场份额百分点的平方数之和，理论上其范围从最大的10 000（1个垄断者占100%市场份额）到最小的不到1。根据美国政策实践中标准：如果 $HHI \geqslant 1\,800$，该市场被视为高度集中市场；如 $1\,000 \leqslant HHI < 1\,800$，属于适度集中市场；如 $HHI < 1\,000$，集中度较低市场。

### （四）银行贷款利率定价策略上存在重信用风险而轻市场风险现象，利率风险定价能力与风险管理水平有待提高

从贷款的期限结构看，金融机构的贷款利率浮动水平与贷款期限呈反向发展，即贷款期限越短，利率浮动水平越高；贷款期限越长，利率浮动水平越低。6个月至1年的加权平均利率最高，为7.26%；3年至5年期加权平均利率最低，为5.99%。主要原因是中长期贷款一般为投资期限长、收益稳定的优质项目，风险相对较小，贷款利率一般执行下浮，水平相对较低。分企业类型情况看，大型企业由于规模大、信誉好、风险低和效益好，在贷款的取得和资金的价格上占有较大的优势。与2005年相比，大型企业贷款中实行上浮利率的比例下降了1.85个百分点，中型和小型企业的比例分别上升了4.19个和11.27个百分点，显示出金融机构对优质客户的竞争较为激烈，下浮贷款利率已经成为金融机构的主要竞争手段之一。

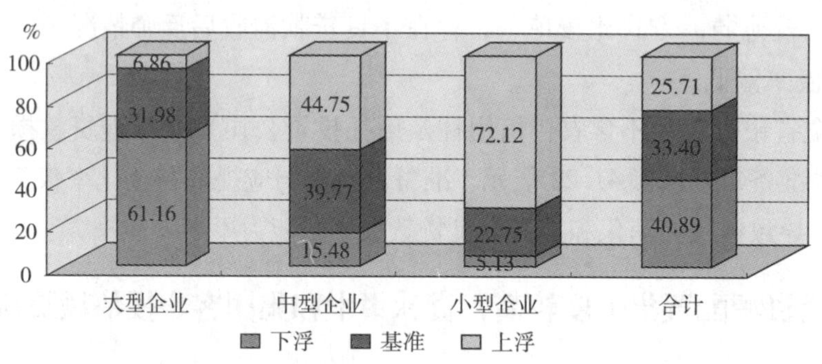


数据来源：人民银行合肥中心支行货币信贷处。

图7 2006年安徽省分类型企业贷款利率浮动比较图

### （五）银行业金融机构风险控制能力有待进一步加强

（1）部分金融机构内控制度尚未覆盖所有业务和风险环节，对关联交易、非信贷资产、表外业务风险管理较为薄弱，对流动性、市场风险的有效监控机制尚未建立，风险分类制度有效性不足。（2）部分金融机构内控制度未得到有效执行，重业务拓展、轻风险管理现象仍然存在。（3）部分金融机构内部监督机制有待完善，内部审计频度、独立性和有效性不足。（4）部分地方金融机构尚未建立与资产风险状况相匹配的风险识别、计量、检测和控制系统，资本管理水平不高。（5）个别金融机构未能有效控制抵债资产接收环节，对抵债资产管理控制不足，资产存在不同程度的流失和贬值。

### （六）银行业金融机构总体运行平稳，突发事件保持较低发生率，金融案件大幅下降，但部分银行操作风险依然较大

2006年安徽省银行业发案的主要特点是案件金额小、新发案件较多、案件集中于少数区域及存贷款环节，关键岗位人员和敏感年龄段中发案现象突出。2006年，全省农村合作金融机构案件占全省银行业案件数量比例较大，表明农村合作金融机构法人治理和内控制

度建设仍然面临较大压力。

### （七）房地产贷款风险控制有待增强

2006 年安徽省房地产市场价格相对平稳，投资增速较快且高于全国平均水平，开发资金来源中贷款占比有所下降，但贷款投放中违规行为造成的潜在风险需引起警惕，主要表现在：少数机构存在向“四证”不全的房地产开发企业发放项目贷款；违规向项目资本金比例达不到规定比例的企业贷款；项目贷款滚动投放；贷款资金用途及使用进度监控不力；发放虚假个人按揭贷款和越权办理个人住房按揭贷款等问题。

### （八）异地贷款比重逐步增加，潜在风险较大

2006 年以前，安徽省银行系统富余资金主要通过系统上存使用。但 2006 年年末的调查发现，基层商业银行通过拓展信贷业务，办理异地票据贴现、内部银团贷款、本地企业贷款异地使用、异地企业贷款异地使用等形式，形成资金外流。异地贷款多数投放于基础设施和大型企业项目，贷款周期长、金额大。由于部分银行机构尚未建立跨区域、行业的风险监测、识别、评估体系，异地企业信息收集与贷款风险控制能力不足，使异地贷款存在较大的潜在信用风险和市场风险。

## 三、证券业与金融稳定

2006 年，随着资本市场基础性制度建设的稳步推进和市场信心的恢复，安徽省证券期货公司及各营业部的业务量和盈利水平大幅度提升，证券公司综合治理工作取得显著性进展。上市公司采取现金“清欠”结合股改“清欠”等模式，全部完成清理大股东违规占用资金工作；随着股权分置改革的顺利推进，上市公司股权结构得到优化，公司活力增强，盈利能力有所提升。全省证券业系统性风险降低，但部分风险因素的影响及趋势需进一步关注。

### （一）法人类证券公司综合治理成效明显

与 2004 年年底数据相比，全省 2 家证券公司大股东或关联企业占用资金总额降幅达到 96.67%，违规资产管理业务降幅达到 81.51%，其中涉及个人债权的受托资金全部到期清偿完毕；透支、配资、柜台债、三方监管等违规业务以及对外担保全部清理完毕。按照证监会 3 号令规定的客户资金安全性计算公式，经计算安徽省两家法人类证券公司（国元证券公司和华安证券公司）在 2006 年 12 月 31 日该时点报表反映无挪用客户资金现象。

### （二）法人类证券公司抵御风险的能力进一步增强

2006 年安徽省两家法人证券公司盈利能力不断增强，净利润分别比去年同期增加了 67 898万元和 106 658 万元；净资本同比增加了 45 312 万元和 86 475 万元；风险控制指标流动性比率和净资本负债率均高于证监会规定的监管标准（监管标准 8% 和 100%）。华安

证券公司在地方政府主导下，通过外部注资方式，在证监会规定的整改期限内完成了财务重组，公司资本实力显著提高。

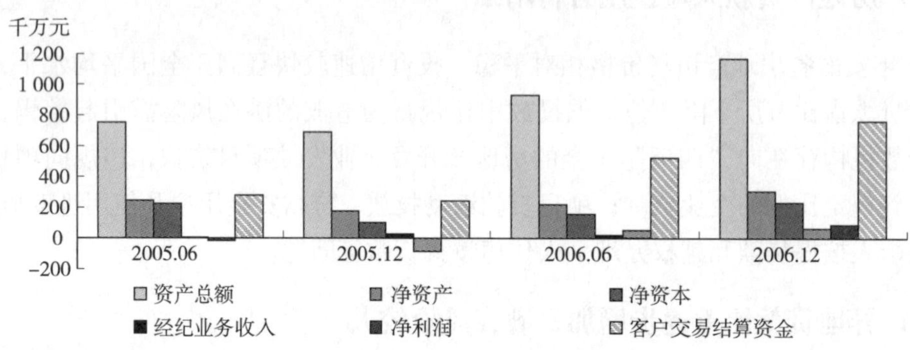


数据来源：安徽证监局。

**图8 安徽省两家法人证券公司经营状况**

## （三）上市公司关联交易大幅度增长的影响不容忽视，业绩两极分化造成的"壳资源"化现象应予关注

关联交易大幅增长，对企业未来的现金流存在一定潜在风险，并易导致上市公司关联企业经营风险的传递。部分上市公司面临着"壳资源"化现象：①有的上市公司主营业务不突出，或经营传统行业的公司未能适应市场变化而转型，市场竞争力不强；②有的上市企业公司治理机制有待完善，经营管理水平需进一步提高；③有的上市公司被大股东通过关联交易等方式占用资源，可能引发财务风险。

## （四）期货业风险控制能力得到增强，未发现经营机构有重大违规操作风险和重大风险隐患

应关注的问题：一是各期货经纪公司资产总规模较小，整体实力不强，抵御风险能力较弱。二是参与期货交易的机构投资者较少，期货市场价格发现和套期保值功能发挥不充分，对实体经济服务功能不强，同时也不利于市场本身的稳健运行。

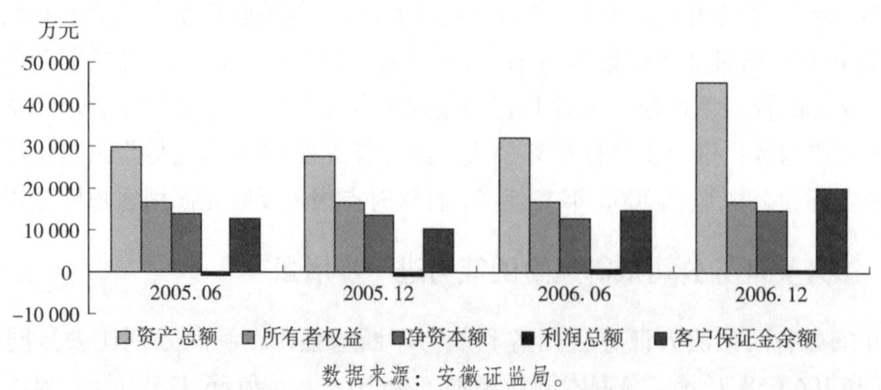


数据来源：安徽证监局。

**图9 安徽省3家期货经纪公司经营状况**

## 四、保险业与金融稳定

2006 年安徽省保险业进入了新一轮的增长周期。全省保险市场快速发展，保费收入大幅增长，行业竞争日益充分；保险业务发展领域拓宽，产寿险业务以及区域发展趋于平衡，薄弱业务有所加强，市场结构逐步优化，服务地方能力不断提高；市场秩序逐步规范，保险行业自律加强，保险业监管效率提高。但保险服务供给相对不足（保险密度、保险深度分别低于全国平均水平 170 元、0.1 个百分点），特别是农业保险有效供给不足的问题仍较突出；险种结构较为单一；财产险、人身险市场均出现较大波动，发展的稳定性有待提高等。

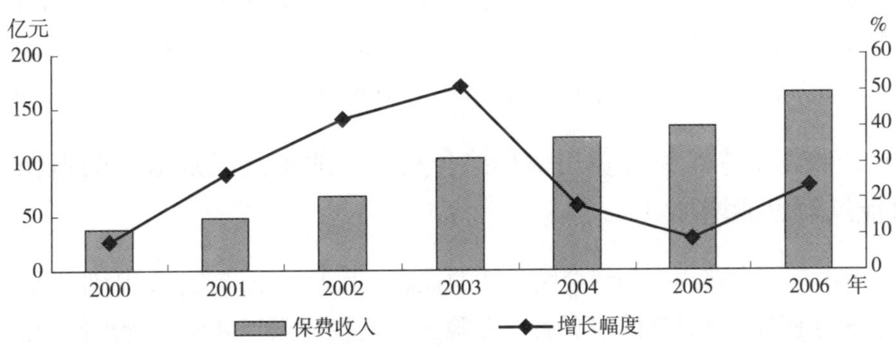


数据来源：安徽保监局。

图 10　2001 ~2006 年保费收入和增长幅度

**（一）部分保险机构经营模式仍较粗放，保险市场发展的稳定性有待提高。保费规模高速增长的同时效益大幅下降，将对保险业的可持续发展造成不利影响**

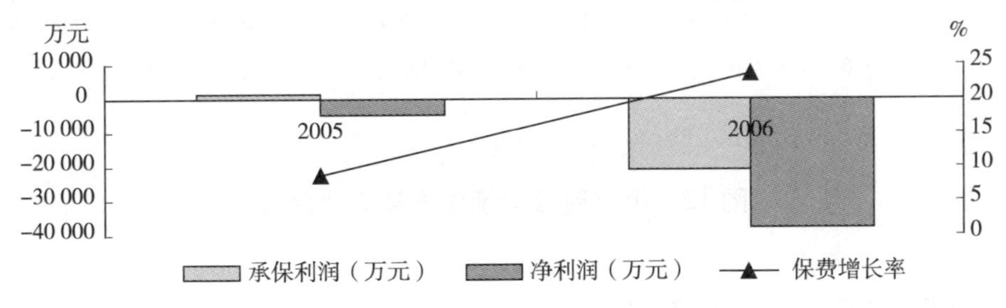


数据来源：安徽保监局。

图 11　保费增长与利润变化两年对比

**（二）财产险市场结构有所改善，寿险市场集中度仍然较高**

财产险市场新公司的进入加剧了市场竞争，在产品差异度较小的情况下，部分财险公司过度依赖降低费率的竞争手段，导致手续费和营业费用支出大幅上升、承保利润下降。寿险市场上，各家公司均实现较快增长。由于中小公司普遍规模较小，市场开拓能力有限，短期内市场过分集中的状况尚难改变。长期来看，随着经济发展和市场开放程度的提高，寿险市场集中度将逐步降低。

### （三）险种结构不均衡问题可能长期存在

在安徽保险市场上，一个或几个险种占绝对优势的趋势日益明显，这种现象在财产险市场上尤为突出。财产险市场主要产品车险在业务快速成长的同时，承保质量不断下降。由于消费结构的升级，车险在未来仍有较大的增长空间，应注意的是规模与效益的协调增长，并应在快速发展的契机下适度调整险种业务结构，开辟新的利润空间。

寿险市场上，分红险仍是寿险公司的主要险种，其发展状态直接影响寿险市场以及整个人身险市场的稳定性。2006 年，利率的提高、资本市场的繁荣，对分红险市场的发展造成了一定冲击。预计 2007 年分红险市场竞争压力仍然较大，产品创新力度亟待加强。

### （四）应收保费率、综合费用率和综合赔付率的走高以及潜在的退保压力，使公司现金流风险可能增加

应收保费率、综合费用率和综合赔付率的提高，反映了财产险公司管理水平有待提高，以及市场竞争的加剧。就目前的情况看，寿险公司受投资渠道和资产管理能力的限制，分红险收益和客户预期差距较大，比较容易引起退保风险。

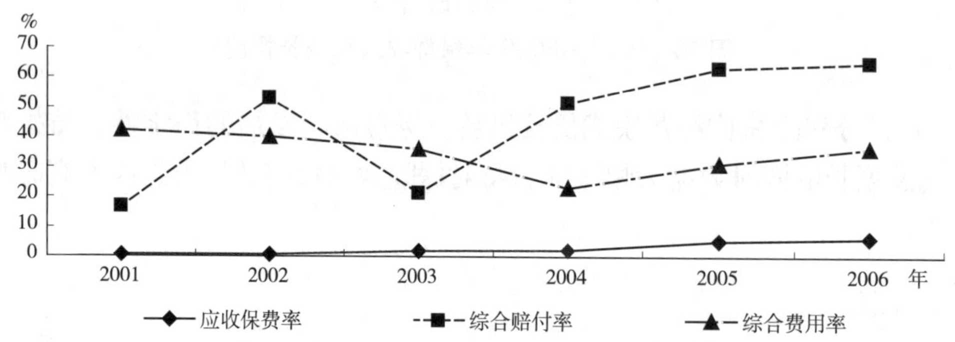


数据来源：安徽保监局。

**图 12　财产险公司承保质量变化趋势**

## 五、金融市场与金融稳定

2006 年，安徽省金融市场总体发展良好，市场广度和深度不断增加，股权、债券和票据融资比例不断上升，市场结构逐步优化。

（一）货币市场交易日趋活跃，但融资方向与品种单一等问题导致内在发展动力不足。银行承兑汇票是票据市场主要交易品种，使商业银行成为票据风险的最终承担者，既不利

于金融体系分散和降低风险，也不利于推动商业信用的票据化和扩大票据融资。同时承兑环节风险较为集中，而手续费标准偏低，难以完全覆盖风险，银行潜在风险积聚程度提高。

（二）企业债券市场规模扩大，融资结构进一步优化，降低了企业融资成本，对银行贷款替代效应明显，同时应警惕企业“短债长用”形成对货币市场利率的扭曲和企业集中偿付的压力问题。

（三）黄金市场持续升温，但投资渠道的狭窄和投资产品的匮乏制约了市场进一步发展。

（四）外汇收支和结售汇继续保持“双顺差”，人民币汇率波动加大了涉汇主体的汇率风险。2006 年全省外汇收支总额同比增长 33.84%，顺差同比增长 11.21%；结售汇总额同比增长 28.79%，结售汇顺差同比增长 41.57%。

**表 2　2006 年安徽省银行间市场资金流向情况表**　　单位：亿元

| 机构类别 | 融入资金 | | 融出资金 | | 净融入资金 |
|---|---|---|---|---|---|
| | 同业拆入 | 正回购 | 同业拆出 | 逆回购 | |
| 证券公司 | 365.01 | 12.67 | | | 377.68 |
| 城市商业银行 | | 1 514.99 | | 55.63 | 1 459.36 |
| 农村信用联社 | | 143.81 | | 144.38 | -0.57 |
| 股份制商业银行 | | 9.5 | 4.45 | 408.28 | -403.23 |
| 合计 | 365.01 | 1 680.97 | 4.45 | 608.29 | 1 433.24 |

数据来源：人行合肥中支货币信贷处。

## 六、金融基础设施与金融稳定

### （一）金融监管合力增强

地方政府通过建立专设部门，较好地解决了对地方金融机构的统一管理问题，有利于整合地方金融资源，增强监管协作的合力。金融业审慎性监管水平不断提升，降低了区域突发金融事件的概率。全年共发生金融突发事件 3 起，其中银行业金融机构 2 起、保险业机构 1 起，没有造成人员伤亡和经济损失。

### （二）信用环境及金融司法环境不断改善

报告期内，地方政府举债行为更趋理性，信用意识提高，政府隐性债务进一步下降；企业贷款违约水平降低，逃废金融债务余额下降，信用观念进一步增强；信用担保体系建设步伐加快，信贷中介机构加快发展，对中小企业服务增强；金融司法建设得到强化，执法力度加大，“执行难”问题有所改善等。2006年，全省企业逃废债占不良贷款的比例由2005年的2.1%下降为1.39%；不良信用记录客户占贷款总户数的比例下降了1.99个百分点；金融机构起诉违约案件的胜诉率达87.15%，涉诉费用率同比降低35.6个百分点。值得关注的是，全省贷款违约户数占贷款总户数的比例较2005年上升了4.37个百分点。

### （三）制贩假币活动有所上升

假币收缴总量呈上升态势，收缴结构以大面额券别为主，收缴方式以金融机构柜面收缴居多，主要呈以下特点：1. 案件数量居高不下，涉案金额不断攀升。2. 案件类型以出售、购买、持有和运输为主，伪造货币案件在数量上表现为极少。3. 案件高发地区经济落后，犯罪主体90%以上为农民和无业人员，文化程度基本在初中以下。4. 所收缴假币伪造水平不断提高，社会危害越来越大。5. 从查获的制贩假币犯罪案件来看，团伙作案占了相当大的比例，并且呈现家族化趋势。近年来，利用互联网网上叫卖、“花边假币”实施诈骗和自动存款机存假取真等案件的相继发生，违法犯罪的形式不断翻新。

### （四）非法集资（或涉嫌）活动得到遏制

2006年是安徽省非法集资案件爆发最多的一年。随着各级政府的高度重视和打击力度的加大，一批非法集资案件相继被查处，非法集资活动快速蔓延趋势得到了有效控制。非法集资呈现的主要特点是：(1) 承诺“项目”高回报率是非法集资者惯用的手法。全年查处的非法集资案件承诺回报率30%以上的有28件，占72%，承诺投资回报率和集资规模成正比。(2) 集资诈骗是非法集资的主要形式。全年全省集资案件有27起被定性为集资诈骗，占69%；12起被定性为非法吸收公众存款，占31%。(3) 以种、养殖为名，以高额回报为诱饵，以“公司+农户”、“公司+业务代表+股东”、“公司+集体+社会力量”的经营模式与经营户签订联营合同，经营户委托公司进行具体管理经营向社会不特定对象进行了大规模融资活动。(4) 以“销售返租”和“扩建厂房”为名公开向群众进行非法集资，手段更具有隐蔽性。(5) 通过办理会员卡、优惠卡、传销新产品，渗透到商贸业、加工业及网络科技等行业进行非法集资。全年查处的非法集资案件中，通过销售药品、酒、食品等商品后予以返还利润等商业传销性质的集资案件7起，占16%。

### （五）征信体系建设逐步完善

安徽省企业信用信息基础数据库于2006年7月底实现全国联网试运行，全省所有银行、农村信用社县联社、信托公司公司存量数据均按时成功加载入库，并正常报送增量数据。截至2006年年底，全省企业征信系统入库人民币贷款各项余额为3 826.60亿元，收录了87 324户借款人基本信息，查询网点2 042个，系统外部用户（包括管理员和普通用户）3 248个。

## 七、总体评估及政策建议

2006年，在宏观经济运行、金融体制改革、金融企业公司治理水平提高和金融生态环境持续改善等因素综合影响下，安徽省金融业运行稳健性提高，系统性风险水平降低。在未来2～3年内，安徽金融业运行态势较明朗乐观。然而基于宏观审慎性分析区域金融业存在脆弱性或负面因素，有以下几个方面应予关注：

第一，经济结构等方面的问题可能会影响到金融稳健运行，粗放的资源依赖型增长方式导致经济增长的基础不够稳固，可能对金融运行形成冲击；经济发展在产业、区域的不均衡分布，会造成金融风险的相对集中，并削弱有限金融资源对经济发展薄弱环节的支持。

第二，随着贸易顺差扩大、银行体系流动性过剩、粮食价格水平的不断攀升和股票市场价格波动性增大，人民币汇率升值和加息预期将进一步增强，汇率、利率和资产价格的波动将会对安徽企业盈利水平产生较大影响，并使金融机构面临潜在的市场风险。

第三，银行业金融机构面临的信用风险有加大的倾向，信贷资源配置向行业、集团客户集中，银行业的不良贷款率总体上仍处于较高水平，不良贷款反弹压力较大。

第四，地方法人金融机构经营的稳健性是降低区域金融风险的关键因素。地方金融机构改革重组后业务大幅扩张，但在法人治理结构的优化、风险控制能力的提升等方面仍然需要不断加强和改善。

第五，股票市场价格的持续攀升改善了证券公司的经营状况，并增加了住户部门财富水平，但市场参与者对收益水平的非理性高企和多空力量的分化加剧了市场价格的波动，在信息不对称情况下，某个时刻资产价格的修正通过羊群效应放大，既不利于资本市场本身的长期稳定发展，也将对其他市场的稳健运行造成冲击。

第六，保险业保费规模与利润的增长不匹配，粗放型增长方式有待于改善；应收保费率、综合费用率和综合赔付率的走高，使公司现金流风险可能增加，影响公司稳健经营。

根据对安徽金融稳定状况的总体评估，提出如下建议：

### （一）加快经济结构调整和增长方式转变

在继续发挥区位、资源优势，积极提升传统产业，提高钢铁、水泥、有色、煤炭等产业集约化经营程度的同时，强化以企业为主体的创新能力建设，大力发展先进制造业和高新技术产业；加快区域结构调整，采取有效措施扶持经济欠发达地区、县域和农村经济发展；在着力抓好大企业大集团的同时，制定并落实中小企业成长、全民创业促进政策，激发经济运行的内在活力。

### （二）建立良好银企关系，引导信贷资金增长，提高信贷资金配置效率

通过建立一个优势互补、适度竞争、协调发展的多元化、多层次银行业体系来确保信贷资源的充分、高效运用；搭建银企、银政合作平台，采取有效措施鼓励金融机构加大对

本省具有比较优势的大型骨干企业以及高新技术企业的支持力度，保持对优势产业、重点企业、重点项目的一定强度的信贷支持。

### （三）加快农村金融组织体系建设

在继续深化农村信用社改革，推进农业银行股份制改革的同时，推进农村金融体制创新，有条件地发展村镇银行、小额贷款公司等小额贷款组织，支持发展农户资金互助合作组织与农民合作经济组织，满足农村地区不同层次的资金需求。

### （四）扩大直接融资规模和比重，寻求对经济发展的多元化资金支持

加强对企业上市的引导、扶持和培育，鼓励有条件的企业在主板市场上市融资；引导和支持中小企业、民营企业在中小企业板块上市融资；规范管理、加强引导，增强上市公司再融资能力和资本运营效率；拓宽债券融资领域，扩大企业债券发行规模，鼓励和支持企业通过资产证券化等方式实现融资。

### （五）进一步完善保险市场功能，不断拓宽保险领域

大力发展健康险、责任险和商业养老保险；加快建立多种经营形式、多渠道支持的农业保险体系，鼓励商业保险公司开展各类农业保险业务，扩大农业保险覆盖面。充分发挥保险业的融资功能，提高保险资金使用效率。

### （六）加快金融生态建设，为金融平稳运行创造良好环境

各级政府加强对金融生态环境建设的组织领导，建立健全工作机制。严厉打击恶意逃废银行债务等失信行为，积极推进诚实守信的企业文化建设。加快征信体系建设，建立诚实守信的正向激励和失信惩戒机制。维护金融机构的合法利益，营造良好的法制环境。

总　纂：陈洪波
统　稿：孟凡征　季　军　孙　韦
执　笔：陈洪波　孟凡征　季　军　孙　韦
陈红斌　汪守宏　方雄鹰　王安坤
张晓萍　丁成林　许　焱　方华山　董晓翔

# 2007 年福建省金融稳定报告摘要

## 一、经济运行与金融稳定

2006 年，福建省国民经济继续保持良好发展态势，投资环境日益改善、经济发展活力不断增强、海峡西岸经济区建设效应持续显现，为保持福建省金融体系总体稳定创造了良好的外部环境。全年实现生产总值 7 501.63 亿元，增长13.4%，创 1998 年以来增幅新高；人均 GDP 达 21 152 元，比上年增长 12.7%。金融支持经济发展力度加大，全年新增各项贷款 1 389.69 亿元，符合产业导向的重点项目资金需求得到有效保障。

农业和工业继续保持平稳发展。农业总产值同比增长 3%，农业产业化进程加快；工业总产值突破 1 万亿元，工业增加值占全省 GDP 比重达 44.1%，对国民经济的增长贡献率达 54.5%。工业企业产业集聚不断加快，经济效益和运行质量继续提高，全省产值超亿元企业 1 620 家，比上年增加 358 家，实现产值占规模以上工业的 70%，在原材料燃料价格上涨、工业品价格难以提高的情况下，工业利润仍比上年增长 15.7%。

外向型经济优化。外贸进出口增长 15.2%。民营企业出口额同比增长 43.5%，占全省出口增量的 49.3%，拉动全省出口增长 9.1 个百分点。出口市场趋向多元化，对美国、欧盟和日本出口增势减缓，对台湾和香港出口回升，对东盟出口较快增长。出口商品结构调整明显，机电、高新技术产品出口比重分别达 44.1% 和 21.8%。利用外资质量提高，新批总投资千万美元以上的项目 438 个，增长 49%。

闽台交流更加密切。率先举办澎湖福建商品展、批准台湾居民在大陆申办个体工商户、扩大台湾农产品准入及零关税种类和范围、恢复对台渔工合作业务等。福建省沿海与金马澎直接往来取得新突破，新辟泉州与金门航线，“两门”、“两马”、“泉金”等航线运送旅客达 66.9 万人次。实现泉州与澎湖个案货运直航，“两门”邮件业务正式运营，厦门成为节日客运包机直航点。中国闽台缘博物馆正式在福建泉州开馆，闽台经济合作促进委员会成立。经济合作呈现强劲上升态势，闽台双边贸易额 56.07 亿美元，增长 15.0%，占福建省对外贸易总额的 8.9%；全年台资实际到资 14.2 亿美元。

消费市场繁荣活跃。城镇居民人均可支配收入扣除物价因素实际增长 10.4%，比上年提高 2.2 个百分点。社会消费品零售总额增长 15.3%，比上年提高 1.5 个百分点，是 1998 年以来的最高水平。消费结构升级加快，汽车、石油及石油制品类商品持续旺销，零售额分别比上年增长32.4%和46.7%，拉动全省社会消费品零售总额增长4.5个百分点。居民消费价格总水平较上年上涨0.8%，涨幅比上年回落1.4个百分点。

房地产投资快速增长。全年城镇以上房地产投资增长45.7%，增幅比上年提高32.6个百分点，高于全国平均水平23.9个百分点；商品住宅开发投资增长40.7%，占房地产开发投资的65.0%。商品房需求旺盛，市场交易活跃，实际销售面积和金额同比分别增长23.3%和46.5%；全省空置商品房总面积同比下降32.5%，其中空置一年以上的下降19.9%。

外汇收支继续保持顺差。福建省企业积极应对人民币升值，加快技术创新，加强内部管理，降低生产成本，提高了市场竞争力，加快了产业结构调整。2006年，福建省外汇收支顺差同比增长29.97%，全省净结汇同比增长27.02%。全省新批外商投资企业2 162家，实际到资额同比增长15.33%。

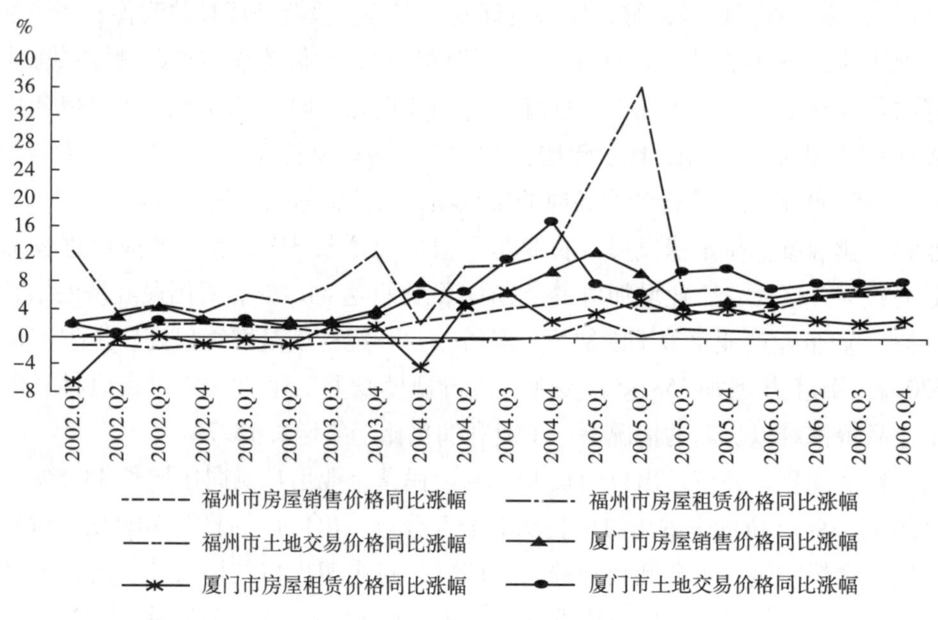


数据来源：福建省统计局。

**图1 福建省主要城市房屋销售价格指数变动趋势**

福建省经济健康较快发展的同时也面临着部分资源短缺和国际贸易壁垒等不利因素，可能影响部分资源依赖型中小企业和某些出口行业的生产效益，进而影响与此相关联的银行信贷资产质量。

资源短缺，制约经济发展。福建省一次能源和原材料相对不足，部分金属矿缺乏，煤种单一且储量有限，陆地尚未发现油气储藏，资源和市场对省（国）外依赖较大。受工业经济外向度高的影响，工业产品对国际市场依赖较大，企业能源、原材料采购成本较高，以加工业为主的结构特点决定了工业效益对市场价格变化极其敏感，造成工业品价格“高进低出”较为突出。而且，福建省企业规模普遍偏小，民营企业和中小企业占大部分，自主创新能力不足，且企业产品多为下游产品，产品技术含量及附加值不高，可替代性强，利润空间小。

贸易壁垒，影响外贸出口。2006 年，福建省外贸出口遇到的贸易壁垒主要是欧盟新环保指令、日本肯定列表制度和欧美纺织品壁垒，对烤鳗、蔬菜、机电和纺织等出口产生一定影响。

## 二、金融业与金融稳定

### （一）银行业

2006 年，福建省银行业总体运行平稳，银行资产实力、盈利能力进一步提高，整体抗风险能力增强。但不良贷款反弹压力仍然存在、房地产信贷风险逐渐累积、银行机构操作风险等情况仍值得关注。

1. 总体运行状况[①]

2006 年，福建省银行业各项业务稳步发展，全省银行业金融机构本外币存、贷款余额同比分别增长 20. 98%、25. 29%；资产规模进一步扩大，同比增长了 18. 58%；盈利能力大幅提高，全年实现利润总额同比增长 57. 35%；收入结构和盈利结构持续改善，中间业务收入同比增长 41. 79%，占比提高 0. 27 个百分点；全省主要银行业金融机构[②]不良贷款余额和不良贷款率同比分别减少 29. 19 亿元和下降 1. 64 个百分点，资产质量继续位居全国前列。

2006 年，国家开发银行福建省分行和农业发展银行福建省分行经营业绩均保持良好发展势头。两家政策性银行资产总额同比增长 21. 26%，实现账面利润同比增长 51. 92%，不良贷款率比上年末下降 0. 57 个百分点。国有商业银行股份制改革的顺利推进，推动了福建省金融体系稳健运行。福建省工行、中行、建行经营机制显著转换，组织结构更趋合理，资产质量持续改善，管理水平和服务水平逐步提高，竞争能力逐步增强。农业银行福建省分行也为股改做积极准备。国有商业银行总资产比上年末增长 15. 36%，实现税前利润比上年增长 35. 5%，不良贷款率比上年末下降 1. 71 个百分点。在闽法人商业银行继续保持良好发展势头。资产总额比年初增长 30. 21%，负债总额比年初增长 30. 14%；除一家城市商业银行外，其余法人商业银行核心资本充足率和资本充足率都达到监管要求；不良贷款余额比年初减少 1. 51 亿元，不良贷款率同比下降 0. 6 个百分点，资产质量稳步提升。6 家法人商业银行均有较高的流动性，盈利能力也有所提升。农村信用社改革继续全面推进，基本完成产权制度改革。全省 71 家联社已有 67 家统一法人社、1 家农村合作银行获准开业，占联社总数的 95. 8%。农信社资产规模不断壮大，资产总额占全省银行业总资产达

① 数据来源：人民银行福州中心支行、福建银监局。

② 主要银行业金融机构包括：政策性银行、国有商业银行、股份制商业银行和城市商业银行。

7.89%；资产质量稳步提升，不良贷款率（四级分类口径）比年初下降2.65个百分点；经营效益不断提高，盈利状况得以改善，全年实现账面利润同比增长176.32%；资本充足率达8.87%，达到监管要求，贷款损失准备充足率87.01%，整体抗风险能力有所提高。

2. 需要关注的方面

（1）不良贷款反弹压力犹存。虽然2006年福建省银行业金融机构账面不良贷款继续实现“双降”，但大额授信的不良贷款余额比年初增加1.95亿元，比重上升1.91个百分点，部分机构不良贷款率出现反弹，个别机构甚至不良贷款余额和比率“双升”。农村合作金融机构不良贷款比率五级分类比四级分类高9.49个百分点，压降任务依然艰巨。值得注意的是，从福建省银行业金融机构不良贷款率下降的影响因素看，不良贷款的减少和贷款余额的增加对不良贷款率下降的贡献率分别为28.14%和71.86%，表明银行业金融机构依靠内部管理机制防范信贷风险的能力和处置不良贷款的效率仍有待提高，不良贷款反弹压力较大。

（2）房地产信贷潜在风险。2006年，福建省商品房价格上涨速度较快，特别是福州、厦门、泉州等主要城市商品房销售价格持续攀升。在房价继续上涨的预期驱动下，省内大部分商业银行加大对房地产开发及住房领域的信贷投放。截至2006年年末，全省银行业金融机构（不含外资）本外币房地产贷款余额占各项贷款余额的22.91%，占比持续走高（见图2）。由于房地产贷款在银行信贷组合中的比重较高，一旦房产价格走低，房地产金融风险将逐步暴露。

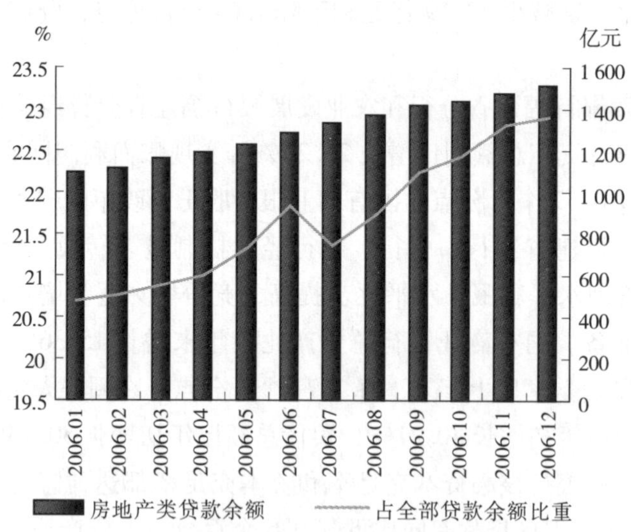


**图2 福建省房地产类贷款余额变化趋势**

（3）新增贷款集中趋势明显。从投向看，新增贷款主要集中在工业生产、房地产开发投资、基本建设、个人消费及经营性贷款领域，上述四项贷款全年增加额占各项贷款增加额的79.64%。从期限结构看，新增贷款的中长期化特征明显，中长期贷款增量占各项贷款增量的61.94%，同比提高3.33个百分点。从地区看，新增贷款向沿海中心发达城市集中趋势明显，福州、泉州、厦门三市新增贷款占全省的 80.8%，增加额占比较上年提高 4.78 个百分点。从授信客户看，全省银行业金融机构大额授信客户[①]数量、授信额度和贷款余额持续增加，大额客户贷款余额占 12 家银行业金融机构[②]全部贷款余额的比重达到 43.73%，比年初提高 2.79 个百分点。银行业金融机构信贷组合的集中度上升不利于资产配置的风险分散，对银行业稳健运行构成潜在威胁。

(4) 业务创新给内部管理和外部监管带来新挑战。随着银行同业竞争的日趋激烈，福建省银行业金融机构纷纷加大业务创新力度，除了推出个人理财、电子银行、银行卡以及金融衍生产品等新业务外，传统业务的跨地域跨机构相互渗透成为商业银行近年业务创新的特点。这些业务创新有利于增强市场竞争力，拓展市场广度，但对金融机构风险管理、内部控制、成本管理以及员工素质等方面提出新的要求，也给外部监管工作带来新的挑战。

## (二) 证券业

2006 年，福建省证券市场运行平稳有序，呈现良好的发展势头。法人证券公司扭亏为盈，风险防范能力稳步提高，但证券公司整体竞争能力与风险管控能力薄弱、机构名义个人债权等影响辖区金融稳定的风险隐患仍应引起重视。

1. 总体运行情况

截至 2006 年年末，福建省法人证券期货公司 5 家[③]，较上年增加 1 家，省外证券公司营业部 47 家。股票交易量同比增长 181.37%，市场份额占全国的 6.3%，与上年基本持平。IPO 重新启动，筹集资金 8.44 亿元。

(1) 证券公司综合治理取得明显成效。综合治理工作围绕风险监控的工作目标，加强以净资本为核心的风险控制指标体系建设，初步建立了证券机构风险监管的长效机制。证券公司全面扭转多年亏损的局面，资产质量显著改善，财务状况明显好转，抗风险能力增强。据监测显示：3 家法人证券公司净利润同比净增 5.43 亿元，总资产、净资产、净资本同比分别增长 191.58%、39.47%、56.26%。

(2) 风险证券公司处置工作稳步推进。闽发证券风险处置进入收尾阶段，福建、北京、上海地区的个人债权收购兑付工作全面完成，兑付 7 578 户、金额 8.91 亿元；福建省内机构名义个人债权的调查、甄别、确认工作已基本完成，客户结算资金第三方存管工作全面启动，系统内账户清理全面完成，证券类资产转让前期准备工作基本完成。省外证券公司在闽营业部的托管交接、关闭新设顺利进行，风险隐患得到有效控制。

2. 需要关注的方面

(1) 法人证券公司整体竞争力有待提升。3 家法人证券公司盈利渠道单一的局面没有明显改善，盈利受市场波动影响大，未形成多元化的收入结构，传统的经纪业务手续费收

---

① 单家金融机构对单个客户授信、贷款余额超过 1 亿元。

② 包括国家开发银行、国有商业银行和股份制商业银行。

③ 法人证券期货机构为广发华福证券、兴业证券、厦门证券、国贸期货、金友期货，其中金友期货为新设机构。

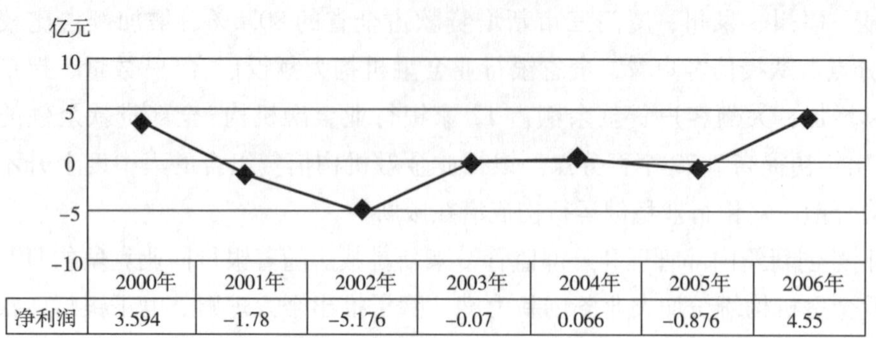


**图3　福建省3家券商历年净利润变动情况**

入占总收入达64.82%，高出全国规范类券商平均水平7.57个百分点。另外，由于净资本相对较低，在新一轮竞争中可能丧失融资融券、资产证券化等业务资格。

（2）机构名义个人债权等影响辖区金融稳定的隐患尚未消除。随着证券公司综合治理期限的临近，闽发证券等高风险机构将陆续进入司法清算程序，机构名义个人债权问题引发的风险隐患尚未根本消除。

## （三）保险业

2006年，福建省保险业继续深化改革，保险市场呈现中、外资并存，保险公司和保险中介机构、综合性和专业性保险公司共同发展的良好发展格局，在促进改革、保障经济、稳定社会等方面发挥了重要作用，保险业平稳较快增长，保持了保险业整体稳定。

1. 总体运行情况

保险业发展速度较快。资产总额同比增长20.85%。保险深度同比提高了0.05个百分点。保险密度同比提高了68.28元。实现保费收入同比增长17%。

保险业发展质量较好。通过转变增长方式，调整业务结构，发展质量得到较好改善。2006年，产险公司综合赔付率58.94%，同比下降18.31个百分点；寿险公司退保率4.48%，同比仅增加0.05个百分点。

保险业社会保障功能增强。累计为全省提供3.6万亿元的风险保障，同比增长28%。全年赔款与给付支出同比增长10.05%。仅因“桑美”、“碧利斯”台风影响所支付的保险赔款及估损总金额就达到2.3亿元。

2. 保险业为实现社会安全经济稳定提供了强有力的保障

农业保险试点取得新突破，完善了农村社会经济保障体系。2006年，福建省出台了农业保险第一步试点方案，积极推进森林火灾、农村住房、水稻种植、渔工责任和渔船保险等5个险种的试点工作，其中农村住房在全国率先实行全省统保。中国人民财产保险股份有限公司福建省分公司农业保险保费收入4 200多万元，是2005年的12倍。自试点以来，因森林火灾、水稻寒害和农房火灾遭受损失的保户已分别获得赔款23万元、14万元和369万元。

出口信用保险取得新进展，促进了外向型经济发展。2006年，出口信用保险公司福建分公司积极办理出口信用保险业务，带动福建省出口贸易超过7.5亿美元，在出口信用保险项下为企业提供了超过5.5亿元人民币的融资支持，赔案金额合计近300万美元。

城镇补充医疗保险和新型农村合作医疗试点业务稳步发展，推动了和谐社会建设。2006年，继续积极稳妥推进城镇商业补充医疗保险和新农合业务，减轻政府在社会保障体系中的负担，为促进福建省和谐社会和新农村建设做出积极贡献。

但是，在保险市场健康运行的同时，也存在一些值得关注的问题：一是中小产险公司经营效益有待提升。中小产险公司在品牌效应、人才资源、展业管理等方面存在险种结构较为单一和经营效益不甚理想等情况。如：中小产险公司（不含出口信用保险公司）综合成本率均超过100%，综合费用率大多在40%以上。二是部分个人分红保险进入集中给付期，寿险给付支出同比增长31%，现金流压力加大。

## 三、金融市场运行与金融稳定

2006年，福建省金融市场总体运行平稳。货币市场、债券市场继续保持良好发展势头，同业拆借、债券回购和现券交易在全国银行间市场交易排名保持第4名、第4名和第6名；票据市场稳步增长，品种结构有所改善；股票市场快速发展，股票成交额占全国两市总成交额的6.3%，居全国各省市前列；外汇市场交投活跃，外汇收支继续保持全面净结汇。上市公司股改基本完成，质量有所提高①。应股改的43家上市公司②中有40家已完成或进入股改程序，其市值占总市值的99%。上市公司股改与“清欠”工作的顺利开展推动了上市公司质量提升，促进了资本市场的健康发展。

**表1　2006年福建省金融市场基本情况表**

单位：亿元，亿美元，%

| 类型＼项目 | 成交额 | 同比增长 |
|---|---|---|
| 货币市场 | | |
| 1. 同业拆借 | 2 076.29 | 242.19 |
| 2. 债券回购 | 20 762.86 | 70.58 |
| 3. 票据市场 | 3 261.7③ | 24.60 |
| 债券市场 | | |
| 1. 银行间现券交易 | 5 575.68 | 59.26 |
| 2. 债券代理 | 85.78④ | 37.65 |

① 数据来源：福建证监局、福建省发改委。

② 不含闽灿坤B。

③ 本数据为银行承兑汇票承兑发生额、银行承兑汇票贴现发生额、商业承兑汇票贴现发生额相加所得。

④ 数据来源：人民银行福州中心支行，本数据为代理发行、代理兑付国家债券及其他债券的累计金额。

续表

| 类型＼项目 | 成交额 | 同比增长 |
|---|---|---|
| 股票市场 | | |
| 股票交易 | 5 703.45 | 181.37 |
| 外汇市场 | | |
| 1. 结汇 | 385.32 | 22.41 |
| 2. 售汇 | 111.76 | 12.41 |
| 3. 净结汇 | 273.56 | 27.02 |
| 黄金市场 | | |
| 商业银行黄金交易 | 121.5 | 657.79 |

数据来源：人民银行福州中心支行。

金融市场稳健发展，为市场主体提供了有效的资金融通渠道和风险管理场所，为金融业持续、健康发展营造了稳定的市场环境，但金融市场创新能力的不足及个别上市公司历史遗留问题在一定程度上制约了金融市场的进一步发展。债券市场品种单一，交易主体缺乏。发行短期融资券迄今为止仅有 2 家企业，商业银行次级债券、国际开发机构境内人民币债券以及信贷资产支持证券等产品市场开发力度不够。人民币衍生产品市场发展相对滞后，已推出的外汇衍生产品尚不能充分满足企业居民外汇避险需要。金融创新交易工具发展受限，买断式回购、债券远期交易、人民币利率互换等金融创新交易工具无法得到广泛的运用。此外，个别上市公司逾期担保风险加剧，历史遗留问题尚须妥善解决，在一定程度上影响资本市场的稳健发展，并直接威胁债权银行的信贷资产安全。

民间金融市场比较活跃。2006 年福建省民间融资日趋活跃并呈现规模扩大化、投向多元化等新特点。监测显示：2006 年民间融资利率总水平明显上升，年末加权平均利率同比上升 1.48 个百分点；资金投向开始由早期水电、纺织等向房地产、矿业、林木资源等行业转移，且呈现出明显的跨地域流动特征。民间融资作为一种资金补充渠道，为福建省经济发展发挥了一定的积极作用，但同时也潜藏一些问题。一方面，在利益驱动下，部分民间资金投入一些国家限制发展的产业，不利于国家产业结构、经济结构的调整。受国家宏观调控、行业政策和环保政策影响，部分行业投资经营效益存在很大的不确定性，使民间融资潜藏风险隐患。另一方面，由于目前缺乏对民间融资的有效规范和引导，仅靠自律维持其正常运转，加之社会公众对民间金融活动与非法金融活动辨别能力不高，尤其是非法金融活动手段花样翻新、形式隐蔽，导致民间正常融资与各种金融诈骗、非法集资等非法金融活动常常相伴而生，影响正常经济金融活动。

## 四、金融基础设施与金融稳定

### （一）支付清算体系建设再上新台阶

2006年福建省进一步推广非现金结算方式，全年非现金结算笔数和金额分别比去年同期增长28.3%和31.7%；小额支付系统定期借记业务从无到有，并实现定期贷记业务零的突破，全年小额支付系统同城业务总笔数居全国第1位。银行卡跨行交易总金额935.18亿元，同比增长74.0%，刷卡交易692.28亿元，同比增长93.31%；刷卡消费占社会消费品零售总额的比重由年初的15.27%上升至年末的25.61%。但同时也应该密切关注支付体系快速发展过程中存在的问题。如银行卡诈骗、网上支付等创新支付工具和方式面临的风险，以及如何进一步增强支付服务有关各方的风险防范意识，确保支付体系的安全、稳定、高效运行等问题都应引起高度关注。

### （二）金融司法环境进一步优化

2006年福建省各级地方政府、人民银行、金融监管部门及各金融机构相继开展了以反假货币、金融维权、诚信兴商、打击非法外汇交易、反洗钱、个人信用、金融安全与风险投资为主题的一系列金融宣传。在福建省人民政府的统一协调下，“一厅一行三局三协会”[①] 联合开展了“保护百姓合法金融权益专项宣传活动”；人民银行福州中心支行联合39家单位开展了以“预防洗钱活动，维护金融秩序，遏制洗钱犯罪，促进平安福建建设”为主题的反洗钱普法宣传活动；同时，以《福建日报》为依托，开展“金融知识有奖征答”活动，举办《公司法》、《证券法》、《反洗钱法》等专项宣传，提高了社会公众对金融风险的识别和防范能力。加大稽查力度，着力清理大股东占用资金，打击非法集资、非法投资咨询、非法代理买卖未上市公司股份等违法违规活动，维护了投资者的合法权益。各级人民法院发挥司法审判职能作用，认真审理金融纠纷案件，努力维护和规范金融市场秩序。但是金融债权案件执行难、执行率低、行政干预影响司法独立等一系列问题仍值得关注。

### （三）征信体系日趋完善

福建省继续推进社会信用体系建设，加强企业和个人信用信息基础数据库建设和应用，逐步完善了征信体系，实现了信贷数据跨地区、跨行查询，为金融业防范信贷风险发挥了重要作用。截至2006年年末，福建省进入企业征信系统联网的金融机构网点2 438家，收集各类企业贷款户14.5万户，涉及人民币贷款占金融机构人民币贷款余额的91%（不含

---

① “一厅一行三局三协会”指福建省人民政府办公厅、人民银行福州中心支行、福建银监局、福建证监局、福建保监局，以及福建省银行业协会、证券期货业协会和保险行业协会。

个人消费贷款），全省金融机构月均查询33万次；个人征信系统收录自然人数达2 000多万人，个人信贷账户472.99万个，涉及个人信贷余额约占全省金融机构个人信贷余额的98%，通过全国个人征信系统联网直接查询的消费者个人信用报告达231万笔。

### （四）金融安全网建设取得较大进展

金融稳定协调机制进一步完善，风险防范化解能力不断提高。全省各市不断规范和健全了统一模式的金融稳定协调机制，为各地开展金融稳定协调工作提供了组织基础和制度保障。同时，部分地区积极探索建立跨区域金融稳定协调机制，形成了共同防范与处置区域间金融风险的工作合力。初步建立金融突发事件应急处置体系，提高了防范风险能力。福建省政府制定了《福建省金融突发事件应急预案》；人民银行福州中心支行及银、证、保监管部门分别制定了《福建省金融机构突发事件应急预案（试行）》、《福建省银行业突发事件应急预案》、《福建省证券、期货市场突发事件应急预案》和《福建省保险业突发事件应急预案》，并进行演练。应急处置体系的建立，为迅速有效处置省内金融突发事件，最大程度地防范和减少金融突发事件对社会造成的危害和损失提供了保障。反洗钱工作全面深入开展，正式将证券（期货）业、保险业金融机构及特定非金融行业纳入反洗钱义务主体，为维护金融业的稳健运行起到积极作用。截至2006年年末，基本完成了对银行业金融机构的反洗钱现场检查工作；开展对银行业金融机构的108家分支机构反洗钱“百行”调查，金融机构采取的整改措施331条；通过形式多样的宣传，反洗钱工作的社会认知度得到较大幅度的提升，为反洗钱工作奠定了良好的社会基础。同时，建立健全了反洗钱协作、会商机制，可疑交易线索移送数量及案件协查工作有了较大进展，可疑交易报告量位居全国前列，并积极向公安部门移送可疑交易线索，为公安机关侦查、破获涉嫌洗钱案件提供了有价值的情报。反洗钱工作的有效开展为防止辖内金融机构被洗钱犯罪活动所利用，保障资金安全，维护福建省金融业稳健运行起到积极作用。

## 五、总体评估与政策建议

### （一）总体评估

2006年福建省经济金融持续快速健康发展，金融基础设施建设成效显著。从金融稳定评价指标综合评价值来看（见图4），福建省整体金融稳健程度在不断提升。金融改革取得突破性进展，盈利能力持续改善。工行、中行、建行等国有商业银行股份制改革稳步推进，资产质量持续改善，竞争能力逐步增强；农村信用社产权制度改革基本完成；城市商业银行增资扩股工作进展顺利；证券公司综合治理取得明显成效；上市公司股权分置改革基本完成，质量有所提高。银行业利润总额同比增长57.35%；3家法人证券公司全面扭亏为盈，净利润同比净增5.43亿元。金融业风险得到有效化解，整体抗风险能力增强。金融业资产总额同比增长19.33%；银行业不良贷款持续双降，不良贷款余额和不良贷款率同比分别减少 29.19 亿元和下降 1.64 个百分点；农村信用社和城市商业银行资本充足率基本符合监管要求，全省农村信用社资本充足率 8.87%，3 家城市商业银行平均资本充足率 8.39%；3 家法人证券公司净资本同比增长 56.26%；闽发证券公司个人债权收购兑付工作基本完成，正由行政清算向司法清算平稳过渡；异地驻闽高风险营业部托管交接、关闭新设顺利进行。

在金融体系整体稳定性增强的同时，仍需要关注一些可能影响区域金融稳定的薄弱环节：经济增长受资源短缺等因素制约，房地产快速发展潜藏信贷风险，法人证券公司整体竞争力及中小产险公司经营效益有待提升，金融市场创新仍需进一步深化，投资者风险意识亟待提高等。

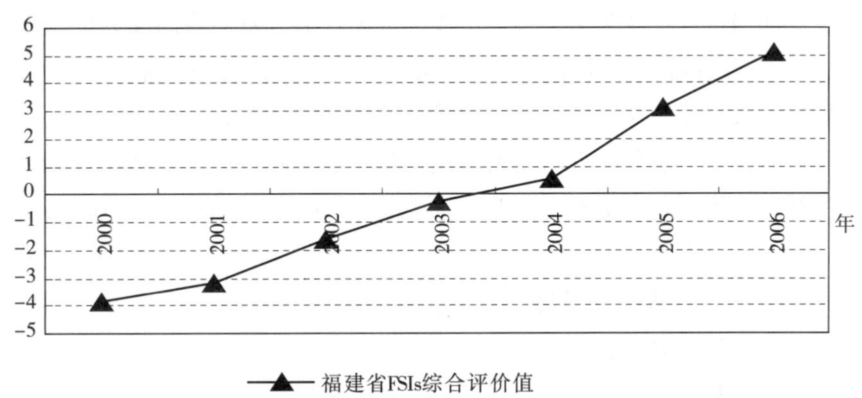


**图 4　福建省 2000 ~2006 年金融稳定综合态势①**

## （二）政策建议

1. 发挥区位优势，扩大闽台经济金融往来与合作

继续发挥与金门、马祖、澎湖直接往来的通道作用，积极推动两岸经济金融直接双向合作。加快实施闽台产业对接规划，引导台商投资资本密集、技术密集和知识密集型产业，加快建设海峡西岸先进制造业基地，推动两岸在机械、电子、石化重点领域的产业合作。扩大闽台经贸往来，建立闽台投资贸易区和对台经贸特区。制订海峡两岸金融往来相关规定，赋予福建先行先试两岸金融往来与合作政策，在两岸金融合作中发挥“前哨”和“试验田”作用。加大金融体系对台资中小企业的融资扶持力度，降低台湾金融业入闽的条件，吸引台湾金融机构来闽投资设点，开拓闽台金融合作创新业务，鼓励闽台两岸金融业双向交流，切实提升闽台合作成效，推动海峡西岸经济区成为我国新的经济增长极。

2. 完善金融监管协作制度，增强监管合力

加快金融监管协作立法进程，明确协作目标、基本原则、协作组织机构、中央银行和

---

① 综合评价值仅用于纵向比较，数值本身无经济含义。

各金融监管部门以及地方政府在协作制度中的权利和义务等。建立工作协商办事制度，加强金融监管部门间的协调和配合，积极发挥地方政府、人民银行、银证保监管部门、司法机关、金融业自律组织及其他相关部门力量，畅通金融稳定信息共享渠道，实现多方联动，形成监管合力，构筑有效金融风险“防火墙”。建立联合检查制度，密切关注跨行业、跨市场、交叉性金融工具及金融控股公司的风险，加强金融创新领域的监管协调，共同防范和化解系统性金融风险。

3. 完善区域金融安全网，构建金融稳定长效机制

积极推动建立功能完善、权责统一、运作高效的存款保险制度，完善以存款保险制度、证券投资者保护制度与保险保障制度为主的金融保障体系建设，切实维护存款者、投资者和被保险人的合法权益。加强投资者金融安全教育工作，提高社会公众对金融交易的法制意识与风险意识，防范道德风险。继续推进支付体系建设，确保清算系统的稳健运行和资金安全。加强金融司法环境建设。加大对证券（期货）业、保险业金融机构及特定非金融行业反洗钱工作的监管力度。进一步拓展深化中小企业信用体系建设工作，加强对企业征信新系统和个人征信系统两大系统功能的开发应用，充分发挥政府职能部门作用，共同营造良好的区域金融生态环境。

总　纂：吴国培
统　稿：吴成居
执　笔：陈正川　王仁生　陈仁泉
杨　敏　郑希元　陈　榕　刘　凡　郑　平　沈理明
其他参与写作人员：王丽红　李一水　李志林　陈　勇
陈　斌　张秋希　张瑞荣　张　燕
黄巧霞　林　勃　黄素英　梁晖晴　赖永文

# 2007 年江西省金融稳定报告摘要

2006 年，江西省经济社会呈现又好又快发展势头。国民经济继续保持快速增长，投资结构不断优化，工业产品出口增速加快，对外经贸增势强劲；企业自主创新能力增强，核心竞争能力提高，经济效益稳步增长；新农村建设扎实推进，粮食产量屡创新高；居民收入稳步提高，人民生活明显改善。

金融业运行总体良好。银行业保持较快发展，经营效益大幅提升；证券市场交投活跃，证券机构扭亏为盈，股权分置改革基本完成；保险业务平稳发展，保障功能进一步增强；金融体制改革继续深入；金融市场运行平稳；支付清算体系建设不断完善，反洗钱体系建设全面展开，征信体系建设进展顺利，金融稳定协调机制稳步推进；个别金融机构风险得到成功化解，金融稳定性进一步增强。

## 一、区域经济运行与金融稳定

### （一）经济平稳较快发展

2006 年，全省生产总值 4 618.8 亿元，同比增长 12.3%；人均生产总值首次突破 1 万元大关；规模以上工业增加值迈上 1 000 亿元台阶，同比增长 22.7%；实现财政收入 518.1 亿元，同比增长 21.7%，连续四年保持 20% 以上高位增长。综合经济实力的明显改善，为江西金融稳定奠定了坚实的经济基础。

### （二）工业经济效益提高

2006 年，全省工业企业累计实现主营业务收入 4 054.1 亿元，增长 40.7%，实现利税 418.0 亿元，增长 51.0%，实现利润 198.1 亿元，增长 75.1%；全省工业经济效益综合指数比上年提高 25.1 个百分点。骨干企业成为推动工业经济效益增长的重要力量，利润超亿元的 20 家企业全年实现利润占全省工业企业利润总额的 56.8%。工业经济效益稳步提高，为全省不良贷款“双降”工作创造了有利条件。

### （三）农业经济持续发展

2006 年全省粮食总产量达到 379.3 亿斤，连续三年创历史新高；农业生产结构继续优

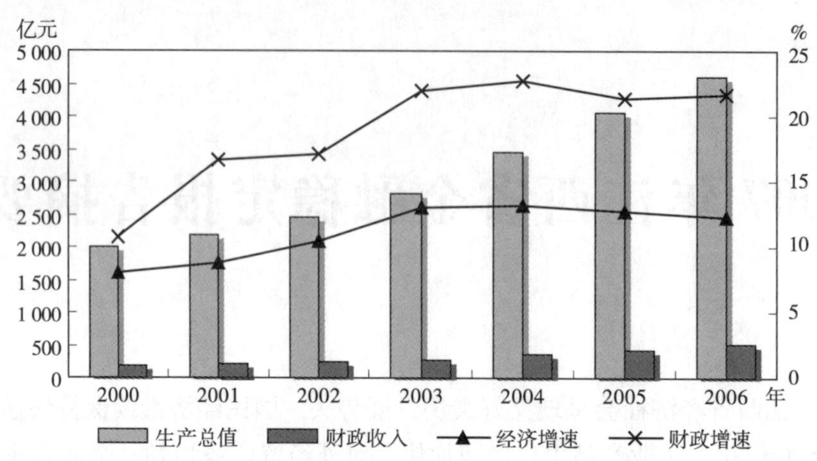


数据来源：江西省统计局。

**图1　江西省生产总值及财政收入**

化；农民人均纯收入3 585元，比上年增加319.5元；全年发放各种种粮补贴15.6亿元；社会主义新农村建设扎实推进，各类支农资金达6.2亿元；金融机构加大对“三农”的投入，全年发放各项农业贷款同比增长11.48%。农业经济持续发展，为保持农村金融稳定提供了支持。

### （四）三大需求稳步增长

2006年，全省固定资产投资2 795.0亿元，增长22.0%；投资结构得到优化，城镇非国有投资成为投资增长的主要力量，钢铁、水泥等国家重点控制行业投资分别下降46.6%和28.7%；社会消费品零售总额比上年增长15.5%，创近10年来最高增幅；全年实现进出口贸易61.9亿美元，增长52.6%；其中，出口37.5亿美元，增长53.8%，增幅列全国第二位。三大需求稳步增长，为江西金融业创造了可持续发展空间。

## 二、金融业与金融稳定

### （一）银行业总体发展状况

1. 银行业运行情况

（1）资产质量继续提高，抵御风险能力增强

2006年全省银行机构实现了较好的经济效益，实现税前利润43.9亿元，同比增长51.8%；各银行机构加大不良贷款清收处置力度，严控新增不良贷款，不良贷款继续“双降”，按五级分类口径不良贷款率比年初下降2.01个百分点，按四级分类口径不良贷款率比年初下降4.37个百分点，资产质量明显改善。各银行机构新计提贷款损失准备金7.74亿元，运用准备金冲销历年形成不良资产3.18亿元。银行业总体实力和抗风险能力逐步提

高，全省金融体系稳定性进一步增强。

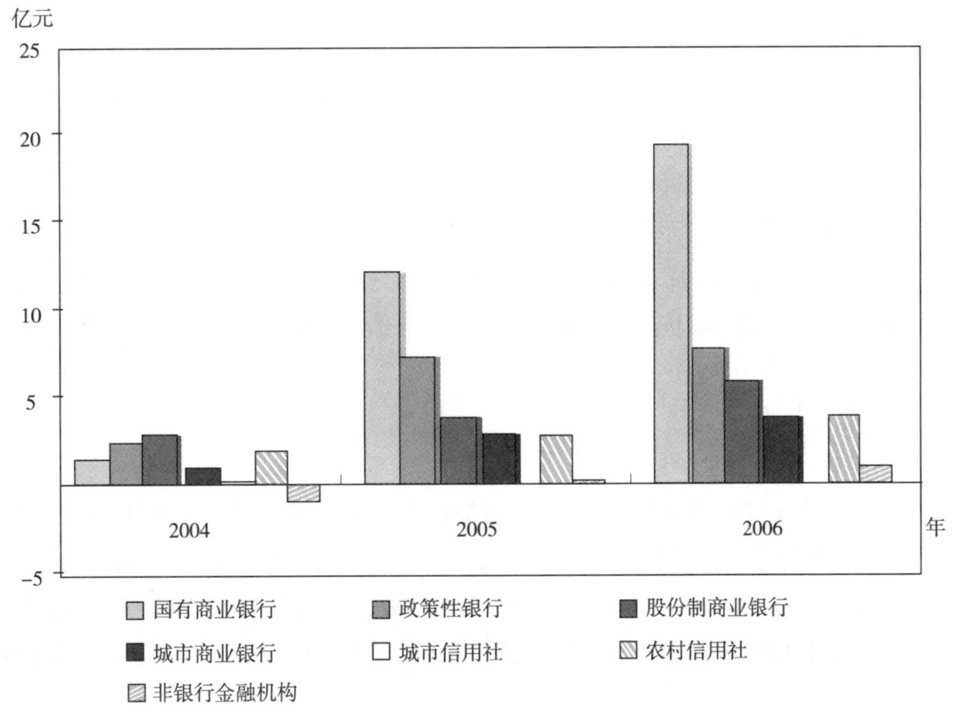


数据来源：江西银监局。

**图2　江西省金融机构税前利润**

（2）银行改革稳步推进，金融资源继续优化

国有商业银行以效益为中心，将费用管理与经营利益挂钩，进一步完善激励机制和约束机制；以服务品质为核心，全面提高服务水平；资产质量和经济效益得到继续提升，全年实现税前利润20.1亿元，是上年同期的1.58倍。

地方性商业银行综合实力有所提高。通过增资扩股、加大不良资产处置力度、建立科学有效的劳动用工制度等措施，3家城市商业银行资产回报率比上年提高0.05个百分点。

农村信用社改革进展顺利，取得阶段性成果。2006年，拟组建农村合作银行有6家已挂牌、1家已获准开业；拟组建统一法人联社的71家信用社有67家已挂牌；8家农村信用社的专项票据已经兑付，成功兑付金额1.3亿元。

全省金融资源配置进一步优化。辖内6家城市信用社中，有1家已获准组建地方性商业银行；兴业银行入驻江西，新增贷款25.93亿元；江西铜业集团财务公司获准开业。

（3）金融产品不断创新，核心能力有所提高

2006年，各金融机构创新意识进一步增强，不断创新经营管理方法、创新业务品种、开拓中间业务，服务水平明显提高。全省银行机构中间业务收入达到11.69亿元，比上年增长51.82%。针对中小企业推出了“速贷通”、“急融通”、“成长之路”等信贷新品种。工行江西省分行在全国率先推出了质押式账户透支业务，中行江西省分行推出

了个人质押循环贷款和个人信用循环贷款，交行南昌分行推出了为中小企业服务的“展业通”业务，浦发行南昌支行为外向型工贸企业开办了“离岸金融”业务，省农信联社推出了农民工银行卡特色服务和“百福”银行卡业务，开发了财政贴息小额贷款、扶贫贴息贷款、党员双带联保贷款、公务员离岗创业贷款等新品种。

（4）法人机构资本充足率有所上升，个别机构风险得到化解

2006年年末，江西省农村信用社资本充足率为13.45%，比上年提高了1.85个百分点。全省3家城市商业银行增资扩股3.57亿元，资本充足率均超过8%。6家城市信用社中，上饶市城市信用社资本充足率为14.9%。抚州市振兴等四家城市信用社（简称抚州四社）由于经营管理不善，导致严重资不抵债，2006年12月，抚州四社被行政撤销。

2. 需要关注的方面

（1）贷款结构不尽合理

中长期贷款增长过快。2006年年末，全省本外币中长期贷款余额同比增长19.88%；新增本外币中长期贷款同比增长117.93%，新增中长期贷款增速比新增贷款增速快92.37个百分点；中长期贷款占贷款总额的47.29%，而新增中长期贷款占新增贷款达60.38%。中长期贷款增长较快，增加了银行优化信贷结构的难度，对贷款总量控制造成压力。

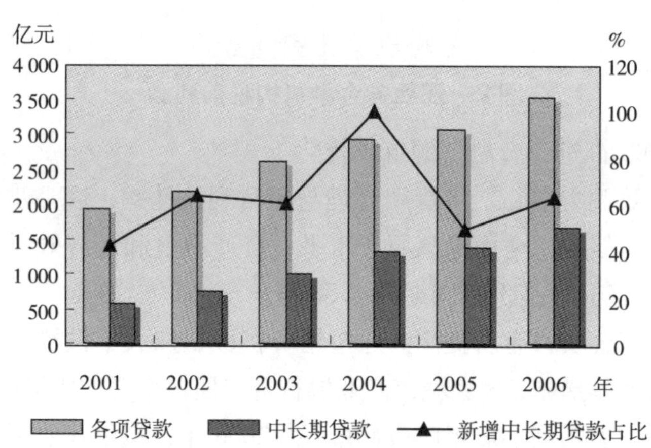


数据来源：中国人民银行南昌中心支行。

**图3 江西省金融机构各项贷款及中长期贷款**

贷款集中度仍然偏高。2006年，省内8家银行大客户数额、授信额度和贷款余额继续呈上升趋势，8家银行大客户新增贷款占全省银行业金融机构各项新增贷款41.22%。信贷投向过度集中，可能直接导致银行不良贷款的大幅攀升，不利于金融业的稳健发展。

个人信贷业务成为潜在风险点。相继开办的汽车消费、住房消费、综合消费等个人信贷业务，因为缺乏强有力的制度约束机制，特别是社会诚信环境不够理想，隐含着一定的风险。

(2) 部分机构不良贷款反弹

2006 年，部分金融机构不良贷款出现“双上升”趋势，不良贷款新增的主要原因是产能过剩、原材料价格上涨、人民币升值及消费相对不足和银行制度管理欠完善。部分银行不良贷款反弹，加大了银行业信贷风险。

(3) 房地产业对银行资金依赖性过大

2006 年，全省金融机构房地产业贷款余额和购房贷款余额合计为460.99 亿元，占各项贷款余额的 13.17%。商业银行基本参与了房地产开发的全过程，直接或间接地承受了房地产市场运行中各个环节的市场风险和信用风险。随着房贷新政的出台实施，将有部分中小开发企业和建筑企业在激烈的市场竞争中面临淘汰，房地产存量市场风险点也将随之累积增多。如果银行一肩挑两头，既要满足广大的购房者的贷款需求，又对房地产开发企业融资提供过度支持，一旦开发商的资金链出现问题或居民的投资房地产收益欠佳，银行贷款很可能形成风险。

## (二) 证券业总体发展状况

1. 证券业运行情况

(1) 经营机构效益显著，实现扭亏为盈

2006 年是证券业改革与发展的重要转折之年。江西省大部分证券经营机构经营持续困难的状况得到改观，盈利大幅增加。全年实现营业收入 6.16 亿元，增加了 3.83 亿元，同比增长 164.38%；江南证券公司和国盛证券公司分别实现税前利润 0.41 亿元和 1.16 亿元。受国际期货市场金属、原油等品种大幅走高的影响，期货市场交投活跃，期货经营机构实现了扭亏为盈。

(2) 证券市场回暖，股票期货交投活跃

2006 年全省新开股票交易账户 2.6 万户。江西省辖区证券营业部证券交易总额3 036.97亿元，约占全国市场份额的 2.6%，同比增长 78.25%；江西期货市场成交 799.66 亿元，较上年增长 159.46%，成交金额占全国市场成交总额的 0.38%，比上年上升了 0.18 个百分点。

(3) 证券市场继续完善，筹资功能加强

2006 年，江西省内 25 家上市公司运转基本平稳，全年筹资额 25.85 亿元，其中：黑猫炭黑（黑猫股份）首次公开发行股票 3 500 万股，募集资金净额 2.42 亿元；泰豪科技增发 A 股 4 560 万股，募集资金净额 3.23 亿元；长力股份定向增发募集资金净额 0.7 亿元；赣粤高速发行短期融资券筹资 9.5 亿元，江西铜业共发行 2 期短期融资券，融资额为 10 亿元。

(4) 清欠工作全面完成，综合治理效果较好

2006 年，江西上市公司加大清欠力度和进度，清欠目标全面完成。全年共清理 16 家上市公司违规资金占用 9.81 亿元，有效地提升了上市公司质量。证券公司进一步加强综合治理，风险得到逐步化解。通过补充资本金，增加经纪业务服务品种，扩大服务范围，大力拓展投资银行业务，形成新的利润增长点；进一步提高了经营管理水平，抗风险能力

增强。

（5）上市公司改革进展顺利，股权分置改革影响深远

2006年，江西省上市公司积极参与股权分置改革，24家应股权分置改革的上市公司全部已完成或进入股改程序，股改市值占比100%。

股权分置改革的顺利完成，解决了江西上市公司过去同股不同权的问题，保护了投资者的利益，有利于推进资本市场改革，促进经济稳定发展。

2. 需要关注的方面

（1）上市公司发展不均衡

2006年，全省25家上市公司全年预计实现净利润67.1亿元，其中江西铜业、江铃股份、赣粤高速3家占全省上市公司全年净利润的90%。少数几家绩优公司对全省上市公司整体业绩的贡献度大，亏损公司对业绩的蚕食也较严重，而银行将上市公司作为优质企业发放贷款，这些业绩差的上市公司的偿债能力较弱，可能对银行贷款产生风险，影响金融系统的稳定性。

（2）证券市场融资功能较弱

证券机构规模偏小。2006年，尽管省内两家法人公司加大治理力度，采取增资扩股等措施，但实力仍较弱，抵御风险的能力相对较低。

上市公司数量与规模偏小，资产证券化水平较低。2006年全国上市公司总市值占GDP的比重已达44.19%，而江西上市公司总市值仅占全省GDP的17.72%。

市场结构单一。全省25家上市公司中，A股公司占92%，境外上市公司比例很低；全省企业债券市场规模偏小，仅占全省新增融资量的5.73%，全省资本市场结构尚未形成较优的比例关系，对经济持续增长的支持力度有限。这种结构单一、层次较低的证券市场，给江西间接融资形成较大的压力。

## （三）保险业总体发展状况

1. 保险业运行情况

（1）保险机构稳步发展

2006年，全省各级保险机构、保险专业中介机构和兼业代理机构比上年有所增加，保险从业人员同比增长19.05%。市场主体的增加、服务领域的拓宽、分支机构的增设已逐步打破了国有保险公司在区域保险市场独家垄断的格局，有利于促进全省保险市场持续快速和谐发展。

（2）保费业务持续增长

保险业资产总额250亿元，同比增长23.4%，继续保持高速增长；保费收入98.2亿元，同比增长9.4%。其中财产公司保费收入增长较快，主要受机动车辆保险业务大幅增长的影响，经济高速增长是产险市场发展的真正动力；寿险公司保费收入增长放缓，其主要原因是：寿险产品结构调整，由偏规模型向效益型产品发展；市场利率提高，股票市场行情较好，大量的资金涌向资本市场购买股票和基金。

（3）中小保险公司发展较快

2006 年，全省中小保险公司呈现出较快发展的增长态势。华安产险、天安保险和平安产险的保费增速接近或超过 50%；新华人寿、平安人寿和太平人寿也增长较快。中小公司的快速发展在一定程度上改变了保险市场收入分配格局，市场集中度有所改善。

（4）保障功能进一步增强

2006 年全省保险业充分发挥各项功能，为社会提供风险保障总额 81 144.98 亿元，赔款和给付支出 21.1 亿元；累计上缴营业税金 1.28 亿元。保险业在维护正常的生产生活秩序、服务全省经济社会发展、促进和谐平安社会建设中发挥了重要作用。

2. 需要关注的方面

（1）保险市场规模偏小

2006 年，全省实现保费收入仅占全国市场的 1.7%；保险深度 2.13%，保险密度 226.3 元/人，仅为全国平均水平的 76.4% 和 52.47%，保险市场规模明显偏小。制约江西保险市场发展的主要原因是：全省经济基础比较薄弱、城乡居民收入明显偏低、居民保险意识比较淡薄和地方法人保险机构尚处空白。

（2）农业保险相对滞后

2006 年，全省农业险保费收入 300.09 万元，增长 75.5%，但仅占产险公司保费总收入的 0.13%，低于全国平均水平 0.41 个百分点，农业保险发展相对滞后。主要原因在于，农业保险受自然风险和经济风险的双重制约，高风险与高赔付率并存。农业保险发展缓慢在一定程度上制约了农业生产的持续增长，也影响了农民收入的进一步提高。

**表 1　2006 年江西省金融机构基本情况表**

1. 银行类机构　　　　单位：家，人，亿元

| 项目 | 机构数 | 从业人员数 | 存款余额 | 贷款余额 | 资产总额 | 负债总额 | 利润总额 |
|---|---|---|---|---|---|---|---|
| 国有商业银行 | 1 787 | 33 391 | 2 919.55 | 1 900.41 | 3 056.2 | 3 109.35 | 20.1 |
| 政策性银行 | 102 | 2 197 | 46.07 | 572.73 | 585.9 | 572.57 | 9.18 |
| 股份制商业银行 | 76 | 1 795 | 376.77 | 259.61 | 417.7 | 413.17 | 6.41 |
| 城市商业银行 | 126 | 2 565 | 309.05 | 165.30 | 344.9 | 323.15 | 3.79 |
| 城市信用社 | 38 | 558 | 71.76 | 50.41 | 76.4 | 75.35 | 0.10 |
| 农村信用社 | 2 791 | 22 380 | 761.08 | 517.45 | 833.9 | 796.23 | 3.77 |
| 非银行金融机构 | 3 | 187 | 6.30 | 9.31 | 15.2 | 6.97 | 0.51 |
| 邮政储汇局 | 1 300 | 5 854 | 575.30 | 0 | 580.2 | 580.2 | 0 |
| 合 计 | 6 223 | 68 927 | 5 065.88 | 3 475.22 | 5 910.41 | 5 876.99 | 43.86 |

2. 证券类机构

| 项目 | 机构数 | 从业人员数 | 交易额 | 累计开户数（万户） | 利润总额 |
|---|---|---|---|---|---|
| 证券营业部 | 62 | 1 250 | 3 036.97 | 98.41 | 3.13 |
| 期货类机构 | 7 | 64 | 799.66 | 0.23 | 0.03 |

3. 上市公司

| 项目 | 机构数 | 总资产 | 总负债 | 所有者权益 | 少数股东权益 | 融资额 | 主营业务收入 | 净利润 |
|---|---|---|---|---|---|---|---|---|
| 上市公司 | 25 | 791.59 | 416.76 | 356.28 | 18.55 | 25.85 | 732.43 | 67.1 |

4. 保险类机构

| 项目 | 机构数 | 从业人员数 | 总资产 | 保费收入 | 理赔与给付 |
|---|---|---|---|---|---|
| 保险类机构 | 1 599 | 50 000 | 250 | 98.2 | 21.1 |

注：1. 数据来源：《江西省金融机构货币信贷统计月报》、《江西省金融机构外汇信贷统计月报》，江西银监局《江西省主要经济金融指标》；

2. 本表为各银行机构本外币合计数，不含金融资产管理公司和人民银行的数据；

3. 证券业数据来源于江西证监局，上市公司为预计数据；

4. 保险业数据来源于江西保监局。

## 三、金融基础设施建设与金融稳定

### （一）支付清算体系建设状况及需要关注的方面

全面完成了全省小额支付系统建设任务；对江西同城清算系统成功升级改造；实现了灵活简便的资金清算和票据交换模式；组织开展了全省人民币银行结算账户管理检查，有效维护了全省经济金融秩序；开办了大额支付系统自动质押融资业务和小额支付系统质押业务，有效降低了支付系统流动性风险；确立了未来3年江西省银行卡产业发展的主要目标；中国银联股份有限公司江西分公司的成立，为全省银行卡跨行信息转接系统稳定运行提供了保障；大力推动江西农民工银行卡特色服务项目建设，改善了农村金融生态环境。

需要关注的方面：支付清算体系监督管理和银行结算账户管理有待进一步加强；个别商业银行因头寸不足而临时开启支付系统清算窗口产生的流动性风险应引起重视。

### （二）反洗钱体系建设状况及需要关注的方面

建立健全了反洗钱组织体系，加强部门之间的合作，促进了反洗钱工作的全面开展；

实现了全省可疑交易数据联网报送，有效提高了反洗钱监测分析水平；开展了一系列法制宣传教育和培训活动，有效提高了员工对反洗钱的知悉程度和可疑交易的识别能力；通过开展反洗钱检查监督工作，金融机构反洗钱意识和水平普遍得到提高，反洗钱义务得到有效履行。

需要关注的方面：现有的反洗钱专业队伍不能完全满足工作需要；反洗钱技术手段比较落后。

### （三）金融生态环境建设状况及需要关注的方面

建立和开通了诚信网站；成功举办了“中国南昌诚信创业——信用评级与征信体系建设”论坛；“企业征信系统”和“个人征信系统”实现全国联网运行，全省已有11余万家企业的信息和1 965万自然人进入征信系统。全省农村信用社近300万农户的个人信贷业务信息，以“一点接入”方式接入个人征信系统；启动了企业信用评级试点工作和中小企业信用体系建设试点工作。

需要关注的方面：社会信用体系建设难以适应市场经济发展的需要；信用市场管理体制不顺，缺乏法律规范；信用奖惩制度有待于建立和完善。

### （四）金融稳定制度建设状况及需要关注的方面

成立了江西省金融工作协调领导小组和江西省金融风险处置领导小组；加强了对全省金融工作的指导、管理、协调和服务；“一行三会”签订了《江西省金融业信息资料共享备忘录》，取得了初步成果；建立金融风险监测预警体系。制定并实施了《江西省金融稳定性监测暂行办法》；开发完成了《江西省金融稳定性监测系统》，并在全省试运行；制定和印发了《江西省金融突发事件应急预案》和《江西省金融机构突发事件应急预案》。制定了抚州四社风险防范与处置等各项工作预案；相关部门密切配合，形成合力，有效防范和化解了辖区金融风险。

需要关注的方面：金融稳定制度建设还需进一步完善；现有金融稳定协调机制发挥作用还不够充分。

## 四、总体评估与政策建议

### （一）总体评估

2006年是“十一五”规划的开局之年，江西省突出“科学发展、和谐创业”主题，经济保持平稳较快增长，全省金融运行总体平稳。在金融体制改革的有力推动下，银行、证券和保险业务平稳发展，资产质量继续提高，抗风险能力得到增强，金融市场运转正常，金融环境不断优化，个别金融机构风险得到成功化解，金融业稳定性进一步增强。

经济金融运行中必须关注的方面：全省经济规模总量仍然偏小；产业结构不够合理，

竞争力还不强；银行资产质量不高，信贷结构不够合理，房地产业对银行资金依赖较大，贷款集中风险值得关注；证券机构实力较弱，上市公司数量少、规模偏小，资产证券化水平较低；保险市场规模偏小，保险深度和保险密度较低，法人保险公司在全省尚处空缺。

"江西省金融稳定评估系统"的评估结果显示：2006 年江西省金融稳定状况综合性得分为 70.09 分，处于稳定状态。

## （二）政策建议

1. 按照现代市场经济立法理念，进一步完善金融法律体系

要完善商业银行法、证券法、保险法等涉及金融主体的法律规范，明确所有者和经营者的法律责任和义务；鼓励发展民营金融和金融竞争，使金融组织体系充满活力；要合理构建金融稳定协调机制、金融风险预警和处置机制等相关法律法规；加快推进企业征信系统、个人征信系统和企业银行账户管理制度建设，完善社会信用征集与评价体系；要完善金融机构优胜劣汰的竞争机制；要建立健全适应我国国情的存款保险法律制度，对有问题的金融机构实施市场退出。

2. 加强金融基础设施建设，营造金融业发展良好环境

要开展宣传教育活动，增强信用风险意识和社会诚信意识；要发挥政府信用不可替代的导向作用，坚决打击逃废金融债务等违法行为；人民银行要引导金融机构优化信贷结构；积极支持国有商业银行进行股份制改造，继续做好农村信用社票据兑付工作；加强征信管理，做好企业和个人信用信息基础数据库建设工作；进一步加强与相关部门的合作，推动金融稳定协调机制、反洗钱工作的深入开展；金融机构要开拓信贷市场；创新金融产品和服务；依法维护金融债权；企业要加大股份制改造力度，加强经营管理，提高盈利能力，从根本上降低银行的贷款风险。

3. 加大金融改革力度，提高核心竞争能力

银行业要优化信贷结构，避免中长期贷款过快增长；要加强资产质量管理，切实防止不良贷款反弹；要密切注意国家宏观调控政策对房地产业的影响，及时采取相应措施防范风险；加强对商业银行的增资扩股；要继续吸引全国性金融机构来赣拓展业务，促成外资银行在赣设立机构；要积极探索包括小额信贷组织在内的新型农村金融组织形式。证券业要不断完善证券市场结构；完善法人治理结构，增强证券公司实力；要提高资产证券化比重，培育上市公司后备资源，扩大直接融资规模。保险业要加快组建江西法人保险公司，壮大江西保险市场规模；加快农业险、责任险、健康险、企业年金险的发展步伐，拓展保险服务领域，充分发挥保险服务社会经济建设的功能。通过改革开放，引进和创设新的金融机构，完善江西金融业的组织体系，达到优化金融资源配置，为江西经济社会保持又好又快发展提供有力的金融支持。

4. 提高金融风险防范能力，做好高风险机构处置工作

要尽快建立并推行统一的区域金融风险监测评估预警系统，不断完善金融稳定数据信息的数学模型分析系统；要提高金融风险应急管理能力，充分发挥各部门在金融突发事件

处置过程中的作用；要加强风险处置工作的政策指导，进一步明确风险处置工作的法律依据和工作程序；要根据不同风险处置情况，在依法合规的前提下，制定多种处置方案，采取灵活有效的手段加快风险处置进度。

总　纂：吴豪声
统　稿：施玉兰　袁新华
执　笔：杨文悦　张冬梅　刘　强
其他参与写作人员：袁晋华　朱　锦　罗贺飞　朱合洪
王轶洁　熊卫东　王晓峰　龚文清

# 2007 年山东省金融稳定报告摘要

2006 年，山东省国民经济在宏观调控中持续较快发展，增长方式改善，运行质量提高，金融发展的基础更趋坚实。在金融手段作为宏观调控重要杠杆发挥积极作用的同时，国家和地方促进金融业改革与发展的一系列政策密集出台。辖区金融基础设施和生态环境进一步优化，金融稳健运行的机制逐步健全，金融业抗风险能力稳步提高。

## 一、区域经济与金融稳定

2006 年，山东省按照宏观调控政策的引导，认真落实科学发展观，积极改善经济结构和增长方式，经济金融发展更趋和谐。但经济系统普遍存在的问题若不能切实解决，将对金融运行产生长期影响。

### （一）年度经济总体向好

1. 增长速度与质量同步提高

地区生产总值首次超 2 万亿元，增长 14.7%。工业利润总额居全国第一位，综合效益指数比上年提高 17.2 个百分点。财政与城乡居民收入稳步增长。CPI、PPI 增幅均比上年回落。

2. 增长协调性增强

全社会固定资产投资增幅明显回落，消费增幅为 10 年来的最高水平，投资、消费增速差距缩小 19.1 个百分点，净出口对经济发展的拉动力上升（图 1）。

3. 工业增量结构进一步优化

高耗能、高耗水、高排放行业和产能过剩行业的投资明显减弱，其中钢铁、电力、纺织行业投资增幅回落 31 个百分点以上。

4. 经济增长方式改善

专利授权量增长 4.4%，高新技术产业增加值比规模以上工业增速快 8.3 个百分点，万元 GDP 能耗下降 4% 左右，$SO_2$ 和 COD 排放量分别下降 4.7% 和 4.3%。

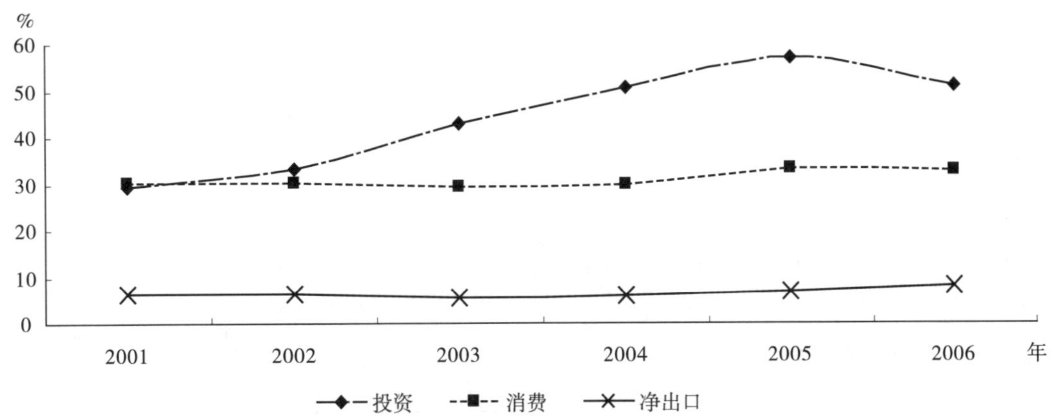


数据来源：山东省统计年鉴。

**图 1　山东省投资、消费、净出口占 GDP 比重**

## （二）经济运行中还存在不利于金融稳定的因素

**表 1　2001～2006 年山东省重工业发展趋势**　　单位：亿元，%

| 年份 | 重工业增加值 | 同比增幅 | 占规模以上比重 |
|---|---|---|---|
| 2001 | 1 732 | 15.15 | 59.7 |
| 2002 | 2 089 | 18.4 | 59.67 |
| 2003 | 2 937 | 25.71 | 62.48 |
| 2004 | 4 377 | 26.27 | 65.1 |
| 2005 | 6 128 | 27.98 | 65.37 |
| 2006 | 7 332 | 24.53 | 65.92 |

1. 经济结构性矛盾突出

一是第三产业发展滞后，影响居民增收和消费，制约了经济循环和谐发展。第三产业比重低于全国水平 7.6 个百分点，且传统服务业比重高，新兴行业占比仅 20%。二是工业重型化倾向明显。大型企业集团数量多且在电力、煤炭、石油、钢铁等调控行业分布比重高，加剧了环境、资源承载压力，易受到政策冲击。

2. 经济增长方式转变任务艰巨

首先，消费拉动经济增长的作用呈下降态势（图 2）。2006 年，山东城镇居民消费倾向在全国仅居第 26 位，特别是占全省 70% 的农村人口消费品零售额仅占 25.3%。

其次，节能降耗与环境保护形势严峻。万元 GDP 能耗（标准煤）比苏、浙、粤 2005

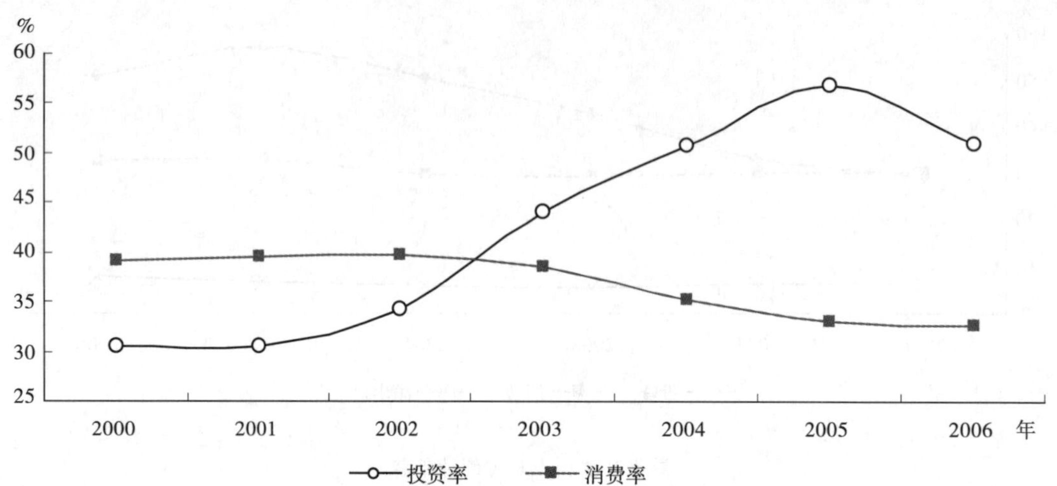


数据来源：山东省统计局。

**图2　山东省2000～2006年投资率消费率变化趋势**

年水平还分别高出34%、36%和55%。

最后，自主创新能力不足。据对415家企业调查，消化吸收占企业创新的53%。全省研发投入占GDP的比重仅为1.1%，比全国水平低0.3个百分点。

3. 影响经济增长质量的不确定因素增多

一是部分地区财政增收基础不稳。特别是农业税取消后传统农业县的财力受到影响，部分地方债务加重。财力拮据使引导和激励增长方式转变的经济手段匮乏。二是企业效益分化明显。累计盈利1 000万元以上的企业占全部企业利润额的96.62%，亏损300万元以上的企业亏损总额占全部企业亏损额的89.02%。三是国际收支格局不合理，涉外经济持续发展面临脆弱性。

解决区域经济中存在的普遍性问题，需要以宏观调控政策为导向，加快经济结构高度化和增长方式科学化进程。在今后一段时期内，一方面，加速淘汰落后产能，部分项目停工可能冲击地区金融业运行。另一方面，产业整合升级、企业购并重组、环境治理等将形成新的市场空间，为金融业发展提供新的机遇。

## 二、金融业与金融稳定

2006年，山东省各金融行业发展较快，质量效益提高，经营稳健性进一步增强（图3、图4、图5）。但全省金融业的脆弱性依然明显，在宏观调控背景下，面临新的问题和挑战。

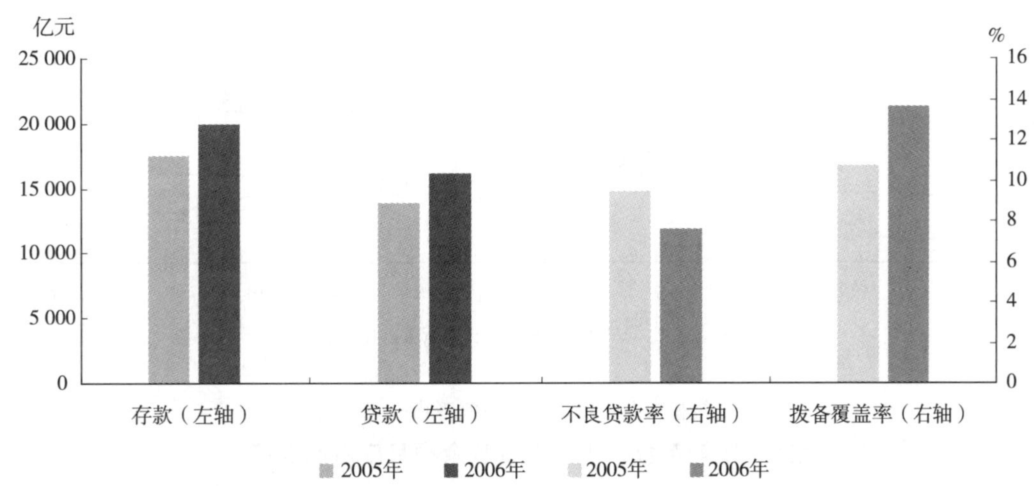


数据来源：中国人民银行济南分行。

**图3 银行业主要发展指标**

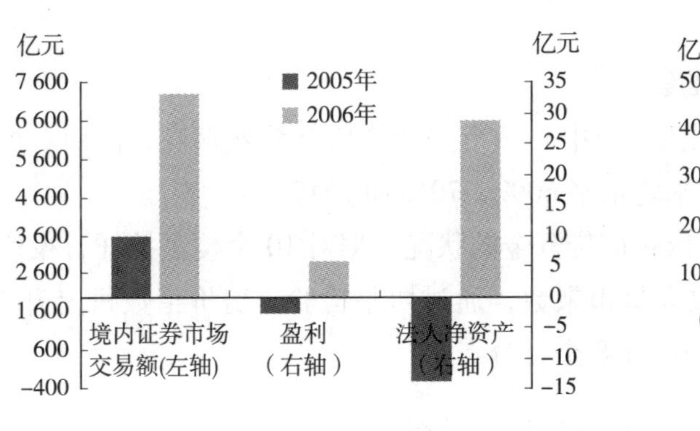


数据来源：山东证监局。

**图4 证券业主要发展指标**

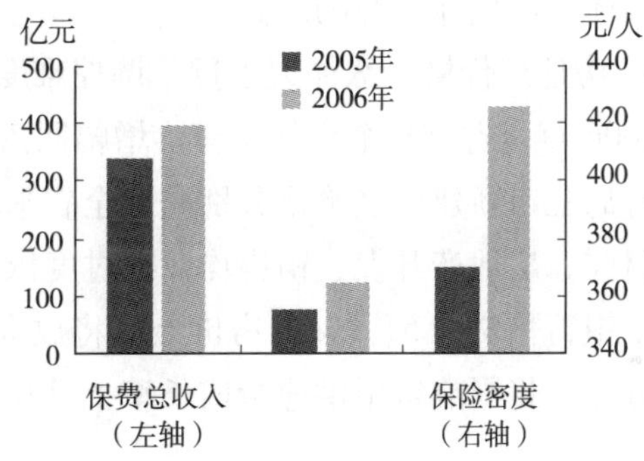


数据来源：山东保监局。

**图5 保险业主要发展指标**

## （一）宏观调控对金融业运行影响加深，与微观金融利益出现摩擦

2006年，金融调控政策力度逐步加大，对实体经济运行的渗透力增强。同时金融机构追求短期商业利益的动机强化，与宏观调控政策博弈的行为增多。

1. 金融机构执行货币政策的有效性降低

据对全省银行业机构执行货币政策情况综合评价，2006年平均分值比上年度低0.8个百分点，得分低于去年的机构占67%。主要是在资本回报要求驱动下，信贷投量投向未充分体现政策意图。

2. 流动性充裕加重了银行资产负债期限错配

“宽货币”使部分银行业机构偏好于通过发放中长期贷款，并压缩贴现等短期融资应对信贷总量控制和资本约束，资产负债期限错配程度加重，流动性风险上升（图6）。

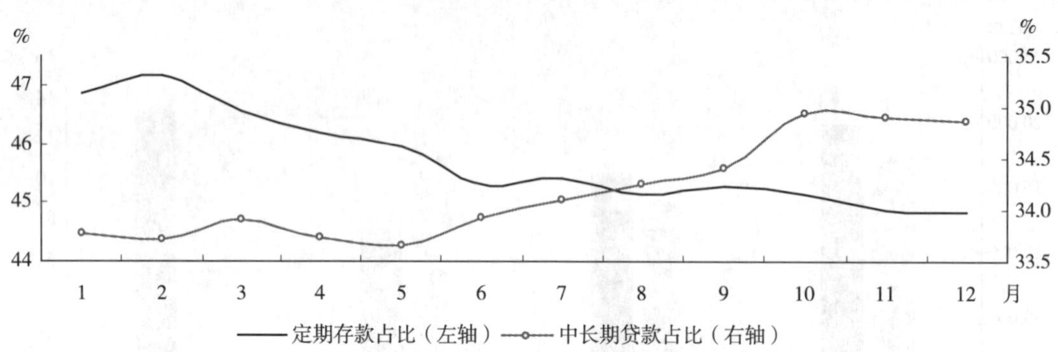


数据来源：中国人民银行济南分行。

**图6 定期存款、中长期贷款余额月度占比走势**

3. 项目政策风险向银行体系转嫁的可能性上升

2006 年山东省亿元以上项目存在政策风险的占 14%。而项目投资对信贷资金的依赖程度过高，规模以上投资来源中银行贷款同比提高 34.5 个百分点。今后一段时期内信贷资金面临实体经济风险转嫁的压力。

4. 房地产价格上涨加大了货币调控难度

2006 年全省有 9 个市住房售价增幅回落，但中心城市房地产价格依然偏高，济南、烟台、青岛三市新建住宅价格分别高出全省平均水平 60%、70% 和 194%。

目前，房地产开发、销售均存在过度依赖信贷资金的状况。据对 10 个楼盘抽样，投资来源中银行信贷占 51.9%。房价上涨将放大货币乘数，通过协整检验，房价指数每上升 1 个百分点，将影响货币供应量增长率上升 0.3608 个百分点。

## （二）金融改革取得阶段性成效，但改革效应尚不充分

2006 年全省银行部门加快制度建设和管理技术应用，法人机构组织形式改革和股权结构优化取得进展；证券期货业和保险业机构规范经营程度提高。但目前治理结构和管理机制改善的效应未充分体现，金融机构控制风险的能力需持续提高。

1. 银行业风险防控效能有待进一步发挥

2006 年，各商业银行继续健全风险管理制度和体系，完善数据支持系统。但风险管理体系仍以层级化、部门化架构为主，上下级行（社）间风险管理能力差异明显。加之采用新技术时间短，数据积累不足，制约了风险管理水平。34 家被调查机构中，有 26.5% 认为现行风险管理系统发挥作用一般。

2. 现代金融企业制度尚需推进

一是“三会”与管理层间畅通的沟通机制、有效的权力制衡机制尚待健全和落实。二是自我抗风险能力依然偏弱。城商行新提准备金速度低于风险资产扩张速度 6.56 个百分点。据测算，按照农村信用社目前经营状况，完全提足拨备需要 10 年以上时间。经对全部 150 家银行业法人机构的风险评估，2006 年多项主要风险评价值有不同程度的改进。但机构间风险管

理能力差异较大，风险指标在警戒值以下的机构依然较多，单体抗风险能力偏低。

3. 证券、保险业风险管理仍待破题

2006 年，通过综合治理、风险处置与资源整合，证券期货业机构内控混乱的状况扭转。辖内 2 家法人证券公司完成了增资扩股，3 家期货公司风险得到化解。总体看，目前证券期货业仍处在资产重组后的制度建设阶段，实施有效风险管理和业务创新的能力需着力提升。

2006 年，国家支持保险业改革发展政策有一系列重大突破，有利于改善法人机构经营状况。但保险业特殊的经营管理体制和追逐现金流量的利益动机，使基层机构粗放式扩张和管理不规范的问题仍很突出。网点展业中重保费、轻理赔，恶性价格竞争，盲目承保与诱保并存，中介制度混乱，部分保险公司管理混乱、财务信息失真。

### （三）金融经营模式变革相对缓慢，核心竞争力偏弱

在金融改革进程中，区域金融产品与服务研发创新体系建设相对乏力，约束了金融业自我发展能力。

1. 银行业机构创新能力不足，中间业务发展层次较低

一是中间业务收入占比低。主要商业银行中间业务收入仅占营业收入的 4.14%，低于全国水平 7 个百分点（图 7）。二是新型业务发展滞缓，高附加值业务收入仅占 19.4%。三是地方法人机构仍局限于收益较小的传统性业务，多数机构中间业务收益贡献度不足 1%。

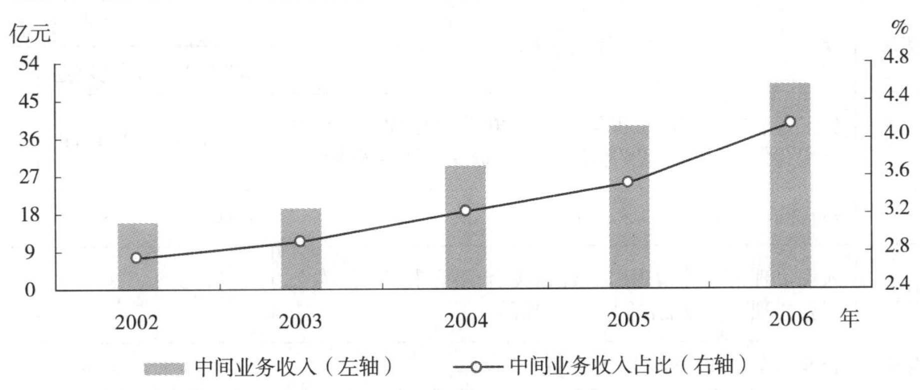


数据来源：中国人民银行济南分行。

**图 7　主要商业银行中间业务收入及占比情况**

2. 证券保险机构经营模式和产品同质化

全省创新型证券公司缺位，服务能力在低水平徘徊；省内没有独立的基金公司，期货业机构继续大面积亏损。

保险业发展模式面临严峻挑战。一是针对区域经济特点和传统文化的差异化产品和服务缺位，产险业务主要依赖机动车险（图 8）。寿险公司保费增长主要源于分红险销售拉动，在升息和居民投资渠道拓宽的形势下，产品易失去竞争力。二是高成本低价格竞争，

使赔款及给付支出同比提高48个百分点，经营风险增加。

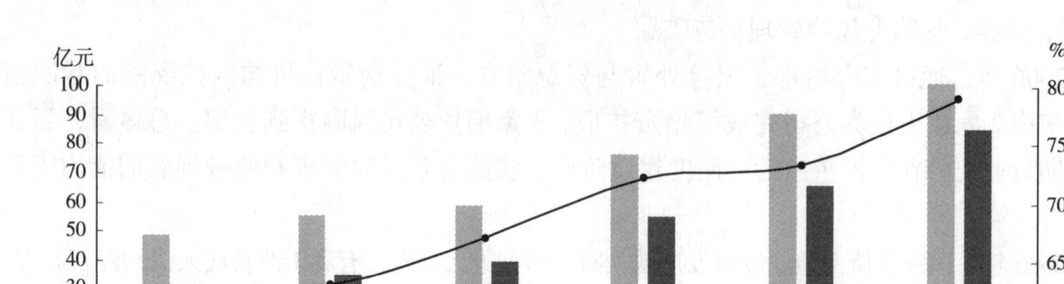


数据来源：山东省保监局。

**图8 2001~2006年车险业务集中趋势**

3. 金融综合经营态势增强，风险防火墙亟待建立

金融跨业综合经营主要实现方式是金融控股公司和交叉性金融工具。全省4家金融控股公司，控（参）股银、证、保各业18家机构。辖内已开办的跨市场、跨行业金融业务近20个品种（表2）。在分业监管体制下，功能性监管缺位，综合经营业务监控出现真空。

**表2 287家金融机构交叉性金融工具调查表** 单位：亿元，%

| 工具类型 | 工具名称 | 业务量 | | |
|---|---|---|---|---|
| | | 2006年 | 同比增速 | 占比 |
| 战略合作类 | 银证通、银证转账、银保通、保单质押贷款、住房贷款配套保险、汽车履约保险、个人贷款附加意外保险 | 3 431.6 | 239.54 | 42.37 |
| 市场融资类 | 银行间市场拆借、债券回购 | 4 046.19 | 78.8 | 49.96 |
| 信托理财类 | 人民币理财、外币理财、资金集合信托计划、证券公司委托理财、万能保险、分红保险 | 284.65 | 88.2 | 3.51 |
| 新型综合类 | 企业年金、外汇衍生工具、资产证券化 | 336.94 | 5.09 | 4.16 |
| 合计 | 交叉性金融工具 | 8 099.39 | 116.24 | 100 |

数据来源：专题调查。

4. 农村金融服务水平偏低，存在金融抑制现象

一是农村金融机构利润最大化的商业取向与“三农”弱质性背离，支农金融服务短缺。据对600家农户和120家乡村企业调查，存在贷款申请率和满足率双低现象（表3）。农村信用社贷款利率“一浮到顶”倾向突出。二是农村金融服务不配套。全省农业保费收入不到财产险收入的1%；农村信用担保机构数量少、能力弱，不能满足融资需要。三是财政性投入与风险补偿机制不完善。全省财政支农支出比重仅为10.2%，难以有效引导建立农村风险补救规避和疏散机制，制约了农村金融服务供给。

表3　样本农户、企业贷款申请占比和贷款满足度　　单位:%

<table>
<tr><td rowspan="4">农户</td><td>未申请贷款比重</td><td colspan="3">已申请贷款比重</td></tr>
<tr><td rowspan="3">44.2</td><td colspan="3">55.8</td></tr>
<tr><td>完全满足</td><td>部分满足</td><td>未满足</td></tr>
<tr><td>45.4</td><td>42.7</td><td>11.9</td></tr>
<tr><td rowspan="3">企业</td><td rowspan="3">13.3</td><td colspan="3">86.7</td></tr>
<tr><td>完全满足</td><td>部分满足</td><td>未满足</td></tr>
<tr><td>34.6</td><td>56.7</td><td>8.7</td></tr>
</table>

数据来源：专题调查。

5. 小企业贷款难问题加重，根本出路依赖制度变革

2006年年末，全省小企业贷款余额同比少增99亿元，小企业授信户数同比少增31 780户。①

制约小企业融资的主要因素：一是担保难。部分企业房地产产权不明晰，集体土地使用权抵押存在政策性障碍。二是行政服务效率低。抵押登记手续繁琐、费用高，资产处置通道不畅。三是企业信息真实性、透明度低，信用调查评级困难。解决上述问题，不仅需要金融部门积极探索创新，更需要法律政策支撑和行政服务深刻变革。

## (四) 风险来源复杂，金融业稳健经营面临诸多挑战

在经济发展进入新阶段和宏观调控力度持续加大的形势下，一些新情况、新问题与历史遗留的矛盾交织在一起，金融业面对的不确定性增多。据34家样本金融机构对主要风险类型判断，信用风险和操作风险是最主要的风险形态（图9）。同时，随着金融资产价格波动加剧，市场风险不断上升。

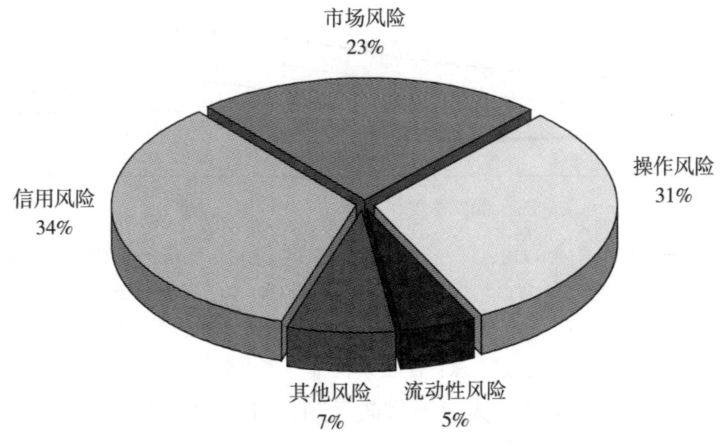


图9　商业银行对自身主要风险类型的判断

① 数据来源：山东银监局。

1. 银行业不良贷款存量高，反弹压力大

近年来，各银行机构不良贷款率下降因素中清收资金的真实贡献度仅为25.5%，新增贷款稀释贡献度达到74.5%。

资产风险仍较突出，特别是不良贷款反弹压力较大，全省贷款质量向下迁徙率高于向上迁徙率5.77个百分点。

2. 信贷集中趋势明显，关联担保加大了风险隐患

2006年年末，全省亿元以上贷款大户贷款额占全部贷款余额的68.5%，比年初提高5.2个百分点。关联担保使企业（集团）资金易得，也是诱发风险的隐患。据对33户大型企业调查，内部关联担保占担保额的70%。部分主业不突出、财务不稳健的大企业资金链条紧张，偿债能力下降，一旦形成连锁反应，风险将集中显现。

3. 利率汇率波动加大，市场风险上升

一是利率产品定价风险突出。长期以来，辖内金融机构资产定价技术落后，具体体现为计息方式单一。2006年年末，全国性银行机构浮动利率贷款只有34%，法人机构98.5%的新增贷款为固定利率。2006年，市场利率波动上扬，银行业机构被动承受了加息形成的相对损失。同时贷款利率期限错配明显，中长期贷款集中于少数优势客户，资金价格与贷款期限继续呈负相关。受升息因素影响，全省寿险机构退保额增长34.9%，部分人身险种经营风险加大。二是汇率改革考验金融部门的风险控制能力。汇改以来部分外汇业务机构呈现出不适应性，避险交易量少面窄。尤其是地方性金融机构缺少可直接操作的避险渠道，在为中小企业客户服务中，可能形成叠加的市场风险。

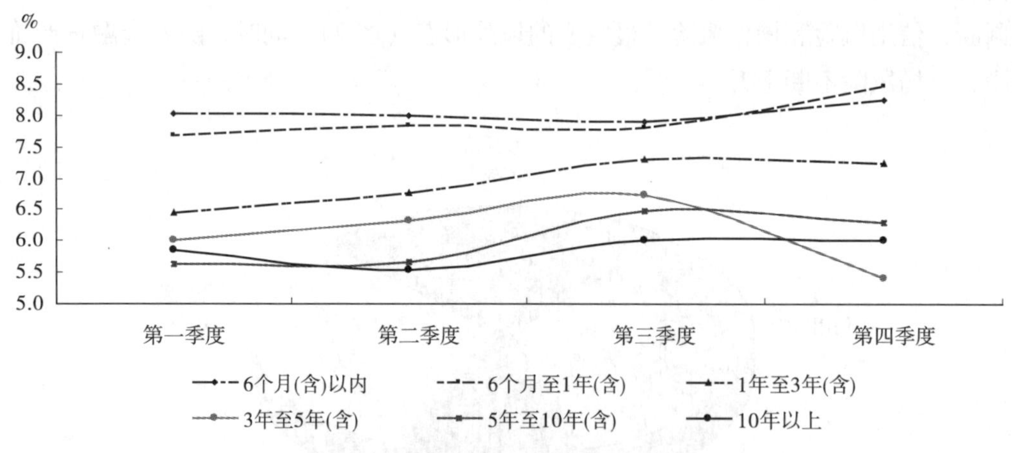


数据来源：中国人民银行济南分行。

**图10　人民币贷款浮动加权平均利率**

4. 内控文化基础不牢，操作风险陆续暴露

2006年全辖银行业发案起数同比下降46%，但单案平均涉案金额上升180%。年末各项业务垫款余额增长39%，表外风险敞口增长25.14%。

## 三、金融市场与金融稳定

2006年，全省市场主体参与金融市场的广度与深度进一步拓展，交易规模稳步扩大，各子市场间的关联性增强。在交易价格上行的态势下，市场潜在风险逐渐积聚。

### (一) 辖区市场主体交易规模迅速扩大

1. 银行间市场交易横向套利特征明显

全年银行间市场交易量突破2万亿元，增长41.4%。各机构累计自省外净融入资金增长30%。主动负债资金在债券回购市场与票据市场间往复流动套利，年末市场成员持债量增长45%。

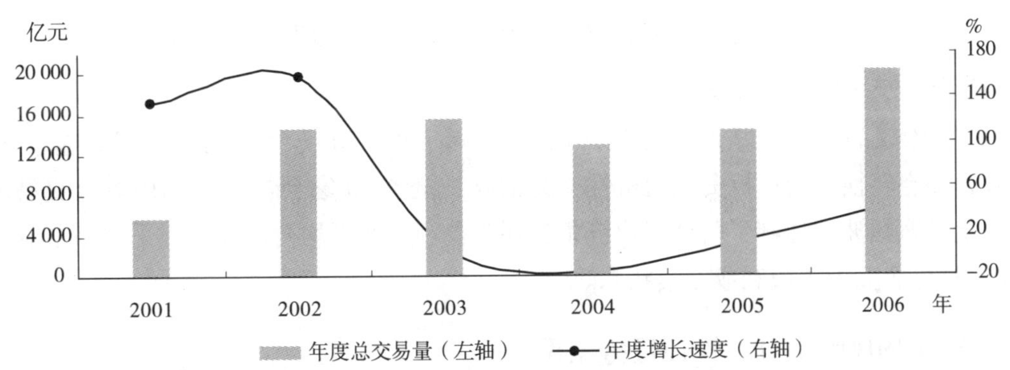


数据来源：中国人民银行济南分行，中国货币网。

**图11 山东省银行间同业拆借和债券市场交易量年度变化图**

2. 票据市场波动加大

受监管政策影响，票据签发与贴现量下半年逐步收缩，年末承兑余额较6月份下降16.1%；金融机构贴现萎缩，民间票据买卖活跃，据调查测算，交易额相当于金融机构贴现量的25%左右；贴现率先低后高，全年波幅达115%。

3. 证券期货交易高速增长

一是股市交投活跃。投资者交易结算资金余额增长195%，股票托管市值增长81%；142家证券营业部代理股票基金交易额同比增长164%。二是融资结构改善。36家企业通过股市、短期融资券和企业债券筹资288.6亿元人民币，直接融资比例大幅提升5.9个百分点。三是期货业交易增幅提高。8家期货经纪公司全年完成代理交易量增长20.81%，占全国的5.53%。

4. 外汇市场卖出大幅增加

2006年，全省共有17家金融机构参与银行间外汇市场交易，交易目的主要是满足结售汇头寸平盘需要，年累计成交折合美元增长3.64%。受人民币升值影响，外汇卖出增长41%，买入下降56.3%。

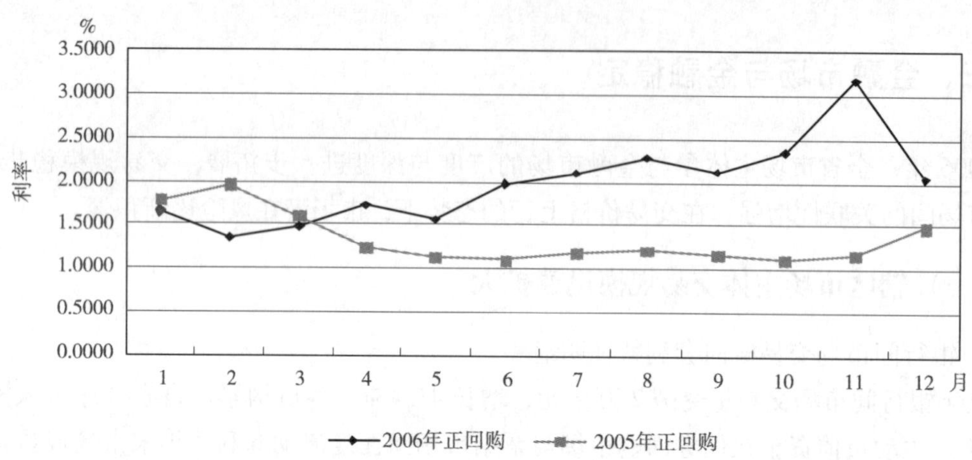


数据来源：中国货币网。

**图 12　正回购融资加权利率走势比较图**

5. 黄金生产交易稳步增长

全省生产成品金增长 8%，占全国的 32.6%。全年市场金价波动剧烈，金价涨幅 19.42%，多空转换频繁；投资或投机性交易活跃，全省 10 家会员企业场内黄金交易增长 8.2%。金价宽幅波动加剧了黄金产业链条各环节盈利状况不均衡，探矿、采选环节利润快速增长，精炼企业处于微利或亏损状态。

## （二）市场风险上升，管控任务繁重

1. 货币市场风险应对能力亟待提高

辖内货币市场成员以地方法人机构为主，资金实力普遍偏弱，政策敏锐性及利率敏感性和资产流动性管理的水平较低。2006 年年末，市场成员中长期固息债券持有比重达 82.6%，收益率曲线扁平化使资产缩水风险上升。VaR 实证表明，在 95% 的置信水平下年末省内机构的质押式回购存量和持有债券的最大损失为 26.6 亿元。

2. 规避汇率风险能力不足

基层商业银行和企业对各类避险工具的认知程度不高，外汇衍生产品等新业务开展缓慢，2006 年远期结售汇仅占银行结售汇量的 1.4%；本币升值使全省银行业外汇净资产缩水 4 亿多元人民币。

3. 上市公司结构有待优化

全省上市公司中，第一产业仅占 5%，第三产业占 13%；所分布的 17 个行业中，属一般制造业的占 65%，具有地域和比较优势的上市公司仅占 12%。上市公司优势不突出，成为市场再融资能力不强的桎梏。

4. 信贷资金间接进入股市的倾向抬头

2006 年上扬的股市行情吸引了大量机构和个人客户入市投资，其中部分信贷资金以替代客户既有资金的方式支撑了投资行为。据对 3 000 户城镇居民调查，户均贷款增长 22.2%，同时户均股票债券红利收入增长率达30.3%。相关贷款存有泡沫刺破型潜在风险。

## 四、金融基础设施与金融稳定

2006年，山东省金融基础设施建设取得重大进展，为经济金融健康发展创造了强有力的制度和技术支撑。为保障其发挥作用，应着力解决面临的问题和挑战。

### (一) 现代化支付清算体系基本建成，运行风险管理至为关键

继大额支付系统之后，小额支付系统于2006年在山东全面上线运行，全省现代化支付清算体系基本完善。同时支付服务创新推广加速，率先在全国开通了个人存款通存通兑业务和农民工银行卡特色服务。

支付体系数据高度集中和业务覆盖范围迅速扩大，操作风险可能导致系统性危机的潜在风险上升，对参与者的流动性管理水平提出了更高要求。2006年，全省有6家金融机构因头寸不足导致清算窗口开启。对此，应积极完善管理制度和应急预案，切实防范风险发生和扩散。

### (二) 征信体系建设不断深入，信用文化建设需多部门合力推动

全省以银行信贷登记咨询系统为核心的征信体系建设持续深化，企业贷款入库率居全国第一；个人征信数据库已涵盖全省个人结算账户1.05亿个，月均查询10余万次；住房公积金信息已纳入征信系统。

目前，社会信用基础仍然比较薄弱。一是信用信息共享渠道需要进一步扩展，大规模采集工商、税务等非信贷信息存在一定困难。二是现有的失信惩戒机制主要体现在对借款申请的否决上，借款人可以通过关联企业等渠道间接取得融资。加强信用文化对金融风险防控的支持作用，尚须有关部门共同搭建相互联动的资信平台。

### (三) 反洗钱、反假币体系建设取得进展，制度落实仍需持续推进

山东省在全国率先实现了本外币反洗钱职责统一管理，建立了政府部门间、金融监管部门间、人民银行内部的反洗钱协调机制，工作取得了新成效(表4)。

**表4　2005~2006年山东省反洗钱基本情况统计表**

| 可疑交易报告情况 | 交易笔数（万笔、起） | | 交易金额（亿元、万美元） | |
|---|---|---|---|---|
| | 2005年 | 2006年 | 2005年 | 2006年 |
| 报告人民币可疑交易 | 0.7 | 10.48 | 84.3 | 1 465.71 |
| 报告可疑外汇资金交易 | 1.3 | 4.16 | 80 000 | 357 600 |
| 向公安部门移送人民币可疑交易线索 | 51 | 336 | 14.5 | 124.39 |
| 向公安部门移送外汇可疑交易线索 | 87 | 4 | 5 215 | 3 150 |
| 银行卡跨行信息交换系统 | 14.88 | 22.76 | 1.43 | 3.24 |

数据来源：中国人民银行济南分行。

当前，反洗钱制度建设和制度落实与法律要求有较大差距。一是证券、保险行业反洗钱工作尚未真正启动。二是银行机构对反洗钱职责的重要性认识不够，制度实施基本停留在表面。

反假货币工作取得新进展。2006 年全省共收缴假币 1 804.13 万元，农村反假货币网络覆盖面达到 47%。反假货币工作具有复杂性和长期性，工作体系需要不断完善。

### （四）金融监管专业化水平提高，监管协调问题日益突出

人民银行济南分行认真组织贯彻执行稳健货币政策，加强“窗口指导”，努力提升货币信贷政策执行效果。先后与山东省政府及 12 个市政府联合举办了 13 次项目推介会，银政企对落实货币信贷政策形成了较高共识。

银行业监管机构落实风险为本的监管思路，促进合规体系建设，加大整纠力度，银行案件同比减少 26 起。

证券业监管机构推动 74 家应股改公司全部进入股权分置改革程序（已完成股改的占 86.5%），累计清欠 14.67 亿元。配合有关部门抓好风险处置，关闭公司的个人债权兑付进展顺利；化解期货机构风险数千万元。

保险业监管机构创新分类监管方式，针对市场运行风险点和行业发展热点确定监管重点，督促产险公司建立了合规性内控报告制度。

在金融业综合经营态势增强的趋势下，监管冲突和监管真空矛盾成为影响金融稳定的常态性问题。加强和完善金融监管协调机制，提高监管和协调效率，是下一步应探索解决的重大课题。

### （五）金融法律环境不断改善，但金融执法效果仍待提升

近年金融司法、执法效率提高，社会信用环境趋向好转。2006 年，全省公安部门破获非法吸收公众存款、集资诈骗案件 89 起，挽回经济损失 1.89 亿元。金融诉讼案件立案、审判率有所提高。

但金融债权维护工作仍任重道远：一是金融债权维护和资产处置相关费用持续偏高，各项税费一般占抵贷资产的 13% 左右。二是胜诉案件执行难问题普遍存在。2006 年银行执行金额只占胜诉判决额的 33.8%。三是破产案件实际清偿率平均只有 10% 左右，金融机构损失严重。

## 五、总体评估与政策建议

### （一）总体评估

运用模糊综合评价模型测算，2006 年全省金融稳定综合评价值 78.98，同比提高 18.3%，区域金融稳定程度明显提高（图 13）。

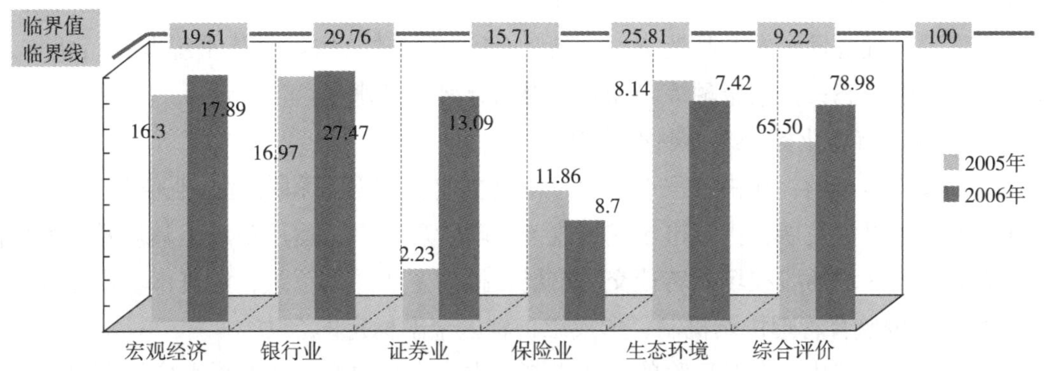


**图 13 金融业风险评估结果**

2006 年，区域经济对金融稳定的贡献度为 18%，表明全省经济增长结构和质量改善，增强了区域金融稳定的基础。但随着宏观调控不断深化，经济运行中的不确定性增多，影响金融稳定的外部因素依然复杂。

银行业稳定评估值同比微增 1.8%，经营稳健度有所提高。近期发生系统性或区域性风险的可能性较低，但存量和增量风险仍然较大，部分机构弱质性明显。

证券期货业评估值同比大幅提高 487%，对区域金融稳定的正向贡献度最高，显示证券业走出高风险区，发展态势向好。但证券业作为金融系统体系中的薄弱环节，真正实现可持续发展还需持续加大综合治理和机制改革力度。

保险业评估值同比下降 7.1%。主要原因是长期低水平营销造成退保率和赔付率相对较高，全省保险密度不仅低于全国水平，而且低于上年。

金融生态环境评价 4 项指标中有 3 项上升，但金融服务密度仍低于全国平均水平，导致分值下降 0.72。金融业作为金融生态环境重要的内生要素，其职能作用的发挥至为关键。

## (二) 政策建议

1. 认真贯彻实施宏观调控政策，运用金融杠杆促进经济结构调整及经济增长方式转变

人民银行与专业监管部门应进一步密切配合，引导和督促金融机构优化金融资源配置。坚决限制对过剩行业和落后生产能力的金融支持，着力研究加大对第三产业、消费需求和朝阳行业支持的有效方式，进一步提升服务“三农”、中小企业、外向型经济以及社会薄弱环节的水平，促进经济社会协调发展。

2. 扎实推进金融改革，完善金融体系功能

一是加快金融机构的体制机制改革。整合资源，打造创新平台，大力扶持法人金融机构发展。二是努力健全农村金融服务体系。认真落实国家关于农业银行和农业发展银行改革的各项政策措施，使其真正成为农村金融体系的骨干和支柱；通过花钱买机制，大幅度改善农村信用社支农服务水平。推动农村金融组织创新，因地制宜发展多种所有制金融组

织；鼓励和促进邮政储蓄资金回流农村；促进政策性农业保险与商业性保险相配合的农村保险体系发展，规范发展农产品期货。三是健全区域金融结构。改革重组非银行机构，积极发展新型金融业态；探索金融综合经营，提高金融服务水平。

3. 拓展金融市场业务，改善融资结构

充分利用资本市场，加快省重点企业、特色企业上市融资和发行企业债券。大力推动银行间债券业务纵深发展，指导市场成员改善风险管理水平，运用市场工具规避汇率风险。探索建立规范的区域性股权场外转让交易市场，推动企业并购重组，增进市场监督效能。

4. 加强金融监督管理协调机制，形成维护辖区金融稳定的合力

立足于完善防范化解金融风险的长效机制，进一步做出有效的金融稳定协调制度安排。将审慎宏观分析与审慎监管密切结合，加强风险监测分析，形成高效衔接的金融风险处置机制。

5. 高度重视金融基础设施建设，为经济金融运行营造良好环境

一是加强对支付清算系统运行风险的管理与评估，建立重要业务系统的应急机制，确保支付系统不因偶然事件和局部问题产生连锁反应。二是大力推广非现金支付工具运用，优化支付工具结构。三是贯彻落实《反洗钱法》，督促各金融机构提高对大额和可疑交易的监测能力和分析水平。四是进一步加强征信体系建设，加强部门间合作，打造共同防范信用风险的强大平台。

总　纂：谢　伟
统　稿：刁云涛　郑宇明
执　笔：于明星　杨德阔　薛昭顺　吴　静　孔令学　荆　伟
其他参与写作人员：付　刚　李志全　孙宜柱　张　丽
熊惠融　周晓冉　葛　新　李红云　戴　鲁

# 2007 年河南省金融稳定报告摘要

2006 年，河南省积极推进国家“中部崛起”战略和社会主义新农村建设，认真落实国家宏观调控政策，经济持续快速健康发展，金融总体运行平稳，经济金融实现良性互动局面。金融体制改革稳步推进，成效显著；银行业金融机构资产质量不断提高，业务创新能力增强，整体效益明显提升；上市公司、证券和期货经营机构风险得到有效化解，资本市场处于良好发展时期；保险市场不断完善，保险业务快速增长，风险逐步化解。金融市场平稳运行；金融基础设施建设、金融生态环境继续改善。总体上看，经济金融协调健康发展，金融稳定局面良好。

## 一、区域经济运行与金融稳定

2006 年，河南省国民经济快速增长，效益大幅提高，运行质量持续提升，主要经济指标均高于全国平均水平，多项总量指标位次稳中有升，为金融业的稳定和发展创造了较好的外部环境。但是，经济发展中的一些深层次矛盾仍然比较突出，影响经济增长的不确定性因素明显存在。

### （一）经济呈现速度快、效益好、运行稳、活力强的良好态势

2006 年，河南省国内生产总值 12 464.09 亿元，增长 14.1%，增速连续 12 个季度保持在 13% 以上。三次产业结构由上年的 17.9:52.1:30 变化为 16.4:54.3:29.3，第一、第二、第三产业增加值分别比上年增长 7.3%、17.7% 和 12%，第二、第三产业比重比上年提高 1.5 个百分点。非公有制经济实现增加值占生产总值的比重为 55%。

1. 从供给看，工业主导作用增强，第一、第三产业较快增长

一是农业生产发展势头良好。粮食总产量首次突破千亿斤大关，达到 1 011 亿斤，增长 10.3%，增量占全国近 1/2。二是工业经济规模和效益进一步提高。全年全部工业增加值 6 070.9 亿元，增长 18.7%。其中，规模以上工业企业增加值 4 150.6 亿元，增长 23.4%，且全年各月末的增速都保持在 22% 以上；实现利润总额 1 145.31 亿元，增长 75%，超出湖北、湖南、安徽、江西 4 省总和，增幅居全国第二位。工业对经济的支撑作用日益突出。三是服务业平稳增长。第三产业增加值增长 12%，占 GDP 的比重为 29.3%。

2. 从需求看，投资继续强劲拉动，消费和出口增速加快

一是投资高位回落，结构进一步优化。全社会固定资产投资5 907.7亿元，增长37%，同比回落4.3个百分点。其中，化工、机械、电子、食品、纺织等优势行业增幅均在50%以上，国家重点监控的炼钢、铝冶炼、焦碳行业投资分别下降58.9%、5.1%、17.6%。二是收入增长推动消费需求活跃。全年城镇居民人均可支配收入9 810.3元，实际增长11.9%；农村居民人均纯收入3 261元，实际增长12.1%，10年来首次实现两位数增长；地方财政一般预算收入完成678.4亿元，增长26.2%。收入的快速增长推动消费需求旺盛，全年社会消费品零售额3 880.5亿元，增长15.5%，是近6年来增速最快的一年。三是出口增长较快，结构进一步优化，利用外资大幅增长。全年进出口总额104.8亿美元，增长22.4%，提高5.4个百分点。实际利用外资18.5亿美元，增长50.1%。承接沿海地区产业转移增长较快，全年引进省外资金1 004亿元，比上年翻了一番。四是国家针对房地产业出台的宏观调控措施在河南取得一定成效，房地产开发投资增幅高位回落。全年房地产开发投资581.95亿元，增长49.8%，增幅同比回落0.3个百分点。

3. 物价保持平稳运行

一是居民消费价格稳定。全年居民消费价格总水平平均上涨1.3%，同比回落0.8个百分点。其中居住类价格上涨5.4%；从11月份开始，粮油价格上涨较快。二是生产价格趋稳。在上游能源、原材料价格继续上涨的推动下，原材料、燃料、动力购进价格上涨5.3%，同比回落3个百分点。

### （二）经济运行中应关注的问题

1. 农业方面

一是价格因素影响农业收益的持续增加。农业生产资料价格持续高位运行，价格总水平较去年上升1.2%；主要农产品市场价格走势趋低，全年均价比上年低2.7个百分点。农资价格和农产品价格的“两头挤”，影响了农业收益的进一步提高。二是农业生产保障能力较弱。农田水利设施建设滞后，农业抗灾减灾能力较低、科技发展水平不高，制约了农业产出水平的提高。三是农业技术推广手段落后，体系不健全、信息滞后，农民的文化技术素质较低，在一定程度上制约了农业的进一步发展。四是外向型农业发展迟缓。

2. 工业方面

一是加工制造企业面临的成本压力不断加大。全年原材料、燃料、动力购进价格涨幅连续52个月高于出厂价格。二是“两项资金”占用较多。全年规模以上工业企业应收账款及产成品合计1 290.8亿元，同比增长19.2%，处于历史高位。三是产业结构有待进一步优化。一方面，工业行业结构以资源开发和传统行业为主，高新技术或加工工业的产值较低，高新技术产业增加值仅占全省的3.5%。另一方面，工业产品结构以初级产品、原料产品为主，加工链条较短。全省规模以上工业增加值中以农产品为原料的轻工业、采掘工业以及原料工业占70.4%，而加工工业占23.4%，以非农产品为原料的轻工业仅占6.2%。四是资源能源利用效率低。原因是高能耗行业比重大，在资源开采和加工过程中存

在浪费现象，加之技术装备水平低和企业规模不经济等。

3. 投资方面

一是第一产业投资比重小。全年第一产业投资占城镇投资的比重仅为1.4%。作为农业大省，第一产业投入不足，不利于全省经济和社会的和谐健康发展及新农村建设。二是投资外延性扩张明显。全省改建和技术改造投资占城镇投资的比重仅为8.1%，而新建项目投资占比达72.5%。银行信贷资金过多投放于投资性质的项目，必然会加大银行信贷风险。三是高附加值的精深加工工业投资比重低。全省城镇投资中用于获利能力强的高附加值加工工业投资仅占全部工业投资的7.2%。

## 二、金融业与金融稳定

2006年，河南省金融运行平稳健康，金融改革成效显现，金融业整体实力有所增强。国有商业银行股份制改革取得实质性进展，改革成效逐步显现；农信社改革迈出积极步伐，支农信贷投放不断增加；城商行和城信社改制进程加快。货币信贷适度增长，与经济发展基本相适应，信贷结构进一步优化，对经济的有效支持力度加大，金融机构盈利能力显著提高。证券保险业务快速增长，企业融资结构得到改善。

### (一) 银行业

1. 银行业持续快速稳健发展，抗风险能力增强

银行业资产规模及存贷款业务稳步增长。2006年年末，资产总额12 351.52亿元，增长13.1%；各项存款11 606.53亿元，增长14.7%；各项贷款8 663.6亿元，增长14.7%。新增存贷比75%，比年初上升16.4个百分点，资金运用较为充分。

盈利水平大幅提高。银行业累计实现盈利76.41亿元，同比翻两番，盈利额超过2004年、2005年两年总和。

业务创新能力增强。一是担保类和金融衍生类业务稳健快速发展，分别增长5.3%和27.7%。二是收入结构得到改善，手续费净收入增长61.9%，同比提高18.14个百分点。三是个人消费贷款稳步增长，增长12.3%。四是小企业贷款和民营企业贷款强劲增长。对小企业贷款增长10.2%；全省有15家银行对273家民营企业中的219家进行了授信，授信额度184.79亿元、贷款余额123.59亿元。

不良贷款整体“一升一降”。不良贷款余额比年初增加19.24亿元，不良率比年初下降2.3个百分点。其中：五级分类银行机构不良贷款余额比年初增加45.22亿元，不良率比年初下降1.8个百分点。农信社不良贷款（四级分类）余额比年初减少25.98亿元，不良率比年初下降5.2个百分点。

2. 银行改革与发展加快，竞争力增强

国有商业银行股份制改革成效明显。2006年，工行、中行、建行河南省分行和交行郑州分行（以下简称4家银行）根据总行的统一部署，按照上市公司要求，在内部管理、经

营策略、授信机制、风险管理等方面，继续深化股份制改革，经营管理能力和市场竞争力逐步提高，资产质量和盈利能力等财务指标较改制前显著改进。农行河南省分行根据上级行的统一安排做好改革的前期准备工作。一是资产负债业务快速发展，存贷比更趋合理。2006 年年末，工行、中行、建行和交行资产总额分别比同期增长 3.5%、12.7%、11.7% 和 12.9%，负债总额分别比同期增长 2.7%、13.3%、12.1% 和 12.9%；存贷比分别为 57.8%、59.6%、53.7% 和 63.1%。二是经营效益有较大改善。2006 年，工行和交行分别实现账面利润 4.62 亿元和 9.52 亿元，同比分别增盈 16.95 亿元和 1.52 亿元；中行和建行实现账面利润 9.29 亿元和 12.15 亿元，同比少增 3.57 亿元和 0.79 亿元。三是资产质量得到较大改善。2004 年，中行、建行采取划转和核销的方式共剥离不良贷款 129.43 亿元；交行借助于财务重组，集中打包出售不良贷款 6.31 亿元；2005 年，工行剥离不良资产 374.02 亿元。同时，各行积极开展不良资产的清收、处置工作。2006 年年末，工行、中行、建行和交行共清收处置不良贷款 42.2 亿元。2006 年年末，中行、建行和交行的不良贷款率较 2003 年年末分别下降了 7.37 个、13.08 个和 2.13 个百分点；工行的不良贷款率较 2004 年年末下降了 23.42 个百分点。四是严控成本增效明显。2006 年年末，工行、中行、建行和交行成本收入比分别比同期下降 4.95 个、4.69 个、3.39 个和 3.24 个百分点。另外，各行相继开展机构扁平化、机构撤并及网点布局优化、人员分流等方面的改革，机构和人员的减少也是其成本控制水平上升的一个重要原因。2006 年年末，4 家股改银行机构 2 115 个，同比减少 192 个；员工 50 190 人，同比减少 1 422 人。五是中间业务不断发展。2006 年年末，工行、中行、建行和交行非利息收入分别为 5.22 亿元、3.55 亿元、6.02 亿元和 0.92 亿元，占营业收入比例分别为 7.1%、10.3%、15% 和 3.8%，增幅分别为 35.2%、45.5%、16% 和 5.7%，但利差收入仍是银行收入的主要来源。六是 4 家股改银行加大操作风险防范力度，在规范操作、防范风险、加强制度建设、遏止案件发生、建立风险管理长效机制等方面做了大量工作，风险防范能力进一步加强。

农信社改革试点进展顺利，取得阶段性成效。一是资产质量和经营财务状况明显改善。全年共清收盘活不良贷款 98.98 亿元，不良贷款余额较 2002 年年末下降 231 亿元；不良贷款率较 2002 年年末降幅达 38.3%。资本充足率为 8.5%，较 2002 年年末上升 24.79 个百分点。实现利润总额 7.9 亿元，净利润 2.1 亿元。二是支持“三农”服务功能不断增强。各项存款 2 023.3 亿元，同比多增 59.16 亿元。各项贷款 1 521.37 亿元，同比多增 20.71 亿元。存、贷款余额、增加额均居全省银行业金融机构首位。农业贷款 1 157.64 亿元，占全省银行业金融机构农业贷款总额的 94.2%。

城商行和城信社通过改革，逐步摆脱沉重的历史包袱，有效化解了风险。一是 6 家城商行各项贷款增长 26.1%；不良贷款率较年初下降 5.47 个百分点。各项存款增长 25.7%。实现利润增长 44.6%。资本充足率较年初上升 1.87 个百分点，核心资本充足率比年初提高 2.08 个百分点，资本缺口比年初缩小 7.57 亿元。二是 11 家城信社各项贷款增长 37.6%；不良贷款率较年初下降 2.29 个百分点。各项存款增长 33%。实现利润增长 148.3%。资本金得到进一步补充，资本充足率较年初上升 2.72 个百分点。

3. 银行业运行中的主要问题和风险

宏观调控对银行业的影响程度加深，流动性过剩问题显现。一是个别产能过剩行业风险上升。随着国家宏观调控措施的逐步深入，全省产能过剩行业受到较大冲击，银行业不良贷款反弹明显。据专项调查显示，2006 年 8 月末，全省主要银行业机构 11 个产能过剩行业的不良贷款余额较 2003 年年末增加 24. 71 亿元，增幅 25%；不良率较 2003 年年末仅下降 1. 88 个百分点。二是流动性过剩影响银行业盈利能力的提高。剔除农发行贷款增长的因素，余额存贷比为 66. 7%，新增存贷比为 61%，都处在偏低水平。流动性过剩的形成，将使银行业经营成本上升，盈利能力下降。

不良贷款“双降”压力较大。一是 2006 年年末，不良贷款比年初增加 19. 24 亿元，贷款质量向下迁徙，抵消了不良贷款处置的成果。二是 2006 年年末，股份制银行不良贷款余额增加 14. 73 亿元，不良率上升 0. 7 个百分点，进入不良贷款增长期。三是拨备不足。2006 年年末，6 家城商行贷款一般准备金缺口 0. 45 亿元，贷款损失专项准备金缺口 2. 24 亿元；11 家城信社贷款损失一般准备金提足，但专项准备金缺口较大。

银行业市场化程度加深。2006 年以来，全省银行业机构持有的有价证券及投资迅速增长，较年初增加 74. 76 亿元，增长 26. 6%。持有外汇资产 12. 33 亿美元，虽然近几年来呈下降趋势，但由于银行业的汇率风险来自于有授信业务的进出口企业的间接冲击，预计人民币升值预期和汇率波动对进出口的影响将在今后逐步显现和放大，对中小客户的出口会造成较大的冲击，从而对银行业产生影响。

大额贷款风险集中度上升，零售贷款违约客户增加。一是大额贷款风险集中度上升。2006 年年末，全省 12 家银行机构（4 家国有银行、7 家股份制银行和 1 家政策性银行，下同）不良大客户共 39 户，比年初增加 10 户；大额风险集中度为 12%，比年初上升 1. 87 个百分点。12 家银行机构共对 56 个大客户提出风险预警，比上年末增加 1 户。多头授信客户贷款比上年末增加 403. 71 亿元，占全部大客户贷款余额的 79. 7%。二是违约客户增加。2006 年年末，商业银行零售贷款连续 3 个月以上违约的客户数量达 10 577 户，比上年末增加 1 351 户。

地方中小法人机构风险。一是历史包袱沉重，不良贷款余额、占比偏高。二是信贷投放增速过快。以城商行为例，全年贷款平均增速高于全省贷款平均增速 11. 02 个百分点。三是信贷投放结构不合理，贷款集中度高。以城信社为例，从期限结构看，全年中长期贷款较年初增长 52. 4%，占新增贷款的 37%。从行业结构看，投向房地产业的贷款新增 3. 2 亿元、投向国家宏观调控政策限制类行业或产能过剩行业的贷款新增 28. 3 亿元。四是票据业务发展迅速，风险不容忽视。以农信社为例，全年票据贴现余额 21. 13 亿元，分别比 2004 年、2005 年增长 54. 7% 和 48. 4%。五是资本充足率有待提高，存在一定的资本金缺口。

## （二）证券业

1. 发展概况

上市公司股权分置改革和清理大股东占用上市公司资金工作全面完成。2006 年年末，全省 31 家应股改公司全部完成或进入股改程序；清理大股东占用上市公司资金工作全部完成。制约上市公司发展的制度性风险因素基本化解。

推动直接融资工作取得新进展，积极培育上市后备企业。全省上市后备企业 158 家，其中 22 家进入辅导期。企业的 IPO 和再融资取得重大进展，共募集资金 61. 49 亿元。2006 年年末，全省共有上市公司 45 家，其中，境内上市公司 33 家，境外上市公司 13 家，累计募集资金 360 亿元。

证券经营机构历史遗留风险得到有效化解。完成五洲证券破产案件从行政清算到司法清算的移交工作。完成南方证券河南个人债权甄别工作，国家收购 90% 部分已签订相关协议。焦作信托证券交易营业部的托管工作平稳进行。

加强对期货市场的规范和监管，推动积极发展。郑州商品交易所加大小麦、棉花期货市场开发力度，推进全省期货市场稳定发展。2006 年下半年以来，郑州商品交易所交易规模保持持续上升势头，整体交易规模增长显著。

2. 存在的问题和风险

上市公司数量少，质量需提高。境内上市公司数量为 33 家，而周边的安徽、湖北、湖南境内上市公司数量分别是 47 家、65 家、42 家，江苏超过 100 家。且全省近 1/3 的上市公司没有进行再融资。个别上市公司治理不完善，内控机制有待健全，公司质量需进一步提高。

上市后备企业数量少，质量不尽理想。全省上市后备企业中仅有 22 家进入上市辅导期，部分地区上市后备企业资源有限。有些地区企业基础虽好，但对当前在国内发行股票上市的形势不了解，对资本市场认识不够，上市积极性不高。

证券期货经营机构规模小，市场竞争力不强。全省仅有 1 家法人证券公司，机构数量少，资本金规模小，盈利模式单一，在行业内影响力不强，保荐企业上市和服务中原崛起能力需进一步提高。期货公司前瞻性研究不够，应对金融期货的准备不足。个别证券期货营业部服务意识差，缺乏对客户的高层次服务观念，公平竞争观念淡薄。

对非公开发行公众公司缺乏有效监管。由于对非公开发行公众公司进行监管的相关规则、制度框架未正式确立，监管工作尚未有效开展，非法证券发行有所抬头。另外，各地产权市场处于证券监管系统之外，对其中可能存在的风险无法准确评估，出现了产权市场挂牌企业涉嫌非法发行股票的信访投诉，如果任其发展，可能危害全省的金融秩序和社会稳定。

### （三）保险业

1. 发展概况

市场平稳较快发展。2006 年，全省实现保费收入 252. 3 亿元，居全国第 8 位、中西部第 1 位，增长 18. 2%，同比提高 12. 5 个百分点。其中，财产险市场实现保费收入 47. 62 亿元，增长 29. 6%，同比提高 17. 3 个百分点；人身险市场实现保费收入 204. 69 亿元，增长 15. 7%，同比提高 11. 2 个百分点。

发展质量持续提高。一是寿险退保得到有效遏制。全年退保金额较全国整体退保增速低3.49个百分点；退保率较全国整体水平低0.52个百分点，符合不高于5%的正常水平。二是产险应收保费水平控制较好。应收保费率较上年同期下降0.8个百分点，较全国整体应收保费率低3.3个百分点，风险进一步降低。三是寿险新单期交比例提升。新单期交业务保费收入占新单保费收入的25.3%，较上年同期提升了1.52个百分点，较全国整体水平高出3.53个百分点，寿险机构结构调整初显成效。

行业实力进一步增强。一是资产总量增加。2006年年末，总资产累计达610亿元，较年初增长23.3%。二是保险机构迅速扩张。省级分公司较年初增加3家，达到24家；中心支公司增加52家，达到227家；支公司增加6家，达到324家；营销服务部增加733家，达到2 977家。三是中介机构持续增加。新增保险代理公司（包括法人机构及分支机构）8家，达到260家，新增保险经纪公司2家，达到16家，新增保险公估公司1家，达到7家，新增保险兼业代理机构958家，达到5 988家。四是行业队伍进一步扩大。行业正式在册员工及各类高管人员达到2万多人，较上年增长13.2%；保险营销员总数达12万多人，较上年增长1.9%。

新领域发展速度加快。一是“三农”保险业务取得长足发展。全年累计保费收入同比增长55.9%，较全省业务增速高出37.73个百分点，业务规模占全省的20.3%，较上年提升10.95个百分点。二是责任险发展速度大幅提高。责任险保费收入同比增长72.1%，较产险机构业务整体增幅高出42.49个百分点，业务规模占产险机构整体规模的2.9%，较上年提升0.72个百分点，业务占比呈持续上升态势。三是交强险业务快速提升。由于政策法规的强制推动，交强险业务规模在短时间内快速提升，全年交强险业务保费收入占全省车险业务的24.4%，较全国水平高4.65个百分点。

2. 存在的问题和风险

基层监管缺位，存在恶性竞争。保险监管机构在地市级监管缺位，随着保险机构大量增加，为推动业务快速发展和占取市场份额，个别保险公司竞相降低保险费费率，扰乱了保险市场正常经营秩序，引发不正当竞争；同时，使其运营成本增加，利润摊薄，影响偿付能力的提升，风险增大。

产品创新缺乏动力，同质化现象严重。保险公司分支机构的产品开发受制于其总公司，缺乏产品创新的内在动力，特别是缺乏针对地域市场需求特点的个性化产品体系，产品的同质化现象严重、替代性强，营销和服务的差异化程度低。

从业人员流动性大，业务素质和服务意识低。保险机构迅速增加，从业人员需求随之激增，而短期内教育培训跟不上，导致从业人员业务能力较差、综合素质较低，且同业之间恶意挖角，从业人员不时跳槽，流动性大，内部队伍不稳，影响保险公司持续健康发展。

## 三、金融市场运行与金融稳定

2006年，河南省金融市场总体上保持平稳运行，其特点是：债券市场和黄金市场交易活跃；票据市场波动较大，变化明显；期货市场发展势头良好。金融市场融资功能进一步提升，有力地支持了地方经济的发展。

## （一）金融市场运行情况

1. 债券市场交易活跃，品种丰富

一是债券市场融资活跃。银行间市场成员持债余额261亿元，增长45.8%。二是现券交易活跃，交易量显著放大。累计成交1 226亿元，增长34%。三是企业长短期债券发行量增加。全年共发行企业长期债券3只，发行额35亿元；发行企业短期融资券4只，获准发行额31亿元，实际发行11亿元。

2. 票据市场波动较大，变化明显

2006年，票据市场波动较大，票据承兑业务有所下降，票据贴现业务增幅较大。全省金融机构商业汇票承兑余额826.2亿元，下降8.4%；累计发生额2 000亿元，同比减少13.5亿元，呈双下降态势。金融机构票据贴现余额550.6亿元，小幅下降5%；累计发生额达4 309亿元，大幅增长40%。

3. 外汇和黄金市场大幅增长

2006年，全年累计结售汇98.2亿美元，增长32.6%；结售汇顺差41.2亿美元，增长37.2%。全省共有7家企业获得上海黄金交易所会员资格，全部会员（不含中金公司）黄金成交量（含自营和代理）累计达115.58吨，较年初增长36%，占全国总交易量的9.3%。灵宝黄金股份有限公司2006年1月12日在香港H股上市，筹资11亿元。

4. 期货市场发展势头良好

2006年，郑商所共有会员226家，遍及全国26个省（市）和自治区。新增交易品种2个，目前交易的期货品种有小麦、棉花、白糖、绿豆、精对苯二甲酸（PTA）5种。全年累计成交金额31 809亿元，同比增长47%。郑州小麦和棉花期货已纳入全球报价体系，“郑州价格”已成为全球小麦和棉花价格的重要指标。

## （二）需关注的问题

1. 潜在的市场风险值得关注

2006年以来，在国家金融宏观调控政策信号导向作用下，客观上导致市场预期波动频繁，从而产生较大的市场风险。河南省银行间市场成员以中小金融机构为主，部分机构抗风险能力较差，蕴含的市场风险值得关注。

2. 部分金融机构通过“内部资金往来”、“同业存款”科目参与资金融通问题突出

一是省农联社成立后，省、市、县联社独立法人之间融通资金在“内部资金往来”科目核算，各农联社资金余缺游离于人行金融市场监测之外，逃避监管的同时又隐蔽了风险。二是部分资金通过“同业存款”科目参与资金融通，不受拆借资金双方在机构、限额、期限、用途等方面的制约；在资金运用上，突破“同业拆借”仅限于保支付、解决头寸和到期后不得展期以及资金拆借比例的限制，绕开了人民银行对资金拆借市场的监督管理。

3. 场外黄金现货交易行为潜在风险大

一是大量现金游离于银行体系之外，易发生黄金走私、洗钱等犯罪活动，使人民银行现金管理、反洗钱管理工作难度加大；二是巨大的资金存量和资金流量集中在既风险集中又利润丰厚的场外黄金交易市场，一旦价格大幅下跌，易对经济的稳健发展构成危害。

## 四、金融基础设施建设与金融稳定

2006 年，河南省金融基础设施建设得到加强，征信体系建设稳步推进，现代化支付系统建设步伐进一步加快，金融生态环境继续改善，为维护区域金融稳定提供了重要保障，有利地支持了地方经济的发展。

### （一）征信体系建设稳步推进

1. 基本概况

成功运行全国统一的企业和个人信用信息基础数据库。2006 年，全国统一的企业和个人信用信息基础数据库在河南建立并运行。截至 2006 年年末，全省企业信用信息数据库收录借款企业 28.2 万户，年日均查询 1 058 笔；个人信用信息基础数据库收录自然人数 344.3 万人（账户数），年日均查询 1 445 笔。

稳步推进中小企业信用信息征集工作。一是启动中小企业信用信息档案库建设。全省征集并建立中小企业信用档案 13 083 户。二是组织开展诚信民营企业评选活动。三是确定商丘、洛阳、漯河和焦作 4 市为全省首批企业信用评级试点城市。

2. 存在问题

一是非银行信用信息采集工作难度大。二是企业信用评级工作进展缓慢。主要原因是：采集信息涉及部门多，协调难度大；中小企业资产规模小，收费低，中介机构积极性不高；金融机构对外部评级结果不能充分运用，被评级企业得不到资金支持。

### （二）现代化支付系统建设步伐加快

1. 基本概况

2006 年 5 月 29 日推广运行小额支付系统，与大额支付系统一起覆盖全省 66 家直接参与者，2 305 家间接参与者。初步建成由大额支付系统、小额支付系统为核心，商业银行行内系统为基础，票据交换和清算系统及外币清算系统、银行卡支付系统并存的现代化支付清算系统。2006 年年末，河南省大额支付系统和小额支付系统业务量分居全国第 12 位和第 5 位。

2. 存在问题

一是支付系统参与者准入、退出管理不规范，未制定统一的参与者管理办法，支付系统运行和参与者行内系统运行可能产生差异，存在潜在运行风险。二是同城清算系统短期内尚不能由小额支付系统替代，电子清算系统灾难备份系统不完善，县支行仍采用落后的手工清算方式，存在一定的安全隐患。三是农村地区支付结算设施落后，基础薄弱，服务水平较低。

## 五、政策建议

### （一）加强各部门的沟通协调，做好辖区金融稳定协调机制的建设工作

为加强各级政府、金融监管部门间的沟通协调，加大信息共享，形成工作合力，共同维护辖区金融和社会稳定，政府应尽快建立协调组织，统一调配多方资源，及时处置重大风险，促进辖区金融业健康、快速发展，为实现经济既好又快发展提供有效支持和服务。

### （二）加强贷款风险监测和预警，引导金融机构规避信贷集中风险

充分发挥银行信贷登记咨询系统的查询作用，加强对银行信贷投放的行业、地域分析，及时为金融机构提供贷款企业的信用查询、评估和咨询服务，发布信贷预警信息，引导金融机构规避和防范风险。引导商业银行改进对大企业、大集团的授信制度，防范信贷集中风险。

### （三）加快金融改革和金融创新，提高金融机构核心竞争力

继续深化金融体制改革，改革产权关系不明、所有者缺位、治理结构缺失、风险管理能力差、内部人控制等弊端；加快金融服务创新，增强盈利能力和抗风险能力，提高金融机构的核心竞争力。

### （四）进一步改善金融生态环境，为金融业稳定发展创造良好条件

加大金融生态宣传力度。规范企业改制行为，加大政府及司法部门对银行维权的支持力度，提高金融纠纷案件的审结率和执行率。加强社会信用体系建设，积极推进信用担保体系建设。健全对守信或失信行为的奖惩机制。

### （五）有效控制地方法人机构风险

明确法人机构的市场定位。关注法人机构新增不良资产的发生和新增贷款过多、增长过快的情况。实行全面的资本监管，引入先进管理理念和手段，建立资本约束机制和风险管理机制，防止信贷资金在无资本约束条件下的盲目扩张，提高自身的风险覆盖能力。督促其完善法人治理结构，建立法人治理考核评价机制。

总　纂：田文雄

统　稿：毛守义　戚兴如

执　笔：郜丽敏　琚亚利

其他参与写作人员：高　鹏　杨希泽　郑慧霞　郑豫晓
吕金旺　袁　丽　徐　诚　勾京成
孙　芳　贾　桐　吕彦威　陈　彬

# 2007 年湖北省金融稳定报告摘要

2006 年，湖北省国民经济继续保持平稳较快增长的势头，经济结构得到调整，运行质量提高，经济效益继续改善，是近十年来发展最好的一年。金融业稳定发展，金融市场运行平稳，银行业资产规模扩大，信贷结构进一步调整，经营效益大幅提高。证券业发展出现转机，且整体稳定，股权分置改革效果明显。保险业平稳发展，保险保障功能得到进一步发挥。金融体制改革平稳推进，发展态势向好。通过股份制改造的商业银行，不断完善公司治理结构，资产质量和经营效益明显提高；农村信用社改革取得阶段性成果，历史包袱初步化解，资产质量有所改善。金融基础设施建设步伐加快，体系不断完善，功能增强；金融生态环境建设成为共识，且不断优化。

## 一、经济与金融稳定

2006 年，湖北省国民经济保持平稳较快增长的势头，经济结构不断调整，经济运行质量与效益显著提高，发展后劲较足，是近十年来发展最好的一年。

### (一) 湖北省经济运行基本特点

1. 经济运行平稳快速

2006 年，湖北省实现国内生产总值 7 497.2 亿元，增长 12.1%，人均国内生产总值 13 168.8元，增长 15.9%。

2. 三大产业快速发展，结构趋优

农业生产平稳发展，播种面积增长 3.6%，总产增长 1.5%；工业生产增长较快，规模以上工业企业实现增加值 2 323.5 亿元，同比增长 20.2%；服务业发展步伐加快，结构调整迈出新步伐，2006 年，湖北省第一、二、三产业增加值分别增长 5.1%、15.9% 和 11%；三次产业结构由 2005 年的 16.6∶43.1∶40.3 调整为15.2∶44.9∶39.9。

3. 经济需求增长强劲

投资总量增长较快，投资结构进一步改善，2006 年，湖北省全社会固定资产投资完成 3 572.7 亿元，增长 28.1%，其中，房地产开发投资增长 26.1%。城乡消费品市场同步增长，全年实现社会消费品零售总额 3 412 亿元，增长 15.1%，其中，县及县以下零售额增长 13.1%。对外经济加速发展，全年进出口总额 117.4 亿美元，同比增长 29.1%，贸易顺差额7.8亿美元，创历史新高。

4. 经济增长质量稳步提升

2006年，湖北省全地域财政收入完成1 343.6亿元，增长26.4%；全省工业完成销售值7 300.56亿元，增长22.7%，工业产品销售率为97.99%，工业经济效益综合指数为180.77，比上年提高16.7个百分点，是近几年来最好水平；全省城镇居民人均可支配收入9 802.65元，增长11.6%，农村居民人均纯收入3 419.35元，增长10.3%；物价指数逐步回落。居民消费价格上涨1.6%，涨幅比2005年回落1.4个百分点。

### （二）经济运行与金融稳定

1. 经济结构性矛盾没有根本好转，投资拉动经济增长的特征比较明显

2006年，湖北省固定资产投资增幅超过社会消费品零售总额增幅13个百分点，投资与消费的失衡成为影响全省经济协调发展的突出因素。一方面，经济增长主要依靠投资拉动，部分行业盲目扩张，加剧经济周期波动，影响企业发展的可持续性和经济发展的稳定性，也容易造成银行信贷的过度集中和贷款期限错配；另一方面，当消费率下降的同时，高投资率又形成过剩的生产能力，导致顺差扩大，流动性过剩。经济结构性矛盾从多方面加大了维护区域金融稳定的难度。

2. 关注经济可持续发展来自内在因素制约的挑战问题

（1）工业经济发展水平有待提高。一是规模以上工业增速落后中部地区平均水平0.87个百分点；二是工业投入产出水平落后，湖北省全部工业资产负债率比全国平均水平高0.62个百分点，资产利润率分别比全国和中部地区平均水平低1.93个、1.33个百分点。全省产业结构升级缓慢，经济主体发展潜力受制，维护区域金融稳定的外部环境需要改善。

（2）经济外向度问题。一是对外经济贸易发展滞后，2006年，湖北省进出口总额占GDP的比重为12.23%，低于全国水平5.3个百分点；二是国内市场占有率落后，据统计，湖北省产品在全国市场占有率仅2.4%，低于GDP份额近0.8个百分点。区域经济外向水平落后时，金融风险容易聚集，风险分散途径减少，受外生不稳定因素冲击时，容易发生区域金融风险，增大了维护区域金融稳定的难度。

（3）中小企业资金周转不畅，债务负担能力趋降。2006年，湖北省工业企业“两项资金”增长13.8%。处于资金链末端的中小企业流动性风险加大，分类信贷资产质量呈下移趋势，隐性信贷风险增大。

（4）企业和居民收入水平有待提升。一是城乡居民收入落后，2006年，湖北省城镇居民人均可支配收入、农民人均纯收入分别只有全国平均水平的83.4%和95.3%；二是企业收入落后，湖北省规模以上工业企业实现利润增长20.5%，低于全国水平4.2个百分点。经济主体支付能力低，制约着消费能力的提高，消费拉动经济增长能力较弱，经济增长方式转变滞后，不利于经济金融协调发展，增大区域金融的不稳定性。

3. 产业结构调整引发的风险不容忽视

一是产能过剩的压力仍然较大，部分银行对产能过剩行业的贷款仍在增加，信贷风

险随之加大；二是现有工业结构需要进一步调整，行业调整带来的信贷风险增大；三是随着国际贸易环保要求和配额标准提高，一些低端制造业将逐渐退出市场；四是落实“节能减排”，部分“两高一资”企业被迫减产或关停，与之相关的贷款风险有所增加，据统计，“两高企业”目前占湖北省工业的32%左右，给对提升信贷存量的质量带来新的考验。

## 二、金融业与金融稳定

### （一）银行业与金融稳定

1. 湖北省银行业运行基本特点

（1）银行业规模发展水平大幅提升，综合实力不断增强。一是银行业总量增长明显提速，2006年，全省银行业总资产、总负债分别为12 069.61亿元、11 999.69亿元，增长24.2%和18.7%。全部金融机构本外币存款余额为9 711.20亿元，较年初增加1 339.4亿元，增长16.07%，本外币各项贷款余额为6 703.80亿元，较年初增加834.71亿元，增长14.23%，贷款增加额创历史最高水平。二是贷款周转速度加快，资金使用效率提高，金融对经济的支持力度加大，贷款周转天数为384天，比2005年同期缩短45天。三是表外信用增长加快，2006年，表外信用总量同比增长81.74%。

（2）银行业经营效益持续改善，抵御风险能力增强。一是贷款质量继续改善，2006年，湖北省银行业不良贷款率比年初下降3.77个百分点；二是经济效益大幅增长，2006年，湖北省银行业本外币实现结益增长344.9%，除农行、中行亏损外，其余各行均实现盈利；三是法人类金融机构资本充足率进一步提高，2006年年末，辖内5家城市商业银行加权平均资本充足率为4.87%，比年初提高9.64个百分点，农村信用社资本充足率（按农信社资本充足率管理办法计算）达到12.54%，比年初提高2.58个百分点；四是拨备覆盖面扩大，2006年年末，全省法人银行业金融机构拨备余额较2005年增加14.2亿元，增长87.7%，同比提高49.5个百分点。

（3）信贷结构不断调整，资源配置、信贷服务的合理性、均衡性变化明显。湖北省主要商业银行信贷投入结构正在由向优质大型企业为主逐渐向优质大型、中型和小企业并重的方向转变，中小企业信贷投入明显增加。地区间信贷配置变化明显，2006年年末，武汉市以外的12个市州各项存款、各项贷款余额合计分别增长16.48%、13.52%，增幅分别同比提高4.54个、8.66个百分点，存贷增幅同比明显高于武汉市和全省水平。银行机构间贷款比重有所调整，主要商业银行和地方性金融机构贷款比重持续调整，国有、股份制商业银行贷款余额占全部贷款比重两年间下降4.39个百分点，而地方性金融机构占比两年间扩大3.18个百分点。

（4）外资银行在调整中发展，经营效益明显好转。2006年，在鄂外资银行资产总额比年初下降13.2%，负债总额比年初下降19.5%，而存款总额是年初的1.7倍。在资产、负债调整下降的同时，当年实现盈利 3 709 万元人民币，比 2005 年同期增盈 6 067 万元人民币，主要原因是资产质量改善，从而将原来计提的贷款损失专项准备金转回，使利润增加。外资银行管理和发展模式成为中资银行的重要参照。

2. 银行业发展中需要关注的问题

（1）关注银行体系流动性过剩风险。一方面，流动性持续过剩带来投资、拆放激增，风险因素增加。2006 年年末，湖北省银行业金融机构（不含政策性银行）“存差”4 225.81亿元，比年初增长 19.09%，随着存款持续增长和商业银行上市融资规模扩大，银行业的流动性总体上仍保持较高水平。为扩大资金运用规模、增加资产收益，银行业投资、拆借等业务快速扩张，2006 年年末，湖北省银行业有价证券及投资增长 30.31%，拆出资金增长 2.04 倍，非信贷风险资产规模持续增加。另一方面，由流动性过剩诱发资本市场风险转移。2006 年，资本市场十分活跃，大量资金流入股市，湖北省储蓄存款同比仅多增 37.93 亿元，进入资本市场的资金明显增加。由于资金的逐利特征，直接或间接，甚至违规流入股市的可能性较大，特别是委托理财业务和同业拆借业务面临较大的风险，应引起高度关注。

（2）银行业自身积累的风险需要关注。一是道路桥梁及其施工企业的贷款风险需要引起关注。2006 年年末，湖北省国有、股份制商业银行、国开行道路桥梁航运及其施工企业中 99 个大客户贷款余额 403.5 亿元，比年初增长 42.42%。贷款分类形态下迁，不良贷款增加，个别项目风险凸显。二是教育行业贷款的风险隐患仍然需要关注，2005 年我们曾对高校贷款潜在的风险进行过专题分析，引起有关部门重视。当前教育行业贷款存在三个方面的风险隐患：其一，贷款比较集中；其二，短贷长用，多家银行对同一客户贷款的情况比较严重，银行与学校，银行与银行之间信息不对称，风险易于掩盖；其三，抵、质押权不落实，高校通过结余的学费偿还贷款，贷款风险集中且缺乏分散途径，如果招生形势和政策发生变化，潜在的信贷风险需要引起重视。

（3）表外业务风险敞口不容忽视。2006 年年末，湖北省金融机构表外信用总量同比增长 81.74%，主要银行机构表外业务风险敞口比年初增长 20.26%。其中担保类业务风险敞口比年初增长 26.78%，现阶段表外业务发展较快，表外业务风险向表内转移的可能性较大，应引起足够重视。

（4）关注房地产金融潜在的风险。2006 年年末，湖北省银行业房地产开发贷款比年初增长 29%。从长期看，“国六条”的实施有利于商业银行更好地控制贷款风险，促进房地产信贷业务的持续健康发展；但从短期看，“国六条”的实施对银行房地产信贷业务发展产生一定影响，一是由于准入门槛提高、市场调整以及浓厚的观望氛围，银行房贷业务面临一定程度的萎缩，银行业盈利来源减少；二是“国六条”的实施改变了房地产企业的开发计划，可能加大银行贷款风险；三是“国六条”的实施可能使一些中小房地产企业退出市场，给银行贷款带来风险；四是房地产行业的产业关联度很高，风险具有扩散性，可能影响上下游钢铁、水泥、建筑等相关企业的景气状况，银行业金融机构对房地产上下游行业的贷款风险可能加大。虽然个人住房信贷风险不是很高，但个人住房贷款不良率也在缓慢增加。

（5）非法集资活动须高度警惕。2006 年，湖北省处置了 8 起非法集资案，涉及金额 2.22 亿元。当前，银行业金融机构在宏观调控背景下，信贷投放受到限制，但社会投资需求旺盛，公众投资愿望强烈，非法集资有抬头的迹象。非法集资活动因其隐蔽性、诱惑性、煽动性，不仅会扰乱正常的社会融资秩序，还会直接对银行信贷客户或其他利益相关者造成经济损失，需要高度警惕。

## （二）证券业与金融稳定

1. 证券、期货业运行情况及基本特点

证券公司经营状况明显好转。湖北辖内 110 家证券营业部共实现股票、基金、权证交易量 5 236.5 亿元，增长率从 2005 年的负增长 24.7% 转为正同比增长 2.3 倍；托管市值 416 亿元，增长了 107%，客户交易结算资金余额 116.73 亿元，同比增长 147%；全行业由去年亏损近 3 000 万元，转为净盈利 4.43 亿元，证券业盈利面达 96%。

期货公司平稳发展。2006 年年末，湖北辖内共有 12 家期货营业部，期货从业人员 278 人。所有期货公司客户保证金存管系统均与中国期货保证金监控中心对接，对客户保证金实行全程动态监控，有效防范了风险。

上市公司质量继续改善。一是上市公司清欠工作基本完成；二是上市公司业绩提升，融资功能得以恢复，资本市场行情走高带动上市公司境内筹资，湖北人福科技和福星科技 2 家公司通过配股、定向增发等方式募集资金 6.5 亿元。

股权分置改革顺利推进。湖北省 59 家应股改公司中，有 54 家已进入或完成股改程序，股改公司市值 1 442 亿元，占应股改公司总市值的 96.6%。在改革进程中，上市公司通过资产重组做大做强，ST 道博、武昌鱼、博盈投资等多家公司将股改与重组相结合，大大改善了资产质量。

2. 证券业、期货业发展中需要关注的问题

上市公司整体实力有待提高。从规模上看，湖北省在境内上市的公司数量占全国 4.37%，居第九位；上市公司规模偏小，平均规模是全国平均水平的 42.56%；上市公司的总市值 1 510.54 亿元，占全国的 1.46%。历年来，全省上市公司通过资本市场筹资总额累计 431.41 亿元，直接融资在融资总额中所占份额很小；上市公司两极分化，全省 10 家亏损上市公司中的 3 家连续亏损，面临退市风险，一旦退市甚至破产，有可能在当地形成区域性的信用风险，危及金融和社会稳定。

证券公司风险处置对社会稳定形成新的压力。随着各风险证券公司陆续进入司法清算程序，可能对社会稳定形成新的压力。湖北辖内 11 家公积金、社保资金管理机构和基金会在风险证券机构有敏感债权，在转入司法清算程序后，风险的波及面不容忽视。

原柜台市场遗留风险需要关注。1998 年年底，武汉市、宜昌市、荆州市柜台市场关闭时，共有 31 家公司摘牌，此后，个别符合上市条件的公司在主板市场上市，绝大多数公司的股票流通问题未得到解决，投资者不断上访要求解决问题，容易引发群体性事件。

中小投资者风险教育亟待加强。湖北省辖内证券市场的投资者99.9%是个人投资者，风险意识不强，风险承受能力较弱，一旦市场发生大的波动，这些投资者就会面对较大的市场风险。加强风险教育、普及投资知识显得很迫切。

## （三）保险业与金融稳定

1. 湖北保险业运行情况及基本特点

2006年，湖北保险市场主体和业务稳步发展，保险监管成效显著。湖北省保险业累计实现保费收入160.8亿元，同比增长10.84%，简单赔付率26.98%，比同期下降0.31个百分点；保险机构规模扩张较快，保险的经济补偿功能有效发挥，2006年年末，保险业总资产达346.5亿元，增长19.2%，但保费收入增长减缓，为近几年的新低，2006年推出交强险业务，全年累计实现交强险保费收入6.1亿元，占财产险保费收入的14.8%；保险业改革顺利推进，业务稳步发展，湖北省结合地方实际，由省政府印发了《湖北省关于进一步加快保险业发展的意见》；加大农业保险试点，尝试开展政策性保险、被征地农民保险和移民养老保险试点等业务；先后总结了宜昌兴山县农业保险试点、黄冈麻城市村干部养老保险试点、恩施州开展“保险村”建设试点等先进经验，制定了《湖北省保险机构支持地方经济发展考核奖励办法》，有力地发挥了保险对地方经济发展的保障作用。

2. 保险业发展中需要关注的问题

保险业发展速度趋缓，保险的保障功能需要进一步发挥。从纵向比，2006年，湖北省保费收入同比增长10.84%，是近年来最低的；从横向上看，湖北省保费收入在中部六省的排名从第二下降到第三。保险业发展速度减缓的另一个表征是，“边际居民保险投资倾向”下降。政策性保险，农业保险发展空间有待拓展。

保险业创新能力和意愿有待提升。一是保险业人才紧缺，人才队伍培养和建设相对滞后；二是湖北境内的保险公司绝大多数是分公司，不是总部，各个保险公司在产品创新和管理制度创新上都有局限；三是由于保险销售渠道单一、经营理念落后，相当多的公司习惯于在传统领域跟风操作和简单模仿，保险经营模式需要适时进行调整。

展业风险控制有待加强。2006年，保险业承担的保险责任的增幅和人身险退保增长率均是保费增幅的3倍，这种风险发展模式应引起足够重视。湖北省保险业最发达的武汉市（保费在全省占比34.19%），发展速度有所下滑（-0.62%）。

成本控制需要精细，效益有待提高。湖北省产险公司综合成本率、寿险公司营业费用增长率大大高出保费增幅，使湖北保险业利润减少。

保险业的诚信建设任重道远。根据2006年湖北省保险业诚信测评统计，保险公司的理赔快捷度、对客户投诉处理的及时性、投诉渠道的通畅性和售后服务的持续性等方面得分率有待提高。

## 三、金融市场与金融稳定

### (一) 金融市场运行概况及特点

1. 金融市场融资总量大量增加，直接融资步伐加快，市场融资结构有所改善

2006 年，全省企业从金融市场融资总量增长 21.6%，是全省生产总值增幅的近 2 倍，保证了全省经济的快速发展，一个突出的变化是，直接融资步伐加快，主要是三个渠道：债券市场融资、股票市场筹资和通过银行承兑汇票和商业承兑汇票融通资金。

2. 货币市场稳步发展，市场日趋活跃

同业拆借市场交易量持续增长，利率波动上行；银行间债券市场回购交易平稳增长，全年同业拆借、银行间债券市场交易累计净融入资金同比分别增长 254%、117%，相应地，市场利率则整体呈波动上行态势。

3. 票据市场业务总量持续增长，利率先抑后扬

2006 年，银行承兑汇票承兑、贴现累计发生额同比分别增长 30% 和 15%；票据市场竞争激烈，股份制商业银行及其他地方性金融机构市场份额稳步增加，贴现业务处于卖方市场，贴现利率持续走低，至第四季度调整上扬，转贴现利率定价方面与全国银行间拆借市场利率联动，利率上扬呈上升趋势。

4. 其他相关市场交投活跃

保险市场平稳发展，保险业实现保费收入同比增长 10.84%；证券市场交投活跃，交易量从 2005 年的负增长 24.7% 转为正向比增长 2.3 倍；外汇市场交易量增长，黄金市场交易趋于活跃。

5. 民间借贷活跃，利率区间合理

2006 年，湖北省民间投融资在 2005 年增长 33.6% 的基础上，继续保持了高速增长，民间借贷利率高于同期同档次银行贷款利率，与农村信用社贷款利率有一定依存关系，利率处在合理区间。

6. 金融机构创新能力不断增强，市场制度建设和基础设施建设取得较大进展

一是正式推出债券借贷业务；二是人民币利率互换业务推出后，金融机构积极响应，部分银行确定了业务开办机构和范围，制定具体实施细则；三是银行卡业务在发展壮大中衍生出新用途。四是进一步规范和发展企业短期融资券市场，强化信息披露等制度。

### (二) 金融市场发展中需要关注的问题

1. 货币市场与资本市场的交叉风险不容忽视

在同业拆借市场上，辖内仅有的 1 家证券公司和 1 家股份制商业银行净融入资金，分别占全省同业拆借净融入资金的 45.67% 和 49.17%，两者合计占比近 95%。资本市场十分活跃，大量资金流入股市，增强了货币市场与资本市场的联动性，也增加了货币市场与资

本市场的交叉风险。

2. 关注市场利率风险和操作风险

2006年宏观调控政策频繁出台，利率变动的频度和幅度较往年大为提高，利率变动加快，尤其是货币市场利率涨跌变动较大，货币市场利率风险增加。同时随着货币市场发展，市场创新产品不断推出，金融机构在资金运用上向多元化、多层次拓展，跨市场交易增加，货币市场操作技术日益复杂，例如通过回购等方式放大资金倍数以博取最大收益，尽管取得了良好的投资收益，但潜在风险也不容忽视。

3. 民间金融的发展仍需要引导

民间金融在一定程度上弥补了正规金融的不足。但民间金融只在特定的小范围内有效率，如果缺乏引导，就有可能引发金融欺诈、扰乱金融秩序，影响金融稳定。因此，要充分发挥民间金融在经济欠发达地区的作用，应加强监测和引导，区别对待合理的民间金融活动与非法的民间金融活动，逐步给予前者政策支持，引导其向公开、规范的方向发展，同时对危害社会与金融稳定的金融欺诈行为和非法吸收、变相吸收公众存款的行为依法予以打击，维护金融稳定。

4. 关注金融创新伴生的金融风险

近年来湖北省金融业在改进农村金融服务和支持中小企业发展过程中，设计和推出了紧密联系经济发展和关注弱势金融的48种金融创新产品（典型做法），在促进经济发展的同时，金融产品创新短期内可能带来的潜在风险，特别是信用风险、市场风险和操作风险需要警惕。

5. 票据市场发展需要规范和引导

一是要控制支付风险，谨防金融机构承兑垫款，给承兑银行带来损失；二是要规范地方法人金融机构的票据行为，引导发展，提高信誉；三是有效控制签发票据的真实贸易背景，谨防融资风险和道德风险。

## 四、金融基础设施与金融稳定

### （一）维护区域金融稳定的基础设施建设作用突出

1. 功能逐渐完善的支付清算体系基本形成

以大、小额支付系统为核心，以商业银行行内汇兑系统为基础，同城票据交换所和清算系统以及银行卡支付系统并存的、较为完善的支付清算体系格局基本形成，确保了清算资金的正常流通。一是大、小额支付系统统一运行，资金汇划畅通，较好地解决了跨行资金汇划难的问题；二是跨区域同城清算体系进一步完善，县域同城资金清算网络重新构建；三是商业汇票业务健康发展，为实现武汉城市圈商业汇票一体化打下良好的基础；四是大力推动特色卡发展，提高金融服务水平，促进社会稳定。

2. 反洗钱、反假币体系建设对维护金融稳定的基础性作用逐渐显现

在《反洗钱法》颁布的背景下，人行武汉分行全面建立反洗钱协调机制，加强与各

监管当局的合作与交流，金融机构加大对可疑交易的识别和监控力度，加强与司法部门的合作，反洗钱资金监测的效果逐步显现。在反假币方面，全省各地建立和完善了一系列反假货币宣传和打击的长效工作机制，特别是人民银行和武汉市公安机关联手开展了打击假1元硬币犯罪活动的“菊花行动”，严厉打击了猖獗一时的制售假1元硬币的犯罪行为，在社会上产生了强烈反响。

3. 金融法律法规建设稳步推进

《反洗钱法》、《刑法修正案（六）》、《企业破产法》等法律的颁布和修订，为创造更好的金融生态环境打下坚实的法律基础；湖北省出台了大量的经济类地方性法规和规章，从整体上优化了本区域法律环境。

4. 征信体系建设在防范信贷风险方面的作用逐步发挥

湖北省各家金融机构与企业和个人信用信息基础数据库的联网运行状况良好，企业和个人征信系统已成为商业银行防范信贷风险和发展信贷业务需求的重要手段。

与此同时，湖北省以“一行三局”为主体的金融监管协调机制不断完善和发展；应急预案体系、应急机制和法律法规等建设进一步加强，增强了应对突发公共事件的综合能力；湖北省政府还专门成立了金融生态环境建设领导小组，有力地推动了区域金融生态环境建设，为维护金融稳定提供了良好的外部环境。

### （二）金融基础设施建设的功能作用需不断完善

在支付体系建设方面，一是要着力提高地方性银行业金融机构支付清算的实效性，防范和控制流动性风险，特别是农村信用社具有多级法人的特点，有可能由于流动性问题而无法完成资金最终结算，从而引发流动性风险；二是防范相关法律法规滞后于支付结算业务发展引发的法律风险，主要是融资性票据游离于法律监管之外，又没有相应的信用评级制度，容易引发相应的市场风险；三是要防范邮政金融机构业务高速发展可能引发的市场风险；四是切实防范金融机构盲目追求发卡规模可能引发的支付风险。

在反洗钱、反假币体系建设方面，反洗钱法律规范不够完善，主要表现为《反洗钱法》部分条文过于笼统，缺乏实际可操作性；金融机构内部各部门间反洗钱工作协调不畅，可疑交易识别的技术手段亟待提高；反假货币形势依然严峻，特别是学校、农村及偏远地区是反假货币的薄弱环节。

在法治建设方面，执法环境仍需进一步改善，案件执结的严肃性有待加强。在保护银行债权方面，很多金融机构赢了官司却输了钱的现象仍然存在，执法力度需要加强。

关注征信系统建设中的薄弱环节。一是我国有关征信的法律、法规建设滞后，立法部门应尽快制定相关法律法规；二是各行业、部门之间信用信息不能共享，征信系统不能发挥更大的效用。政府应制定信用信息共享有关规定，有效整合散落在不同部门的信用信息；三是征信知识不够普及，需要政府主导，大力宣传。

在金融监督管理协调机制建设方面，以“一行三局”为主体的相关部门需要建立自上而下、有约束力、经常性的金融监督管理联系机制，以提高维护金融稳定的合力和有效性。

## 五、总体评估与政策建议

### （一）总体评估

2006年，湖北省经济保持平稳较快的发展势头，财政增收、企业增盈、物价平稳、民生改善、市场供求平衡，运行质量进一步提高。金融业运行整体平稳，资产质量稳步提升，规模不断壮大，适应了经济发展的需要，金融在调节经济运行、服务经济社会方面的功能不断增强。全省金融机构风险管理能力、盈利能力不断改善，金融风险逐步得以化解，内生抗风险能力进一步提高。金融改革稳步推进，金融主体公司治理结构不断优化，激励与约束机制稳步强化。金融基础设施建设稳步推进、金融生态环境总体向好，提升了金融市场效率，为有效维护区域金融稳定创造了有利的外部条件。经济金融呈良性互动态势，贷款增长与经济增速趋向协调。综合分析，湖北省金融体系的稳定性在稳步提升，金融体系总体保持了稳定发展态势，短期内发生系统性、区域性金融风险的概率不大。

经济金融发展中不容忽视的问题是，湖北省经济金融运行的深层结构性矛盾依然存在：经济增长靠固定资产投资拉动，消费与对外出口所占比重甚小；直接融资与间接融资比例失调，间接融资比重过高，企业融资结构杠杆率偏高，股本性融资和债券融资不足，融资风险过度集中于银行体系。此外，保险业规模偏小和保险覆盖面偏窄也加剧了金融机构性矛盾。经济金融的深层矛盾有可能诱发金融运行中的不稳定因素。2006年，经过宏观调控，湖北省投资过快增长的势头得到了一定的遏制，但投资增长的惯性较强，一些投资项目主要依靠银行，特别是国有商业银行贷款，一些项目的投资效益又比较差，这将对经济的长期稳定增长和金融安全构成威胁。同时，贷款结构调整能力亟待改善。从贷款类型看，贷款表现为“一快三慢”，即中长期贷款增长快，短期贷款、农业贷款、消费贷款增长慢，调整幅度大但调控效果差；从贷款机构看，贷款表现为“同增同降”，“错峰”能力差，信贷异常波动相对比较明显。这些特征与金融宏观调控有一定联系，也说明银行业金融机构市场预见能力、客户发现能力、风险规避能力有待进一步提高。

2006年年末，湖北省人均生产总值占全国平均水平的81.42%，但人均存款、贷款分别只占全国平均水平的63.79%、64.32%，分别落后人均生产总值占比17.63个、17.1个百分点；人均储蓄存款只占全国水平的71.22%，分别落后城镇和农民收入占比12.18个、24.08个百分点。在湖北省金融资源密度落后于全国平均水平的同时，银行业资源利用效率也存在一定差距。此外，农村金融服务弱化与新农村建设需要金融支持存在矛盾。金融市场发展的制度性瓶颈依然存在，随着直接融资的较快增长，资产泡沫风险也不容忽视。

### （二）政策建议

1. 宏观调控，微观配置，进一步做好金融工作，加快经济结构调整和增长方式转变

经济结构不尽合理，经济增长方式粗放，是制约湖北经济持续健康发展的根本性问题。

必须发挥金融服务经济社会发展的功能，优化金融资源配置，引导生产要素合理流动，促进产业结构升级、节能降耗和污染减排、提高自主创新能力，促进城乡、区域和经济社会协调发展。

2. 加快农村金融改革，完善农村金融体系，有效发挥金融手段促进社会主义新农村建设的作用

解决好农业、农村和农民问题，是现阶段工作的重中之重。要切实推进农村金融改革，不断满足建设社会主义新农村对金融服务的需求。金融机构应该加大力度整合金融资源，形成完善的农村金融体系，增强支农力量。要进一步拓宽农村金融机构的支农领域，深化金融服务内涵，既要提供充足的信贷资金支持农村生产，又要结合实际，努力完善农村地区的金融服务设施，大力开展金融创新。农村信用社应进一步转变观念，深化改革，提高技能，改进服务，继续发挥好农村金融主力军作用。商业银行也应按照商业化、市场化的原则，根据社会主义新农村建设进程进行合理布局，大力增加对具有资源优势和产业优势的农产品产业带、主导产业生产基地、农产品专业市场建设的资金投入，提高对农业重点龙头企业的综合服务水平，支持外贸和新兴领域的农村商业企业，扩大对农村私营业主、民营企业金融服务的覆盖率。要积极探索建立农村民间金融组织，如建立小额贷款组织，成立真正的农民信用合作组织，组建乡村银行，解决农民、农村融资难问题。

3. 积极引导商业银行处理好追求经济资本回报和信贷增量调控的矛盾

一是充分发挥经济资本的杠杆作用，在争取较多经济资本配额的基础上，积极利用经济资本调节功能，多方面放大单位资本的信贷容量；二是把握地方性银行业金融机构风险大幅化解、资本充足率大幅提高的机遇，努力扩大地方性银行业金融机构的信贷能力，增加信贷规模，扩大信贷服务面；三是加强对各类金融市场的研究，结合湖北省经济结构和客户特征，开发新的金融产品，在充分分享全国性各类金融市场利益的同时，提高湖北省尤其是武汉市的金融市场规模和层次，积极调整资产负债业务，优化信贷结构，提升对宏观政策导向下的信贷适应能力和调整能力。

4. 大力发展资本市场，构建多层次金融市场体系

发展资本市场，不仅有利于企业拓展融资渠道，促进现代企业制度建设，还有利于分散银行体系的风险。2006 年以来，股票市场改革取得显著成效，但股市稳定运行的基础仍不牢固，要理性分析，客观对待。要继续深入贯彻《国务院关于推进资本市场改革开放和稳定发展的若干意见》，以解决体制性、机制性问题为重点，加强资本市场基础性制度建设。上市公司是资本市场发展的重要基础，要着力提高省内上市公司质量，改善上市公司整体结构，健全上市公司自我约束机制，严格信息披露制度，加大透明度，增强投资者信心。要建立多层次资本市场体系，在稳步发展股票市场的同时，加快发展湖北债券市场。要扩大企业债券发行规模，大力发展公司债券，完善债券管理体制、市场化发行机制和发债主体的自我约束机制，加快形成集中监管、互通互联的债券市场。积极稳妥地发展商品期货市场和金融期货市场。要继续加强资本市场监管，健全证券类金融企业公司治理、内部控制和风险防范机制，建立和维护公正、公平、公开的市场秩序，

严厉打击非法发行股票和非法经营证券业务等违法违规活动，切实保护投资者尤其是中小投资者的合法权益，促进资本市场持续健康安全发展。

5. 充分发挥保险公司保险保障作用

转变业务增长方式，转变营销观念，走专业化、集约化经营道路，深化用人制度改革；创新保险产品、服务和销售渠道，加速发展农业保险。要加强和改进监管手段与方法，完善保险行业协会自律机制，培育发展保险中介市场，加强宣传以增强社会大众的风险和保险意识。

总　纂：马运生

统　稿：谢崇礼

执　笔：周永胜　夏　龙　计惠龄　王鹏程

其他参与写作人员：何阳钧　李　辉　张　琨　胡小芳　袁　鹰

徐　冰　唐德鑫　黄　峰　蒲慧慧　熊邦蓉

# 2007 年湖南省金融稳定报告摘要

2006 年，湖南经济继续保持平稳较快发展，固定资产投资增幅回落，消费市场持续旺盛，物价温和上涨，金融体系稳健运行的基础进一步巩固。随着金融业全面对外开放和国民经济的持续快速增长，全省金融业务快速扩张，金融市场交易活跃，金融基础设施不断完善，各类金融风险得到妥善处置，银、证、保三行业呈积极向上的发展态势。银行业主动加强信贷政策与产业政策的协调配合，调整优化信贷结构，同时不断深化体制改革，完善法人治理，加快经营机制转换与创新，存贷款业务稳步增长，质量效益明显改善；证券业在上市公司股权分置改革、证券公司综合治理等各项基础性、制度性改革工作取得成效的基础上，市场景气明显回暖，市场融资功能明显增强，证券公司、上市公司经营状况逐步好转，风险化解取得重大进展；保险市场主体加速扩张，业务结构加快调整，市场秩序逐步好转，重点风险得到有效控制，保险保障功能得到有效发挥。

## 一、区域经济运行与金融稳定

2006 年，湖南省经济继续保持高增长态势，全年实现国内生产总值（GDP）7 493.17亿元，增长 12.1%，经济连续 3 年保持 11% 以上的增长速度。在国家宏观调控政策指引下，全省完成全社会固定资产投资 3 242.4 亿元，同比增长 26.5%，增幅比上年回落 1.7 个百分点。实现社会消费品零售总额 2 834.2 亿元，增长 15.3%，扣除物价因素，实际增长 13.8%，为改革开放以来的最高增幅。全年外贸进出口总额 73.53 亿美元，比上年增长 22.4%，其中出口 50.94 亿美元，增长 36%，实现贸易顺差 28.3 亿美元，增长 90.5%。

良好的经济发展状况增加了政府、企业和居民的收入。2006 年，全省财政总收入 891.16 亿元，比上年增长 19.3%，其中地方财政收入 475.3 亿元，增长 20.3%。规模以上工业企业实现主营业务收入 5 742.51 亿元，增长 26.4%；实现利润 264.75 亿元，增长 39.4%，工业经济效益综合指数为 187.9，同比提高 22.4 个百分点。城镇居民人均可支配收入首次突破万元大关，达 10 504.7 元，增长 10.3%；农民收入稳步增长，农村居民人均纯收入扣除价格因素实际增长 7.6 %。

全省经济在快速、协调、健康发展轨道上平稳运行，为金融稳健运行奠定了坚实基础，但经济运行中仍存在一些不利于金融稳定的因素：

1. 经济增长仍然依赖投资拉动

从拉动经济增长的因素看，近年来，尽管消费增长对湖南经济增长的拉动作用有所增强，社会消费品零售总额增速逐年加快，但经济增长过度依赖投资拉动的格局没有根本改变。2006年全省投资率为43.3%，较2005年提高4个百分点，且投资率与消费率的差距有逐年扩大的趋势（图1）。这种建立在消费相对滞后基础上的投资快速增长，可能导致投资与消费增长结构失衡，导致产能过剩和资金损失，进而影响金融体系的稳健运行。

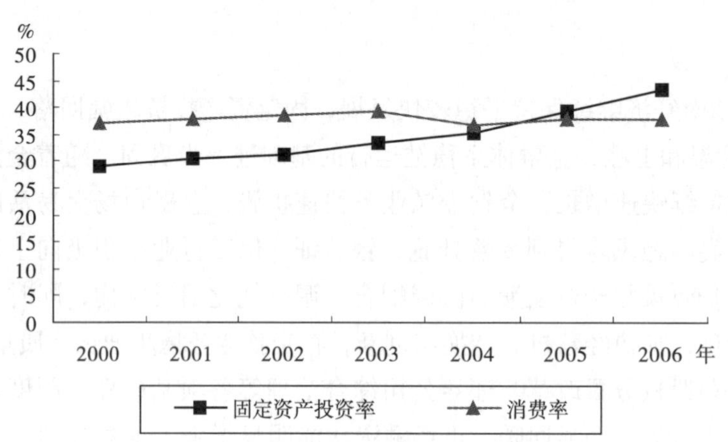


数据来源：湖南省统计局。

**图1　湖南省经济增长质量分析**

2. 经济结构优化调整滞后

三次产业结构中，第二产业占比长期偏低。尽管近年来实施工业化发展战略使全省工业化水平逐年有所提高，但与全国及周边省（市）比仍有较大差距（表1）。工业增长的相对落后不利于湖南本土产业的发展和经济增长提质加速，不利于有效提高综合竞争力。

**表1　2006年中部六省产业结构对照表**　　单位:%

| | 第一产业 | 第二产业 | 第三产业 |
|---|---|---|---|
| 山西 | 5.8 | 57.8 | 36.4 |
| 安徽 | 16.7 | 43.2 | 40.0 |
| 江西 | 17.0 | 50.2 | 32.8 |
| 河南 | 16.4 | 54.3 | 29.3 |
| 湖北 | 15.2 | 44.9 | 39.9 |
| 湖南 | 17.8 | 41.7 | 40.5 |

数据来源：湖南省统计局。

3. 潜在一定的通货膨胀压力

2006年全省各类市场物价趋于稳定，但从物价走势来分析，从4月份开始，全省物价逆反第一季度逐渐回落的态势，呈加速上涨的趋势，CPI增幅明显高于工业品出厂价格指数和原材料

（燃料、动力）购进指数（图2），11月份达3.4%，居全国首位，12月份更攀升到4.6%。考虑到国际油价居高不下、人民币升值及流动性过剩等因素，市场物价可能进一步上扬。

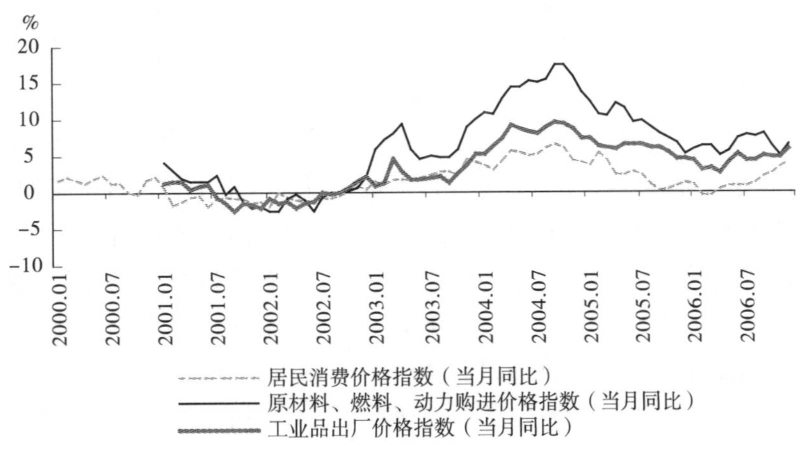


数据来源：人民银行长沙中心支行。

**图2 湖南省居民物价指数和生产者物价指数变化图**

4. 房地产市场风险显现

受宏观调控政策影响，2006年湖南房地产开发产销增幅回落，全省房地产开发投资556亿元，增长21.7%，比上年回落12个百分点，商品房销售面积增长9.7%，回落5.1个百分点。同期，全省商品房销售均价1 928元/平方米，同比增长18.7%。尽管湖南房价与全国同类地区比尚不算高，但导致商品房的持续旺销与房价的快速上升因素中，不乏购房用于商业投资和市场炒作，而过度的市场炒作可能导致资产泡沫或价格虚高，并易引发价格剧烈波动。事实上，当前市场反映房价过高、买不起房的声音已经越来越强烈。一旦市场发生逆转，剧烈的价格波动可能对宏观经济与金融稳定造成负面影响。

## 二、金融业与金融稳定

### （一）银行业

2006年，湖南各银行机构在继续深化改革的基础上，资产规模不断扩大，年末银行业资产总额8 963.5亿元，同比增长15.8%，其中各项贷款余额5 233.6亿元，同比增长14.2%；负债总额8 912.3亿元，同比增长15.3%，其中各项存款余额7 799.5亿元，同比增长18.4%。不良贷款继续实现“双降”，年末全省银行机构（不含农村合作金融机构）不良贷款率比年初下降3.22个百分点；农村合作金融机构不良贷款率比年初下降4.17个百分点。盈利水平再创新高，全年银行业实现账面盈利78.2亿元，比上年增长2.7倍。

总体来看，2006年湖南省银行业总体运行健康平稳，但影响银行业稳健运行的因素仍然存在，特别是个别中小银行机构的流动性风险不容忽视。

1. 贷款集中趋势增强，结构性矛盾仍然突出

信贷无序、过度集中仍然是湖南银行业经营面临的中长期风险之一，贷款继续向大城市、大企业、大项目集中，同时对新农村建设、县域经济和小企业信贷投入不足。

从投放区域看，新增贷款仍然集中在长沙等发达地区，落后地区和县域经济融资相对困难。2006 年，长沙、株洲、湘潭、衡阳、常德五市新增贷款 515 亿元，占全省新增额的 79%，比上年高 14.5 个百分点，其中长沙地区新增贷款 427 亿元，占全省新增额的 66%，上升 17.8 个百分点。而其他欠发达地区，特别是农村地区由于银行机构普遍收缩网点，资金融通困难。从行业结构看，贷款集中在电力、建筑和房地产业等行业，而涉农贷款增幅比各项贷款平均增幅低 6.5 个百分点。从客户结构看，全省 11 家主要银行机构亿元以上授信客户 408 个，比年初增加 93 个，年末贷款余额 1 729 亿元，比年初增加 231 亿元，大客户新增贷款占 11 家银行新增贷款比重高达 49%，比上年高 20 个百分点，大客户信贷集中度进一步提高。在银行信贷集中趋势增强的情况下，小企业贷款难问题未得到有效缓解，小企业年末贷款余额占全省银行业贷款比重仅 16.3%，全年小企业贷款增长 7.8%，低于全省各项贷款平均增速 6.4 个百分点。信贷投放的过度集中，使信贷市场风险堆积，进而影响信贷资金安全。

2. 不良贷款压降难度加大，信用风险隐患积聚

近年来湖南银行业不良贷款持续实现“双降”主要得益于不良贷款政策性剥离，而真正通过盘活信贷资产存量、现金收回不良贷款的比重不到 10%。目前，政策性剥离除农业银行外已经完成，不良资产处置主要靠清收、内部核销等手段，难度明显加大。

随着房地产市场的发展，房地产贷款占比不断加大。2006 年，全省银行机构房地产贷款年末余额 657.4 亿元，增长 35.6%，比各项贷款增幅高 21.4 个百分点，全年新增 172.5 亿元，占全省新增各项贷款总额的 26.5%。其中住房开发贷款余额 249 亿元，增长 44.7%，增幅比上年提高 26.7 个百分点。尽管目前湖南房地产市场运行总体平稳，但大量信贷资金投入房地产行业，如遇市场变化，将对银行信贷资产质量与抵押品资产价值产生双重影响，情况严重时将危及金融安全。

同时，由于竞争无序，为争夺客户资源，一些银行机构在集团客户授信管理上，不严格执行集团客户统一、适度授信原则，存在多头授信、过度授信、不适当分配授信额度现象。由于对企业关联风险控制能力弱，一些集团客户内部仍然存在互相担保、关联企业资金占用等情况，一旦资金链断裂，可能引起“多米诺骨牌”效应，危及银行信贷资金安全。

3. 银行中小法人机构抵御风险能力弱，潜在风险不容忽视

湖南省中小法人银行机构虽然通过采取多种措施使资产质量、效益得到较大幅度提升，但由于历史包袱重，内部管理欠佳，业务水平有限，部分机构经营状况仍不容乐观，抗风险能力较弱。个别城市商业银行在全国 110 多家城市商业银行中排名比较靠后。农村信用社因农村经济不发达，自然灾害频发等原因，经营难有起色，潜在的支付风险较大。

4. 市场风险逐步显现，操作风险未得到有效遏制

一是汇率风险逐步加大。由于汇率形成机制改革和人民币持续升值，越来越多的企业选择

尽早结汇和远期购汇套期保值，导致银行即期结汇、远期售汇业务量快速上升，银行远期净售汇敞口增加，外汇风险敞口扩大，并直接造成了外汇存贷款业务的收缩。2006 年，全省结汇量达 61.2 亿美元，比上年增加 14.2 亿美元，同比多增 1.7 亿美元，同期银行远期外汇风险敞口达 15.2 亿元，比年初增加 3.1 亿元；年末全省银行机构外汇存款余额 80.1 亿元，外汇贷款余额 59.7 亿元，分别比年初减少 11.5 亿元、22.1 亿元。与此同时，部分纺织、机械等出口企业效益下滑，银行贷款风险加大。二是利率风险开始显现。受股市持续升温及市场流动性过剩等因素影响，银行定期存款比重下降，存款稳定性降低，中长期贷款增长加快。全年银行机构新增存款中定期占比 35.8%，下降 25 个百分点；年末中长期贷款余额占比 49%，上升 2.7 个百分点。存款活期化和贷款长期化导致银行利率敏感性负缺口（利率敏感性资产 - 利率敏感性负债）扩大，而央行的连番加息使银行在负债产品重新定价时面临较大的利率风险。与此同时，由于个人住房贷款利率的上调，个人金融业务提前还贷明显增多；一些优质企业通过发行短期融资券融通资金，银行优质短期信贷客户面临分化和流失。三是操作风险时有发生。由于内控制度不健全，加上管理缺位，制度不落实，一些银行类机构违规违法案件不断，造成巨额资金损失和信誉损失。

### （二）证券业

2006 年证券市场由熊转牛，人气明显回升，交投活跃，全省证券经营机构新增投资者开户 6.35 万户，全年证券交易量 4 126.89 亿元，同比增长 135.76%，年末客户交易结算资金余额 67.91 亿元，同比增长 140.56%。在国家恢复新股发行后，湖南直接融资取得新突破，全省先后有 5 家企业在境内外发行上市，2 家上市公司完成再融资，共计实现直接融资约 63 亿元，创出历史新高。证券公司综合治理取得实质成效，省内湘财、泰阳、财富 3 家法人证券公司采用老股东增资自救、债务和解、并购和政府注资等模式进行重组，风险得到有效控制，经营扭亏为盈。在国家股权分置改革政策推动下，全省 45 家上市公司中除 1 家无法股改外，其余 44 家进入或完成股改，市值占比超过 99%。全年共清收上市公司股东非经营性占用资金 29.19 亿元，长期影响湖南上市公司质量的顽疾得到有效整治。

2006 年，全省证券业虽取得长足发展，证券公司风险得到有效化解，但一些老问题有待进一步解决。

1. 部分证券公司历史遗留问题没有清理完毕，经营业务范围受到限制

由于股东意见不统一，债权债务关系复杂，个别证券公司仍有一些问题未得到有效解决。

2. 上市公司整体质量欠佳，后续上市资源储备不足

尽管上市公司经营效益有了明显改善，但与全国平均水平相比，总体规模偏小，效益不优，一些公司存在不实不良资产，需要实施重大资产重组才能实现扭亏为盈。截至 2006 年年末，市值全省过百亿元的上市公司仅 3 家，平均每股收益远低于全国平均水平。同时，由于多种因素的制约和影响，后续上市资源储备明显不足。

## （三）保险业

2006 年，湖南保险业市场主体加速扩充（表2），保险业务快速发展，年末全省保险机构总资产余额365.55亿元，比年初增长22.6%。全省全年保险业实现保费收入147.82亿元，同比增长16.2%，高出全国平均增速2个百分点。从2月份开始，全省保险业务增速一直稳定在13%~18%之间，是3年来业务增长最快的一年。在保险监管助推下，保险公司健全内控体系，规范经营行为，风险防范能力有所提升，理赔服务质量不断改善，2006年，全省保险公司各项赔款和给付支出38.40亿元，同比增长30.2%，为人民群众生产生活提供了坚强保障。

**表2　湖南省保险从业机构、人员情况**　　单位：家，万人

| | 2005 年 | 2006 年 |
|---|---|---|
| 省级分公司 | 16 | 21 |
| 市（州）分公司 | 122 | 155 |
| 县（市、区）支公司 | 307 | 376 |
| 营销服务部 | 1 841 | 1 825 |
| 保险中介机构 | 47 | 76 |
| 保险从业人员 | 8 | 9.36 |

数据来源：湖南保监局。

2006 年，全省保险业在快速发展的同时，仍有一些问题需引起高度重视：

1. 业务发展与经济发展不协调，保险保障能力不高

与经济发展水平比，湖南保险业发展差距较大。从发展规模看，全省GDP达7 493亿元，占全国GDP总量的3.6%，同期保费收入占全国保费收入的2.6%，落后于经济总量的发展水平。从反映保险保障服务水平的深度和密度指标看，保险业发展明显滞后。年末保险深度1.97%，比上年提高0.01个百分点，仅为全国平均水平的70.4%，世界平均水平的26.2%，说明保险业在国民经济中的渗透度不高，贡献度较低；保险密度为218.4元/人，比上年高29.4元/人，仅为全国平均水平的50.6%，世界平均水平的5.3%，说明保险业在人们生活中的覆盖面不广，不能满足人民日益增长的多层次、个性化需求。

2. 机构增长与业务增长不同步，盈利能力不强

2006 年，湖南保险机构的扩张速度较快，但短期内机构铺设并没有带来业务规模的快速提升。与此同时，保险业各项费用支出上升较快，综合成本率较高，盈利状况不乐观。全年保险公司手续费支出、佣金支出和营业费用支出同比分别增长25%、21%和31%，远高于同期保费收入增幅。其中，财产险公司综合成本率为110%，这一状况直接导致经营效益下降，大部分产险公司出现亏损。

3. 保险业综合竞争力不强，业务增长受内外环境变化影响加大

一是市场竞争力不强。由于公司治理结构不完善，经营机制尚未根本转变，创新能力

不强，随着市场开放度逐步加大和市场主体的逐步增加，保险公司传统的销售手段和模式受到冲击，市场竞争弱势开始显现。为抢占市场，一些保险机构采取降低保费、返还手续费等方式争揽客户，影响市场秩序。二是人员素质与行业发展不适应。由于保险主体快速增加，保险从业人员流动频繁，保险人才出现供不应求的情况，从而导致“低能高位”的人才现象，部分从业人员素质与公司经营要求相差甚远。而且，人员的流动并未带来经营理念、竞争手段和保险产品的创新，不规范竞争现象仍然存在，市场“共赢”的局面还未出现。三是政策环境变化对保险业影响加大。央行上调存贷款利率导致投资型保险产品的吸引力下降，而股票市场的爆发性增长，使储蓄资金流向发生变化，人民币储蓄存款增幅5年来首次出现负增长，导致寿险产品的吸引力下降。在房贷险领域，由于国家在首付比例和税收上加大了对房地产市场的调控力度，房地产成交量急剧萎缩，贷款购房者纷纷提前还贷，退保增加，以致一些银行不再把购买房贷险作为贷款的前提条件，房贷险业务受到很大影响。

## 三、金融市场运行与金融稳定

2006年，在良好的经济金融环境下，湖南金融市场快速发展，市场交易日渐活跃。同业拆借业务稳中有降，全年全省共交易49笔，累计金额21.7亿元，同比减少131.2%，全部为资金拆入。债券市场增速迅猛，全年交易4 838笔，金额10 668.4亿元，成交金额同比多增3 176.7亿元、增长42.4%。全省金融机构在银行间债券市场的交易方向以融入为主，融入资金占总成交金额的88.2%。外汇市场稳步发展，2006年，全省银行实现结售汇总额814 472万美元，同比增长24.3%。全省银行结售汇顺差增长迅猛，主要是外贸出口增长较快，直接拉动经常项下贸易顺差持续扩大，导致全省银行结售汇顺差持续增加。黄金市场不断升温。2006年，湖南在上海黄金交易所两家综合类会员单位在上海黄金交易所累计交易量3 971.3千克，同比增长15.5%。纸黄金业务发展迅速，全年纸黄金交易累计1 478千克，同比增长8.5倍。

市场融资结构逐步改善。2006年，湖南直接融资取得较大进展，企业融资结构逐步改善（图3）。国家恢复新股发行后，全省从资本市场直接融资96.3亿元，并有6家企业获得企业短期融资券发行限额59亿元，成功发行49亿元。直接融资的增加改善了风险过度集中于银行的状况，也有利于降低企业筹资成本，对金融体系长期健康、稳定发展有促进作用。

金融市场的快速发展拓宽了企业融资渠道，提高了风险化解能力，但市场参与主体偏少、市场行为有待规范等问题值得关注。

1. 市场参与主体偏少

全省银行间债券市场的甲类金融机构只有长沙市商业银行一家，其拥有26家结算代理客户，但其中大部分并未发生业务；黄金交易所会员仍只有产金企业，全国性商业银行在湘分支行均未获得其总行授权；具备银行间外汇市场成员资格的机构只有长沙市商业银行

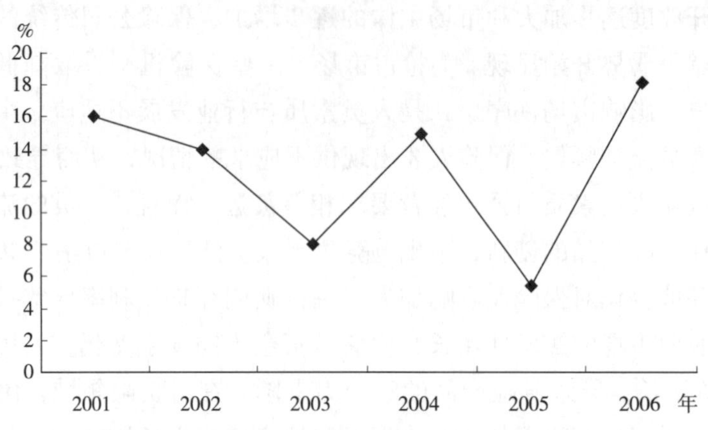


数据来源：湖南证监局、湖南省发改委。

**图3　2001～2006年湖南省直接融资占比变化情况**

一家。市场参与主体少，不利于金融机构利用金融市场优化资产结构，分散金融风险。

2. 市场行为有待规范

一些中小金融机构特别是农村信用社在同业拆借市场上没有完全按操作规程办理，其利用同业拆借、同业存放和同业借款之间界定模糊，以同业存款之名绕开同业拆借备案监管和限额管制；部分机构资金运用不规范，存在通过拆入资金方式变向吸收存款的现象。

3. 利率风险防控能力差

近年来银行间债券市场利率尤其是质押式债券利率波动频繁，而目前湖南参与金融市场较为活跃的成员主要是城市商业银行和农村信用社等地方中小金融机构，其中部分机构资金实力较弱，抗风险能力不强，利率的频繁波动可能影响投资收益，造成资金损失。

## 四、金融基础设施与金融稳定

2006年，在地方政府的高度重视和各级有关部门的共同努力下，湖南省金融基础设施进一步完善，支付结算体系建设取得较大进展，反洗钱工作成效明显，信用体系建设继续推进，金融生态环境不断优化，为经济金融的安全运行创造了条件。

### （一）金融稳定的政策环境基本形成

近年来，湖南省委省政府对金融的认识日益深刻并高度重视金融工作，积极推动全省金融安全区创建暨金融生态环境建设，出台了多项政策措施支持金融发展，鼓励金融创新。省委、省政府明确要加大对金融工作的支持力度，进一步优化金融生态环境，支持金融监管部门依法履行职责，建立健全沟通协调机制，促进湖南经济金融良性互动。为更好地满足多层次、多样化的金融服务需求，经中国人民银行总行与湖南省人民政府共同研究决定，9月份在湖南省正式启动了金融服务创新综合试点，通过打造公共服务和信息网络两个平台，完善支付清算、统计信息服务、货币发行服务、国库服务、征信服务、反洗钱和外汇管理服务七个体系来提升全省金融服务水平，为全国开展金融服务创新积累了经验。

## （二）支付结算体系不断完善

2006年4月，小额支付系统在全省成功上线运行，在此基础上，适时推出了通存通兑、清算组织集中代收付、支票圈存等小额支付业务，增强小额支付系统的公共服务功能，小额支付系统业务发展迅速。年末，全省定期借记业务合同入库率达到76%，小额支付系统月均业务量较5月份增长67%，其中定期借记业务增长率达到100%，小额支付系统同城业务量跃升至全国第三位。在人民银行的推动下，湖南省适时推出了农民工银行卡特色服务业务，全年全省农民工银行卡特色服务共取款64 604笔，金额18 060 991元，交易成功率达95.36%，笔数居全国第一。在引入系统运营理论的基础上，湖南省启动了集中支票圈存系统建设，目前正进行软件开发，预计2007年6月前将在全省推广运用。

## （三）社会信用体系建设稳步推进

2006年，全省征信建设工作有序推进。通过完善信用信息共享机制、制定考评办法、实施奖励措施等，实现了人民银行与省住房公积金中心、省质监局、省社保基金的信息共享，全年采集计生、民政、监狱、劳教、证监、食品与药监、卫生、保监等部门非银行信息1 905万条。开展并完成中小企业信用档案建设，在人民银行的协调推动下，全年共采集、录入中小企业信息1.84万户，为了解中小企业信用状况，缓解中小企业融资难创造了条件。加强信用宣传，组织开展了诚信火炬传递和万人诚信签名等活动；普及征信和信用管理知识，利用电视、电台、报纸、网络等媒体以及手机短信、上街设点、印制信封、张贴横幅等手段开展广泛宣传，并向社会公众发行《征信与企业信用管理》1万多册，提高了全社会信用意识。

## （四）反洗钱工作机制有效运转

反洗钱联席会议成员单位的沟通协作更加紧密。人民银行与省公安厅建立了三会商制度，双方指定专门联络员，每月对辖区内重大、复杂的可疑交易信息进行联合会商，遇到反洗钱案件随时进行磋商；与省工商局等成员单位建立了省打击传销工作联席会议制度，联合开展打击传销活动；在全国首开证券和保险大额和可疑交易试报，在省证监局、保监局的配合支持下，将财富证券、人寿保险湖南公司作为证券和保险大额和可疑交易试报单位，两公司于2006年12月开始向人民银行上报大额和可疑交易。加强反洗钱监控与专项检查。20多次配合法院、检察院调查涉案账户的资金交易和资金流向情况，10次配合税务局清查偷税、漏税企业和个人的账户情况；组织开展全省银行业金融机构反洗钱工作检查，完成了2004~2006年对全部银行机构检查一轮的目标。多数商业银行建立了反洗钱内控制度，较好地履行了客户身份识别、交易记录保存、大额和可疑交易报告义务。严格案件查处。配合公安部门查处了郴州李珍华期货洗钱案，抓获涉案人员3人，查清涉案资金1 674万元；发现并侦破一起深圳地下钱庄洗钱案，刑事拘留犯罪嫌疑人6人，冻结银行个人账户38个，冻结资金1 470万元，并收缴或查封了银行卡、网上银行客户证书、汽车、电脑等。

## 五、总体评价与政策建议

### （一）总体评价

本报告认为，2006年，湖南省经济金融发展态势良好，金融改革稳步推进，金融产品推陈出新，金融业务快速发展，金融基础设施不断完善，金融服务功能明显增强，经济金融“双赢双活”、协同发展的格局逐步形成。各级有关部门认真执行国家宏观调控政策，加强地方产业政策与货币信贷政策的融合，地区经济结构、产业结构和银行信贷结构不断优化；银证保各类金融机构加快业务创新，强化风险控制，经营状况普遍好转，盈利水平创历史新高，市场竞争和可持续发展能力不断增强；金融风险监测、防范与处置措施有力，个别金融机构突发性事件得到有效控制，各种金融风险隐患没有对区域金融稳定构成严重威胁，全省金融业总体稳健运行。但金融体系内外部不稳定因素仍然存在，主要是经济增长过度依赖投资增长的格局没有根本改变，固定资产投资反弹及物价上涨压力较大，控制不当容易引发通货膨胀；银行信贷资源分布均衡性较差，县域经济、新农村建设和中小企业信贷投入明显不足，且存在的信用风险、市场风险、操作风险不可忽视；部分中小法人金融机构资本充足率低、资产质量较差，损失拨备缺口大，抗风险能力弱；部分证券公司尚没有完全走出经营困境，大股东占用巨额资金及净资本缺口等问题急需综合处置；保险公司市场竞争欠规范，服务创新不够，业务发展与盈利能力不强；金融市场发展不平衡，市场主体行为有待进一步规范等。上述不稳定因素的客观存在，直接影响湖南经济运行质量和金融效率的发挥，也不利于湖南经济金融体系的持续稳健运行。

### （二）对策建议

1. 贯彻实施国家宏观调控政策，扩大直接融资比重

全省银行业应积极执行稳健的货币信贷政策，将具体经营行为纳入宏观经济大背景下，深刻理解国家产业政策、全省经济发展战略和金融宏观调控政策的实质和内涵，加强对区域经济运行规律和产业发展规律的研究分析，把握好信贷投放的方向和时机。同时要充分认识发展直接融资的重要性，充分利用资本市场、全国银行间市场，开发直接融资产品，并对投资者进行风险教育，提高投资者的自我判断和自我承受能力，逐步培养合格的投资者，分散间接融资给银行业带来的风险。

2. 深化金融体制改革，加快金融产品创新

加快推进政策性银行业务转型，健全完善服务功能；积极推进农行股份制改革，加快体制、机制转换，促进转变增长方式；稳妥推动股改银行基层机构改革，切实推进由“部门银行”向以客户为中心的“流程银行”的转变；加快发展中小银行，鼓励城市商业银行积极引进战略投资者或区域间联合重组，促进完善公司治理；稳步推进农村信用社产权制

度改革，加快业务流程、风险管理、合规性管理、财务管理、授权授信制度等的重组与再造，切实转换经营机制。银行、证券、保险机构要加快金融业务创新，建立健全金融创新运行机制、激励机制和风险管理机制，在防范风险的同时提高自身竞争实力。

3. 加强和改进风险管理，防范化解系统性金融风险

金融机构应全面提高风险意识，完善涵盖信用风险、市场风险、操作风险的全面风险管理体系，努力提高各类风险的识别、测量、评估和控制能力。银行机构要加强和改进信贷风险管理，重点关注大额授信、集团客户、关联交易等重大风险，防止不良贷款反弹；证券机构要健全完善公司治理，重点加强对公司资本金、客户保证金及委托代理业务的监控管理，强化对大股东行为约束，进一步规范经营行为；保险机构要规范竞争行为，加强内控制度建设与行业自律，维护行业形象，防范保险产品到期后的集中支付风险。积极推动银行、证券业高风险地方中小法人机构的改造重组，适时采取增资扩股、老股东自救、引进战略投资者以及不良资产剥离、优质资产置换等多种方式化解历史包袱；加快证券公司综合治理，全面清理大股东肆意挪用资金问题，促进改善经营管理，提高经营效益。人民银行及各监管部门要健全监管体系，创新监管方式，密切关注宏观经济的周期性波动、宏观政策变化对金融运行的影响，加强对跨行业、跨市场金融风险监管的协作与监控，防范和化解系统性风险。

4. 进一步优化区域金融生态，营造良好的金融运行环境

在巩固已取得成果的基础上，继续加强金融生态环境建设，形成金融业外部环境和内部机制的有机结合。一是加快信用体系建设，规范发展社会中介服务机构，加快全省中小企业信用信息数据库建设，培养企业信用意识，为拓宽企业融资渠道，改善银行信贷服务提供条件。二是大力整治社会信用环境，依法保护金融信贷资产安全，打击逃废金融债务行为，维护金融机构债权。三是加强金融知识的宣传教育，采取多种方式，广泛宣传金融常识、信用知识，促进提高全社会的金融风险意识和金融知识水平，形成全社会尊重金融机构经营自主权的良好氛围，共同建设和维护金融生态环境。

总　纂：李建安
统　稿：李庆旗
执　笔：罗建明　刘孟飞
其他参与人员：任双进　李继军　张　阳

# 2007 年广东省金融稳定报告摘要

2006 年，广东贯彻落实党的十六届六中全会和中央经济工作会议精神，严格执行中央关于宏观调控的决策和部署，经济发展保持高增长、低通胀、高效益的运行态势，产业结构进一步优化，经济增长方式向集约型、技术型转变，经济运行稳健性、抗风险能力、可持续发展能力有所增强。在建设金融强省战略的指引下，广东金融业保持稳定运行，行业素质和整体竞争力不断提高。金融机构积极创新发展思路，力争科学发展、创新发展、和谐发展，各项业务和资产规模继续扩大，经营效益明显改善。金融机构改革快速推进，地方金融机构重组、农信社改革取得阶段性成果。证券行业走出持续几年的调整状态，证券公司盈利水平大幅提高，问题证券公司处置工作继续推进，支付性风险得到初步控制。上市公司股权分置改革进入最后阶段，大股东清欠工作进展顺利。保险业发展势头良好，保费收入增长保持全国领先，保险产品和服务创新加快。总体上看，经济金融运行保持协调发展的良性关系，信贷投放对经济增长支持的针对性、有效性提高，经济金融系统外部负荷和风险压力有所降低。当前，经济金融体系中存在的问题：一是房地产供求矛盾比较突出，商品房价格上涨较快，行业调控效果有待加强；二是外部环境存在不确定因素，贸易顺差继续扩大、贸易摩擦加剧、国际贸易保护主义上升、人民币升值等因素对外贸出口带来的影响将会加大；三是历史遗留金融风险仍未得到有效化解，停业整顿金融机构债务偿付矛盾比较突出，城信社市场退出面临许多困难；四是一些地方中小金融机构的经营状况还不理想，经营者素质和经营能力有待提高，金融机构重组改革需要继续推进。为此，有关方面要积极采取有效措施，夯实经济发展基础，巩固经济金融良性互动的势头，共同关注、巩固经济金融体系中存在的薄弱环节，确保区域经济金融运行的长治久安。

## 一、区域经济运行与金融稳定

### （一）经济系统稳健性分析

2006 年，广东累计实现地区生产总值25 968.55亿元，同比增长 14.1%，比上年加快 1.6 个百分点。截至 2006 年年末，全省金融机构本外币贷款余额 25 935.19 亿元，同比增长 12.75%。金融机构信贷资金周转速度加快，贷款周转次数由上年的 0.95 提高至 1.11；单位信贷资金生产总值产出比上年提高 0.07，资金使用效率继续提高。2006 年，广东三大产业结构比例为6.1∶51.7∶42.2产业结构进一步调整和优化；九大支柱行业发展势头良好，九大支柱产业累计实现增加值7 727.21亿元，同比增长21.2%。2006年广东实现固定资产投资8 116.9亿元、社会消费品总额9 118.1亿元，同比分别增长16.7%、15.7%。消费对经济发展的拉动作用进一步显现；消费、投资对经济增长双轮均衡驱动的格局形成；经济增长内生性动力继续加强。核心技术和重要共性技术产学研结合的发展模式逐步成熟，科技进步对经济增长的贡献率达到50%；自主创新能力和产业竞争力不断增强，对经济发展和产业结构升级的支撑作用显现。

### （二）经济主体抗风险能力分析

随着经济快速增长，经济整体效益进一步提高，经济主体财务状况有所改善，抗风险能力继续增强。一是财政收入快速增长，地方财政实力上升。2006年来源于广东的财政总收入5 117.01亿元，同比增长15.5%；财政收支缺口比上年缩小27.6%，财政收支状况不断改善。二是工业经济效益提高，工业企业经营状况趋于良性。2006年，全省规模以上工业企业完成利润总额1 958.34亿元，比上年增长24.8%，同比上升21.6个百分点；工业经济综合效益指数为165.2，比上年提高13.3个百分点；工业经济运行质量和稳定性继续提升。三是居民收入平稳增长，居民储蓄增长相对较快。2006年广东城镇居民人均可支配收入、农村居民纯收入分别为16 015.58元、5 079.78元，同比分别增长6.5%、6.4%。

### （三）价格稳定性分析

2006年，广东物价水平总体保持稳定。居民消费价格指数、工业品出厂价格指数分别上涨1.8%、1.4%，涨幅比上年回落0.5个、0.1个百分点，消费者价格指数保持平稳运行，没有发生结构性变动。原材料燃料及动力购进价格指数增长相对较快，同比上涨3.6%，但涨幅比上年回落1.4个百分点。从构成上看，物价上涨动力主要来自食品、居住类价格上涨，两种价格指数分别上涨了2.4%、4.6%。另外，受医疗体制改革推进和农村实行免费义务教育影响，医疗、教育收费价格指数下降0.5%和6.5%，在一定程度上缓解了其他商品价格高企带来的压力。对全国、广东消费者价格指数以及信贷投放增速进行单位根和格兰杰因果关系检验，结果显示：全国和广东物价运行水平具有一定的独立性，两者不存在格兰杰因果关系；金融机构信贷投放对物价水平变动产生影响；反之，物价水平对信贷投放没有解释作用。

### （四）房地产行业稳定性分析

2006年，广东继续贯彻落实中央关于房地产调控政策，严格执行土地、信贷、税收、住房结构调整方面的规定，房地产行业保持稳定较快发展，房地产开发力度加大。在各种因素影响下，商品房供求矛盾仍然存在，商品房价格增长较快，行业调控效果有待巩固。一是土地供应量跌价增，房地产商土地囤积面积继续增加。2006年广东房地产企业购置土地面积2 482.01万平方米，同比下降12.1%，供地价格1 013.61元/平方米，同比上升

37.1%。同期土地开发面积比购置面积少166.54万平方米。二是房地产开发投资力度加大，但商品房供应关系仍然趋紧。2006年广东累计房地产开发投资1 834.34亿元，比上年增长22.4%，增速为3年来最高；商品房竣工面积、销售面积分别为3 992.46万平方米、5 106.44万平方米，商品房竣工、销售比例由上年的1:0.93下降至1:0.78。三是商品房价格呈持续上扬趋势，中心城市商品房价格需引起关注。2006年广东商品房平均销售价格5 837元/平方米，2004~2006年平均销售价格涨幅分别为9.1%、7.7%、30.2%。四是房地产开发贷款投放力度明显加大，风险控制仍需加强。2006年，广东新增房地产开发贷款556.59亿元，同比多增326.29亿元；房地产开发贷款和建筑安装企业流动资金贷款风险相对突出，信贷质量控制不容忽视。

### （五）外汇收支平衡分析

2006年，广东经济环境和投资环境不断优化，出口、外商直接投资等外经贸指标保持较快增长。总体上看，在承受顺差式失衡压力的同时，也在承受着部分资本项目资金混入经常项目流入及资本外流（或潜在资本外流）的考验。一是收支规模大幅增长，收支顺差持续扩大。从可比口径看，2006年广东省银行结汇、售汇和结售汇顺差分别同比增长19.09%、27.15%和15.12%，均创出历史最高水平，人民币名义汇率升值未对广东外贸造成明显的负面影响；2006年进出口贸易顺差766.84亿美元，同比增长58.6%，占全国的43.21%。二是资金内容日趋多样，服务贸易、收益和经常转移两项结汇收入已接近外商直接投资，直接投资结汇的比重有所下降。三是流动速度不断加快，企业保持人民币资产、外币负政的意愿较强。2006年，广东省贸易项目结汇率、收汇速度较上年加快；广东外债资金也呈现流动速度不断加快的“大进大出”的局面，在人民币升值的背景下，居民借入弱势货币的意愿增加，从而货币错配现象有所减弱。

## 二、金融业与金融稳定

### （一）银行业稳定性分析

2006年，在各项改革措施的推动下，广东银行业呈现良性发展态势，金融机构经营状况保持稳定，资产规模继续扩大，资金流动性比较充裕，信贷质量进一步改善，拨备水平继续提高。地方法人银行机构资本得到充实，抗风险能力有所提升，停业整顿城信社和信托公司市场退出工作启动。一是资产质量不断提高，但信贷风险控制能力仍需加强。广东银行业金融机构不良贷款余额和比例比上年末分别下降476.69亿元和3.17个百分点，银行业不良资产余额和比例连续三年实现“双降”。但一些银行“重业务开拓，轻风险管控”的经营思路仍未改变，银行业风险控制能力和资产质量自我改善机制仍不健全，不良贷款反弹压力仍然较大，风险隐患不容忽视。二是信贷规模继续扩大，信贷集中化风险突出。2006年年末，广东金融机构各项贷款余额25 935.19亿元，同比增长12.75%，比上年多增

882.42 亿元。年末广东省大型企业贷款余额占比 44.2%，比 2005 年年末上升 6.9 个百分点，大型企业贷款累放额占比 44.6%，比 2005 年年末上升 7.3 个百分点。2006 年广东金融机构能源、交通运输、通信等基础行业类贷款同比增长 26.8%，远高于信贷投放增速，资金向重点行业集中，重点行业到期贷款回收情况不容乐观。三是银行机构资金来源与运用期限结构矛盾显现。调查显示：金融机构剩余期限一年以上贷款与剩余期限一年以上存款比例普遍上升，平均超过 100%，部分机构超过 200%，最高达到 400%，银行资金配置“短存长贷”容易导致资产负债的期限错配，长期以往可能会面临流动性压力。四是金融机构改革取得阶段性成果，但整体素质仍有待进一步提高。2006 年，广东发展银行成功引入花旗集团牵头的战略投资团队，顺利完成股权重组工作；各城市商业银行大力推进增资扩股并引入战略投资者；地方农信社改革稳步推进，全省农信社经营素质明显提高，经营状况普遍改善。但金融机构资本实力仍然不强，经营管理水平不高，风险控制机制还比较薄弱，整体素质有待进一步提高。

此外，广东停业整顿城市信用社退市工作 2005 年年底正式启动，但由于机构停业整顿时间长、社会影响面广、矛盾错综复杂，机构市场退出面临很大困难，停业整顿金融机构迟迟未能退出市场，仍然是困扰地方金融稳定的主要问题，需要有关各方大力支持和配合，以早日消除地方金融风险隐患。

### （二）证券业稳定性分析

2006 年，在综合治理加强、股市交投行情热烈等因素的影响下，证券公司经营状况明显好转，资产和各项业务规模扩大，盈利水平大幅提高，问题证券公司风险处置工作继续推进，流动性风险得到初步控制。一是证券公司资产和业务规模扩大，经营状况明显好转。2006 年，广东省证券公司共实现营业收入 179.29 亿元，同比大幅增长 4.19 倍，共有 19 家证券公司实现盈利，全年实现净利润 72.48 亿元，一举扭转连续四年全行业亏损的局面，证券行业整体状况明显改善，抗风险能力有所增强。二是证券公司综合治理取得成效，风险控制机制逐步完善。证券公司内部管理水平明显提高，风险内控机制不断加强，客户保证金缺口、违规受托理财、大股东及关联占用资金、虚假出资等公司治理方面的问题逐步解决；全省共有 6 家证券公司通过创新试点类审核，占全国总数的 1/3。三是证券公司盈利模式单一，持续发展能力仍然不足。2006 年，全省证券公司营业收入中有 84.68 亿元来源于经纪业务，约占全部营业收入的一半；创新业务收入比重偏低；证券公司盈利水平对证券市场表现依赖较大，缺乏持续性和稳定性，证券公司可持续发展能力有待巩固。四是问题证券公司处置工作继续推进，流动性风险初步得到控制。人民银行、证券投资者保护基金加快了相关处置工作，及时发放金融稳定再贷款，弥补保证金缺口和收购已确认的个人债权，流动性风险初步得到控制。南方证券已由中国建银投资证券完成重组，五洲证券和昆仑证券被行政关闭，第一证券风险处置将按照市场化方式解决。与此同时，2006 年曾发生广东证券、民安证券客户上访闹事事件，对社会经济金融稳定造成不利影响。证券业风险处置后续情况仍需关注。

### （三）保险业稳定性分析

2006 年，广东保险业保持快速发展势头，全行业累计实现保费收入 607.87 亿元，同比大幅增长 21.76%，保费收入占全国 11%，增速领先全国，总量继续稳居全国第一。截至 2006 年年末，广东省拥有保险业市场主体 41 家，其中产险公司 21 家、寿险公司 18 家、再保险公司 2 家，共有保险机构 3 800 多家，其中地市中心支公司以上机构、专业中介机构 277 家、242 家，保险中介从业人员 9 万多人，兼业代理机构 15 000 多家，初步形成了各类保险主体参与竞争、中外资保险共同发展的市场格局。2006 年，广东保险公司创新发展模式，积极探索综合经营的道路，如平安保险集团收购深圳市商业银行 89.24% 股权，成为国内少数横跨金融各业的综合性集团。另外，广东省在全国率先进行保险条款通俗化、外币寿险报单、为出口企业提供全程网上信用风险管理等服务，积极探索农业保险、责任保险、商业养老、意外和健康险试点，以点带面推动保险业务全面发展。

另一方面，保险业务增长模式尚未发生根本转变，保险市场秩序和诚信问题比较突出，对保险业发展造成不利影响。从发展模式看，广东保险业的增长方式仍较粗放，保险产品结构不尽合理，持续增长基础不牢固，潜在经营风险不容忽视。保险市场秩序和约束机制建设仍有欠缺，批单退费屡禁不止、市场手续费高、假赔案、小金库、商业贿赂等问题时有发生，保险代理人恶意揽保、保险公司“重展业、轻理赔”的运作模式尚未得到根本改变，不利于树立良好的行业形象。

## 三、金融市场运行与金融稳定

### （一）货币市场

2006 年，广东货币市场发展势头良好，资金交易量明显扩大，银行类机构资金流动性比较充裕。具体表现为：一是金融机构同业拆借规模扩大，拆借资金利率振荡上行。广东省金融机构通过银间同业拆借市场累计信用拆借 4 469.91 亿元，同比增长 24.66%，R007 加权平均利率维持在 1.7867% ~3.1161% 区间内波动，同比上涨 31 ~86 个基点。二是票据贴现业务发展增速回落。截至 2006 年年末，金融机构承兑票据贴现余额 1 871.67 亿元，同比增速回落 47.4 个百分点。三是在流动性资金充足和套利等因素的影响下，债券市场交易继续增长，回购业务发展迅速，现券买卖小幅回升。

### （二）资本市场

2006 年，证券业走出了持续几年的调整状态，取得了长足进展和重要突破。一是广东省上市公司股权分置改革工作进展顺利，阻碍市场发展的制度性难题逐步破解。截至 2006 年年末，广东省进入股改程序或完成股改的公司 140 家，占全省应股改公司的 95.2%，上市公司健康发展的治理基础得到巩固。二是广东省上市公司大股东清欠工作进展较快。大股东违规占用资金清理工作取得明显成效，截至2006年年末，广东省上市公司被违规占用资金合计46.53亿元，比2002年年末减少了104.47亿元，上市公司权益保护明显加强。三是广东省上市公司资本市场表现比较突出，股市交易十分活跃，个股最大涨幅达到727.80%；除新股外，交易频率最高的股票换手率达到1 070.44%。

### （三）外汇黄金市场

2006年，广东银行间外汇市场业务发展势头迅猛，外汇成交大幅增加，外汇卖超增长势头有所降低，市场运行稳定性增强。2006年，广东银行间外汇市场买入量（包括竞价和询价交易，下同）702.73亿美元，同比增长6.57倍，外汇卖出量915.89亿美元，同比增长3.43亿美元，实现卖超213.16亿美元，同比增长18.38%，比上年降低89.0个百分点。询价交易量已占外汇市场交易总量的93.92%，成为银行间市场外汇买卖的主要方式；从币种交易情况看，美元市场沽售压力较大。2006年广东黄金市场发展迅速，目前开办黄金业务的商业银行有5家。在国际黄金市场价格大幅攀升的带动下，个人“纸黄金”业务快速增长。2006年商业银行个人账户黄金买卖196.46亿元，同比增长31.18倍，远远超过全年个人实物黄金1 573万元的交易量。

### （四）金融市场创新

2006年，广东金融机构力争科学发展、创新发展、和谐发展，金融创新力度不断加大，新型交易方式、交易工具不断推向市场，主要集中在三个方面：一是支付结算系统创新，如深圳证券交易所研发的“非上市公司股份报价转让系统”、招商银行研发的“网上银行”受到市场高度评价。二是中间业务创新，如帮助客户防范和化解汇率风险的人民币与外币掉期业务，促进市场交易和资金流转的交易资金委托监管业务等。三是创新信贷方式，加强授信融资类业务开发，推出了仓单质押贷款、二手楼交易赎楼贷款、出口直接保理、应收账款融资、服务贸易项下国内商业票据贴现、厂商银一票通等多项服务。但仍存在一些问题：金融产品创新体制不完善，新产品影响跟踪、评估体系不健全，具有核心竞争力和自主创新的金融产品还不多，市场营销人员的专业素质和水平需要进一步提高。

## 四、金融基础设施与金融稳定

### （一）区域法治状况

2006年，在我国整体法律体系进一步完善的前提下，区域金融市场运行机制改善，资本市场功能强化。主要表现在：一是实现良好区域法治的制度基础得到完善。2006年，除修订后的《公司法》、《证券法》正式实施，《企业破产法》正式颁布外，金融监管部门根据区域实际情况陆续出台行业监管规定，如广东证监局下发加快上市公司清欠、做好期货风险控制等指导性文件和规定，对于改善证券业运行环境、督促证券经营机构规范经营发挥了积极作用。二是金融债权司法保护继续加强，打击逃废债取得新进展。2006 年，全省金融机构债权案件审理情况保持良好，平均胜诉率接近 100%，平均执行率达到 70%，部分金融机构债权案件执行率 100%。三是《公司法》就公司向外担保事项做出新规定，对金融机构涉及担保的债权安全产生影响。如何适应新的法律规定、最大限度地保障金融债权安全，值得引起金融机构的高度关注。

### （二）区域支付清算体系建设

2006 年，广东区域支付清算体系建设取得重要突破。首先是支票影像交换系统成功上线，2006 年 12 月 18 日，广东作为试点地区成功上线了全国支票影像交换系统（CIS），实现了支票与北京、天津、上海、河北等地的通用，极大地扩大了支票的使用范围，对于提高省内不同地区与全国各地的支票交换效率、扩大支付手段具有积极促进作用。其次是大额实时支付和小额批量支付系统平稳运行，支付平台功能逐步增强，保障了资金支付清算的安全，提高了资金使用效率。最后是粤港澳金融结算合作进一步加强。2006 年，香港人民币支票业务在广东正式开通，香港居民开出的人民币支票可以在广东使用，拓展了在港人民币的回笼渠道，带动省内非现金支付工具的推广，两地经济金融交往进一步密切。

### （三）区域征信系统建设和信用环境

2006 年，在人民银行广州分行和有关部门的共同努力下，涵盖全省银行、企业和个人征信系统建设取得重大突破。2006 年，全国银行信贷登记咨询系统向企业征信系统的全面升级切换，实现了国内所有商业银行、外资商业银行和有条件的农村信用社全国联网运行，标志着企业征信系统已顺利建成。截至 2006 年年底，广东接入企业征信系统的金融机构 108 家，其中 37 家开发完成上报企业信贷数据的接口程序，居全国首位。统一的个人信用信息基础数据库于 2006 年 1 月在全国范围正式运行，广东省内 14 家全国性商业银行、34 家地方性金融机构实现个人征信系统联网查询，个人信用信息基础数据库收录的广东省自然人数达到 3 690. 95 万人；收录信贷账户数约为 1 089. 22 万个，企业和个人信用信息基础数据库的运行，形成了覆盖全国的基础信用信息服务网络，有力地促进了区域信用环境的改善。2006 年，全省企业贷款违约率保持低水平，当年企业贷款违约笔数与贷款笔数的比率为 1% 左右。个人信贷违约情况继续好转，当年个人贷款违约笔数占比 3% 左右，比上年略有下降。

### （四）区域反洗钱体系状况

2006 年，《反洗钱法》正式颁布，在此推动下，广东反洗钱工作机制建设加强，反洗钱监测和打击力度进一步提高。一是加强了与政府职能部门的合作，建立了与公安、税务、工商、检察等部门的沟通与协作机制，与各金融监管部门共同推进了反洗钱监管合作。2006 年，广东省召开了第一次反洗钱联席会议，促进了全省反洗钱工作的跨部门合作交流。二是为加大对洗钱活动的监测，银行业金融机构建立了可疑交易和大额交易报告制度。

据统计，2006 年全省银行业金融机构共报告人民币可疑支付交易 25.5 万份，涉及可疑交易 251.8 万笔；通过外汇反洗钱辅助核查平台共上报大额外汇资金交易 184 万笔、涉及金额 6 025 亿美元，可疑外汇资金交易 75.8 万笔、涉及金额 1 296 亿美元。2006 年，全省反洗钱主管部门共向公安机关移交重大可疑交易线索 189 起，涉及涉嫌违法违规金额人民币 36.2 亿元，协查涉嫌洗钱线索 348 宗。在反洗钱现场检查、反洗钱联席会议制度、非现场情报分析、金融机构报告重大可疑交易等反洗钱手段的配合下，公安执法部门成功破获与洗钱相关的经济犯罪案件 15 宗，涉案金额近 6.72 亿元，为国家挽回损失 3.9 亿元。

## 五、总体评估与政策建议

### （一）总体评估

运用 2006 年、2005 年相关数据，对广东省 20 个地市以及广州地区 16 家存款类金融机构的稳定指数进行测算。从地区评估结果来看，珠三角地区总体金融稳定状况相对高于其他三个区域，而且这种差距在短期内将继续存在，具体表现在：珠三角各地市在经济环境、法律环境、信用环境和银行业资质等方面普遍优于其他地市，优势比较明显。从金融机构评估结果来看，股份制银行的稳定状况总体优于其他银行。这主要是由于股份制银行资产质量较好、经营资金较为充裕以及良好的经营管理水平。但随着中行、建行、工行的改革向纵深推进，3 家国有控股银行稳定状况大幅提高，与股份制银行的差距趋于缩小。而广东发展银行在完成财务重组之后，各项指标全面改善，金融稳定指数显著攀升。

### （二）政策建议

1. 认真贯彻落实国家关于加强房地产调控的各项措施，充分运用土地供应、税收、信贷等各种政策手段规范房地产市场，抑制商品房价格过快上涨，促使房地产业走健康发展的道路。一是规范土地供应市场，抑制房地产开发商继续囤积土地现象；二是严格执行国家出台的各项政策和规定，规范房地产开发企业开发投资行为；三是建立房地产市场预警体系，引导居民做出合理选择。

2. 树立科学的外贸发展观念，创新发展思路，积极调整出口商品结构，改善经济金融环境，进一步扩大外资利用力度。一是积极创新发展理念，转变外贸发展模式，提升外经贸活动整体素质；二是积极平衡外汇收支，加大对外投资力度，把外汇顺差增长控制在合理水平；三是积极稳妥地推进部分经济领域的对外开放，继续改善经济金融环境；四是加大对跨境资金流动的监测，建立健全异常外汇资金流动监测体系。

3. 要加快地方金融风险处置，推动停业整顿金融机构市场退出，解除地方金融不稳定因素和风险隐患。一是全面核实停业整顿金融机构的资产负债状况，摸清机构退出面临的主要困难和障碍；二是采取因地制宜、先易后难的方式，在条件成熟的地方先进行金融机构退出试点，积累和总结成功经验，再逐步推广至其他机构退出难度较大的地区；三是有关方面要积极支持和配合金融风险处置工作，在资产处置、税收等方面给予适当的支持和优惠；四是切实维护中央银行再贷款权益，确保公共资金安全。

4. 要充分认识金融在经济发展中的重要意义和金融壳资源价值，继续推动地方中小金融机构改革，提高机构的资本实力，完善法人治理结构，转变经营理念和经营方式，培养具有核心竞争力和地方特色的金融企业。加大战略投资者的引入力度，提高外方对参股地方金融企业的认同度。营造良好的金融创新环境和基础，引导地方金融机构从区域经济实际出发，提高创新产品的核心竞争力和自我发展完善的能力。

总　纂：穆西安
统　稿：高同裕
执　笔：苏亮瑜　陈元富　叶　茂　郭红亮
其他参与写作人员：尹青松　邓敏杰　陈志刚
吴　进　苏宏召　姚邕桂

# 2007 年广西壮族自治区金融稳定报告摘要

2006年，广西紧紧抓住西部大开发、东部产业转移、北部湾经济区开放开发等发展机遇，以中国—东盟博览会的成功举办为契机，实现经济金融持续、稳定、快速发展。经济增长速度连续5年高于10%，人均GDP突破1万元；银行业在改革中稳步发展，存贷款增速均高于全国平均水平；证券市场股权分置改革稳步推进；保险业实现快速增长；金融基础设施建设日益完善；金融稳定协调机制逐步健全，人民银行维护金融稳定的职能作用得到有效发挥和加强。

## 一、经济运行与金融稳定

### （一）经济平稳快速增长，为金融业的稳定和发展提供了良好的外部环境

一是经济保持较快增长，经济发展的持续性和稳定性明显增强。2006年，广西全区实现生产总值4 802亿元，较上年增长13.5%，经济增长速度连续5年高于10%。经济的持续较快发展带动财政收入较快增长，全区财政收入增长19.5%。二是三大产业结构逐步优化，工业对经济发展的主导作用增强。2006年，广西全区第一、第二、第三产业增加值对经济增长的贡献率分别为10.9%、52.8%和36.3%。三是三大需求稳中趋旺，投资仍是经济增长的主导力量。2006年，广西全社会固定资产投资2 246亿元，同比增长27%，增幅高于全国3个百分点；社会消费品零售总额1 600.8亿元，增长14.6%，创1997年以来新高；外贸进出口总额66.7亿美元，增长28.8%，主要得益于中国—东盟“三会”永久在南宁举办，广西在多区域合作中的战略地位迅速提升，开放合作不断扩大。四是市场物价总体平稳。2006年，广西居民消费价格指数上涨1.3%，同比回落1.1个百分点。

### （二）经济运行中需要关注的金融稳定影响因素

1. 经济增长与金融发展不尽协调，投资风险向银行业集中

从2002年开始，广西进入新一轮经济快速增长期，政府主导下的投资拉动成为此轮经济增长的主要动力。2006年广西全社会固定资产投资增速高于消费增速12.4个百分点，固定资产投资连续2年对经济增长的贡献率保持在70%左右，庞大的固定资产投资规模对

信贷需求起到推波助澜的作用。2006 年年末，广西中长期贷款余额占 GDP 的比重为 47.1%，其中，当年新增固定资产贷款占全部新增贷款比重从 2003 年的 44.8% 上升到 71.7%。高投资一方面造成信贷投放节奏加快，影响货币政策实施效应，经济周期波动的风险更多地向银行集中；另一方面加剧银行业资产负债期限错配矛盾，在储蓄存款不断向资本市场分流、银行负债业务稳定性下降的环境下，银行业潜在流动性风险有所增加。

2. 糖类和粮油价格变动异常，可能导致信贷失衡和通货膨胀

2006 年两类商品的价格异动对广西辖区金融稳定的影响值得关注。一是糖价飙升。广西是国内最大的食糖主产区，甘蔗产量占全国的 40% 以上，食糖产量占全国的 60% 左右，糖业是广西各金融机构信贷支持的重点行业，白砂糖价格飙升必定对制糖企业的筹资行为、生产经营产生影响，进而传导至金融机构。2006 年白糖市场吨糖价维持在 3 685 元至 5 300 元区间，均价比 2005 年上涨约 25%。糖价高涨一方面引起制糖企业惜售并增加库存，受市场行情变动影响，一旦国际糖价发生逆转，达不到企业预期收益，可能使企业生产经营产生波动并影响信贷资金安全；另一方面，制糖业的繁荣吸引银行加大对制糖企业的信贷投放，2006 年广西各商业银行新增糖业贷款约 20 亿元，糖价高位运行背后潜藏的信贷风险值得关注。二是粮油价格的异常波动。2006 年入秋以后，广西粮油价格明显上涨，由 7 月的 0.6% 上升至 12 月的 3%，潜在通货膨胀风险对辖区经济金融运行产生的影响不容忽视。

3. 政府隐性债务增加，隐含财政风险

随着经济的快速发展，2006 年广西财政收入实现历史性的突破，偿债能力和反哺经济发展的能力不断增强，财政和金融逐步实现良性循环。但值得关注的是，广西属经济欠发达省份，是典型的“吃饭”财政，资金长期偏紧，除了各种显性债务外，广西各级政府的隐性债务负担越来越重，这些政府隐性债务具有不确定性，难以统计和控制。一旦外在环境发生不利变化，部分隐性债务就会转化为显性债务，在政府支付能力不足的情况下，产生财政风险，最终通过“企业用钱—政府担保—银行买单”的路径转嫁给银行系统，影响金融稳定。

4. 国际经贸往来日益频繁，国际收支不协调因素增加

从 2006 年广西国际收支形势来看，诸多因素对广西经济发展和金融稳定产生影响。

一是外贸结构不完善，国际收支顺差存在一定脆弱性。广西出口产品技术含量低，缺乏自主品牌和核心技术，一旦国际贸易形势发生改变，国际收支顺差存在发生逆转的可能性。二是贸易结售汇顺差与进出口顺差背离情况加剧。2006 年贸易结售汇顺差大于进出口顺差 9.1 亿美元，同比增长了 2 倍；其中，边境小额贸易进出口逆差大幅增加，直接导致人民币净流出迅速扩大，为边境地区金融环境增添了不稳定因素。三是外商直接投资大幅增长且直接投资结汇意愿上升，可能存在投机资本流入现象。2006 年，全区外商直接投资结汇 4.5 亿美元，结汇意愿（外商直接投资结汇/外商直接投资跨境资金流入）为 87.4%。

5. 家庭金融负债水平大幅增长，偿债压力加大

2006 年广西城镇登记失业率 4.2%，与 2005 年持平，为近十年来的最高点，城镇劳动力的供求比约为 3:1。伴随着就业压力增大，2006 年广西家庭债务同步呈现快速增长态势。

截至2006年年底，广西消费贷款余额达474.9亿元，按常住人口计算人均个人消费金融负债为1 020元，比上年增长21%。目前广西持有按揭贷款的高负债家庭对利率敏感度增加，未来一段时间利率提高的预期仍较强烈，将造成居民利息支出和房贷还款金额的上升，假如就业形势得不到改善，家庭债务偿还能力降低，其蕴含的金融风险不容忽视。特别值得关注的是，随着2006年我国资本市场牛市行情和广西房地产价格的高位运行，尤其是股市的高回报吸引许多百姓成为新“股民”、“基民”，家庭理财非理性化可能影响偿债能力，资本市场波动将连锁反应到货币市场，家庭金融债务有向资本市场聚集的倾向。

## 二、金融运行与金融稳定

### (一) 银行业稳步发展，抗风险能力仍待进一步加强

2006年，广西银行业运行总体保持平稳态势，存贷款增速均高于全国平均水平。本外币各项存款余额5 029.5亿元，同比增长18%，在全国排名第13位，西部第7位；本外币各项贷款余额3 636.9亿元，同比增长17.2%，排全国第10位，西部第5位。2006年年末，广西银行业本外币资产总额5 659.6亿元，同比增长18%；全年累计实现利润52.1亿元，同比增长96.8%。

银行业发展过程中存在的突出风险和问题主要有以下几个方面：

一是不良贷款反弹压力较大。2006年，广西银行业金融机构采取各种措施清收不良贷款，实现了不良贷款的“双降”。年末不良贷款余额比年初减少22.7亿元，不良贷款率比年初下降2.2个百分点。但不良贷款“双降”的基础并不牢固，贷款质量向下迁徙率达6.3%，反弹压力较大，个别银行机构还存在不良贷款边清边冒的问题。

二是房地产金融风险凸显。2006年，广西个人住房贷款不良率连续3个季度持续走高，年末不良率为1.5%，同比上升0.2个百分点。房地产金融业务中，虚假按揭问题较为突出，涉及贷款余额大，形成风险金额也较大，呈现风险聚集的特征。

三是贷款期限错配风险进一步加剧。2006年，广西新增中长期贷款比重达82.4%，比上年提高24.7个百分点；中长期贷款占全部贷款总额的比重达62.8%，比上年上升3.6个百分点；新增存款中，定期存款比重为26.9%，比上年下降3.1个百分点。中长期贷款增长快、占比高与定期存款增长慢、占比下降形成反差，进一步加剧银行资产负债期限错配的风险。

四是贷款风险集中度较高。2006年年末，广西银行业前100户企业贷款余额占全部法人客户贷款余额的57.5%。目前，一些大客户贷款潜在不良因素较多，贷款真实质量与账面反映存在一定程度的偏差，部分企业的贷款风险已经显现。

五是中小金融机构风险点较多。主要表现在：资本充足率较低，抗风险能力较弱；拨备覆盖率较低，拨备缺口较大，法人金融机构已提的拨备不足以覆盖现有的不良资产；法人治理结构不健全，内控制度建设有待加强。

### （二）证券业走出低谷，风险隐患仍需严加监控

2006 年，广西证券法人机构全面完成综合治理工作，彻底解决法人治理不完善、不规范账户等问题，合规守法的经营意识得到强化。全年实现利润 1.7 亿元，扭转了连续两年亏损的局面；37 家证券营业部实现净利润 2.1 亿元。2006 年年末，广西共有 22 家上市公司，其中 21 家上市公司完成股权分置改革或进入股改程序。22 家上市公司全年共募集资金 6.5 亿元，累计融资总额 100.1 亿元。总股本达 67.5 亿股，总市值 417.8 亿元，占 2006 年广西 GDP 的 8.7%。

证券业需要关注的风险和问题主要有：一是法人证券公司实力较为薄弱，盈利能力不强，且历史包袱沉重，财务压力较大，在同行业中的竞争实力不明显；二是部分上市公司由于改制不彻底，经营机制转换不到位，市场规范化程度较低；三是部分上市公司信息披露质量不高，隐藏较大的风险隐患。

### （三）保险业不断壮大发展，不稳定因素需要进一步改善

2006 年，广西保险业保持业务稳定增长、结构不断优化、市场逐步规范的良好态势。全年实现保费收入 80.6 亿元，同比增长 10.1%。其中，产险公司保费收入增长加快，而寿险收入增幅明显回落。产险的持续增长主要得益于经济的持续发展和交强险的实施。全年累计赔付支出 25 亿元，同比增长 47.7%；保险深度 1.7%，保险密度 163 元。

保险业存在的风险和问题主要有以下几个方面：

一是市场垄断程度、业务集中程度较高。2006 年，人保财险和中国人寿的市场份额分别为 64.7% 和 65.2%，车险在财产险的业务比重达 73.5%。较高的市场集中度导致保险市场中的供给主体间竞争不足，创新动力较弱。

二是利率调整隐含退保风险。2006 年，市场利率上升导致了其他金融资产的收益率普遍上升，而寿险产品责任准备金仍按原来较低的预定利率积累，使低利率寿险产品吸引力降低，保单持有人的收益率下降，提现倾向增加，寿险公司可能面临部分退保的风险，在新业务销售上也面临困难。2006 年，广西寿险公司退保率为 4%，处于警戒线以下，但退保风险仍较大。

三是低层次的银保合作隐含经营技术风险。目前无论是银行还是保险公司，在合作过程中都更看重短期利益，双方的目标函数不一致，加大保险公司的经营技术风险。

### （四）其他金融风险因素得到治理和抑制，但对金融稳定的冲击和影响仍需关注

一是“六合彩”非法活动屡禁不绝，对金融稳定的负面影响加大。2006 年，广西部分农村地区“六合彩”赌博仍然相当泛滥，不仅严重破坏农村社会正常生产生活秩序，而且给农村地区金融稳定带来危害。“六合彩”赌博不仅使信用环境恶化，引起部分地区农村信用社农户贷款违约率有所上升，引发农村地区资金非经济因素的异常波动，影响农村经济与金融协调发展，而且刺激民间借贷利率上升，加剧民间借贷风险，个别彩民铤而走险容易滋生金融犯罪。

二是民间融资不规范，风险难以监测和控制。2006 年，广西民间融资呈增长态势，一定程度上满足了企业和居民的生产生活资金需求，对正规金融起到拾遗补阙的作用。但是，由

于法律界定不清、缺乏管理等因素，民间融资蕴藏较高风险，一定程度上影响金融稳健运行。突出体现在：部分民间融资法律手续不齐全，借贷资金的安全性将受到威胁，增加社会不稳定因素；民间融资资金无序流动，可能影响国家行业政策和货币信贷政策的传导；民间融资无序发展易演变成非法融资或高利贷，引发洗钱犯罪行为的发生，冲击正规金融，危害信用环境建设；民间融资高利率增加了融资者的资金成本，容易产生经营风险。

三是金融案件屡有发生，增加了金融不稳定因素。2006 年，随着案件专项治理工作的深入开展，广西实现了案件总数、涉案金额、风险金额“三下降”，但由于农村信用社案件较多，涉案金额较大，且上升幅度很大，对农村信用社改革产生了诸多不利影响。

## 三、金融市场与金融稳定

### （一）金融市场日趋活跃，总体运行平稳

一是货币市场交易活跃。2006 年，广西货币市场资金运作以债券回购交易、同业拆借为主。货币市场全年净收益 6 055. 4 万元，同比增长 152. 2%。拆借业务以短期拆出为主，累计完成拆借 23. 9 亿元，同比增长 70. 4%。债券回购以逆回购为主，交易品种以 7 天居多，全年共发生债券回购交易 483. 1 亿元，同比增长 2. 6 倍。

二是票据市场业务增长较快。2006 年，广西商业汇票累计签发量 282. 6 亿元，同比增长 41. 5%。股份制及地方性商业银行成为承兑市场主力军，全年汇票签发量同比多增 19. 5 亿元，签发量占整个承兑市场的 51%。票据贴现累放 394 亿元，同比增长 34. 9%；累收 398. 1 亿元，同比增长 37%。广西票据贴现余额 92. 6 亿元，同比减少 4. 4%。截至 2006 年年末，广西已连续 3 年无再贴现业务发生，随着 2006 年央行加强窗口指导和 3 次调高存款准备金利率，广西商业银行信贷规模收紧，向央行再贴现需求意愿回升。

三是股票市场交易活跃。2006 年，广西证券经营机构代理证券交易总额2 082. 3亿元，同比增长 226. 8%。投资者开户数 74. 4 万户，增长 3%；证券托管市值 1 467 亿元，增长 91. 8%。权证等衍生产品交易活跃，交易额达 510. 2 亿元，占证券交易总额的 24. 5%。

四是短期融资券发展缓慢。2006 年，广西两家企业获准发行短期融资券，玉柴机器股份有限公司和水利电业有限公司共发行 10 亿元短期融资券，实际发行量仅占全国发行总量的 0. 2%，与全国整体水平相比，广西短期融资券发展缓慢。

五是外汇市场持续增长。2006 年，广西跨境资金和结售汇规模持续增长。跨境资金流动总量 77. 4 亿美元，同比增长 14. 2%，银行贸易、资本跨境资金净流入分别扩大 43. 6% 和 282. 1%；银行即期结售汇总额 59. 5 亿美元，同比增长 16. 1%。

### （二）金融市场运行中应该关注的问题

1. 货币市场利率受市场资金变化影响较为明显，利率风险开始显现

2006 年，广西网上拆借业务拆出资金加权平均利率 2. 7%，同比增长 11. 5%；回购市

场加权平均利率同比增长59.7%。其中，正回购加权平均利率同比增长90.9%，回购市场最高、最低利率极差比2005年增大，体现利率市场曲线波动加剧，市场利率风险开始显现。利率波动加剧了对金融机构自主定价能力的影响，同时对利率风险的防范能力也提出了更高的要求。而目前区内银行间市场成员对于利用市场创新产品进行资产增值保值，分散财务风险的意识和能力还很有限。

2. 存款类机构同业拆借期限延长，监管难度和风险加大

一是增加同业拆借监管的工作难度。期限延长，加大存款类机构违规使用同业拆借资金的冲动，如拆借资金用于长期投资等，由于同业拆借相关法规尚不完善，基层央行权力有限，监管同业拆借资金的合规性难度加大。二是增加同业拆借资金的风险。由于期限延长，拆借资金的风险程度相应增加，同业拆借监管的风险也随之增加。

3. 票据跨区域承兑及贴现发展迅猛，利率监管缺失问题凸显

2006年，区外金融机构为广西区内企业签发商业汇票同比增长1.5倍，票据跨区域贴现已成为区内企业异地融资的主要方式，且发展势头十分强劲。但各金融机构竞相压低利率抢夺票源，暴露出票据市场利率监管缺失的问题。根据现行法律规定，利率管理是人民银行的工作职责，但对于票据利率，人民银行只有建议检查权，没有自主检查权，对违反利率管理的行为也没有处罚权，形成一个监管“真空”；另一方面，本地监管机构对异地贴现缺乏有效的监管手段，无法对异地贴现行为进行有效管理。

4. 资本市场发展缓慢，直接融资比例较小

2006年，广西间接融资占97%，直接融资占3%，直接融资与间接融资发展极不协调。2006年，在证监会恢复企业公开发行股票和上市公司再融资后，广西只有两家公司通过定向增发融资和发行可转债融资6.5亿元。至2006年年末，广西上市公司总市值占GDP的比重为8.7%，与全国上市公司相比，广西则与之相差34个百分点，差距较大。

## 四、金融基础设施与金融稳定

### （一）支付清算体系建设取得长足进步

2006年5月，广西圆满完成小额支付系统建设并顺利推广。全年大额支付系统和同城清算系统运行安全稳定，业务处理准确无误，为支持经济发展、改善投资环境提供了良好的支付结算服务手段，取得了良好的经济效益和社会效益。

### （二）征信体系建设成效显著

2006年，企业征信系统全国联网运行，企业和个人征信系统信用信息采集范围不断扩大，非银行信息采集工作取得了突破性进展，查询企业和个人信用状况已成为金融机构进行贷前审查的固定程序和对信贷资产进行风险管理的有效手段。

### （三）反洗钱机制建设取得显著成果

2006 年，人民银行南宁中心支行在不断完善广西反洗钱工作联席会议制度的同时，建立了由金融机构、公安机关等共同参与的广西金融监管部门反洗钱协调合作机制；同时，加大反洗钱监管力度，本外币大额和可疑交易报告工作逐步加强。反洗钱组织机构和协调工作机制建设明显加强。

### （四）金融稳定协调机制建设取得实质性突破

2006 年，广西人民银行系统切实履行维护金融稳定的职责，积极推进金融稳定协调机制和信息共享机制建设，在各方的共同努力下，2006 年 10 月份广西壮族自治区金融办正式印发了《广西壮族自治区金融稳定工作联席会议制度》，正式建立了金融稳定工作协调与合作、交流与共享制度，制约金融风险监测和评估工作的瓶颈取得突破。各监管部门切实履行监管职责，加强金融审慎性监管，金融机构外部约束逐步加强。

## 五、总体评估与政策建议

### （一）总体评估

通过对广西经济环境指标、银行业指标、保险业指标和证券业指标四类一级指标、37 个二级指标进行金融稳定初步分析与评价，得出经济环境、银行业、证券业和保险业对金融体系的风险传递系数分别为 12%、45%、17% 和 26%，银行业的稳定对于金融业的稳定起着至关重要的作用。总的来看，2006 年广西金融发展比较稳定，金融机构整体运行平稳，金融业持续健康发展，风险防范与控制达到了一定的水平，短期内发生大面积金融风险或危机的可能性较小。其中，4 家国有商业银行和 3 家全国性股份制商业银行资金实力雄厚、信用度高、资金调度灵活，经营稳定，无明显风险；3 家城市商业银行完成增资扩股后平均资本充足率达到正值，平均不良贷款率降至 1 位数，各项业务平稳发展；农村信用社得到了中央银行和政府优惠政策的扶持，资本充足率大幅度提高，历史包袱得到初步化解，抵御风险的能力得到增强，财务状况得到改善，发展后劲增强；城市信用社风险处置如期完成，全区 29 家行政关闭或停业整顿的城市信用社全部退出市场，为广西连续 8 年的城市信用社风险处置工作画上圆满的句号；证券市场中，存在的一些违规行为和问题，部分已经得到了纠正，短期内引发证券风险的可能性不大；保险市场总体运行平稳，近期内爆发金融风险的可能性较小。对广西金融稳定的总体评估显示，2006 年金融稳定状况优于 2005 年。

### （二）政策建议

1. 建立健全金融风险监测预警机制，充分发挥金融稳定协调机制效用

一是在人民银行内部建立全口径金融统计制度，加强对银行、证券、保险业数据资料

的搜集和整理，建立健全金融运行和风险监测数据库。二是以信息数据交流和重大事项合作为基本内容，保证协作机制注重实效，拓展数据信息共享空间。三是加强对金融运行和风险监测数据分析，做好金融风险的早期预警工作。四是充分发挥金融稳定协调机制的作用，以金融稳定联席会议为平台，切实形成合力，维护广西金融稳定。

2. 以防为主，有针对性地化解金融机构业务经营中的突出风险

一是努力培育地方性金融机构，提高抗风险能力。二是加强银行业内控管理，最大限度保证资产的流动性、安全性、盈利性。三是规范证券业经营，有效防范、揭示和化解上市公司风险。四是加强保险市场主体培育，完善市场体系，促进保险业充分竞争。

3. 稳步推进金融改革，妥善解决各种矛盾和问题

一是继续深化国有商业银行改革和农村信用社改革试点工作。二是大力支持发展地方性金融机构，充分发挥地方性金融机构在支持地方经济发展中的积极作用。三是创造条件争取更多的股份制商业银行落户广西，增强金融支持地方经济发展的力量。四是稳健推进证券、保险市场改革，促进证券保险业务快速稳步发展。

4. 加强金融基础设施建设，维护金融稳定

一是不断加强和完善支付和清算体系建设，更好地发挥人民银行支付清算系统在为社会提供支付清算服务、促进社会经济发展中的作用。二是继续推进企业和个人征信体系建设，为完善社会信用体系的建设打下良好的基础。三是完善反洗钱机制建设，维护金融秩序稳定。四是加强反假币工作力度，广泛深入开展反假宣传工作。

5. 进一步推进金融生态环境建设，努力营造良好的金融发展环境

一是要充分发挥政府主导作用，进一步深化企业改革，保护金融债权，建立和保持良好的银企关系；同时，防止行政对金融的非正常干预，确保金融机构的经营自主权及独立性。二是加强法律制度建设，坚决抵制和打击逃废债行为。三是加快发展中介服务体系，提高服务水平。四是加强和改进金融监管，健全和完善金融风险分散和处置机制，促进金融生态环境不断优化。

总　纂：黄良波　罗跃华
统　稿：黎　宇
执　笔：黄云丰　朱燕宇　梁昌进　冯　伟　农丽娜
其他参与写作人员：王东刚　李雪俏　刘婵婵　陈　萍　陈　锋
张　兰　邱　海　陆文希　吴裕德　林启刚
郭　勇　胡凡良　唐剑冰　袁朝霞　黄碧琴
梁智华　梁翼雄　鲁　琳　覃　琪　覃佳智
谢　露　谢晓新　潘信豪

# 2007 年海南省金融稳定报告摘要

2006 年，在经济加速增长的背景下，海南省财政收入快速增长，企业效益大幅提升，居民收入稳步提高，经济运行呈现出速度趋快、结构优化、效益提高、活力增强的发展局面。经济良性循环促进了金融业的稳定增长，增强了金融业应对不利因素冲击和抗风险能力。金融业的稳定状况升至近几年来最好水平。银行业改革不断深化，风险垂直管理、会计委派制度等先进的管理制度和理念在业内广为推广，银行盈利能力和资产质量不断提高。在股市“牛市”的带动下，证券业交易规模迅速扩大，大面积扭亏为盈，证券业全行业摆脱低迷。进入“黄金”发展时期，成为金融业中最为景气的行业。保险业稳定增长，收支状况较好。

## 一、区域经济运行与金融稳定

2006 年，海南经济继续在较快轨道上运行，经济增长质量提高，物价稳定，进入建省以来最好的发展时期。在宏观调控背景下，海南经济形势向好，经济增长的内在动力增强，金融业稳定运行的基础更加牢固。

### （一）经济增长和金融增长

1. 经济增长的内在动力增强

2006 年，海南省完成生产总值 1 052.4 亿元，按可比价格计算，比上年增长 12.5%，高于全国平均水平 1.8 个百分点。“大公司进入、大项目带动”的发展战略催生了新的生产能力，炼油、化学、纸浆等新型工业加速发展，工业“短腿”明显拉长。海南省三次产业比例由上年的 33.2∶25.5∶41.3 调整为 32.7∶27.4∶39.9，宏观调控下经济结构的调整更加符合国家产业政策。全年全社会固定资产投资在低速增长的情况下增幅比上年下降 3.5 个百分点，进出口总值轧差 -0.9 亿美元，在这种情况下，经济加速增长进一步表明海南经济增长的内在动力趋强。

2. 金融低速扩张，经济增长对内源性融资依赖度提高

2006 年，新增存贷比较上年下降 30.5 个百分点。单位 GDP 占有的贷款额为 1.07，比上年下降 3.2%，经济增长的金融因素有弱化的趋势。在商业银行支持大企业、大项目的贷款营销策略指导下，城镇固定资产投资资金来源之一的贷款负增长 4.5%，而国家预算

内资金和自筹资金分别增长了23.2%和22.9%，贷款在固定资产投资资金来源中占比由上年的33.6%降至24.3%，经济增长对贷款的依赖程度减小，降低了银行的风险。

## （二）经济主体偿债能力分析

1. 政府部门偿债能力增强

地方财政收支稳步增长。2006年，海南省地方财政收入102.2亿元，比上年增长21.1%；地方财政支出194.6亿元，比上年增长16.2%。随着财力的增强，政府偿债能力不断增强。

2. 企业部门债务风险略有上升

2006年，原材料、燃料和动力购进价格指数继续高于工业品出厂价格指数，生产成本增加进一步扩大了亏损企业的亏损额，亏损企业亏损额增长27.7%。应收账款净额和产成品库存分别比上年增长了22.6%和52.0%。企业负债规模扩大，2006年年末企业资产负债率达到60.9%，比上年末提高了1个百分点，企业财务杠杆率在高位上继续攀升。

小企业的信用风险状况欠佳。2006年年末，银行金融机构（不含农村信用社）对小企业贷款余额为140.8亿元，比上年减少20.1亿元。小企业不良贷款余额比上年增加2.1亿元，不良率比上年提高10.2个百分点。目前，海南省60%以上的国有中小企业需要改制，其中相当部分企业经营机制有待转化。

3. 住户部门承担债务能力提高

住户部门负债消费意愿有所下降，收入—债务比率降低。2006年年末，本币个人消费贷款余额比上年末减少0.31亿元，个人消费贷款在经历多年较快增长后首次出现负增长。2006年，央行连续两次提高贷款利率，促使一部分贷款购房者提前还款。加之房价上涨较快，也遏制了部分居民购房贷款的需求。股市巨大的财富效应和消费效应以及食品价格快速上涨，城镇居民支出首次比收入增幅高3.3个百分点。而在支出大幅增长的情况下，居民仍保持了较强的储蓄动机，2006年储蓄存款总额比上年增长12.5%，增幅创5年来新高，住户部门承担债务的能力有所增强。

个人贷款风险程度降低。2006年年末，个人消费贷款不良率比上年下降2.4个百分点。

## （三）贷款的行业风险分析

1. 重化工业信贷资金的风险处于较低的水平

随着“大企业进入，大项目带动”战略的实施，海南汽车等企业贡献的工业增加值占全省工业增加值的70%以上。重化工业项目属于资金密集型项目，其迅速发展吸引了银行大量增量信贷资金，是银行主要的优质客户之一，信贷资产质量较高。

2. 房地产业金融风险分析

（1）房地产投资增长高位企稳，房地产市场发展趋于理性。2006年，全省共完成房地产开发投资89.3亿元，增长26.0%，比上年回落0.5个百分点，继2004年以来房地产开发投资增幅连续3年回落，增长逐渐趋于平稳（见图1）。

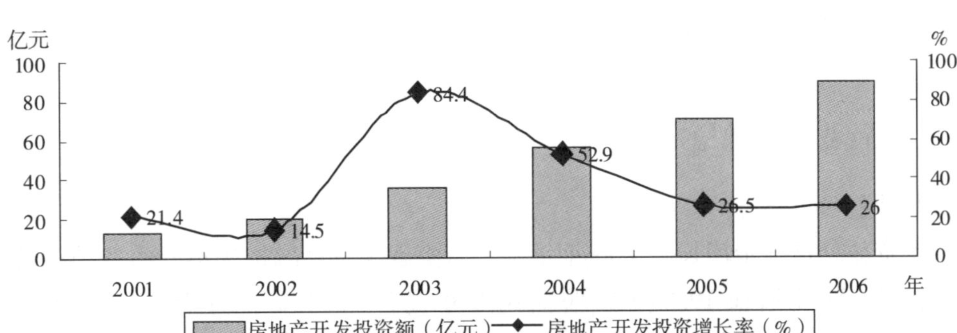


数据来源：中国人民银行海口中心支行。

**图1 房地产投资趋势图**

（2）房屋销售面积降幅远低于房屋竣工面积，房地产市场仍属于买方市场。2006年，房屋竣工面积比上年下降43.0%；房屋销售面积比上年减少21.7%。房屋销售面积与房屋竣工面积的比例为1.8:1.0，连续5年海南房屋销售面积大于房屋竣工面积。

（3）房地产贷款加速增长，而个人住房贷款增速回落较快。2006年年末，海南省房地产各项贷款余额149.6亿元，增长23.3%，比上年加快15个百分点。央行连续两次提高利率，增加了购房成本。2006年年末个人住房贷款余额为89.4亿元，增长1.9%，比上年回落18.6个百分点。

（4）个人住房贷款逾期率较高，潜在风险较大。2006年年末，个人住房贷款逾期率为7.5%，全省个人住房贷款剩余期限在10年以上的贷款总额占比为65.3%。

## （四）宏观经济运行对金融稳定影响的评估

2006年，海南经济继续处于加速上行的通道，为金融稳定运行提供了良好的经济条件。2006年第四季度，宏观经济评估值比上年同期增加0.37（见图2），宏观经济运行由上年的关注状态转变为正常，辖区经济吸收或消化金融不稳定因素的能力显著增强。

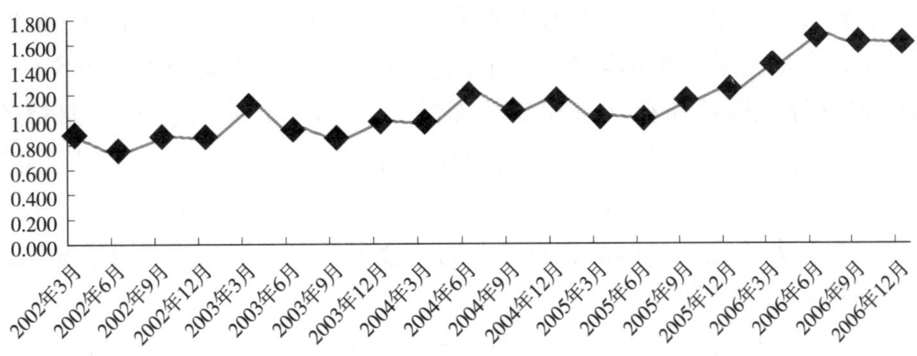


数据来源：中国人民银行海口中心支行。

**图2 海南辖区经济稳定评估趋势图**

## 二、金融业与金融稳定

### （一）银行业与金融稳定

1. 银行业稳步发展

（1）存贷款总量稳步增长。2006年年末，海南省全省金融机构本外币各项存款余额为1 560.30亿元，同比增长19.84%，增幅比上年提升9.24个百分点。各项贷款余额为1 123.34亿元，同比增长12.76%，增幅同比提升2.12个百分点。

（2）资产安全性提高。2006年年末，海南省银行业不良贷款率比上年下降7.76个百分点，非贷款资产不良率比上年下降3.89个百分点。不良风险综合评价值1.868，比上年增加0.527，不良资产对海南省银行业的风险影响程度逐渐好转，并处于正常区间。

2006年年末，贷款损失准备金率为9.33%，比上年提高0.64个百分点，非信贷资产损失抵补率为13.08%，比上年提高1.29个百分点，风险抵补能力处于良好区间。

（3）盈利能力呈现积极的变化。2006年，海南省银行业金融机构累计账面亏损比上年同期减亏7.33亿元。除农业银行和农村信用社仍然亏损外，其他几家商业银行机构均保持盈利，农业发展银行实现扭亏为盈。

（4）国有商业银行股份制改革进展顺利，成效显著。海南省国有控股商业银行认真贯彻落实其总行推行的各项改革措施，在资源配置和整合、内部控制、风险管理、市场营销等方面都有较大幅度的进步，进一步消化了历史不良资产，提升了盈利能力，资源配置得到优化，初步建立了相互配合、任务明确的团队管理模式，业务营销得到充分重视和发展，强化了内审部门的权威性和独立性，内控管理水平有明显提高。股份制改革后，各行的财务指标逐渐转好。中行、建行、工行、交行收入费用率下降，不良贷款余额和不良贷款率实现“双降”。

2. 银行业主要风险

（1）流动性风险处于较高的水平。2006年年末，海南省银行业流动资产比率比上年下降1.69个百分点，低于正常水平20.04个百分点。流动性比率比上年下降3.06个百分点，流动资产和流动负债期限结构不匹配，其对银行业稳定状态的影响处于欠佳状态。2006年年末，海南省银行机构活期存款占存款总额的52.36%，活期存款与短期贷款之比为332%，比上年同期上升3.1个百分点；定期存款占存款总额的47.64%，比上年下降4.1个百分点；中长期贷款占贷款总额的72.23%，比上年增长1.98个百分点，中长期贷款与定期存款之差为199.18亿元。海南省银行业的资金来源和资金运用期限错配问题比较突出，流动性和利率缺口加大。

（2）贷款集中风险对银行资产的安全性构成潜在的威胁。目前海南省银行机构贷款同质现象十分普遍，呈现贷款向少数企业集团、垄断型大企业集中趋势。2006年年末，银行业对单一客户的贷款占贷款总额的12.98%，对前10家最大企业（主要为集团型企业）贷款占比高达55.49%，比上年上升了2.79个百分点。最大行业贷款比为23.15%，比上年同期上升0.93个百分点。贷款过度集中，是海南省银行业经营管理中存在的主要问题。

（3）贷款质量向下迁徙率提高。2006年，贷款质量向下迁徙率为10.14%，比上年增加0.49个百分点，贷款质量向下迁徙程度较上年加重。

（4）风险抵补能力出现下降趋势。2006年第四季度，风险抵补率综合评价值0.835，比上年同期下降0.526，风险抵补率的下降趋势值得关注。

（5）农村信用社亟待改革。2006年，海南省农村信用社（以下简称“农信社”）存贷款稳定增长，支付情况稳定，整体经营状况比上年略有好转，但资本充足率低、不良贷款比率偏高和经营亏损严重等问题仍然存在。2006年年末，全省农信社资本充足率虽同比上升4.95个百分点，但仍然严重不足，存在着一定的资本风险。不良贷款余额比上年略有增加，两呆贷款占不良贷款的比例偏高。盈利能力较低，全省19家联社资产利润率均未达到监管水平（0.5%）。目前，海南农信社改革即将启动，在改革过程中如何消除其潜在的风险值得研究。

3. 银行业稳定评价

据测算，2006年第四季度海南银行业稳定评价值比上年同期增加0.02，综合风险状况较上年转好，并处于正常区间（见图3）。

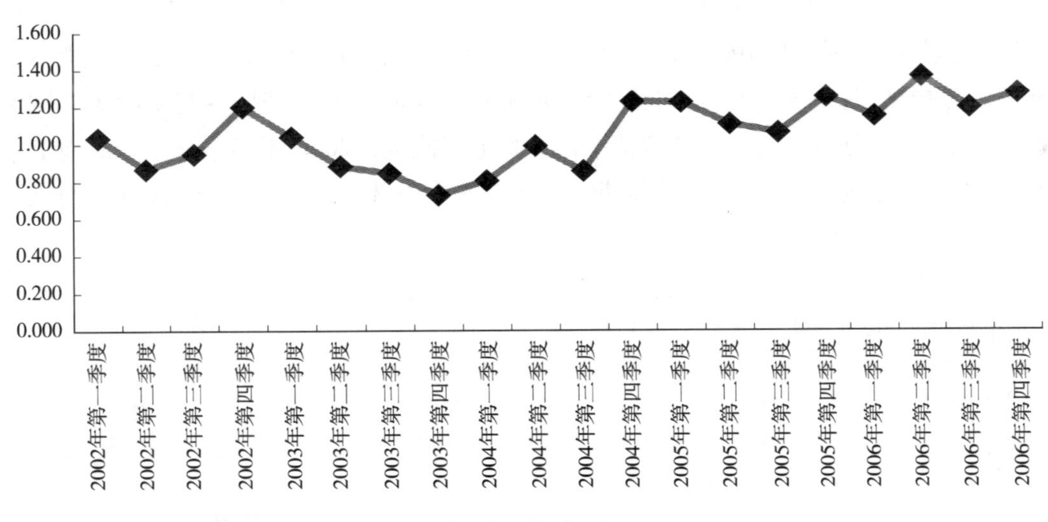


数据来源：中国人民银行海口中心支行。

**图3　海南省银行业稳定评估趋势图**

## （二）证券业与金融稳定

2006年，海南省证券期货市场总体上运行平稳，短期内海南证券期货业发生重大风险事件的几率较小，但其发展状况依然不容乐观。

1. 海南证券期货市场基本情况

（1）证券业经营业绩显著改善。2006年年末，2家证券公司沪、深两市股票托管市值

（含基金）、客户交易结算资金额比上年增长102.8%。两家公司实现盈利大幅增长。23家证券营业部也随着牛市行情扭亏为盈，其中盈利20家，亏损3家。

（2）期货公司经营规模稳步增长。2006年，辖区3家期货公司交易总额比上年增长9.42%，管理客户资产总额增长13.33%，营业收入比上年增长12.17%。

（3）上市公司股改和清欠工作进展顺利。2006年，海南上市公司股权分置改革进展顺利，除ST聚酯没有股改外，其余19家公司已股改或进入股改程序。截至2006年9月末，以最后一家有大股东占用的公司＊ST一投以资抵债完成清欠为标志，海南上市公司的“清欠”工作全面完成。

2. 证券业风险分析

（1）证券业抗风险能力仍然较低。一是盈利模式单一。投行等业务占全部收入的比例仍较小，证券承销和利息收入基本维持在零值附近。二是规模效益较差。海南2家证券公司属于小券商，在同行业中竞争能力较弱，在经营上很难实现规模效应。二是业务创新能力较低，证券机构的新业务拓展仍显不足。

（2）期货业整体经营业绩差，被处置公司风险隐患仍未消除。2006年年末，海南辖区期货经纪公司利润总额同比增亏28.32万元，亏损面和亏损金额进一步扩大。辖区内1家期货公司停业整顿，2家特别处理，给海南期货业发展带来了一定的负面影响。

（3）上市公司退市风险较大。一是ST类公司占比较大，退市风险集中。20家上市公司有7家公司戴ST帽，其中戴＊ST帽的有6家，ST公司占比35%，远高于全国上市公司18.30%的亏损比例，6家＊ST公司除＊ST东海外，其他5家均被证券交易所实施撤销退市风险警示的特别处理。二是资产负债率高，财务风险大。2006年年报显示，海南上市公司总体资产负债率为74.93%，高于同期全国上市公司总体资产负债率10.79个百分点。

3. 证券业稳定评估

2006年年末，证券业稳定评价值比2005年年末增加了0.954，证券业稳定状况是2001年以来最好的一年。

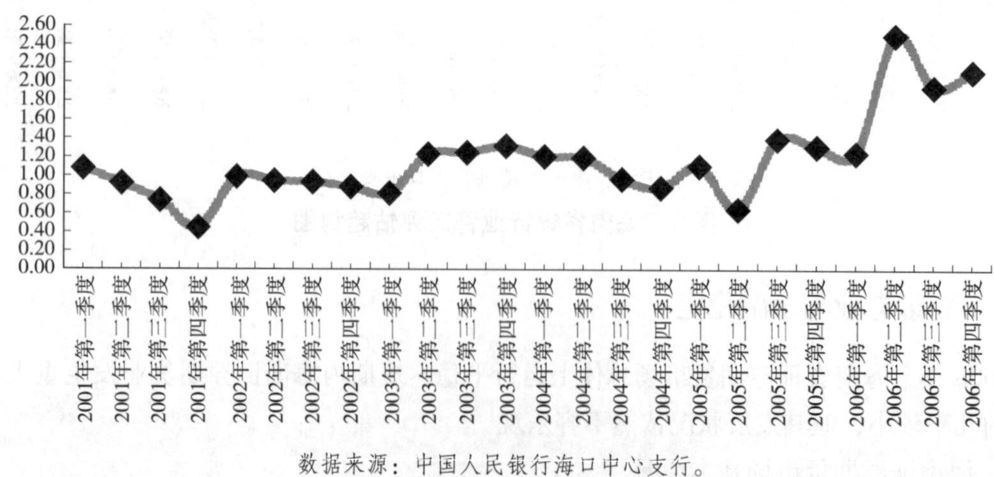


数据来源：中国人民银行海口中心支行。

**图4 证券业稳定评估趋势图**

## （三）保险业与金融稳定

2006 年，海南省保险业保费收入比上年增长 19%；保险密度为 212 元，比上年增加 31 元；保险深度为 1.68%，比上年上升 0.03 个百分点，保险业进入较快发展时期。保险机构理赔、给付支出增长 9.63%，保险业在经济社会中的地位和功能日益突出。经营机构有所增加，相继有安邦、阳光和大地等 3 家保险公司在海南设立分公司，逐渐形成了保险公司、保险代理公司、保险经纪公司和保险公估公司等多家主体相互竞争、蓬勃发展的市场格局。

1. 保险业风险分析

（1）产险保费较为集中，赔付率较高的车险业务占比偏高。2006 年车险保费收入 3.53 亿元，占财产险保费收入的 53%；增长 38.42%，比财产险业务增长速度高出 14.75 个百分点。车险保费支出 1.60 亿元，赔付率高达 45.30%。

（2）银行保险业务风险隐患较大。2006 年，银行邮政代理实现保费收入同比增长 56.82%，占人身险保费收入的 34.27%，仅次于个人代理保费收入。代理手续费逐步攀升、银保产品与银行产品同质问题等使银行保险业务已成为保险公司的风险点，值得关注。

（3）人寿险盈利水平下降。除财险效益有所好转外，人寿险的盈利水平较上年下降。其中，人寿险综合费用率比上年提高了 6.17 个百分点，承保利润率下降了 0.96 个百分点。

2. 保险业稳定评估

2006 年年末，辖区保险业综合评估值比上年同期减少 0.460，财险与寿险稳定状态都处于下降通道（见图 5）。

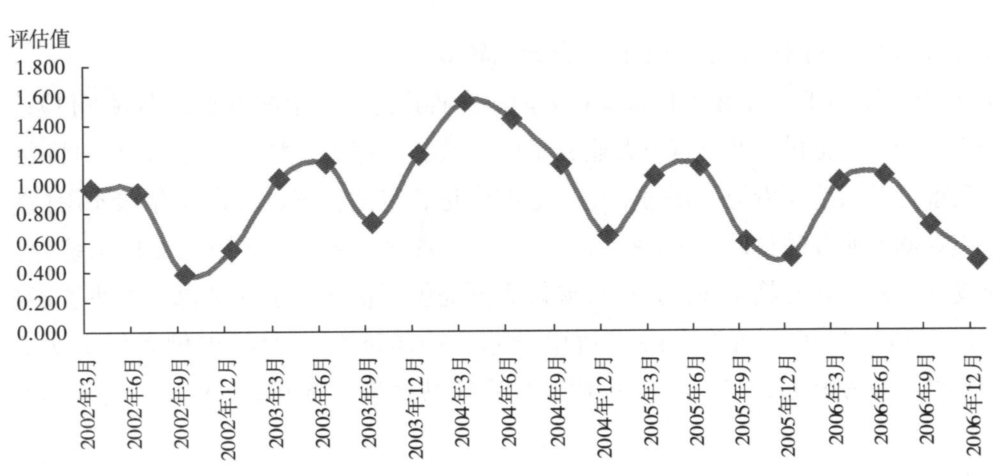


数据来源：中国人民银行海口中心支行。

**图 5　海南辖区保险业稳定评估趋势图**

## 三、金融基础设施与金融稳定

### （一）征信体系建设与金融稳定

1. 征信体系初步建立

（1）非银行信用信息采集机制逐渐完善。根据海南省政府《海南省征信体系建设实施方案》，人民银行海口中心支行与各相关单位达成了信用信息采集协议。在此基础上，人民银行海口中心支行与省公积金、电信、社保、质监等单位合作取得了可喜成绩，非银行信用信息采集工作取得较大进展。至2006年年末，辖区个人征信系统共采集个人信用信息150.03万条，比上年翻了一番。

（2）企业征信系统覆盖面较宽。2006年年末，海南省共有1.6万家借款企事业单位的基本信息和信贷信息收录在企业征信系统，登录的本外币贷款余额占全省金融机构贷款总量的90%以上。

2. 征信体系作用的发挥仍受多种因素制约

一是征信法律缺失，相应的可操作性规章制度没有出台，对辖区征信行业的指导不够。二是信息安全问题。人民银行与地方政府双方在推进辖区信用体系建设，采集非银行信用信息和促进信息共享方面如何解决好信息安全问题，存在两难境地，应引起关注。三是信息采集难。政府部门行业管理机构和市场主体之间缺乏法律规定而难以做到统一协调，大量可以开放的信用信息被分割和封闭在各政府职能部门。

### （二）支付体系建设与金融稳定

1. 支付系统运行平稳，提高了社会资金周转效率

2006年2月20日，小额支付系统在海南顺利推广运行。上线以来，小额支付系统总体运行稳定，为社会提供了低成本、大业务量的公共支付服务。海南省作为第一批试点推广城市，目前已开通普通借记、普通贷记、定期借记、定期贷记、支票圈存和通用信息六类业务。支票圈存业务的建设完成、投入运行，标志着海南省以大、小额支付系统为核心的现代化支付应用系统日趋完善，为跨行支付清算提供了快速安全的平台，加快了资金周转速度，极大地提高了海南省金融支付服务水平。2006年，大额支付系统共处理业务1 150 113笔，金额9 721.32亿元；小额支付系统共处理业务921 979笔，金额418.34亿元。

2. 需关注的问题

一是支付系统运行中存在风险，如清算窗口时有开启可能造成全国支付系统所有参与者无法按时日终，并造成严重的不良影响，形成支付风险。二是系统对账户缺乏监督，验资户监管不足，账户管理存在缺陷等。

### (三) 反洗钱体系建设与金融稳定

1. 加强反洗钱合规性监管力度

2006 年，人民银行海口中心支行认真履行反洗钱监管职责，于5 月29 日筹备成立反洗钱处，全面推进海南省反洗钱各项工作。下半年，人民银行海口中心支行组织全辖人民银行开展对辖区金融机构执行反洗钱规定进行现场检查，并对严重违规的金融机构进行处罚。全年辖内各家金融机构共上报人民币可疑案例 7 609 个，可疑交易 9. 63 万笔，涉及账户 1. 21 万个，报送附件 6 427 份，涉及交易金额 2. 6 万亿元人民币。上报大额和可疑外汇资金交易信息 2. 9 万笔，涉及交易金额 74. 4 亿美元，同比分别增长了 106. 5% 及 109. 46% 。

2. 需关注的问题

一是海南省反洗钱联席会议制度中各成员部门之间缺乏协调，各部门的反洗钱资源整合力度不够，在一定程度上影响了海南反洗钱工作的效能。二是海南省农信社反洗钱工作力度不足。直至 2006 年下半年，海南省农信社才实现大额和可疑交易报告联网报送，报送信息量少、数据填报不规范，大额和可疑交易报告报送工作尚未引起足够重视。三是部分金融机构信息分析、筛选、监控手段落后，对大额和可疑交易信息收集分析报送不规范，在一定程度上影响了案件线索的调查。

## 四、总体评估与政策建议

### (一) 总体评估

2006 年，由于海南经济强劲增长、金融改革纵向深化和股市大“牛市”，海南金融业稳定性不断提升，金融业稳定状况升至历史最好的水平，金融业继续在正常区间运行。2006 年第四季度，海南辖区金融稳定综合评估值比上年同期增加 0. 372。股市大涨使证券业摆脱了多年的低迷，证券业稳定评估值跃至各指标评估值的首位，其运行被评估为良好状态。宏观经济运行表现良好，增强了金融业的稳定性。银行业稳定评估状态为正常，但其稳定状况仍受多种不确定因素干扰。保险业稳定评价值继续下降，需要引起重视。

### (二) 政策建议

1. 稳妥推进金融体制改革进程

一是深化国有商业银行股份制改革，加强对国有银行股份制改革绩效监测工作，促进国有银行各项改革措施的落实和经营机制的转换。二是结合建设社会主义新农村和整体改制的基本思路，研究农业银行改革支持“三农”的对策和方向。三是农信社改革要有新思路。结合海南的实际情况，在股本募集、联社治理模式等方面采取有效的措施，通过改制重组，逐步将省农信社改革成为治理机制完善、财务可持续的服务于“三农”的金融机构主体。

2. 构建区域金融稳定长效机制

一是加快金融稳定评估信息系统的改进工作，提高系统应用的便捷性和适用性，增加金融稳定综合评价系统的预测预警功能，有效识别防范金融风险。二是加强房地产、制造业等主要行业的金融风险监测和评估，及时向社会公布行业金融风险信息，引导社会经济主体合理预期。三是加快建立区域金融稳定协调机制，推动金融稳定非数据类信息的共享机制的建立。

3. 建立对有问题金融机构的诊断和快速反应机制

一是央行要高度关注和把握宏观经济政策和宏观经济金融趋势。二是央行应尽快建立健全金融风险监测评估体系，以及时全面准确计量金融系统和单个金融机构的风险状况，发挥金融风险预测、预警功能。三是在风险评估基础上，建立对高风险金融机构的风险提示机制。央行在对风险金融机构进行提示时，可抄送政府和监管部门，以引起多方共同关注金融机构的经营情况和风险状况。四是可考虑引入一种类似于美国金融监管当局所采用的快速纠正行动机制。

4. 加强金融监管对金融创新的引领与拓展

一是在监管理念上，引领创新与稳定的协调发展，加大金融创新力度，不断丰富金融产品。二是在监管制度上，拓展金融创新的空间。在监管法规上，应在完善健全监管法律框架的基础上，提高法规的前瞻性。金融监管法规的制定要有更大的包容性，制定的程序要有公开性，不但要考虑金融监管的要求，也要兼顾被监管对象的利益，为金融机构进行金融创新提供一定的空间。在监管措施上，按照“宽准入、严监管、多支持、管得住、快发展”的思路，改变重事前准入、轻事后监管的“严进宽管”模式，消除“重审批、轻管理”模式的后遗效应。

总　纂：龙　锋
统　稿：黄明理　向志容
执　笔：向志容　罗　实　黄　辉　蓝文兴　陈太玉
其他参与写作人员：李兴发

# 2007 年重庆市金融稳定报告摘要

## 一、区域经济运行与金融稳定

### （一）经济运行总体平稳，结构性问题仍然存在，通胀压力上升

2006 年，重庆经济增长速度较快，经济效益明显提升，经济结构有所好转，这种良好的发展态势增强了重庆辖区的金融稳定基础。2006 年地区生产总值达到 3 486. 2 亿元，增长 12. 2%。其中，三次产业增加值分别达到 428. 54 亿元、1 500. 07 亿元和 1 557. 59 亿元，占比依次为 12. 3%、43% 和 44. 7%。固定资产投资继续保持高增长，全年固定资产投资总额 2 451. 8 亿元，增长 24. 9%。社会消费品零售总额 1 403 亿元，增长 15. 4%，为直辖以来最好水平，消费需求对经济增长的贡献率达到 53%，消费对经济的拉动作用增强。

都市发达经济圈集聚效应明显。重庆经济具有典型的“大城市、大农村”特点，统筹城乡发展已成为重庆经济工作的主线，其内涵就是要深化大城市带动大农村战略。研究表明，在以主城区为核心、1 小时通勤距离为半径的范围内，初步形成一个具有明显集聚效应、规模经济和竞争优势的城市群。这一区域幅员面积近 3 万平方公里；目前常住人口达 1 600 万人，接近全市的 60%，其中城镇人口接近 1 000 万人，城镇化率接近 60%，地区生产总值占全市地区生产总值的 70% 左右。

虽然目前重庆市的产业结构是“三二一”，但在现阶段看来并不是一个理想的产业结构模式。较多产品部门都表现为商品和服务的净流入，说明全市产品的供给仍然比较单一，需要市外地区的大量供给。重庆市典型的“二元经济”特征，对外地经济有较强的依附性，不利于经济的全面发展。工业结构中，化工、冶金、建材等高耗能行业比重偏高，而许多产品技术含量不高，结构比较单一，产品链较短。第三产业大多是一些低附加值产业。

受食品、居住、娱乐教育文化用品及服务价格走高等因素影响，2006 年重庆市城市居民消费价格指数（CPI）持续上涨。全年 CPI 上升 2 个百分点，比上年同期提高 1. 8 个百分点。据重庆营业管理部居民储蓄问卷调查显示，认为“物价偏高，难以接受”的居民占比已连续 3 个季度呈增长态势。物价水平增长加快主要是由供需结构失衡造成的，此外 2006 年重庆遭受百年不遇的大旱进一步加剧了这一趋势。由于 CPI 增幅已高于 1 年期定期储蓄存款利率（扣除利息税），由此导致的“负利率”对货币信贷运行产生了一

定影响。一是导致存款结构发生变化。由于市场主体物价上涨预期不断加强，导致其持有定期存款的意愿下降，使存款增长出现明显的活期化趋势，在中长期贷款快速增长的条件下，加大了银行体系的流动性风险。二是导致居民储蓄意愿减弱。全市储蓄存款增速持续回落，人民币储蓄存款增速由1月份的20.8%下滑到12月份的15.8%。三是随着物价上涨，贷款实际利率相对下降，企业、个人贷款意愿增强，贷款需求增加，进一步增大了宏观调控压力。

在国民收入分配中，收入分配结构失衡加剧，企业和政府积累占比过大。企业利润与居民收入在一定程度上存在此消彼长的关系，财政收入水平波动则会改变社会收入分配结构。重庆市规模以上工业企业利润总额自2001年以来呈现快速上升趋势，年均增速超过50%，企业积累能力不断增强。同时，直辖以来，重庆市财政收入年均增速超过经济增长速度，而政府消费支出增速缓慢，政府积累水平不断提高。此外，重庆市居民可支配收入平均增幅低于地区生产总值增速；城镇和农村居民人均可支配收入增长速度分别低于名义经济增长速度2.19个百分点和5.51个百分点。可见，重庆市收入分配呈现向政府和企业集中的趋势，居民收入增长速度较缓，导致政府、企业的高储蓄以及居民的低储蓄，并且这种分化格局有持续扩大趋势。

虽然经济发展中存在的这些问题可能在一定程度上会影响经济持续发展的能力，进而可能加大金融机构面临的市场风险和信用风险，但由于整个宏观经济基本面是健康的，加之这些问题仍处于可控范围内。因此，当前良好的经济发展整体趋势不会改变，金融体系的稳健性也会因此而继续保持。

### （二）公司部门经济效益明显提升，债务偿还能力增强

2006年，公司部门业务增长速度较快，经济效益明显提升，全市规模以上工业企业累计实现增加值、销售值同比增长20.6%和27.4%，工业利润总额达142亿元，增长27%，扭转了连续两年的增值速度下滑趋势。工业经济效益指数明显上升，公司部门业绩的提升增强了其抗风险能力和长期债务偿还能力。

从重庆市166户工业企业主要财务指标看，短期内，企业部门面临流动性紧张，偿债能力不足问题。流动比率呈下降趋势，从上年末的99.95%下降到2006年年末的96.26%；流动资产周转速度也明显放慢。

公司部门经济效益的提升和偿债能力的增强一方面降低了银行体系遭受信用风险的可能性，有利于银行体系的稳健性；另一方面又使公司部门再融资能力得到增强，公司部门得以更好地发展。

### （三）房地产市场总体平稳、商品房空置率上升

2006年，重庆市共完成房地产开发投资629.63亿元，同比增长21.6%。全年土地购置费114.51亿元，同比增长57.2%，增幅比上年同期提高41.7个百分点；土地购置面积1 467.69万平方米，同比增长5.9%，增幅较去年同期下降15.9个百分点，土地价格明显

上涨。土地利用率（本期土地开发面积/本期土地购置面积）下降，由去年同期的66.1%下降到54.87%。2006年，重庆市主城区商品房平均成交价格为2 932元/平方米，同比上涨3.7%，上涨幅度适度。

需要关注的主要问题是商品房空置率的大幅上升。虽然2006年重庆主城区商品房登记销售面积同比增长达15.4%，扭转了2005年销售低迷的局面，但由于前期供给增长过快，商品房空置面积增长明显加快，截至2006年12月末，重庆市空置1年及以上的商品房面积为355.58万平方米，同比增长22.6%。空置率的上升延长了房地产开发商的资金回笼速度，造成一定程度的流动性紧张，如果这种上升趋势持续时间较长，银行可能就此遭受损失。

## 二、金融业与金融稳定

### （一）银行业稳健性显著增强

2006年，银行业机构在促进地区经济发展的同时，继续推进机构改革和组织创新，资产质量不断提高，盈利能力显著增强，法人机构改革重组步伐加快，资本实力不断增强，资产结构优化，资产质量提升。银行业金融机构总体表现较为稳健。

截至2006年年底，重庆市商业银行资本充足率和核心资本充足率分别达到11.81%和11.52%，同比上升2.13个和2.81个百分点。万州商业银行和农村合作金融机构资本充足率也有明显提升。

2006年年末，重庆主要银行机构（不含农村合作金融机构）不良贷款余额较年初减少34.7亿元；不良比率较年初下降2个百分点。各类机构按不良贷款比率从低到高排序分别为中型商业银行、城市商业银行、大型商业银行、政策性银行和农村合作金融机构。值得关注的方面有：

一是期限错配问题加剧。截至2006年12月末，全市金融机构本外币中长期贷款余额2 319.7亿元，较年初增长32.0%，占新增贷款总量的85.8%。从存款期限看，活期存款余额2 285亿元，较年初增加367.9亿元，占新增存款的46.2%；“短存长贷”加剧了银行机构尤其是中小机构资产负债期限结构错配的矛盾，加大了流动性风险。

二是贷款集中度进一步提高。中长期贷款多投向基础建设领域，中长期贷款的超比例增长易导致投资与消费结构失衡，抑制产业结构的升级和经济结构的调整，对农业、县域经济、中小企业及企业技术更新等经济发展薄弱领域的贷款投入产生挤出效应。2006年，重庆农业、工业贷款比上年同期明显少增，商业、技术改造、乡镇企业、三资企业、私营企业及个体贷款出现了不同程度的下降。从贷款的客户投向来看，重庆市前10大贷款客户2006年年末贷款余额和占比较年初分别增加89.2亿元和0.4个百分点。从贷款行业投向来看，制造业、房地产业、交通运输、水利、公共设施建设等行业贷款在全部贷款中占比同比微降，但仍偏高。从贷款地区投向来看，贷款向都市发达经济圈聚集，都市发达经济圈贷款占比较年初提高2个百分点。其原因一方面是因为电信、烟草等部分大型优质企业将其地区总部迁向重庆主城区，造成非主城地区贷款增长缓慢；另一方面主要是金融机构为应对国家对信贷投放总量的调控，压缩了部分对欠发达地区资质较差企业的信贷规模，以满足主城区预期收益率较高的大型基本建设项目的投资需求。贷款集中投放于部分行业和地区，加剧了产能过剩，也不利于地区经济的协调发展。目前，局部地区部分行业已出现了产能过剩现象，同业过度竞争导致的效益下降损伤了企业的偿债能力，加大了银行的信贷风险。

三是农村合作金融机构不良贷款出现反弹。重庆农村合作金融机构按照贷款四级分类标准，2006年年末不良贷款余额较年初有所增加，但由于贷款总额的增加，不良比率较年初下降。不良贷款余额反弹的一个重要原因是原来依靠“借新还旧”和“展期”方式暂时隐藏的不良贷款逐渐暴露出来，同时部分机构在成功进行票据兑付后风险控制有所放松。

2006年，重庆辖内中资银行机构盈利水平大幅提高，全年实现利润总额70亿元，同比增长140.5%；总资产利润率为1.2%，同比提高0.6个百分点。但各类机构盈利能力差距明显，地方法人机构全年实现利润总额6.9亿元，较去年同期增长2.3%，虽有小幅增长，但盈利能力与其他机构相比尚有较大距离，经营模式和经营效率有待进一步提高。从盈利结构来看，大型商业银行受股改政策影响，近两年利润有较大增长，但同期营业收入并没有同比上升，缺乏可持续性盈利的基础。各机构收入来源仍主要依赖传统业务，利息收入在营业收入中占比达97%，低风险的中间业务对利润贡献非常小，这种盈利模式易受利率波动的影响。

截至2006年年末，全市贷款余额4 444亿元，人民币贷款加权平均利率为6.3%，同比上升0.3个百分点。其中，执行上浮利率的贷款占累计发放贷款额的40.8%，以中小企业和个体私营经济为主。城市商业银行和农村合作金融机构在风险定价上主动性更强，执行上浮水平利率的贷款占比分别为40.8%和93.5%，利率水平的普遍上浮并不能说明金融机构利率定价能力的提高，利率水平并非越高越好，合适的利率水平应当有效覆盖风险，而当前金融机构利率定价技术还比较粗放，定价能力还有待进一步提升。

### （二）证券业、保险业稳健性逐渐增强

2006年是中国证券市场的历史性转折之年和创新之年，在全国证券市场行情走好的大环境下，重庆证券业总体运行平稳。证券经营机构交易量大幅上升，总体实现盈利；西南证券有限责任公司（以下简称西南证券）重组成功；上市公司股权分置改革进展顺利；期货市场逐步规范，期货交易量稳中有升。

截至2006年12月末，重庆辖内证券经营机构数总计63家，总资产累计223.9亿元。2006年重庆辖内证券经营机构收入大幅增长，总体实现盈利，全年实现总收入4.9亿元，净利润1.8亿元。受证券市场整体行情上涨的影响，重庆辖内证券经营机构股票交易量大幅增加。2006年，重庆辖内证券经营机构累计代理证券交易额1 963.2亿元，同比增长131.3%。受市场交易量大增的影响，重庆辖内63家证券营业部全年实现手续费收入4.4

亿元，同比增长10倍，盈利机构占比90.5%，同比提高300%。

辖内29家上市公司股权分置改革任务基本完成。截至2006年12月末，辖区28家应股改公司，已有26家进入股改程序或完成股改，占比达93%。辖区股权分置改革的基本完成，对上市公司提高治理水平和质量奠定了客观基础。

2006年，重庆市保险业务快速发展，多元化竞争格局初步形成，保险的保障功能进一步发挥。各保险公司在创新业务、开拓市场的同时，防范风险的意识不断增强，稳定态势良好。2006年，全市新增2家保险公司法人机构、1家财产保险分公司，新设46个营业性分支机构。初步形成法人机构和分支机构并存，中资与外资公司共同发展，国有控股、股份制、政策性等多种形式互为补充的保险市场新格局。同时，保险中介机构快速发展，截至2006年年底，全市共有专业保险中介机构36家，较2005年年底增加3家。市场主体的不断增加有利于打破垄断、促进市场竞争，但从目前情况来看，市场集中度仍然有待进一步降低。2006年，产险市场前三大公司市场占比为64.04%；寿险市场前三大公司市场占比为83.19%。

2006年，各保险公司的经营能力普遍提高，创新意识和创新手段不断增强，如机车险业务的快速增长对于拉动产险公司业务稳定增长起到了决定性作用。全年实现保费收入93.24亿元，其中：财产险业务保费收入24.17亿元，同比增长24.2%，高于全国财产险平均增幅1.6个百分点；人身险业务保费收入69.07亿元，同比增长28.8%，高于全国人身险平均增幅17.1个百分点。保险深度2.67%，较上年提高0.31个百分点；保险密度294元，较上年增加61元，两项指标和全国平均水平的差距进一步缩小。伴随着总体业务的高速发展，一些公司存在经营短期化行为。业务发展带有一定盲目性，产品开发与推广缺乏长期的合理规划，诸如“突击月、时间过半、任务过半”等短期化行为过多，最终影响到公司的可持续发展。此外，保险从业人员频繁流动对公司的长远发展也会产生一定影响。

2006年，重庆保险业积极服务经济社会发展大局，进一步发挥保险的保障功能。全市产险公司共承担了12 416亿元保险金额或责任限额，有力保障了全市经济社会稳定持续发展；寿险公司人身险业务累计有效承保人次进一步提高，保险的保障覆盖面进一步拓展。开办的被征地农民失地养老保险、外出务工农民意外伤害综合保险、烟叶保险、医疗责任保险等取得了显著成效，成为推动重庆直辖建设、加快城市化进程的有力保障。

## 三、金融市场运行与金融稳定

### （一）金融市场体系逐步完善、市场规模不断扩大

截至2006年年末，重庆市初步形成了覆盖重庆市全辖各类金融机构的各类市场成员网络体系。2006年重庆金融市场交易量进一步大幅增长。银行间市场累计交易总额同比增长28.1%，银行间市场净融入资金同比增长20.1%。从利率走势看，银行间市场利率先抑后扬。12月份金融机构网上拆借加权平均利率为2.01%，比1月份上涨61个基点；网下拆

借加权平均利率为4.89%，上涨124个基点。银行间债券市场交易继续保持活跃，市场流动性有所下降，市场利率整体呈现上升趋势。银行间债券市场债券回购交易总量同比增长31%。债券回购成为市场成员融通资金的重要渠道。由于年初资金面维持宽松局面，回购利率处于低位运行，2月份曾跌至1.39%的年内最低点；随着总行各项紧缩政策效应的逐渐显现和公开市场操作力度的加大，市场流动性有所收紧，市场利率一路上行，到11月份，回购利率上冲至3.1%的年内峰值，较最低的2月份上涨了1.71个百分点，之后在市场政策预期减弱和资金面仍然保持宽松的影响下，12月份的回购利率急速回落到2.02%。银行间债券市场债券回购交易、债券现券买卖均大幅增长；银行间外汇市场各币种交易量同比下降27.2%。

票据市场容量不断扩张，交投活跃。1～12月，重庆市商业汇票承兑累计发生额为1 077.9亿元，同比增长19.1%；贴现累计发生额为4 584.42亿元，同比增长9.9%；转贴现累计发生额为3 813.93亿元，同比增长8.35%。当前，票据业务已成为重庆市金融机构信贷投放的重要渠道，在货币政策传导中的灵敏度不断增强，其对促进地区信贷增长、便利中小企业融资、优化商业银行信贷结构、提高商业银行资产质量和盈利水平方面的作用日益显著。

随着人民币汇率形成机制改革的深入推进和银行间外汇市场产品的增加，全国银行间外汇市场新推出了询价交易制度，重庆市辖内结售汇市场交易活跃，售汇以高于结汇的增幅快速增长，结售汇顺差明显下降。受购汇需求的数量和方式变化影响，银行间外汇市场交易量有所下降，人民币汇率基本保持稳定，会员银行汇率风险防范意识逐步增强，经常项目结售汇顺差依然是重庆市银行结售汇顺差的主要来源。

2006年，重庆市辖内共有4家商业银行开办黄金交易业务，其中2家开办实物黄金交易，2家开办纸黄金交易。除已开办黄金交易的4家银行外，其他商业银行的黄金交易业务正在筹备之中。黄金交易总体发展前景看好，但不同交易品种呈现两极分化态势。2006年，纸黄金成交共计1.7亿元，为2005年交易量的39倍。实物黄金交易量为12 490克，交易金额达到212.37万元，为2005年交易量的近6倍。

### （二）需要关注的方面

一是市场参与主体有限，制约市场发展。目前银行间市场推出的远期债券交易、远期外汇交易、货币互换、利率互换等创新产品，其参与前提是金融机构首先取得金融衍生产品交易资格。而《金融机构衍生产品交易管理暂行办法》设置的准入门槛较高，重庆市辖内部分商业银行，尤其是地方性金融机构还无法获取交易资格，全国性金融机构的总行往往也未对分支行进行授权，因此使得金融机构交易范围受限，在一定程度上制约了市场的发展。

二是统计监测手段落后，影响市场监管效率。目前的债券监测，主要依托“中国货币网”进行。但从其提供的查询服务看，只能对交易成员在银行间市场的二级市场交易情况进行统计，而对于银行间市场债券存量、一级市场的申购、债券结算代理业务、国债柜台交易等情况系统均无法查询，远期交易、债券借贷等创新业务也未增设专门的统计功能，如果通过非现场报表的形式建立专门的统计监测制度，既影响工作效率，又无法保证及时性和准确性，难以对市场成员实施有效监管。

三是跨业经营给监管带来了较大的挑战。由于各类金融机构对金融市场的广泛参与，打破了原有金融分业经营的格局，增大了人民银行监管的难度。如对于证券公司、基金公司，证监会负有机构监管的职能，但由于参与银行间债券市场业务，人民银行要对其进行业务监管，从而形成多头监管的局面，在目前尚未建立起部门之间的监管协作机制的情况下，人民银行的监管有效性大打折扣。

## 四、金融基础设施与金融稳定

### （一）支付清算体系

2006 年 3 月 27 日，重庆市成功上线运行小额支付系统。至此，一个以大、小额支付系统为核心、18 家商业银行行内系统为基础、辅以同城票据交换系统的相对完善的支付清算体系在重庆市初步建成，为各银行更加快捷、高效、安全地清算资金以及为客户提供更高质量的结算服务创造了良好的支撑平台。

卡基支付、网上支付、移动支付等新兴支付业务蓬勃发展。2006 年，重庆市组织召开了“中国银行卡产业发展高层研讨会”，并在全市范围内推广了农民工银行卡特色服务，对金融服务“三农”和全面构建和谐社会提供更高质量的金融服务产生了深远的影响。此外，随着中国银联重庆分公司的成立，重庆市银行卡业务成功实现“无中心模式”向“有中心模式”转换，这对加速重庆市银行卡产业实现跨越式发展起到了巨大的推动作用。2006 年，重庆市银行卡发卡量和刷卡次数均达到历史最好水平；票据使用量稳步上升，票据业务规范发展，各银行金融机构处理各类票据业务达 2. 89 亿笔，金额为 5. 47 万亿元，创历史新高。但与此同时，由于目前重庆市仍处于大城市带大农村的二元经济格局，地区发展差距较大，发展失衡现象较为突出，中小城市和农村地区银行卡受理市场还有待进一步发展，对银行卡服务“三农”功能的发挥有一定影响。

2006 年，重庆市成功开展两次人民币银行结算账户管理系统应急处置演练和一次同城票据交换系统应急演练，并系统修订完善了相关应急预案，为正确、高效处置账户管理系统和同城票据交换系统突发事件、防范风险提供了有力保障。同时，组织开展了全辖账户管理检查工作，有力维护了辖内结算秩序，巩固了账户系统管理成效。此外，通过规范对签发空头支票违规行为的行政处罚等措施，全市结算秩序进一步改善，支付信用水平逐渐提高。但与此图时，账户管理系统二期亟待升级、空头支票处罚流程繁琐等问题，在一定程度上影响了全市支付结算环境的进一步改善。

2007 年，重庆支付系统将围绕八个方面改进：一是积极推进全国支票影像交换系统在全辖的上线运行，实现本地支票在全国通用。二是进一步发展小额支付系统业务，提高全市金融业服务水平。三是积极推进银行卡受理市场健康发展，促进公务卡的使用。四是大力推动非现金支付工具和支付方式使用，加大商业承兑汇票推广力度。五是继续改善农村地区支付结算服务。六是按期完成银行账户管理系统二期建设，强化账户管理，维护支付结算秩序。七是完成重庆同城票据交换自动清分系统的更新改造，保障支付清算系统安全运行，进一步提升支付结算服务质量和效率。八是强化管理，努力打造辖区良好支付结算环境。

### （二）征信体系

2006 年，企业和个人征信系统数据采集和服务范围日益扩大。在运用征信系统为金融机构和金融市场服务的基础上，信息采集和服务范围逐步扩大。当前，企业和个人身份信息采集工作进展顺利，采集企业信用信息工作取得突破，企业支付信息逐步被纳入征信体系，征信系统对企业和个人开放查询。

中小企业信用体系建设工作在当地政府和有关部门的支持配合下进展顺利。目前，重庆已有 9 个区县政府分别成立以分管副区（县）长为组长，人行牵头、工商、税务、质监等近 20 个职能部门协同参与的领导小组。到 2006 年年末，重庆已收集完成中小企业信用档案报表 4 801 户。来自各政府部门的非银行信息采集工作进展顺利，已经征集了 39 家政府部门提供的中小企业的信息。随着中小企业信用档案建设工作的推进，一些企业已获得了银行的资金支持。

根据重庆区域经济发展状况，2006 年，重庆选择了 3 个区开展企业信用评级先行试点。坚持“行政引导、市场运作”原则，充分发挥市场主导作用，积极进行宣传发动、协调引导，逐步培育评级产品的真实需求。同时，加强对评级市场监管，确保评级产品质量，维护良好市场秩序。到 2006 年年底，完成借款企业评级业务 45 笔，其中企业 34 家、担保公司 11 家。信用评级报告的使用，较好地缓解了金融机构与客户之间的信息不对称，增强了市场透明度，为金融机构加强贷款管理、实施信贷决策提供了较好的参考依据，并有利于被评企业了解自身经营管理状况和风险所在，改善经营管理，提高信用意识和信用管理水平，提高风险化解能力，也在一定程度上缓解了中小企业贷款难的问题，对推进信用体系建设，增强社会信用意识，解决银企信息不对称问题等方面起到了积极的作用。

### （三）反洗钱体系

2006 年人民银行重庆营业管理部与侦查机关的合作获得实质性进展，分别与重庆市国家安全局、公安局经侦总队就双方合作利用反洗钱信息资源、侦破境内外洗钱犯罪案件及建立双方长期合作机制等进行了磋商，并形成了工作协作机制。在打击贪污贿赂，加强党风廉政建设过程中，反洗钱工作联席会议也发挥了积极作用。通过共同研究和督促金融机构开展反洗钱工作，联合组织反洗钱宣传活动，对金融机构开展反洗钱宣传情况进行联合检查，人民银行与金融监管当局的配合更加密切。

值得关注的方面有：一是反洗钱联席会议的作用尚未充分发挥。联席会议各成员单位之间的反洗钱情报信息交流还有待加强，建立反洗钱合作机制的单位尚需充实，联席会议办公室发挥作用不够，未能充分发挥联席会议协调机制在打击洗钱犯罪及其上游犯罪中的作用。二是证券（期货）、保险业反洗钱工作亟待展开。证券（期货）、保险机构反洗钱工作比银行机构起步晚了 3 年。目前，证券（期货）、保险机构普遍对反洗钱的认识不足，反洗钱与业务经营相分离，反洗钱工作开展被动，有的机构甚至没有开展，对反洗钱工作在防范洗钱风险、实现自我保护的重要性认识还需加强。三是反洗钱能力需进一步提高。随着反洗钱工作的推进，洗钱的手法、方式也在不断翻新，从而对我们反洗钱队伍各方面的综合能力提出更新更高的要求。此外，反洗钱资金监测分析的技术手段、信息交互平台等基础设施还相对滞后。

## 五、总体评估

2006 年，重庆金融体系总体稳定。虽然重庆辖区实体经济运行中仍然存在一些不健康因素，其中既有新出现的因素，也有由来已久的因素，这些因素相互交织、相互影响，在短期内可能对经济发展产生一定的负面影响，但尚未达到破坏实体经济总体持续健康发展的程度。

2006 年，重庆金融业改革开放迈出实质性步伐，经营稳健性明显增强。大型国有银行及股份制商业银行分支行在其总行的统一部署下，内部控制制度更趋完善，资产质量明显提升，风险得到有效释放；地方法人机构改革重组工作也取得明显成效，资本实力明显增强，风险得到有效化解。微观金融主体稳健性的增强对重庆金融系统的稳定性起了决定性作用。重庆金融市场在 2006 年也表现出了较好的发展态势，虽然金融市场的发展程度还不足以起到间接融资备用胎的程度，金融市场的融资量仍然只占整个社会融资量的很少部分，但金融市场未出现足以导致辖区金融不稳定的因素，这一方面是因为金融市场发展本身还没有达到足以左右金融系统稳定性的程度，另一方面是因为金融市场具有分散风险的特性。金融基础设施的加快建设和完善为金融体系的正常运行提供了制度保障和技术支持，有效降低了金融体系运行的制度风险和技术风险。

总　纂：陈　徐
统　稿：江泓洁　李柏楼
执　笔：江泓洁　李柏楼　李木祥
　　　　刘姝姝　全克军　易　娟　张尊南
其他参与写作人员：古　旻　胡　旭　唐君礼　万　庆
　　　　　　　　　阳丽娟　朱　平　邹芳莉

# 2007 年四川省金融稳定报告摘要

2006 年，四川省金融业发展环境不断改善，金融改革取得积极进展，金融风险得到妥善处置，金融业对外开放进一步扩大，金融体系的稳定性总体增强。经济呈现增长较快、价格平稳、效益较好的良好发展态势。投资继续扩大，消费平稳增长，进出口快速增长。工业化进程加快，物价温和上涨，微观经济主体效益改善。经济金融协调互动加强。国有商业银行分支机构改革、城市商业银行和城市信用社改革稳步推进，农村信用社改革取得积极成效，上市公司股权分置改革和清欠工作进展顺利，证券公司综合治理初见成效。随着金融业各项改革措施的落实，银行业资产质量不断改善，整体盈利能力增强，法人银行机构的资本实力提高；证券公司财务状况明显改善，上市公司盈利能力提高；保险业保费收入快速增长，市场发展加快。金融业对外开放力度加大，外资金融机构在川设立分支机构数量增加。在各类金融机构参与下，金融市场功能发挥更为充分。

## 一、经济运行与金融稳定

### （一）宏观经济运行基本情况

2006 年，四川经济持续健康发展，宏观调控取得成效，为金融业发展与金融稳定奠定了基础。

1. 经济持续健康发展为金融稳定奠定基础

2006 年，四川落实国家宏观调控政策措施，经济延续了“十五”时期良好的发展态势，全年实现生产总值 8 637. 81 亿元，增长 13. 3%，增速高于全国平均水平，是改革开放以来增长最快的一年（图 1），实现了“十一五”良好开局。

（1）投资拉动增强，需求继续扩大。资本形成对经济增长的贡献达到 66. 9%。固定资产投资上半年快速增长，下半年平稳回落，全年增长 30. 1%，比上年低 0. 6 个百分点。消费平稳增长，受农村消费增长较慢影响，总消费对经济增长的贡献为 1994 年以来的最低。社会消费品零售总额 3 421. 6 亿元，增长 14. 8%。以汽车、家电及音像制品为主的新一代消费品成为支撑消费的主要因素。对外贸易取得历史性突破，进出口总额 110 亿美元，增长 39. 5%，对外依存度比上年提高 1. 3 个百分点。跨境外汇收支规模 135. 2 亿美元，经常项目及资本和金融项目持续双顺差。银行结售汇不断增长，结售汇顺差进一步扩大。

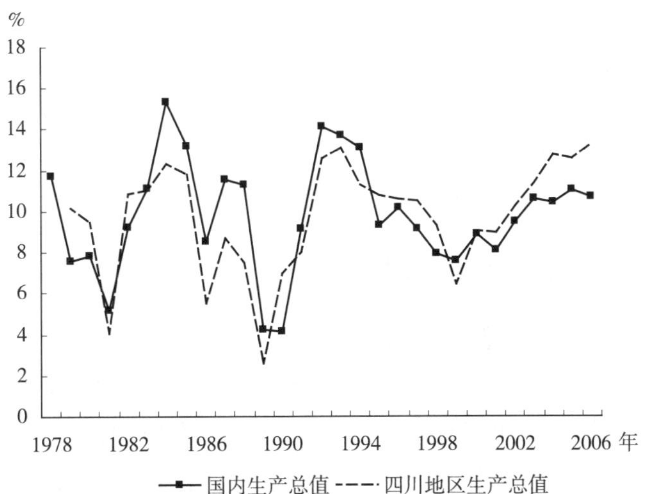


数据来源：国家统计局、四川省统计局。

**图1　全国和四川经济增长**

（2）三次产业全面发展，工业推动作用增强。三次产业结构为1∶2.4∶2.0。全省努力克服百年难遇旱灾的影响，农业生产保持了增长的态势。工业化进程加快，规模以上工业企业实现增加值2 597亿元，工业对经济增长的贡献率为55.1%。第三产业加快发展，实现旅游总收入979.6亿元，带动住宿和餐饮业、运输邮电仓储业等全面发展。

2. 价格温和上涨为金融平稳运行创造条件

2006年，四川省居民消费价格上涨2.3%，涨幅比上年提高0.6个百分点，食品和居住价格上涨较快成为影响居民消费价格的主要因素。生产环节价格涨幅基本平稳，工业购销价格“剪刀差”依然存在。工业品出厂价格上涨1.9%，涨幅比上年回落2.1个百分点（图2），原材料燃料和动力购进价格上涨4.3%。

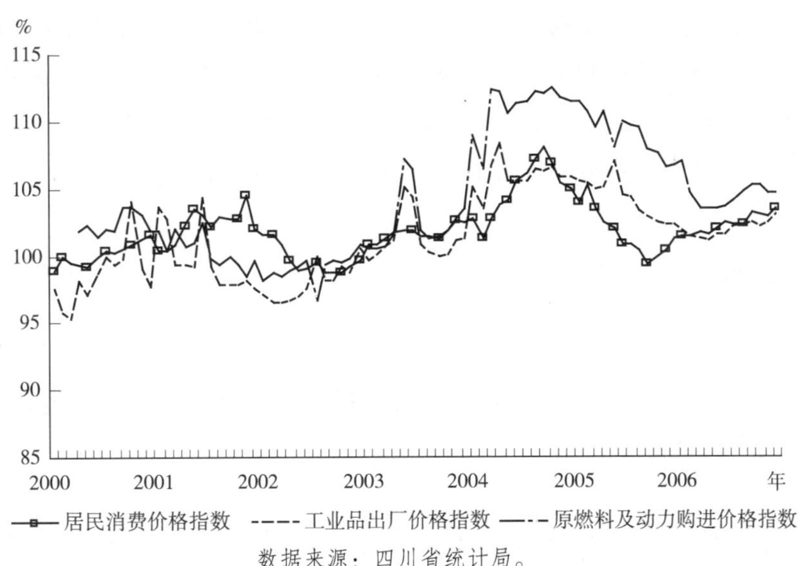


数据来源：四川省统计局。

**图2　月同比价格指数**

3. 经济效益改善有助于金融运行质量提高

2006年，四川省年地方财政一般预算收入607.1亿元，增长26.6%。工业经济效益综合指数175，比上年提高17点。全省规模以上工业企业盈亏相抵后实现净利润430.7亿元，增长33.6%。全年城镇居民人均可支配收入9 350元，增长11.5%。受外出务工收入增加的带动，农民人均纯收入突破3 000元。

### （二）经济运行中需要关注的方面

1. 投资增幅变化及其对信贷结构的影响

2006年，四川1.2万个500万元以上在建项目计划总投资为12 279.9亿元，是当年已完成项目投资额的3.8倍。四川正处于工业化、城市化进程加快阶段，面临中东部产业转移的机遇，都将促使投资较快增长。同时，经济景气变化和国家宏观调控有关政策的实施也可能使投资增速放缓。2007年，四川在调整、优化产业结构过程中，需要关注投资增幅变化及其对信贷结构与信贷质量的影响。

2. 物价变化对银行体系稳健运行的影响

2006年5月份以来，四川粮食价格保持上涨，12月份升至5.3%，成为拉动物价上涨的主要因素。12月，CPI同比上涨3.4%，创近21个月以来新高。此外，剔除食品后核心物价涨幅也略有走高。第四季度四川居民储蓄问卷调查显示，城镇居民当期物价满意指数持续下降，居民对未来物价预期指数不断看高。需要关注物价变化对银行体系稳健运行可能带来的影响。

## 二、金融业与金融稳定

2006年，四川金融业运行环境改善，各项改革稳步推进，金融机构防范和化解风险的能力增强，金融业继续保持较快发展。年末，四川共有各类法人金融机构1 982家，异地金融机构在川分支机构113家，金融机构数量居西部首位。金融业总资产1.36万亿元，比上年增加1 932亿元。金融业实现增加值299.5亿元，增长11.3%，占全省GDP的3.47%。银行、证券、保险各类金融机构业务规模持续扩大、盈利水平提高，金融业总体稳定性增强。

### （一）银行业

四川银行业改革取得积极进展，银行业风险持续化解。银行业金融机构认真贯彻宏观调控政策，落实各项改革措施，努力提高经营管理水平，资产规模稳步增长，财务状况持续改善，抵御风险能力有所增强。

1. 银行业运行状况

四川共有各类银行业金融机构2 002家，其中，在川分支机构22家，法人机构1 971家，外资银行分行7家、外资银行代表处2家。

(1) 资产规模稳步增长，质量继续改善。2006 年，四川省银行业金融机构本外币资产总额 1.3 万亿元。其中，本外币贷款余额 8 003.1 亿元，增加 1 128.1 亿元，增长 15.46%。全年新增中长期贷款较多（图 3）。新增贷款主要投向基本建设、消费、工业和农业。剔除个人贷款，新增企业贷款主要投向电力、燃气及水的生产和供应业、制造业、房地产业以及水利、环境和公共设施管理业等（图 4）。银行机构间加强合作，银团贷款和联合贷款增长较快。信贷资产质量继续改善，中资银行[①]本外币不良贷款率比上年下降 1.37 个百分点。非信贷资产质量持续好转。

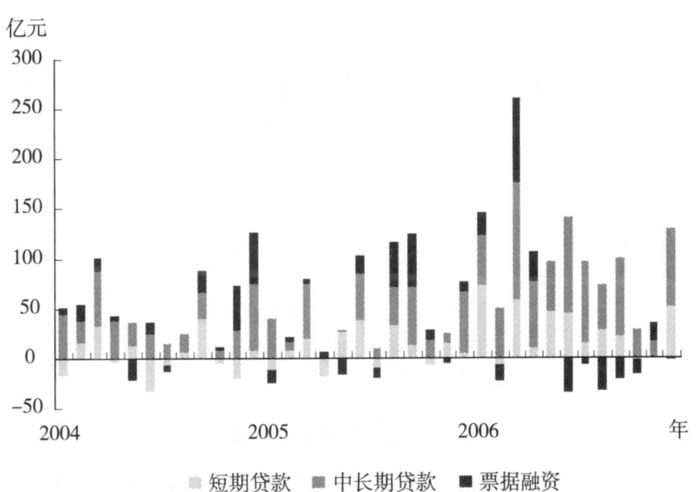


数据来源：人民银行成都分行。

**图 3 月度新增贷款结构**

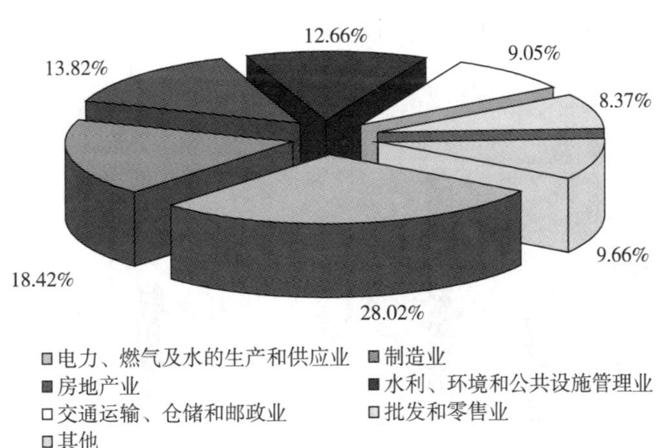


数据来源：人民银行成都分行。

**图 4 2006 年新增企业贷款结构**

① 不含农村合作金融机构，并按贷款五级分类。

（2）存款平稳增长，流动性较为充裕。银行业金融机构本外币存款余额1.19万亿元，增加1 893.34亿元，增长18.82%。新增存款中，企事业单位存款增速较快，储蓄存款小幅增长（图5）。从存款期限结构看，企事业单位活期存款、活期储蓄大幅增加。在存贷款稳步增长的同时，银行体系整体流动性较为充足。

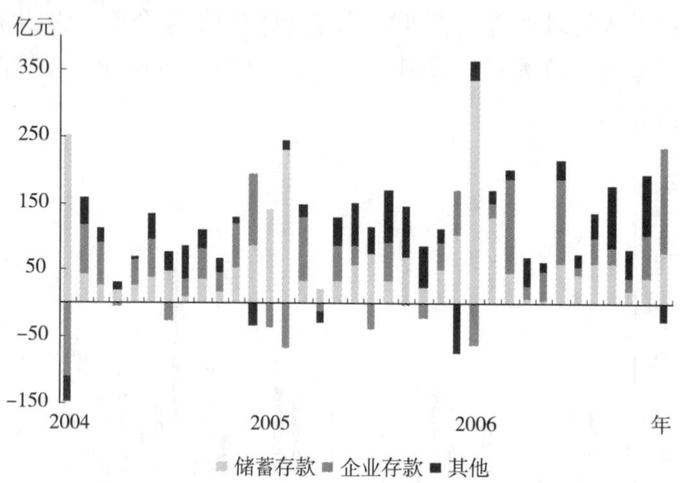


数据来源：人民银行成都分行。

**图5 月度新增存款结构**

（3）盈利能力持续增强，资产利润率创近年新高。银行业金融机构实现利润104.4亿元（图6），资产利润率0.8%，为2002年以来的新高。利润增加主要受净利息收入和净金融机构往来收入增加的影响，中间业务加快发展推动净手续费收入增长。人民币汇率形成机制改革对银行的影响初步显现，汇兑损益增长。各类银行机构落实“准确分类—提足拨备—做实利润—提高资本充足率”的要求，当年提取准备金增加。

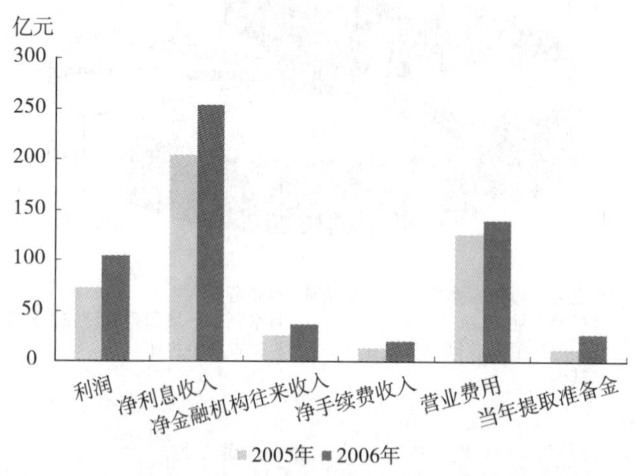


数据来源：人民银行成都分行。

**图6 银行业金融机构利润结构**

（4）法人银行机构资本实力增强，拨备覆盖率提高。城市商业银行、城市信用社和农村信用社资本净额比上年增加49.12亿元，其中，实收资本增加12.16亿元。三类机构平均资本充足率9.23%，其中，8家城市商业银行、城市信用社和近七成的农村信用社资本充足率达到监管要求。城市商业银行、城市信用社的拨备覆盖率分别为51.87%和66.07%，均比上年提高。

2. 银行业改革

（1）国有商业银行改革进展顺利。按照上级行统一部署，工商银行、中国银行、建设银行和交通银行在川分支行积极落实各项改革措施，稳步推进分支机构改革。各行强化人力资源管理，推进薪酬制度改革，调整组织架构，再造业务流程，实施经济资本管理，完善绩效考核。这四家银行资产质量和经营效益改善，不良贷款余额和比例双降。农业银行分支机构在完善经营机制、深化内部改革、加强风险控制等方面为实施股份制改革积极准备。

（2）农村信用社改革取得积极成效。全省农村信用社全面完成中央银行专项票据认购，营业税、所得税如期减免。产权制度改革平稳起步，资本金得到补充，平均资本充足率达到监管要求。法人治理结构进一步完善，内控制度建设不断加强。各项业务平稳发展，资产质量和经营效益得到改善，支农服务功能进一步增强。

（3）城市商业银行、城市信用社改革稳步推进。2004年以来，四川城市商业银行、城市信用社采取多种措施化解历史包袱、扩充资本金，资金实力和抗风险能力增强。其中，1家城市商业银行成为全国首家成功引入境外投资者的二级城市商业银行，2家城市信用社完成改制。两类机构公司治理进一步完善，经营管理水平逐步提高，积极为中小企业、广大市民提供金融服务。

3. 银行业发展需要关注的方面

（1）风险管理能力仍需增强。按照现代商业银行要求，面对新形势的挑战，四川部分银行业金融机构在风险管理理念、风险管理机制、风险管理技术等方面仍有差距，需关注导致信用风险识别计量、市场风险防范、操作风险监控等方面的不足。

（2）存贷款期限不匹配仍然存在。2006年，四川银行业金融机构1年及以上中长期贷款余额与1年及以上定期存款余额的比例为162.3%，比上年提高16个百分点。存贷款期限不匹配情况依然存在，可能对银行的流动性产生影响。

（3）部分行业变化可能影响银行资产质量。目前，四川银行业金融机构仍有部分不良贷款需要逐步消化。2007年，我国将继续加强和改善宏观调控，在四川产业结构调整和经济增长方式转变过程中，产业、行业发展面临新的机遇与挑战，需警惕部分行业风险向银行转移，影响银行信贷资产质量。

### （二）证券业

近年来，资本市场的各项改革措施陆续出台，制度建设不断加强为证券业发展创造了积极条件。2006年，四川上市公司股权分置改革、清欠工作顺利推进，证券公司综合治理工作全面展开，证券业进入新的发展阶段。

1. 证券业运行状况

2006年四川共有上市公司66家，其中A股上市公司63家，H股上市公司4家；证券公司5家，证券投资咨询机构3家，基金分公司2家，期货公司6家，外资证券公司代表处1家。

（1）证券公司财务状况明显改善。证券公司总资产94亿元，增长88%，主要由于股市回暖带来客户资金大幅增加。净资本稳步增长。经营效益好转，扭转了上年亏损局面（图7）。经纪业务手续费收入仍是主要收益来源。

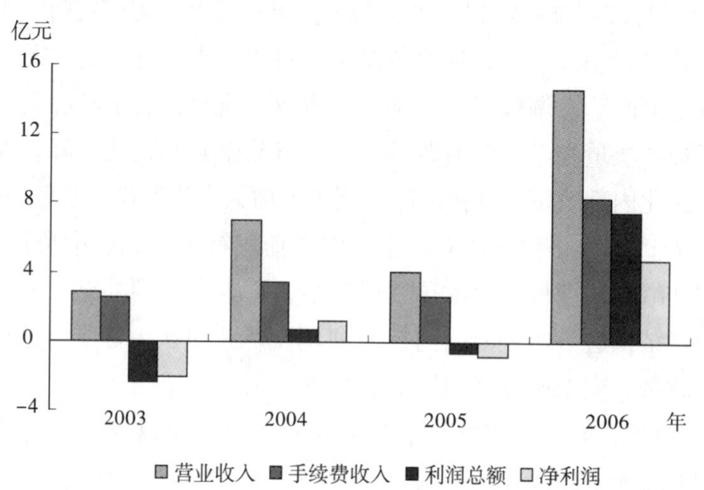


数据来源：四川证监局。

**图7 证券公司收入和利润**

（2）上市公司盈利能力提高。四川上市公司财务报告显示，2003～2006年，上市公司EPS（每股收益）先降后升、稳步增长，但业绩略有分化（图8）。2006年年末，74.6%的上市公司盈利，盈利面大于上年水平（图9）。

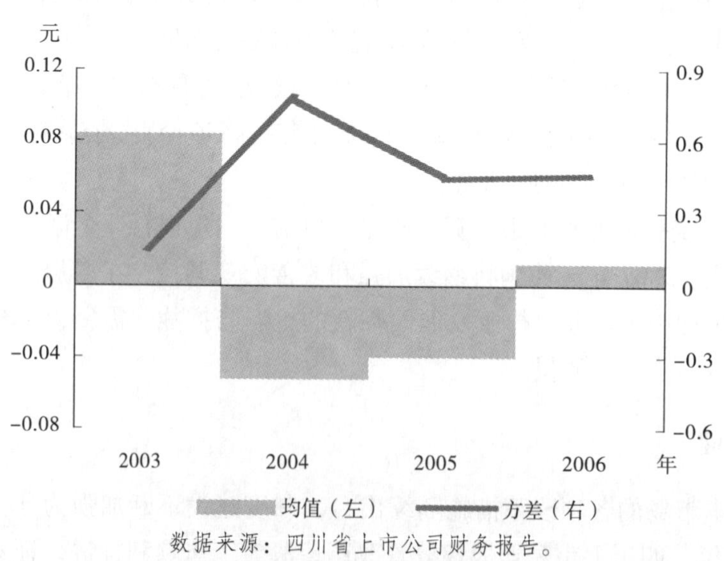


数据来源：四川省上市公司财务报告。

**图8 上市公司EPS**

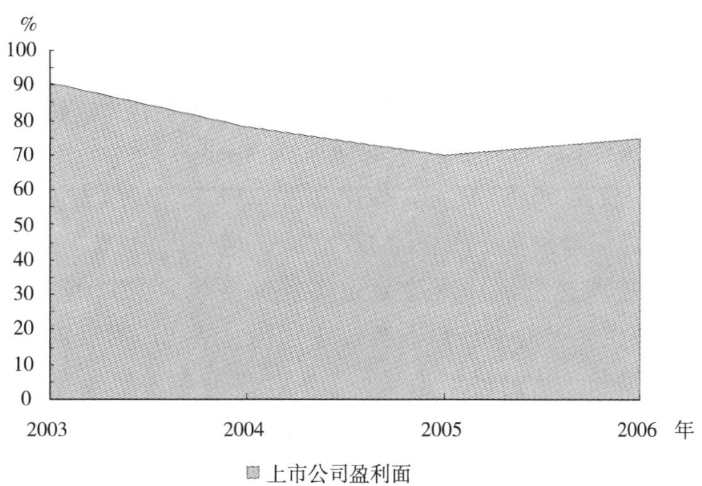


数据来源：四川省上市公司财务报告。

**图9　上市公司盈利面**

（3）上市公司直接融资规模扩大。2006 年，四川共有 6 家上市公司实现了直接融资，融资规模 67.66 亿元，增长 2.4 倍。其中，股票融资 3.66 亿元、可转债融资 32 亿元、短期融资券融资 32 亿元。

2. 证券业改革

（1）上市公司股权分置改革顺利推进。截至 2006 年年末，四川已有 60 家上市公司完成或正在实施股权分置改革，股改家数占 95%，股改公司市值占 99.5%。

（2）上市公司清欠工作取得成效。截至 2006 年年末，在年初存在非经营性资金占用的上市公司中已有 24 家完成或开展清欠工作，清欠家数占 96%，清偿比例为 78%。

（3）证券公司综合治理取得积极进展。证券公司历史风险基本化解，客户资金独立存管制度正常运转，第三方存管有序推进，净资本等风险监管指标初步建立，内部管理水平有所提高。5 家证券公司净资本全部达标，1 家证券公司成为规范类券商。

3. 证券业发展需要关注的方面

（1）证券公司综合实力有待提升。总体而言，四川证券公司规模小，业务范围狭窄，创新能力不够，整体竞争力不强；个别公司还存在法人治理结构不完善、内部控制薄弱等问题。

（2）上市公司整体质量仍需提高。目前，全省上市公司结构仍然不合理，总体规模较小，小市值公司较多，绩优公司较少；业绩有所分化，个别公司因连续多年亏损面临退市。

## （三）保险业

区域经济持续较快发展，居民收入水平稳步提高，为四川保险业发展创造了良好条件。四川保险业认真贯彻《国务院关于保险业改革发展的若干意见》，加快业务发展，服务领域不断拓展，保险行业整体实力增强。

1. 保险业运行状况

2006年，四川新增省级保险分公司7家、中介法人机构14家。年末，共有省级保险分公司32家，保险控股分公司1家，外资保险公司代表处4家，中介法人机构75家。

（1）承保业务较快增长。保险公司实现保费收入240.17亿元，增长26.79%，增速居全国第2。赔款和给付支出56.57亿元。保险深度2.78%，保险密度274元。为全省提供6.08万亿元保险保障。保险公司资产总计477亿元，增长26.17%。

（2）寿险公司保持快速发展。寿险公司实现保费收入172.26亿元，增速居全国第3，寿险保费收入增长主要得益于新单业务快速发展。从产品类型看，分红寿险所占份额最大，万能寿险快速增长。从销售渠道看，个人代理业务占比较高，银邮代理业务增长较快。

（3）产险公司业务加速增长。产险公司实现保费收入67.91亿元，居全国第7位，增速比上年提高17.3个百分点。产险公司保费收入增长主要受机动车辆保险业务快速发展的影响。

2. 保险业发展需要关注的方面

（1）拓宽服务经济社会的领域。四川保险业仍处在初级发展阶段，一些关键指标还低于全国平均水平（图10）；相对于区域经济快速发展对保险业的需求，还有很大的发展空间。四川保险业需抓住机遇，进一步加快发展，为经济社会提供更广泛的服务。

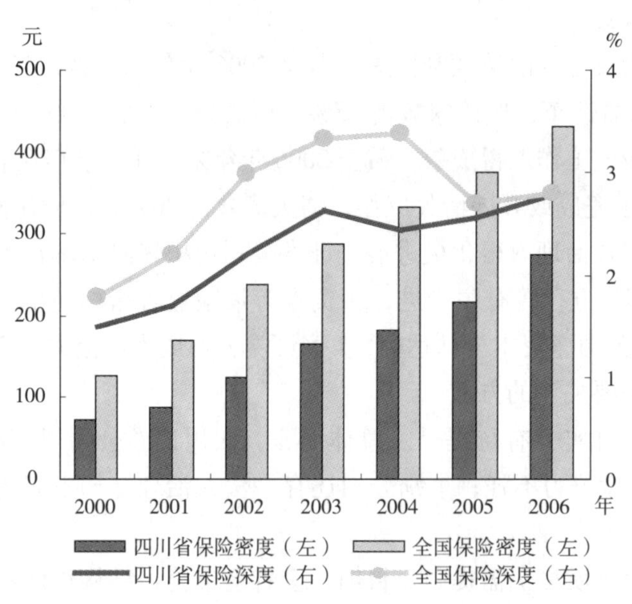


数据来源：中国保监会、四川保监局。

**图10 全国和四川保险深度及保险密度**

（2）继续推进业务创新。目前，保险市场产品同质化现象有所显现，投保人多元化的保险需求无法满足，保险公司的许多产品无人问津，很大程度上制约了保险业务的发展。进一步加大业务创新力度，调整产品结构，因地制宜地开发适销对路的产品，培育新的业务增长点，有利于四川保险机构实现持续发展。

(3) 促进保险中介市场健康发展。2006 年，四川保险中介市场发展迅速，市场秩序得到改善，但仍需加强市场诚信建设，提高中介机构专业化水平，完善对保险营销员的管理，促进保险中介市场健康发展。

## (四) 金融开放

四川金融业近年加大对外开放力度，外资逐渐进入银行业、保险业和证券业，外资金融机构业务加快发展。

1. 外资金融机构数量居中西部首位

1996 年，首家外资银行营业性机构进入四川，2004 年，3 家外资保险公司成都分公司开业。2006 年，四川新增外资银行分行 2 家、外资保险公司分公司 3 家。截至年末，在川各类外资金融机构共有 20 家。随着金融业对外开放进程的加快，四川已成为中西部地区外资银行、外资保险公司机构数量最多的省份。

2. 外资金融机构各项业务快速发展

外资银行机构资产总额 25.42 亿元，存款、贷款余额分别为 1.25 亿美元、1.27 亿美元，增长 62%、188.6%，占全省市场份额的 0.08% 和 0.12%。外资保险机构实现保费收入 4.68 亿元，增长 22.16%，占全省市场份额的 1.95%。外资银行机构加大结构性外汇买卖和资金管理业务，表外资产大幅增长。外资保险公司在二级城市拓展网点布局，部分外资寿险公司在销售渠道上取得创新。

3. 对外开放程度总体仍然不高

四川金融业对外开放起步较晚，对外开放程度总体仍然不高，证券业对外开放滞后于银行业和保险业。受国家实施西部大开发“十一五”规划、推进成渝经济区率先发展等政策因素影响，四川金融业对外开放将迎来新的发展。随着外资金融机构业务进一步拓展，市场竞争将更加激烈。为此，中资金融机构需要学习借鉴外资金融机构的管理和技术优势，提高经营管理水平，在竞争中不断发展壮大；外资金融机构也需加强与中资金融机构的合作，共同促进区域金融业发展。

## (五) 金融业综合经营

2005 年 10 月，国家“十一五”规划提出“稳步推进金融业综合经营试点”。目前，四川金融业正在进行综合经营的尝试。一方面，部分国有资产投资经营公司、实业企业直接或间接参股不同行业的金融机构，有的具有控股地位；另一方面，在市场力量作用下，金融机构纷纷进行金融产品创新，开展银证、银保产品的交叉销售、企业年金等跨行业的交叉性金融业务，部分金融机构开展了资产证券化等跨市场的交叉性金融业务。

综合经营为金融业发展带来新的动力和活力，但跨市场、跨行业的金融活动也增加了影响金融稳定的不确定因素，使防范金融风险的任务更加艰巨。在进行综合经营的金融集团中，个体的风险很容易在集团内部跨行业、跨市场传递，加之关联交易较为复杂，从外部不易对集团整体风险做出准确判断。交叉性金融业务开展过程中，也面临着复杂的跨行业、跨市场操作及可能引发的风险。因此，需要进一步研究完善金融业综合经营有关法律法规，推进金融监管协调和信息共享，提高金融监管水平，完善金融机构公司治理，增强风险控制能力。

## 三、金融市场与金融稳定

近年来，四川各金融市场规模不断扩大，市场功能发挥更为充分，市场运行的基础不断加强，为区域金融稳定提供了支持。

### （一）金融市场运行基本情况

1. 银行间同业拆借与债券市场

近年来，四川中小金融机构积极参与银行间同业拆借与债券市场，促进了市场发展。2006 年，在资金面总体宽裕的情况下，银行间各子市场成交活跃、运行平稳。一是同业拆借总量随拆出增长而上升。同业拆借利率上半年较为平稳，下半年振荡走高，年末回落，并接近年初水平（图 11）。二是债券回购交易量小幅下降。质押式回购利率走势与拆借利率走势保持一致（图 12）。

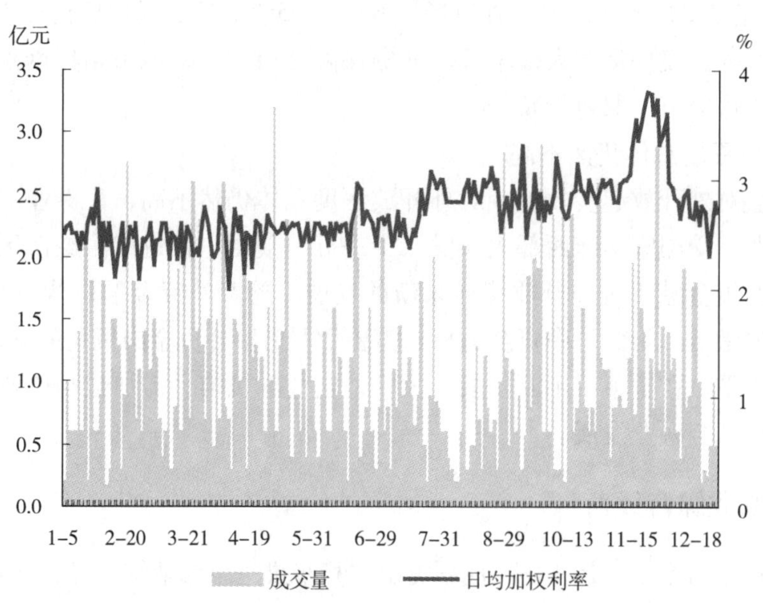


数据来源：中国货币网。

**图 11　2006 年四川金融机构同业拆借交易统计**

2. 票据市场

2006 年年末，金融机构商业汇票余额增长 13.6%，全年累计签发银行承兑汇票增长近 25%。金融机构贴现利率小幅上扬，随着金融机构间票据交易活跃，转贴现利率首次超过贴现利率（图 13）。

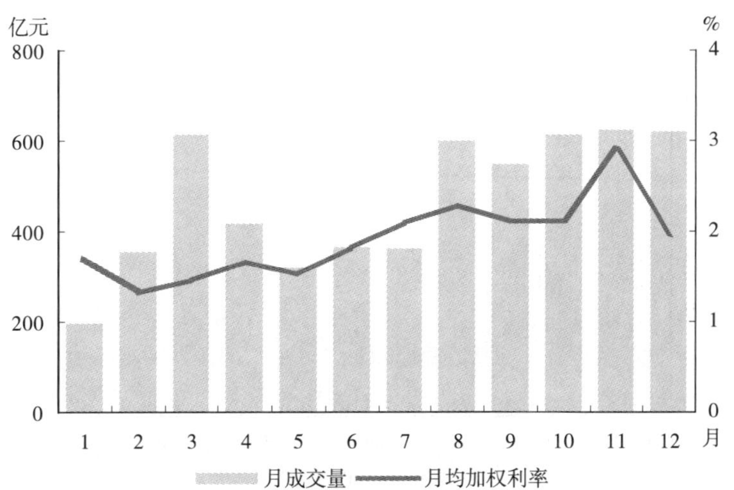


数据来源：中国货币网。

**图 12　2006 年四川金融机构债券质押式回购交易统计**

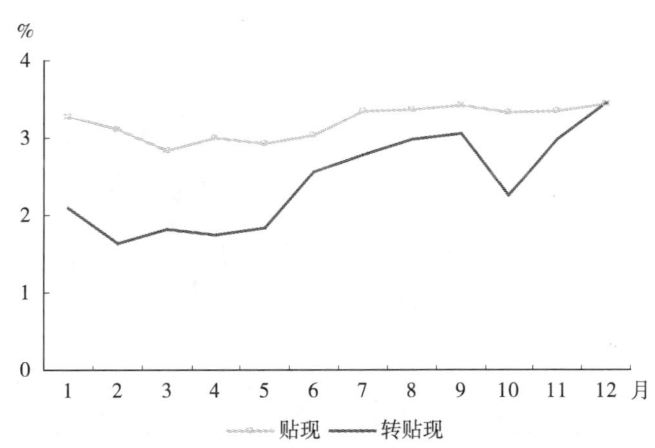


数据来源：人民银行成都分行。

**图 13　2006 年四川票据利率**

3. 股票市场

股票市场融资功能恢复（图 14）。截至 2006 年年末，四川 A 股上市公司的总市值占地区生产总值的比例为 20%，比上年提高 6.73 个百分点；股票市场投资开户总数 410 万户，托管市值 645 亿元。全年证券交易额 6 806 亿元，增长 130%。

4. 外汇市场

2006 年，省内外汇市场成员在全国银行间外汇市场累计成交 10 302.36 万美元，比上年增长 31%（图 15）。

5. 期货市场

截至 2006 年年末，四川期货投资者总数 5 020 户，期货保证金余额 3.5 亿元。全年期

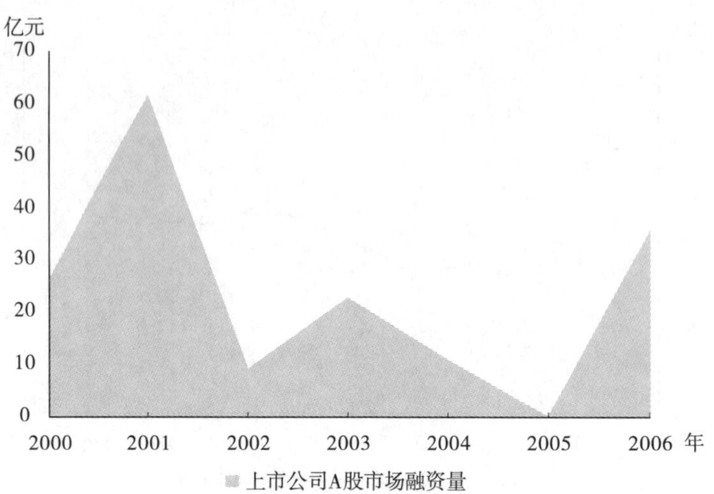


数据来源：四川证监局。

**图14　上市公司A股市场融资量**

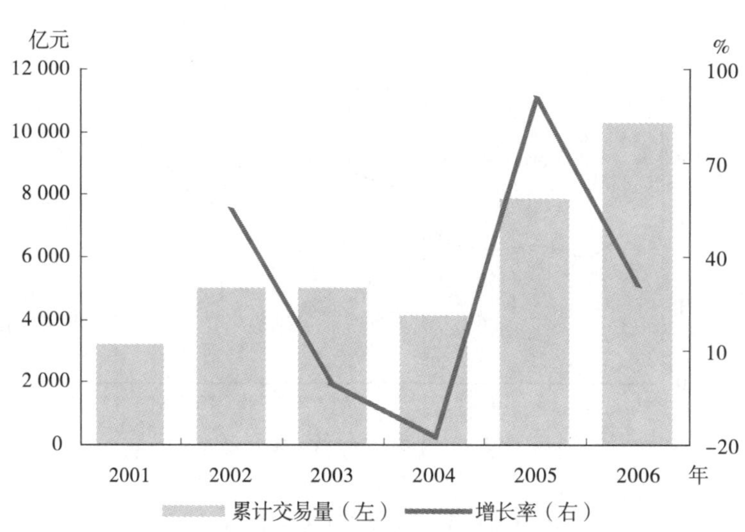


数据来源：中国外汇交易中心成都分中心。

**图15　四川金融机构外汇交易量统计**

货交易额3 711亿元，增长78.6%。6家期货经纪公司在郑州商品交易所和上海期货交易所的市场份额均有所上升，其中1家公司市场份额进入全国前30位。

6. 黄金市场

2006年，金融机构黄金交易量显著增长，累计为8 542.76公斤，增长202倍，黄金交易额13.32亿元。

### （二）金融市场发展需要关注的方面

2006年，四川金融市场加快发展，融资结构进一步优化，非金融机构直接融资占比为

8.6%，同比上升5.15个百分点。金融市场的发展仍需关注以下方面：

1. 直接融资比例仍然偏低

2006年，四川A股上市公司融资占全国的1.45%，企业短期融资券发行量占全国的2.36%，新增贷款占全国的3.47%。

2. 产品和工具不足

目前，四川商业银行资产证券化业务发展较为缓慢，而证券公司无法开展资产管理、权证创设、资产证券化等创新业务。

3. 市场约束机制尚未完全发挥作用

四川部分证券公司未按要求进行信息披露。此外，债券市场信用评级机制建设、市场中介的管理约束等方面也需进一步完善。

## 四、金融服务基础建设与金融稳定

近年来，四川金融服务基础建设取得成效，金融生态环境建设、支付体系建设、征信体系建设和反洗钱工作稳步推进，为促进四川金融业健康发展、维护区域金融稳定提供了基本条件和重要保障。

### （一）金融生态环境建设

2006年，金融生态环境建设工作在全省展开。政府主动关心和解决金融发展中的问题，积极化解、处置地方金融风险。一些地区的企业联合发布诚信宣言，大力培育各类信用主体。一些地区开展集中执法专项整治活动，金融胜诉案件执结率提高。银企合作力度加大。金融机构主动适应社会需求变化，改善信贷管理，开展金融创新，不断提高金融服务水平。

### （二）支付体系

现代化支付系统建设取得重大成效。2006年，四川大额实时支付系统共有各类参与者2 125家，处理跨行汇划业务723万笔，金额6.5万亿元；小额批量支付系统共有各类参与者1 991家，处理跨行汇划业务164万笔，金额287亿元。

非现金支付工具发展迅速。2006年，全省“三票一卡”交易量稳步增长。2006年11月17日，四川省农民工银行卡特色服务在成都市各县首批开通运行。

银行结算账户管理系统平稳运行。截至2006年年末，四川银行结算账户信息数据库共管理单位结算账户50万户、个人银行结算账户9 000万户。

支付体系风险防范加强。2006年，有关部门进一步完善支付体系管理制度，加强风险防范和控制，促使有关地方性金融机构成为现代化支付系统自动质押融资业务成员行，更好防范流动性风险。

### （三）征信体系

目前，四川已形成企业信用信息基础数据库、个人信用信息基础数据库等共同发展、广泛覆盖的征信体系。随着征信体系建设的推进，社会信用意识加强，四川借款企业违约率持续下降，降低了银行机构信用风险。截至2006年年末，系统共收集四川企事业单位借款企业28万户，入库本外币贷款余额6 725亿元；收集四川个人结算账户9 049万个，金额802亿元。

### （四）反洗钱

2006年，四川反洗钱工作全面展开。金融机构认真履行反洗钱义务，加大对可疑交易的监测、报告；有关反洗钱监管部门对重大可疑交易和举报信息开展行政调查，深化反洗钱工作协调机制，推动全省反洗钱工作取得初步成效。

总　纂：李明昌　李永和
统　稿：王永强　温茹春
执　笔：温茹春　杜凌艳　罗来东
其他参与写作人员：谢保嵩　杨宇焰　张宏宇　左　桃
马　鸥　徐　磊　蒋先明　田　径
石　慧　朱建军　李　劼　姚　艳

# 2007 年贵州省金融稳定报告摘要

## 一、经济运行与金融稳定

2006 年，贵州省经济继续保持平稳、快速增长的势头，经济发展的协调性进一步增强，经济的稳步发展为金融体系的稳定发展奠定了良好的基础。

### （一）经济继续稳定增长

贵州省经济自 2003 年以来连续四年保持 10% 以上的增长速度。2006 年，全省实现地区生产总值 2 267. 4 亿元，同比增长 11. 5% 。

### （二）第二、三产业稳步增长，产业结构逐步调整

2006 年，贵州省三次产业占 GDP 比重为 17. 3∶43. 3∶39. 4。实现规模以上工业增加值 693. 2 亿元，同比增长 17. 5% 。其中，能源工业增加值占规模以上工业增加值的 31. 2% ，成为拉动工业增长的主要力量。第三产业稳步发展，批发和零售业、餐饮业、金融业、其他服务业均保持 10% 以上的增长速度；旅游业发展较快，总收入同比增长 54. 1% 。第二、三产业的协调发展促进了经济增长总体质量的提高。

### （三）投资贡献率呈下降趋势，投资结构有所改善

2006 年，贵州省全社会固定资产投资累计实现 1 193. 3 亿元，同比增长 17. 2% ，增速较 2005 年减少 0. 6 个百分点。自 2002 年之后贵州省固定资产投资增速减缓，投资对经济增长的贡献率总体呈下降趋势，对经济增长的贡献作用有所减弱；同时，消费对经济增长的贡献作用有所加强。

投资结构较上年有所改善。第一产业中农业基础建设及相关项目投资进一步得到加强，固定资产投资较上年增长 25% ，比全省增速高 7 个百分点；第二产业中黑色金属冶炼及压延加工业投资规模较上年减少 38. 5% ；第三产业中代表高新技术行业的电信服务业固定资产投资规模较上年增长 40. 9% 。

### （四）房地产开发投资稳步增长，资金来源结构有所调整

2006 年，贵州省房地产开发投资完成 187.6 亿元，同比增长 21.7%，占城镇固定资产投资的 17.9%，同比增长 2.8 个百分点。

全省房地产资金来源合计 310.8 亿元，涨幅与去年持平。就资金来源构成看，利用外资增长明显。全省房地产利用外资达到近年来最高水平，中心城市房地产利用外资突出，全年累计约 4 亿元人民币，是 2005 年的 6 倍左右。

### （五）物价基本保持稳定，部分行业盈亏受物价因素影响较大

工业品价格和居民消费价格差距缩小。2006 年，贵州省居民消费价格总体上涨 1.7%，涨幅上升 0.7 个百分点；工业品出厂价格总体上涨 4.3%，涨幅回落 2.9 个百分点；原材料、燃料、动力购进价格上涨 7.3%。工业品出厂价格（PPI）高于居民消费价格（CPI）的现象有所缓解，各类价格保持基本稳定。

部分行业盈亏受物价因素影响较大。2006 年，贵州省原材料、燃料、动力购进价格持续上涨，使省内大部分工业获得了较好的利润收益。如煤炭、电力和有色金属的产量增长率分别为 9.2%、23.8% 和 36.9%，产值增长率分别达到 21.3%、34.5% 和 69.6%，明显高于产量的增长速度。贵州省能源、燃料、动力购进价格指数 107.3，工业产品出厂价格指数 104.3。工业品出厂价格涨幅低于原材料购进价格涨幅，导致部分行业利润空间缩小，一定程度上影响了全省各产业的均衡发展。

## 二、金融业与金融稳定

### （一）银行业

贵州省银行业积极稳妥推进自身改革，不断改进金融服务，在改革中稳步发展，为贵州金融的总体稳定打下了坚实的基础。

1. 银行业发展情况

截至 2006 年年末，贵州省共有银行业金融机构 105 家，其中政策性银行 2 家，国有商业银行 7 家，城市信用社 2 家，农村信用社 84 家，农村合作银行 4 家，资产管理公司 3 家，信托公司 1 家，财务公司 2 家（其中法人机构共有 95 家）。

（1）存贷款余额平稳增长。2006 年年末，全省银行业金融机构各项存款余额 3 221.4 亿元，同比增长 18%；各项贷款余额 2 708.5 亿元，同比增长 17%。年末，银行业金融机构存差 512.9 亿元，比年初增加 102.7 亿元。

（2）资产质量得到改善，综合盈利能力不断增强。2006 年，全省主要银行业金融机构不良贷款实现了“双下降”，不良贷款余额较年初减少 2.7 亿元，不良贷款占比较年初下降 1.3 个百分点；全省银行业金融机构累计实现账面利润 37.9 亿元，同比增加 4.5 亿元，

增长 14%。

(3) 中小法人金融机构资本充足率提高，抗风险能力增强。2006 年年末，贵州省法人银行业金融机构平均资本充足率为 8.7%，较上年提高 0.9 个百分点。4 家中小法人机构资本充足率较上年有较大提高（农村合作银行和农村信用社统一为农村合作金融机构）。

2. 银行业改革初显成效

(1) 国有商业银行改革取得阶段性成果，改革继续向纵深推进。目前，省内工、建、中、交四家银行正在巩固银行股份制改革的成果，向新的公司治理结构迈进，并着力改革和完善管理体制和经营机制，在全面提高服务质量的同时努力提高工作效率；同时，贵州省农业银行的股份制改造前期准备工作也在进行中。

(2) 农村信用社产权制度改革全面完成。全省 84 家县级统一法人社和 4 家农村合作银行已全部挂牌开业，公司治理结构得到一定程度的改善。

(3) 其他银行业金融机构的改革效果明显。贵阳市商业银行的公司治理和内控机制建设得到进一步加强，抗风险能力明显提高；六盘水城市信用社的改制工作进展顺利。

3. 银行业运行需关注的问题

(1) 中小企业融资难的问题仍较突出。2006 年年末，贵州省银行业金融机构累计向小企业授信 14 431 户，小企业贷款余额 341 亿元，比年初增加 26.1 亿元。但由于中小企业贷款存在抵押物不足值的问题，贷款风险较大，各商业银行控制风险能力有限，所以对中小企业的支持仍显不足。

(2) 银行业潜在流动性风险值得关注。2006 年，贵州省中长期贷款占比达 66%，较年初上升 3 个百分点，增长 22%，短期贷款较年初增长 8%，中长期贷款增速明显高于短期贷款；存款中活期存款的增长高于定期存款增长，存款有短期化的趋势。由于资产负债期限结构的不匹配，使银行业潜在流动性风险明显加大。

(3) 银行信贷资金向重点行业集中的趋势明显。2006 年，电力、燃气及水的生产和供应业、批发零售业、建筑业、房地产业等 6 个行业新增贷款占全省金融机构贷款余额的 74.8%。其中，电力、燃气及水的生产和供应业新增贷款占新增贷款总量的 24.3%，批发和零售业新增贷款占新增贷款总量的 13.1%，贷款呈现问题重点行业集中的趋势。

### （二）证券业

2006 年，国内证券市场尤其是股票市场持续走强，上市公司股权分置改革基本完成，股票市场情况出现好转；上市公司、证券经营机构的综合治理全面开展，证券经营机构的经营情况有很大改善。

1. 证券业发展情况

截至 2006 年年末，贵州全省共有证券经营机构 27 个，其中，证券公司 1 家，证券营业部 11 家，证券服务部 15 家；全省上市公司 17 家。

(1) 证券经营机构经纪业务大幅增长。2006 年，贵州省证券交易总额为 470.2 亿元，同比增加 266.5 亿元；保证金 11 亿元，同比增加 6.3 亿元；托管市值 48.5 亿元，同比增加约18亿元；证券投资基金20.7亿元，同比增加18.7亿元。

（2）法人证券公司及证券营业部经营情况不断好转，规模有所扩大。华创证券经纪有限公司是贵州唯一的法人证券公司，在国内设有8家证券营业部和2家证券服务部。2006年，公司规模不断壮大，总资产同比增长84%，实现利润1 388万元。全省11家证券营业部全部盈利，实现净利润7 506万元，总资产规模增至13亿元，同比增长130%。

2. 证券业改革进展情况

（1）上市公司股改与清欠工作顺利开展。2006年年末，贵州省17家上市公司总股本为39亿元，总市值1 063.9亿元，累计筹资89.2亿元。其中，16家上市公司已完成股改，1家上市公司已进入股改程序；上市公司根据债务人的实际情况制定不同的清欠方案，加快清收步伐，基本完成清欠工作，成为第一批完成清欠工作的地区。

（2）证券公司综合治理稳步推进。贵州省内的证券公司明确整改方案，有效防范证券公司和信托公司之间的关联风险，增强了信息披露的真实性和可靠性。

（3）风险证券公司债务处置有序进行。在贵州省政府的主导下，有关机构对汉唐证券贵州地区的个人债权进行认真甄别，并切实防范因各种债权纠纷引起的群体性事件的发生，维护了社会稳定。

3. 证券业发展值得关注的问题

（1）证券市场自主抗风险能力较弱。贵州证券市场规模小，参与的主体少，结构简单。因此，一旦本地法人证券机构出现经营风险，会对贵州的证券市场带来较大的冲击。

（2）上市公司后备资源不足。由于受经济发展水平的限制，近年来利用资本市场支持省内企业发展的进程缓慢。与发达地区相比，资本市场未能充分发挥融资作用，企业缺乏资本运作的意识，上市公司的后备资源不足。

（3）投资者风险警示有待加强。2006年，证券市场出现好转，社会公众投资证券市场的积极性不断增强，新的投资者踊跃进入市场。但是，许多投资者缺乏证券投资的基础知识和基本的风险意识，金融机构对投资者的风险提示不足。针对这种情况，加强投资者风险教育工作，保护中小投资者的合法权益已成为证券业面临的重要课题。

### （三）保险业

贵州省保险业呈现出速度、效益、规模协调发展的良好局面。市场体系逐步完善，综合实力明显增强。

1. 保险业发展情况

截至2006年年末，贵州省共有保险经营主体公司12家，保险分支机构548家，保险中介机构21家，保险兼业代理机构1 709家。

（1）保险机构不断增加。2006年，全省新批准各类保险公司分支机构28家、专业中介机构4家，核准保险兼业代理资格264家。批准设立了阳光财险、大地财险、泰康人寿贵州分公司3家保险主体，保险公司各级分支机构25个，保险中介法人机构4家。

（2）保费收入稳步增长。2006年年末，全省保险业实现保费收入49.2亿元，同比增长21.6%。寿险业务保费收入26.7亿元，同比增长25.6%。人身险公司寿险期交业务累计保费收入同比增长18.8%。其中新单期交保费和10年期以上新单期交保费收入增长较快，业务结构得到不断改善；财产险业务保费收入17.2亿元，同比增长19.1%。财产险公司账面承保利润率4.6%，高于同期全国平均水平。

（3）重大业务政策实施顺利。一是交强险显示出强劲发展势头。交强险制度实施以来，签单数量、保费收入，分别占当期机车险签单数量和保费收入的68.5%和43.3%。在此拉动下，全省机车险签单数量和保费收入同比分别增长54.7%和23.5%，高于2005年的增长水平。二是《保险营销员管理规定》的施行未对个人销售渠道造成严重冲击。

2. 保险业发展中需关注的问题

贵州省保险业总体发展平稳，但一些结构性问题还未得到有效的解决。

（1）保费收入较为集中。2006年，贵州省人身险中，新增保费主要集中在寿险趸缴和银邮代理业务上，但部分能分散风险的业务却呈下滑趋势。同时，全省财产险公司总保费收入中，机车险和企业财产险的保费收入占87%，其中车险业务占比高达78.5%，而其他保险业务保费收入呈现萎缩趋势。整体上，贵州省保险业保费收入主要集中在少数险种上，风险集中度较高，分散风险的能力不强。

（2）地区间发展不平衡。2006年年末，全省9个地区保费收入均为正增长。其中贵阳市等5个地区保费收入同比增长高于全省平均增幅，仅贵阳市对全省保费收入增量的贡献率即达到49.2%，地区间发展差异较大。

内部管理能力有待提高，操作风险不容忽视。部分保险公司费用增长比较快，应收保费和退保金大幅增长，存在不规范竞争行为，保险业内部管理能力还有待提高。

## 三、金融市场运行与金融稳定

### （一）货币市场运行平稳，但市场结构有待优化

1. 市场交易额稳步增加，票据业务发展迅速

2006年，贵州省银行间同业拆借和债券市场成员全部网上交易，累计成交1 548.3亿元，较上年增长48.6%；贵州省金融机构签发银行承兑汇票承兑余额94.2亿元，同比增加11.1亿元；当年累计发生额209.2亿元，同比增加30.8亿元。当年累计办理银行承兑汇票贴现175亿元，较上年同期增加21亿元。

2. 货币市场发育不充分，参与主体资金实力不强

（1）市场交易主体偏少。2006年，贵州省金融机构债券回购累计成交985.4亿元，现券交易累计成交562.9亿元。其中，城市商业银行债券质押式回购累计成交量占79.7%，现券交易累计成交量占97.5%，成为辖区参与货币市场的主体。农村信用社虽然资金面相对较为宽松，但受技术、人才等限制，参与市场的资金量不大。

（2）同业拆借业务萎缩。2006年，全省市场交易成员均未发生同业拆借业务。主要原

因在于：一是贵州省全国银行间同业拆借市场成员资金实力不强；二是债券回购和现券交易的风险相对较小，债券变现也较容易。因此，省内市场成员更偏向于债券回购和现券交易业务。

（3）票据市场工具单一。目前，贵州省票据市场主要以银行承兑汇票为主，商业承兑汇票基本处于初级发展阶段。商业银行基本无商业承兑汇票业务，唯一发生该业务的贵航财务公司也主要是针对其集团内部发生。

（4）货币市场成员资金趋紧。受2006年贵州省建设项目上马较多、央行发行定向票据、提高存款准备金率和基准利率等多重因素的影响，贵州省内货币市场成员资金面普遍趋紧。年初，债券回购利率缓慢下跌，年中调头上行，年末再度下降。贵州省货币市场成员交易的利率走势反映了货币市场资金面变化趋势。

### （二）外汇市场稳步发展，但交易成员较少，成交量较小

目前，贵州省只有1家银行间外汇交易市场的成员。2006年，贵州省实现外汇交易总量8 000余万美元。贵州省外汇交易成员的利差空间变小，平均收益率仅为1.5‰左右。

### （三）黄金市场业务交易量发展迅猛

目前，贵州省内从事黄金业务的机构共3家，其中银行类金融机构2家，上海黄金交易所会员1家。2006年，贵州省账户金业务交易总量为787 155克，较上年增长951.2%；交易额12 414.5万元人民币，较上年增长1 241.4%；通过上海黄金交易所共交易黄金560公斤。但是，黄金行业管理尚无规范性的管理法规和行之有效的管理办法来有效防范场外非法交易活动。

### （四）债券市场融资出现新进展，但仍以间接融资为主

2006年，贵州省无新上市公司，上市公司均未在股票市场进行再融资，是继2000年以来第二次出现上市公司在股票市场无再融资的情况。债券市场融资出现新进展，贵州省一家企业于年内获准发行企业债券6.0亿元，成为2000年以来首家发行企业债券的公司。

融资结构仍以间接融资为主，融资渠道有待拓宽。2006年，贵州省非金融机构融资额397.9亿元，其中间接融资占98.5%。2000年以来，间接融资占比均在95%以上，直接融资占比较低，资本市场配置资源的作用还有待增强。

## 四、金融基础设施与金融稳定

### （一）信用环境逐步改善，信用意识逐渐提高

征信体系已初步建立，信用环境逐步改善。全省金融机构2006年7月1日顺利完成了从银行信贷登记系统到全国企业信用信息基础数据库的切换工作。2006年年末，银行个人

信用信息全部接入全国个人信用信息系统。企业征信系统为全省4万个企业建立了信用档案，收录了人民币信贷余额2 317.6亿元；个人征信系统录入个人账户230.3万户，个人贷款余额419亿元。其中：贵州省农村信用社上报个人账户数据达93万条，在全国列农村信用社上报数据量的第5位。

非银行信息采集工作有序开展。全省四个地区及部分县共30余万条个人“住房公积金”数据成功入库；贵州省电信股份公司、贵州省技术监督局、贵州省工商局等部门加入到非银行信息的数据采集中，为进一步充实、完善个人信用信息做准备。

信用宣传覆盖面广，信用意识逐渐提高。人民银行贵阳中心支行在深入高校开展信用宣传的同时，将宣传面继续延伸到乡村、中学，继续加大对学生等特定人群的宣传教育力度。

### （二）支付体系建设逐步完善，风险防范工作切实推进

支付体系建设逐步完善，支付系统安全运行。目前，贵州省已建立由大、小额支付系统、商业银行行内汇兑系统组成的现代化支付系统。2006年，大额支付系统共处理业务269万笔，累计金额17 708亿元。小额支付系统于2006年6月26日上线运行，为进一步提高贵州社会公共支付水平提供了新的支付清算平台。实现了跨行资金清算的零在途，大大加速了社会资金周转，提高了资金使用效率。

### （三）反洗钱工作协调机制不断完善，反洗钱工作稳步推进

2006年，反洗钱工作部门联席会议制度第一次工作会议和金融机构反洗钱工作座谈会顺利召开，完善了贵州省反洗钱工作部门联席会议联络员制度，加强了金融监管机构与公安、国家安全等反洗钱相关部门的联系与合作。人民银行贵阳中心支行依法对违反反洗钱规定的9家银行业金融机构进行了行政处罚。

### （四）银行卡发展迅速，农民工银行卡特色服务项目顺利推进

贵州省建立了统一、高效、安全的银行卡跨行资金交易平台。截至2006年年底，全省共发行银行卡1 323.3万张，交易达7 920万笔，交易金额3 055.8亿元。同时，贵州省银行卡联网通用得到了加强，银行卡受理市场环境得到改善，金融服务水平得到提高。

农民工银行卡特色服务项目顺利推进。2005年12月，人民银行贵阳中心支行作为人民银行总行在全国实施“农民工银行卡特色服务项目”的唯一试点单位，在全省范围内开通了农民工银行卡特色服务项目。该项目服务于“三农”，便利了农民工异地存取款，为解决农民工打工返乡携带大量现金问题提供了有效途径。2006年，贵州省农民工银行卡特色服务项目交易笔数超过14万笔，交易金额7 900余万元，交易成功率达到95%以上，交易量、交易金额和成功率在全国名列前茅。该项目已成为改善农村地区支付环境的一大创新和亮点工程。

## 五、总体评估与政策建议

探索构建地区金融稳定评估指标体系，有利于从定量角度整体把握地区金融的风险状态和变化趋势。贵州省在金融稳定评估指标体系的基础上，运用模糊层次分析法对当前的区域金融稳定状况进行定量评估，并就相关问题提出政策建议。

### （一）总体评估

1. 金融稳定评估指标体系的构建

金融稳定评估指标体系大体包括：金融业宏观运行环境指标体系、存款类金融机构风险指标体系、证券类金融机构风险监测指标体系、保险类金融机构风险监测指标体系。

（1）金融业宏观运行环境指标体系

主要关注的内容有：一是反映总体运行态势的指标，如地区生产总值增长速度、工业企业销售增长速度等；二是反映经济结构效益的指标，如城镇居民可支配收入增长速度、工业企业利税增长速度等；三是反映政府调控能力的指标，如财政收入增长速度、财政支出占 GDP 的比值；四是地区经济活力的指标，如固定资产投资增长速度、贷款总额与 GDP 的比值等。

（2）存款类金融机构风险监测指标体系

银行业机构监测指标主要有：反映资本风险的指标、反映流动性风险的指标、反映盈利性风险的指标和反映资产质量风险的指标。

（3）证券类金融机构风险监测指标体系

证券业指标主要包括：反映盈利性风险的指标、反映流动性风险的指标以及反映安全性风险的指标。

（4）保险类金融机构风险监测指标体系

保险类金融机构主要关注的指标有：保费增长率、综合赔付率、退保率、亏损面、保险业大案发生率、保险业大案涉案金额比例。

由于目前贵州省暂无保险法人机构，证券类法人金融机构也仅有 1 家，因此仅对金融业宏观运行环境和地方法人存款类金融机构风险状况进行指标设定和状态评估。

2. 指标权重和评测指标临界值的确定

（1）指标临界值的确定

根据前面对金融业宏观运行环境和存款类金融机构风险监测指标体系的分析，以及贵州经济金融发展的实际情况，将指标稳定状态分为“高”、“一般”、“较低”、“差”四个状态区间，确定每个指标状态的界限值域。

（2）权重的确定

运用层次分析法确定各评价指标的相对重要性，基本计算步骤如下：

A. 根据各评测指标的相对重要性建立综合判断矩阵。

B. 计算判断矩阵的最大特征值 $\lambda_{max}$ 及相应的标准化特征向量，并得到各指标的权重向量 $W = (w_1, w_2, \cdots, w_n)$，$n$ 为指标数。

3. 指标评估结果

运用多因素模糊评价模型确定金融业宏观经济运行状况和存款类金融机构风险监测评估值。在前面建立各指标临界值的基础上，分别通过各指标值和各级别的临界标准值，计算出评价指标的隶属矩阵 $R = (r_1, r_2, \cdots, r_c)$ 和评价标准的隶属矩阵 $S = (s_1, s_2, \cdots, s_c)$，$c$ 为评价级别数。最后，通过以下公式：

$$u_{hj} = \begin{cases} 0 & h < a_j, \text{或} h > b_j \\ \left| d_{hj}^2 \cdot \sum_{k=a_j}^{b_j} d_{kj}^{-2} \right|^{-1} & d_{hj} \neq 0, a_j \leqslant h \leqslant b_j \\ 1 & d_{hj} = 0, \text{或} r_{ij} = s_{ih} \end{cases}$$

$$d_{hj} = \left| \sum_{i=1}^{m} [w_i(r_{ij} - s_{ih})]^p \right|^{\frac{1}{p}}, h = a_j, \cdots, b_j, \text{且} p \geqslant 1$$

得到样本对各级别的相对隶属度矩阵 $U = (u_1, u_2, \cdots, u_c)$，其中，$a_j$，$b_j$ 代表样本各指标落入相应级别的上下临界值。根据 2006 年贵州相关经济金融指标分别计算得金融业宏观运行环境指标和存款类金融机构监测指标对各级别的隶属向量 $u_1$，$u_2$：

$$u_1 = (0.90, 0.08, 0.02, 0); u_2 = (0.64, 0.33, 0.03, 0)$$

根据目前专家学者对金融稳定的认知概念，对应前面的分级标准，将金融稳定状态确定为“稳定”、“潜在非稳定”、“非稳定” 和 “危机”。将以上结果与对应的级别特征值相乘得到 2006 年贵州金融稳定评价综合指数。

4. 确定金融稳定状态

2006 年，贵州省金融业宏观运行环境综合指数为 1.12，地区法人存款类金融机构综合指数为 1.39，两项指标值均位于稳定与潜在非稳定之间，贵州省处于总体基本稳定状态。表现在：宏观经济环境不断向好，信用、法律环境不断完善，金融业自身以及政府对风险的防范和控制不断加强；银行业改革步伐加快，证券业正在加快改革步伐，保险业在不断发展和壮大中。

## （二）政策建议

1. 加大金融监管部门之间的协作力度，进一步提高监督、监测水平

一是建立各监管部门之间稳定的合作机制，按季定期召开部门之间的联席会议，加强彼此间信息的交流和情况的通报，提高协作力度；二是尽可能地实现各监管机构部门之间监管数据的共享，提高各监管部门对市场情况监测的及时性和敏感性。

2. 积极转变政府职能，建立有序竞争的市场秩序

一是各级政府部门要切实树立服务意识，避免行政手段对市场行为的过度调控，真正实现市场的自我调节功能的有效发挥；二是建立公平、公正、高效的司法环境，严厉打击和惩治各类逃废金融债权的失信行为，有效改善全省的金融生态环境；三是支持和鼓励地

方商业银行进行金融创新，大力发展证券业、保险业和各类基金组织。

3. 完善农村金融服务体系，切实做好农村金融服务工作

努力构建适应农村经济发展和农户融资需求的金融、财政支持体系。在继续加大财政对“三农”经济倾斜和投入力度的同时，加强财政和信贷工具的配合，切实提高政策扶持效果；在相关部门的指导下，积极探索构建不同组织形式的融资机构，在满足农户融资需求的同时，真正实现风险可控；加大政策性农业保险的推进力度，切实发挥政策保险降低农业自然灾害风险的保障功能。

总　纂：令狐兵　孙　涌
统　稿：刘利红　郭　嘉
执　笔：向　明　刘利红　陈　鹏　欧阳斌　郭　嘉
其他参与写作人员：孙　谦　邵雁玲　龚宇麟　符嘉西
白玉英　程剑波　曹　瑞　何　炜

# 2007 年云南省金融稳定报告摘要

2006 年，云南省经济保持较快增长，固定资产投资增幅同比回落，产业结构逐步优化，进出口增长强劲，企业效益明显提高，财政收入增长较快，城乡人民生活逐步改善，消费市场稳中渐旺，市场物价温和上扬。在经济运行健康繁荣的背景下，云南金融业健康快速发展，金融企业改革顺利推进，金融业务稳定增长，规模不断壮大。金融生态环境不断改善，金融创新成效显著，金融服务水平不断提高，中小金融机构的风险隐患逐步化解。金融业对社会经济发展的支撑和促进作用显著增强。云南省金融机构整体运行稳健，金融稳定形势总体良好，金融业发生系统性金融风险的可能性不大。

## 一、区域经济发展与金融稳定

### (一) 经济运行情况和特点

2006 年，云南省经济发展实现重大突破：生产总值（GDP）突破 4 000 亿元；人均 GDP 突破 1 000 美元；全社会固定资产投资突破 2 000 亿元；外贸进出口突破 60 亿美元；城镇居民人均可支配收入突破 10 000 元；农民人均纯收入增量首次突破 200 元。2006 年，全省生产总值达到 4 001.87 亿元，比上年增长 11.9%。三次产业结构为 18.8:42.7:38.5。人均 GDP 达到 8 961 元，比上年增长 11.1%。全省工业经济效益明显提高，非烟工业已成为拉动全省工业较快增长的主要力量；农业基础设施建设进一步改善，农业结构调整成效显著，农业产业化水平继续提高；服务业增长平稳，旅游行业“二次创业”成效彰显；非公有制经济蓬勃发展，经济规模不断扩大。2006 年，云南省国民经济呈现出发展快、运行稳、效益好、后劲足的特点。

### (二) 经济运行中存在的突出矛盾和问题

1. 信贷需求旺盛与宏观调控的矛盾依然突出

一是经济高增长背景下信贷需求较为旺盛。当前国内经济正处于较快发展阶段，云南经济发展处于近 10 年来最好的时期，而云南投资拉动型经济增长模式短期内难以改变。随着东部地区的产业、资金和国家投资重点向西部地区的转移，必然推动西部地区投资的较快增长。在直接融资不充分的情况下，投资对银行信贷的需求量迅速增大，贷款增长、特别是中长期贷款增加较多有一定客观合理性。二是商业银行改革后，提高股东回报率的压力加大，银行信贷扩张的动力和压力有增无减。三是资本金相对较为充足的状况，使多数商业银行不再受资本充足率达标的硬性约束，在银行体系流动性总体较为充裕的背景下，为银行信贷扩张提供了资金条件。

2. 物价上涨压力加大

2006 年，云南省上游产品价格持续上升，原材料、燃料及动力购进价格和工业品出厂价格涨幅逐月走高，工业品出厂价格上涨 4.6%，原材料、燃料及动力购进价格上涨 7.6%，有色金属及煤炭等行业是推动工业品价格上涨的主要原因。受成品油和原材料、燃料及动力价格上涨的影响，农业生产资料价格在 2005 年高位运行的基础上仍呈上扬走势。农业生产资料价格上涨 2.8%，呈高位运行态势。2006 年云南省上游产品价格上涨较快，对下游产品的影响有一定时滞性，潜伏通货膨胀的可能，其影响一旦显现，将不利于经济金融的健康稳定发展。

3. 节能降耗工作形势严峻

2006 年全省单位 GDP 能耗下降了 2%，扭转了“十五”期间连续上升的趋势，出现转升为降的良好局面，但与全国相比仍有较大差距。总体看，云南省产业结构不合理，重工业比重高，经济增长方式比较粗放。云南有色金属业、化工行业、冶金业等支柱产业，占全省用电量的 50% 以上，单位 GDP 耗水量比全国的平均水平高 40.8%；万元生产总值能耗比全国平均水平高出 41.8%。云南经济快速发展与资源、环境的矛盾日益突出。随着国家对有关“高能耗、高污染、资源性产品”的多种限制措施出台，势必影响云南省工业经济效益的提高，对银行信贷资金的安全与效益也将产生长远的不利影响。

4. 企业存货水平有所上升

据人民银行昆明中心支行对云南省 131 户大中型工业企业景气情况的调查显示，2006 年云南省企业存货（原材料、产成品、发出商品）总体处于较高水平。存货增长过快的原因在于：一是企业生产规模扩大，产成品存货正常增长；二是产品成本上升导致库存增加；三是部分行业产能过剩，市场供大于求；四是宏观调控对机械设备制造行业、黑色金属冶炼及压延加工业相关建筑业的影响十分明显，销售下降，产成品库存增长。企业存货水平上升，意味着银行信贷资金占用随之增加，资金周转效率下降，对银行经营效益的提高有不利影响，应引起企业、银行部门的重视。

## 二、金融发展、运行与金融稳定

### （一）银行业与金融稳定

1. 银行业健康发展，改革成效初显

（1）云南省银行业整体运行稳健。2006 年，云南省银行业资金较为充裕，效益有所增长，银行业金融机构金融产品不断创新，不良贷款额和不良贷款率逐步下降。2006 年年底，云南省银行业金融机构资产总额7 493.01亿元，负债总额7 362.78亿元，实现利润75.09亿元。本外币存款余额6 192.65亿元，其中人民币各项存款余额6 131.25亿元，同比增长19.27%；本外币贷款余额4 855.29亿元，其中人民币各项贷款余额4 803.51亿元，同比增长20.46%。不良贷款余额和不良贷款率（不含农村信用社）实现“双降”，分别下降17.58亿元和1.77个百分点。银行业金融机构效益提高，资产规模扩大，资产质量改善。随着国有商业银行机构优化调整及农村信用社统一法人产权制度改革的落实，银行业金融机构数量较上年下降28.4%，从业人员数量下降0.3%。

(2) 国有商业银行改革取得明显成效。中国建设银行、中国工商银行、中国银行分别在境内外成功上市，3家银行在云南的分支机构在完善公司治理、加强内控机制和风险管理制度建设等方面取得了明显成效，不良资产比例大幅下降，不良贷款拨备覆盖率快速提高，完成了从省级机构往下各个层次在机构设置、人员管理、业务经营、财务制度等方面的调整，改革效果显著。

(3) 农村金融改革逐步推进。截至2006年6月末，全省128个农村信用社县联社申请发行中央银行专项票据15.99亿元，组建了3家农村合作银行，101个县（市）区农村信用社完成统一法人社的产权制度改革并挂牌开业，产权制度改革进展顺利，农村信用社历史包袱初步化解，自我约束能力不断增强，支农力度明显加大，经营效益得到改善。2006年全省农村信用社不良贷款较2002年年末下降了18.86个百分点，资本充足率较2002年年末提高了4.59个百分点，80.31%的农村信用社实现盈利。

(4) 融资结构改善，直接融资占比继续提高。2006年，云南省融资结构发生积极变化。随着云南省企业短期融资券发行规模的扩大，企业上市融资及股市的活跃，云南省直接融资比重同比上升6.37个百分点。非金融机构部门贷款、企业债券、股票融资占全省非金融机构部门融资总量的比重同比分别提高-6.38%、4.21%、2.16%。

(5) 票据市场交易活跃，市场利率小幅上扬。商业银行鉴于流动性较为充足，中长期贷款占比较高，出于优化贷款结构考虑，加大了对票据业务的拓展，而票据业务具有手续便捷、安全方便、融资成本低的特点，企业需求较大，票据业务交易活跃。2006年，云南省银行各类票据贴现利率保持了小幅上升态势。

2. 银行业发展中值得关注的问题

(1) 存款保持稳定增长，但短期化特征明显

2006年，云南省金融机构存款大幅增长，同时存款活期化趋势日益明显。2006年，云南工业企业效益转好，企业活期存款增加；同时，全省短期贷款和中长期贷款的大幅增长促使派生存款增加。全年新增企业活期存款占新增企业存款的77.43%。受股票市场财富效应、基金热销的影响，居民储蓄存款意愿下降，储蓄存款增速由年初的20.84%降至年底的17.47%，部分定期存款转为活期存款。全省金融机构活期储蓄占储蓄存款的比重由2005年的42.43%提高到45.1%。

活期存款的高速增长，使银行存款稳定性有所减弱，增加了金融机构资产负债期限错配风险，也会给2007年的金融宏观调控形成一定压力。

（2）中长期贷款占比持续攀升，贷款长期化趋势明显

2006年12月末，云南省金融机构人民币贷款余额为4 803.51亿元，增长20.43%，其中中长期贷款2 735.61亿元，占贷款总量的56.95%，中长期贷款新增531.96亿元，占新增贷款的65.29%，增长强劲。12月末，企业定期存款和储蓄定期存款在存款总量的占比仅为32.54%，短存长贷趋势明显，增加了信贷资金期限错配压力。中长期贷款的持续攀升，期间面临的宏观政策、区域经济等客观因素变化的风险增多，相应地增加了信贷资金偿还的不稳定性因素。

（3）贷款集中的问题依旧突出

一是贷款投向行业集中。2006年年末，云南省贷款总量中居前的四个行业的贷款余额占比高达60.37%。从贷款增量看，新增贷款排前3位的行业贷款占新增贷款总量的58.41%。二是贷款投向企业集中。云南省前10大贷款户贷款在贷款总额中的占比为24.24%，主要集中在交通运输、城建和水利、电力等行业。其中云南省交通厅贷款位居首位。三是贷款放贷机构集中。2006年，云南省国有商业银行和股份制银行贷款比重与2005年同期相比，分别提高了8.07个和1.06个百分点。四是贷款区域分布集中。新增贷款继续向大中城市集中，2006年，昆明市新增贷款占全省贷款增量的51.44%，曲靖、玉溪、大理等经济相对发达和活跃的州、市，贷款也大幅增长。

贷款向部分地区和行业集中，不利于银行信贷风险的控制，一旦某一行业或企业经营或资金周转出现问题，将影响银行信贷资金的安全。

（4）商业银行流动性相对过剩

2006年，人民银行三次调高了金融机构存款准备金率，但云南省各银行类金融机构人民币名义存贷差仍较大，2006年9月以来，云南省银行业存贷比持续降低，从8月份的81.06%，降至12月的78.34%，下降2.72个百分点。云南省银行业存贷比持续下降，显示金融机构流动性相对过剩，存在通货膨胀和信贷扩张压力。

### （二）证券业与金融稳定

1. 上市公司情况

（1）云南省证券业运行平稳。在中国证券市场稳定发展的大环境下，证券经营机构营业收入、证券投资者新开户数等有较大增加，尤其在2006年下半年，证券交易量大幅增加，市场活跃。2006年，云南省新增云南盐化、世博股份2家上市公司，各上市公司股权分置改革进展顺利，完成股改的上市公司占应股改公司的90%；提前完成大股东占用上市公司资金的清收工作；上市企业融资方式有所创新，融资结构得到进一步改善。

（2）再融资方面有新进展。名流置业定向发行11 300万股A股，募集资金5.2亿元。驰宏锌锗定向增发3 500万股A股，募集资金6.9亿元。云天化发行10亿元可转债和9 000万份认股权证、云南铜业定向增发不超过5亿股A股均已获批准。另外，云南华能澜沧江水电有限公司在本年度实施了水电资产证券化项目，发行总规模为20亿元的受益凭证。

2. 证券期货经营机构运行情况

目前，云南省共有2家证券公司（红塔证券公司、太平洋证券公司）、36个证券营业部（其中2家已停业，拟迁出）、24个证券服务部、2家期货经纪公司、1家证券投资咨询公司。

截至2006年12月，云南省证券经营机构累计总成交金额1 457.86亿元，较上年同期增长131.08%，为历年同期之最；期货市场客户保证金余额15 588万元，较上年同期增长74.37%；手续费净收入较上年同期增加8.5%；代理交易额较同期增加35.8%。

3. 应关注的问题

（1）关注证券市场风险向银行业转移

2006年，股票市场持续繁荣，股指连创近年新高，随着股票市场的火热，基金也出现热销，甚至出现以“住房贷款”等名义申请贷款，实际上用于购买基金或股票的现象，部分中小投资者并不了解基金的运作模式和存在的风险，盲目跟风购买。同时，有一些企业筹集资金伺机入市的意愿也较强。据部分商业银行反映，每当有新股申购时，企业活期存款大出大进，波动较大。在资本市场与信贷市场互相渗透、联系日益紧密的形势下，如果证券市场出现大的波动，其风险有可能迅速传递到银行业。

（2）上市公司行业结构有待优化，资产质量有待继续提高

与全国资本市场的快速发展相比，云南资本市场的发育显得相对缓慢和滞后。一是证券市场规模小、实力弱。2006年，云南省上市公司数约占全国总数的1.73%，上市公司总市值约占全国的0.8%，证券交易金额约占全国的1.9%。二是上市公司个体优势突出，但行业分布和整体结构有待进一步优化。三是资本运作力度较弱。云南省上市公司通过收购兼并、扩股、参股或转让股权等形式实施集团化战略、低成本扩张，进行结构调整、产业升级的广度和深度都明显不够，原材料市场对企业效益及股票价格的影响还比较深。

### （三）保险业与金融稳定

2006年云南省保险业实现了持续快速发展的良好势头，保险市场活力增强，保费增长创历史新高，监管力度加大，保险市场平稳健康运行。

1. 云南省保险运行基本情况和特点

（1）保费增长创历史新高。2006年，云南保险市场实现保费收入95.29亿元，同比增加14.26亿元，增长17.60%。产寿险比为37:63，其中，财产险保费收入35.19亿元，同比增长21.33%。人身险保费收入60.10亿元，同比增长15.68%。全省保险深度为2.44%，保险密度为212.46元/人。

（2）赔款和给付。2006年，云南保险业支付各项赔款和给付28.90亿元，同比增加2.4亿元，增长20.33%。其中，财产险赔款支出17.24亿元，同比增长17.29%；人寿保险给付支出6.32亿元，同比增长30.27%；健康险赔款和给付支出3.41亿元，同比增长15.86%；意外险赔款支出1.92亿元，同比增长26.74%。

2. 保险业运行中值得关注的问题

（1）保险业服务经济社会的功能和作用还不够

从总体上看，云南省保险业的发展速度较快，2001～2006年，年平均增速达24.67%，但2006年全省保费总规模只占城乡居民储蓄存款的9.6%，人均保费只占城镇居民人均可支配收入的2.1%，保险规模还比较小、覆盖面也比较窄，仍处于发展的初级阶段。保险创新不够，产品结构单一等问题还比较突出，保险服务水平还不能满足广大群众日益增长的保险需求。

（2）保险业务结构有待改善，经营和服务需进一步加强

一是财产险保费收入结构有待改善。在财产险市场上，车险仍是主要规模险种，全省的非车险保费占财产险总保费的比重不足30%，这种业务一边倒的现象不利于财产险市场的健康全面发展。二是在人身险市场上，人身意外伤害保险和健康险的发展相对缓慢。2006年，云南省人寿保险公司退保率达12.55%，也给公司资金流动带来一定的压力。三是银保业务仍需进一步规范，欺诈误导、不说明条款真实内容等现象亟须保险和银行监管部门通力合作共同整治。四是农业保险发展缓慢。因目前农业保险业务多数亏损，各保险公司对此项业务开展的积极性不高。

### （四）非法金融活动与区域金融稳定

云南省部分市、县仍存在非法金融活动。虽经当地政府和有关部门多次进行清理和整顿，非法金融活动一直没有完全停止，非法金融活动给当地社会和经济、金融稳定带来一定的负面影响。一是“民间汇兑”等非法金融活动风险不容忽视。一些贫困山区由于农村金融服务体系建设滞后，有效服务供给不足，私人办理汇兑的现象仍有一定市场，“民间汇兑”虽在一定程度上缓解了贫困山区资金汇划难题，但也潜藏着金融风险，干扰了正常的经济金融秩序，需引起重视。二是非法集资案件时有发生。非法集资案件的发生，反映了社会公众识别和防范非法金融活动的能力仍待提高，对社会公众金融知识与防范投资风险意识的宣传仍需加强。

## 三、金融生态环境建设、基础设施与金融稳定

### （一）金融生态环境建设

为推进云南省经济金融协调健康发展，云南省政府下发了《云南省人民政府关于加强金融生态环境建设的意见》，并成立了云南省金融生态建设领导小组，办公室设在人民银行昆明中心支行，云南金融生态建设的职责和任务进一步明确，进入了规范化运行的轨道。

维护金融稳定，防范化解金融风险，需要关注辖区内金融业的整体运行和风险状况，及时跟踪监测银行业、证券业、保险业风险，以及跨市场、跨行业的交叉性金融风险。人民银行昆明中心支行已初步建立起与云南省银监局、保监局、证监局的工作联系制度，定期召开云南省金融系统联席会议，一定程度上实现了金融监管信息的共享；同时，有

效利用内部资源，在内部形成金融统计信息、银行信贷登记咨询信息、账户管理系统信息、支付系统信息等信息资料的内部查询、共享制度。

### （二）信用环境建设

2006 年云南省“企业信用信息基础数据库”的升级切换工作顺利完成，云南省辖内所有全国性商业银行及部分地方性金融机构已加入企业信用信息基础数据库，并实现了与全部全国性商业银行和有条件的农村信用社的全国联网。截至 2006 年年末，企业信用信息基础数据库收录的云南省借款企业（人）户数达 74 355 户，企业入库数已基本涵盖了在银行发生贷款的企业数。

“个人信用信息基础数据库”建设稳步推进。截至 2006 年 12 月末，云南省上报个人信贷账户 3 279 645 户，全省已开通“个人信用基础数据库”全国联网查询业务的商业银行共有 16 家，全年共查询个人信用报告 52 万份。

非银行信用信息采集工作取得了突破性进展，人民银行昆明中心支行与昆明市住房公积金管理中心签署了《中国人民银行与昆明市住房公积金管理中心共享协议》，于 2006 年 8 月起按月向总行征信服务中心上报昆明市住房公积金数据。同时，其他非银行信用信息的采集也打下了良好的基础。

### （三）支付结算体系建设

2006 年，继中央银行会计集中核算系统、大额支付系统、人民币银行结算账户管理系统和会计集中核算事后监督系统建成后，2006 年 5 月，云南省支付结算中心完成了小额支付系统在全省的建设和推广运用工作，全省的资金支付清算走上了汇划和清算的高速路，提高了资金的使用效率。

2006 年，云南省银行卡产业获得较大发展，发卡量大幅增加，受理环境明显改善，联网通用覆盖面不断扩大，支付功能不断完善。

改善农村地区的支付结算环境，提高农村支付结算服务水平。解决了全省 101 个农村信用社机构通汇难问题，畅通了农村地区支付清算汇路，积极推动银行卡和其他各类非现金支付工具在农村的使用，培育农村地区良好的支付结算习惯。

### （四）反洗钱

全省各州、市人民银行分支机构相继建立了反洗钱协调机制，反洗钱信息量大幅增加，充分发挥反洗钱职能作用，以提高可疑资金的监测分析能力和配合公安机关打击贩毒洗钱活动为重点，积极参与云南省禁毒人民战争，在可疑问题发现和破获案件方面取得了实质性突破。

2006 年，全省银行业共上报可疑交易信息 697 344 笔，涉及金额 8 640 亿元；协助公安机关调查可疑账户交易情况 1 572 户，向公安机关移送可疑信息 82 条，开展行政调查 22 次。2006 年年初，昆明中心支行反洗处协助公安机关成功破获云南省首例涉毒洗钱案件。

## 四、总体评估与政策建议

### （一）总体评估

2006年，云南经济进入十多年来最好的发展期，工业生产发展良好，固定资产投资增长逐步回落，物价温和上涨，全省经济总体呈现出发展快、运行稳、物价低、效益好的局面。在经济形势良好的背景下，2006年云南省金融业健康快速发展，规模不断壮大，货币信贷运行平稳，金融市场活跃，融资结构明显改善，各项改革稳步推进，金融资源配置功能增强，金融生态环境建设步入了规范化轨道，一些多年来影响区域金融稳定的风险问题得到逐步化解。证券市场交易活跃，成交量成倍增长。保险业规模壮大，对社会的保障功能增强。从总体上看，云南省金融机构整体运行稳健，金融稳定形势总体良好，金融业发生系统性金融风险的可能性不大。

但云南省经济金融发展中仍然存在一些矛盾和问题，主要表现为：投资需求旺盛，保持固定资产投资适度增长的难度加大；“煤电油运”的瓶颈制约依然存在；部分农资价格高位运行，农民生产成本增加，物价上涨压力较大；节能降耗工作形势严峻。银行业存贷款期限结构错配现象突出，贷款长期化趋势继续，商业银行流动性相对过剩；信贷需求旺盛与宏观调控的矛盾依然突出；地方中小金融机构有待进一步发展。

### （二）政策建议

1. 进一步加强金融生态环境建设，完善产业政策与信贷政策协调配合的工作机制

加强金融生态环境建设，加强部门之间的协调沟通，严格审批项目，积极调整产业结构，促进经济增长方式的转变，确保各项政策措施落到实处，防止盲目投资，造成资源配置的浪费；进一步加强金融信贷政策与产业政策、环保政策、土地政策协调配合，引导商业银行着力改善信贷结构，增加对符合国家产业政策，环保型、节能型、集约型项目的信贷支持，实现国民经济健康、平稳、协调发展与金融业稳健经营。

2. 继续贯彻宏观调控政策，保持货币信贷的合理适度增长

一是重点支持高效农业、先进制造业和现代服务业。二是大力支持资源节约型、环境友好型社会建设。配合环保政策及节能、降耗和减排等约束性指标的要求，支持新材料、新能源、再生资源处理等环保节能产业和循环经济的发展。三是积极支持扩大消费需求，增强消费对经济增长的拉动力。拓展消费信贷的深度和广度，积极探索推动农村消费信贷发展的有效方式，活跃城乡消费市场，培育新的消费热点。

3. 健全农村金融服务体系，发挥好金融支持新农村建设的作用

结合中央提出的建设社会主义新农村的目标，重点支持“三农”的发展性资金需求，合理调整贷款投向，在改进和加强对农村的金融服务方面力争取得新突破。商业银行应充分考虑地区差异，制定更加符合基层实际的信贷管理方式，逐步提高对农业经济组织、龙

头企业和农业产业化经营的支持力度；适当扩大农业发展银行业务范围，支持涉农企业资金需求；加速邮政储蓄改革，减少农村资金外流；继续发挥农村信用社农村金融主力军作用，满足从农户到农业产业化的多层次金融需求；正确引导农村民间金融，发挥其对农村正规金融的补充作用；发挥保险业对农村经济发展的补偿功能作用，结合各地经济特色开发农业保险、工业基础设备等保险。建立农村社会化的服务体系，建立中小企业信用担保体系，解决农村龙头企业担保难问题，开展农村信用创建活动，改善农村金融生态环境，逐步改进农业产业化的经营环境。

4. 密切关注金融改革

认真分析、研究在金融改革过程中的新情况、新问题，结合国民经济运行和地区经济金融运行情况、变化趋势，建立金融业风险预警机制，提示、防范可能出现的风险隐患，促进银行业的稳健经营，支持经济又好又快发展。

总　纂：于　华
统　稿：李宇专
执　笔：张志武　杨百昕　冷若溪　吴　莹
其他参与写作人员：田灿均　吴俐华　付　强　陈志平
洪丕莉　高　永　经　纬　刘　虹　李耀玉

# 2007年西藏自治区金融稳定报告摘要

## 一、区域经济运行与金融稳定

2006年，西藏紧紧抓住青藏铁路通车、林芝机场通航营运等经济社会发展机遇，认真落实科学发展观，积极推进“平安西藏、和谐西藏”建设，全面贯彻落实自治区政府提出的“一产上水平、二产抓重点、三产大发展”的经济发展战略，西藏经济呈现持续快速增长的良好态势，为辖区金融业发展提供了一个稳定的经济环境。

### （一）经济平稳、持续快速增长，物价走势平稳

2006年，西藏完成生产总值290.05亿元，同比增长13.4%；人均GDP超过1万元，比上年增长11%以上。2006年，全区居民消费价格总水平比上年上涨2.0%，涨幅同比增加0.5个百分点，其中城市上涨1.9%，农村上涨2.4%；服务项目价格上涨5.0%，消费品价格上涨1.5%，物价总体趋于平稳。

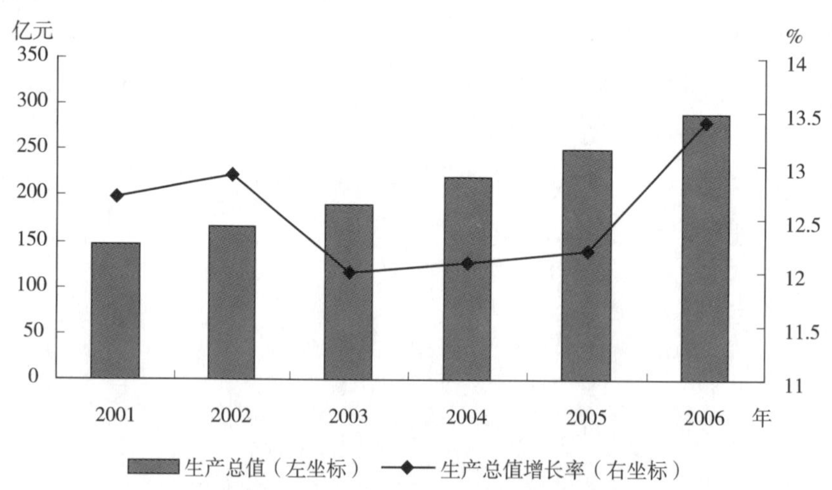


数据来源：西藏自治区统计局。

图1　西藏自治区生产总值及其增长率

### （二）投资、消费、出口稳定增长，产业结构趋于优化

2006 年，全区固定资产投资完成 232.35 亿元，同比增长 18.4%。其中：民间投资 48.2 亿元，增长 47.1%。消费需求稳中趋旺，实现社会消费品零售总额 89.70 亿元，同比增长 22.7%。外贸出口保持较快增长，商品出口总额 22 221 万美元，同比增长 34.4%。第一、第二和第三产业增加值分别为 51.04 亿元、80.03 亿元、158.98 亿元，同比分别增长 6.2%、22.9%、11.7%。经济结构进一步优化，特色经济发展步伐加快，三大产业结构由 19.1∶25.3∶55.6 调整为 17.6∶27.6∶ 54.8。

### （三）财政收支趋于合理，城乡居民收入稳步提高

2006 年，全区地方财政一般预算收入完成 14.56 亿元，同比增长 21.0%；财政一般预算支出完成 200.20 亿元，同比增长 8%；城镇居民人均可支配收入和农村居民家庭人均现金收入达到 8 941 元和 2 435 元，同比分别增长 6.3% 和 17.2%。

### （四）非公有制经济迅速发展，首次超过国有和集体企业纳税的贡献

2006 年，全区个体工商户达到 6.87 万户，私营企业达到 3 144 户，分别增长 11% 和 29.8%。公有制经济纳税金额达 9.75 亿元，增长 41%，占西藏税收总额的 58%。

西藏属于经济欠发达地区，经济规模小，自我造血功能较弱，经济发展主要靠国家和援藏项目投资，属典型的投资拉动型经济；工业基础薄弱，农牧区经济基础差，创收能力弱；融资渠道窄，间接融资依存度高。这些问题的存在将会影响经济持续增长，进而影响金融业的稳健发展。

## 二、金融业与金融稳定

2006 年，西藏辖区金融机构资产规模逐渐扩大，金融机构整体盈利能力显著提升，经营实力得到进一步增强，金融发展态势良好。

### （一）银行业与金融稳定

2006 年，西藏银行业在有效支持地方经济发展的同时，大力推进内部管理体制的改革，以合规机制建设提升经营管理水平，盈利能力和风险防范能力显著提升，银行业金融机构稳健运行。

1. 存贷款余额保持稳步增长，不良贷款实现“双降”

截至 2006 年年末，全区银行业本外币存款余额达 486.3 亿元，同比增加 58.22 亿元，增长 13.6%。本外币贷款余额为 199.74 亿元，同比增加 24.80 亿元，增长 14.18%。不良贷款余额为 28.81 亿元，不良贷款率为 14.5%，比年初分别下降 65 万元和 2.02 个百分点，连续 3 年实现了“双降”。

2. 经营规模不断扩大，盈利能力显著提升

截至2006年年末，全区银行业总资产达505.63亿元，同比增加10.19亿元，增长2.06%；总负债为503.8亿元，同比增加15.3亿元，增长3.13%；如果利差及特殊费用补贴到位后，应实现利润2.28亿元，同比增加0.76亿元，增长50.04%，是效益最好的一年。

3. 案件专项治理成效明显

2006年，全辖共发生银行业案件5起，涉案金额121.5万元，较上年分别下降44%和82.08%，有力维护了辖内银行体系稳定和公众对银行业的信心。

2006年，西藏银行业经营取得了显著成效，但银行业发展存在的潜在风险仍值得我们关注：

1. 不良贷款反弹现象突出，风险化解压力大

2006年，尽管全区银行业不良贷款余额和比例实现了“双降”，但不良贷款反弹压力大，化解不良贷款任务依然艰巨。据监测：银行业不良贷款全年仅4个月实现余额和比例“双降”，3个月出现“双升”。同时，不良贷款出现了新增势头，全年新形成不良贷款净额4.13亿元，新形成不良贷款率达2.66%。由于不良贷款受历史积累和提取风险准备严重不足等因圬的影响，化解不良贷款难度大。2006年，全区银行业累计清收处置不良贷款5.07亿元，同比减少2.65亿元，下降34.67%。

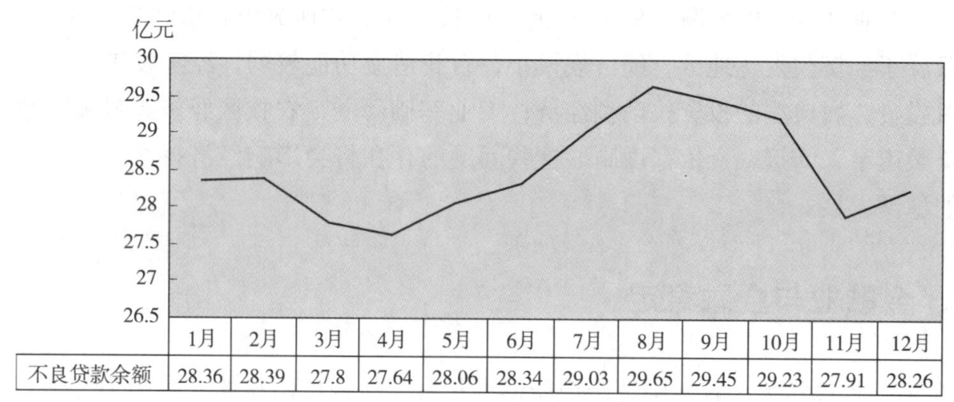


| | 1月 | 2月 | 3月 | 4月 | 5月 | 6月 | 7月 | 8月 | 9月 | 10月 | 11月 | 12月 |
|---|---|---|---|---|---|---|---|---|---|---|---|---|
| 不良贷款余额 | 28.36 | 28.39 | 27.8 | 27.64 | 28.06 | 28.34 | 29.03 | 29.65 | 29.45 | 29.23 | 27.91 | 28.26 |

数据来源：西藏银监局。

**图2　2006年西藏银行业机构不良贷款走势**

2. 存差进一步加剧，资金运用压力不断增大

存差加剧是全国银行业存在的问题，也是全区银行业存在的一个突出问题。截至2006年年末，全区银行业贷款余额仅占存款余额的37.41%，同比下降1.89个百分点，创近10年来新低，可用资金高达205亿元，占各项存款余额的37.6%，资金运用压力不断增大。如果存差加剧的趋势得不到有效的控制，导致长期收益率曲线下移，对银行业经营可能带来不利影响。

3. 贷款集中趋势明显，信贷风险值得关注

截至2006年年末，全区银行机构授信额度或贷款余额在3 000万元以上的大额客户有

119户，授信额度达153.61亿元，贷款余额达99.12亿元，分别比年初增长61.59%和9.68%，占银行贷款总额的50.21%。大客户中不良贷款余额达10.24亿元，不良贷款率为10.33%，占银行不良贷款总额的36.24%。贷款向大客户集中的发展趋势，易使大客户将信贷风险转嫁于银行。

### （二）证券业与金融稳定

2006年，辖区唯一证券机构（即西藏证券公司）经营继续恶化的状况得以扭转，运行状况趋于稳定。尤其是自2006年4月以来，受全国股权分置改革的顺利进行，证券市场行情好转等因素的影响，西藏证券公司获得了新的发展机遇，交易业务日趋活跃，经营效益明显提升，初步走出困境，实现了扭亏为盈。

1. 业务经营状况明显好转，持续经营能力进一步增强

2006年年末，西藏证券公司总资产为5.72亿元，较上年增长了2倍。实现代理交易业务量（经纪业务）197.4亿元，较上年增长了4.3倍。其中股票交易118.3亿元，较上年增长了2.5倍，占代理交易业务量的60%。实现营业收入0.34亿元，较上年增长了1.6倍。获得净利润0.04亿元，初步扭转了连续5年出现经营亏损的局面。

2. 公司内部结构治理有所改善，风险控制能力进一步增强

2006年西藏证券公司增资扩股改制取得重大进展，公司新吸纳股东1个，增加股本金1.4亿元。同时，按照股份制公司内部结构治理要求，设立了内部经营管理机构，建立了管理运行机制，即实行董事会领导下的总经理负责制，重大经营和重要事项的决策由董事会决定，业务经营活动和相关制度的建立与执行情况由监事会负责。进一步健全了内控制度和业务管理操作制度，风险控制能力进一步增强。

2006年，西藏证券公司改制工作虽取得进展，但由于公司经营规模小，业务品种单一，加之经纪类业务受证券市场波动大，经营状况可能出现反弹，经营风险仍值得关注。

### （三）保险业与金融稳定

2006年，随着西藏保险业市场主体的增加，保险业首次出现同业竞争的局面，保费收入平稳增长，经济补偿功能进一步增强，运行总体平稳，发展态势良好。

1. 增加了保险市场主体，促进了保险市场的竞争

2006年，西藏新增保险机构1家，即安邦财险西藏分公司。该公司在3个地区设立了分支机构并已正式营运，打破了由人保西藏分公司独家经营保险业务的局面，给辖区保险市场增添了活力，提升了服务水平，促进了保险市场主体的平等竞争。

2. 保费收入平稳增长，赔付能力有所提升

2006年，西藏保险业继续保持平稳发展的势头。全年保费收入为1.95亿元，同比增长23.9%。保险业务得到进一步拓展，保险深度和密度实现“双升”。保险深度为0.67%，同比增长0.05%；保险密度为69.55元，同比增加10.88元。全年，共处理赔款案件8 265

件，累计赔款6 610万元，同比增加1 259万元，增长23.54%。

3. 保险品种有所创新，经济补偿功能进一步增强

2006年，人保财险西藏分公司在西藏日喀则、那曲地区推行了农牧业保险试点工作，创新开办了种植业、养殖业及农房等保险业务，使保险功能得到进一步发挥。

西藏保险业尽管发展态势良好，但仍需关注以下几个方面的问题：

1. 保费收入集中度高，业务结构不尽合理

主要反映在：西藏两家保险公司的保费来源主要集中在车辆险保费收入，非车辆险保费收入占比低，这种状况不利于保险业的稳健经营与可持续发展。2006年，人保财险西藏分公司车辆险保费收入13 539万元，占该公司保费总收入的80%；安邦保险西藏分公司车辆险保费收入2 410.51万元，占该公司保费总收入的94.5%。

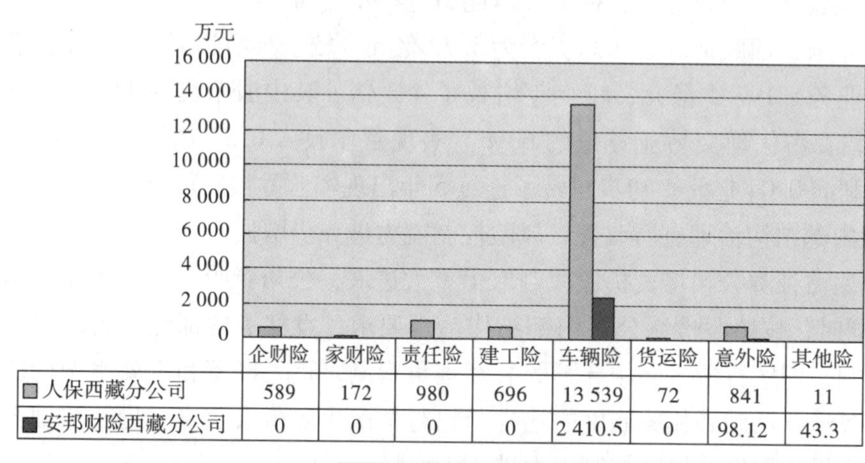


数据来源：人保西藏分公司、安邦财险西藏分公司。

**图3 人保西藏分公司、安邦财险西藏分公司保费收入对比**

2. 金融监管体系不健全，保险监管滞后

截至2006年年末，西藏已有两家保险公司，随着西藏经济发展和对外开放进程的加快，更多的保险机构将进入西藏保险行列，形成多类保险市场主体。保险市场主体的多元化，一方面有利于推动和促进西藏保险业的壮大和发展，另一方面也给辖区保险业的监管提出了新的要求和挑战。由于西藏尚无保险业监管机构，辖区保险业一直由四川保监局代为监管，有可能产生监管不到位甚至出现监管真空的问题，极易导致保险机构违规经营或恶意竞争，不利于辖区经济与金融的稳定。

## 三、金融市场运行与金融稳定

2006年，西藏金融市场仍未得到良好的发展，金融市场体系不健全。突出表现在：银

行业同业拆借市场、债券市场、外汇市场和黄金市场等业务尚未得到开展。企业直接融资甚少，主要靠银行贷款来满足融资需求。票据市场发展缓慢，票据承兑业务量小，品种单一。2006 年，农、中、建三家银行区分行累计发生银行承兑汇票承兑额仅 7 131.5 万元，且未发生商业承兑汇票承兑业务。中行西藏分行开办了买断式票据转贴现业务，年末余额 1.98 亿元。总的来看，西藏金融市场体系不健全，不利于推动西藏经济、金融发展和银行资金的有效配置。

## 四、金融基础建设与金融稳定

金融基础建设直接影响经济的发展和金融的稳定。2006 年，全区金融基础建设工作取得一定的进展：金融突发事件应急体系初步形成；社会信用建设工作稳步推进；支付清算系统安全运行；反洗钱工作机制正常运转；“反假币”工作进一步加强。金融基础建设的进一步发展，为保持辖区金融稳定奠定了良好的基础。

### （一）金融突发事件应急体系初步形成

2006 年，根据《国家金融突发事件应急预案》和《西藏自治区人民政府办公厅关于编制突发公共事件总体应急预案、专项应急预案和部门应急预案的通知》要求，制定了《西藏自治区金融突发事件应急预案》和《西藏自治区金融机构突发事件应急预案》，其他金融机构相应出台了部门应急预案，以应对各类金融突发事件。同时，成立了由政府领导牵头、相关职能部门共同参加的金融应急处置协调领导小组，建立了与上级主管部门、地方政府、相关部门之间的应急信息传递机制与应急处理协调机制，以确保金融突发事件应急体系的规范运作。

### （二）信用环境建设得到进一步加强

2006 年，辖区各银行机构加强对社会各界金融政策和社会信用知识的宣传，注重对信用社区和信用客户的培养，使社会信用环境有了进一步改善。初步建立了社会信用担保体系，成立了西藏财信担保公司，将实施农牧民贷款、中小企业贷款和下岗失业人员小额贷款的担保，有利于提高政府的公信力，有利于分散商业银行的信贷风险。征信体系建设取得明显成效，顺利完成银行信贷登记咨询系统的切换工作，贷款入库余额达 143.74 亿元，占各项贷款余额的 69%，辖区金融机构查询使用银行信贷登记咨询系统达 1 000 余次。

### （三）支付清算系统运行良好

2006 年，中国人民银行拉萨中心支行出台了《西藏自治区支付清算系统危机处置预案》、《中国人民银行拉萨中心支行中央银行会计集中核算系统管理办法实施细则》（试行），提高了西藏支付清算系统防御风险的能力，确保了支付清算系统的安全稳定运行。

2006 年，西藏大额支付系统发生清算业务 146 938 笔，清算金额达 2 122 亿元，以及小额清算业务，均无任何安全责任事故发生。

### （四）反洗钱工作机制正常运转

2006 年，在大力实施《西藏辖区反洗钱工作部门联席会议制度》、《西藏金融机构反洗钱工作协调机制》、《西藏自治区公安厅、人民银行拉萨中心支行人民币反洗钱可疑线索调查机制》等制度的基础上，辖区各级人民银行进一步加强与相关部门反洗钱工作的合作并取得初步成效。全年向反洗钱监测中心报告并移送可疑交易 14 笔，向自治区公安部门报送可疑交易 3 笔，已立案 1 笔，为有效打击金融犯罪，维护辖区金融稳定，提供了有力的支持。

### （五）“反假币”工作力度进一步加大

假币泛滥不仅严重损坏人民币信誉，而且破坏人民币正常流通秩序，对金融稳定将产生不利影响。2006 年，辖区各级人民银行加大了反假币工作力度，开展反假币宣传活动人员达 1 500 余人次，散发宣传单 25 万余份，解答群众咨询人数达 12. 5 万余人次。全区共破获假币案件 14 起，收缴假人民币 29. 5 万余元，抓获犯罪嫌疑人 22 人。同时，形成了以拉萨为中心，向各地区辐射的反假货币工作网络体系。通过反假币宣传和打击贩卖假币活动，在辖区内营造了人人了解人民币，爱护人民币，自觉与制贩假币违法犯罪行为做斗争的良好氛围，有力地震慑了犯罪分子，维护了人民币的信誉和正常流通。

## 五、总体评估与政策建议

总体看，2006 年，辖区金融运行平稳，经济持续、快速、健康发展，为保持西藏金融稳定提供了有力的支持和保障。银行业资产负债规模逐渐扩大，经营能力和抗风险能力有所增强；证券业开始复苏，初步实现扭亏为盈；保费收入稳步增长，理赔能力进一步增强；金融基础设施建设进一步加强，防范和处置风险能力进一步提高；社会诚信和法制意识普遍增强，金融生态环境有所改善。

在经济、金融平稳运行的同时，也有一些值得关注的问题，如：银行机构不良贷款时常反弹；信贷风险集中度高问题尚未得到缓解；存差扩大和贷款“两难”问题缺乏应对措施；信托机构经营面临困境；证券机构业务拓展能力弱；保险机构业务结构不尽合理；部分金融企业金融基础设施建设滞后等，这些都可能成为影响西藏金融稳定的不利因素。

针对存在的问题，提出如下政策建议：

### （一）继续推进辖区银行业改革，增强银行机构抗御风险的能力

农行西藏分行要按照“面向三农、整体改制、商业运作、择机上市”的改革方针，结

合西藏实际，提出“有利于支持农牧区经济发展、有利于农行西藏分行系统生存与发展、有利于西藏金融稳定”的改革方案，并做好不良资产清理、划转和核销准备工作，争取纳入农行体制改革；中、建行西藏分行要在继续巩固改革成果的基础上，逐步完善公司治理结构，努力提高风险识别、监测和管理水平，增强防范、化解金融风险的能力；银行业金融机构要加强对不良贷款反弹问题的研究，采取针对性措施，不断加大对不良贷款的清收和处置力度，防止不良贷款回升和反弹。同时，把握西藏经济社会跨越式发展的良好机遇，主动加强业务营销，稳定存款来源，利用资金优势，不断加大有效信贷投入，有效缓解流动性过剩和贷款“两难”以及贷款风险向大客户集中等问题。

### （二）抓住新的发展机遇，增强证券机构持续发展能力

西藏证券公司要抓住新的发展机遇，加强人才引进、人才储备工作，积极拓展业务，努力解决经营规模小，业务品种单一，盈利能力弱，抗风险能力低等问题。在增资扩股改制工作的基础上，要进一步完善公司治理结构和企业运行机制，严格执行以“五项内控”为核心的客户交易结算资金独立存管的评审制度，提高风险内控及管理能力。

### （三）加大业务拓展力度，解决保费来源单一的问题

西藏保险业要按照“突出效益、注重质量、促进发展”的基本原则，在巩固车辆险和大项目保险业务的基础上，理顺销售渠道、充实一线营销力量，大力拓展家财险、责任险、工程险、意外险等业务。要结合西藏经济社会发展的实际，积极开创新险种，努力解决保费增长过于依赖单一险种问题，以增强持续发展的能力。

### （四）健全金融监管体系、防止出现保险机构无序竞争

西藏保险市场主体的增加，辖区保险业必将面临同业市场的竞争。加强辖区保险业的监督管理，引导保险机构合法合规经营及平等有序竞争，维护正常的保险市场秩序和保持金融稳定，是保险行业监管所面对的问题。建议在西藏辖区设立保险业监管机构，加强对保险业的监督管理，尽力避免因监管机制不健全而出现监管不到位或保险监管真空等问题。

### （五）加强金融基础设施建设，为金融稳定提供强有力的支持

继续推进金融生态环境建设。金融机构应充分依靠各级政府的组织、领导作用，加大对社会各界金融法律、法规知识以及“讲信用、讲诚信”、“做诚信企业、做诚信公民”的宣传力度，努力营造一个良好的社会法制环境和社会信用环境。按照“政府引导、政策扶持、市场运作”的原则，进一步推动担保体系建设。进一步完善金融突发事件应急体系，建立健全部门应急处理操作规程，加强金融突发事件应急演练，确保金融突发事件应急体系正常运转。加强支付清算系统的维护和管理工作，切实保障系统的正常运行，防范支付清算风险。继续加大反洗钱工作力度，加强反洗钱单位之间的合作，认真落实反洗钱制度，

全面深入推进反洗钱工作的开展。

总　纂：代仕其
统　稿：伊　苏　马成林　许峰铭　罗布参旦
执　笔：许峰铭
其他参与写作人员：尼　珍　张麦娥

# 2007 年陕西省金融稳定报告摘要

## 一、经济运行与金融稳定

2006 年，陕西省经济继续保持稳定快速增长的良好局面，经济增长的质量和效益明显提升，产业结构调整逐步深化，能源和装备制造业等优势产业对经济的推动作用进一步发挥，宏观经济效益达到历史最好水平。城乡居民收入进一步增长，生活水平不断改善。市场物价基本稳定。

2006 年，陕西省实现地方生产总值 4 383. 9 亿元，同比增长 12. 7%。其中，第一产业增加值 488. 5 亿元，增长 7. 4%；第二产业增加值 2 318. 2 亿元，增长 14. 9%；第三产业增加值 1 577. 3 亿元，增长 11. 4%。能源化工业完成总产值2 098. 5亿元，增长 34. 4%，占规模以上工业总产值的 48. 1%；装备制造业完成工业总产值 904. 3 亿元，增长 29. 6%，占规模以上工业总产值的 20. 7%。

投资、消费、进出口继续保持强劲增长的势头。2006 年，陕西省全社会固定资产投资完成 2 610 亿元，增长 31%，为近年来最快增速；实现社会消费品零售总额 1 522 亿元，增长 15. 1%；进出口总额完成 53. 6 亿美元，增长 17. 1%，实际利用外商直接投资 9. 3 亿美元，增长 47. 2%。

企业效益快速增长，城乡居民收入稳步提高，物价基本稳定。2006 年，陕西省规模以上工业企业实现利税 830. 8 亿元，创历史最高水平。财政收入 696. 8 亿元，比 2005 年同期增长 31. 7%。城镇居民人均可支配收入 9 268 元，增长 12%；农民人均纯收入 2 260 元，增长 10. 1%。居民消费价格总水平比 2005 年上涨 1. 5%。

在“十一五”加快工业化、城镇化和西部大开发等有利政策的推动下，虽然陕西经济呈现持续快速增长的良好局面，但一些影响经济持续有效增长的基本问题仍然困扰着陕西经济的健康发展，主要表现在：经济增长方式比较粗放，同时经济发展中结构性、体制性的深层次矛盾依然突出；国有企业改革仍需攻坚，非公有制经济发展质量不高；科技成果转化率不高，企业创新主体地位亟待加强；节能降耗任务艰巨，环境保护压力较大等。如果不能协调解决好上述诸多不利影响因素，在宏观经济政策和市场环境发生变化时，陕西省经济或主要行业仍然可能面临波动。目前看，以下四个方面的问题应引起关注。

### （一）投资结构呈现外源性扩张，增长方式粗放；第一、第三产业发展缓慢

陕西省投资表现出两个明显特征：一是新建和扩建项目投资多，改建和技术改造项目投资少。经济增长主要来源于新项目带动下的外源性扩张，对原有企业的挖潜改造不足，增长方式粗放的问题仍未解决。2006 年上半年，陕西省新建和扩建项目投资 676.9 亿元，同比增长 46.4%，新扩建项目投资占同期城镇投资（不含房地产）的比重高达 82.5%，其中新建项目投资 524.48 亿元，增长 65.7%；而改建和技术改造项目投资 95.1 亿元，增长 17.1%，增速与新扩建项目投资增速相差 29.3 个百分点，所占比重仅为 11.6%。二是高技术产业、农业、教育业等投资增速偏低，导致第一、三产业发展速度较慢。2006 年，陕西省高技术产业投资 57.2 亿元，比 2005 年增长 10.3%，增速低于城镇投资增速 22.5 个百分点。长期以来陕西省农业基础比较薄弱，2006 年，在社会主义新农村建设开局之年，陕西省农业投资虽然增速很高，但在陕西省城镇投资中仅占 0.4%，比重依然很低。2006 年，陕西教育行业完成投资 89.8 亿元，比 2005 年减少 2.2 亿元，增速由 2005 年增长 40% 转为下降 2.4%，其中地方教育行业完成投资 72 亿元，仅增长 4.1%。陕西是教育大省，教育行业投资增速下滑是影响陕西省第三产业投资增速趋缓的主要因素。

### （二）煤炭电力行业产能过剩

“十五”期间陕西省煤炭行业受需求和价格的双重拉动，投资大幅增加，过度投资使产能过剩的危险增加。据陕西省政府有关部门调查，“十一五”时期全省大型煤炭企业计划投资 280 亿元，相当于“十五”时期投资的 3 倍。同时，在国家政策引导下，技术进步、能耗下降导致需求相对减少。产能过剩、价格下跌、恶性竞争将给行业发展造成较大冲击。

电力行业也面临过剩问题。2005 年时陕西省电力供应已经开始总体过剩。按照规划到 2010 年年底，陕西省电力装机将较 2005 年年末再翻一番以上。如果全部建成投产，产能过剩将更为严重。

### （三）消费对经济增长的拉动力较弱

2006 年，陕西省城镇居民可支配收入为 9 268 元，增长 12%；农村居民纯收入为 2 260 元，增长 10.1%。城乡居民收入水平和增速均低于同期的全国平均水平，城乡居民收入增幅差距继续扩大。居民整体消费水平增长相对缓慢，城乡居民收入差距扩大，制约了消费结构的升级和消费需求对经济的推动作用。

### （四）进出口增幅趋缓，出口产品结构不尽合理

2006 年，陕西进出口总值为 53.6 亿美元，增长 17.1%，进出口贸易规模继续增长，增幅趋缓。同时，陕西进出口总额在全国的占比呈现逐年下降的趋势。而出口产品结构不尽合理是 2006 年陕西省进出口出现增长趋缓的重要原因。陕西省出口产品中资源类产品占比较大，且品种单一，由于资源类产品附加值低，容易受到国际市场价格、汇率和国家政

策等因素的影响，从而导致出口出现较大幅度的波动。

## 二、金融机构与金融稳定

2006年年末，陕西省内银行类金融机构包括4家国有商业银行、3家政策性银行、2家外资银行、8家股份制商业银行、3家城市商业银行、3家城市信用社、88家农村信用社统一法人社、2家农村合作银行；证券类金融机构包括3家证券公司，65家证券营业部，21家证券服务部，3家期货经营机构，1家外地驻陕营业部，24家上市公司；保险类金融机构1 634家（其中总公司1家，省级分公司18家），76家专业保险中介机构，2 175家兼业保险代理机构。

### （一）银行业

1. 银行业金融机构整体运行平稳，存贷款规模不断扩大，资产质量逐步改善，盈利状况明显上升，金融机构抗风险能力进一步增强

截至2006年年末，陕西省内银行业金融机构人民币各项存款余额7 452.5亿元，同比增长15.6%；各项贷款余额4 463.2亿元，同比增长12.1%。主要银行业金融机构[①]不良贷款率较年初下降了0.7个百分点，农村信用社不良贷款率较年初下降3.1个百分点。银行业金融机构全年共实现盈利48.6亿元，增长28.4%。

2. 金融机构改革继续深化

2006年，建行、中行和工行陕西省分行继续深化组织结构、内控制度和风险管理等方面改革，积极转变经营理念，经营稳健性和竞争力不断提高。初步建立起以客户需求为导向的组织管理体系。内控风险防范体系进一步完善，金融服务水平和金融创新能力有所提高。

2006年，在相关资金、财税、利率政策支持下，陕西省农村信用合作社积极转换经营机制，规范内部管理，经营效益和资产质量显著提高，改革取得阶段性成果。截至2006年年末，陕西省已组建或筹建统一法人社88家，组建农村合作银行2家。有17家联社通过票据兑付，共兑付资金2.75亿元，另外有1.48亿元的专项借款也已到账，资金扶持政策对陕西省农村信用社消化历史包袱，提高抗风险能力起到重要作用。2006年年末，陕西省农信社不良贷款率较年初下降3.1%，资本充足率较2002年年末提高了12.4个百分点。农信社大力拓展中间业务，并结合实际需求开发多种新型贷款，支农能力不断增强。2006年年末，陕西省农村信用社农业贷款余额400.5亿元，较2003年年末增加161.7亿元，农业贷款余额占到各项贷款的60.7%。

3. 银行业进一步发展需关注的问题

（1）贷款中长期化趋势加大了信贷经营风险

2006年年末，陕西省内金融机构中长期贷款余额2 372.4亿元，同比增长23.9%，增

① 包括政策性银行、国有银行、股份制银行和城市商业银行。

幅比上年同期高 11.9 个百分点。基本建设贷款持续快速增长是推动中长期贷款大幅增加的主要因素，2006 年，陕西省大型重点建设项目增多，交通、城市基础设施项目占项目总数的 26%。2006 年年末，基本建设贷款余额 1 148.1 亿元，同比增长 25.6%，基本建设贷款新增 206.4 亿元，同比多增 109.8 亿元。中长期贷款的持续增长将导致商业银行信贷期限结构中长期化，商业银行资产负债结构期限错配的矛盾进一步加大。信贷资源向投资领域过度集中，有可能刺激部分行业产能的过度扩张，形成产销失衡，加剧宏观经济的周期波动。

（2）地方金融机构法人治理结构亟待优化

目前，地方法人银行业金融机构在建立规范的股东大会、董事会、监事会并明确各自的职责，加强内部控制和风险管理，完善信息披露制度，强化投资者和市场约束等方面取得了明显进展。但在运行中仍存在一些问题，主要表现为：一是所有者缺位和金融机构内部人控制问题依然存在。由于机构网点多且分散，内部管理层次多、链条长，内部控制存在缺陷，有章不循、违规操作时有发生。二是缺少市场化的激励约束机制。在人事任命和考核方面与行政级别挂钩，无论是高管人员还是普通员工，其报酬与业绩关系不紧密，激励机制不足，约束机制存在一定的缺陷。

（3）资本金不足是困扰地方银行法人机构发展的重要因素

截至 2006 年年末，陕西省内 6 家银行业地方法人金融机构中有 4 家资本充足率仍未达到 8%，这直接制约了地方法人金融机构资产规模的扩张，并因此丧失了一批优质客户，对经营发展造成一定程度的影响和制约，最终影响了金融对地方经济的支持作用。因此，亟须通过重组、引进战略投资者等方式积极补充资本金。

### （二）证券业

1. 证券业经营机构风险得到有效化解，上市公司股权分置改革基本完成，陕西省证券业步入快速发展时期

2006 年，在顺利完成了对健桥证券的资产清理、评估、招标及债权登记等工作后，相关部门启动了多项处置工作，积极稳妥地处置了风险，2006 年 11 月 7 日，中国证监会正式撤销健桥证券。华弘证券、开源证券两家证券公司通过增资扩股，化解了财务危机，增强了资本实力。其他证券公司违规拆借资金、股东出资不到位等重大历史遗留问题全部解决，行业竞争力大幅度提高。经过综合治理，省内证券公司资产质量持续提升，整体盈利状况明显改善，风险状况进一步降低，风险管理水平明显提高。

上市公司股权分置改革基本完成。陕西 24 家上市公司中，有 21 家上市公司已经完成股权分置改革工作，3 家公司进入股改程序。同时，陕西上市公司大股东及关联方违规占用上市公司资金清欠工作圆满完成。6 家上市公司通过现金清偿、以资抵债、以股抵债、司法途径等方式清理欠款达 16.6 亿元，化解了部分上市公司现实的危机问题，基本解决了长期困扰陕西上市公司健康发展的痼疾，提高了上市公司质量。

2. 证券业发展需关注的问题

(1)证券公司业务领域有待进一步拓展

2006年，陕西3家证券公司的证券投资业务收益首次超越证券经纪业务手续费收入成为证券公司的主要收入来源，券商盈利模式单一的现状得到一定改观。但是，证券承销业务、受托资产管理和咨询业务的开展还基本处于空白。

(2)陕西上市公司经营管理水平有待提高

一是整体质量不高，规模较小，缺少能够体现陕西资源优势的大型企业集团。据统计，全省上市公司股本规模不及全国平均水平的1/3；平均总资产、平均净资产为同期全国平均水平的12.72%和28.07%。受规模制约，全省上市公司平均主营业务收入仅为全国平均水平的18.72%。主营业务收入最大的彩虹股份也只占全国平均水平的57.36%。

二是部分上市公司债务负担沉重。过度对外担保给公司带来的或有负债压力和危害已开始显现，集中表现在上市公司部分资产被抵押或质押，涉诉公司家数及金额随之上升。

## (三)保险业

1. 保险业平稳发展

2006年陕西省经济的快速发展扩大了对保险的需求，为陕西省保险业发展奠定了良好的基础。陕西省保险业认真落实《国务院关于保险业改革发展的若干意见》，在探索“三农”保险发展新模式方面取得进展，保险规模不断扩大，保险业务大幅增长，保险业的区域结构和市场结构进一步改善。

2006年年末，陕西省保险业总资产达到281.3亿元，增长20.7%。保费收入呈现出快速发展的强劲增长势头，共实现保费收入116.2亿元，增长19.3%，高于全国平均增速4.89个百分点，增速在全国排第13位。保险业各项赔款与给付累计支出29.7亿元，增长48.5%。其中，财产险赔款支出14.6亿元，增长16.1%，增速较2005年减少了1.48个百分点；人身险赔款和给付支出15.1亿元，增长103.7%，增速较2005年增加了99.7个百分点。

2. 保险业进一步发展应关注的几个问题

(1)陕西省保险业增速减缓，经营模式有待改善

近几年，陕西保险行业的增长速度明显放慢，2004年保费收入增长率降至10.2%，这使得在粗放型经营方式下积累的风险将被释放，也意味着保险公司如果不改善其现有的风险管理体系，正确有效地识别和管理自身面临的风险，就无法在不增大风险暴露的基础上保持高速增长。

(2)产品单一，创新能力不足

陕西省保险市场上各家保险公司推出的产品数量不少，但多为同质产品，设计单一，加剧了市场竞争，导致险种整体经营效益下降。2006年陕西省财产险公司的保费收入虽增长快速，经营效益却较上年有所下降。

（3）保险业监管组织机构发展相对滞后

随着保险业的不断发展，地市县所在地新设保险机构不断增加，因此客观上要求相应的监管力量、监管水平、监管方式与之相适应。但目前保险监管机构只设在省一级，原有的监管体系和监管力量与保险业快速发展的趋势不相适应，对基层保险机构业务开展中存在的问题难以及时发现并进行相应的处置和监管。

## 三、金融市场运行与金融稳定

### （一）金融市场运行概况

1. 货币市场流动性充足，交易量较上年大幅增长

2006 年，西安地区隔夜拆借市场、银行间同业市场和债券回购交易总额达2 314亿元，较 2005 年同期增长 1.5 倍。其中，西安地区隔夜拆借市场交易量大幅增长，全年累计成交 82.9 亿元，增长 5.3 倍；交易量居全国区域性隔夜拆借市场首位。陕西金融机构在全国银行间同业拆借市场交易量增加，累计成交 44.7 亿元，同比增长 2.7 倍。

债券回购业务在债券现券行情的带动下交易活跃，全年累计回购 2 183.6 亿元，同比增长 1.4 倍，质押式回购仍为主要交易方式，1 天期回购占比增加，市场流动性增强。

票据市场运行平稳，票据签发量和贴现量继续增加。全年累计签发商业汇票 509.6 亿元，同比增加 45.7 亿元，累计贴现 1 808.1 亿元，同比多增 15.1 亿元。银行承兑汇票仍是票据市场最主要的交易工具。

2. 债券市场交易主体扩大，品种增加，在金融产品创新的推动下稳步发展

2006 年，陕西有 2 家企业通过发行企业债券和短期融资券，在债券市场融资 16.5 亿元。

银行间债券市场上现券交易量大幅增长，全年累计成交金额 854.9 亿元，同比增长 5.5 倍。城市商业银行交易最为活跃，其成交量占全省总成交量的 96.6%。

3. 证券市场交易规模上升，直接融资功能恢复

2006 年，陕西证券交易总量 2 867.1 亿元，比 2005 年增长 143.1%。期末客户交易结算资金余额 67 亿元，增长 1.3 倍；证券及基金托管总市值 249.6 亿元，增长 55%。投资者资金账户开户数 111 万户，比 2005 年增加 5.8%。上市公司股权分置改革顺利完成，全省上市公司总股本达到 64.5 亿股，同比增长 9.5%，总市值 456.4 亿元，同比增长 104.3%。有 3 家上市公司通过直接融资获得 16.8 亿元。

### （二）金融市场与金融稳定

受经济金融发展条件的限制，陕西区域金融市场制度建设和运行机制还不完善，以下几方面的问题值得关注：一是直接融资在非金融机构融资总额的占比仅为 6%，债券市场、股票市场分散风险的功能有待进一步拓展，以银行体系为主体的融资结构有待进一步改善。二是陕西辖内债券市场交易主体为地方性商业银行和农信社，在债券市场上的交易主要集

中在现券买卖和回购两种产品上，对金融创新产品的风险转移、分散管理功能利用较少。因此，在债券市场行情波动较大的时候，金融机构面临的风险相应加大。三是市场主体的风险意识薄弱加大了市场的价格风险。在证券市场中，交易主体以个人投资者为主，这些投资者对股票市场的风险识别和判断能力较低，盲目跟风的投机行为可能加大市场的波动性。在票据市场中，由于市场竞争激烈，部分机构为争取市场份额，或者放松对业务的审查，或者一再压低票据贴现利率，加大市场价格风险。

## 四、金融基础设施与金融稳定

### （一）支付清算体系

2006 年，陕西省小额支付系统正式上线运行，标志着陕西省已建立起以大额和小额支付系统为核心，各商业银行行内系统为基础，票据交换系统并存的支付清算体系，清算效率和安全性进一步提高。该体系覆盖了包括人民银行、商业银行在内的 1 700 多个银行业分支机构，全年共办理支付业务 3 153 万笔，清算资金 70 432 亿元。支付清算体系的构建有力地支持了陕西经济、金融的发展，为金融体系稳定运行提供了良好条件。银行卡、电子支付工具等非现金支付工具发展迅速，用卡环境进一步改善，银行卡成为仅次于支票的最常用的非现金结算工具。

### （二）征信体系

2006 年 1 月，陕西省个人征信系统正式运行，企业征信系统信息覆盖面进一步扩大，作用和功能逐步完善。对商业银行信贷业务的支持力度不断提高。企业和个人征信系统同时也向政府、司法部门和金融监管部门提供了信息支持，对于控制信用风险，提高信贷资产质量，扩大信贷业务范围，维护金融稳定，改善融资环境发挥了积极的作用。

### （三）反洗钱工作

2006 年，陕西省进一步完善反洗钱机构组织建设，实现了本外币反洗钱工作统一管理。在陕西省 10 个地市相继建立了地方反洗钱工作协作机制，人民银行部分中心支行牵头建立了与邻省城市和地区之间的反洗钱工作协作机制。截至 2006 年年底，陕西省共开展可疑交易行政调查 40 次，其中协助司法部门调查案件 17 次，向公安机关移送案件线索 3 条，涉及金额 1.02 亿元。重点对利用反洗钱监测手段发现的“郝永生特大非法集资诈骗案”进行了调查，并及时将案件线索移交陕西省公安厅，有力地打击了洗钱分子的犯罪行为。同时，加大对金融机构反洗钱内控制度等方面的检查力度，提高其履行反洗钱义务的能力，为有效防范因洗钱活动可能造成的金融风险奠定了良好的基础。

## 五、总体评估与政策建议

### （一）总体评估

2006年，陕西省经济承接“十五”快速发展的势头，继续保持平稳增长，为陕西金融业稳定发展提供了良好的基础。金融改革稳步推进，金融风险处置取得新进展，金融业整体稳定，发展趋势向好，主要表现在以下方面：

一是金融改革进一步深入，金融业稳步发展。银行业积极转换经营机制，资产规模稳步扩张，存贷款适度增长，资产不良率总体下降，经营利润增加，资金流动性充足。证券业综合治理效果明显，风险基本得到化解，证券公司利润显著增长，上市公司股权分置改革和大股东占款清理全面完成，证券业进入新的发展阶段。保险业保费收入规模持续增长，地区结构逐步调整优化。金融创新逐步增强，金融业服务功能和服务效率进一步提高。

二是金融运行环境进一步改善。政府加强对金融发展的协调和支持，社会信用体系建设取得新进展，作用发挥逐步增强；支付系统建设取得新成效，功能进一步完善，运行平稳，社会资金使用效率进一步提高。反洗钱工作稳步推进，作用进一步发挥。

与此同时，2006年影响陕西省金融稳定的风险因素和突出问题值得关注。

一是经济结构深层次矛盾依然存在，以资源开发为支撑的工业结构易受宏观调控和经济政策的影响而产生波动，以资金密集型重工业为主的格局使陕西经济运行中行业的波动对银行信贷风险的影响更大，短期内应关注煤炭电力行业产能过剩的影响。

二是融资结构的矛盾短期内难以改善。间接融资比重依然很大，经济运行中的风险持续向银行集中，金融结构中的风险分散机制进一步弱化。银行业信贷规模扩大的同时，贷款中长期化的趋势愈发明显。

三是部分地方法人金融机构风险隐患依然影响局部区域金融稳定。资本实力增长缓慢，仅依靠利润增长弥补历史损失，短期内风险敞口难以覆盖，抵御冲击能力脆弱。按照新的资本监管政策，如果资本不能得到有效补充，业务扩张、增加盈利将面临进一步的困难。

### （二）促进和维护陕西省金融稳定的建议

1. 经济发展中要进一步调整结构、加快增长方式转变，促进技术改造和产品升级，积极提高投资效率，创造条件促进消费需求，减少投资波动和行业波动。加强行业研究，密切关注辖区经济金融运行变化和国家宏观产业政策对产品结构调整的要求，优化信贷投向和结构，使商业银行的经营行为和信贷投资适应经济增长方式转变。

2. 继续完善金融稳定协调机制，积极推动完善各成员单位之间的信息共享，及时全面深入了解金融风险状况及其对当地金融体系的影响，真正形成防范化解风险和维护金融稳定的合力。努力推进地方法人金融机构增资扩股或重组，提高金融机构资本充足率，增强抵御风险能力，促进辖区金融稳定。加强对地区中小金融机构的风险监测，推动地区金融业改革发展。

3. 加快对地方法人银行机构的改革。通过并购、股权转让、债转股等多种灵活方式解决历史遗留问题，引进战略投资者，尽快充实地方银行机构的资本金，提高经营管理水平，扩大资产规模，增强对地方经济发展的支持力度。

4. 推动证券公司业务创新发展，鼓励证券公司开发使用不同类型的理财产品，鼓励证券公司在受托投资管理业务方面进行产品创新。推进证券公司兼并重组，充实证券公司实力，完善公司治理结构。

5. 加大对上市公司的重组整合力度，通过换股、重组等方式将陕西省优质企业资源置换到经营不善、长期亏损、非优势产业的上市公司“壳”资源中，实现陕西省上市公司规模的扩大和直接融资能力双提高。

6. 积极推进金融基础设施建设，继续加强企业和个人信用体系建设，完善金融支付体系，全面开展反洗钱工作，通过改善金融生态环境，促进金融业稳定、健康发展。

总　纂：王元元　樊联社
统　稿：侯军强
执　笔：侯军强　张　博　穆　林　王　敏
其他参与写作人员：王卫华　师树松　关　伟
李建伟　张　昀　高国圣

# 2007年青海省金融稳定报告摘要

## 一、区域经济运行与金融稳定

### （一）经济运行情况

2006年，青海省经济继续保持快速发展，质量效益大幅度提高。全省完成生产总值641.05亿元，生产总值继续保持两位数的快速增长，按可比价格计算，比上年增长12.2%。其中第一产业完成增加值69.6亿元，增长3.5%；第二产业完成增加值330.82亿元，增长15.7%，其中工业完成增加值265亿元，增长18.7%；第三产业完成增加值240.63亿元，增长10.5%。

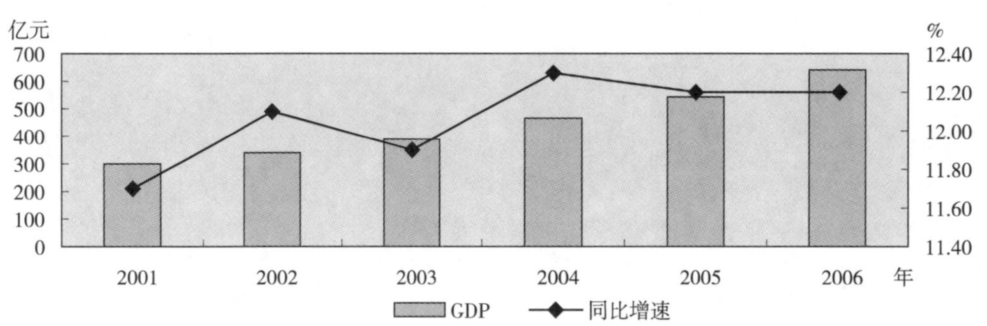


数据来源：青海省统计局。

**图1 2001～2006年青海省生产总值增长趋势图**

1. 需求层面分析

（1）投资。2006年，全省固定资产投资总体保持健康平稳态势。全年完成全社会固定资产投资419.62亿元，比上年增长14.29%，增幅比上年降低1.14个百分点。投资运行的主要特点是：

中央单位投资保持快速增长势头。中央单位全年累计完成投资100.23亿元，同比增长34.95%；地方单位完成投资319.39亿元，同比增长17.25%。

国有投资的主体作用依然显著，民间投资平稳增长。全年国有及国有控股投资完成270.52亿元，同比增长12.41%；全年民间投资完成140.91亿元，增长20.37%。

投资结构继续改善，第一产业投资增势强劲。随着社会主义新农村、新牧区建设步伐的加快，第一产业全年完成投资38.29亿元，同比增长22.03%；第二产业完成投资213.97亿元，增长21.83%，其中工业投资完成197.2亿元，增长20.03%，工业投资占全省投资的比重为47%；第三产业完成投资167.36亿元，增长4.5%。

基础设施投资力度不断加大。全年累计完成基础设施投资167.56亿元，同比增长34.96%。其中：环境和公共设施管理完成投资12.46亿元，增长78.69%；能源供应完成投资74.39亿元，增长40.64%；交通、运输完成投资67.41亿元，增长22.84%；供水、排水完成投资9.02亿元，增长17.35%。

大项目拉动作用明显。2006年实施的32项重点建设项目已全面完成投资计划，全年共完成投资135亿多元，同比增长35%，占全省投资的1/3。

房地产开发投资有所回落。全年房地产开发投资累计完成31.18亿元，同比增长7.10%，增幅较上年同期回落3.8个百分点。

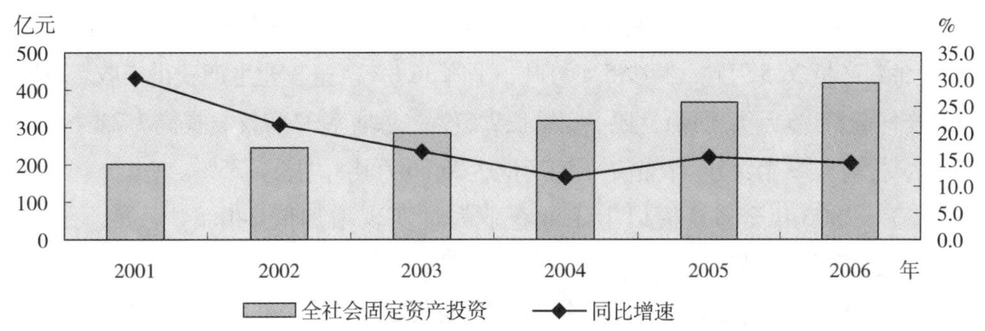


数据来源：青海省统计局。

**图2 2001~2006年青海省全社会固定资产投资增长趋势图**

(2) 消费。受提高离、退休人员退休金、最低生活保障线、最低工资标准及行政事业单位在职和离退休人员工资调整的拉动，2006年全省城镇居民人均可支配收入达9 000.35元，比上年增长11.7%；人均消费性支出6 530.11元，增长4.6%。随着多项支农惠农政策的落实及劳务输出人数的增加，2006年全省农牧民人均纯收入2 358.37元，同比增长8.93%；人均生活消费支出2 214.89元，增长6.2%。在城乡居民收入稳步提高，收入预期继续向好以及旅游市场日趋繁荣等因素的带动下，青海省城乡消费品市场日趋活跃，2006年全省实现社会消费品零售额180.11亿元，增长12.2%。

(3) 外贸进出口。2006年，青海省进出口总值6.52亿美元，比上年增长57.7%，创历史新高，增速仅次于西藏，居全国第二位，高于全国平均增幅34.5个百分点。其中，出口5.34亿美元，增长65.3%；进口1.18亿美元，增长30.4%；实现贸易顺差4.16亿美元。

(4) 财政收支。2006年，全省财政收入快速增长，一般预算收入累计完成83.04亿元，比上年增长31%，增幅较上年提高7.5个百分点，其中：地方一般预算收入完成42.24亿元，增长24.9%。完成财政一般预算支出214.64亿元，比上年增长26.4%。

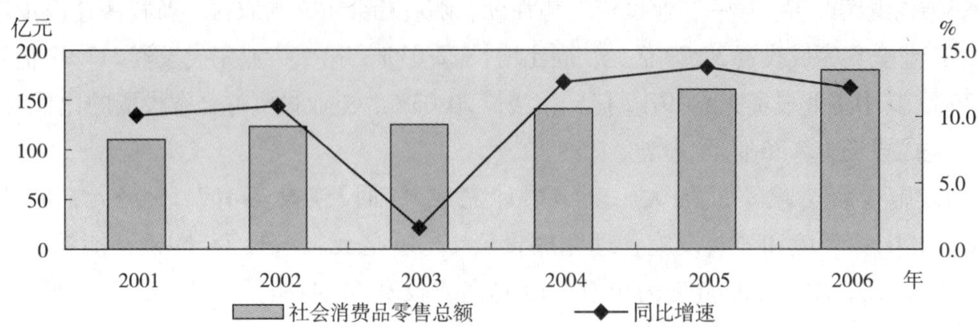


数据来源：青海省统计局。

**图3 2001～2006年青海省社会消费品零售总额增长趋势图**

2. 供给层面分析

（1）农业。2006年全省农牧业总体上保持平稳增长。其中，种植业由于受高温干旱以及局部地区雹灾等自然灾害影响，出现一定程度的减产。2006年粮食产量88.3万吨，比上年减少5万吨，下降5.3%；油料产量26.5万吨，减少5.4万吨，下降16.8%。畜牧业生产获得丰收。2006年青海省草食畜共产仔畜871.6万头（只），比上年增长2.57%；总增率32.91%，提高1.23个百分点；商品率27.06%，提高1.29个百分点；猪牛羊肉产量达26.36万吨，增长2.35%。

（2）工业。2006年全省规模以上工业企业累计实现增加值240.34亿元，比上年增长20.4%。工业运行的主要特点为：

轻工业生产进入新的发展时期。全年轻工业增长31.5%，重工业增长19.7%。

主要工业品产量大幅增长。其中，焦炭增长20.7倍、生铁增长7.2倍、电解铝和铝材分别增长22.6%和6.1倍、铅增长69.9%、铁合金增长53.8%、钢材增长56.1%、原盐和纯碱分别增长27.9%和3.1倍、碳化钙增长66.2%、发电量增长30.1%、天然气增长15.1%、乳制品和轻革分别增长73.8%和54.6%。

重点行业支撑作用明显。石油天然气开采业、石油加工业、有色金属冶炼、黑色金属冶炼、化学原料及化学制品制造业、电力的生产和供应业等六大行业累计完成增加值196.27亿元，占全部规模以上工业完成增加值的81.7%。

非公有制工业发展迅猛。全年完成增加值44.79亿元，增长39%，增速高出规模以上工业增加值平均增速18.6个百分点，占规模以上工业增加值的比重达18.6%。

工业产销衔接较好。2006年规模以上工业企业产销率达96.38%，与上年基本持平；

企业效益持续提高。2006年，全省规模以上工业企业经济效益综合指数为275.99，同比提高45.45点；实现利润120.25亿元，比上年增长70.86%；实现主营业务收入633.80亿元，增长45.13%。

（3）交通运输、邮电业及旅游业。2006年，全省完成货物运输量7 640.6万吨，比上年增长6.8%；运送旅客5 309.5万人次，增长7.9%。完成电信业务量37.67亿元，增长27%；邮政业务量完成2.02亿元，增长14.2%。全年接待国内游客810.34万人次，增长

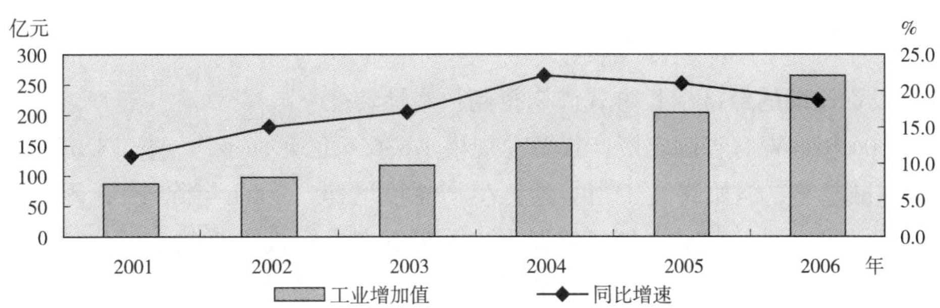


数据来源：青海省统计局。

**图 4　2001 ~2006 年青海省工业增加值增长趋势图**

28%；接待海外游客 4.22 万人次，增长 20%；旅游总收入 35.69 亿元，增长 38.7%。

3. 价格走势分析

（1）消费类价格。2006 年，全省居民消费价格比上年上涨 1.6%。其中，城市上涨 1.8%，农村上涨 1.1%。从主要类别看，呈现“四升四降”的格局。其中，居住类上涨 4.3%，医疗保健和个人用品类上涨 3.5%，食品类上涨 2.9%，烟酒类上涨 1.7%；娱乐教育文化用品及服务类价格下降 1.7%，交通及通信类下降 0.7%，衣着类，家庭设备用品及维修服务类价格均下降 0.6%。

（2）生产类价格。2006 年，全省工业品出厂价格比上年上涨 9.49%。其中生活资料价格上涨 1.48%，生产资料价格上涨 9.86%。调查的 30 个大类行业工业品价格呈现“19 升 9 降 2 平”的格局，其中，有色金属矿采选业上涨 34.11%，石油加工业上涨 21.78%。原材料、燃料、动力购进价格比上年上涨 2.76%。从被调查的 9 大类别看，呈现出“七升二降”格局，涨幅较高的有建筑材料及非金属矿类上涨 43.75%，有色金属材料和电线类上涨 12.25%；降幅较大的有黑色金属材料类下降 5.54%，农副产品类下降 2.54%。

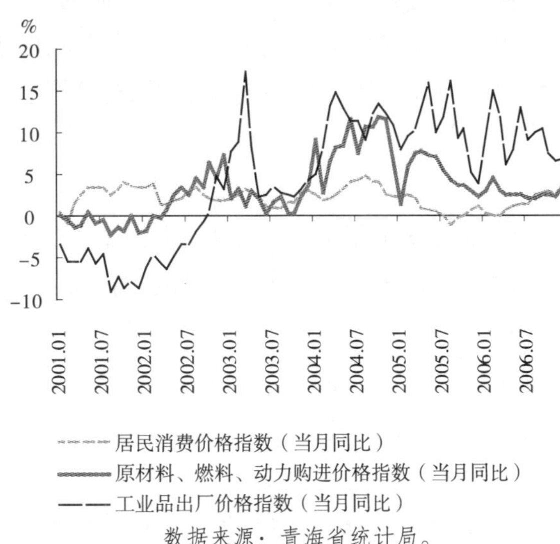


数据来源：青海省统计局。

**图 5　2001 ~2006 年青海省居民消费价格指数与生产价格指数变化趋势图**

## （二）经济运行对金融稳定的影响

1. 依靠投资拉动的经济增长方式尚未得到根本性转变

2001～2006年，青海省固定资产投资总规模1 836.6亿元，年均增长18.07%，投资增速虽呈逐年递减趋势，但始终高于当年地区生产总值增速（2004年除外）；固定资产投资占地区生产总值的比例一直保持在65%以上；固定资产投资效果系数在［1.37，1.53］的低位区间内运动，每增加一单位GDP所需的固定资产投资额较高。拉动经济增长的三驾马车中，消费不旺、出口欠稳、高度依赖投资，这种经济增长方式蕴藏着一定的金融风险。

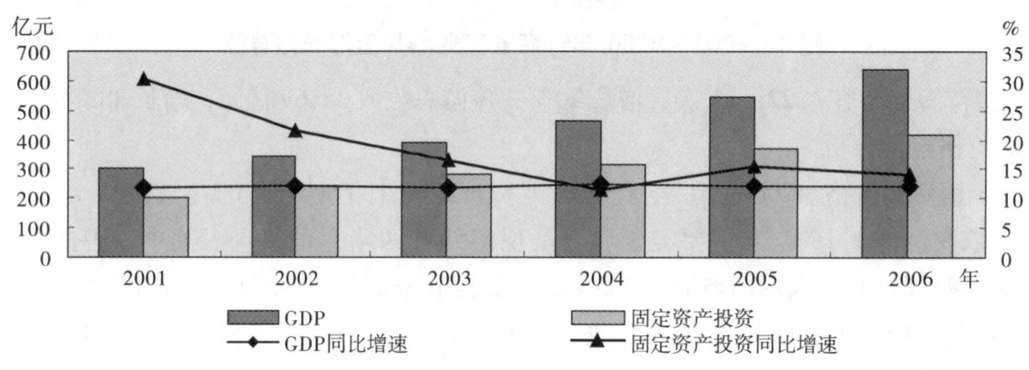


数据来源：青海省统计局。

图6　2001～2006年青海省GDP与固定资产投资增长趋势对比图

2. 资源型、高耗能产业对经济可持续发展带来压力

2006年，从青海省的产业构成看，支柱产业和优势产业大部分属于资源型、高耗能产业。2006年，石油天然气开采业、水力发电业及盐湖化工业地三大资源型产业和有色、冶金及水泥等三大高耗能产业累计实现的产值、收入、利润均占到规模以上工业的六成以上，这种产业格局将对青海省经济的可持续发展带来较大压力。同时，青海省银行信贷资金也大多集中在上述产业，信贷规模集中和新增贷款单一化问题仍然比较突出。受国家压缩产能过剩行业、调整产业结构以及加大节能降耗力度等宏观调控政策影响明显，潜在的信贷风险不容忽视。

3. 农民增收难度加大

2006年，全省农作物总播种面积较上年虽有所增加，但由于遭受自然灾害，粮油单产分别比上年下降10.7%和15.5%，农业的减产势必造成农民的减收；加之农用生产资料价格上涨等因素影响，农业生产成本提高。金融机构，特别是农村信用社（当年其新增短期农业贷款1.3亿元，占全部新增农业贷款的68.18%）“三农”贷款收回率有所下降，不良率有所上升，造成农牧业生产的自然风险向金融部门信贷风险转移。

4. 出口不稳定性加大

出口高度依赖高耗能产品，受市场价格水平及国家出口政策调整双重影响，出口的不稳定性加大。2006年，全省高耗能产品出口创汇3.8亿美元，同比增长68.8%，占出口总值的

70.6%，对出口增长的贡献率达72.9%。2006年，由于青海省主要出口产品铝、锌的国际市场价格走高，加之企业在11月底国家再次调高出口关税前集中出口，导致青海省两种产品出口较高增长，并成为出口主导产品，出口带有明显的不稳定性。这种情况势必会造成青海省进出口企业盈利水平的不稳定，仍然存在流动资金周转困难的可能，对银行发放给这部分企业的贷款的安全收回产生潜在风险。

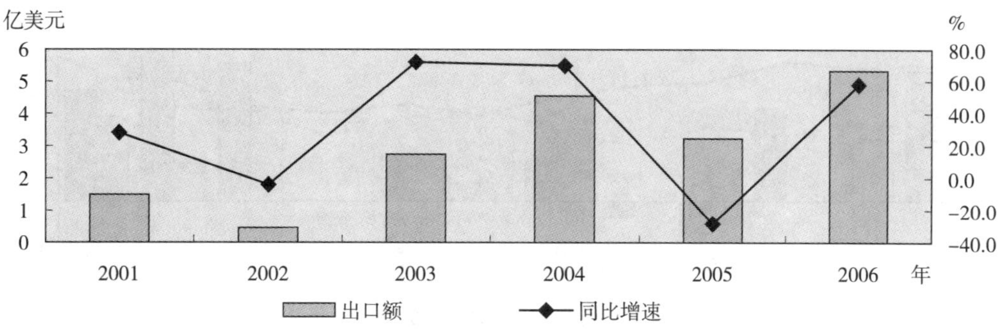


数据来源：青海省统计局。

**图7　2001～2006年青海省出口变化趋势图**

5. 小型企业亏损较为严重

2006年，青海省规模以上企业中，小企业亏损数由2005年的141户增加到2006年的152户；亏损额由2005年的1.85亿元，增大到2006年的2.38亿元，增长28.83%，占规模以上企业亏损总额的40.9%。年末金融机构小企业贷款不良率为52.11%，比年初上升6.85个百分点；逾期贷款余额40.03亿元，比年初增加37.48亿元。小企业的生产经营状况需引起金融机构的足够重视。

6. 房地产业过多依赖银行业

受国家房地产市场调控政策的影响，加之银行内部对房地产企业的资信审查日趋严格，2006年，在青海省房地产开发投资资金来源中，国内贷款所占比重为9.78%，较2001年降低6.96个百分点。自筹资金、定金和预收款成为房地产企业主要的资金来源。但购房者的定金和预付款又主要来自于银行个人住房消费贷款。2006年，青海省金融机构个人购房商业贷款和个人住房公积金委托贷款两项合计共新增5.29亿元。房地产开发过度依赖银行贷款的局面没有从根本上得到改观，银行依然承担着较高的房地产金融风险。

## 二、金融业与金融稳定

### （一）银行业

1. 银行业金融机构运行平稳

2006年，青海省银行业金融机构认真把握“有保有压”的调控政策，贷款增速加快，存款增势良好，经营规模和利润总额稳步增长，运行态势良好，较好地促进了青海省经济的协调发展。

（1）各项存款稳步增加。2006 年年末，全省金融机构各项本外币存款余额 903.72 亿元，比年初增加 166.71 亿元，同比多增加 47.27 亿元，同比增长 22.48%，存款增长创历史新高。

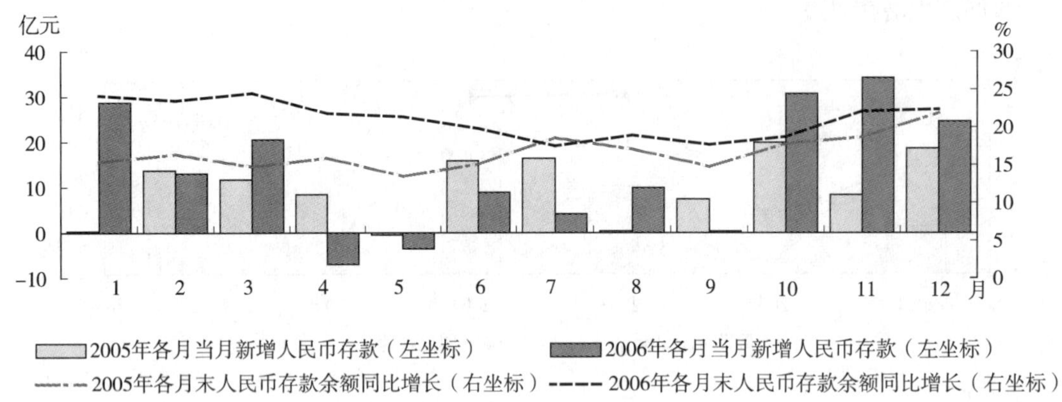


数据来源：《青海金融统计月报》。

**图 8 2006 年青海省存款增量变化图**

（2）贷款结构进一步优化。2006 年年末，全省金融机构本外币各项贷款余额 729.83 亿元，较年初增加 88.81 亿元，同比增长 13.85%，贷款投放再创新高。其中，工业短期贷款余额 62.67 亿元，比年初增加 9.42 亿元，同比多增加 15.09 亿元，同比增长 31.71%，呈现近年来少有的强劲增长态势。信贷资金配置呈现中长期贷款增量高、短期贷款增速高、票据融资业务增加额高的“三高”的特点，分别较上年同期增长 14.77%、12.43% 和 19.16%。贷款主要投向国家、地方重点建设项目，重点支持了青海省电力、通讯、铁路、公路交通、市政建设、有色金属等基础设施建设。满足了钾肥、碱、水电、有色金属、煤炭等优势资源企业的短期融资需求。

（3）现金收支出现“双增”。2006 年，金融机构现金累计收入 1 473.81 亿元，同比增加 88.41 亿元，增长 6.38%；现金累计支出 1 551.01 亿元，同比增加 107.32 亿元，增长 7.43%，收支相抵净投放现金 77.2 亿元，同比多投放 18.91 亿元，增长 32.44%。储蓄、服务业、有价证券等收入的提高，成为推动现金回笼增长的重要因素；国家对个人支出、其他支出、储蓄存款支出是拉动现金投放上升的“三驾马车”。

（4）经营效益稳步提高。2006 年年末，青海省银行业金融机构本外币资产总额 1 036.64亿元，较年初增加 148.72 亿元。整体盈利能力有所提高，全年实现利润总额 5.53 亿元，同比多盈 1.76 亿元。其中：政策性银行盈利 3.51 亿元，同比多盈 0.94 亿元；国有商业银行盈利 1.22 亿元，同比多盈 0.2 亿元；地方金融机构盈利 6 233 万元，同比多盈 4 253万元。

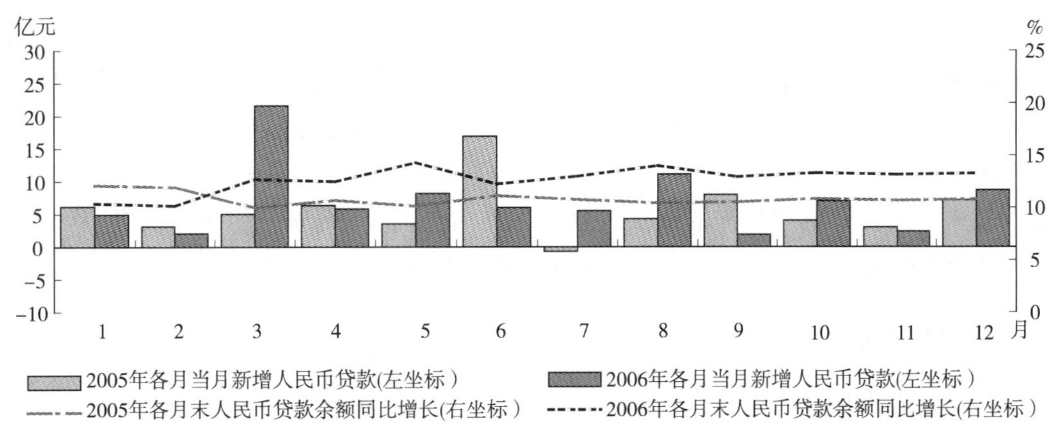


数据来源:《青海金融统计月报》。

**图9 2006年青海省贷款增量变化图**

## (二) 银行业运行中存在的主要风险

1. 不良贷款额增加，银行面临不良贷款反弹的压力

受国家宏观调控政策、市场形势及贷款分类方法等因素影响，青海省不良贷款总量增加的趋势依然严峻。国有商业银行可疑贷款比率超过临界值0.32个百分点，损失贷款比率超过临界点7.33个百分点。部分地区不良贷款仍处于高位，不良贷款占比过高，不良贷款主要集中在涉农的商业性金融机构，均呈现出损失率高、清收困难的特点，影响青海省不良贷款“双降”。

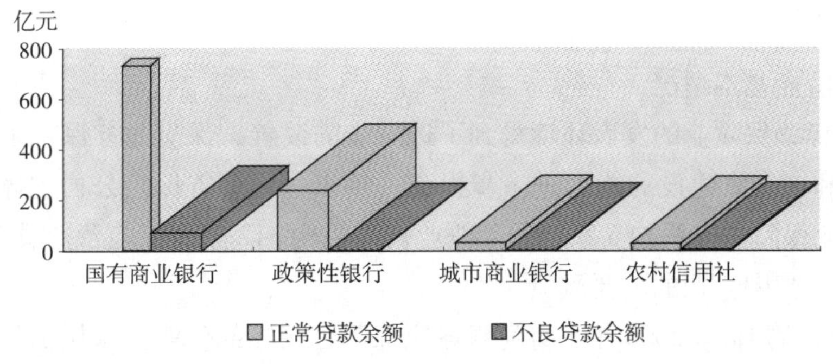


数据来源：青海省银监局。

**图10 2006年青海省银行机构贷款质量统计图**

2. 贷款的风险集中度偏高

由于企业天然追逐利益的动机，银行贷款向重点行业、重点企业和大客户、大项目集中的趋势比较明显，不仅造成区域间信贷资金供给不平衡，也影响了银行资产流动性和银行抗风险能力。

3. 存贷款期限结构错配，潜在风险不容忽视

从新增贷款投放来看，2006 年年末，青海省中长期贷款同比增长 14.77%，占新增贷款总量的 74.8%，继续呈现“长期化”趋势。与中长期贷款居高不下相比，受 2006 年股市持续走强、新股发行、新发基金等因素影响，城乡居民储蓄意愿减弱，存款稳定性下降，银行业存款资金却出现短期化、活期化现象。2006 年，中长期贷款增量占全部新增贷款总量的 74.8%，而全部定期存款增量仅占全部存款增量的 20.04%，比同期下降 10.14 个百分点。存贷款期限结构错配，蕴涵着流动性风险隐患。

## （三）证券业

1. 证券业基本情况

截至 2006 年年末，青海省共有法人证券公司 1 家，被风险处置证券公司 1 家，证券营业部 6 家，证券服务部 5 家。2006 年度实现证券交易量 152.29 亿元，年末保证金余额 2.66 亿元，托管市值 13.02 亿元，投资者开户数 6.82 万人。青海省共有上市公司 9 家，其中：国有控股 5 家，民营控股 4 家，且异地控股占比较高。上市公司总股本为 27.75 亿股，其中流通 A 股 11.14 亿股、限售 A 股 15.11 亿股、非流通股 1.29 亿股，总市值 263.42 亿元，其中流通 A 股市值 111.52 亿元。目前，9 家上市公司中已经有 8 家完成了股权分置改革工作，仅剩的一家上市公司数码网络的股改工作也将与重组工作一并进行，目前已经进入程序。

2. 证券业运行中存在的主要风险

2006 年 9 家上市公司中部分存在非经营性资金占用情况，都通过大股东以资抵债和现金偿还、以股抵债等方式予以解决。数码网络清欠与重组一并进行，已经取得实质性进展。

## （四）保险业

1. 青海保险业基本情况

2006 年，青海保险业的发展环境得到了进一步的改善，保险业务保持了良好的发展势头，保险服务和谐青海建设的能力进一步提高。年末，青海省保险公司主体 7 家，分支机构 145 家；专业保险中介机构 6 家；保险兼业代理机构 312 家；保险营销员 3 050 人。

2. 保险业运行中存在的主要风险

（1）市场经营风险。2006 年，青海省各家保险公司在部分业务领域仍然存在着单纯追求保费规模或市场份额的粗放经营。保险公司内控制度不健全，风险管理意识薄弱，在公司的考核制度和激励机制上，员工和管理层的个人收益与业务量挂钩，极大地刺激了保险经营的短期行为。2006 年，青海保险市场突出反映为部分保险公司在业务竞争中不严格执行报批的条款费率、违规支付手续费、违规批单退费、变相降低费率、坐扣保费；部分保险公司在新业务拓展和大型保险业务招投标过程中诚信严重缺失，不遵循行业自律公约，随意承诺或给予条款以外的费率优惠及其他利益；部分保险机构利用中介业务发票，甚至私自开具中介发票套取费用等。

（2）资产负债不匹配风险。由于青海省保险机构都是非法人机构，不具有资金运用权，对资产负债的财务风险管理由总公司或集团公司统一进行，受机构属性和权能所限，存在资产负债不匹配风险。

## 三、金融运行与金融稳定

2006年，青海国民经济继续保持了较快增长势头，金融市场运行平稳。主要特点为：银行信贷结构不断改善，存、贷款余额创历史新高，金融机构经营效益创历史最好水平，保险、证券、货币、期货市场稳健快速发展。

### （一）金融运行情况

1. 银行业继续保持了良好的发展势头

银行整体呈盈利增加、亏损减少的良好态势，经营效益创历史新高。

2. 外汇收支总量大幅增长

2006年，随着外汇管理体制改革的不断深入及一系列贸易、投资便利化政策的相继推出，青海省涉外经济活动呈现出前所未有的发展势头，全省跨境资金流动和银行结售汇总量均有大幅增长，并创历史新高。

3. 证券业改革进展顺利，稳步发展

在宏观经济稳步向好的大背景下，2006年，青海省上市公司资产规模迅速扩大，整体业绩稳步上升。截至2006年12月末，9家上市公司合计总资产184.02亿元，负债114.28亿元，整体资产负债率62.10%，分别比上年末增长了6.37%、8.70%，实现主营业务收入56.73亿元，同比增长9.30%。其中，盐湖钾肥、西宁特钢、青海明胶、三普药业及青海华鼎5家公司主营业务显著，盈利能力突出，经营业绩持续增长，较上年同期有较大幅度上升。期货业务在青海省也取得了长足发展，期货公司年累计交易量35.6亿元，同比增长45.6%。

4. 保险业结构不断优化，经济效益稳步提升

2006年全省实现保费收入87 242.37万元，同比增长11.02%。保险深度为1.38%，保险密度为159元。全省保险公司资产总额达213 102.03万元，同比增长13.9%。实现承保利润2 664.85万元，同比增长44.22%。累计承担1 480.07亿元的保险责任，支付各项赔给付款31 226.92万元。

5. 票据业务稳步上升

各金融机构在通过信贷支持经济发展的同时，积极利用票据业务加大对经济发展的支持力度，票据业务量稳步攀升，各金融机构票据贴现余额达17.6亿元，同比增长19.16%，占各项贷款额的2.43%，同比提高0.12个百分点。

6. 金融市场趋于活跃

青海省银行全年累计发生正、逆向债券回购业务173笔，交易金额达181亿元，同比增长13倍。国债、基金等金融理财产品交易火爆，居民认购非常积极。发行凭证式国债和

储蓄国债10.1亿元，同比多发行1.3亿元；居民认购基金达5.5亿元。反映出青海省居民个人金融资产趋向多元化，金融市场趋于活跃。

### （二）金融运行中存在的主要问题

1. 信贷结构性问题和矛盾较为突出

2006年年末，青海金融机构农业贷款余额26.35亿元，贷款投向集中在农户贷款领域，金融对青海省农业产业化、农牧业结构调整、产业升级的支持作用显得不足。消费信贷发展缓慢，个人住房贷款、个人助学贷款、耐用消费品贷款和其他消费品贷款虽然涨幅不断提高，但从绝对额看，四类贷款余额仅有40.3亿元，占到各项贷款额的5.52%，而且汽车贷款和下岗失业人员小额贷款分别下降23.7%和32.3%，旅游贷款项目迟迟未能运转。通过消费信贷促进省内消费，进而拉动青海经济增长的作用显得微小。

2. 农牧区经济金融发展滞后，影响全省经济金融平衡发展

青海农牧区自然条件恶劣，农牧业基础薄弱，与发达地区相比经济金融发展滞后。产业结构单一，据对2 400户农牧户调查，按产业收入构成第一、第二、第三产业分别为家庭经营收入的88.1%、3.1%和8.8%。金融机构网点数由“九五”期间的1 553个锐减到目前的984个，下降37%，形成部分地区金融机构“真空”地带，资金汇路不畅、清算不便、贷款难的问题较为突出，制约着当地经济发展。

3. 金融市场依然发展缓慢

青海省融资结构单一，融资总量小、融资渠道窄的情况未得到根本改变，对银行信贷资金依赖程度高，直接融资仅占0.9%，间接融资比例高达99.1%。

## 四、金融基础设施与金融稳定

金融基础建设不断加强，金融生态环境日趋改善，支付体系更加健全，反洗钱机制日趋完善，征信体系建设作用明显，进一步促进了金融和经济的和谐发展。

### （一）金融稳定工作协调机制

一是适时召开青海省金融稳定联席会议，及时通报青海省各类金融风险状况，分析研究防范金融风险的对策和措施，及时防范和化解了金融风险，金融稳定工作协调的机制作用得到充分发挥；二是完善了青海省金融风险应急处置预案和操作规程，提高了对金融突发风险的快速反应和应急处置能力。

### （二）支付清算体系

2006年，青海省继续加快支付清算体系建设步伐，为经济发展提供了良好的金融服务。一是大额支付系统得到进一步完善，小额支付系统在全省正式运行，支票影像交换系统建设积极推进；二是成功将海东地区票据交换纳入西宁市票据交换范围，进一步提高了

社会资金支付清算效率；三是组建了青海省资金清算中心，为社会提供 7×24 小时不间断支付结算服务；四是解决了农村信用社省至县的资金汇划渠道，结算服务水平进一步提升；五是研究制定了《关于进一步推动青海省银行卡产业发展的意见》，积极推动了银行卡产业的发展。

### （三）征信体系

1. 企业和个人征信系统建设情况

2006 年 7 月 31 日，青海省银行信贷登记咨询系统与企业信用信息基础数据库顺利实现切换。截至 2006 年年底，全省有 119 个金融机构信贷网点纳入企业信用信息基础数据库，系统共收录 11 644 个借款人的基本信息，录入人民币贷款余额 693.1 亿元。

2006 年，青海省个人信用信息基础数据库实现了商业银行之间正式联网运行，西宁市郊农信联社也于年底成功接入个人信用信息基础数据库。

2. 非银行信用信息采集情况

非银行信息采集取得了实质性进展，实现了全省公安、税务、房地产、电信等 6 家单位信息数据的采集上报。截至 2006 年年底，已将 215.3 万条企业和个人非银行信用信息上报总行征信中心，对帮助金融机构准确判断企业和个人的资信状况、防范信贷风险提供了有力支持。

### （四）反洗钱体系

2006 年，青海省反洗钱工作进一步加强：探索构建了省地县三级和省级部门间、金融监管部门间的反洗钱工作机制，研究制定了相关工作方案、督办制度、信息交流制度，规范了合作程序；广泛开展形式多样的《反洗钱法》学习宣传活动，增强了金融机构和社会公众对反洗钱的意识。组织开展反洗钱检查，对青海省 4 家国有商业银行、城市商业银行、农村信用联社、邮政储汇局及所辖 87 个分支机构实施了本外币统一检查，共检查账户数 11 639户。全省银行业金融机构均与中国人民银行反洗钱监测分析中心实现联网，向反洗钱监测分析中心报送人民币可疑交易 17 870 笔，涉及资金 416 亿元；外汇可疑交易 437 笔，涉及资金 2 376 万美元，为挖掘洗钱线索，提供了有效的数据支持。

### （五）信用环境进一步改善

各级政府进一步加大了社会信用体系建设的力度，相继出台了《关于加快全省社会信用体系建设的意见》、《企业信用体系建设实施意见》、《加强金融生态环境建设促进全省经济又快又好发展的意见》，明确工作任务，落实各项责任。积极组织开展信用建设活动，举办了“首届青海诚信奖”评选活动，成立了青海省企业信用协会，开展了信用村、镇、社区建设，引导企业和个人树立诚信意识，营造良好的信用氛围。西宁市政府努力提高自身形象，筹措资金，偿还历年形成的政府债务。人民银行立足本职开展面向不同社会层面的征信知识宣传和普及活动，提高社会大众的信用意识，推动全社会信用体系建设。地方政府高度重视担保机构的发展，青海省信用担保机构在数量、业务上都有了较大发展，截至2006年年底，全省信用担保公司已达14家，总资本6.78亿元，担保机构累计担保额达60亿元，其中政府注资已达5 000万元，对分散金融机构融资风险，解决中小企业“贷款难”问题，促进中小企业发展，改善金融生态环境起到了积极作用。

## 五、总体评估与政策建议

### （一）总体评估

2006年，青海省经济金融处于最好的发展时期，银行、证券、保险业务量快速增长，经济金融良性互动的局面正在形成，社会信用体系正在健全完善，金融生态环境日益改善，经济金融形势和环境较好，经济金融快速发展，总体经济金融稳定。但是，一些体制性、深层性、发展中的问题仍然存在：一是金融总量偏小；二是信贷结构性矛盾仍然比较突出；三是农牧区金融发展滞后；四是金融机构布局和金融产品创新还不能满足经济社会发展需求；五是资本市场发展滞后，企业融资渠道单一的状况始终未得到根本改善，维护区域金融稳定的工作任重而道远。

### （二）政策建议

1. 继续加强金融基础设施建设，营造良好的金融生态环境

建议地方政府继续加强对金融生态环境建设的组织领导，按照《加强金融生态环境建设促进全省经济又快又好发展的意见》的要求，形成政府牵头推动，相关职能部门联动，社会各方面参与的分工协作机制，全社会共同推动金融生态环境建设。进一步做好协助和支持金融机构降低不良贷款、打击逃废银行债务工作，维护金融机构的合法权益。继续加强企业和个人信用体系建设，完善支付体系，全面开展反洗钱工作，以营造良好的社会信用环境为目标，全面加强诚信建设的舆论宣传，推动青海金融生态环境建设迈出实质性步伐，为促进青海经济可持续发展创造条件。

2. 继续发挥金融稳定工作协调机制的作用，及时防范和化解金融风险

一是运用“青海省金融稳定联席会议制度”这一工作平台，继续发挥金融稳定信息资源共享的作用，及时通报青海省金融风险状况，分析研究防范金融风险的对策和措施，共同维护全省金融稳定；二是在完善青海省金融风险应急处置预案和操作规程的基础上，做好突发金融风险应急演练，提高对金融突发风险的快速反应和应急处置能力。

3. 加快转变经营模式，调整产业结构和信贷投向，实现经济增长方式的转变

一是人民银行与政府有关部门、各监管部门要继续加强信息互通，发挥信贷政策在促进经济增长方式转变及经济调整中的作用，引导金融机构创新信贷产品，更好贯彻“区别对待、有保有压”的原则，加强对重点项目的支持力度。同时，鼓励发展低能耗、低污染、高附加值的资本密集型和技术及劳动密集型产业，促进产业结构调整。二是优化融资结构。

对电力、石油、交通等重点产业进行资产证券化，为重点行业提供分散风险的金融工具。三是大力发展直接融资，鼓励优质企业发行债券以及上市融资，有效拓宽重点产业的融资渠道，减轻其对银行贷款的依赖度。商业银行要合理控制中长期贷款的过快增长，进一步增加流动性资金贷款，努力为企业提供合理的资金需求。

4. 继续深化金融改革，提高金融机构抗风险能力

稳步推进各类金融机构改革，促进国有商业银行和地方法人银行机构的改革，切实完善法人治理结构，转变经营机制，健全内控制度，强化风险管理。树立资本约束意识，建立资本金的持续补充机制，增强自身竞争力，提高抗风险的能力。

5. 继续加强金融风险监测、预警评估工作

一是加强对青海省银行机构流动性及整体性风险的指标监测，定期对全省金融风险进行评估；二是重点加强对地方法人金融机构的风险监测，适时预警提示；三是密切关注辖区银行业、证券业、保险业和交叉性金融工具发展状况，逐步探索建立跨行业、跨市场金融风险监测指标体系，防范跨行业、跨市场的系统性风险。

6. 加强金融监管，提高监管效能

加强对银行业资本充足率、证券业净资本、保险业偿付能力为核心的金融监管。督促金融机构完善公司法人治理结构，加强内部控制，依法合规经营，制止恶性竞争，及时纠正各类金融违法违规行为并依法查处各类经济案件，保障青海省金融业健康稳定发展。

总　纂：孙　勇
统　稿：刘学斌
执　笔：谢　成
其他参与写作人员：巨丽丽　吕佳琪　李生海
张有荣　邵　辉　欧瑞军
程宝文　潘　娟　薛　丽

# 2007 年甘肃省金融稳定报告摘要

2006 年，甘肃省经济基本面继续向好，区域经济的持续协调发展为金融业的稳健运行和改革发展创造了良好的外部环境，金融业整体运行稳定，金融体系资源配置、风险分散、储蓄转化、财富积累作用明显，贯穿于整个金融系统的支付结算网络有效运转，经济、金融运行中的薄弱环节和风险点均得到一定程度的规范和控制。同时，从 2006 年的实践来看，甘肃省经济金融运行中仍潜在一些影响区域金融稳定的深层次原因和不确定因素，并对全省金融稳定产生了一定影响，但均在可控制或可承受范围之内。总体来看，2006 年甘肃省金融呈现出“总体运行平稳，局部风险可控”的特征。

## 一、区域经济与金融稳定

2006 年，甘肃省经济呈现生产平稳增长、消费需求较为旺盛、增长质量稳步提高的发展格局，为全省金融稳定奠定了良好的基础，但是经济领域仍潜在经济增长结构性矛盾突出、行业利润基础不牢固、房地产金融风险加大等影响区域金融稳定的深层次问题。

### （一）经济综合实力明显增强、投资消费外贸持续增长、居民消费价格温和上涨

1. 经济持续快速增长，抗风险能力不断提高

2006 年，甘肃省实现地区生产总值 2 275 亿元，比上年增长 11.40%。财政总收入 294.68 亿元，比上年增长 20.71%；一般预算收入 140.92 亿元，比上年增长 22.30%；一般预算支出 522.71 亿元，比上年增长 21.75%。城镇居民人均可支配收入 8 920.59 元，比上年增长 10.31%；农民人均纯收入 2 134 元，比上年增长 7.8%。经济综合实力较往年明显增强，抵御风险的能力进一步提高。在全省经济持续快速增长中，三次产业比重分别为 14.65:46.07:39.28，第二、三产业仍是主要动力。其中：农业产业化、标准化、机械化水平和农民组织化程度有了较大提高，特色农业和劳务经济发展加快，农村基础设施建设力度明显加大；工业生产保持较好的发展态势，全省规模以上工业企业实现增加值 774.21 亿元，比上年增长 17.33%。工业企业实现利润总额 107.35 亿元，比上年增长 62.69%。工业经济效益综合指数较上年提高 10.28 个百分点；第三产业中批发、零售和住宿、餐饮业分别完成增加值 145.5 亿元和 60 亿元，成为第三产业增长的重要力量。

2. 投资消费稳步增长，进出口贸易增速较快

2006年，甘肃省完成固定资产投资1 024.87亿元，比上年增长16.76%；受国家宏观调控政策的影响，完成房地产开发投资97.72亿元，比上年增长13.96%，增幅回落5.01个百分点；农村投资呈现上升势头，农村固定资产投资总量已接近100亿元，占全社会固定资产投资的比重近10%。消费品市场较为旺盛，全年共实现社会消费品零售总额717.47亿元，比上年增长13.38%。外贸进出口持续快速增长，贸易逆差继续扩大。全年进出口总额达38.20亿美元，比上年增长45.18%，继2004年、2005年后再创历史新高，其中：进口23.11亿美元，比上年增长50.01%，出口15.09亿元，比上年增长38.34%。外商实际直接投资0.26亿美元，比上年增长7.25%。

3. 居民消费价格小幅上涨，生产价格水平高位运行

2006年，甘肃省居民消费价格水平比上年上涨1.3%，涨幅比上年减少0.4个百分点，其中城市上涨1.2%，农村上涨1.4%。商品零售价格水平比上年上涨1.2%。同时，受国际市场原油价格高位波动影响，甘肃省生产资料价格水平高位运行。全省全年工业品出厂价格水平比上年上涨9.84%，涨幅比上年上升0.24个百分点；原材料、燃料、动力购进价格比上年上涨8.81%，涨幅比上年减少1.09个百分点；固定资产投资价格水平比上年上涨4.10%。

### （二）经济增长结构性矛盾突出、行业利润基础不牢固、房地产金融风险加大

1. 经济结构调整步伐缓慢，信贷资金期限结构失衡

2006年，甘肃省工业内部发展不平衡的趋势继续扩大，工业效益主要来源于石化、有色、冶金、煤炭、电力等几大支柱产业。由于这些行业信贷资金涉入较深，工业利润向上游传统产业过度集中导致银行信贷资金期限结构问题更加突出。2006年，中长期贷款比上年多增151.76亿元，中长期贷款新增额占到各项贷款新增额的80.46%，年末，银行业中长期贷款余额占比为49.56%，较上年上升3.03个百分点。尽管中长期贷款占比上升会推迟银行风险的暴露，但也会造成风险的沉积，一旦行业形势逆转或授信主体履约能力下降将给银行造成巨大的损失。同时，信贷资金长期化导致的县域经济、中小企业的信用紧缩和优势行业的信用膨胀也不利于地区经济结构优化和中小企业的发展。

2. 行业利润增长基础不牢固，银行信贷资金面临风险

2006年，甘肃工业品价格总体运行仍呈现出“高出厂、低购进”的特征，部分工业企业效益上升，并不是企业竞争力提高的直接结果，而是由市场供求变化引起的产品价格上升带来的，这种效益的提升，易受市场的强力冲击。随着市场的进一步开放和竞争的加剧，甘肃省的一些传统优势行业将面临更大的竞争压力，当价格变动导致企业利润空间缩小，偿债能力下降时，银行信贷资金将面临较大的风险。此外，传统工业仍是拉动甘肃经济增长的重要力量，受国家宏观调控政策影响较大的支柱产业技术改造、节能降耗的任务仍很艰巨，经济运行中高贷款、高投资引发大量不良贷款的可能还比较大，资金转化效率还不够高。

3. 房地产开发企业自筹资金减少，银行贷款隐性风险加大

2006年，从甘肃省房地产开发资金来源结构看，银行贷款、自筹资金、其他资金（定金和预付款等）分别为18.81亿元、43.27亿元、47.84亿元。自筹资金占比由上年的42.61%下降至39.36%，银行贷款占全部资金来源的比重由上年的16.84%提高至17.11%。在国家房地产调控力度不断加大的情况下，甘肃省房地产开发贷款偿还速度有所放缓，尤其是部分中小房地产开发企业担心取得贷款的难度会越来越大，按期偿还贷款的意愿明显下降，开发商资金杠杆比的提高一定程度上加大了房地产开发贷款资金隐性风险。

## 二、金融业与金融稳定

2006年，甘肃金融业运行总体平稳。银行业资产负债规模扩大，改革成效逐渐显现；证券业经营效益明显提高，风险处置工作取得阶段性成效；保险业机构数持续增加，服务领域不断拓宽。但同时，银行信贷资金配置不均衡、法人证券机构风险尚未完全化解、保险业结构不尽合理等问题仍较为突出。

### （一）银行业改革成效逐渐显现，证券业经营效益明显提高，保险业补偿功能有效发挥

1. 银行业资产负债规模扩大，改革成效逐渐显现

2006年，甘肃省银行业金融机构资产总额达4 048.31亿元，比上年增长13.22%，其中：贷款余额2 127.01亿元，比上年增长9.67%，票据融资余额121.95亿元，比上年增长41.16%；负债总额达4 249.85亿元，比上年增长12.85%，其中：存款余额3 254.39亿元，比上年增长15.17%。银行业金融机构全年实现账面利润0.83亿元。同时，工商银行、中国银行和建设银行甘肃省分支机构继续深化改革，积极创新，3家银行中间业务收入达4.02亿元，增幅达20%，中间业务已成为“股改”行新的利润增长点。兰州市商业银行通过多种方式，优化股权结构，增强经营实力，截至2006年年末，资本充足率达8.03%，资本回报率达0.37%。甘肃省农村信用社业务增势良好，不良贷款总体实现“双降”，抵御风险能力不断增强。截至年末，各项存款余额376.52亿元，增幅高于全省金融机构平均增幅11.71个百分点。各项贷款余额287.57亿元，占贷款市场份额的13.62%。不良贷款余额37.04亿元，比上年下降7.33亿元。拨备覆盖率达163%，比上年提高114个百分点。

2. 证券业经营效益明显提高，风险处置取得成效

2006年，甘肃省31家证券营业部（正常经营29家）累计完成交易881.38亿元，比上年增长88.46%；累计实现营业收入1.82亿元，其中手续费收入1.65亿元；累计实现净利润8 350.97万元；证券经营机构新开账户10 297户，比上年增长3.39%。2家期货经营机构累计完成交易38.32亿元，实现交易手续费净收入137.54万元。证券业经营效益较往年有了显著提高。同时，被海通证券托管的甘肃证券有限责任公司基本完成了账户清理、专项审计、个人债权登记、职工安置等事宜，进入收口阶段，风险处置和综合治理工作取得

阶段性成效。

3. 保险业保费收入快速增长，赔付支出稳步增加

2006 年，甘肃省共实现保费收入 56.86 亿元，比上年增长 17.87%，增速较同期提高 10.23 个百分点，高出全国平均增长水平 3.47 个百分点，增幅位列全国第 17 位，其中：财险业务实现保费收入 15.18 亿元，比上年增长 17.06%，占全省保费收入的 26.70%；寿险业务实现保费收入 37.07 亿元，比上年增长 19.68%，占全省保费收入的 65.19%。赔款和给付支出累计发生 14.23 亿元，比上年增长 20.25%。其中：财险业务赔付 8.57 亿元，比上年增长 19.95%；寿险业务赔付 3.91 亿元，比上年增长 30.46%。从近几年的趋势看，全省保险机构保费收入和赔付支出一直处于稳步增长态势，保险经济补偿和社会管理功能的逐步发挥，为社会减灾防损和经济补偿发挥了重要作用。

### （二）银行信贷资金过度集中，法人证券机构发展任重道远，保险业结构仍需优化

1. 银行资产负债期限结构错配，资金投放不均衡

2006 年，甘肃省银行业经营效益有所提高，改革成效逐步显现。但是，银行信贷资金配置结构不合理、投放不均衡、违规跨市场流动等制约行业发展的一些老问题和反映行业脆弱性的一些新问题仍值得关注。一是资产负债期限结构错配现象。2006 年，甘肃省存款短期化、贷款长期化倾向较为明显，企事业单位活期存款新增额占到新增企事业单位存款的 82.94%，而中长期贷款新增额占到各项贷款新增额的 77.08%。金融机构存贷期限错配问题的加剧，一方面增加了商业银行的流动性风险，另一方面也加大了市场风险。在当前实行总量紧缩的宏观调控措施和利率市场化趋向加强的情况下，这两种风险转化为商业银行现实损失的可能性增加。二是流动性过剩下的银行信贷集中现象。2006 年，国家宏观调控政策虽在缓解流动性过剩方面发挥了积极作用，但由于多方面原因，市场流动性依然比较宽松，银行信贷投放动机依然强烈，在商业银行市场约束强化背景下，资金配置的不均衡问题在甘肃表现得仍比较突出，而这一定程度上增加了商业银行的风险。三是信贷资金跨市场流动现象。2006 年，证券市场投资情绪高涨，但目前由于商业银行风险管理技术和手段还比较落后，对信贷资金的用途难以实现有效的跟踪与监测，部分银行信贷资金难免会通过各种渠道流入证券市场，承贷主体（包括企业和个人）违规挪用银行资金所潜藏的风险可能加大。

2. 法人证券机构风险并未消除，面临严峻考验

2006 年，华龙证券有限责任公司在甘肃省政府的支持下，综合治理及资产重组工作取得积极成效，内部管理逐步规范，经营效益明显好转，全年共完成交易额 663.7 亿元，实现净利润 5 937.00 万元。但其风险并未彻底消除，关键财务指标改善和业绩增长的基础并不牢固，未来仍面临严峻的考验，一方面是重组后续工作仍未完成，一些财务指标仍在警戒线以下，风险尚未完全化解；另一方面是面对来自同行的激烈竞争，如何把握难得的调整机会，积极扩张业务空间，过程任重道远。

3. 保险业总量规模较小，结构仍需进一步调整

2006年，甘肃省保费收入仅占全国保费收入的1%，保险总资产仅占全国保险总资产的0.78%，保险业发展水平与经济社会发展的要求还存在较大差距。同时，保险业结构不尽合理，仍需进一步优化。从保费收入地区分布看，保费收入主要集中在兰州、酒泉、张掖、金昌和嘉峪关等经济面相对较好的地区；从保费收入业务分布看，财险业务保费收入集中在车险、企财险和货运险三大传统险种，其中车险业务实现保费收入10.87亿元，在财险公司占比达到68.35%；从保险险种结构看，2006年，农业保险实现保费收入75.21万元，呈现恢复性增长态势，但囿于财政支持力度小、道德风险大、赔付成本和管理要求高等原因，纯农业险种仍停留在初级阶段；从保险缴费结构看，寿险业务新单保费缴费结构中期缴占比37.36%，比上年下降明显，与期缴方式相比，趸缴方式比重过大不利于保险公司建立持续稳定的现金流，将会加大寿险机构资产负债管理的难度。此外，部分保险公司内控管理比较薄弱，理赔管理漏洞较多，应收保费比例偏高，发展的质量和效益还有待于提高。

## 三、金融市场与金融稳定

2006年，甘肃省金融市场呈现平稳有序的发展态势。场外同业拆借市场平稳发展；银行间债券市场交易量大幅增加；短期融资券业务取得突破性进展；票据市场贴现业务发展较快；股票市场交易较为活跃；涉外金融发展运行平稳。但是，受经济环境和相关政策等因素的制约，甘肃省金融市场发展相对缓慢，业务种类较少，品种较为单一，市场发展不平衡。

### （一）货币市场融资功能加强，股票市场交易较为活跃，涉外金融发展运行平稳

1. 货币市场运行稳定，直接融资功能有所强化

2006年，场外同业拆借量累计发生金额8.31亿元，利率区间为［2.88%，4.32%］，利率水平明显高于全国银行间同业拆借市场利率；银行间债券市场交易量大幅增加，累计成交金额458.73亿元，比上年增长93.37%，银行间债券市场利率受存款准备金率上调等国家宏观调控政策影响，继2005年小幅盘跌后，呈现小幅上升态势，其中质押式回购加权平均利率比上年上升0.44个百分点；企业短期融资券业务取得突破性进展，酒钢集团公司、省电力投资公司、金川公司3家企业全年共发行36亿元企业短期融资券，拓宽了企业融资渠道，促进了企业短期融资的票据化；票据贴现业务发展较快，票据融资增加较多，全年累计办理票据贴现424.59亿元，比上年增长28.54%。货币市场融资功能的加强为金融机构调整资产负债结构，调节资金流动性，提高资金成本意识和资金管理运用水平提供了稳定的市场环境。

2. 股票市场发展势头良好，股票交易较为活跃

2006年，在资本市场回暖，股票价格大幅上扬的背景下，甘肃省31家证券营业部（正常经营29家）股票交易总额合计757.54亿元，比上年增加470.86亿元。其中：A股交易量为55.48亿元，占总交易额的99.73%；B股交易量为2.06亿元，占总交易额的0.27%。19家上市公司期末总股本66.92亿股，比上年增加7.01亿股。其中：流通股34.28亿股，占总股本的51.23%。辖区股票市场融资功能的逐步恢复，一定程度上缓解了银行信贷资金的投放压力。同时，上市公司股权分置改革稳步推进。全省19家上市公司中，有18家完成或进入股改程序，占辖区上市公司总数的94.74%，总市值占辖区上市公司总市值的97.05%，略超全国平均水平。甘肃省上市公司股权分置改革的基本完成使甘肃证券市场突破了基础性障碍，开启了全流通时代。

3. 涉外金融发展平稳，汇改效应逐渐显现

2006年，甘肃省跨境外汇资金交易额46.18亿美元，比上年增长46.32%，外汇收支逆差9.72亿美元，比上年增长192%，甘肃省跨境资金流动与实体涉外经济发展基本一致，没有境外游资通过正常外汇收支渠道流入的情况。人民币汇率形成机制改革效应逐渐显现，汇改没有对区域经济发展和金融稳定产生较大影响。从国际收支口径看，汇率形成机制改革和配套的外汇政策调整便利了经常账户和境外投资等资本账户下的外汇收支；从涉外企业看，人民币升值后，企业进口原料、设备购汇成本降低，偿还外债能力相对提高，境外投资能力相应增强；从外汇金融业看，外汇政策调整便利了企业外汇收支，外汇账户结算资金大幅增长，外汇指定银行外汇买卖、结算手续费等中间业务收入稳步增加，外汇衍生产品也有了一定程度的发展。

### （二）货币市场业务主体单一，上市公司发展有待规范，涉外金融深度广度有限

1. 货币市场参与主体较少，业务发展潜存风险隐患

受地方经济金融发展落后的影响，甘肃省进入并参与全国银行间同业拆借市场和银行间债券市场的市场主体较少，资金相互融通和流动的广度有限，不利于金融资源的有效配置。企业短期融资券发行主体单一，信用风险定价机制欠精细，企业成为金融机构交易对手后，金融业和实业跨业风险可能会进入银行间市场。票据市场中银行承兑汇票手续费过低，无法完全覆盖票据承兑风险，转贴现中存在一定程度循环贴现、短款长用，融资虚增等现象，货币市场业务发展潜存一定风险隐患。

2. 股票市场发展缓慢，上市公司发展水平有待提高

2006年，甘肃省上市公司数占全国的1.34%，而总市值仅占全国的0.38%，占全省地区生产总值的14.86%，远低于全国44%的平均水平。同时，上市公司后备资源不足，断档现象严重；业绩分化明显，优质和高成长性上市公司数量偏少；个别上市公司还存在大股东长期大额占用公司资金、募集资金项目进展缓慢、资金使用效率不高、关联交易影响较大、对外担保金额量大等问题，致使上市公司主营业务不断萎缩，持续经营能力不足。

3. 涉外金融深度广度有限，交易尚未形成规模

甘肃省涉外金融发展的深度和广度有限，市场功能未能充分发挥，外汇交易尚未形成规模。国有商业银行和股份制商业银行甘肃省分支机构的结售汇头寸均由其总行统一管理，各分行也未获得其总行批准直接进入中国外汇交易中心进行交易。仅有兰州市商业银行一家取得外汇交易中心会员资格，全年交易总额0.19亿美元，比上年下降8.7%，业务品种单一，交易币种只有美元。

## 四、金融基础设施建设与金融稳定

2006年，甘肃省金融基础设施建设成效显著。现代化支付系统全面运行，社会资金周转效率大幅提高；征信体系建设日益完善，防范信贷风险的作用进一步显现；反洗钱工作稳步推进，为打击洗钱犯罪提供了依据。但同时，农村支付结算体系、征信系统服务范围、反洗钱可疑交易甄别能力在今后的金融基础设施建设当中还有待于提高。

### （一）支付结算环境明显改善、征信体系建设日益完善、反洗钱工作稳步推进

1. 现代化支付系统全面运行，支付结算环境明显改善

2006年，小额支付系统在甘肃正式上线运行。至此，以大额实时支付系统和小额批量支付系统为核心的现代化支付系统在甘肃全面运行，全省县级以上银行业金融机构都成为了现代化支付系统的参与者，实现了大额资金瞬间到账，小额资金汇划大批量、低成本的目标，极大地改善了全省的结算环境，有力地增强了商业银行的流动性和支付能力，为维护区域金融稳定提供了基础保障。

2. 征信体系日益完善，防范信贷风险作用逐渐显现

2006年，甘肃省银行业金融机构实现了由银行信贷登记咨询系统向企业信用信息基础数据库的切换，个人征信系统进一步完善，非银行信息采集工作取得了实质性突破。全省现已建立了1 717个企业征信系统查询用户、1 593个个人征信系统查询用户。据统计，2006年全省金融机构共查询企业和个人信用信息报告28.88万次，日均查询700多次，通过查询系统拒绝的个人信贷申请笔数占个人信贷申请总数的3.6%，银行征信系统建设的日益完善，为全省商业银行加强信贷风险管理提供了更为全面的信息支持。

3. 反洗钱工作稳步推进，构建打击洗钱犯罪长效机制

2006年，甘肃省金融机构反洗钱工作机制进一步得到完善，大多数商业银行分支机构建立了反洗钱内控、组织建设、可疑交易报告、交易记录保存等工作制度，疏通了上报可疑交易的报告渠道，并配备了反洗钱联络员和信息员，专门负责反洗钱工作，全年共报送可疑交易报告1 789起，完成12项协查任务，为行政司法部门打击洗钱犯罪活动提供了依据，为区域金融稳定与安全提供了前提保障。

**(二)农村支付结算相对薄弱、征信系统服务范围有限、反洗钱工作水平仍需提高**

2006 年，现代化支付系统、征信体系、反洗钱机制等各项金融基础设施建设成效显著，但在具体的建设和运行实践中，仍存在一定的问题和薄弱环节：一是支付结算体系中的农村支付结算问题未得到根本解决。2006 年以来，为解决农村信用社汇路不畅的问题，人民银行兰州中心支行帮助 191 家农村信用社采用一点接入的小前置模式加入了现代化支付系统，但加入的网点绝大部分是城市网点，农村单位和个人资金汇划速度慢、支付手段单一的局面没有得到根本改观，农民的生产、生活资金不能安全、高效地运转。二是征信体系建设中存在征信立法滞后，信息数据采集困难；电子化网络技术应用水平低，征信系统服务范围有限；征信市场发育程度低，缺乏具有公信力的市场化机构；征信服务供给和社会需求不足等问题。三是反洗钱工作中部分金融机构工作制度执行不力、人员队伍不稳定，对可疑交易甄别能力较低等问题比较明显。

总　纂：张志峰
统　稿：缪普昌　张志暹
执　笔：倪　明　袁治伟　张　莉　边永平　陈恒有　张圣玺
其他参与写作人员：董　丽　李爱萍　尹清萍

# 2007年宁夏回族自治区金融稳定报告摘要

2006年，在国家实施一系列加强和改善宏观调控措施的背景下，宁夏国民经济总体延续了近年来较快增长的态势，物价基本稳定，投资增长放缓，房地产市场供求平稳，消费对经济增长的拉动作用明显增强，特色优势行业增长强劲，经济主体的自主性和活力显著增强。人民币升值对宁夏经济的影响进一步加大；金融业运行稳健性提高，抗风险意识和能力增强。国有商业银行和农村信用社改革进展顺利，银行业信贷规模快速扩张，资本充足率提高，不良贷款率下降；金融市场稳步发展；金融生态环境建设取得新的进展；上市公司股权分置改革和证券机构重组快速推进；保险业持续高速发展，金融业整体实力显著提升。

## 一、区域经济运行与金融稳定

2006年，宁夏经济连续第8个年头保持了快速增长，为宁夏金融的稳健运行提供了有利条件。同时，经济运行中存在的一些问题影响了金融业的稳步发展。

### （一）经济快速有效发展为宁夏金融业的稳健经营创造了良好环境

2006年，宁夏实现地区生产总值706.98亿元，增长12.5%，人均GDP达11 780元，单位GDP综合能耗下降2.5%。三大产业全面发展。农业和农村经济平稳发展，第一产业实现增加值79.18亿元，增长6.1%；工业经济持续快速增长，规模以上工业实现增加值258.62亿元，增长19.6%，实现利税67.6亿元，增长18.9%，工业经济效益综合指数同比提高11.4点；金融、电信、批发和零售贸易、餐饮业、租赁和商务服务等第三产业继续保持较快发展，第三产业实现增加值280.26亿元，增长9.0%，在宁夏经济中所占比重攀升、贡献度增强；城镇居民人均可支配收入9 177元，增长13.4%。农民人均纯收入2 760元，增长10.0%。

### （二）经济运行存在的主要问题对区域金融稳定的影响

1. 宁夏工业经济运行质量仍处于较低水平

2006年，宁夏规模以上工业经济效益综合指数与全国平均水平相比差距较大。从构成经济效益综合指数的七项指标来看，除了资本保值增值率为125.07%，比全国平均水平高8.6个百分点之外，其余六项指标均落后于全国平均水平（见表1）。

**表1 2006年宁夏七项指标经济效益综合指数与全国平均值对比表**

| 指标名称 | 宁夏 | 与全国平均水平比 |
|---|---|---|
| 工业经济效益综合指数 | 150.91 | -40.3 |
| 总资产贡献率 | 7.19% | -6.3 |
| 资产负债率 | 60.10% | 2.3 |
| 流动资产周转率 | 1.70% | -0.8 |
| 成本费用利润率 | 3.20% | -3.4 |
| 全员劳动生产率 | 110 323 元/人 | -12.20% |
| 资本保值增值率 | 125.07% | 8.6 |
| 产品销售率 | 97% | -1.1 |

数据来源：宁夏统计局。

2. 宏观调控对宁夏经济的影响

2006年，国家为控制固定资产过快增长和缓解煤电油运紧张矛盾，先后出台了一系列宏观调控措施，加上部分工业产品原材料购进价格上涨与产品出厂价格倒挂，使宁夏工业面临的问题和困难更加突出。特别是在国家出口退税政策进一步调整和差别电价政策出台后，对宁夏生产技术和工艺落后的高耗能产业产生较大影响，导致这些行业生产成本提高，盈利空间缩小。

3. 企业新产品开发迟缓，具有竞争力的名牌产品明显不足

2006年，宁夏规模以上工业实现新产品产值占工业总产值的比重仅为4%，比上年下降1.2个百分点；同时，新产品产值同比下降1%，低于工业总产值增速（现价）29.8个百分点。宁夏工业企业自主创新能力不足，新技术、新产品开发迟缓，在国内享有盛誉的知名品牌也寥寥无几，将影响未来宁夏经济的整体发展。

4. 企业效益分化趋势扩大，部分行业效益不佳

2006年，宁夏工业企业效益分化更趋严重，利润主要集中在电力与热力的生产和供应业、有色金属冶炼及压延加工业两大行业，共实现利润19.13亿元，同比增长36.6%，占宁夏规模以上工业企业实现利润总额的75.7%，比重同比提高9.4个百分点。而石油加工、炼焦及核燃料加工业亏损7.34亿元，同比增长10.5%，居宁夏亏损行业之首。

上述经济运行存在的主要问题影响了宁夏经济的发展，部分行业效益下滑，偿债能力下降，直接影响到金融业的稳健经营。

## 二、金融业与金融稳定

2006年，宁夏金融系统在支持宁夏经济持续增长的同时，稳步推进改革与重组，运行质量继续改善，抗风险能力增强。金融业积极防范和化解金融风险，维护了社会的稳定。

### （一）银行业

1. 宁夏银行业金融机构存、贷款稳步增长，资产质量提高，整体抗风风能力增强

（1）宁夏银行业金融机构存、贷款稳步增长，国有商业银行信贷主体地位通过改革重新确立。到2006年年末，宁夏银行业金融机构本外币各项存、贷款余额分别比年初增加166.57亿元和153.25亿元，增量均接近历史最高水平。国有商业银行在新增存、贷款中的份额同比分别上升22个百分点和16个百分点。

（2）资产规模进一步扩大，资产质量总体水平提高，整体抗风险能力增强。2006年年末，宁夏银行机构资产比年初增加198.54亿元，增长44.07%；负债比年初增加190.02亿元，增长51.45%。同时，宁夏银行机构资产质量进一步提高。近三年来，宁夏银行业不良贷款余额和不良贷款率均实现大幅下降，不良贷款余额从2003年年末的119.3亿元减少到2006年年末的74.53亿元；不良贷款率从2003年年末的17.24%下降到2006年年末的7.5%，达历史最好水平。

（3）银行业机构市场营销能力逐步增强，财务状况明显改善。2006年，宁夏银行业金融机构累计实现账面利润17.13亿元，同比增盈6.49亿元。各家银行创利均达历史最好水平。

2. 银行业存在的问题和风险

（1）银行贷款双集中现象突出。受辖区经济发展环境所限，贷款在行业和地区集中的现象比较突出。到2006年年末，国有银行客户大额授信额度、贷款余额在1亿元以上的客户为80户，共计授信474.87亿元，贷款余额共计415.13亿元，占宁夏银行业贷款总额的41.76%。其中前10大户贷款余额就达247.26亿元，占宁夏银行业贷款总额的24.88%，主要集中在交通、电力、城建等行业。同时，信贷资金向中心城市集中的趋势明显，2005年银川市贷款增量占宁夏银行业新增贷款的73.7%。

（2）个别机构不良贷款反弹压力加大。到2006年年末，宁夏银行业金融机构本外币不良贷款余额为74.53亿元，比年初增加0.41亿元。特别是地方中小金融机构和个别国有商业银行不良贷款指标反弹明显。

（3）票据业务控制风险急需关注。发展票据融资业务，在一定的程度上改善了银行贷款的流动性和贷款质量，但票据业务高速增长与部分银行的风险控制能力不匹配，部分基层行在办理票据融资过程中对风险重视不够，甚至为虚增存贷款规模而违规办理的情况时有发生，风险隐患较大。

（4）地方金融机构法人治理结构有待完善，内部控制需要加强。一些地方性法人机构

在法人治理结构上“形似有余，神似不足”，董事会、理事会未能行使应有职能，规范的三会一层制度未能真正落实。

## （二）证券业

2006 年，宁夏证券期货行业努力防范和化解证券市场风险，积极推动股权分置改革和证券公司综合治理，清理大股东违规占用上市公司资金，逐步提高上市公司质量，促进宁夏资本市场稳定发展。

1. 基本情况

（1）证券经营机构情况：到 2006 年年末，宁夏有证券公司 1 家，即西北证券有限责任公司（已经中国证监会批准于 2005 年 12 月 9 日由南京证券托管），所属有 20 家证券营业部（其中，辖区所属营业部 10 家，异地所属营业部 10 家）和 6 家服务部；另有外地公司在宁夏设立的营业部 2 家。有期货营业部 2 家。

（2）上市公司基本情况：到 2006 年年末，宁夏共有 11 家 A 股上市公司，其中沪市 4 家，深市 7 家。年末，宁夏上市公司总市值 109.94 亿元，流通市值 62.67 亿元，同比上涨 74.91%；股本总额 25.04 亿股，流通股合计 14.24 亿股。

（3）宁夏证券期货市场运行情况：到 2006 年年末，股民开户数达 10.75 万户，同比增长 1.14%；保证金余额 3.7 亿元，同比增长 102%。全年股票交易额累计 225.26 亿元，同比增长 148%；期民开户数 370 户，同比增长 42.31%，保证金 367.42 万元，同比增长 118.69%；期货累计成交金额 47.56 亿元，同比增长 148.48%；投资者累计开设证券账户 210 296 户，累计开设资金账户 157 085 户。

2. 股权分置改革工作情况

到 2006 年年末，宁夏已有英力特、美利纸业、东方钽业等 10 家上市公司完成股改工作，目前圣雪绒也已进入股改程序，股权分置改革工作基本完成。

3. 证券业存在的问题和风险

（1）大股东占用上市公司资金情况依然存在。到 2006 年年末，宁夏有 3 家上市公司共 2 亿多资金被大股东占用，清欠任务仍很重。

（2）上市公司的经营风险不容忽视。宁夏辖区上市公司资产规模偏小、资金实力偏弱，还存在着公司经营管理不善、业绩不高的问题，并普遍存在风险管理不严的情况，严重影响了宁夏上市公司的发展，根据 2006 年第三季度报告分析，辖区上市公司平均每股收益 0.0375 元，同比下降 24.55%，平均净资产收益率 2.3%，同比下降 20.14%。

## （三）保险业

2006 年，宁夏保险业着力解决速度、效益、诚信和规范经营问题，各项业务保持了健康快速发展，发展质量和经营效益不断提高。

1. 保险业主体情况

到 2006 年年末，宁夏共有 7 家保险公司省级分公司及 178 家分支机构，同比分别增加

1 家和 23 家。有 7 家法人保险代理公司，3 家保险代理分支机构，2 家保险经纪分支机构，372 个拥有兼业代理资格证书的机构，下设网点近千家。从业在职员工 1 609 人，保险营销员 8 291 人。年内，新增法人保险代理公司 1 家、保险代理分支机构 1 家和拥有兼业代理资格证书机构 83 家。

2. 保险业运行情况

（1）保险业务增长较快。2006 年，宁夏保险业累计实现保费收入 19.24 亿元，同比增长 22.24%，增速高于全国平均水平 7.84 个百分点，排全国第 6 名。保险业总资产达 42.27 亿元，较年初增长 24%。

（2）发展质量逐步改善。2006 年，预计利润 1.03 亿元，保费利润率 5.35%，位居全国前列。宁夏各保险公司综合排名均居总公司前列。产险公司累计实现承保利润总额 3 796 万元。寿险产品保障程度明显提高，宁夏商业保险人身保障度 3 639 元/人，同比增长 29.4%。

（3）保险功能有所提高。到 2006 年年末，宁夏保险业承担风险总额 3 772 亿元，同比增长 42%。各项赔款与给付共计 4.53 亿元，同比增长 16.91%，低于保费收入增速 5.33 个百分点，低于全国赔款与给付平均增速 9.64 个百分点。积累寿险责任准备金和长期健康险责任准备金 39 亿元，远远高于宁夏社会保险保障基金总额。

3. 保险业存在的问题和风险

（1）货币市场和资本市场对保险市场的影响越发明显。从货币市场看，由于流动性过剩，银行体系吸储意愿降低，各商业银行积极开展保险代理等中间业务。2006 年，宁夏银邮代理渠道实现保费收入同比增长 100.91%；从资本市场看，由于股市回暖，投资概念下的分红寿险、万能寿险增势强劲，同比分别增长 38.89%、31.32%。由于目前保障范围狭窄，保障程度较弱的新型产品面临其他金融产品的竞争，特别是容易受到基金、股票的冲击。

（2）结构过于集中，市场发展不均衡。从公司看，个别公司发展速度低迷，与行业发展形式和地方经济发展速度不协调；从地区看，银川市集中度仍然较高，保费收入占宁夏份额的 50% 以上；从产品看，寿险新产品、机车险保费收入在寿险、财产险公司的占比分别高达 65.38%、82.19%。

（3）保险产品集中度仍然偏高。当前，宁夏保险市场上，财产险仍然集中在车险和企财险上，集中度高达 95%，而在寿险领域，市场上热销的国寿鸿丰、鸿鑫、智富人生（A、B）、红双喜（D、A）占比近 70%，寿险产品过于集中，一旦发生波动，将带来严重的经营风险，不利于公司的健康持续发展。

## （四）金融机构改革

2006 年，宁夏国有商业银行改革取得突破性进展，农村信用社改革成效显著，邮政储蓄体制改革前的准备工作取得阶段性进展。

1. 国有商业银行改革

2006 年，随着工行、中行、建行的股改上市，其分支机构的社会形象明显提升，业务流程和管理架构完成阶段性整合；部分机构独立的风险管理体制和机制初步建立，风险的系统化控制基本完成，分支机构的授权授信的管理进一步强化。

2. 农村信用社改革

2006 年，宁夏农村信用社完成了以县（市）为单位统一法人改革工作，经营管理能力逐步提高，贷款五级分类工作全面推进，资产质量和资本实力均明显提升。到年末，宁夏农村信用社实收资本 8. 52 亿元，比年初增加 1. 92 亿元；资本充足率 15. 2%，比年初上升 3. 4 个百分点；实现利润 2. 28 亿元，增长 15. 73%。

3. 邮政储蓄体制改革

2006 年，宁夏邮政储蓄机构模拟分账核算工作和小额质押贷款业务试点的前期资金准备工作取得阶段性进展，基本实现了邮政储蓄业务资金、财务收支单独进行核算与记载，并就开办小额质押贷款业务建立了相应的组织管理机构，制定了相关业务发展规划、管理制度和操作办法，为下一步开展小额存单质押业务试点工作奠定了基础。

### （五）金融风险处置

1. 伊信公司风险处置情况

2006 年，经伊斯兰国际信托投资有限公司（以下简称“伊信公司”）停业整顿工作组严格甄别、逐级确认，收购确认个人债权 70 笔，涉及金额为 5 413. 09 万元，处置工作进展顺利。

2. 西北证券有限责任公司的风险处置情况

2005 年 12 月 9 日，经国务院批准，证监会决定对西北证券关闭清算，其经纪业务由南京证券进行托管。一年来，通过各有关部门采取提前处置个人委托理财，对公司财务、经营等重大事项实行“四集中”、“三控制”等风险控制措施，有效遏制了风险蔓延。资产清理、债权清收、账户清理以及证券类资产转让和第三方存管上线已经完成，客户保证金缺口资金到位并下拨弥补，公司职工得到妥善安置，行政清算工作顺利完成，2006 年 12 月 30 日最高人民法院批准进入司法破产程序。

3. 亚洲证券有限公司银川营业部的风险处置情况

亚洲证券因为严重违规经营被关闭清算。到 2006 年年末，已完成了甄别确认收购工作，华泰证券有限公司对亚洲证券银川营业部的托管和翻牌工作顺利完成，维护了辖区的金融及社会稳定。

## 三、金融市场运行与金融稳定

### （一）金融市场运行的基本情况

2006 年，宁夏资本市场功能发挥欠佳，没有通过债券、股票市场融资。货币市场活跃，非金融机构融资仍以间接融资为主。

1. 货币市场

2006 年，宁夏货币市场呈现出金融机构同业拆借业务大幅萎缩、债券回购和票据交易活跃的特点。全年银行间市场累计成交 1 202. 0 亿元，同比增长 79. 1%；同业拆借累计交易金额 1. 3 亿元，同比下降 66. 8%；债券回购累计成交 1 134. 9 亿元，同比增长 69. 9%。债券回购交易加权平均利率全年总体呈稳步上行走势，11 月份达到全年最高的 3. 2%，年末出现回落；从票据市场看，宁夏中小法人金融机构所占市场份额比例要高于四大国有商业银行。到年末，宁夏中小法人金融机构银行累计签发银行承兑汇票 133. 36 亿元，占辖内市场份额的 72. 05%；票据贴现累计发生额 121. 92 亿元，占辖内市场份额的 61. 58%。票据贴现利率和转贴现利率水平持续上升。

2. 纸黄金交易市场

2006 年，宁夏有两家国有商业银行分行正式推出了个人记账式纸黄金买卖业务，为宁夏居民提供了一种新的投资理财工具。全年累计发生个人纸黄金交易 15 772 笔，累计纸黄金交易 98. 3 万克，折合人民币 1. 2 亿元，金融机构实现收益 35. 9 万元人民币。

3. 银行间外汇市场

2006 年，银川市商业银行是宁夏唯一一家有资格在全国外汇交易中心进行交易的外汇指定银行，该行在银行间外汇市场的交易量较上年增长 38. 9%，交易量在西北五省城市商业银行中名列第一。

4. 民间借贷市场

据对 447 个民间借贷监测点监测，2006 年，共发生借贷金额 7 482. 9 万元，加权平均利率为 16. 15%，民间借贷利率逐步走高，下半年加权平均利率高于上半年加权平均利率 1. 4 个百分点。农户民间借贷加权平均利率高于企业加权平均利率 4. 45 个百分点。

### （二）货币市场运行中存在的问题

1. 市场参与者较少，市场活跃程度不均衡

宁夏货币市场除票据市场参与者较多外，其他子市场的实际参与者只有 3 家地方性金融机构。市场参与者有限，直接限制了宁夏货币市场规模的进一步扩大，同时也使人民银行货币政策的传导效果受到影响。近年来，宁夏票据市场和债券回购市场交易一直保持活跃趋势，而同业拆借市场交易则持续萎缩。

2. 市场行为的合理性有待进一步改进

近几年，宁夏货币市场成员的市场操作还存在一些不合理现象。一是资金管理能力较低。一些金融机构因为市场操作人员不足或缺乏科学管理，往往只注重在货币市场融入期限较长的资金，而没有根据自身头寸的余缺变化情况进行短期的滚动操作，造成融入资金的成本较高；二是产品种类和期限搭配不尽合理，资产的流动性不高。一些金融机构所购的债券绝大部分是收益率相对较高、期限较长，但流动性不太好的企业债券，往往在需要资金的时候质押不出去，难以达成交易，降低了资产的流动性。

3. 市场业务的内控机制建设有待进一步完善

目前，宁夏货币市场成员的内控机制建设普遍较为单一，而不够全面，且较为重视制度的制订和补充，忽视了对制度执行情况的评估和风险预警体系的构建，造成在资金交易的风险控制和防范上存在潜在的漏洞。

## 四、金融基础设施与金融稳定

2006 年，在自治区党政主导、人民银行力推和社会各界的配合下，宁夏从打造“信用宁夏，诚信宁夏”、完善支付体系及加大反洗钱力度等方面入手，为实现区域金融稳定营造了良好的环境。

### （一）金融基础设施建设情况

1. 金融生态环境建设

2006 年，宁夏金融生态环境建设逐步加强。一是自治区政府批转了《加强宁夏金融生态环境建设的指导意见》，提出建立由政府牵头、人民银行推动、各有关部门共同参与的金融生态环境建设长效工作机制，加上前两年建立的宁夏金融稳定协调机制，为区域金融生态环境建设提供了坚实的组织和制度保障。二是开通了“宁夏诚信网”，该网站具备信用宣传、信用咨询、信用维权、信用评级等功能，充分满足宁夏社会各界对信用建设的信息需要，为打造“诚信宁夏”奠定基础。三是在自治区党委、政府推动下，通过媒体曝光等措施，继续加大清理政府部门及其工作人员拖欠农村信用社贷款力度，取得显著效果。到 2006 年年末，累计清收拖欠贷款 3 848 户，清收金额 6 149 万元，清收率分别达到 86% 和 73% 。四是自治区党政联合制定印发了《对乡镇举债行为实行责任追究的暂行办法》，切实加强乡镇债务管理，坚决制止乡镇发生新的债务。五是为进一步加强与银行的信用合作，建立借、用、还款良性循环的有效机制，完善政府性债务偿还机制，规范政府偿债基金的运行，自治区政府印发了《关于建立政府偿贷基金的指导意见》，并要求各地市政府制定相应的管理办法，加强对政府偿债基金的管理，确保银行贷款本息的偿还。

2. 完善征信系统建设

2006 年，人行银川中支积极推动辖区信用体系建设。指导辖区金融机构做好银行信贷登记咨询系统升级改造工作，顺利实现企业信用信息基础数据库全国联网运行。个人征信系统建设取得突破性进展，个人信用信息基础数据库于 2006 年 1 月实现全国联网运行，宁夏农村信用社联合社成为全国 14 家以省为单位全部联网接入个人信用信息基础数据库的联社之一。

3. 支付清算系统建设

2006 年，宁夏继续加强了支付清算系统建设，按时完成了小额支付系统的上线运行，为宁夏社会各界的资金清算开辟了新渠道。同时，进一步完善了对大额支付系统、会计集中核算系统、人民币银行结算账户管理等系统的安全运行维护措施，确保各系统安全正常运行。

4. 反洗钱反假币制度建设

2006年，人行银川中支不断完善宁夏回族自治区反洗钱反假币工作联席会议制度、金融监管部门反洗钱反假币工作协调机制及人民银行内部反洗钱反假币工作机制，同时，积极探索建立与公安厅等有关部门的专项联络机制以及地方反洗钱反假币工作协调机制。加大对银行业金融机构不同层次工作人员进行培训和向全社会宣传反洗钱反假币知识力度，使宁夏反洗钱反假币从业人员工作水平和社会公众对反洗钱反假币工作的认知水平进一步提高，形成反洗钱反假币工作合力。

5. 审慎金融监管

2006年，宁夏金融监管部门更新监管理念，依法履行监管职责，提示金融市场风险，完善监管的组织框架和工作流程，执行责任追究制度，实行监管意见反馈和后评价制度。并通过审慎监管督导各金融机构把稳健经营放在第一位，自觉强化业务扩张的资本约束。指导监管对象根据国家产业政策要求，结合宁夏经济发展实际，强化风险提示的监管导向功能，及时发出房地产行业、土地储备、公路建设、上市公司、大企业等风险提示，指导监管对象控制经营和操作风险，进一步提高了监管对象防范风险的能力。

6. 应急制度建设

2006年，自治区政府制定了《宁夏突发事件应急预案》，发改委制定了《企业债券突发事件应急预案》，银监局制定了《宁夏银行业突发事件应急预案》。其他各有关部门都相继制定了各分管口的突发事件应急预案。人行银川中支结合宁夏实际先后制定了《宁夏金融机构突发事件应急预案》以及涉及发行、支付清算、国库、会计核算等20多部突发事件应急预案，并进行了演练。各预案都明确应急管理工作领导小组和各部门的职责和工作程序，为及时防止突发事件蔓延和扩大做好必要准备。

### （二）金融基础设施存在的薄弱环节

今后，宁夏金融基础设施建设需关注的主要问题有：一是全社会信用意识还有待于进一步提高，信用建设还需要进一步加强，征信体系的效能尚需进一步发挥；二是金融法律法规体系不健全依然困扰着金融系统，一些监管措施缺乏执法依据；三是目前各项金融业务之间相互渗透会越来越多，相应的风险也会在金融行业间相互蔓延，分业金融监管机制难以适应金融业跨行业跨市场经营的现状；四是信息共享不充分，各部门都建立有自己的监管和信息体系，相关职能部门对银行业的信息掌握的不全面、不及时、不对称，信息获取的渠道不畅，难以对金融风险进行准确的预测和防范。

## 五、总体评估与政策建议

### （一）总体评估

2006年以来，宁夏经济一直处于快速稳健运行，对宁夏金融服务，特别是银行信贷形成强劲需求，进一步推动了宁夏金融业的发展。经济金融发展的协调性有所改善，改革发展中求稳定，稳定中求发展变化的格局初步形成。在这种形势下，经济、金融运行中的不稳定、不健康因素得到有效控制，金融生态环境有所改善，金融改革稳步推进，金融机构风险管理水平、盈利能力不断提高，抗风险能力进一步增强。未来，随着宁夏金融体系稳健性整体增强，发生区域性、系统性金融风险的概率较小。

虽然宁夏金融系统的稳定性有了进一步增强，但仍面临着影响其稳健发展的因素：一是经济增长对银行间接融资的依赖性仍然过大，风险过度集中于银行业，信贷集中现象持续发生，一些金融机构不良贷款上升；二是保险业竞争日益加剧，销售误导、理赔难等问题依然突出，规范保险市场的任务加重；三是直接融资发展滞后，大股东占用上市公司资金情况依然存在；四是金融生态环境还不尽如人意，银行自主经营行为仍受某些因素干扰；五是非法集资留下的隐患开始暴露。这些问题如果得不到妥善解决，将会影响未来宁夏金融体系的稳健运行、经济的快速发展和社会的安定祥和。

### （二）建议

1. 从加快经济结构调整和增长方式的转变入手，进一步提高经济运行质量，加快发展高效产业，提升企业自主创新能力，提高产品竞争力，挖掘新利润增长点，增强企业对宏观调控和市场变化的应变能力，缓解节能降耗工作压力。

2. 拓展资本市场功能，积极培育后备上市企业，增强上市公司再融资能力，积极支持和鼓励企业发行债券，加快发展直接融资，优化融资结构，最大限度地分散银行信贷风险。

3. 金融机构要继续通过推进改革，加强风险控制，防范不良资产反弹，增强抵御风险能力。监管部门应加大对操作风险的监管力度，进一步规范市场秩序；以金融监管联席会议为平台，建立金融联合监管机制，以弥补监管真空和防范跨行业跨市场金融风险，共同维护区域金融稳定。

4. 充分发挥政府和相关部门职能，加大对非法金融活动和非法集资、企业逃废债等行为的打击力度，维护金融机构合法权益。将金融生态环境建设持久化，诚信教育普及化，信用意识深入化，从根本上改变区域金融生态环境。

总　纂：董根祥　马　芬
统　稿：赵　滨
执　笔：赵　滨
其他参与写作人员：王奇志

# 2007年新疆维吾尔自治区金融稳定报告摘要

2006年，新疆经济承接了自2003年以来连续三年保持10%以上增速的良好势头，实现了快速、健康良性发展，综合经济实力进一步增强，新农村建设扎实推进，对外开放不断扩大，社会事业全面进步，政治大局保持稳定，人民生活不断改善，实现了“十一五”时期的良好开局；金融业平稳运行，资产质量和效益进一步提高，主要金融机构不良贷款实现“双降”，金融业改革顺利实施，金融风险得到有效处置；金融市场发展较快，货币市场、证券市场交易活跃，保险市场主体增加，市场秩序逐步好转；金融生态环境有所改善；金融业通过改革，整体实力增强，抗风险能力逐步提高，金融体系的稳定性明显增强。

## 一、金融业稳健发展的内外部环境不断改善，金融体系的稳定性进一步增强

### （一）国民经济保持较快增长，速度、质量、效益态势趋好，为维护金融稳定奠定了良好的基础

1. 国民经济持续快速健康发展

全年实现生产总值3 018.98亿元，增长11.0%。其中，第一产业增加值533.20亿元，增长5.7%；第二产业增加值1 437.90亿元，增长13.5%；第三产业增加值1 047.88亿元，增长10.7%。

2. 企业效益大幅提升，抗风险能力不断增强

规模以上工业企业实现利润582.96亿元，增长49.0%；13个主要行业中，11个行业实现盈利。经济效益综合指数379.7，上升61.2点。其中总资产贡献率27.4%，上升5.2个百分点；资产负债率54.1%，下降0.2个百分点；全社会固定资产投资增长17.6%，其中制造业投资增长37.8%，增速达到有史以来最高，工业结构趋于优化。

3. 财政收入大幅提高，人民生活不断改善

全口径财政收入484.75亿元，地方财政收入265.58亿元，增幅均超过20%，是近年来增速最快的一年；地方财政支出727.58亿元，增长30.8%。城镇居民人均可支配收入

9 120元，增长14.1%；农村居民人均纯收入增加255元，增长10.3%。个人消费贷款余额173.34亿元，较上年下降22.93亿元。储蓄存款2 035.63亿元，比上年增加219.46亿元。居民偿债能力有所增强。

4. 对外开放进一步扩大

外贸进出口总额91.03亿美元，实际利用外资1.04亿美元，分别增长14.6%和1.2倍，实现贸易顺差51.75亿美元。

5. 物价总水平保持稳定

居民消费价格总水平上涨1.3%。工业品出厂价格上涨14.4%，原材料、燃料和动力购进价格平均上涨11.1%。

### （二）金融业运行平稳，金融业改革顺利实施，金融风险得到有效处置，金融业整体实力显著增强，金融稳定微观基础得到进一步夯实

1. 银行业运行平稳，银行业体系总体保持稳定

银行业资产规模不断扩大，机构体系日臻健全，资产质量及效益稳步提高。截至2006年年末，新疆银行业总资产4 779.55亿元，同比增长15.1%。各项贷款余额2 481.24亿元，同比增长6.1%；总负债4 739.15亿元，同比增长13.9%。其中，各项存款余额4 068.90亿元，同比增长17.6%；本外币资产当年结益25.16亿元，同比增长5.1%；不良贷款实现“双降”，余额和比例分别下降58.1亿元和3.7个百分点。年内，第2家城市商业银行（克拉玛依市商业银行）挂牌成立，2家区域性股份制商业银行（上海浦发和兴业银行）先后在乌鲁木齐设立分行，到年末，银行类金融机构数达3 342家，从业人员4.66万人。

银行业风险得到有效处置。7家处于关停的城市信用社市场退出进程加快，3家撤销城市信用社已完成清算；哈密农村信用社支付风险得到处置；新疆金融租赁公司重组工作取得实质性进展；金新信托停业整顿后续工作基本结束。

银行业改革顺利实施，并取得阶段性成果。2006年，中行、建行、工行通过整合业务流程，推进机构和人力资源管理进一步改革，资产质量不断改善，内控机制得到加强，风险管理能力逐步提高，经营效益大幅提升；农村信用社产权制度改革稳步推进，随着自治区农村信用社联社的正式挂牌成立，新的管理体制开始正常运行；65家以县（市）为单位统一法人社工作基本结束；国家对农村信用社扶持政策落实到位，83家农村信用社获得央行票据8.23亿元。农村信用社通过改革，整体实力明显增强，经营状况显著改善，支农水平明显提高。到2006年年末，农村信用社资本充足率全区统算达14.6%，比2004年提高4.9个百分点；各项存款达352亿元，增长25%；各项贷款156亿元，增长4%；不良贷款比上年减少6亿元；不良率比上年下降4个百分点；股本金15亿元，增长11%；实现账面利润4.1亿元，消化历史包袱0.8亿元，其中46家县联社消化了全部历年亏损挂账。2006年累计发放农业贷款116.7亿元，占全区农业贷款总额的70%以上，农户贷款面达94%。

2. 证券业稳定发展，总体抗风险能力增强

上市公司质量稳步提高。2006 年，上市公司主营业务收入为 378.6 亿元，较上年增长 15.5%，实现净利润 13.8 亿元，资产负债率比上年下降 2 个百分点，偿债能力有所增强。

证券经营机构效益大幅提升。截至 2006 年年末，新疆证券经营机构累计实现交易手续费收入 3.04 亿元，净利润 1.71 亿元，分别较 2005 年年末增长 151% 和 17 倍，31 家证券营业部中有 30 家实现盈利。

证券公司综合治理初见成效。截至 2006 年年末，新疆辖区证券公司清理压缩个人委托理财业务 3.96 亿元，收购个人债权本金 1.29 亿元，清理实业投资公司 4 家，清理违规开设的自营及资产管理账户 363 个。

证券公司重组工作进展顺利。2006 年 5 月，中国建银投资公司与新疆证券机构债权人设立的凯迪投资公司共同注资 26 亿元，对宏源证券实施了重组。重组后的宏源证券加大了对遗留问题的整改力度，积极规范各项业务，特别是加大了对公司的风险控制，各项业务经营情况也有了明显好转，2006 年实现净利润 2.3 亿元，较上年增长了 18 倍。

风险得到有效处置。完成了“啤酒花”、“德隆系”相关上市公司重组，化解了“啤酒花”、“屯河集团”和“天山股份”危机；对新疆证券公司实施关闭式重组，新疆证券公司经纪业务及所属证券营业部、服务部由宏源证券公司托管，证券类资产以 3 500 万元的价格转让给宏源证券公司，384 名员工得到妥善安置。

3. 保险业各项业务快速发展，风险得到有效防范，整体实力明显增强

保险业规模逐步扩大，各项业务发展态势良好。截至 2006 年年末，保险公司总资产 207.96 亿元，较上年增长 19.54%。全年财险和人身险累计实现保费收入 85.41 亿元，同比增长 17.8%，高于全国平均增长率 3.4 个百分点，高于新疆 2006 年 GDP 增长率 6.6 个百分点。

保险业体制改革取得新进展。随着中华联合财产保险公司改制的完成，辖内保险机构全部实现了股份制。各保险公司积极转换经营机制，不断完善内部管理制度，逐步建立现代企业制度，经营管理水平得到不断提升。

业务结构调整成效显著。财产险业务增速明显。工程保险保费收入 0.51 亿元，同比增长 112.72%；责任保险保费收入 0.88 亿元，同比增长 22.28%。寿险业务结构进一步优化。寿险公司更加注重内含价值和长期稳健发展，寿险新单期缴业务占寿险新单保费的 32.29%。中介市场作用进一步发挥。通过各类中介渠道实现保费收入 53.96 亿元，占总保费收入的 63.18%。

## （三）金融市场运行平稳，融资结构有所优化，市场环境进一步改善

1. 货币市场交易活跃

全年银行间同业拆借累计成交 45.1 亿元，增长 103.8%；全年累计签发商业汇票 251.5 亿元，同比增长 5.3%；票据贴现 437.1 亿元，同比增长 32.3%，再贴现 3.4 亿元，同比增长 78.9%。

2. 证券市场焕发生机，市场融资取得突破

年内上市公司股改基本完成，27 家上市公司有 26 家公司完成股改，1 家进入股改程序。全年股票基金累计成交 944.6 亿元，同比增加 543.3 亿元，增长 135.4%；上市公司总股本达 100.19 亿股，较上年增长 17.55%；总市值 735.58 亿元，较上年增长 131.68%。股民保证金账户余额较上年同期增长近两倍。当年 2 家公司在深交所挂牌上市，分别募集资金 6.6 亿元和 1.74 亿元，上市公司数量达 29 家；截至 2006 年年末，全区上市公司通过境内发行股票、配股、增发累计募集资金 149.42 亿元。

3. 保险市场规模逐步扩大，市场主体增加，保险市场秩序逐步好转，服务经济社会发展作用不断增强

市场新增保险主体 1 家，中心支公司 10 家，县支公司及营销服务 37 家，保险中介机构 5 家。截至 2006 年年末，全区共有保险主体 13 家，中心支公司 94 家，县支公司及营销服务 867 家，保险中介机构 38 家，兼业代理机构 1 662 家。保险从业人员 3.1 万人，其中保哒营销员 2.5 万人，持证率 89.19%，较上年上升 19.18 个百分点。保险密度 417 元，保险深度 2.8%。各项赔款、给付累计 23.25 亿元，同比增长 14.81%，赔付率为 27.22%，同比下降 0.71 个百分点。

### (四) 金融基础设施不断完善，金融稳定的生态环境有所改善

现代化支付体系进一步完善，大小额支付系统成功上线运行，全疆 3 300 多个金融机构加入支付系统，同城票据清算系统覆盖了乌鲁木齐及周边的昌吉、米泉等地；社会信用状况得到改善，年内新增 13 家信用担保机构；全国统一的企业和个人征信系统已采集全区 10 万多户企事业单位、740 多万自然人信用信息；反洗钱工作协调机制进一步健全，反洗钱监管力度加大，金融机构履行反洗钱义务的工作水平全面提高；司法环境有所改善，乌鲁木齐中级法院与人民银行、工商、税务、商业银行等建立了执行联动威慑机制，重点开展了清理执行积案、“规范执行行为，促进执行公正”、专项整改和建立全国法院执行案件信息管理系统等三项活动，全疆各类新增案件的执结率达 52.4%，所清理积案的执结率达 33.6%。

## 二、经济、金融运行中需要关注的问题

2006 年，新疆经济实现了健康协调发展，地区生产总值突破 3 000 亿元，发展的稳定性、协调性和科学性进一步增强，宏观调控的有关政策措施有效落实并初见成效，金融生态环境有所改善，金融基础设施建设成效明显，为新疆金融业的稳健发展奠定了较好基础。但值得关注的是，影响新疆金融稳定的一些因素依然存在，经济金融发展中的一些深层次问题和矛盾逐渐显现，对金融稳定造成潜在的影响。

**（一）经济增长方式依然呈现出粗放型特征，经济增长较为单一，依赖投资拉动经济增长的局面仍在持续**

新疆粗放型的经济增长方式仍然未从根本上转变，粗放的、雷同的产业仍占据主导地位，投入高、消耗多、污染重及效率低的问题仍比较突出，经济增长主要依靠固定资产投资来实现。近几年，新疆全社会固定资产投资增长速度始终高于同期生产总值的增长速度，且呈现出进一步扩大的趋势。“九五”时期，新疆投资增长速度为 12.9%，比生产总值增长速度高 5.2 个百分点，“十五”时期扩大为 7.1 个百分点。固定资产投资对 GDP 的贡献率逐年攀升，经济增长对投资的依赖程度进一步加剧。2006 年，新疆固定资产投资增长 17.6%。高投资率虽快速拉动了经济增长，但易受到国家宏观调控政策的影响而产生较大波动，从长期看，不仅容易导致部分行业过热，加大经济周期波动，影响经济发展的可持续性和稳定性，还容易造成银行信贷的过度集中，增加银行中长期贷款的供给，加剧银行贷款期限结构错配的矛盾。

**（二）轻重工业比例失调、价格倒挂、行业发展不平衡问题突出，对商业银行持续健康发展产生不利影响**

长期以来，新疆工业以原材料工业和能源工业为主，轻重工业比例严重失调。2006 年，新疆轻重工业比例为 7.1:92.9，与上年相比，轻工业比重下降了 1.1 个百分点，石油、钢铁、建材、纺织、食品等传统产业依然占据绝对地位。2006 年，石油和天然气开采业增加值占全区工业增加值的 70.8%，实现利润占规模以上工业企业利润总额的 87.3%。2001 年以来，新疆石油、电信、电力等中央直属企业、全国性集团企业实行“总部财务制”，逐渐退出新疆信贷市场，而其他工业企业却因为效益低下、经营困难难以产生有效信贷需求。由于新疆燃料、动力、原材料购进价格同比上涨 11.1%，导致石油天然气开采业利润猛增，而石油加工等下游企业主营业务成本上升，生产利润受到压缩，亏损严重。2006 年，新疆规模以上工业企业亏损面为 35.9%，亏损额上升 12.88 亿元，36 个行业中有 17 个行业亏损。由此给商业银行发放贷款、清收转化不良贷款带来较大压力，同时加大了行业贷款集中风险。

**（三）金融结构性矛盾突出，不利于银行业稳健经营和持续发展**

新疆经济基础薄弱，利用外资条件有限，财政资金、民间资本规模小，投资能力不强，资本市场发育较晚，企业融资渠道单一，间接融资仍处于主导地位。2006 年，随着资本市场的全面恢复，新疆企业融资环境得到改善，通过 IPO 及再融资共募集资金 38.1 亿元，但相对于国内发达省份，新疆资本市场规模仍然偏小，融资功能有限，上市公司平均股本、总资产、收入、利润以及每股收益等主要指标明显低于全国水平。29 家上市公司仅占全国 1 434 家上市公司的 2.02%。直接融资规模十分有限，地方经济发展对银行的依赖程度较高，企业高负债运营。保险业规模较小，覆盖率明显偏低，仍处于发展的初级阶段，加剧了金融结构性矛盾，使银行承担了一些本应由金融市场承担的风险，金融风险集中于银行业，对银行稳健经营和持续发展产生不利影响。

**（四）国有商业银行不良贷款比例较高的状况未得到根本改善，地方中小法人机构资本充足率低，风险拨备缺口大，一些历史遗留问题尚未得到根本解决**

由于受“啤酒花”、“德隆”事件等因素的影响，新疆国有商业银行整体不良贷款规模仍旧较大，不良贷款比例仍在高位运行，且不良贷款反弹压力较大。截至2006年年末，国有商业银行不良贷款比例比全国平均水平高出近10个百分点；地方法人机构由于历史和体制方面原因，普遍规模小，资本金不足，关联贷款集中度高，风险拨备缺口大，资产质量不高，存在风险隐患。

**（五）金融企业核心竞争力不强，创新能力和应对外部环境变化的能力不足**

金融企业盈利模式单一，市场定位雷同，产品同质化严重。银行业金融机构仍以资本消耗高、风险较大的存贷利差收入为主；证券经营机构业绩大幅提升，主要得益于市场行情好转和交易量上涨，盈利模式单一使得证券经营机构盈利能力具有较大的不确定性，极易受市场风险影响；部分上市公司仍然存在主业不突出、整体资产质量不高、资产结构不合理、持续盈利能力不强、产业规模优势不足、经营管理体制不完善、短贷长投等问题，潜在的风险较大；保险业基础薄弱，整体水平不高，产品品种单一，缺乏满足市场多层次、个性化、适合客户购买、贴近群众生活的产品，忽视对个险业务特别是农村保险市场的开拓，在低收入人群、农业与农村等存在自然风险的领域缺乏保险的专业管理和深度参与。

**（六）公司治理不到位，内部管理薄弱，违规案件时有发生**

部分上市公司仍受大股东干预，独立性欠缺；上市公司内控机制和科学决策体系不完善；公司“三会运作”和信息披露不规范、公司董事、监事法律意识和责任意识较低。证券期货经营机构经纪人管理规范性不够，行业自律观念不强，机构之间恶性竞争情况依然存在。保险同业竞争激烈，诚信问题突出，相互压价、哄抬手续费、中介代理费等问题时有发生，保险公司重销售、轻理赔的现象仍然存在。部分中小法人银行机构公司治理不健全、内部管理薄弱，仍有经济案件发生，涉案金额和各类案件形成风险资金金额有所增加。

**（七）信用体系建设滞后，金融发展环境有待进一步改善**

信贷征信体系建设起步较晚，银企关系尚未步入互助双赢的良性轨道；信用担保机构普遍规模较小，担保实力较弱，财政补偿机制尚未建立，信用中介体系急需完善；全社会信用意识不高，企业悬空、逃废银行债务行为时有发生，银行债权诉讼案件执行难的问题依然存在；维护金融稳定的协调机制尚未建立，人民银行与各金融监管部门及金融机构之间不能进行及时、有效的沟通和协调，无法实现信息共享，直接影响维护金融稳定工作；监管部门的监管力度需进一步加大，监管人员数量、总体业务素质仍需进一步提高，监管方式和手段有待进一步改进，以适应新形势、新任务的需要。

## 三、积极贯彻落实科学发展观，努力构建和谐新疆，促进新疆经济、金融持续健康协调发展

新疆是边疆少数民族地区，其社会稳定、金融稳定对整个西部地区乃至全国意义重大。当前，新疆正处于经济发展的最好历史时期，面临的发展机遇越来越多，积极维护好区域金融稳定，对贯彻落实科学发展观、全面建设小康社会、构建和谐新疆，实现“稳疆兴疆，富民固边”战略目标具有重要的现实意义和深远的历史意义。为了保持新疆社会政治经济稳定，促进新疆经济社会各项事业全面发展，为构建新疆和谐社会创造稳定的环境，必须根据新疆的特点，全面贯彻落实科学发展观，研究制定有针对性的维护金融稳定和有效防范和化解金融风险的措施意见，积极探索维护新疆金融稳定的思路、方法，促进新疆经济金融健康、协调发展。

### （一）全面落实科学发展观，进一步调整经济结构，加快经济增长方式由粗放型向集约型转变

加强政府主导作用，积极发展循环经济，提高资源利用率，大力推进产业结构优化升级，强化技术创新，积极推进技术进步，大力发展加工业，完善市场机制，加快政府职能转变，建立现代企业制度，加强企业管理，扩大消费需求，提高投资效率，减少投资波动和行业波动，逐步实现经济增长方式的转变，确保经济实现持续健康发展，为金融稳定创造良好的宏观经济环境。

### （二）继续深化金融业改革，促进金融业在改革中发展壮大、化解风险，以更好地适应经济发展需要

国有商业银行分支机构应在巩固改革成果的基础上，进一步健全风险管理和内部控制机制，重点探索建立问责制和正向激励机制相结合的考核机制，严防不良资产反弹；政策性银行应加快商业化改革和内部改革进程；邮政储蓄银行应加快区级分支机构组建工作，积极推动小额存单质押贷款试点工作，增强对城乡社区的服务功能；农村信用社应尽快实行政企分开，理顺管理体制，推进产权制度改革，逐步建立和完善适合农村合作金融机构特点的治理模式；地方法人金融机构积极推进增资扩股或重组，提高金融机构资本充足率，增强抵御风险能力；证券、保险业应不断深化改革，拓展金融服务领域，不断增强发展活力和动力，进一步提高风险管理能力和水平，增强竞争力和风险防范能力，促进辖区金融稳定。

### （三）大力发展资本市场，逐渐扩大直接融资比重，拓宽企业融资渠道，分散银行风险

充分利用资本市场平台，积极鼓励和支持存量上市公司提高质量，通过收购、兼并、资产重组和非公开发行等方式将优质资产注入上市公司，提高上市公司核心竞争力，增强上市公司回报投资者的能力；积极培育上市公司后备资源，对在行业内具有优势地位、成长性好、发展潜力大的企业尽快推向资本市场，同时鼓励符合条件的企业进入债券市场，支持符合条件的上市公司再融资，拓宽企业融资渠道。证券经营机构应在规范经营，控制风险中加快发展，全面提高经营能力，提升服务水平，逐步成为资本充足、内控严密、运营安全、服务和效益良好的现代金融企业。

### （四）加强对地方法人机构风险的监测和预警，努力防范系统性金融风险

积极探索完善中小法人机构风险监测预警指标体系，加大监测力度，认真分析区域经济金融形势及影响区域金融稳定的潜在因素，准确预测辖内金融稳定状况，明确风险监测重点，建立重大高风险金融机构数据库，排查风险隐患，加强动态监测和预警；对高风险机构或对已发生风险的机构应加强与监管部门的协调配合，积极沟通有关信息，共同研究制定风险处置方案，采取切实有效措施，稳妥处理和解决风险防范和处置中的各种矛盾问题，防范引发系统性风险。

### （五）建立完善金融稳定协调机制，形成防范化解风险和维护金融稳定的合力

随着金融创新和金融业综合经营，金融机构间相互影响和关联交易而产生的系统性风险和交叉性风险问题逐渐突出，为了防范系统性风险和交叉性风险，应尽快建立包括人民银行、财政部门和金融监管部门的金融稳定协调机制，加强有效沟通，实现信息资源共享、政策措施互动，努力形成防范金融风险整体合力，积极构建防范和化解风险的长效机制，共同维护金融稳定，实现金融业平稳健康运行，确保金融稳定和经济安全。

### （六）推动金融创新发展，努力增强金融企业核心竞争力

金融业应更新金融发展理念，增强金融创新意识，提高金融体系效率和发展质量。应坚持以市场为导向、以需求为基础，不断开发金融新产品，拓展金融新业务；应坚持引进和创新相结合，努力消化吸收国内外先进金融理念、技术和管理经验，加快推进保险资金参与地方经济社会发展的金融合作，探索重点项目银团贷款合作方式，促进政策性资金与商业信贷资金、保险资金和其他社会各类资金的有机结合，不断拓宽融资渠道；健全保险市场体系，大力开拓少数民族地区保险市场，积极发展农业保险、商业养老健康保险和责任保险，扩大保险覆盖面，大力整治销售误导、理赔难等不诚信行为，不断改善监管方式和手段，维护健康的保险市场秩序；地方法人机构应完善法人治理结构，加强内部管理和

行业自律，全面提高从业人员思想政治素质、业务素质和职责道德素质，加大打击金融系统商业贿赂行为力度，严防各类案件发生。

### （七）进一步改善金融生态环境，促进金融业稳定、健康发展

各地方政府应深入研究本地区经济金融工作，按经济规律、金融规律、市场规律办事，从组织领导、协调机制、政策支持等方面切实加大对金融工作的支持力度，加强社会信用环境建设，进一步做好信用村镇、信用企业建设，建立健全信用担保体系，扩大现有担保机构的担保能力；宣传部门应加强对金融工作的宣传，曝光惩戒失信者行为，提高全社会的信用意识和金融风险意识。各类企业应加强诚信经营意识，树立良好信用形象，完善法人治理结构，加强内部管理，加大产品开发力度。尤其是上市公司应规范对外担保，突出主营业务，增强企业核心竞争力，增强市场吸引力，为金融业稳步健康发展创造良好的外部环境。

总　纂：马　军
统　稿：庞小红
执　笔：庞小红　郭新萍
其他参与写作人员：王　璐　王　新　朱金惠　张　波
李泽华　李宏林　沈　霞　杨荣涛
杨瑞香　赵　强　姜　奇　曹　振
谭　明

# 2007 年大连市金融稳定报告摘要

2006 年，大连市金融业保持健康平稳的运行态势，银、证、保各业发展迅速，金融业改革有了较大突破，市场秩序进一步改善，业务创新促进了盈利能力的增强，金融基础设施建设不断完善，金融业对外开放的步伐进一步加大。

## 一、区域经济运行与金融稳定

2006 年，大连市在加快老工业基地振兴和东北亚航运中心建设政策指引下，继续深化改革，实现了“十一五”的良好开局，国民经济运行整体保持了健康平稳的发展态势，为地区金融发展创造了良好的经济环境。全年完成地区生产总值2 569.7亿元，较上年增长16.5%，成为11 年以来增长最快的一年。第一、二、三产业分别实现增加值 208.6 亿元、1 229 亿元和 1 132.01 亿元，增长 10.9%、20.3% 和 13.6%。国民经济运行向集约化方向发展，万元地区生产总值能耗下降 4.4%。

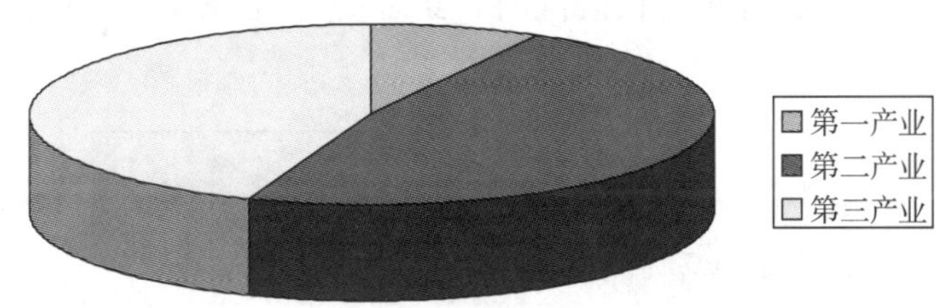


数据来源：大连市统计局。

图 1　2006 年大连市三次产业占比示意图

### (一) 投资消费需求全面增长，投资仍是经济增长的主要动力

固定资产投资仍是拉动经济增长的主要动力，结构调整呈现积极变化。2006 年完成全社会固定资产投资 1 469.5 亿元，同比增长 32.3%。民营投资完成 902.2 亿元，占全社会固定资产投资额六成以上。城乡消费品市场同步发展，各类消费品全面增长。2006 年，全市实现社会消费品零售总额 839.3 亿元，增长 14.7%。

### （二）一般预算收入再创新高，城乡居民收入差距大幅缩小

2006 年，地方财政一般预算收入完成 196.1 亿元，同比增长 29.5%，增幅创1994年分税制改革以来最高值。地方财政一般预算支出完成 266.5 亿元，同比增长 28.3%。城市居民人均可支配收入 13 350 元，同比增长 11.3%。农村居民人均纯收入 6 984 亿元，比上年净增 1 081 元，增长 18.3%，增幅为 10 年来最高水平，城乡居民收入差距大幅缩小。

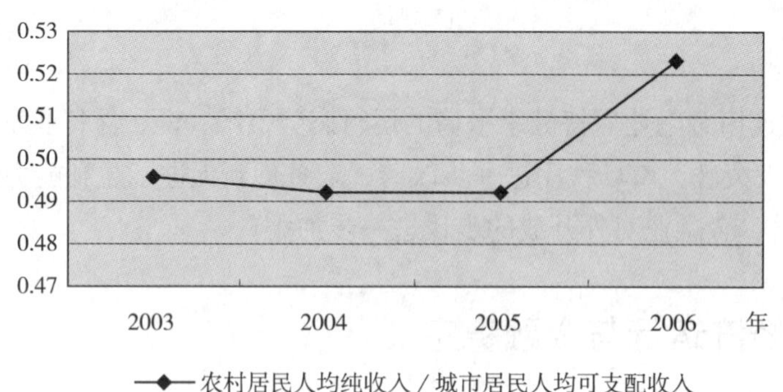


数据来源：大连市统计局。

图 2　2003～2006 年城乡居民人均收入差距变化示意图

### （三）工业盈利能力持续下滑，经济效益有待进一步提高

近年来，大连市工业企业经济效益持续下滑，2006 年仅实现利润总额 39.8 亿元，同比下降 4.6%，在地区生产总值高速增长的同时，工业企业经济效益有待于进一步提高。

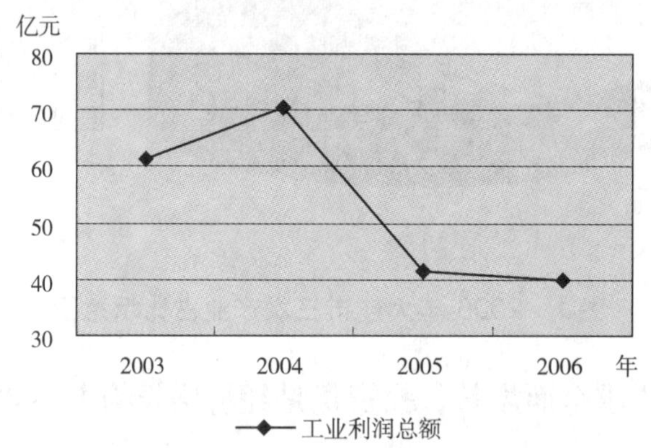


数据来源：大连市统计局。

图 3　2003～2006 年大连市工业利润总额变化示意图

### （四）房地产市场风险仍然需要关注

目前，大连市房地产供给与房地产需求不匹配的问题开始显现，尤其是南三区（旅顺、

金州、开发区）房地产市场的供给过量问题应引起重视。根据人民银行与大连市统计局城调队联合调查显示，“十一五”时期南三区将有可能形成400万～1 100万平方米房屋的过量供给。供求不平衡引发的房地产市场风险仍然需要关注。

## 二、金融业与金融稳定

2006年大连市金融业运行平稳，银、证、保各业迅速发展，市场秩序进一步改善，金融机构改革稳步推进，盈利能力显著增强。

### （一）银行业运行状况及风险分析

截至2006年年末，大连市共有银行业金融机构73家，其中：政策性银行3家，国有商业银行4家，全国性股份制银行9家，外资银行7家，城市商业银行和农村合作银行各1家，农村信用联社法人机构46家，信托投资公司1家，邮政储汇局1家。

1. 银行业整体运行状况

2006年，大连市银行业金融机构整体运行平稳。银行业各项业务呈现良好的发展势头，存款增长平稳，贷款增长较快，信贷结构进一步优化，资产质量继续提高，经营效益大幅度提高，风险抵御能力进一步增强。

（1）存款增势趋缓，储蓄分流趋势明显。截至2006年年末，大连市银行业金融机构本外币各项存款余额3 974.84亿元，比年初增加518.61亿元，增长15.03%，增幅略低于全国平均增长率0.91个百分点。受股市升温的影响，储蓄分流趋势明显，同比少增11.03亿元。

（2）本外币贷款增加较快。截至2006年12月末，大连市银行业金融机构本外币各项贷款余额为2 974.53亿元，全年新增419.37亿元，同比多增35.97亿元，增长16.41%，高于全国增长率1.86个百分点。

（3）资产质量显著提高。2006年，大连市银行业不良贷款保持全面“双降”，截至2006年12月末，大连市银行业金融机构不良贷款余额232.31亿元，比年初减少13.23亿元，不良贷款率7.81%，比年初下降1.8个百分点。

（4）盈利能力明显增强。2006年，大连市银行业金融机构实现营业收入303.89亿元，同比增加82.93亿元，增长37.53%；营业支出251.51亿元，同比增加50.9亿元，增长25.37%。本外币业务共实现利润43.35亿元，同比增盈27.03亿元，增长165.63%。中间业务收入同比增长快于传统业务利息收入，金融机构业务创新能力得到进一步提高。

（5）银行业金融机构改革成效显著。2006年，大连市银行业金融机构改革取得重大进展，大连市商业银行顺利完成了5家城市信用社并购工作，成为大连市资产规模第二大商业银行，为跨区经营准备了条件。

2. 银行业存在的风险

（1）贷款集中问题有加剧趋势。2006年，大连市银行业对大客户授信额度和贷款余额

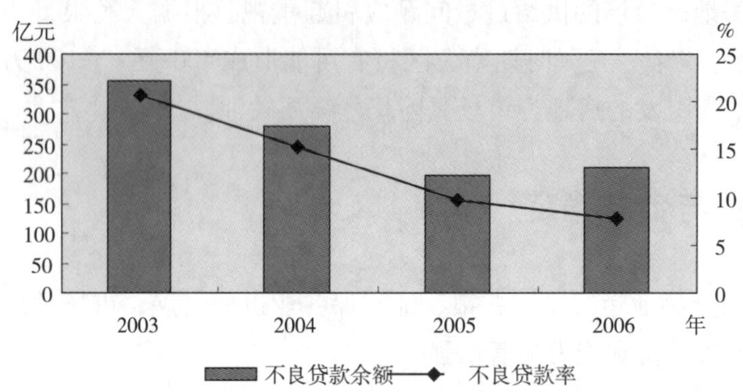


数据来源：中国人民银行大连市中心支行。

**图4　2003～2006年大连市中资银行机构不良贷款情况变化示意图**

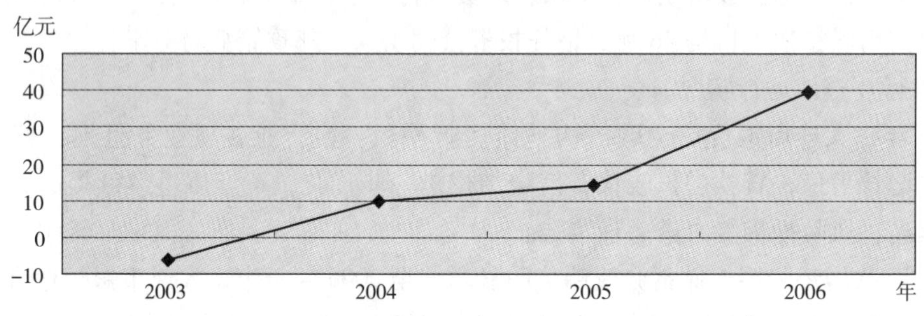


数据来源：中国人民银行大连市中心支行。

**图5　2003～2006年中资银行机构本外币利润总额变化示意图**

均增长较快，贷款向大客户进一步集中。截至12月末，大连市银行业金融机构亿元以上贷款客户授信额度1 947亿元，贷款余额1 844亿元，分别比上年末增加420亿元和347亿元，亿元以上贷款客户贷款余额占各项贷款余额的比例为62%，比上年末提高3.4个百分点。

（2）信贷资金期限错配风险仍在加剧。大连市金融机构贷款长期化趋势明显，而存款有短期化倾向。2006年，大连市人民币中长期贷款仍以26%的速度强势增长，快于各项贷款增速7.7个百分点，全年共增加275.9亿元，占贷款增量的62.9%。2006年年末，大连市人民币中长期贷款余额占比为47.5%，比2003年年末提高13.5个百分点。同时，金融机构存款资金有短期化的倾向。2006年年末，大连市金融机构人民币活期存款占比为43.3%，比上年末提高0.8个百分点。信贷资金运用趋向长期化而来源短期化，加剧了金融机构目前存贷款期限错配的风险。

（3）不良贷款反弹压力依然较大。大连市银行业金融机构不良贷款面临较大的反弹压力。统计显示，有7家机构不良贷款余额反弹，有5家机构不良贷款余额和比率同时反弹。不良贷款反弹压力主要来自三个方面：一是部分机构资产质量不真实，贷款偏离度较高，一旦释放必然会导致不良贷款余额的上升。二是存量贷款质量呈下滑趋势。2006年，大连市中资银行业（不含农村合作金融机构、信托公司）贷款质量总体向上迁徙率为 8.59%，向下迁徙率为 10.47%，向下迁徙额近 134.83 亿元。三是农村合作金融机构如按“五级分类”，不良贷款余额和比例还将大幅上升。

## （二）证券业运行状况及风险分析

2006 年，在全国证券市场扭转了长期低迷的背景下，大连证券期货业也获得了长足的发展，上市公司质量也有了显著提高。大通证券破产重整工作作为全国首例的风险处置试点基本上获得了成功，证券市场秩序得到明显改善。

1. 证券期货业经营明显好转，上市公司质量不断提高

2006 年，大连辖区共有证券公司 1 家，证券分公司 1 家，证券营业部 38 家，证券服务部 2 家，专营证券投资咨询机构 2 家。

（1）证券期货市场经营状况明显好转。2006 年，证券市场扭转了 4 年来持续低迷的状态，投资者信心明显恢复。全年累计实现证券交易量 1 989.23 亿元，其中股票、基金交易量累计实现 1 628.36 亿元，同比增长 171%。证券经营机构累计实现营业收入 4.3 亿元，累计上缴营业税金 2 037 万元，扭转了全行业亏损的局面。40 家证券经营机构中，35 家实现了盈利。期货市场保持了稳定发展的态势，全年累计期货成交额 19 440.13 亿元，同比增长 25.96%，占全国期货总成交额的 9.26%。辖区 6 家期货经纪公司全部实现盈利。54 家营业部中 35 家盈利，合计盈利 1 627.61 万元。

（2）上市公司质量不断提高。截至 2006 年第三季度，辖区上市公司实现净利润 17.42 亿元，较上年同期增长 31%；每股收益 0.221 元，较上年同期增长 18%；净资产收益率为 6.83%，较上年同期提高了 0.7 个百分点。截至 2006 年年底，辖区 19 家上市公司市值总计 628.58 亿元，较年初增加 348.58 亿元，增长 80.33%。

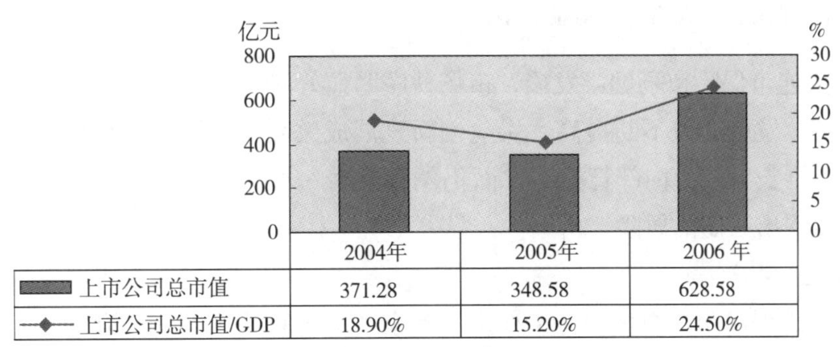


| | 2004年 | 2005年 | 2006 年 |
|---|---|---|---|
| 上市公司总市值 | 371.28 | 348.58 | 628.58 |
| 上市公司总市值/GDP | 18.90% | 15.20% | 24.50% |

数据来源：中国证券监督管理委员会大连监管局。

**图 6　2004 ~2006 年大连市上市公司总市值变化示意图**

股权分置改革的顺利完成，为企业 IPO 融资奠定了基础。獐子岛渔业于 2006 年 9 月 28 日公开发行股票并在深圳中小企业板上市交易，募集资金净额 6.73 亿元。此外，大连港等 5 家企业实现了境外上市，1 家企业增发，募集资金 30 亿元。

2. 法人证券机构破产重整工作基本完成

大连地区唯一一家法人证券机构——大通证券股份有限公司成功重组。重整工作历时7个月，于2006年12月1日全部结束。作为全国首例的证券公司破产重整试点，这是综合运用法律手段、行政手段和市场手段，实现风险证券公司重整的一次成功尝试。大通公司的成功重整，在不动用国家资源的情况下，有效化解了证券公司存在的金融风险，最大限度地减少了股东、债权人的损失，维护了市场和社会的稳定。

3. 证券期货市场风险状况分析

经过几年的集中整顿，大连地区证券期货业历史遗留的重大风险基本得到化解，但目前市场仍存在一些问题。

（1）新兴市场的稳定性不高，投资者教育任务紧迫。2006年股指大幅度增长，股票市场呈现出价升量增的走势。但由于新入市投资者风险意识不强，有可能使市场风险加速积累。同时多层次市场体系的不断丰富，新的金融衍生品不断推出，对监管部门和各市场参与主体都带来了新的挑战。另外，股指期货即将推出，由于股指期货专业性强，风险程度高，继续深入开展金融期货的投资者教育工作，充分揭示金融期货风险尤为紧迫。

（2）股权分置改革基本完成，但相关基础性制度建设的任务依然艰巨。股权分置改革作为一项基础性制度改革的完成，解决了长期影响资本市场健康发展的重大历史遗留问题。但是股改的完成并不等于解决了所有问题，长期影响资本市场健康发展的内外制约性因素并没有根本改变，资本市场“新兴加转轨”的特征仍将长期存在。

（3）清理违规占用上市公司资金成效显著，但上市公司质量仍有待进一步提高。清理上市公司违规占用资金工作的完成，只能说提高上市公司质量迈上了一个台阶，但大量问题依然存在，例如法人治理结构不健全，内控制度不完善，信息披露不及时，核心竞争力不强，盈利水平不高等。

## （三）保险业运行状况及风险分析

2006年，大连市保险市场健康发展，市场秩序明显好转，公司的管理水平和经营效益持续提升，行业持续发展能力不断提高，保险创新发展成效明显。同时，在理赔服务、销售误导、化解风险、增长方式、内部管控等方面仍然存在着一些问题和不足，5年期分红保险产品的到期支付表现出一定的风险。

1. 保险业运行状况

2006年，大连保险市场总体保持了稳定、健康、快速的发展势头。2006年年末，全市保险公司总资产达到198.69亿元，同比增长17.27%。保险深度2.50%，保险密度1 141元。

2006年，大连市保险市场累计实现保费收入64.90亿元，比上年同期增加8.03亿元，同比增长13.27%。市场秩序的全面好转带来车险业务质量显著改善，商业机动车辆险车均保费3 365.93元，同比增加1 014.38元，增长43.14%，满期赔付率下降了20多个百分点；寿险业务内涵价值进一步提高。人身险新单期交保费收入5.3亿元，同比增长17.4%，在新单保费收入中的占比提高到28%，同比增加3.7个百分点。

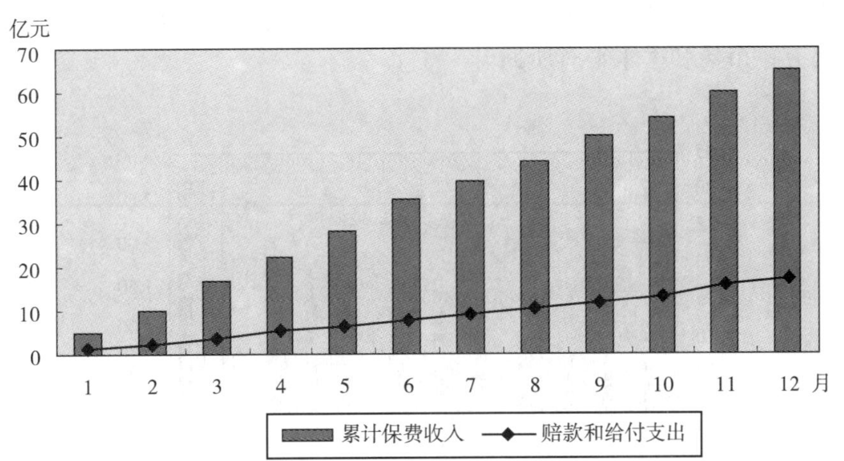


数据来源：中国保险监督管理委员会大连监管局。

**图7　2006年大连市保费收入和赔款给付支出示意图**

2. 保险业风险状况分析

大连市保险业总体运行状态比较良好，但在理赔服务、销售误导、化解风险、增长方式、内部管控等方面存在的问题仍然没有从根本上得到解决，诚信问题尤为突出。

2006年11月起开始到期的5年期分红保险产品的给付暴露出一定的风险隐患。大连市共有5家寿险公司的银行保险产品到期给付，共涉及保单45 193件，给付金额（保费）97 276万元，涉及10家银行、914个网点。本次到期给付工作存在的风险隐患：一是分红收益率与销售当时的5年定期储蓄利率（税后）相比，基本持平或略高，有可能低于客户的心理预期；二是给付的产品绝大多数是通过银行代理销售的，在个别网点存在给付量过大、过于集中的问题；三是银行网点撤并、迁址情况较多，客户如不了解情况，不能与销售网点或保险公司及时取得联系，易引发恐慌；四是在产品销售时存在个别消费误导的现象，如若控制、处理不当，可能引发更大的风险。

## 三、金融市场运行与金融稳定

在金融市场不断开放和创新的大环境下，2006年大连金融市场也得到了较快发展，融资结构进一步优化，为金融机构持续健康发展营造了稳定的市场环境。

### （一）金融市场在开放和创新中不断发展

2006年大连市货币市场资金充裕，运行规范；债券市场发展加快，债券品种日益丰富，交易量大幅增长；股票市场在改革中渐进发展，直接融资功能初步体现；外汇市场创新增多，市场化程度进一步提高；黄金市场已经起步，投资功能逐渐增加。

1. 货币市场稳健运行，同业拆借总量有所萎缩

金融机构同业拆借业务共交易133笔，成交金额68.64亿元，比上年同期减少17.87

亿元，同比下降21%。股份制商业银行为市场交易主体，国有商业银行和信托投资公司成为资金净拆出方，市场利率水平有所回升。

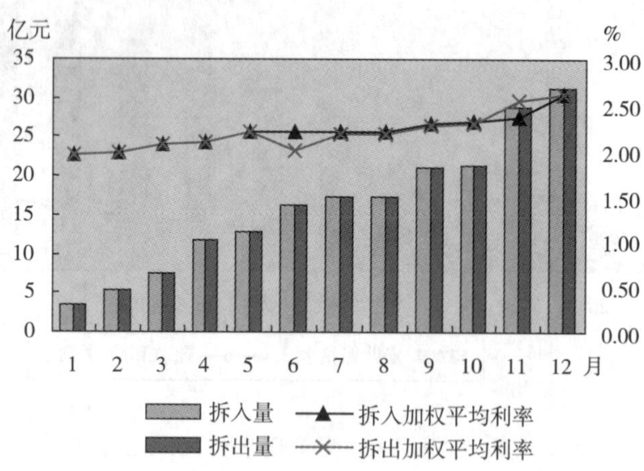


数据来源：中国人民银行大连市中心支行。

**图8 2006年大连市金融机构同业拆借交易统计**

2. 债券市场交易量快速扩张，债券回购为主要交易方式

大连市金融机构累计债券交易593笔，交易量1 553亿元，比上年同期增加611亿元，同比上升65%。城市商业银行为市场交易最活跃方。债券市场利率逐步回升，1年期央行票据为主要交易品种。

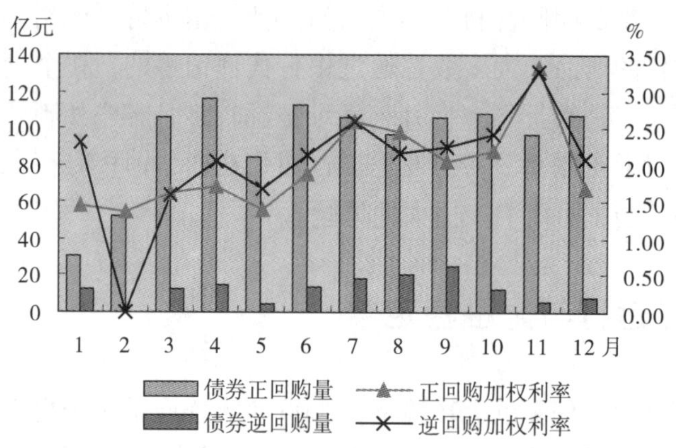


数据来源：中国人民银行大连市中心支行。

**图9 2006年大连市债券回购交易统计**

3. 票据市场继续呈现良好增势，利率逐渐走高

2006年，大连市各商业银行累计签发商业汇票1 209. 8亿元，同比增加268. 1亿元，增长28. 5%；累计办理贴现1 460. 4亿元，同比增加366. 1亿元，增长33. 4%。大连西太平洋石油化工有限公司和中铁铁龙集装箱物流股份有限公司分别成功发行10亿元和3亿元的短期融资券。一至四季度大连市票据市场加权平均利率分别为2. 38%、2. 70%、3. 34%

和3.5%，后两季度同比分别提高0.84个和1.11个百分点。票据贴现市场加权平均利率3.04%，比上年提高0.3个百分点。

4. 外汇市场呈现供大于求局面

2006年，大连银行间外汇市场共开243场，成交3 486笔，成交金额折合156 452万美元。城市商业银行和外资银行是市场主要交易主体，询价交易成为主要交易方式，外汇远期交易量有所增长。

5. 黄金市场刚刚起步。黄金市场交易主要为商业银行开办的个人投资类黄金业务

2006年，大连纸黄金本币交易金额53.6亿元，外币交易金额65亿美元，实物黄金累计销售金额为968.19万元。

### （二）金融市场潜在风险和存在的问题

1. 信用风险是影响同业拆借市场的主要风险

目前，大连同业拆借市场中部分中资金融机构同业拆借逾期时间过长，部分外资机构拆入资金相对于其他负债和资金运用而言比例过高，若一旦某个经营环节出现问题，由信用风险引发的支付危机风险将对地区金融稳定形成威胁。

2. 票据市场商业承兑汇票比重低，风险过度集中于银行体系

2006年，大连商业承兑汇票签发和贴现量所占市场份额分别仅为9%和8.8%。企业仍主要利用银行信用进行融资，说明票据市场对银行信用依赖性较强。加之国有商业银行占据了市场的垄断地位，其票据签发和贴现对市场运行有很大影响，又加剧了市场波动的可能性。

3. 银行间债券市场债券交易方式和品种日益丰富，但也存在潜在风险

随着债券市场创新产品的增多，大连银行间债券市场上债券交易的品种和方式也随之增加，除央票、政策性金融债外，资产支持证券、商业银行次级债、短期融资券等产品和买断式回购、远期交易等新的交易方式也陆续出现。但从目前交易情况看，由于金融机构投资理念和风险防范能力不足，金融机构参与交易更多是为了满足短期融资需要，出于投资需求占比较少，因此，主动运用创新产品来规避风险的交易所占比例仍比较低。很多参与市场交易的机构尚未建立健全新产品的交易风险控制制度，对风险的主动防控管理能力不足。

4. 银行间外汇市场市场化程度需进一步提高

目前，银行间外汇市场准入的严格控制使市场交易主体较为单一，市场流动性差，银行间外汇市场只是一个初级的、非意愿买卖的、未充分反映供求关系的市场；对外资金融机构的外汇业务监管相对薄弱；对市场参与者的市场纪律和信息披露的要求有待加强。

## 四、总体评估

2006年，大连市经济和社会发展保持了健康平稳的态势，工农业生产快速发展，航运

中心建设全面提速，固定资产投资稳步增长，投资结构调整出现积极变化；房地产投资在宏观调控政策下增速放缓，个人住房供需矛盾得到缓解；财政收入增幅再创新高，城乡居民收入较快增长；居民消费价格涨幅与上年持平，生产领域价格剪刀差持续缩小。

经济的平稳健康发展为地区金融发展创造了良好的环境，全市金融运行平稳，银、证、保各业发展迅速，市场秩序进一步改善，金融基础设施建设有了较大提高。一是银行业各项业务呈现良好的发展势头，存贷款余额平稳增长，不良资产继续下降，资产质量明显提高，银行业整体抗风险能力进一步增强，经营效益进一步提高。二是在全国证券市场逐步转暖的大环境下，大连证券期货业也获得了长足的发展，上市公司质量有了显著提高，通过资本市场直接融资36.8亿元，扭转了大连市连续两年股票筹资额为零的局面。三是保险业总体保持了稳定、健康、快速的发展势头，财险盈利能力得到提升，寿险业务内涵价值进一步提高。四是金融机构改革方面取得积极进展，国有商业银行及交通银行改革继续稳步推进，农村信用社改革取得阶段性成果，城市商业银行收购北三市5家城市信用社后，经营能力和效益进一步提高，为跨区域经营准备了条件；大通证券作为全国首例证券公司破产重整工作试点获得圆满成功，开辟了不动用国家资源，利用市场力量重整证券机构的新渠道。五是金融市场得到较快发展，金融基础设施进一步改善，为金融机构持续、健康发展营造了稳定的市场环境、法制环境、技术环境和信用环境。

总　纂：李延军
统　稿：符　林　朱　焱
执　笔：毛兴纲　刘晓妍　李　森　李秀君　侯　英　高慧颖
其他参与写作人员：王骁勇　李兴法　李　兵
李　昕　刘　珣　齐　琳　杜占山
汪德晟　郭宏亮　阎　良

# 2007年青岛市金融稳定报告摘要

## 一、区域经济运行与金融稳定

### (一)区域经济运行情况

2006年，青岛市实现生产总值3 206.58亿元，增长15.7%。三次产业的比例关系由上年的6.6∶51.8∶41.6调整为5.7∶52.3∶42.0。国民经济呈现总量快速增长、结构趋于优化的态势，为优化区域金融生态环境、维护区域金融稳定提供了较好的经济基础。

2006年青岛市规模以上固定资产投资完成1 485.7亿元，增长19.8%，增幅同比回落25.8个百分点。规模以上工业企业完成增加值1 472.78亿元，增长23.11%；实现主营业务收入5 190.77亿元，同比增长21.83%；实现利润192.38亿元、利税411.91亿元，分别增长27%和25.3%。实现社会消费品零售总额1 006.67亿元，增长16.3%，增幅同比提高0.5个百分点。年内物价运行比较平稳，当年居民消费价格总指数100.9，同比回落1.4个百分点。实现外贸进出口总额365.57亿美元，增长20.3%，增速同比回落4.9个百分点；其中，出口额216.45亿美元，增长23.1%，增速回落3.3个百分点；进口额149.12亿美元，增长15.9%，增速回落7.6个百分点。房地产开发投资累计完成268.4亿元，增长19.9%，增速同比下降15个百分点，商品房屋平均销售价格上涨6.9%，涨幅同比回落4.2个百分点，为近5年来涨幅最低的一年。

### (二)区域经济运行中需要关注的问题

工业企业生产成本与产成品价格变动差异扩大，部分企业效益下降明显。2006年，青岛市工业企业主要原材料、燃料、动力购进价格同比上涨5.8%，其中燃料动力类价格同比上涨17.17%；而主要工业品出厂价格同比微升1.08%。2003～2006年，企业原料购进价格与产品出厂价格涨幅差累计已达26.37个百分点(见表1)，部分企业生产经营面临较大困难。全年，全市规模以上工业企业中，亏损户数达717户，同比增长7.98%；亏损额达35.23亿元，同比增长64.73%；企业亏损面16.44%，同比提高1.22个百分点。亏损企业的现金流不足，对银行贷款质量构成威胁。

**表1　2003～2006年青岛市原材料购进价格与出厂价格涨幅对照表**　单位：%

| | 2003年 | 2004年 | 2005年 | 2006年 |
|---|---|---|---|---|
| 原材料价格 | 6.51 | 13.62 | 6.52 | 5.8 |
| 产品出厂价格 | 0.97 | 2.92 | 1.39 | 1.8 |
| 涨幅差 | 6.54 | 10.7 | 5.13 | 4 |

数据来源：青岛市统计局。

出口企业抗击市场风险的能力较低。2006年，青岛市货物贸易外汇收支顺差107亿美元，同比增长22%，占全部顺差的81%。出口商品中劳动密集型低附加值产品占比较高，其中加工贸易出口占比为56.5%，机电产品和高新技术产品出口占比分别为38.3%和11.7%。同时，随着人民币持续升值和出口退税政策的调整，劳动密集型低附加值行业和产品出口效益受到影响，企业因国际市场变化和政策调整而产生的风险极易转化为银行的贷款风险。

部分招商引资项目质量不高。青岛市外商直接投资中韩国投资占全部实际外资的42%。据不完全统计，近3年青岛市共发生韩资企业逃逸事件33起，造成银行贷款折合人民币1.72亿元难以收回。企业逃逸，造成银行、供货商等债权人经济损失，拖欠工人工资无处追讨，对局部金融和社会稳定产生了负面影响。

直接融资比例偏低。2006年，青岛市上市企业数量虽然有所增加，但仍存在融资规模偏小、工具单一的问题。2000～2006年境内直接融资仅占全社会固定资产投资的1.02%，低于同类城市直接融资规模。从直接融资规模来看，企业直接融资占间接融资的比例仅为4.4%；从直接融资工具来看，2006年青岛市除3家企业通过股票融资8.05亿元之外，尚无一家企业发行短期融资券。直接融资比例过低使经济发展过度依赖于银行融资，风险积聚于银行业。

## 二、金融业与金融稳定

### （一）银行业与金融稳定

1. 银行业基本情况

2006年，青岛市共有银行业金融机构28家，比上年增加4家。政策性银行3家，国有商业银行4家，股份制商业银行9家，城市商业银行1家，农村合作金融机构1家（包括4家农村合作银行，4家农联社），信托投资公司1家，财务公司1家，外资银行8家。年末金融机构本外币各项存款余额3 401.5亿元，比年初增加553.2亿元，同比增长19.40%，同比多增129亿元；本外币各项贷款余额2 801.4亿元，比年初增加573.3亿元，同比增长25.73%，同比多增254.2亿元。

单位：亿元

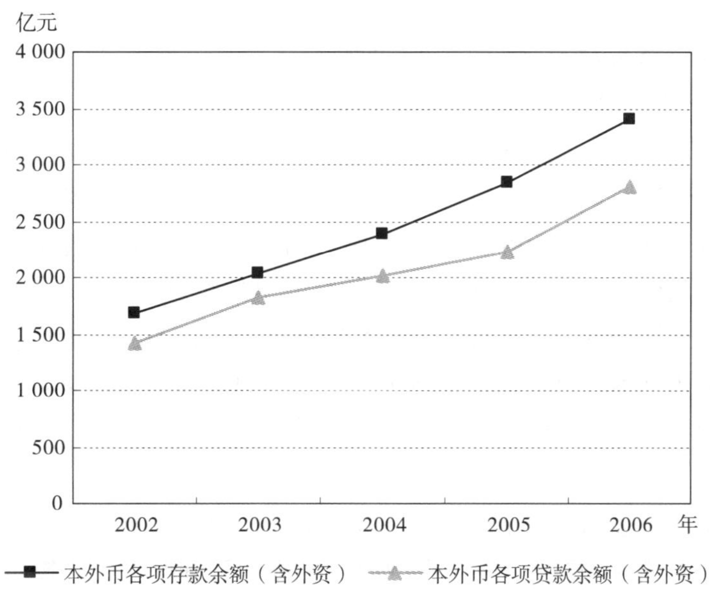


数据来源：人民银行青海市中心支行。

**图1　2002~2006年青岛市存贷款余额变化情况**

(1) 银行机构整体实力增强。2006年，青岛市银行业金融机构经营稳健，资产总额逐步增加。年末全市银行业金融机构资产总额为4 073.4亿元，较年初增加676.04亿元，增长16.6%。实现账面利润38.4亿元，同比增加4.2亿元，增长12.29%。

(2) 银行抵御风险能力进一步增强。2006年，青岛市银行业金融机构贷款损失准备金余额41.85亿元，比年初增加3.28亿元，当年新提贷款损失准备金20.78亿元。法人机构资本较为充足。年末，青岛市商业银行资本充足率为8.58%，青岛市农联社资本充足率为12.05%，9家农村合作金融机构中，8家资本充足率超过了8%，已有4家农村合作银行成功兑付中央银行专项票据，金额1.32亿元。

(3) 外资银行业务发展速度加快。2006年年末，青岛市外资银行本外币各项存、贷款余额分别达32.6亿元和80.7亿元，分别比年初增加7.9亿元和9.9亿元，同比增长32%和14%。其中，外汇贷款业务发展速度较快。年末，外资银行外币贷款余额9亿美元，比年初增加1.6亿美元，外资银行外币贷款余额及增加额分别占全市外币贷款余额和增加额的31.3%和33.4%。

2. 银行业风险分析

(1) 不良贷款余额出现反弹，持续“双降”难度加大。2006年，青岛市银行业金融机构五级分类不良贷款余额145.13亿元，比年初增加6.94亿元，不良贷款率为5.62%，比年初下降0.89个百分点。截至年末，青岛市26家银行机构中，不良贷款余额和不良率比年初“双升”的有4家，不良贷款余额或不良率单项上升的有2家，这6家银行机构不良贷款余额48.64亿元，比年初增加12.03亿元。部分集团客户风险开始暴露。截至年末，已有14家集团客户出现不良贷款，比年初增加7家。集团客户不良贷款余额24.42亿元，比年初增加9.38亿元，大客户不良贷款率2.65%，比年初上升0.12个百分点。至年末，银行承兑汇票垫款余额5.14亿元，比年初增加2.45亿元，增长47.7%；开出信用证垫款余额1.72亿元，比年初增加1.48亿元，增长86%。

（2）中长期贷款增速超过定期存款增速，加剧了银行存贷款期限错配问题。2006年，青岛市中长期贷款快速增长，全年新增中长期贷款286亿元，占全部新增贷款的50%，比上年提高6.7个百分点；全年新增定期存款175.4亿元，占全部新增存款的31.7%，比上年降低27.6个百分点；新增中长期贷款高于新增定期存款111亿元，加剧了银行存贷款期限错配问题。从中长期贷款的投向来看，基本建设成为银行业机构信贷投放的重点支持领域，全年新增人民币基本建设贷款154.37亿元，占全部新增中长期贷款的54%。由于基本建设中长期贷款回收期较长、金额较大且以保证贷款和信用贷款为主，贷款潜在的市场风险预测难度较大。

（3）银行中间业务发展相对滞后，存在无序竞争现象。2006年，青岛市中资商业银行非利息收入占全部营业收入的5.4%。银行业金融机构咨询服务类、投资融资类及衍生金融工具交易类等高技术含量、高附加值的中间业务产品开发明显不足。全年收益率较高的融资顾问业务实现收入0.5亿元，仅占全部中间业务收入的4.5%。同时，青岛市银行业金融机构中间业务发展存在过度竞争的现象，如代理收付款业务基本没有收费，作为各行主要中间业务收入来源的国际结算业务也存在明显的价格过度竞争。

（4）贷款集中趋势仍比较明显，集团客户信贷风险加剧。2006年年末，青岛市各金融机构最大10家客户合计贷款余额为724.29亿元，占全部贷款余额的26.21%，当年新增贷款为81.95亿元，占全部新增贷款的14.3%。部分企业成为多家银行的贷款新增前10大户。

### （二）证券期货业与金融稳定

1. 证券期货业基本情况

2006年，青岛证券经营机构数量保持稳定，其中法人证券公司1家，证券营业部39家，证券服务部3家。共有期货经营机构7家，其中法人期货经纪公司1家，期货营业部6家。共有国内上市公司11家，海外上市公司3家，比上年新增国内上市公司2家，海外上市公司1家。

（1）证券经营机构业务快速发展。2006年，青岛市证券总资产与证券成交规模均比2005年有大幅提升，客户交易结算资金总额、股份托管总市值等主要数据指标为近5年来的最高水平。年末，39家证券营业部总资产为56.7亿元，同比上升203.2%。借助不断走强的市场行情，证券经营机构手续费收入剧增，合计收入总额为3.32亿元，合计实现净利润为1.39亿元，摆脱了自2002年以来的持续亏损状态。2006年，中信万通证券公司各项经营指标大幅度增长，总资产36.8亿元，同比增长55%；净资产8.4亿元，同比增长13%；净资本6.37亿元，同比增长6.7%。全年股票基金权证交易额完成1 079亿元，同比增长246%；实现营业收入3.04亿元，同比增长135.5%；利润总额1.57亿元，同比增长349%；为两家企业成功发行A股股票，融资7.29亿元，取得了公司自成立以来的最佳经营成果。据上海证券交易所对全国112家证券公司统计，中信万通证券公司的营业收入居第54位，营业利润居第46位，净利润居第57位。

单位：亿元

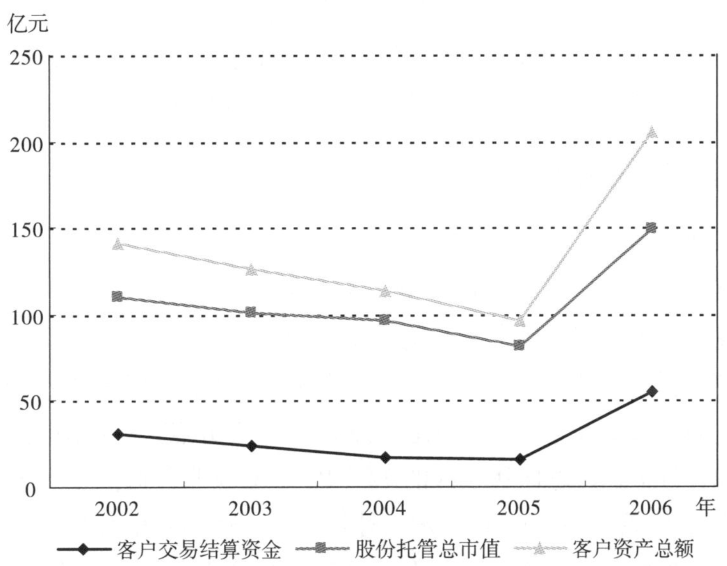


数据来源：青岛证监局。

**图2 2002~2006年青岛地区证券业分项客户资产情况图**

（2）期货经营机构继续亏损。2006年，期货经营机构累计实现代理交易量629.85万手，代理交易额2 041.89亿元，分别较上年增长12.81%和40.84%；累计营业收入1 103.78万元，亏损额125.71万元，分别较上年增长2.94%和减少61.00%。

（3）上市公司业绩基本稳定。截至2006年第三季度末，青岛上市公司实现各类主营业务收入394.64亿元，同比增长12.84%，实现净利润为8.06亿元，每股收益0.16元，净资产收益率为4.36%。年末，上市公司总市值为438.94亿元，流通市值为168.93亿元。

（4）改革上市工作取得明显成效。全年共有3家企业实现海内外上市融资，其中康大食品公司在新加坡证券交易所主板上市，融资额2.76亿元；青岛高校软控和金王化学在深圳证券交易所上市，共融资7.29亿元。2006年10月23日，黄海股份公司股权分置改革方案获得股东大会通过，青岛上市公司全部完成股权分置改革，上市公司股权实现了全流通。

2. 存在问题

（1）非法证券活动对区域金融稳定带来不利影响。近年来，青岛市各种形式的非法证券活动屡有发生，涉及人数众多，投资者多为退休人员、下岗职工等困难群众，在一定程度上影响着社会稳定和金融安全。2006年，青岛证监局查处和调查非法证券活动两起。

（2）大股东占用上市公司资金较为严重。据青岛证监局统计，截至2006年年末，青岛市11家国内上市公司被大股东占用经营性资金10.62亿元。大股东占用上市公司经营性资金影响了上市公司的正常经营和现金流，同时也影响到了银行的贷款安全。

（3）个别证券经营机构风险处置工作尚未完成。青岛证券经营机构风险主要集中于被处置证券公司驻青岛营业部的机构翻牌、债权兑付、人员安置等方面。天同、天勤、科技、河北等11家证券营业部尚未翻牌，未完全进入正常运营状态。天同证券涉及青岛地区个人债权925万元尚未最后确认和收购。天勤证券涉及青岛地区个人债权两笔，已甄别总额127万元，尚未收购。天勤证券员工安置工作尚有遗留问题有待解决。

## （三）保险业与金融稳定

1. 保险业基本情况

2006年，青岛市共有保险分公司24家，比上年增加4家。其中中资保险公司22家，外资保险公司2家（2家外资保险公司均为寿险公司）。

（1）保险业保费收入快速增长。2006年，青岛市累计实现保费收入60.51亿元，同比增加10.94亿元，增长22.08%，增幅同比上升17.9个百分点。财产险业务保费收入19.92亿元，同比增长24.71%，占总保费收入的32.92%。寿险业务保费收入32.82亿元，同比增长18.69%，占总保费收入的54.24%，健康险业务保费收入6.32亿元，同比增长37.62%，占总保费收入的10.44%。意外险业务保费收入1.45亿元，同比增长7.35%，占总保费收入的2.39%。

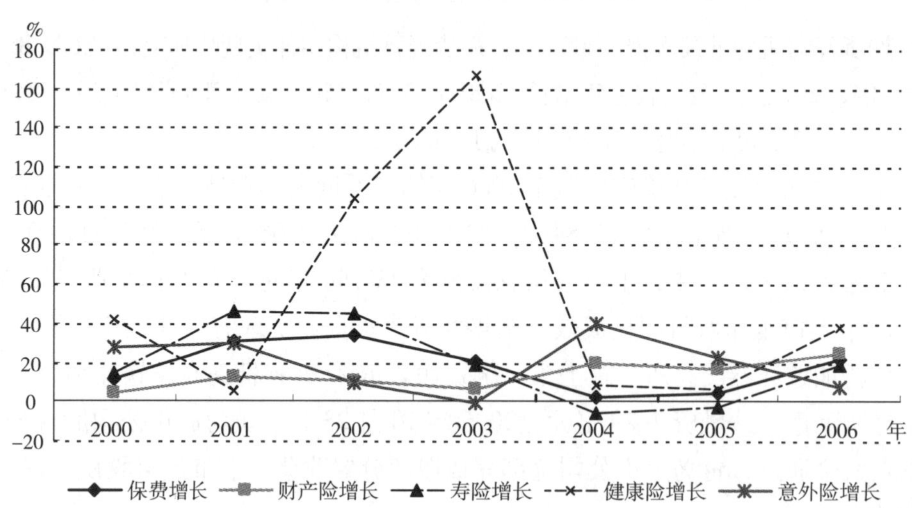


数据来源：青岛保监局。

**图3 2000~2006年各险种保费收入增速图**

（2）保险对经济稳定运行的保障作用进一步提升。2006年，累计赔款和给付19.45亿元，同比增长34.94%，其中，产险业务赔款支出11.52亿元，同比增长24.29%；寿险业务赔款与给付 5.9 亿元，同比增长 57.3%；健康险业务赔款与给付 1.54 亿元，同比增长 67.94%；意外险业务赔款支出 0.49 亿元，同比增长 2.98%。

2. 存在问题

（1）财产险业务整体亏损进一步扩大。2006 年，青岛市产险业务亏损 1.63 亿元，同比多亏 1.36 亿元，其中车险业务亏损 1.67 亿元，同比多亏 1 亿元。非车险各险种赔款支出增速较快，承包利润率下降，其中，企财险赔款支出 13 605.64 万元，承保利润率 -28.15%；责任险赔款支出 2 803.42 万元，承保利润率 -2.51%。工程险赔款支出 813.96 万元，承保利润率 -12.38%。

（2）寿险业务赔款给付增长较快。2006 年，青岛寿险业务给付 5.9 亿元，同比增长 57.3%，高于寿险业务 18.69% 的增长速度。主要原因是部分公司的分红保险到期给付增加。大量寿险存量业务的利差损，在未来可以预期的较长时间内将给寿险公司可持续经营造成财务压力。

## 三、金融市场运行与金融稳定

### （一）金融市场运行情况

1. 银行间市场交易活跃，业务量扩大

2006 年，青岛市银行间市场成员累计买入各类债券 30.9 亿元，年末余额 35.05 亿元，比年初增加 15.9 亿元。全年累计正回购 758.9 亿元，同比增长 40.5%；累计逆回购 190.7 亿元，是上年的 5.25 倍。场内拆借业务主体增加，业务量同比上升。2006 年，青岛辖区市场成员网上信用拆入 78 笔，金额 108.6 亿元，同比增长 14.3%；信用拆出 49 笔，金额 59.4 亿元，为上年的 27 倍。

2. 票据融资先升后降，受宏观调控政策影响明显

2006 年，青岛市人民币票据融资余额 297.8 亿元，比年初增加 55.1 亿元，同比少增 8.8 亿元。其中，直贴余额 218.7 亿元，比年初增加 67.8 亿元，同比多增 76.9 亿元，反映出企业通过票据贴现方式获得的资金增多。从全年来看，上半年，受金融机构流动性过剩和“早放款、早受益”经营理念的影响，票据融资增加较多，新增 79.3 亿元，占新增各项贷款的 26.2%；下半年，受国家宏观调控政策的影响，商业银行压缩票据转贴业务，票据融资额净下降 24.2 亿元，同比多降 8.1 亿元。

3. 外汇市场健康平稳发展，交易量稳步增长

2006 年，青岛市外汇市场各币种买入折合 1.21 亿美元，卖出折合 10.06 亿美元，累计成交折合 11.27 亿美元，同比增加 1.68 亿美元，增幅 14%。在人民币升值的预期下，外币存款结汇较多，银行间外汇市场交易量大幅度上升。企业开户数量和进出口业务增加以及新会员的加入也是青岛市外汇市场交易量增加的重要原因。

4. 场外拆借主体转变，拆借业务量下降

2006年，青岛市网下同业拆借累计拆入3.41亿元，同比下降94.4%；网下同业拆出17.3亿元，同比下降80.2%。业务量大幅下降原因主要在于网下同业拆借业务参与者主体由中资金融机构逐渐转变为外资金融机构，外资金融机构因人民币资金不足拆借业务活跃，但拆借规模受拆借限额的限制远小于中资金融机构。

5. 证券市场交易活跃，资金流入股市现象明显

2006年，青岛市各品种证券交易总额为1 978.94亿元，同比上升160%，其中A股基金合计交易额（1 636.57亿元）增幅较大，比上年翻了一番；客户交易结算资金总额55.43亿元，为上年余额的3.5倍；股份托管总市值达到149.46亿元，比上年上升了84.4%。

### （二）需关注的几个问题

1. 外资金融机构同业借款应予关注

外资金融机构因人民币资金来源不足，在同业拆借规模受到严格限制的情况下，通过同业借款增加借入资金来源。如某外资银行2006年年末，境内同业融入资金1.8亿元，是其人民币营运资金的1.8倍，潜在风险应引起关注。

2. 大量居民投资股市缺乏风险意识

2006年，青岛地区客户交易结算资金余额的同比增长率远高于青岛市金融机构各类存款余额和城乡居民储蓄存款余额的增长率，表明证券市场对广大投资者的吸引力呈急剧增强趋势。但由于大部分居民投资股市缺乏风险意识，不仅可能带来投资损失，而且不利于股市的理性发展。

**表2 证券客户交易结算资金与银行存款余额对比** 单位：亿元,%

| 项目 | 2006年 | 2005年 | 同比增长 |
|---|---|---|---|
| 客户交易结算资金余额（1） | 55.43 | 15.81 | 250.60 |
| 金融机构各类存款余额（2） | 3 401.41 | 2 849.2 | 19.38 |
| （1）/（2） | 1.63 | 0.55 | 196.36 |
| 城乡居民储蓄存款余额（3） | 1 636.34 | 1 413.3 | 15.78 |
| （1）/（3） | 3.39 | 1.12 | 202.68 |

数据来源：人民银行青岛市中心支行、青岛证监局。

## 四、金融基础设施与金融稳定

### （一）金融生态环境和金融基础设施建设的进展情况

1. 金融生态环境建设不断加强

青岛市高度重视金融生态环境建设，市委、市政府不断推进“诚信青岛”建设，金融生态环境不断优化。2006 年，针对县域金融生态环境薄弱环节，人民银行青岛市中心支行积极引导和探索，在引导增加县域信贷投放的同时，注重金融生态环境改善措施的落实，先后在部分县（市）组织开展以优化金融生态环境为主题的金融支持农业产业化银企合作活动和金融服务月活动，努力构建金融生态环境建设的长效机制，县域金融生态环境不断优化。

2. 征信体系建设不断完善

2006 年，青岛辖内 27 家金融机构全部接入全国集中的企业信用信息基础数据库，各商业银行通过系统拒绝贷款比例约占 2.3%，为商业银行防范和化解信贷风险发挥了积极作用。各银行机构纳入个人信用信息基础数据库的自然人信息 60 余万条，收录个人贷款约 350 亿元，占个人消费贷款的 97% 以上；开通银行查询账户近 1 000 个，辖内各银行机构周查询次数呈快速增长趋势，个人贷款中约有 10% 因为信用状况不良被拒绝。非银行信息采集工作取得实质性进展。在与青岛市中级人民法院、青岛市国税局、青岛市地税局、中国网通（集团）青岛市分公司签署了“非银行信用信息共享协议”的基础上，与青岛市质检局信息技术所达成了代码信息共享的口头协议，成功实现了住房公积金信息向企业信用信息基础数据库的报送。广泛开展了中小企业信息征集工作。全年共采集中小企业信息 2 000 余户，并全部加载到企业信用信息基础数据库。

3. 支付体系建设不断升级

随着小额支付系统于 2006 年 4 月 24 日在青岛市的上线运行，青岛市支付清算体系发展日趋完善。全年清算异地跨行资金 29 337.01 亿元，处理同城票据业务7 453 511张，清算资金 7 929.04 亿元。人民银行青岛市中心支行大力推广支付密码器系统，全年密码器发行达 52 000 余台，支付密码在支票结算业务中的推广和使用，防范了银行核验风险，进一步提高了支票结算的安全性，使青岛市的支票信用进一步提升，收到了良好的社会效果。

4. 反洗钱工作机制不断完善

2006 年 8 月，人民银行青岛市中心支行成立了反洗钱处，反洗钱组织机构进一步健全。召开了青岛市第二次反洗钱联席会议和全市金融机构反洗钱工作座谈会，下发了《关于加强反洗钱信息交流工作的通知》，畅通了各联席会议单位之间的信息交流渠道，跨部门反洗钱联席会议制度、金融监管部门反洗钱联席会议制度、与公安部门情报会商制度进一步健全和完善。加大了对金融机构反洗钱工作现场检查力度，对 6 家商业银行的反洗钱工作进行了现场检查，有效促进了商业银行反洗钱工作的开展。认真落实大额交易和可疑交易报告制度，全年，青岛市银行业金融机构共报告本外币可疑交易 72 310 笔，涉及金额 8 365.9亿元。进一步加强与公安部门的配合和协作，全年共向公安部门移交大额和可疑资金交易线索 334 笔、121.86 亿元。组织开展了“青岛市反洗钱宣传月活动”，增强了社会各方面的反洗钱意识，扩大了反洗钱工作的影响力。

### （二）金融生态环境建设中的薄弱环节

1. 征信体系建设

一是征信立法缺位。由于征信法律缺位，对于是否涉及商业秘密、个人隐私难以界定，信息披露也无法可依，不能为地方有关部门和单位提供查询服务。各单位、部门受内部规定的限制和法律环境不完善的影响，对本部门、本单位所掌握的信息严加管制，通过公开渠道或协议渠道能够获取的信息很少，限制了企业、个人信用信息的共享。二是激励约束机制尚未建立。各商业银行依据系统信息，或者放贷，或者拒贷，没有体现信用对融资成本的影响。

2. 支付清算体系

由于支付系统城市处理中心只设在省会，青岛市中心支行作为支付系统参与者，没有对辖内支付系统参与者的有关支付数据信息进行统计、分析的功能，也无法监测商业银行清算账户资金头寸情况，因此，对青岛市支付业务量、资金流向流量、抽样企业结算资金流向流量、种类的统计、分析较为困难。

3. 反洗钱工作

一是银行业金融机构反洗钱内控制度和组织机构建设需要进一步加强。商业银行反洗钱制度不健全、执行不到位的现象还比较普遍，多数金融机构反洗钱工作没有纳入业绩考核和内部风险控制，缺乏奖惩机制。二是商业银行不同程度地存在客户交易记录保存不全、大额可疑交易数据漏错报等问题。三是金融机构反洗钱培训宣传工作还不到位。四是证券、保险业反洗钱工作亟须重点强化。内部反洗钱组织机构和内控制度有待建立，在业务管理上存在的洗钱风险点较多。

## 五、总体评估与政策建议

### （一）总体评估

2006 年，青岛市国民经济保持了健康较快的发展速度，经济结构调整和经济增长方式转变取得了一定成效。金融业运行健康平稳，金融改革创新稳步推进，运行质量和抗风险能力有所提高。银行业资本相对充足，资产规模和盈利水平明显提升，证券业稳步发展效益改善，保险业产寿险业务快速增长，金融基础设施建设得到加强。金融体系较好地发挥了配置资源、分散风险和支付清算的功能。

经济金融运行中仍存在一些影响金融稳定的薄弱环节，突出表现在：金融机构不良资产反弹和处置压力较大，信贷集中和期限错配存在一定风险，金融非法活动和无序竞争仍然存在，金融生态环境有待进一步改善。

## （二）政策建议

1. 坚持科学发展观，切实提高金融运行质量

加强资产管理和内控制度建设，建立健全各类风险防范和预警机制，提高信贷和保险资产运营质量；加大产品开发和技术创新力度，大力发展高端中间业务，进一步提高金融服务和盈利水平；建立健全产品定价机制，提高利率、保险费费率、证券手续费定价能力和定价水平。

2. 继续深化金融改革，完善金融体系建设

稳步推进金融机构改革，着力完善公司治理结构，继续深化国有和股份制商业银行分支行改革的同时，重点突破法人机构和农村金融体制改革，加快青岛商业银行引进战略投资者和股份制改造，创新和完善农村金融体系，鼓励和引导金融业综合经营，引导和发展证券期货公司和期货市场，加快建立覆盖胶东半岛的票据交换、清算中心，鼓励金融机构开展区域性金融业务。

3. 强化法律制度保障，落实央行维护金融稳定职能

尽快制定相关法律法规，明确维护金融稳定工作机制和有关方面的权利责任，促进维护金融稳定工作的法制化、规范化；加快金融稳定工作制度建设，明确工作目标责任、方法程序，规范分支行金融稳定工作行为。

4. 加强金融生态环境建设，为金融稳定提供良好的外部环境

进一步加大诚信宣传力度，提高全民的信用观念。建立部门联动机制，对失信者加大惩处力度，切实维护金融债权。尽快完善社会信用体系建设，进一步发挥征信系统对企业和个人信用行为的约束作用。

总　纂：王丽艳
统　稿：王锦玲　贾锡照
执　笔：丁培培　李　栋　张泽良　宋新伟
陈　勇　赵国靖　戴华伟
其他参与写作人员：李克全　李海萍　杨姝丽
贺成龙　许宏代　孙洪义　马居亭

# 2007年厦门市金融稳定报告摘要

2006年，伴随海峡西岸新一轮跨越式发展的进程，厦门市经济继续保持快速、健康发展的态势。国内生产总值增长较快，经济结构继续优化。固定资产投资和基础设施建设在较低的基数上取得快速增长，对经济拉动强劲。居民人均收入和财政收入稳步增长，物价水平低，内需消费与经济增长基本同步。外贸净出口增长放缓，对经济拉动减弱。房地产市场需求继续呈现旺盛态势，刺激商品房、地产价格继续上升。厦门市经济的发展为金融业提供了良好的商机和环境，经济与金融相互支持、融合。金融业总体实力增强，金融改革取得进展，风险意识和风险控制手段得到加强，金融资产质量不断提高。金融市场继续发展，利率、汇率市场化进程平稳。金融基础设施日益完善，为构建持续发展的良好的区域经济金融生态环境做出了贡献。

## 一、区域经济运行与金融稳定

### （一）经济保持快速增长，金融业外部基础更加坚实

2006年，在加快海峡西岸新一轮跨越式发展、社会主义新农村建设和对外经济交往中，厦门经济呈现如下态势：

1. 经济保持又快又好发展，经济结构继续优化

2006年辖区实现国内生产总值1 162.37亿元，同比增长16.7%，增幅在全省九个设区市和全国副省级城市中居首。万元生产总值综合能耗继续下降，万元生产总值耗水下降1.3吨、耗电下降5.7度，节能降耗显著。第一、第二、第三产业增加值比重分别为1.6%、54%、44.4%。第一和第二产业比重分别下降0.5个和0.9个百分点，第三产业的比重提高1.4个百分点。

2. 固定资产投资加速，对经济拉动强劲

十大工业集中区、新农村和配套基础设施建设加速推进，全年社会固定资产投资累计完成662.1亿元，同比增长66.5%，比上年多增34.7个百分点，高出同期GDP增幅49.8个百分点。规模和增速均创历史最高记录。受岛内土地资源稀缺、商品房竣工面积负增长和外来购房需求超51%的影响，房地产市场需求旺盛。全年房地产开发投资完成213.93亿元，同比增长87.5%。地价创新高，商品住宅全年均价继续上扬32.73%。

3. 外贸增幅趋向平稳，利用外资继续增长

外贸受外部环境约束明显，增幅趋缓，全年进出口总额 327.91 亿美元，同比增长 14.8%，增幅下降 3.88 个百分点，比全国低 9 个百分点。其中，出口 205.08 亿美元，增长 18.8%；进口 122.83 亿美元，增长 8.7%。合同利用外资 23.11 亿美元，同比增长 78.5%；实际利用外资 9.55 亿美元，同比增长 34.9%。

4. 消费价格稳定，收入增加，内需上升

2006 年，居民消费价格总指数 100.85，低于上年同期涨幅。居民人均可支配收入 18 513元，增长 12.9%，高于全国、全省平均水平。社会消费品零售总额 314.94 亿元，增长 15.8%，消费市场继续保持平稳快速增长。

5. 财政收支快速增长，公共资源配套能力增强

全年财政总收入累计完成 275.17 亿元，同比增长 31.2%，其中地方级财政收入同比增长 38.6%，占财政总收入的一半；财政支出 157.2 亿元，同比增长 23.5%。财政收支大大超过 GDP 增速。

### （二）新一轮经济运行中面临的主要问题

1. 工业经济效益下滑，吸纳信贷能力下降

工业生产继续保持平稳增长，但经济效益连续两年下滑。2006 年，工业经济效益综合指数同比下降 5.31 个点，利润总额同比下降 3.1%，而总资产贡献率、资本保值增值率、流动资产周转率、成本费用利润率均同比下降，资产负债率则同比上升。工业综合经济指标弱化，主要指标低于全国平均水平，对商业银行的吸引力下降，制造业的贷款比重由上年的 21.02% 下降到 19.12%。

2. 基础设施和固定资产投资加速，银行流动性压力增大

在海峡西岸经济区建设中迅猛增加的基础设施和固定资产投资高度依靠银行信贷，直接融资极小，银行存贷比持续过高，大量短期资金长期运用给银行带来较大的流动性风险。特别是 2006 年下半年以来，股票市场加速上扬和交叉性金融产品对银行储蓄的稳定性带来了较大的影响。

3. 物价上涨压力较大

与居民生活密切相关的农副产品、水电气和部分服务项目政策性调价、房地产价格以及生产资料价格的上涨，有可能造成局部乃至总体连锁反应的价格上涨。

## 二、金融业运行与金融稳定

### （一）银行业内在稳定情况

2006 年，全辖银行业资产总额 2 371.54 亿元，同比增长 23.74%，高于同期 GDP 增幅 7.14 个百分点。存款余额 2 054.26 亿元，同比增长 23.55%。贷款余额 1 643.78 亿元，同

比增长35.5%，增幅高出全国约20个百分点，创下近年新高。

1. 存贷款创新高，资金运用满负荷、长期化

2006年，国家的一系列紧缩性政策没有对辖内信贷增长产生明显制约作用。存款余额首度突破2 000亿元，当年新增391.48亿元，同比多增49.43亿元。贷款增量创新高，余额达1 643.78亿元，当年新增442亿元，同比多增288.78亿元。

银行在配合“海西”建设中加大信贷投放力度，多数商业银行的信贷增长都接近或超过40%，个别机构甚至高达60%以上，外资银行贷款增速达46%。辖内银行总体存贷比持续提高到80.02%，比上年上升7.74个百分点，银行资金满负荷运用。从期限结构看，中长期贷款余额占各类贷款的比重达54.64%，比上年提高3.19个百分点，银行信贷延续了长期化趋势。存贷比和中长贷占比创新高。

2. 储蓄分流趋势初步显现

2006年，金融机构不断推出具有不同风险—收益特征的金融产品，较好地满足了个人多层次的投资需求。但在居民收入增加的同时，传统储蓄在居民金融资产配置中的地位下降，全年3次出现储蓄当月绝对额下降的情况。分流的储蓄资金主要流向委托理财、基金、股票、保险等金融产品。全市储蓄占银行存款的比重仅为34.93%，比上年下降2.59个百分点，是自2001年以来的最低点。

3. 新增贷款相对集中，小企业贷款快速增长

全年新增人民币贷款集中分布在基本建设、房地产开发、个人住房按揭、工业流贷和个人经营性贷款五大类，五大领域合计吸收新增贷款的59.09%。

2006年，辖内主要银行对小企业提供表内外授信余额330.67亿元，其中贷款250.68亿元，按可比口径同比增长116%，授信3 866户，增长12%，户均授信余额85.53万元，小企业贷款余额占到贷款总量的15.25%。但受外部信用环境建设滞后的影响，相对于全市3万余家中小企业，银行信贷覆盖面仍极小。

4. 个人金融产品创新不断，银行零售业务空前活跃

2006年，银行业零售市场创新氛围浓厚。在激烈的零售市场竞争和产品同质化下，银行更加重视高端客户群营销，每月均有5只以上的银行理财产品投放市场，高端客户市场成为竞争的焦点。同时，个人消费贷款和经营性贷款产品不断更新并快速扩张。辖内银行陆续推出了固定利率房贷、可转换利率房贷、随借随还贷款、个人循环贷款等创新产品，并在贷款手续、利率、期限、还款方式、宽限期、担保品等方面的灵活性不断提高，零售信贷空前活跃。

5. 盈利能力增强，信贷资产质量进一步提高

2006年，中资银行中间业务显著上升，实现中间业务收入同比增长32.37%，中间业务收入占比11.20%，比上年提高1.48个百分点。其中，开放式基金随着股市回暖销售火爆，银行代销基金收入成倍增长。非对称的加息结构和信贷规模的快速扩张使息差扩大、利息收入增长。中资银行成本收入比46.40%，比上年降低1.73个百分点。辖内银行平均息差为3.77%，较上年扩大0.33个百分点，累计实现账面利润30.52亿元，同比增

长 16.85%。

2006 年，辖内多家银行因集团性企业的信贷风险事件而遭受重大授信损失，导致不良贷傀余额和比例一度反弹。但辖内银行通过清收、拨备、核销等手段积极消化不良贷款，其中中资银行累计计提拨备 9.81 亿元。全辖不良贷款年末余额 41.42 亿元，不良贷款率 2.52%，仍然分别比上年下降 2.01 亿元和 1.09 个百分点。贷款分类整体前移，资产质量提升，除正常贷款以外的其他各类贷款的比重都出现不同程度的下降或持平。

6. 中外资银行同时面临过渡期调整形势

随着国内金融体制改革取得进展和加入世界贸易组织后承诺的兑现，厦门外资银行抓紧做好开办人民币业务的各项准备：一是业务转型，从主要从事国际结算等中间业务，转向国际结算和存放款以及个人金融理财并重。二是机构新设和整合，有 4 家外资银行申请转为国内新设立的法人银行的分支机构，其中 1 家获准增设支行，中外合资的厦门国际银行最近两年陆续进行分支行的开设布点，人员招录和业务培训也显著增加。此外，台资背景的美国首都银行厦门代表处也已设立。

随着银行业全面对外开放，中资银行将面临新的外资银行全面开办人民币业务竞争形势的挑战。工、中、建行成功上市，农行正加快改革步伐；厦门 5 家法人银行，总体看整体资质较好，没有亏损，在股份制改革中可能成为战略投资者重点关注的对象。中资银行业的发展机遇大于挑战。

7. 银行业面临的主要问题

（1）资本市场的分流使银行存款的稳定增长受到影响。随着资本市场改革的深化和规模的扩张，储蓄作为居民传统的金融资产工具受到各种理财金融产品、基金的冲击，这对银行的资金来源将产生较大的不确定性。

（2）资金来源增长的不确定性与贷款的长期化趋势对银行流动性产生负面影响。受地方固定资产投资快速增长推动，2006 年信贷投放高增长，且 63.61% 的新增贷款投向中长期项目，资金运用长期化的趋势进一步加剧。加上资本市场对银行资金来源和短期化的冲击，使银行的流动性风险加大。

（3）外资银行人民币业务经营权的全面开放将加剧银行间高端客户的争夺。2006 年 12 月 11 日起，人民币业务已向外资银行全面开放。由于网点数量的差距，中外资银行的竞争将集中在高端客户。

## （二）证券业内在稳定情况

2006 年，证券市场指数屡创新高，辖区深沪股票（A 股、B 股）、封闭式基金、期货交易额分别为 1 523.13 亿元、30.38 亿元、1 031.05 亿元，同比分别增长 200.93%、165.33%、72.22%，辖区证券市场和证券机构获得恢复性增长。证券机构净利润 1.48 亿元，是上年的 16 倍，所有证券机构全部盈利。证券机构资产总规模 45.42 亿元，同比增长 2.27 倍。客户交易结算资金 44.2 亿元，同比增长 2.99 倍。

1. 上市公司股权分置改革基本完成，经营绩效好转

2006 年，在地方政府的支持下，辖区 14 家应股改公司中有 13 家已完成股权分置改革，1 家进入股权分置改革程序，并于 2007 年 1 月完成股权分置改革。辖区上市公司大股东资金占用问题于 2006 年 6 月全部清欠完毕，上市公司章程进一步修订完善。辖区上市公司整体经营业绩有所好转，根据公布的 2006 年度报告，全辖 15 家上市公司有 13 家盈利公司，较去年同期增加了 1 家盈利公司，合计实现净利润 18 134 万元，扭转了 2005 年上市公司盈亏相抵后净利润为 -8 346 万元的局面。2006 年年末，15 家上市公司总市值 393.91 亿元，同比增长 74.19%；流通市值 169.85 亿元，同比增长 105.68%。

2. 个人债权处置稳妥有序进行

2006 年，政府部门和多个监管部门联合对问题证券机构的个人债权进行甄别，完成个人债权登记工作，但兑付工作尚未完成。处置过程中没有发生过激群体事件。

3. 证券业存在的问题

（1）证券市场组织体系尚不完善。辖区现有证券经纪、期货和证券咨询机构，缺少基金管理公司，对健全厦门资本市场的功能带来一定的影响。厦门证券作为辖内唯一的小型法人券商，注册资本金小，业务资格单一，只能从事证券经纪业务，规模小。目前，该公司正积极寻求增资扩股，并争取申请投资银行、资产管理等业务牌照，切实改善公司的盈利结构。

（2）企业直接融资发展缓慢。现有的 15 家上市公司普遍存在盘子小、资本运作不活跃的问题，多数企业多年未进行配股、增发等再融资活动；辖内大型企业习惯于从银行融资，对改制上市的积极性不高。支持中小企业改制上市的政策迟迟未出台，也影响中小企业改制上市的积极性。

## （三）保险业内在稳定情况

2006 年，辖区保险业进入快速发展期。新增保险公司 3 家，总数达到 17 家，保险兼业代理机构新增 300 家，总数超过 1 000 家，保险从业人员近万人，营销员持证上岗率 100%，保险机构资产总额 66.36 亿元，同比增长 19.35%。

1. 保费收入加速增长，保险密度、深度提高

2006 年，保险市场平稳有序，辖区保费收入加速增长，累计实现保费收入 27.77 亿元，同比增长 19.11%，高于全国平均水平，在五个单列市中排名第三。保险密度达到 1 234 元/人，比上年增加 174 元/人；保险深度 2.39%，比上年提高 0.13 个百分点。但受城市人口总数和经济总量限制，保险市场规模偏小。

2. 保险业对经济贡献增强

2006 年，辖区保险业为社会提供了更多的风险保障，保险业务覆盖了 50% 的企业、95% 的车辆和 70% 的常住人口；对国家税收的贡献增大，保险业缴纳税收同比增长 29.73%；缓解了社会就业压力，增加的社会就业岗位超过 2 000 个；保障作用进一步发挥，保险业赔款与给付达 8.13 亿元，同比增长 24.95%。

3. 保险业积极参与社会保障体系建设

2006 年，厦门城镇职工补充医疗保险实行了第三方管理补充模式，对厦门户籍职工的覆盖率达 100%，进一步完善了城镇职工补充医疗保险的“厦门模式”；新型农村合作医疗保险进一步完善，参保农民达到 65 万人，对农村人口的覆盖率达 100%，并在 20 多家定点医院实现了实时理赔；“村改居”医疗保险共为 3.15 万名失地农民提供了 30 亿元的医疗保险保障；为 9 000 多名低保人群开办了大病医疗保险。

4. 保险业存在的问题

目前保险业存在着分红险到期集中给付风险。2007 年，厦门各大寿险公司销售的分红险进入集中给付期，给付金额达到 2.59 亿元，给付高峰出现在 2007 年下半年，给付金额达到 1.76 亿元。同时产品的分红收益未达到心理预期，可能引发客户大量退保。

## （四）综合经营试点与金融控股情况

2006 年，跨业金融创新产品迅速起步，跨业金融产品以银行代理证券、保险产品为主要模式。在银证合作方面，银行凭借其发达的零售网络成为最主要的销售渠道，多家银行还推出了网上基金超市、网上基金直销、基金定额定投等服务以进一步扩充其代销功能。扎银保合作方面，部分银行与出口信用保险公司开办了国际双保理业务。

辖区存在两家控股金融企业的实体公司，即厦门建发集团和厦门国贸集团。厦门建发集团控股厦门国际信托，控股比例 51%。厦门国贸集团控股厦门国贸期货，控股比例 95%。两家控股公司都有国有资本背景，都以实业投资为主，经营业绩良好；其金融业务在控股公司的业务中占比较小，都是非核心业务；与控股的金融企业之间的关联交易符合监管要求。

## （五）民间金融和非法金融活动情况

1. 民间金融活动活跃

厦门作为海峡西岸经济区的中心城市，商机活跃，加上中小企业贷款难问题始终未得到根本解决，民间金融活动一向活跃。据监测，厦门的民间融资以 1 年以内的短期贷款为主，以解决生产性需求的居多，民间借贷加权平均利率基本比同期贷款利率高出 8 ~9 个百分点，受基准利率上调等宏观政策的影响并不明显。厦门的民间融资以个人或企业之间的相互借贷为主，形式多样，行为不规范，监管部门难以发现和监测。

2. 非法金融活动

（1）外汇黑市交易趋向萎缩。2006 年，随着取消经常项目外汇账户开户限制、改进服务贸易售付汇管理以及放宽个人购汇限制等政策的出台，企业和个人的用汇环境进一步宽松，正常用汇需求通过正常渠道基本能得到满足。自汇率机制改革后，银行挂牌汇价与黑市价格价差越来越小，外汇黑市交易趋向萎缩。

（2）假币活动翻陈出新，影响人民币和金融机构信誉。近年来，假人民币流通量有扩大的趋势，仅 2006 年，厦门各金融机构、公安及海关等执法机关收缴的假人民币同比增长

35%，金额同比增长43%，反假的压力加大。部分媒体仅仅依据个别市民的投诉，未经证实就披露金融机构柜台和ATM机流出假币，对金融机构的声誉及辖区金融稳定产生负面影响。

（3）非法金融活动有所抬头。随着证券市场走出低谷，不法分子利用居民投资热情高涨、法律和风险意识淡薄、投资行为欠理性和求富心切的特点，通过通讯、媒体广告等手段进行非法金融活动。

## 三、金融市场运行与金融稳定

### （一）同业拆借市场

截至2006年年末，辖内有16家中外资金融机构具备同业拆借资格，中外资金融机构资金需求状况差异明显，场内同业拆借、同业借款及存放业务规模扩大。

中资金融机构人民币头寸较为充裕，拆入需求疲弱，而外资金融机构资金需求旺盛。外资金融机构通过场内同业拆借累计净融入资金12.6亿元，同比增加12.6亿元；通过同业借款市场借入资金年末余额9.2亿元，同比增加9.2亿元；存放同业规模较大，年末余额达28.9亿元，增长33.8%。同业拆借市场在调剂人民币头寸余缺，满足扩大信贷市场需求方面发挥了积极作用。

### （二）债券和股票市场

截至2006年，辖区具备债券市场交易资格的成员仅有2家银行，在全国银行间债券市场交易总额达1 583.9亿元，同比增长24.5%。年末持有债券余额60.1亿元，比上年增长82.7%。

2006年，辖区没有新上市企业。辖内企业高度依赖间接融资，直接融资极少，直接融资与间接融资比为0.1∶9.9，直接融资总额16.07亿元，比上年增加6.07亿元。其中：1家上市公司增发股本3 000万股，融资3.07亿元；1家企业发行8亿元企业债；1家企业通过全国银行间债券市场发行5亿元短期融资券。债券的发行成本低于同期银行贷款利率，获得的资金主要用于补充企业流动资金，扩大公司营运资金规模，以及用于归还银行短期借款，降低公司财务费用。到目前为止，辖区尚未出现债券到期不能及时偿付的现象。

### （三）票据市场

2006年，辖区票据市场规模不断扩大，再贴现需求有所复苏，累计发生商业汇票承兑512.3亿元，同比上升48.1%；贴现319.5亿元，同比上升25.1%；再贴现1.0亿元，同比增加1.0亿元。

### （四）黄金市场

个人纸黄金交易以其交易成本低、操作方便等优点受到了广大投资者的青睐，厦门市场的交易日趋活跃。2006 年，有 2 家银行开办了个人纸黄金交易业务，年末累计开户达 2 128 户，比上年增长 6. 3 倍；本币金累计成交 90 927 万元，年末余额 4 841 万元，比上年增长 10. 4 倍；外币金累计成交 10 109 万元，年末余额 697 万元，比上年增加 697 万元。

目前，厦门市场上仍然存在场外非法代理黄金保证金交易的行为。对主渠道个人黄金交易市场带来一定的冲击，投资者的正当权益难以得到有效保障，非法交易行为的监管难度依然很大。

### （五）外汇交易市场

2006 年，辖区外汇交易市场成员有 9 家银行，全年即期竞价交易总额 24. 62 亿美元，同比增长 22. 49%，买卖轧差体现为净卖出 17. 08 亿美元。由于询价交易方式比竞价交易方式更灵活、手续费更优惠，辖区外汇市场询价交易替代竞价交易趋势明显。远期市场成员较少，交易有限，掉期市场、外币对市场尚处于初始发展阶段。

### （六）本外币利率市场化程度各异，汇率升值影响尚不明显

1. 人民币存款利率趋同，贷款利率稳中有升

2006 年，商业银行基本上没有真正实行差别化的存款利率，人民币存款利率趋同。贷款利率受贷款基准利率提高的影响呈现稳中有升态势，全年人民币贷款各期限品种加权平均浮动利率 6. 192%，比上年上升 0. 386 个百分点，加权平均固定利率 5. 857%，比上年上升 0. 4 个百分点。

2. 农村信用社贷款利率定价机制取得新进展

2006 年，农信社按照利率定价机制改革的总体要求，有序地开展了贷款利率定价办法的修订和完善工作。规定了三级贷款定价授权管理体系，较充分地体现了风险—收益对称的定价原则，提高了定价透明度和操作效率。新贷款定价办法实施以后，农信社贷款利率的总水平也稳中有升。

3. 外币存贷款利率呈现明显的市场化特征

小额美元存款基本按调整后的上限执行，体现了管制性利率的特点。而大额美元存款各期限品种的加权利率水平比年初上升 14. 13%，同期同档的美元大额存款比小额美元存款利率上限高出 2. 55 个百分点，呈现明显的市场化利率特征。1 年期美元贷款的加权平均利率基本保持和大额美元存款同步趋升态势，也同样体现了市场化利率的特征。

4. 汇率升值影响尚不明显，扩大对外投资尚需时日

2006 年全年累计人民币持续渐进升值 3. 24%，在一定程度上减少了出口企业的利润。但对进出口整体影响尚不明显，全年出口 205. 08 亿美元，增长 18. 8%，进口 122. 83 亿美元，增长 8. 7%。

辖区外汇收支保持较为平稳的增长，外汇流入大于流出、外汇结汇大于售汇的格局并未因人民币升值而改变。即便是对汇率敏感的国内居民个人结汇，全年也只有 1. 08% 的增幅。国际收支顺差扩大主要受到进口增幅下降的影响。

在对外投资方面，人民币渐进小幅升值给了企业“走出去”的机会，但实际资本输出尚不明显。目前辖区企业海外投资汇出资金310.33万美元，同比增长185%，每个投资项目平均不足35万美元。这与多数企业缺乏国际化经营的经验和人才、经营机制落后和投资管理能力不强有着直接关系，企业在这方面的成长需要有一个过程。

## 四、金融基础设施建设与金融稳定

### （一）支付清算体系

2006年，辖区已基本建立了大小额支付清算运行体系。总体看，支付环境进一步改善，支付结算资金运行效率稳步提高，支付清算运行正常，年内未发生重大支付清算不畅的类题。当前，影响支付清算体系稳定的薄弱环节主要有四个方面：一是金融机构的支付清算应急工作处于起步阶段，应急方案还需要进一步完善，在可操作性方面需要进一步改进和提高。二是支付结算法律法规相对滞后，无法适应票据和银行卡业务进一步发展和管理的需要，部分支付结算新业务和技术手段的法律地位没有明确，一些应市场需求而创新的业务品种面临着较大的法律风险。三是银行卡欺诈犯罪仍时有发生，对银行卡产业发展的影响很大。四是新型支付业务的规范和管理问题开始出现，部分新型支付业务关联技术的技术标准和安全性管理需要提前考虑。

### （二）金融司法环境

2006年，厦门市司法环境在相对良好的基础上继续改善。市区两级法院不断推行审判、执行制度改革，在全国率先开发使用“执行信息管理系统”，维护金融机构合法权益。不仅为及时有效地执行金融涉诉案件标的提供保障，而且为金融机构掌握客户信用情况，减少信贷风险，进行事前防范提供了重要参考。

司法在保障金融合法权益上仍存在需改善的地方：一是执行难问题仍未完全解决。二是在一些具体的司法案例中，法院的审理理念使金融机构在诉讼过程中处于不利地位和不对等的局面。

### （三）征信体系建设

2006年，辖区征信建设在提高信贷资产质量、维护辖区金融稳定等方面发挥着越来越重要的作用，已成为防范金融风险、降低信贷成本、提高贷款效率和提高金融监管水平的重要工具。一是收录借款企业18 864户，企业贷款覆盖面达84%。二是辖内银行依托征信系统建立了信用风险审查制度，将查询贷款申请人的信用报告作为信贷审查的固定程序，月均查询企业和个人信用信息基础数据库约8万次，约有5%左右的贷款申请人因为被发现存在潜在信贷风险而被拒贷。三是辖区非银行信息采集和服务范围逐渐扩大，已成功将住房公积金缴存信息、企业拖欠工资信息等采集到征信数据库中。四是加强了查询服务功能，使金融管理部门能及时掌握信贷投向等信息，在重大案件处理中也发挥了重要作用。五是加大信用宣传力度，提高了企业及个人的信用意识。

### （四）反洗钱体系

2006 年，辖区反洗钱工作稳步推进，整合了本外币反洗钱力量，进一步加强了外部反洗钱工作的横向协作机制，反洗钱现场检查力度不断加强，金融机构对反洗钱工作的重视程度不断提高，反洗钱内控制度日趋完善。一年来，大额和可疑资金交易报告报送数量稳步增长，可疑交易报告质量明显提高，各金融机构共报告人民币可疑交易 16 645 笔，涉及金额人民币 149. 4 亿元，涉及账户 5 197 个。

当前反洗钱工作仍然存在以下问题：一是反洗钱协调机制下的各部门信息交流和资源共享仍存在不少障碍。二是个别金融机构仍然存在反洗钱内控制度不严密、客户尽职调查不深入、可疑交易报告质量不高等问题。三是对洗钱可疑信息的甄别能力不强，造成无用信息挤占有限资源。

### （五）审慎监管

2006 年，由人民银行和 3 家监管部门以及地方政府有关部门组成的金融稳定协调机制继续发挥作用，在各自职责领域内履行审慎监管职责，保障了辖内没有出现重大金融风险事件，苗头性事件也得到及时处置，维护了辖内良好的金融生态。

2006 年，厦门银监局贯彻落实宏观调控政策措施，确保银行信贷政策有保有压，保证了辖内银行业平稳运行。加强了监测考核和机制性抓降，约谈 7 家银行高管，实现不良贷款“双降”。稳妥处置了辖内纠纷问题和集团性企业的重大授信风险事件。

2006 年，厦门证监局加大监控力度，强化证券机构业务行为的合规性监管，全面推进辖区上市公司股权分置改革，积极有序地解决证券机构历史遗留问题，切实做好舆论宣传和投资者教育工作，严厉打击非法证券活动。

2006 年，是厦门保监局成立后完整运作的第一年，保监局进一步完善监管体系建设，先后开展了六大专项检查，对 5 家机构和个人处以警告，对 2 家机构处以罚款的行政处罚，对 17 家机构下达监管函，对 9 家机构的高管人员进行了监管谈话，有力地维护了辖区保险市场的良好秩序，促进了保险市场的健康发展。

## 五、政策建议

### （一）加强金融稳定协调，积极应对各类金融风险

在目前分业监管格局下，加强辖内“一行三局”的监管合作与协调，完善金融稳定协调机制的操作层面，建立灵活的沟通渠道。通过定期例会，实现问题共商、决策共议；通过日常交流制度，实现信息互通的便利化、迅捷化；通过应急风险处置机制，提高风险处

置的时效性和实效性，提高对经济、金融和社会稳定的监测监管水平。

### （二）督促金融机构加强风险管理，全方位提高风险防范能力

通过改革完善金融企业治理结构，从根本上提高风险管理的自觉性和自律性，引导金融机构及时建立有效控制风险的机制；督促金融机构在加强金融创新的同时，把握金融产品的收益风险特征，强化金融创新产品的风险管理；督促金融机构对集团性企业及其关联企业统一授信，随时关注信贷集中度风险；督促金融机构完善内部制度，强化对潜在风险的排查力度和风险处置能力，避免内部操作风险和道德风险的发生。

### （三）注重通过信贷引导，加快经济产业结构的优化和调整

加快经济增长方式的转变，走可持续发展的循环经济之路，继续落实全面、协调、可持续的科学发展观，进一步优化、调整本地产业结构，发展以光电、生物工程、软件开发为代表的新的支柱产业。银行要根据经济增长模式的转变，促使实体经济与银行信贷之间相互支持、良性互动，加快信贷结构调整步伐，以适应经济产业结构的调整和升级。

### （四）积极关注房地产市场运行态势，加强房地产相关监测

房地产业运行状况与经济增长和金融安全休戚相关。应进一步加强对房地产运行态势的监测，对出现的新问题、新焦点进行追踪研究，做好风险提示，加强对银行政策指导，督促其加强房地产信贷风险管理。

### （五）继续推进利率市场化和汇率改革

以资金供求关系和风险—收益定价机制为核心，推进利率市场化进程，进一步放宽利率浮动区间。同时，在运用汇率调整国际收支平衡和国内消费时，应考虑汇率变动的社会经济成本，逐步有序地进行汇率改革。

### （六）大力促进直接融资与间接融资均衡发展

多年来，厦门辖区企业间接融资比重过高，企业融资高度依赖银行体系。2006 年，全市企业直接融资与间接融资比率低于全省水平，造成股票市场和债券市场的直接融资功能未能得到有效利用，而间接融资已达到现有资金的极限。随着资本市场的发展，有条件的大企业应多走资本市场融资之路，银行信贷的支持应更多用于满足企业流动资金不足的需要，从而改变银行资产负债期限结构错配和信贷过于长期化的趋势。

### （七）完善金融市场功能，促进金融市场协调发展

加快完善证券业组织体系建设，进一步健全厦门资本市场的功能。利用国家大力发展资本市场的有利契机，积极引导、支持和组织有条件的企业直接融资，参与国内乃至国际资本的资源配置，大力增强企业发展的实力。

坚持发展不动摇，防范风险不放松，继续保持和推动保险市场平稳快速发展。努力构建质量和效益统一、竞争规范有序、体系日趋完善、功能作用不断加强的保险市场，切实维护社会公众利益，在构建和谐社会中发挥保险业的积极作用。

创造条件，推动金融市场创新，主要包括：丰富货币市场交易工具和品种，推动资本市场工具创新，按步骤、循序渐进推出金融衍生产品，逐渐增加外汇衍生避险工具；推进金融市场制度改革，推动金融市场参与主体多元化，培育金融市场机构投资者。通过交易工具和参与主体两方面的拓展，增强金融市场配置资源功能，促进金融市场协调健康发展。

### （八）加快金融基础设施建设，加强金融风险和金融稳定宣传，创建和谐金融生态环境

创建和谐金融生态环境是一项长期的系统性工作，一方面要加快金融基础设施建设，完善支付结算体系、征信管理体系、反洗钱体系和司法制度建设；另一方面要加强投资者风险教育宣传，通过各种宣传、教育，传达央行对经济金融的总体判断和今后一段时期货币政策导向，引导企业和居民形成合理预期，提高全社会金融风险意识、金融安全意识、信用意识和法制意识。

总　纂：余文建
统　稿：李世荣
执　笔：陶文立　潘望春　肖　维
其他参与写作人员：黄师今　盛佩红　王国新　凌峻岭　李　伟
黄亨宏　阮　峥　黄华荣　沈宜昌　黄肇炜
杜　洋　黄锋明　王庭成　林晓慧　周　超
刘　雅

# 2007年深圳市金融稳定报告摘要

## 一、区域经济运行与金融稳定

2006年是实施“十一五”规划的开局之年，深圳市国民经济保持平稳增长，自主创新能力增强，循环经济稳步发展，产业结构优化调整，经济效益进一步提高，对外开放取得新进展。这种局面为区域金融稳定奠定了良好基础。

### （一）区域经济平稳较快增长

2006年，深圳市国民经济继续保持平稳增长态势。全年实现生产总值5 684. 4亿元，同比增长15. 0%，各季度增长率呈稳步上扬的态势。其中，第一产业增加值7. 5亿元，同比下降24. 4%；第二产业增加值3 021. 0亿元，增长16. 8%；第三产业增加值2 655. 9亿元，增长13. 1%。

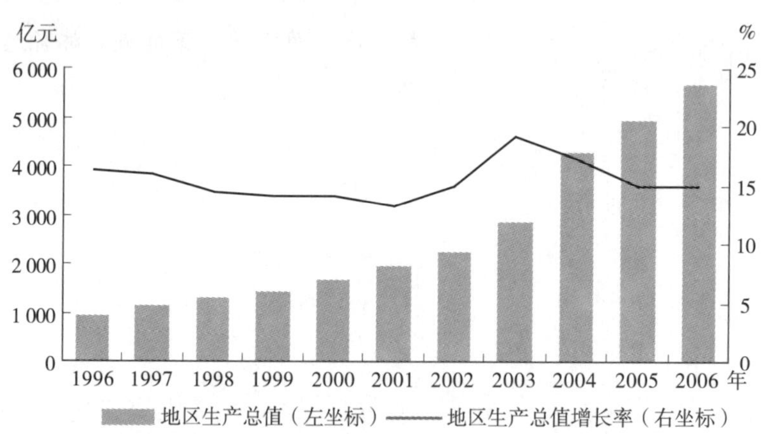


图1 2000~2006年深圳GDP增长趋势

1. 工业快速增长，经济效益良好

全年规模以上工业企业累计完成工业增加值2 723. 3亿元，同比增长17. 2%。工业适度重型化进一步加强，高新技术产业继续保持大幅增长。

2. 社会总需求保持整体增长

投资需求缓慢增长，消费需求稳步增长，对外贸易迅猛增长。社会消费品零售总额累计完成1 671.3亿元，同比增长16.2%，增长率首次超过GDP增长率。全市共完成固定资产投资1 272.3亿元，同比增长7.7%。进出口贸易总额完成2 374.11亿美元，同比增长33.9%。

3. 财政收支状况良好

地方财政一般预算收入累计500.9亿元，同比增长21.5%。地方财政一般预算支出571.4亿元，同比下降4.6%。

4. 价格水平基本保持稳定

全市居民消费价格全年累计上涨2.2%，较上年提高0.6个百分点，略显物价上涨压力。其中，食品类和居住类价格上涨是带动物价整体上涨的主要因素。

## （二）经济运行中的结构问题

1. 社会总需求结构

消费和投资需求增长有待进一步提升。2006年，社会消费品零售总额逐月小幅增加，消费需求对经济增长的拉动作用稳中有升，应进一步挖掘增长潜力。固定资产投资增幅较上年继续下降，达近十年来最低。高端重大产业项目培育不足，将影响经济增长后劲。

对外贸易需求强劲增长，应当关注可能影响其持续高增长的若干因素。一是关注贸易产品结构。深圳市对外贸易仍以大进大出、依靠规模扩张的增长方式为主，贸易产品的技术含量和附加值较低。二是关注出口企业的内外资不平衡。2006年，全市内资企业出口500.2亿美元，占出口总值的36.8%；三资企业出口860.87亿美元，占出口总值的63.2%。三是关注外贸增长的内外部约束条件。主要是国际贸易争端逐步增多、贸易保护主义有所加强，各种成本趋升，外贸企业整体税务负担上升。

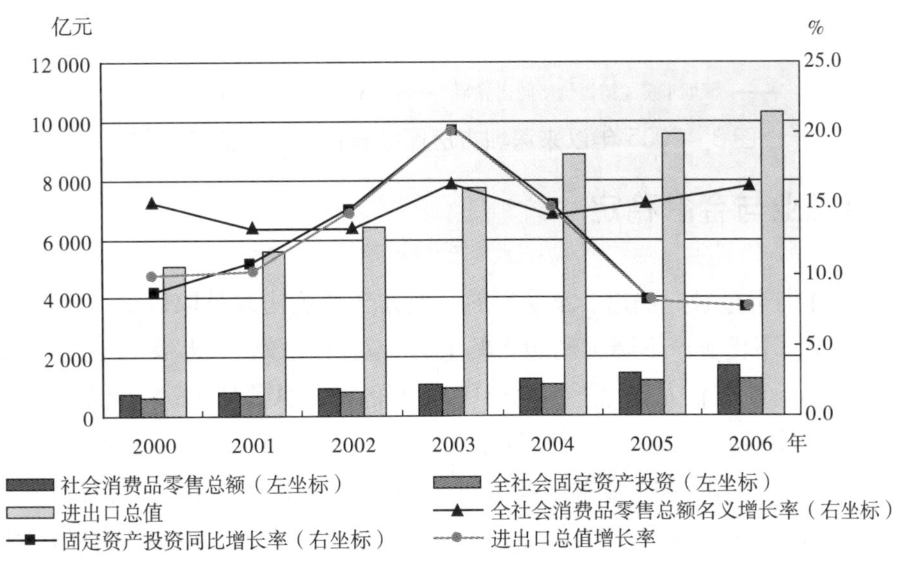


图2 2000~2006年深圳市消费、投资、外贸产值及增长率

2. 产业结构

近年来，深圳市产业结构趋于合理。但仍应关注几个方面：一是进一步推动第三产业发展。近年来，第三产业产值比重呈徘徊走势，有的年份还有所下降。二是关注产业技术结构。高新技术产业领域不广，高新技术产业链和产业链集群的综合竞争力有待继续增强，金融、现代物流、文化等高端服务业亟待继续培育壮大。三是关注产业组织结构。当前深圳工业百强企业产值比重较低，年产值过百亿元的企业数量有限，企业整体规模有待扩大、市场集中度有待提高。

### （三）房地产业

2006 年，深圳市房地产业基本保持健康、稳定发展。全年实现行业产值 527.91 亿元，与上年基本持平。值得关注的是近年来深圳市房地产销售价格持续偏高。根据国家统计局公布的全国 70 个大中城市商品住房销售价格调查统计，2006 年，深圳市商品住房价格全年累计上涨 12.3%，涨幅居全国首位。形成这种状况既有毗邻香港受香港房价影响和本市土地供应紧张等客观原因，但也存在房地产市场运作不规范等因素。同时，房地产市场调控措施效果不彰。

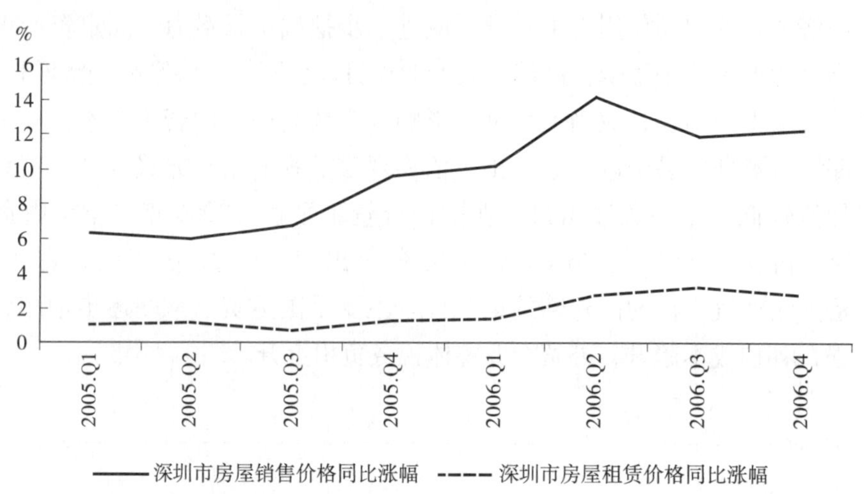


图 3　2005 年以来深圳市房屋销售价格指数变动趋势

## 二、金融业与金融稳定

2006 年，深圳市金融业快速、平稳发展。地方金融机构改革取得重大进展，证券业综合治理基本完成，不良资产下降，利润大幅上升，对外开放进一步深入。至年末，深圳市金融业总资产达 1.61 万亿元，比上年增加 0.32 万亿元；总负债 1.55 万亿元，比上年增加 0.30 万亿元；累计实现账面利润 238.31 亿元，比上年增加 153.04 亿元。全市金融机构（分行和分公司以上）138 家，金融从业人员 7.44 万人，都比上年有明显提高。深港澳金融合作继续向广度和深度推进，香港人民币业务范围不断扩展。年初，深圳市政府出台了《关于加快深圳金融业改革创新发展的意见》，有力推动了深圳市金融业改革创新步伐。

## （一）银行业

1. 行业运行状况

（1）银行业金融机构概况。2006 年，深圳市银行业金融机构（分行以上）共有 53 家，其中，中资银行业金融机构 30 家，外资银行机构合计 23 家，另有外资银行同城分支行 20 家，代表处 7 家。

（2）银行机构业务规模继续扩大，盈利大幅增长。2006 年年末，银行机构总资产 1.45 万亿元，比上年增长 19.83%；总负债 1.42 万亿元，增长 19.33%；所有者权益 304.06 亿元，增长 47.43%。本外币存款余额 10 616.01 亿元，增长 12.96%；本外币贷款 8 353.47 亿元，增长 10.81%。

2006 年，全市银行机构实现账面利润 167.39 亿元，比上年增加 80.92 亿元，增长 93.59%，其中中资银行 152.27 亿元，比上年增加 74.83 亿元，增长 96.63%。利润大幅增加的原因包括银行信贷总量扩张、贷款平均利率上浮、计提拨备较上年显著减少以及国有商业银行改制效应显现等，而主导因素则是利差扩大背景下的信贷总量扩张。

（3）银行机构重组获得重大进展。7 月，中国平安保险（集团）公司合计以 49.1 亿元获得深商行 89.24% 的股权。10 月，华润股份公司合计以 17.40 亿元获取深国投 51% 的股份，市国资委保留持有深国投 49% 的股份。

（4）银行机构资产质量继续改善。2006 年，深圳市银行机构资产质量继续改善，不良贷款余额和不良贷款率实现"双降"。资产拨备较上年有所增加，覆盖和化解不良贷款风险的能力有所提高。

（5）银行机构金融创新获得新进展。在支付结算、银行卡、代理业务、担保承诺、综合理财、金融衍生品交易等方面取得显著成效，出现了人民币结构性理财产品、外汇衍生交易产品、网上基金直销等新型金融产品和服务。

2. 银行业经营发展需关注的方面

（1）银行不良资产面临反弹压力。银行遏制不良贷款生成的良性机制仍不健全，不良资产仍面临一定的反弹压力。2006 年，银行应收未收利息有较大幅度增长，据测算尚有一定规模的隐性不良贷款存在。此外，在当前经济快速增长时期，商业银行对企业信贷风险往往估计不足，贷款规模扩张很快，一旦经济增长放缓，资产质量将面临考验。

（2）中长期贷款持续增长，资产负债期限错配加剧。2006 年年末，深圳市金融机构人民币中长期贷款余额 4 146.8 亿元，新增 1 031.3 亿元，增幅高达 33.1%。与此形成鲜明对比的是，银行机构存款活期化趋势明显、存款流动性增强。2006 年年末，深圳市金融机构人民币储蓄存款余额 3 745.1 亿元，增幅为 16.0%，其中活期储蓄存款余额 2 147.3 亿元，新增 404.0 亿元，增幅为 23.2%，同比多增 148.4 亿元。存款活期化、贷款中长期化趋势的增强，加剧了银行信贷期限结构的错配风险，可能影响银行长期资金链的安全，使银行面临信用风险、流动性风险和利率风险。

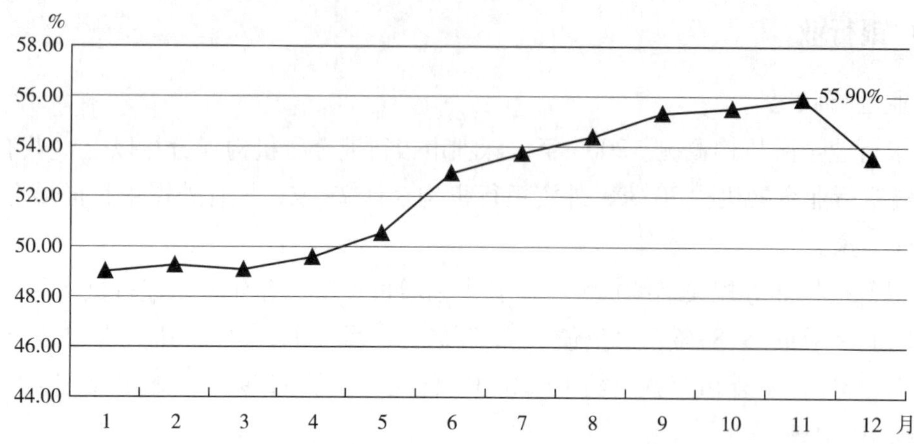


图 4　2006 年全市金融机构中长期贷款占各项贷款余额比例分月情况表

## （二）证券业

1. 证券业运行状况

（1）证券机构经营概况。2006 年年末，深圳市共有证券公司 17 家，基金管理公司 17 家，期货经纪公司 11 家，国内上市公司 80 家。至年末，法人证券公司总注册资本、总资产、净资产、净资本等都比上年有大幅增长。各基金管理公司共管理 118 只基金，基金总规模 2 159. 99 亿份，占全国基金总规模的 36. 32%。期货经纪公司总资产 28. 39 亿元，比上年增长 38. 08%；净资产 4. 88 亿元，增长 8. 2%。

（2）证券机构业绩发生根本改观。证券公司实现营业收入 140. 04 亿元，增加 114. 93 亿元，增幅 458%；实现净利润 61. 83 亿元，较上年增加 63. 85 亿元。

（3）证券公司综合治理基本完成。经过综合治理，辖内证券公司历史遗留问题和违规问题基本整改完毕；客户交易结算资金第三方独立存管有序推进；证券公司委托理财业务得到规范、理财账户交易活动得到有效监控；加大对证券公司自营业务监管力度；强化证券公司净资本监管、逐步加强风险控制指标体系监管。

2. 证券业经营发展需关注的方面

（1）证券公司治理结构有待完善。部分证券公司的大股东滥用地位优势谋取不当利益，部分股东由于委托代理机制不完善导致无法有效行使股东权利，某些非金融行业股东及其推选的董事不完全具备证券从业知识和能力、无法有效参与经营管理并监督评价经理层的经营行为，由此造成部分证券公司法人治理流于形式、内部人控制继续存在，各种内部控制制度和风险防范措施难以得到有效执行。

（2）证券公司盈利模式仍较单一。2006 年，深圳市法人证券公司主要营业收入构成中，证券经纪收入约占收入的 50%；其次是自营投资收入，占 20% ~30%。证券承销、资产管理业务、财务顾问等业务收入占比偏低。大部分证券公司尚未形成合理的业务和盈利结构，收入对股票二级市场的依赖较强，抗风险能力较弱。

（3）证券公司违规操作风险依然存在。主要表现为：部分证券公司为其他企业提供违规担保并且数额巨大；将客户交易结算资金和自有资金混合使用；违规办理自有资金账户与证券保证金账户间的相互划转；向银行违规循环拆借资金等。随着证券市场行情的恢复性上涨，个别证券公司涉嫌违规融资和拆借资金，擅自扩大证券自营规模和集合理财业务规模。

## （三）保险业

1. 保险业运行状况

（1）保险机构经营概况。2006 年年末，深圳共有分公司以上保险机构 36 家，其中保险法人机构 7 家，产险分公司 19 家，寿险分公司 7 家，再保险分公司 2 家，保险控股分公司 1 家，另有 7 家异地驻深营销服务部和多家专业保险中介机构及兼业保险代理机构。2006 年，共新增 5 家保险分公司、28 家专业保险中介法人机构和 4 家专业保险中介分支机构。

（2）经营业绩继续提升。2006 年，深圳市累计实现保费收入 134.69 亿元，同比增长 26.59%，比 2005 年高出 10.85 个百分点，增速比全国平均水平高出 12.36 个百分点。2006 年，深圳市保险深度为 2.37%，同比上升 0.21 个百分点；保险密度 1 500 元/人，比上年增长 214 元/人。

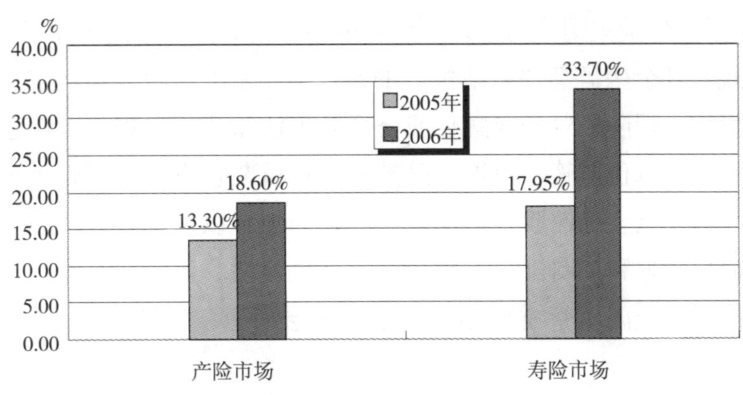


**图 5　2005 年、2006 年深圳地区寿险、产险市场保费增幅对比图**

（3）保险业创新获得新进展。2006 年，保险公司推出了外汇寿险保单、“一站式”赔付受理、保险“自助通”、物流责任保险等新型保险服务品种，较好地满足了社会各阶层生产生活保障和投资理财的需求。

2. 保险业经营发展需关注的方面

（1）保险公司偿付能力变化趋势应予关注。2006 年，深圳市法人保险公司偿付能力与上年基本持平。但值得关注的是，2006 年深圳市保险公司资金流出较上年有明显增加。赔款和给付 35.15 亿元，同比上升 22.77%；财产险公司应收保费 7.08 亿元，同比上升

38.43%；寿险公司退保金额6.86亿元，同比上升22.5%。应当关注由此引起的偿付能力变化趋势。

（2）业务增长方式亟待改变。部分保险公司业务拓展和规模发展未根本脱离粗放型经营的传统路径。一些保险公司业务增长主要依靠设机构、铺摊子，通过加大投入谋求外延式扩张，难以建立集约经营和内涵式增长的良好机制。一些保险公司依靠简单的费率和手续费竞争占领市场，保费大量流失。

（3）资产负债匹配难度加大，产品定价能力有待提高。当前，保险资产期限错配风险、债券投资的信用风险和投资收益的稳定性值得关注。尤其是保险资产短期化和负债长期化问题较为突出，大量长期负债被用于短期投资，资产负债期限结构存在较为严重的错配风险。保险公司产品定价能力有待提高。在产险市场由于存在过度竞争，部分大型商业险定价过低；寿险公司在利率逐步实现市场化定价的条件下，保障型产品和投资型产品皆面临一定的新“利差损”风险。

### （四）金融业综合经营

1. 金融控股公司综合经营情况

2006年，深圳市金融控股公司经营发展状况良好。中国平安保险（集团）公司成功控股深圳市商业银行。至2006年年末，平安保险集团公司总资产超过4 000亿元，市值超过1 800亿元。除了平安保险集团公司以外，深圳市还有招商银行等机构探索开展综合经营。

在当前法律规范和金融监管“双缺位”的情况下，金融控股公司的发展有三个方面值得关注：一是自发性。现阶段对于金融控股公司既无法律法规加以规范，也没有相应的政府职能部门对其加以全方位监管，使得金融控股公司以灰色方式自发性地发展成长，二是不规范性。除了少数大型金融控股公司经营发展较为规范以外，多数控股公司投资控股的层级构架繁叠，内部管理和控制机制不健全。三是风险性。目前没有专门的规范金融控股公司发展的法律体系，金融监管主要停留在子公司层面上，对控股母公司几乎没有约束，潜在较大风险。

2. 跨市场、交叉性金融业务情况

2006年，深圳市金融机构发展的跨市场、交叉性金融业务和品种较快增长，业务量较上年显著提高。据不完全统计，2006年，银行间同业市场对证券公司拆借资金870亿元，比上年约增长30%；银证通/银证转账交易额约5 900亿元，是上年的6倍；国债市场回购融资约84亿元（上年仅为1亿元）；银行代销保险产品（保险公司通过商业银行业务平台销售保险产品）约15亿元，增长1倍；保险资金协议存款188亿元；保单质押贷款0.16亿元。

当前跨市场金融业务大多属于简单和低层次的综合经营业务，整体风险并不突出。应当关注的一是对跨市场金融业务存在监管空缺。二是业务运行风险，特别是与证券市场相关的各类理财业务风险。

## 三、金融市场与金融稳定

2006 年，深圳市金融市场总体健康快速发展。货币市场交易活跃，银行间同业拆借市场成交呈恢复性增长，债券回购市场交易量大幅增长；外汇收支和银行结售汇持续顺差，银行间外汇市场交易量翻倍增长；证券市场融资功能恢复，市场行情高涨；保险市场继续快速发展；黄金市场功能进一步增强。金融市场创新走向纵深，创新步伐加快。

### （一）证券市场融资重新启动，但市场融资结构失衡未根本改观

2006 年，深圳资本市场融资功能重启，本地企业通过 A 股市场融资总额为 238.38 亿元。新增 3 家公司 IPO 募集资金 108.17 亿元；已上市公司增发和发行可转债合计 130.21 亿元；债券市场发行企业债券 18 亿元，发行金融债券 15 亿元。但融资结构不平衡问题未根本解决，直接融资与间接融资比例失调，本地企业融资来源中 90% 以上来自银行体系、资本市场融资不足 10%。股票融资和债券融资比例失调，深圳企业债券融资量极小，企业短期融资债券发展不足。

### （二）证券市场行情回暖，但需谨防“非理性繁荣”

2006 年，深证成份指数收于 6 647.13 点，比年初上升 3 783.52 点，涨幅达 132.1%。深圳证券市场全年累计成交金额 38 738.1 亿元，增长 191%。全年共有 52 家公司股票在深圳证券交易所上市，证券市场投、融资功能大幅改善。当前股市行情高涨时期，需谨防非理性投资酿成股价泡沫。以基金公司为代表的多数机构投资者满仓操作，股票持仓量紧贴规定上限。同时，市场上优质股数量有限，基金管理公司普遍集中持有某几只或几十只股票，这种类似银行机构“垒大户”的投资方式可能形成股价泡沫。

### （三）外汇市场流动性增强，汇率风险值得关注

2006 年，深圳市外汇收支实现顺差 260.7 亿美元，同比增长 2.8%。银行结售汇实现顺差 255.3 亿美元，同比增长 3.6%。银行结售汇顺差额仍然巨大，相当于正常年份的数倍。居民个人结汇持续增长，企业在人民币汇率持续稳步升值的形势下放慢了结汇的步伐，加快了购汇速度；本外币之间的反向利差也阻止了结汇猛增的势头。

2006 年，银行间即期结售汇市场交易总量为 947.88 亿美元，同比增长近四倍，全国排名居第三位。但相对而言，远期外汇交易量有限，银行间外币买卖交易量也较小，尤其是本地中小银行机构未积极参与外汇市场交易进行投资获利和避险。

## 四、金融基础设施与金融稳定

2006 年，深圳市金融基础设施建设持续推进，金融生态环境得到优化。支付结算体

系不断健全，功能继续完善；征信体系建设稳步推进，社会信用环境改善；反洗钱体制和机制逐步建立，反洗钱工作力度不断加大；法律、司法环境改善，社会中介门类齐全、行业自律程度提高。人民银行维护金融稳定工作取得显著成效。

### （一）金融稳定信息体系建设稳步推进

2006 年，人民银行深圳中支大力加强金融稳定信息体系建设，基本建成了全方位、多层次、常规化的金融稳定信息收集和金融风险监测工作平台。主要制度措施包括：实行金融稳定信息联络员工作制度，要求各金融机构按季报送本单位主要经营情况、会计报表、重大事项和突发事件等金融稳定信息；实行金融机构重大事项报告制度，要求凡涉及金融机构组织形式和重大股权结构变化、拟订分配预案、高管人员任免等重大事项须在规定时间内报备；初步建立金融稳定重点联系企业工作联络机制，要求深圳市首批金融稳定重点联系企业及时向人民银行深圳中支报送财务报表，报备重大资本流动、负债变动、重大诉讼等情况，反映企业的意见建议。

### （二）支付结算体系不断完善

2006 年 6 月 26 日，小额支付系统在深圳成功上线运行；12 月 18 日，深圳成功上线运行全国支票影像交换系统，为深圳与全国其他地区间支票的相互流通使用奠定了坚实的基础。支付结算业务发展迅速。全年支付清算系统共处理业务 6 700 万笔，清算资金折合人民币 32.12 万亿元；日均处理业务 27 万笔，金额 1 284 亿元。

支付结算系统风险防范不断加强。基本建立了针对信用风险、流动性风险和系统运行风险的全方位的风险防范体系。对于流动性风险，支付系统建立了在清算账户资金不足清算时的待清算业务排队机制，中央银行通过制度设计在商业银行清算账户出现透支时可以为其提供高额罚息贷款。对于信用风险，支付系统对各种支付业务种类进行严格限制，加强清算账户管理。对于系统运行风险，进行灾难备份和建立相应的应急处理机制。

### （三）深港金融合作继续深化

2006 年，深港双方积极落实 CEPA 第三阶段开放协议，深圳市金融代表团与香港金融业高层进行交流合作。香港人民币业务再上新台阶，在香港人民币存款、汇款、兑换以及银行卡业务的基础上，开通了香港居民个人人民币支票业务，拓宽了香港人民币业务范围。至 2006 年年末，共有 40 家香港银行和金融机构开办香港人民币业务。积极探索香港人民币业务未来发展方向，顺利完成了在香港设立人民币发行基金代保管库的前期准备工作。2006 年起，内地金融机构获准在港发行人民币金融债券。

## 五、总体评估与政策建议

### (一) 总体评估

深圳市金融稳定监测评价体系(FSAS)是人民银行深圳中支针对深圳市区域经济金融运行特点设计开发的金融风险监测和金融运行稳定性评价系统。2006 年,金融稳定评估分析小组对 FSAS 的指标构成和评价方法进行了完善和改进,增强了评价体系的灵敏度和可预测性。FSAS 评估结果显示,2006 年深圳市金融稳定综合评价指数为 38.6,金融运行的稳健性稳步提高。

**表 1　2000~2006 年深圳市金融稳定评价综合指数**

| 年份/项目 | 2000 | 2001 | 2002 | 2003 | 2004 | 2005 | 2006 |
|---|---|---|---|---|---|---|---|
| 综合指数 | 43.47 | 50.13 | 46.98 | 40.47 | 50.06 | 40.5 | 38.6 |
| 金融稳定状态 | 基本稳定 | 存在风险 | 基本稳定 | 基本稳定 | 存在风险 | 基本稳定 | 基本稳定 |
| 灯号显示 | 蓝灯 | 黄灯 | 蓝灯 | 蓝灯 | 黄灯 | 蓝灯 | 蓝灯 |

深圳金融业还存在着一些深层次的问题,突出表现为四个不平衡:一是产业结构不平衡,第二产业与第三产业匹配不够合理,大型项目较少,需要加强金融发展的后劲和可持续增长动力。二是金融市场发展不平衡,直接融资相对滞后,多层次资本市场尚未健全,投资渠道相对狭窄。三是金融业务发展不平衡。中间业务、衍生产品开发不够,银行业中间业务利润占比低,金融机构盈利渠道单一。银行信贷资产质量有待改善,应收未收利息仍在增长。四是金融基础设施发展不平衡。支付清算体系较为完善,但信用体系不健全,金融服务保障体系有待建立。

### (二) 政策建议

继续推进深圳金融改革、发展和创新。以市政府《关于加快深圳金融业改革创新发展的意见》为框架,坚持市场化导向,坚持"负面清单"原则,加快推进金融产品、金融服务和治理架构创新。适应深圳外向型经济发展要求,大力推动贸易便利化,力争率先在外汇和黄金业务创新上取得突破。

1. 加强多层次金融市场建设,大力发展直接融资

推动深圳企业扩大企业债券和短期融资券的发行规模。降低中小企业板的上市门槛。积极争取创业板尽早开通。研究推动深圳证券交易所的股份制改造,加强深港证券交易所全方位合作。

2. 引导金融机构增强成本核算能力和产品定价能力

引导金融机构全面引入经济资本核算，加强资本约束，强化成本核算，从同质化、低价格、拼规模为特征的低水平竞争向以差异化价格、高附加值产品为特征的高水平竞争转变，提高金融业的核心竞争力。

3. 加强金融监管，深化金融稳定信息共享

进一步完善和加强以银行业资本充足率、证券业净资本、保险业偿付能力为核心的金融监管。加强金融监管的透明度建设。扩展金融稳定信息共享的广度和深度，增强监管合力。

4. 强化信息披露，加强市场约束

推动金融各行业提高信息披露标准，严厉惩戒信息披露违规行为。采取多种方式，加强投资者教育，提高金融消费者和投资者的风险意识。

总　纂：张建军
统　稿：田国华
执　笔：黄　富　王继权
其他参与写作人员：张继军　张利平　刘川巍
刘　钟　谢亚轩　蔡瑞文　曾　扬　孙　静
赖纪云　方镇强　王　伟　吴育辉　周建平
朱明君　温绍军　袁　婷　覃　慧

# 2007 年宁波市金融稳定报告摘要

2006 年，宁波市经济保持平稳较快增长，在此环境下，辖区银行业稳健发展，证券业摆脱低迷状态而快速增长，保险业呈现快速发展态势，金融基础环境不断改善。同时，金融业发展面临有关问题和风险，从银行业看，同质化严重，创新不足，内部控制、绩效管理有待改善，信贷资金安全面临资产价格上涨、经济发展转型压力，部分机构还存在中长期贷款比率高、贷款集中度高、存贷比高等现象；从证券业看，证券市场竞争激烈，证券经营机构需进一步合规、有序经营，股改后上市公司行为变化可能形成新的风险因素，居民个人对证券投资风险意识有待加强，天一证券被行政清理，甬成功风险尚在处置中；从保险业看，产品严重同质化，险种结构单一，市场份额集中，业务经营偏重外延扩张，失信行为仍不同程度存在，偿付能力有待进一步提高。

## 一、区域经济运行与金融稳定

2006 年，宁波市经济总体保持平稳较快增长，地区生产总值达到 2 864.5 亿元，增长 13.4%。外贸、消费、财政收入、居民收入均增长较快，港口发展保持强劲态势。但是，在经济发展总体形势良好的同时，需关注以下问题对金融稳定产生的潜在影响。

### （一）经济发展转型压力增大，银行信贷资金安全面临挑战

宁波市经济发展对外依存度很高，但是近年来越来越多反倾销诉讼、非关税贸易壁垒限制，以及人民币升值使宁波出口面临更严峻的挑战。随着建设和谐社会理念的深入人心，企业环保、用工成本支出将逐步提高，同时企业还面临不断加大的原材料价格上涨压力。出口不利因素的增加，环保、用工、原材料成本的不断上涨，企业能否尽快适应这种变化，宁波的经济增长模式能否成功进行转型将直接关系到银行信贷资金安全。

### （二）企业异地投资和银行异地贷款已具有一定规模，银行信贷风险管理水平亟待提高

截至 2006 年年底，宁波市企业异地投资余额约 1 100 亿元左右，需密切关注异地投资的经营风险。同时，宁波市辖区商业银行异地贷款已具有一定规模，并呈增长态势。截至 2006 年年底，全市 10 家股份制商业银行异地贷款余额为 166.21 亿元，比年初增加 31.72

亿元。企业异地投资和银行异地贷款规模的增加，需亟待提高银行自身信贷风险管理水平，以增强防范信贷风险能力。

### （三）资金大量涌入房地产市场和股票市场，资产价格的上涨呈现一定非理性，给银行信贷资金安全带来隐患

宁波市房地产市场一改调整走势，2006 年下半年开始逐步升温。股票市场大幅上涨激发了居民投资热情，宁波市全年股市新开户数增加 20 667 户，证券成交总额 3 188.63 亿元，同比增长 2.5 倍。房地产和股票等资产价格快速上涨，不排除有信贷资金违规流入，靠资金推动的价格上涨很容易形成泡沫，给银行信贷资金安全带来隐患。

## 二、金融业与金融稳定

### （一）银行业

2006 年，辖区银行业保持稳健发展态势。表现为：一是存贷款增长较快，贷款结构趋于优化。截至 2006 年年底，银行业金融机构本外币各项存款余额 4 700.5 亿元，同比增长 20.03%；本外币各项贷款余额 3 910.0 亿元，同比增长 26.56%，本外币存贷款增加额创历史新高，贷款投放额前三位行业分别是制造业、批发和零售业、租赁和商务服务业，分别比年初增加 272.57 亿元、116.25 亿元、100.65 亿元。二是盈利水平进一步提高。2006 年，银行业金融机构账面利润 93.59 亿元，增长 37.34%。三是不良贷款余额保持低位，不良率持续下降。截至 2006 年年底，银行业金融机构不良贷款余额 77.23 亿元，比年初下降 10.25 亿元，不良贷款率 1.98%，比年初下降 0.87 个百分点。四是非信贷资产质量显著提高。截至 2006 年年底，国有、股份制商业银行及城商行非信贷不良资产余额大幅下降，年末不良资产率为 0.6%，比年初下降 1.32 个百分点。五是农村合作金融机构资本充足率符合标准。

2006 年，辖区银行业金融机构在稳健发展的同时需关注以下问题：

1. 国有及部分股份制商业银行中长期贷款比率处于高位

截至 2006 年年底，辖内国有商业银行中长期贷款比率为 236.20%，高于标准值上限 116.20 个百分点。股份制商业银行中长期贷款比率为 99.85%，尽管低于标准值上限 20.15 个百分点，但有 8 家银行比率超标。

2. 农村合作金融机构贷款集中度高，存贷比也在高位盘整

单一客户贷款比率反映，除象山县绿叶城市信用社、慈溪农村合作银行、余姚农村合作银行，其他农村合作金融机构的比率均超过 10% 的标准值；再看最大 10 家客户贷款比率，除象山县绿叶城市信用社、慈溪农村合作银行，其他农村合作金融机构的比率均超过 50% 的标准值。同时，有 5 家农村合作金融机构存贷比超过标准值 75% 的上限。

3. 同质化竞争现象严重，业务创新能力不足

2006年，辖区银行业金融机构产品仍是以存贷款业务为主导，存贷利差是商业银行收入的主要来源（辖区部分商业银行存贷净利差见表1），全年银行业金融机构利息收入218.84亿元，占营业收入的65.84%。

商业银行业务创新雷同。根据相关部门调查，2006年，辖区银行业金融机构开展的创新产品多数为理财业务、小企业授信、代理业务多样化及扩展担保方式等，以科技信息技术带动风险管理能力提高的创新产品不多。新产品开发以客户需求驱动型为主，还不能主动开发新产品引导客户消费。

**表1　2006年宁波市辖区部分商业银行净利差**

| 机构名称 | 建设银行宁波市分行 | 中国银行宁波市分行 | 浦发银行宁波分行 | 广发银行宁波支行 | 宁波市商业银行 | 宁波市9家农信社 |
| --- | --- | --- | --- | --- | --- | --- |
| 存贷利差（%） | 4.46 | 4.04 | 4.75 | 4.14 | 4.28 | 5.2 |

4. 内部控制薄弱环节仍然存在，绩效管理体系也有待改善

在内部控制方面，内控文化没有深入人心，存在有章不循、执行不严现象，对风险管理体系的健全、完善滞后于业务发展，对风险管理方面人才、知识、技术、系统、工具等缺乏更多的考虑。

在绩效管理体系方面，考核重业绩轻内控，在很大程度上仍以规模为导向，方式上直接将规模、利润等短期量化指标与经济奖励、职位安排等绑定，导致内控约束软化，部分机构及人员风险偏好严重，业务发展积聚一定的风险隐患。

## （二）证券业

2006年，伴随整个证券行业的飞速发展，辖区证券业各经营机构迎来极好的发展机遇，摆脱了近几年萎靡不振的经营态势，实现了快速发展。一是证券期货经营机构呈现快速发展态势，流动性改善，所面临的风险压力降低。2006年，证券经营机构证券成交总额3 190.23亿元，大幅增长243.3%，实现营业收入5.75亿元，利润总额3.09亿元；期货经营机构代理交易金额2 458.07亿元，年增长40.7%，实现利润总额631万元。二是股权分置改革基本完成，企业市值、融资和盈利水平提高，抵御风险能力增强。在应股改的19家上市公司中，有18家已完成股改。截至2006年年底，辖区20家A股上市公司总市值、流通市值分别为425.58亿元、204.73亿元，分别增长73.8%、101.8%，宁波华翔、宏润建设分别募集资金4.35亿元、2.43亿元，从披露信息看，上市公司业绩趋向好转。三是机构内控管理进一步改进。在防控资金风险方面，部分机构陆续取消资金柜台，着手推进实施客户保证金第三方存管制度；在提高风险应对能力方面，部分机构制订突发事件应急预案等相关制度，组织相关人员学习、演练。

证券业在快速发展的同时，也出现一些不稳健因素。

1. 证券市场竞争激烈，证券经营机构需进一步合规、有序经营

随着市场快速发展，辖区证券经营机构纷纷加大对市场份额的竞争，由此产生了一些不稳健因素，存在操作风险，如有些证券经营机构资金账户一挂多户，客户开户资料不全，客户取款审批流程不健全，为个别客户开办当日融资交易业务，权限设置存在前后台业务交叉现象。另外，由于前几年股票市场持续低迷，致使一些机构经营情况不景气，设备投入不足，面对2006年不断上升的股市行情，这些设备落后的机构面临着一定程度的技术风险。

2. 大股东对上市公司控制程度变化，可能引起企业行为新的变化并可能形成新的风险因素

从辖内18家上市公司股改后大股东持股比例变化情况看，雅戈尔因采用支付权证方式，股改后大股东持股比例未发生变化，而其他上市公司基本上采取了送股的方式，大股东持股比例或多或少有不同程度的降低。在相关制度不配套、不完善的情况下可能出现新的问题，一是大股东作为新的投资群体进入二级市场，可能成为上市公司新的庄家；二是股权稀释，大股东对企业控制程度降低，发生控制权变更，或是外资通过各种渠道包括隐蔽渠道收购上市公司，或是炒家介入，使公司行为短期化，或是公司控制权向内部经营者转移，出现经营者滥用职权、侵害上市公司利益，从而对中小股东合法权益保障产生不利影响，形成资本市场发展中的不稳定因素。

3. 居民个人理财与资本市场相关程度提高，对证券产品投资风险意识有待加强

2006年，辖区居民个人（其中不乏成为新股民、新基民）纷纷进入资本市场投资。股票、基金、权证等证券产品要求居民个人有更多的金融和经济知识，需要有更强的风险意识。如在武钢认购权证行权上，辖区股民由于很多人没有弄懂认购权证与认沽权证的含义，致使有103户客户放弃了对武钢认购权证行权，损失71 761元。同时，随着市场的快速发展，一些非法的证券活动开始活跃起来，如宁波印恒投资咨询公司兜售所谓的未上市公司“原始股”案件等，这些非法的证券活动不利于居民个人正常投资和正规证券市场的健康发展。

4. 风险处置相关情况

（1）天一证券有限责任公司

针对天一证券所存在风险，最终由中国证监会商人民银行、公安部等部门确定对天一证券行政清理。人民银行宁波市中心支行对天一证券风险及时作了反映并报告总行，以外汇局宁波市分局名义对天一证券进行外汇业务检查，同时在辖内行文要求做好与天一证券行政清理相关的金融稳定工作。为配合天一证券的行政清理，宁波市政府相继成立天一证券维稳工作领导小组、天一证券个人债权甄别确认小组。

天一证券行政清理开始后，行政清理工作组平稳接收了天一证券资产管理权，开设保护基金专户；光大证券股份有限公司顺利托管了天一证券经纪业务和其所属的证券营业部、服务部，各网点保持正常、平稳运营；在股市行情趋好的情况下，股民情绪未受天一证券

行政清理影响，表现为在该证券营业网点开户数持续增加、资金不断流入。

(2) 中关村证券股份有限公司宁波和义路营业部

中关村证券股份有限公司于2006年2月24日被中国证券投资者保护基金有限责任公司托管，2006年12月16日由安信证券股份有限公司接收。在托管期间，中关村证券宁波和义路营业部运营情况正常，已完成账户清理工作，为第三方存管上线做了准备。2006年，该营业部证券成交额、客户分别比上年增长42.1%、43.1%，客户保证金是上年末的5.2倍，并由上年的亏损转为盈利。

(3) 成功信息产业（集团）股份有限公司

甬成功于2005年下半年起开始显露风险，当时共有7家银行业金融机构涉及敞口授信。目前，通过法律途径、处置企业资产等，已化解部分银行信贷风险，成功信托计划也按时全额兑付。公司自2006年3月以来一直处于被停盘状态，股权分置改革也未能开展，宁波证监局对该企业进行立案稽查。

## （三）保险业

2006年，辖区保险业发展明显得到强有力的政策支撑，宁波市政府组织召开改革开放以来全市首次保险工作会议，印发《关于大力推进保险业改革发展的实施意见》，支持和启动政策性农业保险试点工作。

2006年，辖区保险业呈现快速发展态势，具体表现为：一是机构主体不断增多，保险市场体系快速发展。共有27家保险公司设立分支机构，与上年相比新增8家，基本形成以保险公司为主体、以保险中介机构为纽带的较为健全的保险市场体系。二是保费收入较快增长，保险功能进一步发挥。2006年，辖区实现保费收入59.14亿元，增长15.6%，保险深度、保险密度分别为2.06%、1 055元/人。三是政策性保险业务稳步启动、发展，促进深化农村金融改革。2006年，辖区保险业加强拓展农村政策性保险服务领域，在原先参与农村合作医疗保险的基础上，又参与了政策性农业保险、政策性农村住房保险等相关业务。

在辖区保险业运行中，还需关注、解决以下问题和风险。

1. 部分保险公司监管指标执行情况不尽理想，影响偿付能力提高

一是辖区少数保险公司保费减少较为明显，甚至出现负增长。二是产险公司赔款和给付增幅24.6%，高出其保费收入增幅2.1个百分点。部分产险公司综合赔付率较高，个别公司甚至达到164.0%。三是产险整体综合费用率较高，并较上年上升5.7个百分点。四是少数寿险公司退保率处于较高水平，最高为8.6%。

2. 产品严重同质化，险种结构单一，市场份额十分集中

辖区保险公司保险产品同质率达90%以上，保费收入依靠一两个险种的程度比较明显。车险业务是辖区产险公司最主要的保费来源，占产险公司总保费收入约2/3；分红型产品是辖区寿险公司保费收入的首要来源，共占到50.5%（见表2）。

**表2　2006年宁波市辖区寿险公司主要寿险险种保费收入情况表**

单位：亿元,%

| | 分红型产品 | 普通型产品 | 万能型产品 | 投连型产品 |
|---|---|---|---|---|
| 保费收入 | 15.58 | 7.42 | 2.59 | 0.97 |
| 比上年增长 | 15.5 | -1.8 | 9.0 | 2.4 |
| 占寿险总保费收入比重 | 50.5 | 24.0 | 8.4 | 3.1 |

辖区保险市场份额十分集中，少数保险公司占有大部分保费市场份额。产险方面，2006年人保产险宁波市分公司、太保产险宁波分公司保费收入合计占到市场份额的一半以上；寿险方面，国寿宁波市分公司、平安寿险宁波分公司、太保寿险宁波分公司保费收入合计占市场份额的4/5以上。

3. 业务经营偏重外延扩张，持续发展面临严重问题

保险公司有效竞争的手段不多，业务拓展主要依靠降低费率或提高手续费等，甚至不惜采取亏损策略，呈现以粗放式经营抢占市场份额的情况。在内涵式增长十分薄弱的情况下，个别新设的保险公司分支机构出现了严重的可持续发展问题。

4. 失信行为仍不同程度存在，合规经营有待进一步改善

一是保险公司十分注重前期保险产品的销售，保险营销人员主动上门推销、极尽宣传，但却轻视对客户的售后服务。二是一些保险公司未严格履行工作规程，违反行业自律公约，存在操作风险，表现为违规赠送保险险种，违规列支和支付代理手续费，暗贴费用，承保费率低于行业市场指导费率；擅自变更营业场所等。

## （四）金融控股公司与银证保综合经营

1. 金融控股公司

截至2006年年底，宁波市辖区未有因控股与自身类型不同的金融机构而形成的金融控股公司；有1家外地非金融企业控股辖内法人金融机构，即天津经济技术开发区国有资产经营公司（以下简称“天津开发区国资公司”）持有宁波市金港信托投资有限责任公司（以下简称“金港信托”）75.43%的股份；有1家外商投资公司控股辖内法人金融机构，即协和石油化工（集团）有限公司（Concord Oil & Petrochemicals Holdings Limited）全资持有宁波协和银行有限责任公司（以下简称“协和银行”）。金港信托与国内同业公司相比注册资本明显偏小，为4.07亿元，在业务发展和资产管理上缺乏主动性和战略性，2006年新增不良贷款2亿元，不良率为96.71%，分别实现营业收入、净利润0.60亿元、0.21亿元。协和银行总体经营情况不甚理想，贷款质量差，税后利润为 -2 227万美元；法人治理结构不完善，未设立监事会，也未选举产生监事；制度建设存在较为严重问题，尚有一些规章制度缺乏具体的操作细则。

2. 银、证、保综合经营

2006年，宁波市辖区银证、银保业务累计量分别约为416亿元、27亿元，合计约为

443 亿元，大幅增长 326%。在银证合作中，业务量居前三位的分别为银证转账、银证通、代售开放式基金，分别占 72%、19%、5%，其中，由于股市火暴，银证转账为 300 亿元，增长 466%。在银保合作中，业务量居前三位的分别为出口信用保单项下贸易融资、代售保险、国债回购交易，分别占 39%、19%、13%。

2006 年，宁波市辖区跨业经营未发生实际的风险，但是仍需关注以下问题：一是监管制度及现行法律法规缺失。如对跨业经营缺乏较为细致的统计监测及信息共享，对跨业经营的发展情况，很难在量上进行比较完整、系统的监测、分析，开展相关业务的金融机构也很难在信息上得到共享。二是政策风险。如“银证通”业务，由于其法律地位不明确，缺乏具体法律条文的保障，已被全面叫停。三是技术风险方面。辖区金融机构的技术和系统仅能满足最基本的交叉工具所需，对更高层次的产品技术支持不足，制约交叉性金融工具创新。同时，互联网技术的普及运用，为银证、银保合作创造了技术条件，但与此相伴的网络安全、信息安全的问题也随之产生。

### （五）担保机构

截至 2006 年年底，宁波市共计担保机构 73 家，累计担保额 135 亿元，担保余额约 27 亿元，担保业务收入是 2004 年的 4.16 倍。担保业务种类增加迅速，开设了银行承兑汇票担保、打包贷款担保、定贷零还担保、循环担保、设备按揭担保及企业间合同担保等业务品种。担保行业在快速发展的同时，存在以下问题：一是业务经营监管不力，部分担保机构根本不做担保业务，转而经营资金拆借业务，运作不规范现象普遍存在。二是风险补偿和分散机制不健全，政府有关职能部门不办理反担保抵押物登记手续。三是银行不关注担保机构实际资本放大倍数，部分商业银行没有执行单户担保额不超过资本金 10% 的限额规定，存在风险隐患。

## 三、金融市场运行与金融稳定

### （一）票据市场对金融稳定的影响

2006 年，辖区商业银行承兑汇票余额 826.2 亿元，比上年同期增加 125.1 亿元，同比少增 80.5 亿元。票据业务发展上仍然存在不容忽视的风险，信贷资金作保证金、贸易背景不真实、放松业务准入条件等问题仍存在，个别商业银行在一定程度上仍将票据业务作为扩张资产负债规模的主要途径，在操作上规避政策手段更加复杂、隐蔽。

### （二）外汇市场对金融稳定的影响

2006 年，辖区国际收支 560.7 亿美元，增长 31.1%；银行结售汇 411.6 亿美元，增长 29%；银行国际结算量 655 亿美元，增长 31.8%。外汇市场运行中，需关注隐性外债风险问题，一是结构趋向短期化，风险不断累积。截至 2006 年年底，辖区短期外债余额高达 15

亿美元，比年初增长61.4%，占总体外债余额比重的60.7%，同比提高6.6个百分点，其中远期信用证承兑余额11.8亿美元，比年初增长73.3%，占短期外债余额比重高达78.4%。二是外商投资企业外方未分配利润滞留境内。据统计，2006年尚有1亿多美元的未分配利润，形成挂在企业名下的隐性短期外债。

### （三）同业拆借市场、债券市场对金融稳定的影响

2006年，辖区同业拆借市场交易量较少，交易主体单一，发生拆借业务10笔，累计金额28亿元，辖内5家银行间拆借市场成员只有2家进行交易。债券市场业务主要由鄞州农村合作银行与宁波市商业银行2家法人金融机构完成，现券交易额、债券回购交易额分别为3 078.6亿元、3 564.6亿元，在债券回购业务中，正回购3 454.7亿元，逆回购109.94亿元，资金呈净流入态势。同业拆借、债券等金融市场风险主要体现在制度层面。目前，人民银行分支机构监管职责不够明确，监管缺乏可操作的实施细则，与金融市场成员缺乏信息沟通机制，市场统计报表、监测内容相对滞后，新的金融产品、交易信息无法通过原有的统计报表统计。

## 四、金融基础设施与金融稳定

### （一）支付清算体系

2006年5月29日，随着小额支付系统顺利上线运行，辖区已形成以现代化支付系统（包括大额支付系统和小额支付系统）为核心，以商业银行行内资金清算系统为基础，同城支付清算系统为重要组成部分的较为完备的支付清算体系，其中同城清算系统以宁波市票据电子交换系统为主干系统，公用事业缴费“一卡通”系统、同城票据手工交换系统为专用系统，财税库行横向联网系统、支票直通车系统为辅助系统。辖区支付清算体系存在的问题主要有：同城清算系统设备正在更新改造之中，尚未正式上线运行；小额支付系统功能尚待完善，目前业务量较少；现金支付比较常见，存在支付安全隐患，非现金支付工具尚未得到普遍推广等。

### （二）征信体系

宁波市辖区个人信用信息基础数据库于2006年1月开始正式运行，企业信用信息基础数据库也于2006年7月完成新老系统切换。2006年8月，中小企业信用体系建设试点工作启动，为没有在商业银行贷过款的中小企业建立信用档案。截至2006年年底，辖区各商业银行都已接入了企业和个人信用信息基础数据库。农村信用社也计划近期通过接口报送业务数据。同时，为广泛采集非银行信用信息，人民银行宁波市中心支行先后与有关部门达成企业工商注册、电信费用欠缴和房产抵押等信息共享协议。辖区征信系统建设仍需关注以下问题：非银行信息采集需进一步深入；外资征信机构与地方政府合作不利于维护国家

经济信息安全；担保机构的再担保、反担保以及代偿信息未能采集入库。

### （三）反洗钱体系

2004年以来，辖区建立健全反洗钱工作组织体系和遍布网点的反洗钱情报网络，各银行业金融机构纷纷成立反洗钱工作领导小组及相应的办事机构，在各营业网点设立反洗钱联络员，结合实际制定本行反洗钱内控制度及其实施细则。普遍开展客户尽职调查，加强对客户开户资料真实性、完整性和合规性的审核。逐步增强大额和可疑交易报告意识，形成按规定上报机制。反洗钱工作主要存在以下问题：反洗钱组织架构和内控制度建设不够全面、完善；客户尽职调查和账户资料保存不到位；大额和可疑支付交易错报、漏报现象普遍存在；反洗钱宣传、培训力度不够。

### （四）审慎金融监管

宁波市政府印发《转发人行市中心支行等单位关于宁波市金融稳定协调工作方案的通知》、《宁波市金融突发事件应急预案》等，金融监管协调机制进一步健全。

银行业监管坚持以“好银行”为目标，督促法人机构树立科学发展、审慎经营理念，同时推进监管革新。在保持辖区银行业安全、稳定方面，需进一步强化与货币政策的协调性，防止信贷大起大落，提高对个人信贷、个人理财的监管效率，避免因非合规性行为的存在和扩大而形成新的信用风险、操作风险等。

证券业监管逐渐向多方延伸，包括开展对证券经营机构的综合治理，做好对期货经营机构“两金”专项检查工作，督促上市公司“清欠解保”、加强重大信息披露，联合相关部门查处多起非法证券活动等。在证券业发展上，需督促证券期货经营机构、上市公司进一步完善内控机制，不断消除风险隐患，通过高效监管，使被监管主体真正形成既注重经营发展又注重风险防范的氛围，避免类似天一证券风险、甬成功风险重复出现。妥善、尽早处置天一证券风险、甬成功风险，切实维护中小投资者利益。

保险业监管加强对辖区保险公司治理结构监管、保险公司市场行为检查，开展对保险风险的监测、排查，及时化解了个别寿险公司存在的经营风险。同时，保险业监管得到强有力的政策支撑，监管客观环境明显改善，保险公司资金运用方面，相关政策规定进一步放宽，如人民银行允许保险公司购汇投资境外，保监会允许保险公司间接投资基础设施项目、保险机构投资商业银行股权等。在保险业发展中，需进一步注重对市场竞争的监管，避免操作风险、道德风险等集聚，督促保险公司改善理赔服务，提高诚信经营意识。

## 五、总体评估与政策建议

### （一）总体评估

2006年，宁波市经济保持平稳较快增长，银行业稳健发展，证券业摆脱低迷状态而快速增长，保险业呈现快速发展态势，金融基础环境不断改善。

1. 银行业

存贷款增长较快，贷款结构趋于优化，盈利水平提高，不良贷款余额保持低位，不良率持续下降，非信贷资产质量显著提高，农村合作金融机构资本充足率符合标准。但同时还需关注以下问题：国有及部分股份制商业银行中长期贷款比率在高位运行；农村合作金融机构贷款集中度高，存贷比在高位盘整；同质化竞争现象严重，业务创新能力不足；内部控制薄弱环节仍然存在，绩效管理体系有待改善；资产价格上涨呈现一定非理性，给银行信贷资金安全带来隐患；产业结构调整和经济发展转型压力增大，银行信贷资金安全面临挑战。

根据相关模型，得出宁波市2000～2006年区域金融稳定态势图：

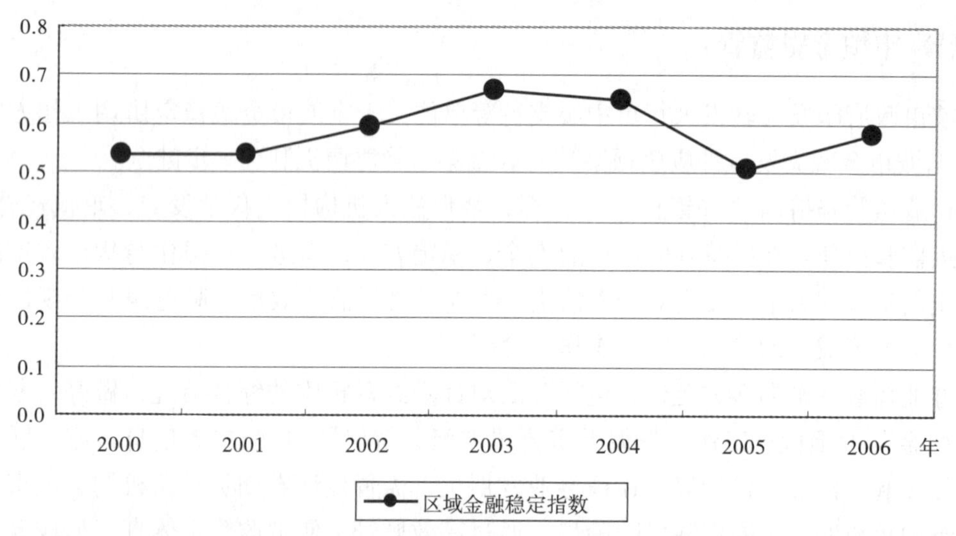


**图1　宁波市2000～2006年区域金融稳定态势图**

2006年，由于资产质量、存贷比、GDP增长率、财政收入增长率、财政收入支出比、居民人均可支配收入增长率等指标比2005年有明显改善，因此，2006年辖区银行业整体稳定状况比2005年也有所改善。

2. 证券业

2006年，宁波市证券业摆脱了近几年萎靡不振的经营态势，实现了快速发展。各经营机构流动性改善，所面临的风险压力降低。上市公司股权分置改革基本收官，企业市值、融资和盈利水平提高，抵御风险能力增强。证券业监管渐向多方延伸，机构内控管理进一步改进。但同时，证券业运行中也出现一些不稳健因素，包括天一证券被行政清理、甬成功风险尚在处置中。另外，证券市场竞争激烈，证券经营机构需进一步合规、有序经营；股改后大股东对上市公司控制程度变化，可能引起企业行为新的变化并可能形成新的风险因素；居民个人理财与资本市场相关程度提高，对证券产品投资风险意识有待加强。

3. 保险业

保险业随着政策支持力度的加大，面临很大的发展机遇。2006 年，辖区保险机构主体不断增多，保费收入实现较快增长，政策性保险业务稳步启动；市场行为进一步规范，保险营销员全面持证上岗，保险中介市场平缓发展。但同时也存在相关风险和问题，需要予以关注、解决，包括：产品严重同质化，险种结构单一，市场份额十分集中；业务经营偏重外延扩张，失信行为仍不同程度存在，合规经营有待进一步改善；部分保险公司监管指标执行情况不尽理想，影响偿付能力提高，甚至影响自身经营持续发展。

## （二）政策建议

1. 进一步改善金融生态环境，营造良好的外部环境

地方政府、人民银行、监管部门积极协调配合，共同打造良好的外部金融环境。加快完善信用体系，提高司法系统对金融案件的执结率，打击各种无序竞争现象，维护良好的市场竞争秩序。加快妥善处置各类风险，包括天一证券风险、甬成功风险等，尽最大可能维护投资人、债权人利益，减少对辖区金融稳健运行的不利影响。

2. 加强对金融机构的风险监测，提高金融从业人员的风险防范能力

加强对辖内金融机构的风险监测，进一步建立日常性的监测制度，及时跟踪、掌握各风险点的状况。对可能引发系统性风险的风险点，充分利用《宁波市金融稳定协调工作方案》等，及时与有关部门联系，提出有效防范风险的政策措施。定期或不定期地组织培训、座谈，提高相关人员风险识别能力和对人民银行维护金融稳定职能的认知度，共同维护金融业稳健发展。

3. 引导金融机构全面提升风险管理意识和能力，增强业务创新

商业银行应改变依赖信贷的传统盈利模式，不断金融创新，增强创新产品核心竞争力，在持续发展中防范、化解风险。证券期货经营机构应加强内部风险管理体系建设，通过合规、有序经营，以及差异化金融服务，参与市场竞争，探索新的盈利模式。保险公司应加强对市场的研究和细分，开发差异化产品，发挥具有自身特色的竞争优势，改变将竞争筹码过分集中在降低费率、提高手续费及个别险种的现象，并逐步转到追求内涵式增长的发展模式。

4. 增强对法人金融机构风险的分析评估，引导其健康、持续发展

加强对法人银行机构各类风险的深入评估，有针对性地予以关注和引导，防止因法人银行机构无法生存、市场退出而产生的区域性风险。同时，要密切关注非银行类法人金融机构的风险，特别是经营控制权转移而形成的金融控股公司。

5. 开展对投资者的风险教育，保障市场持续、平稳、安全发展

金融机构应通过多种渠道向投资者提示风险，防止产生因客户不了解该产品而发生不必要的投资风险。修订、完善相关政策规定，从优化配置金融资源原则出发，既要考虑资本市场、信贷市场、货币市场之间资金的合理、规范流动，又要加强防范、控制跨行业交叉性金融风险，通过合理规范，提高个人贷款和资本市场的相关度，消除目前潜规则下个

人贷款资金流入股市的风险隐患。开展对非法金融活动的监测，加强各部门协调，严厉打击非法金融活动，以有效防范非法金融活动对居民个人投资、正规金融市场发展所产生的冲击和危害。

总　纂：贺绎奋
统　稿：鲍　雯　邓忠斌
执　笔：邓忠斌　何　威
其他参与写作人员：上官忠东　马喜中　朱万达
刘良毕　徐惠良　黄　健　楼拥勤